존 롤즈의 정의론: 전개와 변천

박정순 지음

존 롤즈의 정의론: 전개와 변천

롤즈 정의론   롤즈 정의론
관련 논쟁들   전개와 변천
철저 해명   엄밀 추적

박정순 지음

철학과현실사

For My Adviser, Professor Gerard Elfstrom

차 례

제3부 롤즈의 자유주의적 정의론의 분야별 적용

서 문

저자는 1973년 3월 2일 연세대학교 철학과에 입학하여 나름대로 철학을 공부한다는 것에 자부심을 느끼면서 학창 생활을 보내고 있었다. 그래서 결국 철학을 평생의 업으로 삼기로 작정하고 대학원 석사과정에 입학하였다. 내 주요 관심은 윤리학이었는데, 그 당시 배울 수 있었던 윤리학은 소위 윤리적 용어의 의미와 윤리적 판단의 본질, 그리고 윤리적 논증들의 유형과 정당화 방법론을 탐구하고 분석하는 메타윤리학(metaethics) 혹은 분석적 윤리학(analytic ethics)이었다. 그래서 그러한 윤리학에서 획기적 개념으로 인정되고 있는 영국 철학자 무어(G. E. Moore)의 저서 『윤리학 원리(*Principia Ethica*)』(1903)에서 개진된 자연주의적 오류(naturalistic fallacy)를 석사학위논문 주제로 삼고 정진하고 있었다.

그러나 윤리적 용어와 개념을 분석하는 메타윤리학만으로는 뭔가 메마른 것 같기도 하고, 윤리학의 본령이 아니라는 생각이 들었다. 그래서 개인과 사회에 대한 체계적이고 실질적인 도덕 이론을 공부하고 싶은 생각이 간절했다. 물론 미국 하버드대학교 존 롤즈(John Rawls) 교수가 쓴『정의론(A Theory of Justice)』(1971)이 앞으로 현대 규범윤리학을 선도할 대작이라는 것은 들어 알고 있었으나, 아직 공부해보지 못한 상황이었다. 그러나 대학원 학점 교환제도에 따라 인근 대학들에서 개설한 존 롤즈의 정의론 연구에 관한 과목들을 수강하고 큰 감명을 받았다. 우선 소흥렬 교수님이 담당하셨던 이화여자대학교 대학원 철학과 개설 과목 "윤리학 연구"를 1981년 1학기에 수강하였고, 그리고 이어서 엄정식 교수님이 담당하셨던 서강대학교 대학원 철학과 개설 과목 "윤리학 특강"을 1981년 2학기에 수강하였다. 두 수업에서 모두 좋은 점수를 받아서 롤즈를 전공하고자 하는 생각은 크게 고무되었다.

그래서 기왕에 쓰고 있었던 무어의 자연주의적 오류에 관한 석사학위논문을 포기하고, 롤즈의 정의론에 관한 석사학위논문을 대신 쓰기로 결심하였다. 이때가 석사과정에서 2년이 지난 뒤였는데, 롤즈의 정의론에 대한 새로운 석사학위논문을 쓰느라 또 다른 2년이 소요되었다. 석사학위 과정에 4년(1980. 3. 3-1984. 2. 27)을 소비했지만 앞으로의 학문적 여정을 볼 때 기꺼이 지불할 만한 가치가 있는 일이었다고 사료했다. 그래서『사회정의의 윤리학적 기초: John Rawls의 정의론과 공리주의의 대비』(연세대학교 대학원 철학과 석사학위논문, 1984. 2)를 쓰고 석사과정을 졸업하였다. 이 석사학위논문을 쓰는 것뿐만 아니라 롤즈의 정의론에 대한 공부에는, 존 롤즈의『정의론』을 번역하시고 롤즈의 정의론에 대해서 많은 논저를 쓰신, 그 당시 육군사관학교 철학과 교수였던 서울대 철학과 황경식 명예교수님께도 큰 학문적 도움을 받았다.[1]

미국 에모리대학교(Emory University) 유학 시절(1985. 8. 30-1990. 5. 14)에도 니콜라스 포션(Nicholas Fotion) 교수님의 지도 아래 윤리학을 중점적으로 공부하였다. 포션 교수님과 의논한 결과 존 롤즈의 정의론을 사회계약론적 자유주의 윤리학과 합리적 선택이론을 배경으로 다루기로 하였다. 그런데 롤즈 혼자만 다룰 수는 없고, 사회계약론적 자유주의 윤리학자들로 홉스, 롤즈, 고티에를 같이 다루면서 상호 비교하고 합리적 선택이론과의 관계도 같이 다루면서 상호 비교하기로 했다. 그리고 에모리대학교 철학과 박사 출신으로 오번대학교(Auburn University)에서 교편을 잡고 있었던 제라드 엘프스트롬(Gerard Elfstrom) 교수님의 지도 아래 박사학위논문의 세세한 부분에 관하여 큰 도움을 받았다.

1990년 5월 14일 철학박사학위를 취득하고 졸업한 뒤 박사학위논문, Jung Soon Park, *Contractarian Liberal Ethics and the Theory of Rational Choice*(Department of Philosophy, Graduate School, Emory University, Ph. D. Dissertation, 1990. 5)을 피터랑 출판사에 보냈더니 내부 심사 기간 2달 후 출판을 결정하였다는 기쁜 연락이 왔다. 출판을 위해서 박사학위논문을 수정 보완하고, 논문에서는 하지 못했던 표 13개 중 전재 허가가 필요한 표 7개의 전재 허가를 얻었고, 존 롤즈의 『정의론』과 데이비드 고티에(David Gauthier)의 『합의도덕론(*Morals By Agreement*)』(1986)에 대한 광범위한 인용과 분석에 대한 전재 허가도 얻어놓았다. 책 출판 과정은 거의 2년여가 소요되었고, 1992년 가을, Jung Soon Park, *Contractarian Liberal Ethics and the Theory of Rational Choice*(New York: Peter Lang Publishing, Inc., 1992. Series V. Philosophy, Vol. 122)로 출판되었다. 이 책은 박정순, 『사회계약론적 윤리학과 합리적 선택: 홉스, 롤즈, 고티에』(서울: 철학과현실사, 2019)로 번역되고 수정 증보되어 출간되었다.

존 롤즈(John Rawls, 1921. 2. 21-2002. 11. 24)가 2002년 11월 24일 81세의 나이로 서거했을 때 세계 학계는 이구동성으로 그를 20세기 후반기에서 가장 영향력 있는 윤리학자 및 정치철학자로 상찬하고, 또한 그의 『정의론』을 존 스튜어트 밀(John Stuart Mill)의 저작 이후 가장 중요한 정치철학적 저작이라고 평가하면서 그 부음을 안타까워했다.

롤즈의 저작들은 다음 3부작이 그 중추를 이루고 있다.

첫째는 롤즈의 대표작이라고 할 수 있는『정의론(A Theory of Justice)』(1971)이고, 둘째는 다원민주사회를 위한 자유주의적 정의론이 피력된『정치적 자유주의(Political Liberalism)』(1993)이고, 셋째는 정의론을 만민들의 국제사회에 확장시킨『만민법(The Law of Peoples)』(1999)이다. 이러한 롤즈의 3부작은 시간적 전개이면서 동시에 변천이라고 할 수 있을 것이다. 본서는 이러한 롤즈의 정의론의 전개와 변천을 철저하게 추적하게 될 것이다. 3부작의 요지를 정리하면 다음과 같다.

롤즈의『정의론』은 고전적 자유주의에서 유전되어온 개인적 자유의 우선성이라는 선취적 부동점을 재확인하면서도 민주주의적인 분배적 평등을 제고한다는 점에서 흔히 "복지국가적 자본주의의 평등주의적 유형에 대한 철학적 변호(a philosophical apologia for an egalitarian brand of welfare-state capitalism)"로 간주된다. 롤즈의 정의론이 철학적 정의론으로서 중대한 분기점을 형성하는 것은 그러한 철학적 변호가 단순한 직관적 언명에 의존하거나, 혹은 개인적인 실존적 결단에 의존하거나, 혹은 감정이나 태도의 표명에 의존하지 않는다는 것이다. 그의 정의론은 자유주의의 초기 전통에서 유전되어온 사회계약론의 자연상태라는 개념을 공정한 가상적인 조건하에서의 합리적 개인들에 의한 정의 원칙의 선택 상황으로 체계적으로 재구성함으로써 실질적인 철학적 결론이 도출될 수 있다는 것을 입증하려고 했다. 바로 이 점이 "공정성으로서 정의(justice as fairness)"라는 구호로 요약되는 롤즈의 정의론이 지난 1970년대 이후 도덕철학 및 정치철학에서의 "거대이론의 복귀(the return of grand theory)"와 그 후속적인 규범적 논쟁들의 중대한 촉발제가 된 이유이다.

롤즈에 의해서 창출된 사회계약론적 자유주의의 새로운 모형은 권리준거적인 의무론적 자유주의로서 목적론적 체계를 취하고 있는 공리주의와 공동체주의에 대해서 동시에 대립각을 세우고 그것들을 극복하려고 시도했다. 그래서 롤즈와 공리주의자들 사이의 논쟁이 자유주의의 내적 논쟁으로 촉발되었을 뿐만 아니라, 더 나아가서 1980-1990년 이후 영미철학계를 휩쓴 "자유주의 대 공동체주의 논쟁"이 자유주의의 외적 논쟁으로 촉발된 계기가 되었다. 본서는 제1부 제1장에서 롤즈와 공리주의자들 사이의 논쟁을 상세히 다룰 것이다. 그리고 제2부 3개의 논문들에서 롤즈를 위시한 자유주의자들과 공동체주의자들 사이에 전개된 "자유주의 대 공동체주의 논쟁"을 심도 있게 다루게 될 것이다.

롤즈의 『정치적 자유주의』는 『정의론』과 그 이후에 발표된 논문들이 일관된 체계를 구성하도록 내부적인 문제들을 교정한다.2) 그리고 다원민주사회에 대한 적절한 대응책이 되도록 포괄적인 도덕철학으로 제시되었던 공정성으로서의 정의관은 자유주의적인 정치적 정의관으로 재해석된다. 따라서 롤즈의 정치적 정의관은 다양한 포괄적인 종교적, 철학적, 도덕적 교설들 사이에서 중첩적 합의의 대상이 되어 사회적 통합과 안정성을 이룰 수 있다는 것으로 정당화된다. 그런데 롤즈는 정치적 자유주의의 철학적 기초와 정당화 방법론에 대한 해석은 변하지만 그 실질적 내용은 변하지 않으므로 정치적 정의관은 여전히 평등주의적이라고 주장한다. 롤즈의 정치적 정의관은 비록 정당화 방법론으로 볼 때 자유주의적 가치와 이성적 기준을 미리 전제하고 있으므로 다양한 포괄적인 교설들의 중립적인 중첩적 합의의 대상이 되기에는 여러 가지 제약 조건이 많지만, 근대사회에서의 다원주의에 대한 대응책으로서는 바람직한 방향의 변화라고 판단된다. 그러나 중첩적 합의의 핵심인 입헌적 요체에서 정의의 두 원칙 중 공정한 기회균등의 원칙과 차등의 원칙이 배제되기 때문에 롤즈의 입장은 더 이상 평등주의가 아닐 수도 있다. 롤즈의 정치적 자유주의에 대한 이러한 비판적 논의는 현대 정치철학의 과제를 정립하는 중요한 안목을 제공한다.

롤즈는 전 지구적 정의를 『만민법』에서 다루고 있다.3) 롤즈의 만민법은 한 사회의 공적 이성에 기초한 사회계약론을 만민의 사회로, 즉 국제적으로 확장하려는 시도이다. 국제법의 기초가 되는 만민법은 자유주의와 비자유주의 사회들 간의 상호관계를 규제하기 위한 기준으로 제시된 일반적인 원칙들이다. 롤즈는 우선 국내 사회를 합당한 자유주의적 사회, 적정 수준의 품위 있고 질서정연한 비자유주의적인 위계적 사회, 무법적 국가, 불리한 여건으로 고통 받는 사회, 온정적 절대주의 사회라는 다섯 가지로 분류한다. 롤즈는 이러한 다섯 가지 사회를 이상적 상황과 비이상적 상황에서 각기 논의하고, 자유주의적 만민 사회에서 비자유주의적인 적정 수준의 위계적 사회가 관용되어야 하는 이유도 동시에 제시하고 있다. 결국 롤즈의 『만민법』은 인권(human rights)에 기초하여 어떻게 합당한 공적 이성과 정치적 정의관을 통해 규제된 시민들과 만민이 정의로운 국제사회에서 평화롭게 살 수 있는가를 다루고 있다. 종교와 사상과 양심의 자유, 선거권과 동등한 정치적 참여의 자유와 언론, 결사, 거주 이전의 자유 등 입헌적 법치주의에서 보장된 자유와 권리, 공정한 기회 균등과 여성에 대한 평등한 정의, 민족자결의 원칙, 오직 자기방어만을 위한 정의로운 전쟁의 허용 등은 바로 "실현 가능한 유토피아"를 위한 자유주의적 만민법의 근본적 측면들이다.

롤즈의 『만민법』이 세계화 시대에 다양한 관심과 비판의 대상이 되는 것은 당연한 일일 것이다. 현재 가장 주목할 만한 것은 비판적 논의가 상반되지만 연관된 양극을 달리고 있다는 점이다. 그 양극의 한 축은 포괄적인 가치관을 배제하는 합당성과 공적 이성에 기초한 인권 중심의 자유주의적 만민법에 대한 비판이다. 즉 만민법은 이미 정치적 자유주의의 가치를 전제하거나 그것에 따라 규정되었기 때문에 순환적 정당화이거나 혹은 자유주의적인 서구중심주의일 뿐이라는 문화다원주의로부터의 비판이 그것이다. 그 양극의 또 다른 한 축은 롤즈가 국제적인 정치적, 분배적 정의에서 최소주의적인 입장을 취하고 있다는 점에 대한 비판이다. 롤즈는 우선 비자유주의적인 적정 수준의 위계적 사회를 관용함으로써 강한 자유민주주의적 보편주의의 실현을 주장하는 사람들의 불만을 사고 있다. 물론 가장 초미의 관심사는 "사회적, 경제적 불평등은 최소수혜자의 삶의 기대치를 최대로 하는 조건 속에서만 정당화된다"는 롤즈의 국내적 차등원칙을 지구 전체에 걸쳐 확대한 "지구적 차등원칙(the global difference principle)"을 천명하는 국제적 평등주의자들의 주장이다. 그들은 서구 중심의 일방적인 경제적 세계화로 승자전취 시장(winner-take-all market)이 만연하고 있다고 갈파한다. 그 속에서 더욱 심화되는 국내적, 국제적 불평등 때문에 흔히 "20 대 80의 사회"라고 패러디되는 이 세계화의 시대에 기아와 궁핍 등의 불리한 여건으로 "고통 받는 사회"에 대해서 롤즈의 『만민법』이 규정하는 "원조의 의무"만으로 과연 충분할 것인가?

새천년에 더욱 가속화되고 있는 세계화 시대에 그 이데올로기적 헤게모니를 제공하고 있는 신자유주의를 이해하고 또한 효과적으로 대응하기 위해서도 우리는 신자유주의의 사상적 원류인 자유주의를 잘 이해할 필요가 있다. 현대 자유주의의 사상적 태두인 롤즈가 이 책에서 개진하고 있는, 공적 이성과 만민법에 기초한 자유주의의 "실현 가능한 유토피아"는 "카자니스탄"이라는 비자유주의적인 가상적 이슬람 위계 사회에 대한 관용을 명시하고 있다는 점이 돋보인다. 롤즈의 『만민법』은 이렇게 문명의 무자비한 충돌과 교류 없는 단순한 공존 사이의 딜레마를 피해 가면서, 미래 사회에 대한 인류의 실현 가능한 희망(종교와 사상과 양심의 자유, 여러 정치적 자유와 입헌적 법치주의의 자유와 권리, 여성에 대한 평등한 정의, 다원주의적 관용, 민족자결주의, 고통 받는 사회에 대한 원조의 의무, 국제평화)을 작금의 빠르게 진행되고 있는 이 세계화 시대에서 인상 깊게 제시하고 있다.

본서는 3부로 나누어져 있으며, 총 13편의 논문들이 수록되어 있다. 제1부는 "롤즈의 정의론과 그 전개와 변천"으로 제하에 5개의 논문들이 수록되었고, 제2부는 "롤즈의 정의론과 자유주의 대 공동체주의 논쟁"으로 제하에 3개의 논문들이 수록되었고, 제3부는 "롤즈의 자유주의적 정의론의 분야별 적용"으로 제하에 5개의 논문들이 수록되었다.

제1부 "롤즈의 정의론과 그 전개와 변천", 5편의 논문들의 출처는 다음과 같다.

제1장 롤즈의 정의론의 개요와 공리주의 비판

박정순, 『사회정의의 윤리학적 기초: John Rawls의 정의론과 공리주의의 대비』(연세대학교 대학원 석사학위논문, 1984. 2), pp.1-144.
위 석사학위논문의 제목을 변경하여 전재.

제2장 롤즈의 정의론의 변천과 그 해석 논쟁

박정순, 「자유주의 정의론의 철학적 오디세이: 롤즈 정의론의 변모와 그 해석 논쟁」, 제5회 한국철학자연합대회 대회보 『현대의 윤리적 상황과 철학적 대응』(1992. 10), pp.573-599.
위 논문의 제목을 변경하여 전재.
위 논문은 1993년도 제2회 철학연구회 논문상을 수상하였다(1993. 5. 22).

제3장 롤즈의 정치적 자유주의의 방법론적 기초

박정순, 「정치적 자유주의의 철학적 기초」, 『철학연구』, 제42집 (1998), pp.275-305.
위 논문의 제목을 변경하여 전재.

제4장 롤즈의 합리적 계약론에서 자인된 실책들

박정순, 부록. Chapter 5. "Rawls's Avowed Errors in Rational Contractarianism," 『사회계약론적 윤리학과 합리적 선택: 홉스, 롤즈,

고티에』(서울: 철학과현실사, 2019), pp.515-540.
위 영어 논문을 번역하고 수정 증보하여 수록.

제5장 롤즈의 관용론: 『정의론』, 『정치적 자유주의』, 『만민법』

박정순, 「특별기고: 존 롤즈의 관용론」, 김용환, 『관용과 다문화사회의 교육』(서울: 철학과현실사, 2016), pp.261-311.
위 논문의 제목을 변경하여 전재.

제2부 "롤즈의 정의론과 자유주의 대 공동체주의 논쟁", 3편의 논문들의 출처는 다음과 같다.

제1장 자유주의 대 공동체주의 논쟁의 방법론적 쟁점

박정순, 「자유주의 대 공동체주의 논쟁의 방법론적 쟁점」, 『철학연구』, 제33집(1993), pp.33-62.
위 논문을 동일 제목으로 전재.

제2장 공동체주의 정의관의 본질과 그 한계

박정순, 「공동체주의 정의관의 본질과 그 한계」, 『철학』, 제61집(1999), pp.267-292.
위 논문을 동일 제목으로 전재.

제3장 자유주의의 건재: 공동체주의와의 논쟁 이후

박정순, 「자유주의의 건재」, 『철학연구』, 제45집(1999), pp.17-46.
위 논문은 「자유주의의 건재: 공동체주의와의 논쟁 이후」. 그리스도교 철학연구소 편. 『현대사회와 자유』(서울: 철학과현실사, 2001), pp.307-346에 수정 증보되었고, 제목도 변경되었다.
수정 증보되고, 제목이 변경된 논문을 수록.

제3부 "롤즈의 자유주의적 정의론의 분야별 적용", 5편의 논문들의 출처는 다음과 같다.

제1장 사유재산권의 자유주의적 정당화의 과제
박정순, 「사유재산권의 자유주의적 정당화의 과제」, 『사회비평』, 제6호(1999), pp.54-79.
위 논문을 동일 제목으로 전재.

제2장 개인이익과 공익의 자유주의적 관련 방식
박정순, 「개인이익과 공익의 자유주의적 관련 방식」, 『철학연구』, 제61집(2003), pp.203-220.
위 논문을 동일 제목으로 전재.

제3장 자유주의와 여성주의 정의론
박정순, 「가족관계와 사회윤리: 자유주의와 여성주의 정의론」, 『한국여성학회 춘계학술대회 자료집』(1998), pp.223-248.
위 논문을 제목을 변경하여 전재.

제4장 인권 이념의 철학적 고찰
박정순, 「인권 이념의 철학적 고찰」, 『철학과 현실』, 통권 68호(2006년 봄호), pp.34-66.
위 논문을 수정 증보하여 수록.

제5장 자유주의와 환경보호
박정순, 「자유주의와 환경보호」, 『매지논총』, 제33집(1997), pp.175-232.
위 논문을 동일 제목으로 전재.

본서에 관련된 논문들이지만 수록되지 못한 본서 저자의 논문들을 포함한 저작들은 다음과 같다.

「문제의 책: 알래스다이어 맥킨타이어의 『덕 이후(*After Virtue*)』」, 『철학과 현실』, 통권 10호(1991년 가을호), pp.343-349.

「윤리학에서 감정의 위치와 역할」, 『철학』, 제55집(1998), pp.307-335.

「근대적 자아의 도덕적 복구를 위한 철학적 초혼제: [문제의 책] Charles Taylor, *Sources of the Self: The Making of the Modern Identity*(Cambridge: Harvard University Press, 1989)」, 『철학과 현실』, 통권 제44호(2000년 봄호), pp.266-281.

「'현실적 유토피아' 실현을 위한 철학 제시해: 존 롤스의 『만민법』」, 『출판저널』, 293호(2001), pp.28-29.

「공동체주의는 여전히 유효한가?」, 『철학직설』(파주: 한국학술정보, 2013), pp.156-172.

Contractarian Liberal Ethics and the Theory of Rational Choice(New York: Peter Lang Publishing, Inc., 1992).

『마이클 샌델의 정의론, 무엇이 문제인가』(서울: 철학과현실사, 2016).

『마이클 월저의 사회사상과 철학적 깨달음: 복합평등, 철학의 여신, 마방진』(서울: 철학과현실사, 2017).

『사회계약론적 윤리학과 합리적 선택: 홉스, 롤즈, 고티에』(서울: 철학과현실사, 2019).

그 외 공저와 공역은 다음과 같다.

황경식, 박정순 외, 『롤즈 정의론과 그 이후』(서울: 철학과현실사, 2009). 본서 제1부 제2장에 수록된 박정순, 「자유주의 정의론의 철학적 오디세이」가 이 책에도 수록되었음. pp.45-76 참조.

마이클 왈쩌, 김용환, 박정순 외 옮김, 『자유주의를 넘어서』(서울: 철학
　　과현실사, 2001).
그리스도교 철학연구소 편, 『현대사회의 정의』(서울: 철학과현실사,
　　1995). 본서 제3부 제1장에 수록된 「사유재산권의 자유주의적 정당
　　화의 과제」가 이 책에도 수록되었음. pp.255-287.

　　이 책을 쓰는 동안 권면을 아끼지 않은 철학과 동료 교수들, 김영근
명예교수님, 리기용 교수, 이상인 교수, 이진용 교수, 정대성 교수에게
먼저 감사를 드린다. 그리고 한국윤리학회 회원 여러분들에게 감사를
보낸다. 그리고 한국 철학계 원로 교수님들과 동료와 후배 철학 교수들
에게도 그 격려와 질정과 유익한 토론에 대해서 큰 고마움을 표하고 싶
다. 원로 교수님들 중에서는 특히 이명현 서울대학교 철학과 명예교수
님, 엄정식 서강대학교 철학과 명예교수님, 황경식 서울대학교 철학과
명예교수님에게 여러모로 은혜를 입은 바 크다. 이 책의 후주 작업에
도움을 준 박승권 박사와 이주석 박사에게 그 노고를 상찬하고 싶다.
또한 이 책을 기꺼이 출판해주신 철학과현실사 전춘호 사장님께 큰 감
사를 드리고 싶고, 주도면밀하게 편집하여 좋은 책을 만들어주신 김호
정 출판부장님에게도 감사하고 싶다.

　　　　　　　　　　　　　우거 도곡재(道谷齋)에서 저자 씀

제 1 부

롤즈의 정의론과 그 전개와 변천

제 1 장

롤즈의 정의론의 개요와 공리주의 비판

1. 서론

인간사회란 상호 이익을 위한 협동체이기는 하나, 그것은 이해관계의 일치뿐만 아니라 그 상충이라는 전형적인 특성도 가지고 있다. 인간 각자가 혼자만의 노력에 의해서 사는 것보다 사회적 협동체를 통해서 모두에게 보다 나은 생활이 가능하게 된다는 점에서는 이해관계의 일치가 있다. 그러나 또한 이해관계의 상충이 있게 되는 것은, 인간은 사회적 협동체에 의해 산출될 보다 큰 이익의 분배 방식에 무관심하지 않으며 자신의 목적을 추구하기 위해서는 적은 몫보다는 큰 몫을 원할 것이기 때문이다. 상충하는 이해관계에 대한 단순한 사실적인 해결을 넘어설 수 있기 위해서는 적절한 분배의 몫에 합의하는 데 필요한 어떤 원칙들이 요구된다.

이러한 원칙들이 바로 사회정의의 원칙으로서, 그것은 기본적인 사회제도 속에서 권리와 의무가 할당되는 방식을 제시하고 사회적 협동에 의해서 발생되는 이득과 부담에 대한 적절한 분배를 결정한다. 이것은 특히 분배적 정의의 원칙이라고 불린다.

이러한 분배적 정의의 문제를 중심으로 최근에 가장 많은 논의의 대상이 되고 있는 것은 존 롤즈(John Rawls)의 『정의론(*A Theory of Justice*)』1)이다. 롤즈의 『정의론』은 1971년에 발간된 이래 철학 분야 특히 윤리학과 정치철학 분야뿐만 아니라 사회과학 분야에서도 광범위한 비판과 주목을 받아왔다. 이러한 현상은 그의 『정의론』이 플라톤(Platon)과 아리스토텔레스(Aristoteles)2) 이래 철학의 가장 고전적인 문제 중의 하나였던 사회정의의 문제를 철학의 전면에 부각시킴과 동시에, 그것을 단편적으로 다루는 것이 아니라 규범 윤리학적 체계의 구성이라는 보다 원대한 목표 아래 취급하고 있다는 것에서 기인한다. 또한 그것은 민주 복지국가의 대두에 따른 현대 서구사회의 시대적 상황에서 제반 사회정책의 기초로서 사회정의의 문제가 필연적으로 노정되고 있다는 것을 반영한다.

우리가 한 철학적 저서를 이해하고자 할 때 아마도 가장 합리적인 방법이 있다면, 그것은 철학사적 맥락 속에서 저자의 근본적인 의도가 무엇인가를 파악하는 것이라고 생각된다. 롤즈의 『정의론』은 그 근본적인 의도가 지금까지 규범 윤리학의 주요 전통을 형성해왔던 공리주의를 극복하고, 사회계약론을 수용하여 대안적인 윤리체계를 구성하는 것에 있다. 특히 중점적인 의도는 분배적 정의의 문제에 관련해서 공리주의적 정의관에 대한 대안적 정의관을 제시하는 것에 있다.

본 논문의 목적은 롤즈의 『정의론』을 그 의도대로 공리주의의 극복이라는 배경을 통해서 고찰해보려는 것이다. 롤즈에 의하면 공리주의의 치명적 약점은 다음 두 가지이다. 첫째, 공리주의는 유용성의 극대화만을 강조함으로써 부정의한 분배를 정당화할 가능성을 가지고 있다.3) 둘째, 공리주의가 현실적으로 적용되기 위해서는 유용성에 대한 정확한 측정과 개인 간 비교가 선행되어야 하나, 거기에는 많은 난점이 있다.4) 그래서 그는 정의 원칙을 확립하여 정의의 우선성을 강조하고, 사회적 기본가치라는 개념을 통해서 현실적으로 적용 가능한 윤리체계를 구성함으로써 공리주의의 그러한 약점을 동시에 극복하려고 한다. 그는 이러한 자기의 입장을 "도덕론에 있어서 칸트적 구성주의"5)라고 명명한 바 있다.

그런데 공리주의는 데이비드 흄(David Hume) 이래 영국 경험론의 전통을 이어받아 정치사상사적으로 볼 때는 자연상태라는 가상적 상황을 설정하는 사회계약론과 대립하고 있으며, 또한 임마누엘 칸트(Immanuel Kant)의 의무론과도 대립하는 목적론적 윤리설의 전통에 서 있다. 따라서 우리는 롤즈의 논의 속에 전통적 사상의 대립이 다시 한 번 재개되는 것을 보게 된다.

공리주의는 비록 롤즈의 『정의론』에서 분배적 정의의 관점으로부터 비판을 받고 있기는 하지만, 그 출발점으로 볼 때는 "최대다수의 최대행복"을 기본원리로 내세우면서 제러미 벤담(Jeremy Bentham) 이래 "철학적 급진파"로 불릴 정도로 인권과 자유를 강력히 옹호하였다.6) 윤리학설로서 공리주의에 장점이 있다면, 그것은 인간의 행복을 본질적 가치로 존중한다는 점과 직관에 의존함이 없이 도덕문제에 대한 명백한 판단기준을 제시한다는 점이다. 따라서 공리주의는 오늘날까지 윤리학계뿐만 아니라 후생경제학계에서도 많은 추종자를 가지고 있다. 그들은 공리주의를 극복했다는 롤즈의 주장에 대해서 많은 반론을 전개하고 있다.

본 논문은 공리주의를 극복했다는 롤즈의 주장을 일방적으로 수용하기보다는 공리주의자들의 반론에도 주목함으로써 양자에 대한 정당한 평가를 시도해보려고 한다. 그런데 본 논문은 사회정의 개념의 역사적 전개과정이나 공리주의 윤리학설을 체계적으로 고찰하려는 것은 아니고, 다만 롤즈의 『정의론』과 공리주의를 사회정의의 관점에서 대비적으로 고찰하려는 제한된 목적을 가지고 있다. 2절에서는 롤즈의 『정의론』에서 가장 핵심적인 부분이라고 할 수 있는 정의의 두 원칙에 대한 도출 과정을 중심으로 롤즈의 윤리체계를 논의한다. 3절에서는 공리주의에 대한 롤즈의 비판을 다룬다. 4절에서는 이에 대한 공리주의자들의 반론을 헤어(R. M. Hare), 데이비드 라이언스(David Lyons), 존 하사니(John C. Harsanyi), 케네스 애로우(Kenneth Arrow) 네 사람을 통해서 살펴본다. 그리고 이러한 공리주의자들의 반론에 대해 롤즈가『정의론』이후에 발표된 논문을 통해서 어떻게 응답하고 있는가도 아울러 고찰한다. 이와 같은 논의를 통해서 우리는 공리주의를 극복했다는 롤즈의 주장을 평가해볼 수 있을 것이며, 나아가서 사회정의의 윤리학적 기초가 갖는 의의를 밝힐 수 있을 것이다.

2. 롤즈의 정의론

분배적 정의를 주제로 삼는 롤즈의 정의론은 다양한 함축성과 방대한 체계를 가지고 있지만, 정의의 개념상으로 볼 때는 공정성으로서의 정의(justice as fairness)라고 단적으로 표현될 수 있다. 그리고 체계상으로 볼 때는 다음 두 부분이 가장 핵심을 이루고 있다.7)

(1) 최초의 상황 및 거기에서 생기는 선택 문제의 해명
(2) 합의될 정의 원칙의 체계에 대한 논증

첫째 부분은 소위 원초적 입장(original position)의 구성에 관련된다. 원초적 입장은 정의 원칙의 선택에 부여함이 합당하다고 생각되는 여러 가지 공정한 조건을 결합한 하나의 가상적 상황이다. 롤즈는 전통적 사회계약론의 자연상태에 해당하는 최초의 상황에 대해서 철학적으로 가장 유력하고 대표적인 해석이 자기의 원초적 입장이라고 주장한다.8) 둘째 부분은 원초적 입장에서 롤즈의 정의 원칙이 여러 가지 대안들, 즉 공리주의를 위시해서 이기주의, 직관주의, 완전주의 등 전통적 정의

원칙보다 우선적으로 선택될 것을 논증하게 된다. 그러면 이러한 것들을 좀 더 구체적으로 살펴보기로 하자.

1) 공정성으로서의 정의

(1) 분배적 정의의 역할

플라톤과 아리스토텔레스의 정의론 이래 무수한 형태의 정의론들이 전개되어왔다. 모든 정의론에서 한 가지 일치하는 점이 있다면, 그것은 한 사회제도 내에서 제 규칙은 유사한 경우를 유사하게 취급하여 일관성 있고 공정하게 운용되어야 한다는 것이다. 이것은 곧 형식적 정의를 의미한다.9) 그러나 형식적 정의만으로는 실질적 정의에 대한 충분한 보장이 되지 않는다.10) 이러한 보장은 한 사회제도의 기본구조에 관한 정의 원칙이 어떠한 실질적 내용을 가지고 있는가에 달려 있다. 그러나 정의 원칙의 실질적 내용에 대해서는 소크라테스(Socrates)와 트라시마코스(Thrasymachus)의 논쟁 이래 어떠한 합의에 도달된 바도 없다.11) 이러한 사정은 스티븐슨(C. L. Stevenson)이 윤리적 개념의 설득적 정의(persuasive definition)를 논하면서 "오랫동안 혼란의 근원이었던 정의라는 개념은 … 당면한 논의를 강조하기에 안성맞춤이다"12)라고 한 말이 잘 반영해준다.

롤즈는 정의 개념에 대한 이러한 상대론적 한계를 극복하고 객관적인 원칙을 제공하고자 한다. 그가 주제로 삼는 정의는 개인적 덕목으로서의 정의가 아니고 사회정의이다. 따라서 롤즈에 있어서 "정의의 일차적 주제는 사회의 기본구조, 보다 정확히 말하면, 주요한 사회적 제도 속에서 기본적인 권리와 의무가 분배되며, 사회적 협동으로부터 생긴 이득의 배당이 결정되는 방식이다."13) 이것은 곧 분배적 정의의 역할을 잘 적시하고 있다. 그런데 롤즈는 현실적으로 부정의가 처리되는 방식을 구체적으로 논의하지는 않고 있으며, 다만 이러한 문제를 체계적으

로 파악하는 기초로서 이상적 이론을 제시한다.14) 따라서 롤즈의 정의
론은 모든 사람이 정의롭게 행동하고 정의로운 제도를 유지하기 위해
각자의 역할을 다하는 것으로 가정된 질서정연한 사회(well-ordered so-
ciety)를 배경으로 전개된다.15)

(2) 사회계약론의 수용과 공정성의 의미

그러한 분배적 정의 원칙을 수립하기 위해서 롤즈는 존 로크(John
Locke), 장-자크 루소(Jean-Jacques Rousseau), 그리고 칸트에게서 흔히
알려져 있는 사회계약론을 수용하여, 그것을 추상화시킴으로써 도덕론
으로 변경시킨다.16) 이것은 계약 대상이 전통적 사회계약론에서처럼
일정한 사회나 특정 형태의 정부가 아니라 정의 원칙이라는 것을 의미
한다. 이러한 계약의 수행은 순전히 가상적인 것으로, 도덕론에 있어서
사회계약론적 입장이란 도덕원칙이 자연상태와 같은 적절한 최초의 상
황에서 채택된다는 것을 주장하는 것이다. 그래서 사회계약론에 있어서
"정의 원칙은 자신의 이익 증진에 관심을 가진 자유롭고 합리적인 사
람들이 평등한 최초의 입장에서 자신들의 공동체에 대한 기본조건을
규정하는 것으로 받아들이게 될 원칙이 된다."17) 정의 원칙을 이렇게
보는 방식을 롤즈는 "공정성으로서의 정의관"18)이라고 명명한다. 전통
적인 사회계약론의 자연상태는 공정성으로서의 정의관에 있어서는 원
초적 입장이 된다. 그것은 정의 원칙이 공정한 합의의 결과가 되도록
여러 가지 적절한 조건들을 결합하게 된다.

정의를 공정성으로 파악하는 롤즈의 입장은 정의에 대한 최초의 본
격적인 논문인 「공정으로서의 정의」이래 계속 유지되어왔다.19) 그렇다
면, 정의와 공정성은 동일개념일까? 물론, 정의의 개념과 공정성의 개
념은 동일한 것으로서 그 둘을 구분하거나 하나가 더 근본적이라고 말
할 이유가 없는 것으로 생각될 수도 있다. 그러나 롤즈는 공정성의 개
념이 보다 근본적인 것이며, 정의의 개념은 공정성이라는 관점으로부터

분석되어야 한다고 주장한다.20) 일상용어적으로 보면 공정성은 참여 여부에 대한 선택이 가능한 규율체계(운동경기나 사업경쟁 등)에 보다 특수하게 적용되며 정의는 그러한 선택이 없는 규율체계(예를 들면 노예제도)에 적용된다.21) 이렇게 본다면, 공정성으로서의 정의관은 정의 여부가 문제시되는 규율체계, 즉 사회제도 속에서 피투적 존재(被投的存在, the thrown being)일 수밖에 없는 인간을 자발적 참여의 존재로 전환하고 그러한 관점에서 사회제도의 정의 여부를 판정하는 입장이라고 해석될 수 있을 것이다.

2) 윤리학 방법론과 원초적 입장

(1) 원초적 입장의 두 기능

롤즈의 원초적 입장은 두 가지 기능을 가지고 있다.22) 그 하나는 분석적 기능이다. 이것은 정의 원칙에 적용될 여러 가지 형식적 제한조건을 밝히는 동시에 사회적 선택(social choice) — 사회의 기본구조에 관한 정의 원칙의 선택 — 의 문제를 개인적 선택(individual choice) — 가상적 상황에서의 합리적인 개인들에 의한 정의 원칙의 선택 — 의 문제로 환원시키는 구체적인 모형을 제시한다. 다른 하나는 정당화의 기능이다. 이것은 공정한 배경적 조건을 가진 원초적 입장에서 어떤 정의 원칙이 선택될 경우 그 정의 원칙은 정당화된다는 것이다.

그는 원초적 입장이 가지는 이러한 두 가지 기능을 통해서 자신의 정의론을 합리적 선택이론(theory of rational choice)과 연관시킨다.23) 이것은 일찍이 그가 「윤리학을 위한 결정절차의 개요」라는 논문에서부터 대립하는 이해관계를 해결할 합리적인 결정절차의 문제를 다루어온 점으로 보아 당연한 것으로 생각된다.24) 따라서 롤즈는 전통적으로 윤리 원칙의 정당화 방법론으로 간주되고 있는 직관주의(intuitionism)와 고전적 자연주의(classical naturalism)를 배격하게 된다.25) 직관주의는 자명한 원칙들을 발견해서 그로부터 구체적인 도덕체계를 도출하려는 입장이다. 여기에서는 제1원칙의 직관적 인식이 가능하고 또 그것이 필연적 진리라는 것이 가정된다. 고전적 자연주의는 비도덕적 개념에 의한 도덕적 개념의 정의(定義) 가능성을 전제하고 상식 및 과학에 입각한 일정한 절차에 의해서 도덕적 진술도 다른 경험적 진술처럼 그 진위가 검증 가능한 것으로 간주하는 입장이다.

이러한 윤리설들과 달리 롤즈는 다음과 같은 입장을 취한다. "어떤 것이 정당하다는 것 또는 정의롭다는 것은 그것이 원초적 입장에서 그와 같은 것으로 인정받게 될 원칙과 부합한다는 것으로 이해될 수 있으며, 그런 식으로 해서 우리는 전자를 후자로 대치할 수 있다."26) 이러한 롤즈의 주장은 오랫동안 논란의 대상이 되어왔던 존재와 당위의 문제에 대한 새로운 해결책으로도 생각될 수 있을 것이다. 그는 초기 논문 「공정으로서의 정의」에서부터 도덕성이란 비슷한 여건에 처한 이해당사자들이 서로 자기이익을 추구하는 경우에 생겨나는 것으로 보았다. 따라서 그는 도덕성의 요소를 갖는다는 것은 순전히 개인적인 선택이나 결단의 문제도 아니요, 도덕적 성질을 직각하는 문제도 아니며, 감정이나 태도를 표현하는 문제도 아니라고 단언했다.27)

그런데 롤즈는 더 나아가서 원초적 입장의 여러 가지 조건들과 자신의 정의 원칙은 우리의 도덕적 숙고판단에도 부합하기 때문에 정당화된다고 주장한다.28) 물론 그는 우리의 도덕적 숙고판단이 절대적인 것이 아니기 때문에 상호 수정이 가능한 반성적 평형상태(reflective equilibrium)라는 조건을 부가시키고 있다.29) 그래서 롤즈의 정의론에서 정의 원칙의 정당화는 사회계약론에 관련된 합리적 선택의 방법과 도덕적 숙고판단과의 반성적 평형의 방법에 동시에 의거하게 된다. 라이언스의 표현을 빌린다면 전자는 계약론 그리고 후자는 정합론이 된다.30)

(2) 원초적 입장의 구성조건

원초적 입장의 구성조건은 크게 네 가지로 나누어진다. 첫째 조건은 분배적 정의가 문제시되는 배경적 상황으로서의 정의의 여건이다. 둘째 조건은 정의 원칙을 위시한 모든 도덕원칙이 만족시켜야 하는 형식적 제한조건이다. 셋째 조건은 원초적 입장에서 허용될 수 없는 지식을 가리는 무지의 장막이다. 넷째 조건은 계약 당사자의 동기와 합리성에 대한 규정이다.

첫째 조건인 정의의 여건은 정의 원칙에 대한 필요성이 생기게 되는 배경적 상황이다. 여기에 대해서 롤즈는 객관적 여건으로서는 여러 가지 자원의 적절한 부족상태, 주관적 여건으로서는 계약 당사자들이 자신의 이해관계는 냉정히 따지지만 상대방의 이해관계에는 무관심하다는 상호 무관심성을 들고 있다. 그래서 "적절한 부족상태 아래서 상호 무관심한 자들이 사회적 이득에 대해서 상충하는 요구를 제시할 경우 정의의 여건이 성립한다."[31]

둘째 조건은 정당성 개념의 형식적 제한조건이다. 이것은 다섯 가지로 세분된다.[32] (1) 모든 원칙은 그 표현에 있어서 일반적(general)이어야 하며 어떤 고유명사나 특정한 지칭을 포함해서는 안 된다. (2) 모든 원칙은 그 적용에 있어서 보편적(universal)이어야 한다. (3) 모든 원칙은 공지성(publicity)을 갖는다. (4) 정의 원칙은 상충하는 요구들에 서열(ordering)을 정해줘야 한다. (5) 정의 원칙은 더 이상의 고차적인 기준이 없는 최종성(finality)을 가진다. 전통적 정의관은 모두 이상의 조건을 충족시킨다. 그래서 형식적 제한조건은 자의적이거나 무의미한 원칙과 인종차별적 원칙 같은 명백히 부도덕한 원칙이나 이기주의적 원칙들만을 배제한다.

셋째 조건인 무지의 장막(veil of ignorance)은 원초적 입장이 공정한 것이 되도록 여러 가지 지식을 가리게 된다. 무지의 장막을 통해서 보장되는 것은 "아무도 타고난 운수의 결과나 사회적 여건의 우연성으로 인해 원칙을 선택함에 있어서 유리하거나 불리해지지 않는다"[33])는 것이다. 따라서 계약 당사자들은 정의 원칙의 여러 대안들이 그들의 특정한 처지에 어떤 영향을 미칠 것인가를 모르기 때문에, 그들은 일반적인 고려사항만을 기초로 해서 여러 대안들을 평가하게 된다. 그들은 자신의 사회적 지위나 계층 그리고 천부적 재능을 모른다고 가정된다. 나아가서 그들은 자신의 가치관과 심리적 경향 그리고 그들이 속한 사회의 특수한 사정도 모른다고 가정된다. 또한 그들은 자신이 어떤 세대에 속하고 있는지도 모른다고 가정된다.[34] 단지 그들이 아는 유일한 사정은 그들 사회가 정의의 여건 아래에 있다는 것뿐이다. 그러나 그들은 인간사회에 대한 일반적 사실까지 모를 정도로 두꺼운 무지의 장막 아래에 있는 것은 아니다. 그들은 인간사회의 정치나 경제의 제 원칙을 이해하며 인간 심리의 법칙들도 알고 있으며 또한 정의 원칙의 선택에 영향을 줄 모든 일반적 사실도 안다고 가정된다. 그들은 이러한 사실을 앎으로써 보다 현실성 있는 정의 원칙을 택하게 된다. 결국 이러한 무지의 장막은 우선 합의의 문제를 단순화시켜 만장일치적 선택을 가능케 하고, 정의 원칙의 실질적 내용으로부터 우연성을 배제하기 위한 개념적 장치라고 할 수 있을 것이다.[35]

넷째 조건인 계약 당사자의 동기와 합리성에 대한 규정은 정의 원칙의 대안들을 평가하기 위한 계약 당사자들의 이익 추구의 방법을 제시한다. 그것은 상호 무관심한 합리성(mutually disinterested rationality)이 된다.[36] 일반적으로 합리적인 인간은 주어진 선택지에 대한 일관된 선호의 체계를 갖는다고 생각된다. 그는 선택지들을 자신의 목적을 증진시키는 정도에 따라 평가한다. 롤즈가 이러한 합리성에 덧붙인 특수한 가정은 합리적인 인간은 시기심에 좌우되지 않는다는 것이다. 또한 그들은 상호 간에 애정이나 동정심도 갖지 않는다고 가정된다. 따라서 그들은 동기상으로 볼 때는 정의의 여건 중 주관적 여건과도 관련된 상호 무관심한 존재가 된다. 그런데 계약 당사자는 무지의 장막에 가려 자신의 가치관을 모른다고 가정되었기 때문에, 그들의 합리성은 보다 특수하게 규정된다. 즉, 그들은 자신의 가치관에 대한 구체적인 내용은 모르나, 어떤 "사회적 기본가치(primary social goods)" ― 권리와 자유, 기회와 권한, 소득과 부, 자존감의 기반 ― 를 수단적 가치로서 더 많이 갖기를 바란다는 것이다.37) 계약 당사자들은 이러한 사회적 기본가치에 대한 기대치로서 정의 원칙을 실질적으로 평가하게 된다.38) 따라서 이러한 사회적 기본가치는 동시에 분배적 정의의 원칙이 적용되는 대상도 된다.

3) 정의의 두 원칙과 그 도출 과정

(1) 전통적 정의관들의 제시와 그 비판
롤즈는 원초적 입장의 계약 당사자들에게 정의 원칙의 여러 대안들을 제시한다. 그 목록 속에는 롤즈 자신의 정의의 두 원칙과 목적론적 윤리설인 고전적 공리주의, 평균 공리주의, 완전주의 그리고 직관주의와 이기주의 등 대체로 윤리학적 전통을 가지고 있는 것들이 포함된다.39) 그런데 이러한 여러 대안들의 일방적 제시에 대해서 계약 당사자들은 자신의 정의관을 제시할 수 없는 피동적 존재라든지 또는 대안들의 목록이 임의적이라는 비판이 전개되었다. 이러한 비판에 대해서 롤즈는 만일 새로운 대안이 있다고 하면 그것은 언제나 원초적 입장에서 제시될 수 있다고 하면서, "물론 이것[롤즈 자신이 제시한 목록]은 도덕철학의 전통에 대한 합당성을 전제하고 있다. 그렇지 않다면, 우리는 어디에서 출발할 수 있을 것인가?"라고 반문한다.40)

본 논문은 공리주의를 제외한 나머지 대안들에 대해서는 구체적으로 논의할 수 없지만 간략하게나마 언급하고자 한다. 먼저 이기주의를 살펴보자. (1) 페리클레스(Pericles)의 주장처럼 모든 사람은 나의 이익에 봉사해야 한다는 1인칭 독재자(the first-person dictatorship)식의 이기주의나, (2) 모든 사람은 정의롭게 행동해야 하지만, 단 내가 그것을 선택하지 않을 경우 나를 제외한다는 무임승차자(the free rider)식의 이기주의, 그리고 (3) 모든 사람은 자신의 뜻대로 자기의 이익을 증진하는 것이 허용된다는 일반적 이기주의(general egoism)는 앞에서 논의한 도덕원칙의 형식적 제한조건에도 어긋나고 도덕적 입장과도 양립할 수 없기 때문에 모두 배제된다. 따라서 이기주의는 원초적 입장에서 실질적 대안으로 제시된 것은 아닌 셈이다.[41]

완전주의는 아리스토텔레스나 프리드리히 니체(Friedrich Nietzsche)에 의해서 주장되어왔다.[42] 그것은 예술이나 학문, 문화에 있어서 인간의 탁월성의 성취를 극대화하도록 사회를 편성하고 그에 따라 개인의 의무를 규정하는 입장이다. 롤즈는 비록 완전주의가 가치판단의 기준으로서는 중요한 것이기는 하지만, 정의 원칙으로서는 채택될 수 없다고 주장한다. 즉 계약 당사자는 원초적 입장에서 완전주의를 채택하지 않는다는 것이다. 계약 당사자들은 사회의 기본구조에 관한 주요한 결정의 원리로서 이용할 수 있는 일치된 완전주의적 기준을 갖고 있지도 않을 뿐더러, 만일 어떠한 기준을 일방적으로 수용하게 되면 무지의 장막이 걷힌 뒤 각자는 여러 가지 정신적 목표를 추구할 자유에 대한 심각한 제한을 받게 된다는 것이다. 롤즈는 완전주의가 정의 원칙으로서는 부정확하며, 공공문제에 그것을 적용할 경우 그것이 일단의 전통적 집단과 사상계 내에서는 아무리 합당하게 적용되고 받아들여질 수 있다고 하더라도 사회 전체로 볼 때는 불안정하고 특이한 것이 되기 마련이라고 주장한다. 따라서 롤즈는 이러한 불확정성이 완전주의적 기준을 어렵게 만들고 개인적 자유를 위태롭게 하기 때문에 계약 당사자는 보다 확실한 구조를 갖는 정의 원칙을 채택할 것이라는 점을 강조한다.[43]

롤즈는 자신이 말하고 있는 직관주의가 전통적 의미의 직관주의라기보다는 보다 넓은 의미에서 직관주의, 즉 도덕원칙에 있어서의 다원론(pluralism)임을 먼저 밝힌다.[44] 전통적 의미의 직관주의는 옳음과 좋음의 개념이 분석 불가능하든가 또는 도덕원칙이 자명한 명제라고 주장하는 인식론적 학설을 의미한다. 롤즈가 의미하는 직관주의는 (1) 특정한 경우에 상반되는 지침을 주는 다수의 상충하는 제1원칙들이 있다는 것과 (2) 그러한 제 원칙의 순위를 가려줄 명확한 방법이나 우선성의 규칙이 없다는 두 가지 특징을 지닌다.45) 따라서 우리는 가장 근사하게 옳다고 생각되는 바에 의거해서, 즉 직관에 의거해서 조정점을 발견할 수밖에 없다. 롤즈는 만일 우선성에 관한 사람들의 직관적 판단이 유사하다면, 정의 원칙을 정식화할 수 없다는 것은 실제상의 문제가 되지 않으며 심지어 그러한 원칙이 존재하고 안하고는 문제가 될 바가 없다고 생각한다. 그러나 롤즈는 직관주의에서는 그러한 판단들이 상충할 경우 아무런 합리적인 논의의 방안도 없게 된다고 비판한다. 따라서 롤즈는 "우선성을 가리는 문제는 정의론의 부차적인 부분이 아니라 본질적인 부분이 된다"46)고 강조한다. 롤즈는 적적한 우선성의 규칙을 가진 다원적인 원칙들이 원초적 입장에서 정식화될 수 있음을 입증함으로써 직관주의를 극복하려고 한다.

여기에 관련해서 롤즈는 "고전적 공리주의가 갖는 대단한 매력 중의 하나는 그것이 직관에의 의존을 피하고 우선성의 문제를 처리하는 방식에 있다"47)는 것을 밝힌다. 그런데 고전적 공리주의는 유용성의 원칙이라는 하나의 궁극적인 기준을 가진 단일 원칙적 입장인 반면에, 롤즈의 정의 원칙은 소위 계열적 또는 축차적 순서로 배열된 다수 원칙으로서 이루어진다는 점에서 차이가 난다. 여기서는 우선 "유용성의 원칙이 제1원칙이 된다면 그것을 후속하는 모든 기준을 불필요하게 만든다"48)는 롤즈의 주장만을 염두에 두고 구체적인 논의는 3절 공리주의에 대한 비판에서 다루기로 하자.

(2) 정의의 두 원칙

그러면, 롤즈가 제시한 정의의 두 원칙의 구체적인 내용은 무엇이며 그것들이 어떻게 도출되는지를 살펴보기로 하자. 롤즈는 이미 원초적 입장의 구성이 합리적 선택이론과 연관됨을 밝힌 바 있다. 그렇다면 원초적 입장에서 계약 당사자들은 어떤 선택 원칙에 따라서 정의의 원칙을 평가하게 되는가? 합리적 선택이론에서 볼 때 원초적 입장에서의 선택은 무지의 장막 아래에 있기 때문에 불확실성하에서의 선택(choice under uncertainty)이 된다.[49] 불확실성하에서의 선택에는 여러 가지 결정 규칙들이 있지만, 롤즈는 계약 당사자들이 최소극대화 규칙(maximin rule)에 의거해서 정의 원칙을 선택하게 된다고 주장한다.[50] 즉 불확실성하에서 합리적인 계약 당사자는 가능한 대안들 중에서 그 각각이 초래할 최악의 결과(*minimorum*)가 가장 다행스러운 것(*maximum*)을 선택한다는 것이다. 왜냐하면 원초적 입장에서의 선택은 단 한 번의 선택으로 자기 자신을 포함한 자손만대의 장래를 결정하는 심각하고도 최종적인 선택이므로 신중하고 보수적인 결정이 불가피하기 때문이라는 것이다.[51]

그러면, 원초적 입장이 최소극대화 규칙이 적용되는 상황이라는 롤즈의 주장은 정의 원칙의 구체적 도출 과정에 어떻게 연관되고 있는지를 살펴보기로 하자. 롤즈는 원초적 입장의 당사자들이 사회적 기본가치의 분배 원칙을 정함에 있어서 우선 평등을 생각하리라고 본다.[52] 그러나 롤즈는 원초적 입장의 합리적 인간들이 그러한 단순한 평등을 최종적인 것으로 받아들일 이유가 없다고 주장한다. 왜냐하면 만일 사회의 기본구조에 어떤 불평등이 있음으로써 그것이 단순한 평등이 주는 수준과 비교해서 모든 사람의 처지를 개선해줄 수가 있다면, 합리적인 사람은 그러한 불평등을 허용하지 않을 근거가 없기 때문이다. 이러한 불평등은 생산에 대한 유인(incentives)으로 작용하기 때문에 모든 사람의 이득을 증진시키는 기여에 대한 보답으로서의 불평등은 정당화될 수 있는 불평등이 된다.[53]

불평등한 분배적 몫의 기능은 훈련과 교육의 경비를 부담하고 개인들의 사회적 관점에서 보아 가장 필요한 장소와 집단으로 유인하려는 것이다. 공동이익의 기여에 보답하는 불평등은 부정의가 아니라는 것은 전통적인 업적주의적 사회관(the concept of meritocratic society)과도 일치하며 널리 인정되고 있는 것이다.54) 불평등 관계가 완전히 소멸된 사회란 사회학적으로 상상할 수 없는 유토피아에 속한다고 사회학자 랄프 다렌도르프(Ralf Dahrendorf)도 주장한 바 있다.55) 원초적 입장에서 계약 당사자들은 타인의 이익에 관심을 갖지 않으므로 그들이 이러한 불평등을 받아들인다는 것은 단지 정의의 여건 속에서 인간들이 가지게 될 관계를 인정한다는 것을 의미한다. 따라서 그들은 이러한 불평등이 정의라는 것을 용인하게 된다. 더욱이 계약 당사자들은 타인과의 상대적 비교로 낙담하는 시기심의 소유자가 아닌 까닭에, 조건부의 불평등을 허용하는 어떤 차등을 인정하게 된다.56)

여기서 최소극대화 규칙이 연결된다. 계약 당사자들이 이 규칙에 따른다는 것은 사회적 불평등이 허용될 때 그들은 자신이 가장 불운한 자가 될 경우를 가정하고, 그러할 경우 가장 다행스러운 결과가 보장되는 대안을 선택한다는 것을 의미한다. 이것은 곧 계약 당사자가 최소수혜자의 관점에서 불평등을 보게 된다는 것을 나타낸다. 그래서 롤즈는 "불평등은 최소수혜자의 장기적인 기대치를 극대화시키거나 적어도 그에 기여할 경우에만 허용된다"57)는 결론에 이르게 된다. 이러한 결론은 앞에서 언급한 업적주의적 사회관에 대한 중대한 제한을 의미하게 된다. 즉 불평등은 단지 공적이나 응보(merit or desert)에만 의거한 것이 아니고, 최소수혜자의 전망을 향상시키는 한에서 허용되는 것이다.

이러한 추론과정을 거쳐서 롤즈는 정의 원칙의 일반적 모형, 즉 일반적 정의관(the general conception of justice)에 도달하게 된다.

일반적 정의관

"모든 사회적 기본가치 — 자유와 기회, 소득과 부, 자존감의 기반 — 는 이러한 가치들의 일부 혹은 전부의 불평등한 분배가 최소수혜자에게 이득이 되지 않는 한 평등하게 분배되어야 한다."58)

그런데 롤즈는 이상과 같이 정식화된 일반적 정의관에 만족하지 않고 더 특수하게 규정되는 정의의 두 원칙, 즉, 특수적 정의관(the special conception of justice)을 이끌어 낸다. 왜냐하면 일반적 정의관에 있어서는 허용될 불평등의 종류에 아무런 제약이 없기 때문에, 적은 자유가 보다 큰 경제적 이익에 의해 보상될 수도 있게 되며, 이것은 결국 이론상으로는 노예제도와 같은 것도 최소수혜자에게 이득이 되는 한 허용될 수도 있다는 것을 의미한다.59) 따라서 롤즈는 이러한 사태를 방지하기 위해서 사회적 기본가치들 간의 우선성 문제에 주목하고 그것을 처리할 수 있는 원칙들을 정식화하고자 한다.

두 개의 원칙으로 구성되는 특수적 정의관은 바로 그러한 노력의 소산이다. 원초적 입장에서 당사자들이 최종적으로 채택하게 될 정의의 두 원칙은 다음과 같다.

특수적 정의관: 정의의 두 원칙

제1원칙
"각 개인은 모든 사람의 유사한 자유의 체계와 양립 가능한 평등한 기본적 자유의 가장 광범위한 전체 체계에 대해서 동등한 권리를 가져야 한다."60)

제2원칙
"사회적, 경제적 불평등은 다음 두 조건을 만족시키도록 편성되어야 한다.

(a) 최소수혜자에게 최대이익이 되고, …

(b) 공정한 기회균등의 조건하에서 모든 사람에게 개방된 직책과 직위에 결부되어야 한다."[61]

정의의 두 원칙은 세 가지 특수한 주장으로 이루어져 있다. 첫째는 제1원칙인 "최대의 평등한 자유의 원칙"이고, 둘째는, 제2원칙의 전반부가 나타내는 "차등의 원칙(the difference principle)"이며 셋째는 제2원칙의 후반부인 "공정한 기회균등의 원칙(the principle of fair equality of opportunity)"이다. 롤즈는 이러한 원칙들을 축차적인 순서로 구성하여 우선성의 규칙을 적용한다. 그래서 제1원칙은 제2원칙에 우선하고 다시 제2원칙 중 공정한 기회균등의 원칙은 차등의 원칙에 우선하게 된다. 나아가서 이러한 제2원칙은 효율성의 원칙이나 이득총량의 극대화 원칙, 즉 공리주의 원칙보다 우선하게 된다.[62] 이러한 우선성의 규칙이 의미하는 바는 제1원칙이 요구하는 평등한 자유로부터의 이탈이 보다 큰 사회적 경제적 이득에 의해서 정당화되거나 보상될 수 없다는 것이다. 그리고 부와 소득의 분배와 권력의 위계는 반드시 자유 및 기회균등을 보장하는 한에서 허용된다는 것이다.[63]

그러면 일반적 정의관에서 특수적 정의관으로 전환하게 되는 근거를 살펴보자. 여기서 문제가 되는 것은 자유의 우선성이며 또한 그것이 계약 당사자의 유리한 조건하에서라면, 즉 적어도 부가 일정한 수준에 이르렀을 경우에는 경제적 복지의 개선을 위해 자유의 희생을 받아들이지 않는다는 것이다. 이렇게 본다면 특수적 정의관의 축차적 서열은 어느 정도 유리한 조건하에서 일관성 있게 추구된 일반적 정의관의 장기적인 추세가 된다. 그는 자유 우선성의 근거에 대해서 다음과 같이 말한다.[64]

"문명의 상태가 향상됨에 따라 더 이상의 경제적, 사회적 이득이 우리의 선에 있어서 갖게 될 한계의의가 자유에 대한 관심에 비해서 줄어들 것이며, 자유의 관심은 동등한 자유의 행사를 위한 여건이 보다 충분히 실현됨에 따라 강화된다. 일정한 지점을 넘어설 경우 보다 큰 물질적 수단과 직책의 쾌적을 위해서 보다 적은 자유를 받아들인다는 것은 원초적 입장의 관점에서 볼 때 불합리하게 되며 계속 그러한 상태로 남게 된다."

롤즈는 이러한 자유의 우선성에 대한 구체적 이유로서 첫째, 계약 당사자들은 비록 무지의 장막에 가려서 그 구체적인 내용은 모르지만 그들의 종교적 도덕적 신념을 보장하기 위해 다른 무엇에 의해서도 희생되기를 원하지 않는 양심과 사상의 자유를 중시하게 된다는 것을 든다.65) 둘째, 다소간의 물질적인 불평등에도 불구하고 평등한 기본적 자유는 자존감이라는 중대한 기본가치를 보장하게 된다는 것이다.66)

그러면 차등의 원칙의 근거를 살펴보자. 차등의 원칙은 흔히 일반적으로 이해되고 있는 바의 분배적 정의, 즉 물질적 수단의 몫을 정하는 문제가 된다. 일반적 정의관이 자유와 자존감이라는 기본가치를 포함한 넓은 의미의 차등의 원칙이라면, 특수적 정의관에 있어서의 차등의 원칙은 자유와 자존감을 제외한 나머지 기본가치, 즉 소득 및 부의 분배와 사회조직 속의 권한에 관련된 사회적, 경제적 불평등을 다루게 된다. 앞에서도 언급했듯이 계약 당사자는 단순한 평등보다 차등을 허용함이 합리적이다. 차등의 원칙의 요지는 그러한 차등이 최소수혜자에게 최대 이익이 되도록 구성되어야 한다는 것이다. 롤즈는 평등한 자유와 공정한 기회균등이 보장된 사회에서 처지가 나은 자들의 보다 높은 기대치가 정당한 것으로 인정될 수 있는 유일한 조건은 그것이 최소수혜자의 기대치를 향상시키는 경우라고 못을 박는다.67) 그래서 롤즈는 완전한 평등주의는 아니지만 강력한 평등주의적 경향을 보이게 된다. 롤즈는 차등의 원칙이 원초적 입장의 관점에서 엄밀한 논증을 통해서 도출된 것이지만, 차등의 원칙이 평등주의를 옹호한다는 점을 강조하기 위해 천부적 재능에 대한 "공동적 자산" 또는 "집합적 자산"이라는 개념을 도입한다.68)

차등의 원칙은 최소수혜자에게 최대이익이 될 것을 보장하므로 최소수혜자에게는 당연히 받아들여질 것으로 생각되지만, 문제는 보다 유리한 조건을 가진 사람들이 차등의 원칙을 받아들일 이유는 무엇인가 하는 점이다. 여기에 대해서 롤즈는 천부적 자질에 대한 응보라는 개념은 사회적 협동체를 전제하고 있으며, 또한 천부적 자질 자체는 도덕적으로 볼 때 임의적인 것이기 때문에, 보다 나은 자질을 가지고 있는 사람은 상호 이익을 위한 호혜성을 받아들임이 없이는 자신의 이익을 요구할 권리가 없다는 것을 밝힌다.69) 따라서 차등의 원칙은 결국 천부적 재능을 공동적 자산으로 간주하고, 혜택 받은 자는 그렇지 못한 자를 도울 수 있는 방식으로만 이득을 볼 수 있음을 나타내게 된다.

이와 관련해서 공정한 기회균등의 원칙에 대한 롤즈의 해명도 이해될 수 있을 것이다. 공정한 기회균등의 원칙은 재능이 있으면 출세할 수 있다는 관념과 혼동되어서는 안 된다. 따라서 그것은 모든 사람은 어떤 사회적 지위를 차지할 수 있는 동등한 법적 권리를 갖는다는 형식적 기회균등만을 의미하는 것은 아니다. 공정한 기회균등의 원칙은 사회적 지위란 단지 형식적인 의미에서만 공개되어서는 안 되고 모든 사람들이 그것을 획득할 수 있는 동일한 공정한 기회를 가져야만 한다는 것이다.70) 즉, 유사한 능력을 가진 사람은 유사한 인생의 기회를 가져야 한다는 것이다.71) 그러나 공정한 기회균등의 원칙은 가족제도가 존재하는 한 오직 불완전하게 이루어질 수밖에 없고 실제에 있어서 유사한 능력을 가진 사람에게 유사한 인생의 기회를 완전히 보장한다는 것은 불가능하다.72) 그래서 롤즈는 완전한 기회균등을 기대하기는 어려우나, 사회적 출신 계층에 관계없이 모든 직위는 개방되어야 하고, 차등의 원칙에 의해 천부적 재능이 갖는 자의적인 영향을 감소시켜야 한다고 주장한다.73) 이렇게 본다면, 공정한 기회균등의 원칙은 차등의 원칙에 우선하면서도 그 실질적 실현은 차등의 원칙에 의거하게 된다고도 말할 수 있을 것이다.

롤즈는 이러한 정의의 두 원칙을 사회제도를 평가하고 사회변동의 전체적인 방향을 지도해줄 기준이 되는 아르키메데스(Archimedes)적 점으로 간주한다.74) 물론 주어진 시대에 있어서 요구되는 변화의 폭이나 특정한 개혁은 그 시대의 현존여건에 달려 있는 것은 틀림이 없지만 정의로운 사회의 일반적 형태는 그와 같은 식으로는 좌우되지 않는다는 것이다.75) 나아가서 롤즈는 자신의 정의의 두 원칙은 우리의 도덕적 숙고판단에도 일치하며 어떠한 윤리설보다 자유에 대해서 가장 강력한 근거를 제시한다고 역설한다.76)

이제까지는 롤즈의 정의론을 주로 윤리학적인 측면에서 다루어왔으나, 좀 더 포괄적인 관점이 되기 위해서 정치적, 경제적 측면과의 연관성을 간략히 살펴보기로 하자. 롤즈는 정의의 두 원칙을 프랑스 혁명이래 민주주의의 3대 기치가 되어왔던 자유, 평등, 박애와 연관시킨다.77) 즉, 자유는 제1원칙에, 평등은 제1원칙과 더불어 공정한 기회균등에 있어서의 평등에, 박애는 차등의 원칙에 연관시킨다. 차등의 원칙은 박애의 자연스러운 의미, 즉 보다 못한 처지에 있는 타인에게 이익이 되지 않는 한 보다 큰 이익을 가질 것을 원하지 않는다는 관념에 부합된다는 것이다. 따라서 정의의 두 원칙은 "민주사회를 위한 가장 적합한 도덕적 기초"78)를 마련해준다는 것이다. 그런데, 롤즈는 자신의 정의론은 어떤 형태의 경제체제도 옹호하지 않는다고 주장하고 있다.79) 그러나 그는 사유재산권을 가장 중요한 기본적 자유에 대한 권리 속에 넣고 있으며,80) 최소수혜자의 최대이익은 결국 복지보조금에 의해서 보장하고 있다.81) 이것은 전통적으로 경쟁적 시장체제에서 분배의 유일한 기준으로 간주되어온 "생산에 대한 기여"는 최소수혜자의 "기본적 요구"와 "적절한 수준의 복리"에 의해서 조정되어야 한다는 것을 의미한다.82) 이렇게 본다면 롤즈의 정의론은 복지국가에 대한 강력한 윤리학적 기초를 제시하는 것으로 생각된다.83)

3. 공리주의에 대한 롤즈의 비판

롤즈는 "정의가 사회제도의 제1덕목이다"라고 단언하면서,84) 모든 사람은 전체 사회의 복지라는 명목으로도 유린할 수 없는 "정의에 입각한 불가침성"을 갖는다고 주장한다.85) 롤즈의 이러한 주장은 공리주의적 함축성을 갖는 전체 사회의 복지에 대해서 정의의 우선성을 확고하게 강조하는 것이라고 생각된다. 롤즈는 공정성으로서의 정의관이 갖는 강점을 "모든 불평등은 최소수혜자에게 대해서 정당화되어야 한다는 요구 사항과 자유의 우선성"86)이라고 확신한다. 그는 이러한 두 가지 강점으로 인해서 공정성으로서의 정의관이 목적론적 윤리체계인 공리주의보다 사회정의에 대한 적합한 도덕적 기초가 된다고 주장한다. 롤즈는 그러한 강점이 공정성으로서의 정의관이 의무론적 윤리체계라는 점에서 오게 됨을 적시하려고 한다.

공리주의에 대한 롤즈의 비판의 출발점은 이득총량의 극대화만을 강조하는 공리주의는 원칙적으로 볼 때 분배적 정의의 관점에 위배되는 결과를 배제할 수 없다는 것이다. 롤즈는 공리주의에 대한 이러한 비판이 원초적 입장에서 공리주의는 계약 당사자에 의해서 채택되지 않는다는 것으로 정당화된다고 주장한다. 또한 롤즈는 공리주의가 어떠한 형태를 취하든 유용성(utility)에 대한 정확한 측정과 개인 간 비교의 문제에 봉착하게 된다고 지적하고,87) 이러한 문제에 대한 해결책으로 제시된 공리주의의 표준적 가정을 비판한다. 그는 자기의 정의론은 사회적 기본가치와 차등의 원칙을 통해서 공리주의 원칙이 현실적으로 적용되는 데 있어서 피할 수 없는 난점과 애매성을 극복할 수 있다고 주장한다.

그러면 공리주의에 대한 롤즈의 이러한 비판을 차례대로 살펴보기로
하자.

1) 고전적 공리주의의 정의관 비판

(1) 효율성으로서의 정의

공리주의에는 여러 가지 형태가 있으며, 그 이론의 발전은 데이비드
흄에서부터 벤담, 존 스튜어트 밀(John Stuart Mill), 헨리 시지윅(Henry
Sidgwick), 헤이스팅스 래쉬덜(Hastings Rashdall), 무어(G. E. Moore)
등을 거쳐 최근에 이르기까지 계속되어왔다. 그런데, 롤즈는 『정의론』
에서 고전적 공리주의(classical utilitarianism, 전체 공리주의)와 평균
공리주의(average utilitarianism)를 제외하고는 공리주의의 여러 가지
형태나 최근의 논의를 다루지는 않고 있다.[88] 그러나 그는 분배적 정의
의 문제에서는 공리주의가 어떠한 형태를 취하든 동일한 입장이 될 수
밖에 없다고 강조한다.[89]

> "나의 목적은 공리주의 사상 일반에 대해서, 그럼으로써 그 여러 가지
> 상이한 변형들 모두에 대한 대안적 정의론을 전개하려는 데 있다. 계약
> 론과 공리주의의 비교는 이 모든 경우에 있어서 본질적으로 동일한 것
> 으로 생각된다."

공리주의적 정의관을 비판하기에 앞서서, 롤즈는 먼저 사회계약론을
수용한 공정성으로서의 정의관을 통해서 공리주의를 비판하려는 것이
역설적인 점도 있다고 밝힌다.[90] 왜냐하면 흄, 벤담, 밀과 같은 공리주
의자들은 사회계약론을 역사적인 허구라는 점에서뿐만 아니라 불필요
한 가정이라고 비판했기 때문이다.[91] 그들은 오직 유용성만이 모든 사

회적 의무에 대한 충분한 근거를 제시할 수 있으며, 어떠한 경우에도 유용성은 사회계약론적 의무에 대한 실질적 기초가 된다고 생각했다.[92] 이러한 점을 감안한 롤즈는 사회계약이라는 개념이 역사적 사실로서는 문제가 있다고 할지라도, 또한 그것이 사회적 정치적 의무에 대한 일반 이론으로서는 지나치게 무리한 것일지라도, 그것이 적절하게 해석되면 정의라는 개념의 본질적인 부분이 될 수 있다는 단서를 붙인다.[93] 그래서 롤즈는 정의의 공정성이라는 측면만은 공리주의가 포용할 수 없음을 역설한다.

롤즈가 비판하고 있는 고전적 공리주의는 벤담과 시지윅의 입장과 고전적 공리주의를 수용하여 후생경제학을 전개했던 프랜시스 에지워스(Francis Edgeworth)와 아서 피구(Arthur Pigou)의 견해를 총칭한다.[94] 밀은 전면에 부각된 것은 아니지만 간략히 언급되고 있다. 고전적 공리주의에 있어서 분배적 정의의 문제는 일차적 주제가 되고 있지는 않다. 고전적 공리주의는 최대다수의 최대행복이라는 도덕이나 입법의 일반이론으로 전개되었기 때문에, 정의의 문제는 그러한 범위 안에서 이차적으로 논해지고 있다. 롤즈에 의하면 공리주의적 정의관은 정의를 이타심과 동일시하고 그것을 다시 일반적 복지를 증진시키는 제도상의 가장 효율적인 구성과 동일시한다. 그래서 정의는 일종의 효율성(efficiency)이 된다.[95] 고전적 공리주의자들의 입장은 다음과 같다. 벤담에 의하면 "정의가 의미를 가지는 유일한 경우는 논의의 편의를 위해서 고안된 상상적인 수단일 때뿐이며, 정의가 명하는 바는 특정한 경우에 적용된 공리의 명령이다. 따라서 정의는 특정한 경우에 특정한 방법으로 이타심의 목적을 증진하기 위해 사용된 상상적인 수단에 불과하다.[96]

밀은 고전적 공리주의자들 중에서 정의의 문제를 가장 중점적으로 논하고 있다. 그의 주저 『공리주의』 제5장에서 그의 논의는 "… 공리 또는 행복이 옳음과 그름의 판정기준이라는 학설이 좀처럼 인정되지 않았던 가장 큰 장애는 정의의 관념에서 나온다"97)로 시작된다. 이어서 그는 정의를 고차적인 유용성의 원칙을 자연히 지지하게 하는 도덕적 감정의 특수한 충동성으로 설명한다.98) 이러한 논의를 거쳐서 밀은 다음과 같은 결론을 내린다: "정의는 도덕적 요구조건의 한 명칭으로서 전체적으로 볼 때 사회적 유용성의 정도가 다른 요구조건보다 높고 따라서 더 큰 의무를 갖는다. … 정의의 관념은 공리주의 윤리학에 있어서 더 이상 장애물은 아니다."99) 시지윅의 입장은 대체로 벤담과 밀의 입장을 이어받고 있으며, 롤즈도 그의 입장을 공리주의적 정의관의 대표적 견해로 여기고 있다. 그것은 "한 사회의 주요제도가 그에 속하는 모든 개인이 최대한의 순수 잔여 만족량(the greatest net balance of satisfaction)을 갖도록 편성될 경우 그 사회는 정당한 질서를 갖춘 것이며 따라서 정의롭다"는 것이다.100)

우선 롤즈는 이러한 공리주의적 정의관의 두드러진 특징은 만족의 총량이 개인들에게 분배되는 방식을 간접적으로밖에는 문제 삼지 않는다는 것임을 지적한다.101) 따라서 롤즈는 공리주의에서는 "… 동일한 만족의 총량이 산출될 때만 평등한 분배가 선택되는 경우를 제외하고는, 어떠한 분배 방식도 다른 분배 방식보다 낫다고 할 수 없게 된다"고 비판한다.102)

그러면, 여기서 2절 3)항 (1)목 말미에서 논의를 유보했던 것으로 공리주의 원칙은 단일원칙이므로 후속하는 모든 기준을 불필요하게 만든다는 롤즈의 비판을 상기해보자. 롤즈의 비판은 결국 공리주의적 정의관에서는 나중에 오는 기준(예를 들면 평등)은 동점을 판정해야 할 특수한 경우(즉, 동일한 만족총량이 산출될 때)를 제외하고는 결코 작용하지 못하게 되는 반면에, 축차적 서열로 된 정의의 두 원칙은 일정한 사회적 목적이나 그 한계를 구체적으로 명시하고 있다는 것이 된다.103)

그래서 롤즈는 이러한 공리주의적 정의관은 정의에 대한 상식적인 신조, 특히 자유 및 권리의 보호와 당연한 응보에 관한 신조들과 상충된다고 주장한다. 왜냐하면, 공리주의에서는 원칙적으로 볼 때 몇 사람의 보다 적은 이익은 다른 사람의 보다 큰 이익에 의해서 보상될 수 있기 때문이라는 것이다. 더욱 중요한 것으로서는 공리주의에서는 소수자의 자유를 박탈하는 것이 다수자가 누릴 보다 큰 선에 의해서 정당화될 수 있기 때문이라는 것이다.104) 그러나 정의의 두 원칙은 원칙적으로 자유의 우선성을 강조하고, 어떤 직위에 있는 사람의 보다 큰 이익이 다른 사람의 손실보다 중요하다는 것을 들어 불평등을 정당화하려는 것을 배제하게 된다는 것이다.105) 이와 같이 다소 간단해 보이는 제한 사항이 공리주의 원칙을 배제하고자 하는 핵심이 된다. 그러나 공리주의자들은 진보된 문명의 사회적 조건하에서 정의 원칙은 예외적인 조건 아래서만 위반이 허용될 뿐 대체로 그것을 따르는 경우 큰 사회적 유용성이 있다는 사실에서 생겨난 원칙으로 간주하고, 그것을 도덕론의 제1원칙으로 주장하는 것은 그릇된 것으로 보았다.106) 롤즈는 공리주의자들의 이러한 관점에 대해서 "공정성으로서의 정의관은 정의의 우선성에 대한 우리의 신념을 대체로 타당한 것으로 보는 반면에, 공리주의는 그것을 사회적으로 유용한 착각으로 설명하려고 한다"고 비판하고 있다.107)

(2) 목적론적 윤리설로서의 공리주의

롤즈는 분배적 정의에 관한 공리주의의 이러한 결함이 공리주의가 목적론적 윤리설이라는 점에서 오는 필연적 결과로 보고 의무론적 윤리설을 옹호하고 나선다. 윤리학에 있어서 두 개의 주요 개념은 옳음(정당성, 正當性)과 좋음(선, 善)이다. 그래서 윤리설은 이 두 개념을 규정하고 관련시키는 방식에 의해서 분류되기도 한다. 롤즈는 윌리엄 프랑케나(William Frankena)의 논의를 수용하여,108) 목적론을 "좋음이 옳음과는 상관없이 정의되고, 옳음은 그러한 좋음을 극대화하는 것으로 정의되는 윤리설"로 본다.109) 좋음의 내용을 무엇으로 규정하느냐에 따라서 여러 가지의 목적론이 가능하며 공리주의도 그중의 하나이다. 롤즈는 고전적 공리주의에 있어서는 선이 욕구의 만족으로, 보다 좋게 말하면 "합리적 욕구의 만족"으로 정의되는 것으로 해석한다.110) 따라서 공리주의에서는 옳은 행위나 제도가 여러 가지 대안들 중에서 최대의 욕구 만족량을 산출하는 것이 된다. 여기서 롤즈는 공리주의가 이러한 목적론을 취하기 때문에 결국 앞에서 언급한 바와 같이 만족의 최대 총량만을 강조하여 분배적 정의의 문제를 간접적으로밖에는 취급할 수 없는 필연적 결과가 오게 된다는 것을 설파한다.111)

이어서 롤즈는 욕구의 구체적 내용과 성질에 관련해서 목적론으로서의 공리주의를 비판한다. 공리주의에서는 어떠한 욕구의 만족이라도 그것은 옳은 행위나 제도를 결정함에 있어서 그 자체로서 고려되어야만 할 가치를 가지고 있다. 따라서 롤즈는 공리주의에서는 최대의 만족총량을 결정함에 있어서 간접적으로가 아니고는 그것이 무엇에 관한 욕구인가가 문제시되지 않는다고 비판한다.112) 공리주의에서는 만일 사람들이 상호 간에 차별대우를 하거나 타인의 자유를 감소시킴으로써 어떤 쾌락을 얻는다면 그러한 욕구의 만족도 다른 욕구와 더불어 고려되고 평가되어야만 한다. 물론 공리주의에서 만일 그러한 욕구의 충족을 거부한다면, 그것은 그러한 욕구가 사회적으로 파괴적인 성격을 띠고 있기 때문에 다른 방식에 의해서 보다 큰 욕구의 만족량이 성취될 수 있다는 간접적인 이유에서이다.

여기서 롤즈는 공정성으로서의 정의관에서는 타인의 손실에 대해서 갖는 욕구는 그 자체로서 부당한 것이며, 그러한 욕구의 만족은 공리주의에서처럼 간접적인 것이 아니고 직접적으로 부당한 것이 된다고 주장한다. 이것은 처음부터 사람들의 목적체계가 준수해야 할 한계를 밝히는 정의 원칙이 우선적으로 고려되어야 함을 의미한다. 롤즈는 이것을 "공정성으로서의 정의관에 있어서는 옳음이 좋음에 선행한다"113)는 말로 단적으로 표현하고 있다.

이러한 롤즈의 주장은 노예제도의 문제를 통해서 잘 이해될 수 있다. 공리주의는 노예제도가 정의롭지 못한 근거를 노예제도가 노예 소유주에게 주는 이득이 노예에게 주는 손실을 능가하지 않기 때문에 사회 전체의 이득이 극대화하지 않는다는 사실에서 구한다. 그러나 공정성으로서의 정의관에서는 노예 소유주의 이득이라는 것은 아예 계산속에 고려될 수 없는 항목이다. 왜냐하면 노예 소유주의 역할이란 계약 당사자들의 합의 결과로써 이루어진 제도에서는 결코 인정될 수 없기 때문이다. 따라서 롤즈 초기 논문에서 "노예제도는 언제나 부정의하다"고 단언했다.114) 물론 롤즈는 고전적 공리주의가 노예제도를 시인했다는 부당성을 지적한 것은 아니고, 단지 공리주의가 노예제도를 부인하는 근거로서 사용하고 있는 논증이 정의 원칙의 기초로서 생각할 때는 그릇된 것이라고 주장하는 것이다. 공리주의는 만일 노예제도가 욕구의 최대만족을 가져온다면, 그것을 시인할 수밖에 없게 되며, 따라서 원리적으로는 그러한 시인 가능성은 열려 있는 셈이 된다. 그러나 비록 다른 관점에서이기는 하지만 그러한 시인 가능성은 롤즈에게도 열려 있다. 왜냐하면, 노예제도가 언제나 부정의하다는 롤즈의 주장은 모든 가능한 세계에서 타당하게 적용될 수 없기 때문이다.

그래서 롤즈는 초기 입장을 수정하고 노예제도가 현존체계보다 더 나은 과도적인 경우가 있을 수 있음을 인정한다. 그 자신이 예로 든 것은 양 교전국에서 지금까지는 전쟁포로를 모두 사살했으나 조약을 통해서 그들을 노예로 삼기로 한 가상적 상황이다. 이상과 같은 상황에서는 모든 사람이 전쟁포로가 될 위험이 있기 때문에 그러한 형태의 노예제도는 지금까지의 관행보다는 덜 부정의할 수 있다. 그래서 롤즈는 노예제도가 한층 더한 부정의를 해소하는 경우에만 허용될 수 있다는 것을 밝히고 있다.115) 노예제도의 문제를 통해서 살펴본 바와 같이 롤즈의 공정성으로서의 정의관은 좋음에 대한 옳음의 우선성이 그 중심적인 특성을 이루고 있다. 따라서 롤즈의 윤리체계는 의무론적 윤리설이 된다. 그러나 롤즈는 옳음의 우선성을 강조할 정의 원칙을 확립하기 위해서는 어떤 좋음의 개념에 입각해야만 한다. 왜냐하면 롤즈의 의무론은 그러한 원칙들이 자명하다거나 직관에 의해서 파악된다고 주장하는 프리처드(H. A. Prichard)나 로스(W. D. Ross)식의 직관주의적 의무론은 아니기 때문이다.116) 또한 원초적 입장에서는 계약 당사자들의 기본적 동기에 대한 가정이 필요하기 때문이다. 물론 그러한 좋음의 개념은 옳음의 개념이 갖는 우위성을 손상해서는 안 된다. 따라서 정의 원칙을 도출하는 데 이용되는 좋음에 대한 이론은 "선의 기초론(the thin theory of the good)"이 된다.117)

롤즈의 사회적 기본가치(primary social goods)는 개념은 이러한 선의 기초론으로부터 나온 것이다. 사회적 기본가치는 도덕적으로 중립적인 것으로서 사람들이 어떠한 목적체계를 갖는다고 하더라도 그 목적의 달성을 위해서는 누구나 더 많이 갖기를 원하게 되는 필수적인 수단적 가치이다.118) 사회적 기본가치에 대한 이러한 기초적이고 중립적인 규정은 옳음이 좋음에 의해서 도출되기는 하지만 롤즈의 윤리체계가 목적론이 되지 않도록 해준다. 롤즈는 이러한 선의 기초론으로서의 사회적 기본가치에 대한 가정을 통해서 정의의 두 원칙을 이끌어내고, 정의의 두 원칙을 통해서 사람들이 가지는 목적 체계의 내용을 제한함으로써 "선의 완전론(the full theory of the good)"을 이끌어내게 된다.119)

이러한 논의를 배경으로 앞에서 고찰했던 목적론과 관련해서 롤즈의 의무론이 구체적으로 어떠한 입장인지를 살펴보기로 하자. 목적론은 우선 좋음을 옳음과는 상관없이 정의하고, 옳음은 그 좋음을 극대화하는 것으로 정의한다. 따라서 "의무론은 옳음과 독립적으로 좋음을 규정하지 않거나, 혹은 옳음을 좋음의 극대화로서 정의하지 않는 입장이다."120) 롤즈는 의무론에 대한 이러한 규정과 관련해서 자신의 입장을 다음 세 가지 관점에서 구체적으로 명시하고 있다.

(1) "의무론이란 비목적론적인 것으로 정의되기는 하지만 그렇다고 해서 제도나 행위의 옳음 여부를 그것들의 결과와 상관없이 규정짓는 입장은 아니라는 점에 유의해야 한다."121)

(2) "선이란 합리적 욕구의 만족이라고 정의된다고 생각하는 점에서는 공리주의와 일치한다."122)

(3) "공정성으로서의 정의관은 두 번째 의미에서의 의무론이다."123)

롤즈의 첫 번째 주장은 흔히 의무론은 순수한 도덕적 동기주의이며 결과주의가 아니라고 생각하는 일반적 통설을 겨냥하고 있다.124) 전통적으로 공리주의도 결과주의를 표방하고 있으며,125) 공리주의에 대한 주요한 비판도 공리주의가 결과주의를 취한다는 점에서 전개되어왔다.126) 여기에 관련된 또 하나의 문제는 결과의 구체적 내용을 규정하는 방식에 대해서 공리주의 내에서도 "실제적 결과 공리주의(actual consequence utilitarianism)"와 "추정적(또는 확률적) 결과 공리주의(probable consequence utilitarianism)" 사이의 논쟁이 전개되고 있다는 점이다.127) 그리고 프랑케나에 의하면 의무론도 결과주의를 완전히 배제하는 입장과 결과주의를 전혀 무시할 수는 없다는 입장으로 나누어진다.128) 전자는 칸트나 프리처드가 속하고 후자는 로스가 속한다.129) 그렇다면, 롤즈는 어떠한 입장의 결과주의인가? 그리고 결과주의를 수용하면서 공리주의의 극대화 원리를 비판할 수 있는 것일까?

계약 당사자의 동기와 합리성이라는 측면에서만 보면 롤즈는 결과주의를 전적으로 수용하고 있는 것처럼 보인다. 그러나 공정성으로서의 정의관에서는 정의 원칙이 사람들의 목적체계가 준수해야 할 한계를 밝히고 있기 때문에 롤즈의 결과주의는 제한적 결과주의라고 생각된다. 그런데 롤즈가 결과주의를 수용하고 있는 것은 비록 그가 질서정연한 사회에서는 모든 성원이 정의감을 가지고 있다는 것을 가정하기는 하지만, 그것이 흔히 이해되듯이 순수한 최고의 도덕적 동기로서의 정의감은 아니기 때문이라고 생각된다. 롤즈에 있어서 정의감은 모든 사람이 평등하게 등장하는 원초적 입장에서 합리적 개인들이 합의하게 될 원칙에 따라 행동하려는 것과 다른 욕구가 아니다.130) 따라서 정의 원칙은 타산적 동기를 배경으로 도출되어야만 한다. 사회적 기본가치는 이러한 타산적 동기의 대상이 되는 것이다.

이상의 논의는 "합당성(the reasonable)은 합리성(the rational)을 전제하나 그에 우선한다"131)는 롤즈의 말로 종합될 수 있을 것이다. 합당성이 합리성을 전제하는 이유는 사람들에게 동기를 부여하는 기본적 가치가 없이는 사회적 협동체나 정의의 개념이 무의미하기 때문이며, 합당성이 합리성에 우선한다는 것은 합당성이 추구될 수 있는 최종목적에 한계를 정해주기 때문이다.132) 공리주의와의 차이점은 롤즈가 결과주의를 수용하되 부도덕한 결과를 정의 원칙을 통해서 배제하게 되나, 공리주의는 그러한 것을 간접적으로밖에 수행할 수 없다는 것이다. 그리고 롤즈의 결과주의는 계약론이 합리적 선택이론과 연결됨을 감안한다면 실제적 결과 공리주의보다는 추정적 결과 공리주의에 가깝다고 생각된다. 왜냐하면 원초적 입장에서는 사회적 기본가치에 대한 기대치(expectations)로서 결과주의가 작용하기 때문이다.133)

그러면 선이란 합리적 욕구의 만족이라고 정의되는 점에서는 공리주의와 일치한다는 두 번째 주장을 살펴보자. 이미 언급한 바와 같이 선의 기초론에서는 좋음이 옳음에 우선하며 따라서 독립적으로 규정될 수 있다. 선을 합리적 욕구로 정의하는 것은 "합리성으로서의 선"의 개념에 의거한 것이며, 분석 윤리학적 차원에서 보면 "기술주의(descriptivism)"가 된다.134) 여기서 "합리성으로서의 선"의 개념에 관한 복잡한 논의를 일일이 추적할 수는 없다. 보다 중요한 것은 공리주의의 잘못은 선을 합리적 욕구로 정의한 것에 있는 것이 아니라, 그러한 선의 질적 내용과 그것이 개인들에게 분배되는 방식을 간접적으로밖에 다룰 수 없다는 것에 있다는 롤즈의 비판이라고 생각된다.

롤즈의 세 번째 주장은 자기의 의무론은 두 번째 의미의 의무론, 즉 옳음을 좋음의 극대화로 정의하지 않는 입장이라는 것이다.135) 이것은 공정성으로서의 정의관에서는 최대한의 순수 잔여 만족량을 달성하는 문제는 결코 일어나지 않으며, 그러한 극대화 원칙은 전혀 사용되지 않는다는 것을 의미한다. 그러나 이러한 롤즈의 주장은 일견 타당한 것 같지만, 극대화 원칙을 전혀 사용하지 않는다는 것은 문제가 있다고 생각된다. 왜냐하면 롤즈도 인정하고 있듯이 정의의 두 원칙 자체도 최소극대화 규칙에 의거해서 도출된 것이며, 특히 차등의 원칙은 분명히 극대화의 원칙이기 때문이다.136)

여기서 목적론이 극대화되는 선의 관점에 관계없이 적용되면, 따라서 공리주의도 그러하다고 생각한다면, 어떤 사회의 전체적 만족량을 극대화시키는 것이 아니라 최소수혜자를 위시한 모든 성원에게 분배되는 만족을 극대화시킨다는 롤즈의 입장도 공리주의와 양립 불가능한 것으로 생각되지는 않는다. 따라서 롤즈의 입장을 "소극적 또는 부정적 공리주의(negative utilitarianism)"137)라고 해석한 스콧 고든(Scott Gordon)의 주장은 전적으로 무리한 것은 아니다.138) 그러나 이러한 해석을 받아들인다면 문제는 만일 롤즈가 공리주의자라면, 도대체 공리주의자가 아닌 윤리학자가 누구인가라는 것이며, 또한 공리주의 자체 내에서도 롤즈가 제시하는 공리주의가 앞으로 논의하게 될 전체 공리주의와 평균 공리주의보다 더 타당한 윤리체계인가를 결정해야만 한다는 것이다.139) 이러한 문제는 아직 공리주의자들의 반론을 고찰하지 않았으므로 여기서 결론을 내릴 수 없다.

이상의 논의를 종합한다면 롤즈의 의무론은 첫째, 전통적 의무론과는 달리 결과주의를 수용하고 있으며, 둘째, 타산적 동기가 없는 도덕법칙의 고수만을 주장하지는 않고 있다는 점이 특색이라고 할 수 있을 것이다. 이러한 관점을 좀 더 포괄적으로 해석한다면, 롤즈의 정의론은 목적론의 여지를 살리면서 정의의 우선성을 강조하고 있다는 점에서

의무론과 목적론의 조화 가능성을 열었다고 볼 수 있을 것이다.140)

2) 원초적 입장과 공리주의의 배제

(1) 원초적 입장과 최소극대화 규칙

최소극대화 규칙은 이미 언급한 바와 같이 정의의 두 원칙에 대한 논증임과 동시에 공리주의를 배제하는 결정적 근거가 된다. 롤즈는 공리주의적 정의관에 대한 지금까지의 비판이 최소극대화 규칙이 적용되는 원초적 입장에서 공리주의가 선택되지 않는다는 것으로 정당화된다고 주장한다. 그런데 본절 3)항에서 언급될 것이지만 롤즈는 공리주의를 보다 구체적으로 전체 공리주의와 평균 공리주의로 구별하여 비판하고 있다. 여기서는 양자의 차이가 크게 문제될 것으로 생각되지 않는다.

존 폰 노이만(John von Neumann)과 오스카 모르겐슈테른(Oskar Morgenstern)의 게임이론과141) 애로우의 사회적 의사결정이론은142) 인간행위의 합리성 문제를 다루고 있다는 점에서 많은 주목을 받아왔으며, 오늘날 합리적 선택이론을 사회과학 분야에 광범위하게 적용하려는 시도는 일반적인 것이 되었다.143) 롤즈도 도덕철학을 합리적 선택이론의 일부로 간주할 만큼, 도덕철학과 합리성과의 연관성을 강조한다.144) 물론 롤즈는 합리적 선택이론을 단순히 기술적 이론이 아니라 규범적 이론으로서 수용한다.145) 따라서 롤즈가 정의의 두 원칙을 사회정의의 문제에 대한 최소극대화적 해결책으로 생각하는 것도 무리가 아니다.

롤즈는 "정의의 두 원칙과 불확실성하에서의 선택을 위한 최소극대화 규칙 사이에는 유사성이 있다"고 주장한다.146) 롤즈는 최소극대화 규칙이 적용 가능한 상황의 세 가지 특징을 다음과 같이 제시한다.

(1) "최소극대화 규칙은 가능한 상황이 일어날 확률을 고려하지 않으므로 … 제 상황은 그것이 일어날 가능성을 알 수 없거나 기껏해야

극히 불확실한 것이어야만 한다."147)

(2) "선택하는 자는 최소극대화 규칙에 따름으로써 확보할 수 있는 최소한의 생활수준 이상의 이득에 대해서는 별다른 관심이 없는 그러한 가치관을 가지고 있다."148)

(3) "거부된 다른 대안들은 거의 받아들일 수 없는 결과를 가지고 있다."149)

원초적 입장은 이러한 세 가지 특징을 완벽하게 나타내고 있기 때문에 최소극대화 규칙이 적용되는 상황은 다음과 같이 규정된다.150)

(1) 무지의 장막에 의해서 확률에 대한 모든 지식은 배제된다. 이러한 확률에 대한 지식의 배제는 특히 평균 공리주의를 배제하는 근거가 된다.

(2) 정의의 두 원칙은 만족스러운 최소치를 보장한다. 이러한 주장은 자유의 우선성과 두 원칙의 축차적 서열을 감안한다면 결정적으로 유력한 것이 된다. 왜냐하면 자유의 우선성이 함축하는 바는 원초적 입장에서 계약 당사자는 평등한 자유를 희생하고서 더 큰 이득을 얻으려는 욕구를 가지지 않기 때문이다.

(3) 계약 당사자는 다른 정의관에 의해서는 견디기 어려운 제도가 생길 수 있다고 생각한다. 예를 들어 공리주의는 전체 공리주의든지 평균 공리주의든지 보다 큰 사회적 이득을 위해서는 노예제도까지는 아니더라도 상당한 정도의 자유의 침해를 정당화하기 때문이다.

롤즈는 이렇게 최소극대화 규칙을 통해서 공리주의를 배제하고 정의의 두 원칙에 대한 결정적 논증을 제시한다. 이에 대한 구체적인 평가는 4절 1)항 (2)목에서 이에 대한 공리주의자들의 반론을 논하면서 내리게 될 것이다.

(2) 공리주의의 표준적 가정 비판

롤즈는 원초적 입장에서 무지의 장막을 통해서 계약 당사자의 개별적 지식은 차단하나 인간사회에 대한 일반적 사실을 배제하지 않는다. 그러나 이러할 경우 공리주의는 경제학과 심리학의 일반적 사실에 대한 "표준적 가정(standard assumptions)"을 통해서 분배적 정의를 수용할 수 있는 가능성을 갖게 된다. 롤즈는 공리주의의 마지막 보루인 그러한 가능성마저 봉쇄하려고 한다. 공리주의에 대한 가장 흔한 비판은 그것이 노예제도나 자유의 침해를 허용할 수도 있다는 것이다. 왜냐하면 공리주의에서는 그러한 제도들이 정당한지의 여부는 통계적 계산에 의해서 그것들이 보다 높은 만족의 양을 산출하는지의 여부에 달려 있기 때문이다. 이러한 비판에 대한 답변으로서 공리주의자들은 사회는 성질상 그러한 계산이 보통 자유의 침해를 반대하게끔 되어 있다는 일반적 사실을 든다. 즉, 최대의 만족총량은 현실적으로 볼 때 부정의한 방식으로는 얻어지지 않는다는 것이다.[151] 공리주의자들이 자유와 평등의 요구를 설명할 수 있는 이러한 답변의 근거는 표준적 가정을 통해서 제시된다. 그것은 "사람들은 한계효용체감(diminishing marginal utility)의 조건을 만족시키는 유사한 효용함수를 갖는다"는 것이다.[152]

이것은 두 가지 가정으로 이루어져 있다. 첫째, 공리주의자들은 일반적 행복이 동일한 비중을 갖는 개인적 효용함수의 총합으로 이루어진 사회적 효용함수라고 생각하여, 개인적 효용함수는 본질적으로 유사하다고 가정한다.[153] 이것은 "모든 사람은 하나로 계산되며, 아무도 하나 이상으로 간주되지 않는다"는 공리주의의 격률로 나타난다.[154] 밀은 이것을 "벤담의 공식"이라고 명명하고 공리주의에 대한 설명적 주석으로 간주했다.[155] 그는 이것이 행복에 대한 모든 사람의 동등한 요구, 즉 모든 사람에 대한 완전한 공평성을 함축한다고 생각했다.[156] 둘째, 한계효용체감의 법칙은 $n+1$번째 단위의 재화를 통해서 얻는 한계효용이 n번째 단위의 재화를 통해서 얻는 한계효용보다 체감한다는 가정이다.157) 이러한 두 가지 가정으로부터 생겨나는 결과는 일정한 소득이 있을 경우 일단 미래의 생산에 미치는 효과를 도외시한다면, 분배는 평등하게 이루어져야 한다는 것이다. 왜냐하면 일부의 사람들이 다른 사람보다 더 많이 가지고 있는 경우는 보다 적게 가진 사람(즉 한계효용이 큰 사람)에게 양도함으로써 전체 효용이 증가할 수 있기 때문이다. 자유와 권리의 분배도 이와 꼭 마찬가지로 생각될 수 있다.158)

　이러한 표준적 가정을 통해서 공리주의는 경제적 재화의 분배에 있어서뿐만 아니라 자유와 권리에 있어서도 평등주의를 옹호하는 기반을 갖게 된다. 물론 공리주의는 경제적 재화에 대한 완전한 평등주의를 주장하는 것은 아니다. 왜냐하면 표준적 가정은 미래의 생산에 미치는 효과를 도외시한다는 전제 아래 작용하기 때문이다. 롤즈도 생산에 미치는 유인효과 때문에 어느 정도의 불평등을 허용할 수밖에 없는 것은 공리주의와 마찬가지이다. 공리주의적 경제학자인 에지워스와 피구는 이러한 표준적 가정을 통해서 고전적 후생경제학을 전개했다. 또한 그것은 노동조합과 누진세의 근거를 마련해주고, 복지국가의 한 기초로서 작용하여왔다.159)

　한계효용체감의 법칙을 최초로 정식화한 사람은 벤담이다.160) 벤담은 이것을 확대하여 전체 효용의 극대화와 분배적 평등은 결국 일치하게 됨을 주장했던 것이다.161) 즉 벤담은 한계효용의 체감률이 높은 부유층의 자산을 한계효용의 체감률이 낮은 빈곤층으로 이전함으로써 평등을 증진시킴과 아울러 전체 효용도 증진시킬 수 있다고 주장했다. 이러한 벤담의 주장을 감안할 때, 흔히 공리주의 원칙으로 간주되는 "최대다수의 최대행복"에 대한 그 동안의 비판이 적어도 표준적 가정을 언급함이 없이 전개되었다는 점에서는 잘못된 것이라고 할 수 있을 것이다. 왜냐하면 에이어(A. J. Ayer)는 최대다수와 최대행복이 서로 상호 모순되기 때문에 벤담은 일관성을 유지하기 위해 행복의 분배에 관계없이 행복의 최대량을 산출하라고 주장할 수밖에 없었다고 비판했고,162) 니콜라스 레셔(Nicholas Rescher)도 동일한 관점에서 공리주의를 두 요소적 기준(a two-factor criterion)이라고 비판했기 때문이다.163)

그렇다면, 이러한 표준적 가정에 대한 롤즈의 비판은 무엇인가? 그는 우선 "정의의 기본원칙이 사회 속의 인간에 대한 자연적 사실에 의존한다고 주장하는 점에 있어서 사회계약론은 공리주의와 일치하고 있다"164)는 것을 밝힌다. 그러나 롤즈는 일반적 사실과 도덕적 이상 사이의 비중에 따라 정의관이 달라진다고 지적한다.165) 즉, 일반적 사실로부터의 논증에 대부분의 비중을 두는 것이 공리주의의 특징이나 공정성으로서의 정의관은 정의의 이상을 직접적으로 제1원칙 속에 구현하고 있다는 것이다.

롤즈는 정의의 이상을 제1원칙 속에 직접적으로 구현하는 것에는 다음과 같은 두 가지의 정당한 이유가 있다고 주장한다.166)

(1) 공리주의의 표준적 가정은 단지 추정적으로 참일 뿐이거나 혹은 보다 의심스러운 것이다. 그래서 계약 당사자는 불확실하고 복잡한 통계적 계산에 자신을 내맡기기보다는 곧바로 자신의 자유를 확보하는 길을 택할 것이다.
(2) 공리주의의 표준적 가정이 사실일지라도 자유를 보장한다는 것이 공지되어 있는 공정성으로서의 정의관이 실질적인 장점을 갖는다.

지금까지의 논의는 롤즈의 다음과 같은 말로써 요약될 수 있을 것이다. "… 일반적으로 윤리학설은 자연적 사실에 의존하기는 하지만, 세상의 우연성을 이론적으로 완전히 파악하기보다는 정의에 대한 신념을 제1원칙에 보다 직접 명시하는 것이 더 정당하다."167)

공리주의의 표준적 가정에 대한 롤즈의 이러한 비판은 타당한 것인가? 정의의 이상을 제1원칙 속에 직접 명시하고 있다는 것이 계약 당사자의 관점에서 볼 때 실질적인 장점을 갖는다는 롤즈의 주장은 인정될 수 있을 것이다. 그러나 많은 학자들은 롤즈의 정의론도 공리주의의 표준적 가정과 같은 것을 피할 수 없음을 지적하고 있다. 로버트 폴 울프 (Robert Paul Wolff)는 계약 당사자들도 무지의 장막 때문에 동일한 효용함수를 가질 수밖에 없다고 비판하고 있으며,168) 브라이언 배리 (Brian Barry)도 최소극대화 규칙의 두 번째 특징인 만족스런 최소치의 개념을 지적하면서, 그것의 상한이 모든 사람에게 동일하다는 가정이 없으면 최소극대화 규칙은 작용할 수 없기 때문에 원초적 입장에서는 모든 사람이 동일한 효용함수를 가질 수밖에 없다고 비판하고 있다.169)

롤즈가 공리주의의 표준적 가정을 모두 사용하고 있는 것은 자유의 우선성을 논증하면서라고 생각된다. 롤즈의 논증은 문명의 상태가 호전됨에 따라 경제적, 사회적 이득의 한계의의(marginal significance)가 자유에 대한 관심에 비해 줄어든다는 것이다. 비록 롤즈는 한계의의라는 말을 사용함으로써 공리주의의 한계효용체감의 법칙과 같은 인상을 주지 않으려고 노력하고 있으나, 이것은 결국 일정한 지점을 넘어서면 경제적, 사회적 이득이 갖는 한계효용의 체감률이 자유에 대한 한계효용의 체감률보다 크다는 것을 의미한다. 나중에 롤즈는 자유의 한계효용은 체감하지 않고 무한히 체증한다고 말하고 있기는 하지만,170) 다른 기본가치에 대한 한계효용은 체감한다고 생각하는 것은 분명하다. 따라서 모든 사람은 자유에 대해서는 한계효용이 무한히 체증하며 경제적, 사회적 이득에 대해서는 한계효용이 체감하는 동일한 효용함수를 가지고 있다는 것으로부터 자유의 우선성이 증명되는 것이라고 볼 수 있다. 어떤 방식으로든 롤즈는 공리주의의 표준적 가정을 완전히 피할 수 없다고 사료된다.

(3) 전체 공리주의와 평균 공리주의

원초적 입장에서 공리주의는 최종적으로 전체 공리주의(total utilitarianism)와 평균 공리주의(average utilitarianism)로 나누어져 비판된다.

그런데 이미 언급한 바와 같이 롤즈는 원초적인 입장이 최초의 상황에 대해서 철학적으로 가장 유력한 해석이라고 주장하고 있다. 전통적인 각 정의관에 있어서도 자신의 원칙들이 더 나은 해결책이라고 주장할 최초의 상황에 대한 해석이 있다. 전체 공리주의와 평균 공리주의에도 그러한 해석이 있음은 물론이다. 따라서 롤즈는 원초적 입장에서 전체 공리주의와 평균 공리주의가 배제된다는 것과 아울러 그것들에 이르게 되는 최초의 상황에 대한 해석이 타당하지 못함을 밝힘으로써 정의의 두 원칙에 대한 완벽한 정당화에 도달하려고 한다.

전체 공리주의는 고전적 공리주의의 입장으로서 사회 전체의 공리를 극대화한다.171) 전체 공리주의의 사회관은 한 개인이 자신의 최대의 선을 성취하도록 행동하는 것이 당연하듯이, 사회도 전체의 선을 극대화하는 것이 당연하다는 것이다. 사회공동체의 선택 원칙은 개인적인 선택 원칙의 확대로서 해석되어진다. 따라서 전체 공리주의에 있어서 사회정의란 전체의 복지라는 집합적 개념에 적용된 합리적 타산의 원칙이 된다.172) 전체 공리주의를 비판하는 롤즈의 요점은 원초적 입장에서 계약 당사자는 자신의 이익을 증진하는데 관심이 있으므로 분배에 관계없이 전체적 만족량을 극대화할 욕구를 가지고 있지 않다는 것이다.173)

분배적 정의의 문제에 관련된 논의는 고전적 공리주의의 정의관을 다루면서 이미 언급했으므로 전체 공리주의에 대한 비판은 윤리학 방법론의 문제와 연관해서 다루어보자. 롤즈는 전체 공리주의에 도달하는 가장 자연스러운 방법은 개인에 있어서의 선택 원칙을 사회 전체에 대해서도 적용하는 것으로 본다. 따라서 공리주의 윤리학사에 있어서 "공평한 관망자(the impartial spectator)"의 지위와 동정심이 강조되어온 점은 쉽게 이해될 수 있다.174) 왜냐하면 개인적 원칙이 사회에 적용되기 위해서는 공평한 관망자의 공감적 동일화가 필수적인 조건이기 때문이다. 이상적 동정심과 상상력을 갖춘 공평한 관망자는 타인들의 여러 가지 욕구를 자신의 것인 양 경험하고 동일화할 수 있는 완전히 합리적인 개인이다. 그는 여러 가지 욕구들의 강도를 확인해서 하나의 욕구체계 속에서 각자가 갖는 응분의 비중을 할당하게 된다. 그래서 공평한 관망자는 결국 사회 전체의 관점에서 그 욕구체계의 만족을 극대화하는데 힘쓰게 된다.175)

이러한 공평한 관망자는 흔히 "이상적 관망자(ideal observer)"로도 불리고 있으며 흄과 아담 스미스(Adam Smith)에 의해서 제기되었고,176) 근래에 여러 학자들에 의해서 다시 수용되고 있다.177) 롤즈는 벤담과 밀이 이상적 관망자의 입장을 취하고 있는지에 대해서 언급하고 있지 않으나, 벤담의 "이상적 입법자(ideal legislator)"도 이상적 관망자와 대동소이한 것으로 보는 것 같다.178) 그런데 밀은 분명히 이상적 관망자의 입장을 취하고 있다고 생각된다. 왜냐하면 그는 "공리주의는 행위자에게 행위자 자신의 행복과 타인의 행복에 대해서 마치 '사욕이 없는 자선적인 관망자(a disinterested and benevolent spectator)'처럼 완전히 공평할 것을 요구한다"179)고 밝히고 있기 때문이다. 이상적 관망자의 입장에 대한 롤즈의 비판은 공리주의는 그러한 윤리학적 방법론을 채택함으로써 전체주의적 함축성을 가지게 된다는 것과 자기의 합리적 계약자(rational contractor)의 입장과 비교해볼 때 그것은 최초의 상황에 대한 해석으로는 부적당하다는 두 가지 관점으로 집중된다.

롤즈는 이상적 관망자에 근거한 전체 공리주의가 개인들의 다수성이라든가 특이성을 중시하지 않으며 또한 정의 원칙이 사람들의 합의에 의한 것임을 인정하지 않는다고 비판한다.180) 따라서 전체 공리주의는 개인 간의 차이를 신중히 다루지 않게 되며 모든 욕구를 하나의 욕구체계로 융합시킴으로써 몰개인성이 나타나게 된다는 것이다. 나아가서 전체 공리주의의 결함은 그러한 몰개인성을 공평성으로 오인하고 있다는 점에서도 나타나게 된다는 것이다.181) 롤즈는 여기서 공리주의에 대한 전통적 해석 방식에 의문을 제기한다. 흔히 공리주의는 개인의 자유에 대한 강력한 옹호자였으며, 사회 전체의 선은 개인들이 향유하는 선에 의해서 구성된다고 주장한 점에서 개인주의적인 것으로 간주되어왔다는 것이다.182) 그러나 공리주의는 적어도 모든 욕구체계를 융합함으로써 한 개인의 선택 원칙을 사회 전체에 확대 적용함에 이르러서는 개인주의가 아니라는 것이다.183)

전체 공리주의에 대한 이러한 롤즈의 비판은 타당한 것일까? 중요한 것은 이러한 비판의 근거인 개인 간 차이의 문제이다. 앞에서 우리는 롤즈도 결코 공리주의의 표준적 가정을 피할 수 없다는 것을 밝힌 바 있다. 무지의 장막 속에서 동일한 효용함수를 갖는 롤즈의 합리적 계약자에게서도 역시 개인들의 다수성이나 특이성은 찾아볼 수 없다. 따라서 롤즈가 공리주의보다 개인 간의 차이를 신중히 다루고 있다는 주장은 그렇게 납득할 만한 것은 아니다. 이에 대해서 데이비드 고티에(David Gauthier)는 원초적 입장에서는 어떠한 사람도 자신이 누구인지 모르기 때문에 "각자는 아무나이거나 그 누구도 아니다(Each man is everyman or no-man)"라는 정곡을 찌르는 표현을 구사하면서 롤즈를 비판하고 있다.184)

그러면 최초의 상황에 대한 해석으로서 이상적 관망자의 입장이 합리적 계약자의 입장에 비해 적절하지 못하다는 롤즈의 주장을 살펴보자. 이상적 관망자의 입장은 이상적인 동정적 이타심을 가지고 있는 공평한 관망자가 어떤 행위나 제도를 만족의 경험에 의거해서 시인하는 경우에 그것은 정당하다는 것이다.185) 최초의 상황에 대한 해석의 차이로 보면, 이상적 관망자의 입장에서는 완전한 지식과 동정적 일체감에 근거한 이타심이 만족의 순수총량에 대한 평가를 통해서 공리주의에 도달하게 되고, 롤즈의 합리적 계약자의 입장은 무지의 장막에 의거한 상호 무관심성을 통해서 정의의 두 원칙에 도달하게 된다.

양자는 인지상의 조건과 동기상의 조건에서 서로 상반하는 가정을 하기는 하나, 공평성을 확보할 수 있다는 점에서는 차이점이 없다.186) 그러나 롤즈는 합리적 계약자의 입장이 이상적 관망자의 입장보다 여러 가지 장점을 가지고 있다고 주장한다. 이상적 관망자의 입장처럼 이타심과 완전한 지식이 결합되는 경우는 지나치게 많은 지식에 의해서 생기는 복잡성을 처리할 수 없을 뿐만 아니라 동기에 대한 가정이 애매하여 확정적인 도덕원칙에 대한 합의가 이루어지기 어렵다는 것이다. 이에 비해서 상호 무관심과 무지의 장막이 결합하게 되면 단순성과 명료성이라는 장점을 갖게 된다는 것이다.187) 그리고 이타심을 가정하는 것은 상충하는 이익의 갈등이라는 정의의 여건과도 어긋난다는 것이다.188)

이상적 관망자의 입장에 대한 롤즈의 이러한 비판은 타당한 것으로 인정될 수 있을 것이다. 그러나 두 입장에 대한 우열을 최종적으로 평가하기에는 아직도 해결되어야 할 문제가 있다. 그것은 롤즈의 윤리체계에서 이타적 동기가 온전히 배제될 수 있는지의 여부이다. 이 문제는 계약 당사자의 자격과 저축 원칙에 관련된 세대 간 정의의 문제에 깊숙이 연관되어 있다. 롤즈는 원초적 입장의 계약 당사자들을 동시적으로 모인 모든 가능한 세대들의 사람들이라고는 생각하지 않는다. 그는 이렇게 생각하는 것은 너무 심한 환상을 전개하는 것으로 본다. 그래서 계약 당사자는 동시대인이 된다.189) 계약 당사자가 이렇게 규정될 경우 그들은 상호 무관심한 동기를 가지고 있기 때문에 다음 세대를 위해서 저축을 할 의무가 없게 된다. 이 경우에는 무지의 장막도 바람직한 결과를 보장할 수 없다. 그래서 롤즈는 세대 간에 생기는 정의의 문제를 동기 유발에 대한 가정을 변경함으로써 해결한다. 여기서 계약 당사자는 보다 특수하게 다음 세대와 정적 유대(情的 紐帶, the ties of senti-ments)로 연결되어 있는 가장(家長)으로 상정된다.190) 이렇게 본다면 결국 롤즈는 세대 간 정의의 문제에 있어서는 이타적 동기를 끌어들이게 된다. 따라서 롤즈의 윤리체계는 동기상으로 완전히 일관된 것은 아니며, 이상적 관망자의 입장에 대한 비판도 부분적 타당성만을 가질 수밖에 없게 된다.

이어서 평균 공리주의를 배제하는 롤즈의 논거를 살펴보기로 하자. 평균 공리주의는 밀과 크누트 빅셀(Knut Wicksell)에 의해서 제기되었고,[191] 근래에는 하사니 등에 의해서 새로운 기초가 마련되었다.[192] 평균 공리주의는 효용과 확률을 접합시킴으로써 공리주의에 대한 새로운 해석을 시도하고 있다는 점에서 "신공리주의"라고도 불린다.[193] 전체 공리주의가 사회 전체의 공리를 극대화하는 반면에, 평균 공리주의는 일인당 평균공리를 극대화한다. 인구수가 일정한 경우에 양자는 동일하다. 그러나 전체 공리주의에서는 사회 전체의 공리를 극대화하기 때문에 일인당 평균공리가 저하되더라도 인구 증가가 권장된다. 즉, 인구수의 증대에 의해서 늘어나는 전체공리는 일인당 평균공리의 감소를 보상할 만큼 충분히 크다는 것이다.[194] 원초적 입장에서 볼 때 계약 당사자들은 평균공리를 유지해줄 어떤 하한선에 합의하는 것이 합리적이다. 따라서 롤즈는 정의의 두 원칙에 대한 보다 필적할 만한 대안은 평균 공리주의라고 본다.[195] 롤즈의 원초적 입장은 불확실성하에서의 선택으로 그 의사결정 규칙은 최소극대화 규칙이다. 불확실성하에서의 선택에서 또 다른 의사결정 규칙은 "기대효용 극대화의 원칙(the principle of the expected utility maximization)"이 있다.[196] 이것은 기대되는 결과들의 효용이 가장 큰 것을 선택하라고 하며, 보다 세부적으로 말하면 그 효용의 평균 효용이 가장 큰 것을 선택하려고 한다. 최소극대화 규칙과 기대효용 극대화의 원칙은 모두 특정한 선택이 초래할 수 있는 결과에 대해서 객관적 확률이 존재하지 않을 경우에 적용된다. 이때 최소극대화 규칙은 확률의 추정을 포기하고 예상되는 최악의 결과를 선택의 기준으로 삼는 반면에, 기대효용 극대화의 원리는 소위 "불충분한 이유의 원칙(the principle of insufficient reason)" 또는 "라플라스(Laplace)의 원칙"에 의해서 가능한 모든 경우가 동일한 확률을 가진 것으로 가정하여 한 선택지의 기대효용을 산출하게 된다.[197]

평균 공리주의에 이르게 되는 구체적인 과정은 다음과 같다.

한 선택자가 A라는 대안을 선택했을 경우 그가 속할지도 모를 각 사회적 지위 (1, 2, ……, n)의 확률 (p_1, p_2, ……, p_n) 및 기대효용 (u_1, u_2, ……, u_n)에 의거한 기대효용의 총합 U_A는 다음과 같이 규정된다.

$$U_A = u_1 p_1 + u_2 p_2 + \cdots\cdots + u_n p_n = \sum_{i=1}^{n} u_i p_i \left(단 \sum_{i=1}^{n} p_i = 1 \right)$$

이때 만약 각 사회적 지위에 속할 객관적 확률을 모른다면 U_A의 산출은 불가능해진다. 따라서 기대효용 극대화의 원리는 불충분한 이유의 원칙(확률이 다르다고 추정할 충분한 이유가 없을 때는 모두가 동일한 확률을 가진다고 가정)에 의하여 각 선택지에서 각 사회적 지위에 속할 확률이 동일한 것으로 가정한다. 이것은 결국 한 선택자가 어떤 사람으로 나타날 확률이 동일하다고 생각하는 것과 마찬가지이다. 따라서 U_A = $\sum u_i$ / N(N은 인구수)가 된다. 기대효용 극대화의 원리는 $\sum u_i$ / N을 가장 크게 할 수 있는 대안을 선택할 것을 요구한다. 여기서 $\sum u_i$ / N은 한 사회의 평균적 기대효용을 의미하며, 이것을 극대화한다는 것은 곧 평균 공리주의를 선택한다는 것이다.[198] 만일 계약 당사자들이 모험을 싫어하지 않으며 확률을 따짐에 있어서 불충분한 이유의 원칙에 따르는 자로 생각될 경우, 최초의 상황이라는 관념은 자연히 평균 공리주의에 이르게 된다.

롤즈가 정의의 두 원칙을 논증하기 위해서 증명해야 할 것은 원초적 입장에 비추어 볼 때 계약 당사자들이 평균 공리주의적 방식으로는 선택할 수 없다는 점이다. 롤즈는 우선 평균 공리주의는 모험적이기 때문에 선택되지 않을 것이라고 주장한다.[199] 왜냐하면 한 사회의 평균효용이 높다고 해도 그것은 최소수혜자의 기대치와 평균효용이 같이 상승하는 경우도 있지만, 평균효용은 최소수혜자의 기대치가 저하됨에도 불구하고 상승할 수 있다는 것이다.[200] 이어서 롤즈는 확률에 대한 판단이 합리적인 판단의 기초가 되려면, 그것은 객관적 근거, 즉 특정 사실에 대한 지식을 바탕으로 해야 한다고 주장한다.201) 그러나 이러한 주장으로 불확실성하에서의 선택 규칙으로서 불충분한 이유의 원칙이 완전히 배제되는 것은 아니라고 생각된다. 왜냐하면 불충분한 이유의 원칙은 객관적 근거가 없는 경우에 적용되는 확률 추정의 원리이기 때문이다. 불확실성하에서의 선택 규칙으로서 불충분한 이유의 원칙은 최소 극대화 규칙과 대등한 지위를 갖는다. 불충분한 이유의 원칙이 확률론 내에서도 아직 논란의 여지가 있기는 하지만, 롤즈가 순전히 확률론의 입장에서 그것을 배제하는 것은 아니라고 생각된다. 따라서 롤즈는 확률의 논리 이외에 다른 근거가 필요하게 된다. 롤즈는 그 근거를 원초적 입장에서의 선택이 계약 당사자 자신의 인생에 중대한 영향을 미치게 될 뿐만 아니라 자신이 대표하는 후손들에게도 책임이 있기 때문에 결코 모험을 할 수 없다는 점에서 구하고 있다.202) 이러한 롤즈의 주장은 4절 1)항 (2)목에서 평균 공리주의자 하사니의 반론을 통해서 최종적으로 평가될 것이다.

3) 공리 계산의 난점과 애매성

(1) 공리 계산과 개인 간 비교의 난점

공리주의를 극복하려는 롤즈는 자신의 정의론이 도덕적 우월성을 가진 윤리체계일 뿐만 아니라 현실적 적용성에 있어서도 보다 나은 체계임을 입증하려고 한다. 목적론적 윤리설인 공리주의는 우선 좋음을 전제하고 옳음은 그것의 극대화로 정의한다. 따라서 공리주의가 현실적으로 적용되기 위해서는 전제된 좋음이 확정되어야만 한다. 전통적으로 공리주의는 좋음을 쾌락으로 정의하는 쾌락주의적 공리주의의 형태를 견지해왔다. 그래서 공리주의에서는 쾌락의 계산 가능성이 중대한 문제가 된다.

벤담은 쾌락이 양적으로 측정될 수 있다고 보고 쾌락계산법(felicific calculus)을 제시했다. 그 측정 기준으로는 쾌락의 강도(intensity), 지속성(duration), 확실성(certainty), 근접성(propinquity), 다산성(fecundity), 순수성(purity), 그리고 범위(extent)의 일곱 가지가 있다.203) 이러한 쾌락계산법은 쾌락이란 질적으로 동일하기 때문에 양적 차이로 환원할 수 있다는 것을 전제한다. 이러한 소위 양적 쾌락주의는 "다른 조건이 같을 경우, 압정놀이(pushpin)도 시작(詩作)과 동등하게 좋다"는 벤담의 언명을 통해서 단적으로 표현된다.204)

그러나 이러한 양적 쾌락주의가 돼지의 철학이고, 쾌락의 질을 무시한다는 비판에 봉착하게 되자, 밀은 쾌락의 양적 규정을 수정하여 쾌락에도 질적 차이가 있음을 인정하는 소위 질적 쾌락주의를 제시하게 된다. 이것은 "만족한 돼지보다는 불만족한 인간이 낫고, 만족한 바보다는 불만족한 소크라테스가 되는 편이 더 낫다"는 밀의 유명한 말로 표현된다.205)

롤즈는 이러한 쾌락주의적 공리주의의 난점을 다음과 같이 비판하고 나선다. 그는 먼저 쾌락에는 그 자체로서 비교할 수 없는 서로 다른 종류의 쾌락들이 있을 뿐만 아니라 쾌락의 양적 차원에도 강도 및 지속성과 같은 여러 가지 기준이 있다는 것을 지적하면서 "만일 그러한 것들이 상충할 경우 우리는 그것들을 어떻게 조정해야 할 것인가?"206)라고 반문한다. 이러한 경우 양적 차원에 있어서도 짧고 강한 쾌락과 길고 약한 쾌락의 비교도 단순하지 않을 뿐만 아니라, 양적 차이와 질적 차이가 상충할 경우에도 명확한 해결방식을 쉽게 찾을 수 없다는 것이다.207)

그러면, 고전적 공리주의에 있어서 선을 합리적 욕구의 만족으로 해석한 롤즈의 입장에서 공리 계산과 개인 간 비교의 문제를 살펴보자. 공리주의와 롤즈의 정의론은 사회제도의 정의 여부를 평가하기 위한 기대치를 측정하는 데 있어서 각기 다른 방식을 사용하고 있다. 사회정의의 문제에 적용될 경우, 공리주의에서는 그러한 기대치에 대한 기수적 측정(cardinal measurement)도 필요하지만 이러한 측정이 개인 간 비교에 있어서도 의미가 있어야만 한다. 이것은 전체 공리주의든지 평균 공리주의든지 모두 마찬가지이다. 이러한 문제를 해결하기 위해서 공리주의는 이미 언급한 표준적 가정을 통해서 모든 개인이 유사한 효용함수를 가지고 있다는 것을 전제한다. 공리주의에 있어서 이러한 표준적 가정은 극대화의 원리와 분배적 정의의 갈등을 조정하는 것일 뿐만 아니라 공리 계산과 개인 간 비교의 문제를 해결하기 위한 두 가지 역할을 하게 된다.208)

이미 언급한 바와 같이 롤즈는 이러한 표준적 가정이 분배적 정의의 근거로서는 불확실한 것이라고 비판한다. 또한 그는 표준적 가정에서처럼 모든 개인이 만족에 대한 비슷한 능력을 가졌다고 전제하는 것은 개인 간 비교의 척도를 마련하기 위한 지나친 가정이라고 논박한다.209) 나아가서 그는 공리주의에서는 막연하게 욕구의 만족이 비교될 뿐이며 그러한 비교의 "객관적 근거"가 결여되어 있다고 지적한다.210) 롤즈는 사회적 기본가치와 차등의 원칙이 공리주의의 난점을 다음 두 가지 방식으로 해결해준다고 주장한다.211)

(1) 차등의 원칙은 공리주의 원칙처럼 기수적 측정을 포함하는 만족의 총량이나 평균량을 계산할 필요가 없이 최소수혜자의 관점에서 만족의 서수적 판단(ordinal judgement)만으로 충분하다.
(2) 차등의 원칙은 개인 간 비교의 근거를 단순화시킨다. 이러한 비교는 사회적 기본가치의 기대치에 대한 지수(指數, index)로서 이루어진다.

그러나 롤즈가 이러한 두 가지 방식을 통해서 공리주의의 모든 난점을 완전히 해결할 수 있는 것은 아니라고 생각된다. 왜냐하면 차등의 원칙이 현실적으로 적용되기 위해서는 첫째, 최소수혜자의 집단을 규정하는 문제, 둘째, 상이한 사회적 기본가치의 비중을 가리는 문제가 선행적으로 해결되어야 하기 때문이다. 최소수혜자의 집단을 규정하는 문제와 사회적 기본가치의 문제는 밀접하게 관련되어 있기 때문에 두 번째 문제부터 언급해보기로 하자.

롤즈는 상이한 기본가치의 비중을 가리는 문제를 정의의 두 원칙이 축차적 서열을 이루고 있다는 것으로 해결한다. 기본적 자유는 언제나 동등하고, 공정한 기회균등이 있으므로, 자유와 권리는 다른 사회적 가치들과 비교될 필요가 없다는 것이다. 그러나 롤즈의 주장은 유리한 조건 아래서 특수적 정의관이 작용할 때뿐이며 일반적 정의관에서는 그러한 문제가 쉽사리 해결되지 않는다. 또한 일반적 정의관에서 특수적 정의관으로 이행하게 되는 과정에서도 도대체 일정한 수준의 부가 어느 정도인지 구체적으로 지정할 수 없다는 것도 문제점으로 지적될 수 있다.212)

이어서, 첫 번째 문제를 살펴보자. 롤즈는 자유와 권리가 나머지 사회적 기본가치들과 비교될 필요가 없기 때문에 나머지 사회적 기본가치에 대해서 고려되어야 할 유일한 지수 문제는 최소수혜자 집단에 대해서라고 본다. 롤즈는 권한(power)이 소득이나 부와 연결되는 경향이 있다는 것을 지적하고, 결국 최소수혜자는 소득과 부의 수준에 의해서 정해진다고 주장한다.213) 그러나 최소수혜자를 이렇게 쉽게 규정할 수 있는지는 의문이다. 차등의 원칙이 현실적으로 작용하기 위해서는 많은 고려 사항이 필요하다. 여기에 대해서 벤자민 바버(Benjamin Barber)는 미국에서 흑인들, 백인 중류층 학생들, 여성들, 도시 빈민자들, 노동자들이 저마다 최소수혜자라고 주장하고 있는 상황을 예로 들면서, 소득과 부는 최소수혜자 집단의 규정에 있어서 단 하나의 차원일 뿐이라고 비판하고 있다.214)

(2) 공리주의 원칙의 현실적 애매성

롤즈는 공리주의 원칙과 비교해볼 때 정의의 두 원칙이 사회정의의 문제를 판정하는 데 있어서 명백한 입장이 된다고 강조한다. 만족의 총량이나 일인당 평균량을 극대화한다는 것은 애매하고 비조직적이라는 것이다. 즉, "평등한 자유가 침해되는 경우를 확인하고 차등의 원칙에서 벗어난 점을 확증하는 것은 불평등한 대우가 사회복지를 증대하는지의 여부를 결정하는 것에 비해서 쉬운 일"이라는 것이다.215) 이러한 롤즈의 주장은 개인 간 비교에 있어서 공리주의의 난점을 극복했다는 앞서의 주장과 연결된다. 차등의 원칙에 관련해서 이러한 롤즈의 주장을 자세히 고찰해보자. 롤즈는 차등의 원칙은 공리주의 원칙보다 더 적은 정보에 의존한다고 주장한다.216) 일단 최소수혜자 집단이 확인되기만 하면, 어떤 정책이 그들에게 이익이 될 것인가는 쉽게 결정된다는 것이다. 그러나 공리주의는 이득과 손실에 대한 잔여량을 평가하는 방식과 의미 있는 기준에 의거해서 상이한 사회집단의 유용성을 비교할 수 있는 아주 명백한 방법이 필요하게 된다는 것이다. 이러한 판단은 여러 가지 요구가 대립할 수 있는 여지를 많이 남기게 되고, 그 타당성이 의심스러운 편견이나 이기심에 근거할 수도 있게 된다는 것이다. 어떤 사람은 한 집단의 이득이 다른 집단의 손실보다 더 중요하다고 주장할 것이며, 다른 사람은 그것을 부인한다는 것이다. 아무도 이러한 차이점을 해명해줄 기준이 무엇인지를 말할 수 없다는 것이다. 이러한 상황에서는 보다 유력한 사회적 지위를 가진 사람은 분명히 어떤 한계를 벗어났다는 것을 노출시키지 않고 부정의하게 자신의 이득을 도모하기 쉽다는 것이다. 따라서 결과적으로 볼 때 불평등은 극심해질 것이며, 한 사회의 정의로운 체제는 붕괴되고 만다는 것이다.217)

롤즈는 더 나아가서 이러한 공리주의 원칙이 갖는 애매성은 만족의 총량에 대한 보다 정확한 측정만으로도 제거될 것 같지가 않다고 주장한다.218) 사회정의의 판정 기준으로서 정의의 두 원칙이 공리주의 원칙보다 명백한 것이라는 롤즈의 주장은 일견 수긍이 가는 주장이다. 그러나 현실적으로 부정의를 확인하는 경우에 정의의 두 원칙이 명백한 입장이 될 것인지는 논란의 여지가 있다. 물론 평등한 자유의 원칙과 공정한 기회균등의 원칙에 관한 경우는 부정의가 어느 정도 명백하게 파악될 수 있지만, 차등의 원칙의 경우에는 문제가 많다. 롤즈도 차등의 원칙이 허용하는 불평등이 어느 정도인지 명확히 제시될 수 없음을 분명히 하고 있다.[219] 또한 최소수혜자에게 부여되는 적합한 수준의 최소치가 어느 정도인지도 쉽게 규정될 수 없으며,[220] 특히 차등의 원칙은 미래 세대에까지 걸친 최소수혜자의 장기적인 전망에 관련된 것이라는 점을 볼 때 문제는 더욱 복잡해진다.[221] 그리고 현실적으로 볼 때 최소수혜자의 최대이익은 결국 복지보조금을 통해서 보장하게 되므로 여기에도 논란의 여지가 많다. 또한 이미 언급했듯이 최소수혜자가 여러 가지 사회적 지위와 결부될 때 차등의 원칙은 그 집단의 선정에 있어서도 많은 문제점을 드러낸다.

이러한 일련의 비판들은 롤즈가 현실세계의 부정의를 처리하는 방식으로서 시민불복종(civil disobedience)의 문제를 논할 때 시민불복종이 정당화될 수 있는 부정의의 대상에서 차등의 원칙에 위반된 사항을 제외한 것으로 보아 타당한 것으로 생각된다.[222] 따라서 차등의 원칙에 관련된 한, 공리주의 원칙의 애매성은 지나치게 강조된 것이라고 생각된다. 이것은 롤즈 자신의 말을 인용함으로써 명확해질 것이다.[223]

> "차등의 원칙에 위반된 것을 확인하기는 더욱 어렵다. 이러한 원칙이 충족되었는지에 관해서는 광범위한 영역에 걸쳐 서로 대립되는 합당한 견해들이 있는 것이 보통이다. … 이러한 문제들이 갖는 복잡성에 비추어 볼 때 이기심과 편견의 영향을 배제하기는 어려우며 비록 우리 자신의 경우에는 그것이 가능하더라도 타인들에게 우리 자신의 진실함을 납득시키는 것은 또 다른 문제이다."

4. 롤즈의 정의론에 대한 공리주의자들의 반론

사회정의의 관점에서 공리주의를 극복했다는 롤즈의 이상과 같은 주장에 대해서 공리주의자들은 어떠한 반론을 전개하고 있는가? 그리고 그러한 반론은 타당한 것인가? 공리주의자들의 반론은 크게 다음 세 가지로 구분될 수 있다.

첫째, 공리주의자들은 롤즈의 윤리학 방법론에 관해서 다음 두 가지 관점에서 비판을 전개하고 있다. 먼저, 라이언스와 헤어는 정의의 두 원칙이 공리주의 원칙보다 우리의 도덕적 숙고판단에 더 잘 일치한다는 롤즈의 정합론은 결국 직관주의에 불과한 것이기 때문에 정당화의 역할을 수행할 수 없다는 반론을 제기한다. 그리고 계약론에 대해서 라이언스, 헤어, 하사니는 원초적 입장이 공리주의를 배제하기 위해서 자의적으로 구성되었다는 비판을 전개한다. 이것은 특히 공리주의의 배제에 결정적 논증을 제공하는 최소극대화 규칙에 관련해서 무지의 장막과 확률 계산의 문제가 중심이 된다.

둘째, 사회적 기본가치에 대한 애로우의 비판은 기대치의 계산 근거로서 사회적 기본가치가 갖는 여러 가지 난점을 지적하고, 결국 사회적 기본가치도 공리주의의 표준적 가정을 완전히 회피할 수 없음을 밝힌다. 그리고 헤어와 하사니는 공리 계산과 개인 간 비교가 가능하다는 것을 보여주려고 한다.

셋째, 공리주의자들은 롤즈의 정의의 두 원칙 자체에 대해서 여러 가지 비판을 전개한다. 라이언스는 공리주의 원칙과 롤즈의 정의의 두 원칙은 현실적으로 보면 차이점이 없다고 주장한다. 그리고 애로우는 자유의 우선성에 관련해서 공리주의도 그러한 근거를 제시할 수 있다는 논의를 전개한다. 그런데 하사니는 오히려 차등의 원칙이 도덕적으로 볼 때 역설적인 결과를 낳게 된다고 롤즈를 적극적으로 역공하고 있다. 나아가서 라이언스, 헤어, 하사니는 모두 한계효용체감의 법칙과 규칙 공리주의(rule utilitarianism)를 통해서 공리주의가 분배적 정의를 수용할 수 있다는 반론을 전개한다.

공리주의자들의 이러한 반론을 고찰함에 있어서 언급해야 할 것은 네 사람 각자의 상이한 입장이다. 구체적인 것은 논의를 전개하면서 밝혀지겠지만, 여기서는 인구 문제에 관련해서 전체 공리주의자임을 명백히 밝히고 있는 것은 헤어뿐이며 나머지는 평균 공리주의를 옹호하고 있다는 점만 밝혀두려고 한다.224) 인구 문제에 관련된 전체 공리주의와 평균 공리주의의 논쟁은 공리주의의 내적인 문제이고, 또한 특수한 논의를 필요로 하므로 생략하겠다. 그러면, 공리주의자들의 이러한 반론들을 차례로 살펴보기로 하자.

1) 윤리학 방법론 비판

(1) 정합론의 한계

롤즈의 윤리학 방법론은 정당화 문제에 관련시켜볼 때 원초적 입장에서의 합리적 선택인 계약론과 도덕적 숙고판단과의 일치를 주장하는 정합론에 동시에 의거하고 있다. 먼저 정합론에 대한 공리주의자들의 반론부터 다루어보자.

라이언스와 헤어는 모두 정합론이 정당화의 역할을 수행할 수 없다고 비판한다. 롤즈가 의미하는 정합론은 우리의 도덕적 숙고판단에 일방적 우위성을 인정한 것이 아니라 소위 반성적 평형상태라는 개념이 부과된 것이다. 따라서 판단과 원칙 간의 만족스런 합치를 위해서는 어떤 판단들이 무시되어야 하거나, 또는 원칙이 수정되어야만 한다. 라이언스는 이러한 상호 수정은 결국 어떠한 고정점도 없는 순환논증이 되고 만다고 비판한다.225) 라이언스는 더 나아가서 정의의 두 원칙과 정의에 관한 우리의 도덕적 숙고판단이 합치되어 반성적 평형상태에 있다고 할지라도 그러한 사실이 정의 원칙의 정당성을 보장해주는 것은 아니라고 지적한다. 왜냐하면 우리는 그러한 판단이 현재 우리가 우연히 공유하게 된 독단적인 신념이나 감정에서 유래한 것인지 아닌지를 확인할 수 없기 때문이라는 것이다.226) 따라서 정합론을 통해서 도덕원칙을 정당화하려는 것은 도덕적 관습주의나 직관주의에 지나지 않는다는 것이다.227) 헤어의 비판도 대동소이하다. 그는 사람들의 실제적 도덕판단에 의해서 검증되는 도덕이론은 인류학적 이론일 뿐이지 도덕적 당위론은 아니라고 비판한다.228) 그는 이런 식의 논증을 라이언스처럼 정합론이라고 표현하고 있지는 않으나 굳이 명명한다면 "여론적 논증 (the received opinion argument)"이라고 할 수 있을 것이다.229) 헤어는 더 나아가서 정합론을 도덕원칙의 정당화로 주장하는 것은 롤즈 자신의 주관주의에 지나지 않으며, 그것이 위장되어서 직관주의로 나타난 것일 뿐이라고 비판한다.230)

이러한 공리주의자들의 비판은 결국 정의 원칙에 대한 정당화를 제공하는 정합론이 윤리학 방법론으로서는 성립할 수 없다는 것을 의미한다. 그렇다면, 우리는 여기서 윤리학적 방법론으로서 정합론과 계약론을 동시에 사용하고 있는 롤즈에게서 그 양자의 관계는 무엇인지를 살펴보아야만 할 것이다. 또한 공리주의자들이 정합론을 극력으로 거부하는 이면에는 공리주의가 흔히 우리의 도덕적 신념에 위배된다는 사실을 감추려는 의도가 있는 것이 아닌가 하는 문제도 생각해보아야만 할 것이다.

롤즈는 정합론과 계약론의 관계에 대해서 단적으로 말하고 있지는 않으나 문맥을 통해서 그 관계를 추리해볼 수 있다. 먼저, 정합론은 단지 계약론의 부차적인 확인 과정에 불과하다는 해석이 가능하다. 그 근거는 롤즈가 "도덕철학이란 우리의 도덕능력을 설명하려는 시도"라고 하면서,231) "도덕능력에 대한 정확한 설명은 일상생활에서 인용되는 규범이나 기준을 훨씬 넘어서는 제 원칙들과 이론 구성을 포함한다. 그것은 결국 극히 정교한 수학과 같은 것을 요구한다"232)라고 밝힌 점이다. 그러나 정합론이 계약론을 포괄하는 것이라는 해석도 가능하다. 롤즈에 의하면 "… 어떤 사람에게 하나의 정의관을 정당화한다는 것은 우리가 받아들이게 될 전제로부터 그 정의관의 원칙을 증명하는 것이다. 그러한 원칙은 결국 우리의 숙고적 판단에 부합되는 결과를 갖게 된다. 그래서 단순한 증명은 정당화가 아니다."[233] 만일 우리가 이러한 해석을 받아들인다면, 정합론에 대한 공리주의자들의 비판에 따라서 계약론은 더 이상 독립적인 힘을 갖지 못하는 것이 된다. 그러나 우리는 롤즈가 실제로 반성적 평형상태의 과정을 거치면서 정의론을 구성한 것도 아니고,[234] 정합론을 이상적인 것으로 여기고 있다는 점에서,[235] 계약론을 독립적인 것으로 간주하면서 앞으로 논의를 전개해나갈 것이다.

이어서, 공리주의와 정합론과의 관계를 살펴보자. 라이언스는 명백하게 정합론을 거부하고 있지만, 정합론이 공리주의에 불리하게 작용할 것이라고 끈질기게 믿고 있는 사람들을 겨냥해서 실제로 정의의 두 원칙과 공리주의를 정합론적 관점에서 대비시킨다 해도 차이가 나지 않는다는 것을 보여주려고 한다. 그의 주장은 결국 정의의 두 원칙과 공리주의가 같지 않다는 것은 사실이나 롤즈는 불행하게도 그 차이점을 과장하려는 경향이 있다는 것이다.[236] 라이언스는 노예제도가 우리의 도덕적 숙고판단에 위배되는 것으로 간주되고 있고, 롤즈도 그것을 통해서 공리주의를 비판했기 때문에, 그것을 예로 해서 양자를 비교한다. 공리주의는 노예제도를 용인할 논리적 가능성이 있기 때문에, 노예제도를 언제나 배제하지 못한다는 점에서 비판되어왔다. 라이언스는 일단 노예제도가 언제나 정당화될 수 없다는 것을 가정한다. 이러한 가정에 따르면 양자는 모두 노예제도와 양립 가능하기 때문에 모두 비판된다. 왜냐하면 롤즈에 있어서도 일반적 정의관은 노예제도와 양립 가능하기 때문이다.[237]

라이언스는 여기서 특히 이미 우리가 3절 1)항 (2)목에서 논의했던 것처럼 롤즈도 실제로 노예제도를 용인했다는 것을 지적한다. 그러나 문제는 특수적 정의관이다. 여기에 대해서 라이언스는 특수적 정의관은 유리한 조건하에서 자유가 효과적으로 실현될 수 있는 경우 계약 당사자들이 경제적 복지의 개선 때문에 적은 자유를 택하지 않는다는 것을 말하고 있는 것에 불과하다고 본다. 이러한 것들 중 어떠한 것도 공리주의가 그러한 유리한 조건하에서 노예제도를 용인할 수도 있다는 것을 시사하지 않는다는 것이다.238) 이러한 논의를 통해서 라이언스는 정합론이 명백하게 정의의 두 원칙에 유리하다고 생각한다면, 그것은 특수적 정의관의 제한조건을 무시함으로써 양자의 차이를 과장하고 있는 것에 불과하다고 비판한다.239)

라이언스는 만일 노예제도가 언제나 부정의하다는 판단으로 공리주의를 비판하려는 것이 구체적 사실에 관련이 없는 도덕적 직관에 근거하고 있다면, 그러한 직관은 비판적으로 검토되어야 한다고 주장한다. 그리고 만일 그러한 판단이 어떤 독립적으로 가정된 원칙으로부터 나왔다면, 그러한 원칙을 가정하는 것은 공리주의가 타당한 윤리설이 아니라는 것을 미리 전제하고 있으므로 "선결문제 요구의 오류"가 된다는 것이다.240) 이러한 라이언스의 주장은 모든 가능한 세계에서 노예제도가 언제나 부정의할 수는 없으며, 그러한 판정은 대안이 무엇이냐에 따라 결정될 수밖에 없다는 것을 의미한다. 물론 라이언스는 문명화된 사회에서 노예제도를 용인할 상황은 쉽사리 발생되지 않을 것으로 생각한다.241)

이상의 논의를 종합한다면, 롤즈의 정합론은 정의 원칙의 정당화에 관한 윤리학 방법론으로서 확립되기에는 많은 문제점이 있음이 분명하다. 그리고 설령 정합론을 동원한다고 해도, 공리주의와 롤즈의 정의론 사이에 선명한 차이점을 발견하기는 어려울 것 같다.

(2) 계약론의 실패: 원초적 입장의 자의적 구성

원초적 입장에 대한 공리주의자들의 비판은 원초적 입장이 최소극대화 규칙이 적용되는 상황인가의 문제에 집중된다. 만일 원초적 입장에서의 추론에 필연성이 없다면, 원초적 입장은 자의적으로 구성된 것이 되며, 이것은 결국 계약론이 실패했다는 것을 의미한다.

우선 최소극대화 규칙의 세 가지 특징이 원초적 입장의 세 가지 측면이라는 롤즈의 주장에 대해서 라이언스는 어떠한 비판을 전개하고 있는지 알아보자.

첫째, 최소극대화 규칙은 어떤 사태에 대한 확률을 알 수 없는 상황에 적용된다. 따라서 무지의 장막에 가려진 원초적 입장에서는 확률 계산이 배제된다. 여기에 대해서 라이언스는 사회의 일반적인 사실만으로도 확률 계산이 가능하다는 반론을 전개한다. 즉, 계약 당사자들은 일반적인 이론이나 사실에 대해서는 완전한 지식을 가지고 있기 때문에, 그러한 지식이 어떤 자연적 재능을 갖게 될 가능성이나 또는 광범위하게 규정된 조건 아래서 한 사회가 어떻게 될 것인지의 가능성을 계산하는 데 사용되지 못할 이유가 없다는 것이다. 따라서 무지의 장막에도 불구하고 계약 당사자들은 공리주의에 이르게 되는 기대효용의 극대화에 대한 계산이 가능하기 때문에, 최소극대화 규칙을 따라야 할 근거가 없다는 것이다.242)

둘째, 계약 당사자는 최소극대화 규칙에 따름으로써 확보할 수 있는 최소한의 생활수준 이상의 이득에 대해서는 별다른 관심이 없는 가치관을 가지고 있다. 라이언스는 우선 원초적 입장의 계약 당사자가 그러한 가치관을 갖게 되는 이유를 알 수 없다고 비판한다. 왜냐하면 무지의 장막은 계약 당사자 자신의 가치관을 배제했기 때문이라는 것이다. 그래서 라이언스는 무지의 장막 아래서 계약 당사자들은 오직 어떤 가치관을 가질 가능성에 근거해서 추론할 수밖에 없다고 주장한다. 롤즈의 사회적 기본가치의 개념은 일종의 통계적 계산에 근거하고 있다는 것이다. 왜냐하면 인간성에 대한 적절한 일반적 사실을 알고 있다면, 원초적 입장의 계약 당사자는 자유와 부와 권력 등을 원하게 될 가능성이 있으리라는 추론을 하게 된다는 것이다. 그러나 만일 계약 당사자가 이런 식의 추론을 하게 된다면, 원초적 입장에서 확률 계산은 가능하게 되며 곧, 최소극대화 규칙의 첫 번째 특징은 성립하지 않게 된다는 것이다. "따라서 첫 번째와 두 번째 특징은 서로 배타적이 된다"고 라이언스는 주장한다.243)

셋째, 거부된 다른 대안들은 심각한 위험을 내포하고 있기 때문에 받아들일 수 없는 결과를 가지고 있다. 여기에 대해서 라이언스는 공리주의에는 그러한 위험성이 없다고 주장한다. 이것은 정합론을 논했을 때 라이언스가 한 주장과 동일하다. 즉, 특수적 정의관이 적용되는 유리한 조건 아래서 공리주의가 최소수혜자에게 용인될 수 없는 조건을 제시할 아무런 근거도 없다는 것이다. 그리고 일반적 정의관이 적용되는 유리하지 못한 조건 아래서는 롤즈의 일반적 정의관에 의해서 실제적으로 허용되는 최악의 조건이 공리주의에 의해서 허용되는 조건보다 더 낮다는 아무런 근거도 없다는 것이다.244)

라이언스는 이러한 비판을 통해서 원초적 입장에서 최소극대화 규칙의 세 가지 특징 중 적어도 두 가지는 유지될 수 없다고 주장한다. 왜냐하면 첫 번째 특징과 두 번째 특징은 상호 배타적이고 세 번째 특징은 공리주의에 관련된 한 성립될 수 없기 때문이라는 것이다.245)

그러나 이러한 라이언스의 비판에 대해서 롤즈는 다음과 같이 답변한다.246)

첫째, 비록 원초적 입장에서 계약 당사자들의 성별과 같은 어떤 확률 계산이 가능하다는 것은 사실이지만 이러한 사실이 제 상황에 대한 확률적 평가는 신뢰할 수 없는 것으로서 배제되어야 한다는 주장을 반박할 만큼 충분한 것은 아니다.

둘째, 사회적 기본가치는 일종의 통계적 계산에 근거한 것이 아니라,

합리적으로서의 선의 개념에 근거해서 당사자들이 받아들인다고 생각되는 것이다. 그리고 정의의 두 원칙이 실현 가능성이 있다는 것은 그것이 적절한 최소한의 생활수준을 보장해준다는 것을 의미한다.

셋째, 정의의 두 원칙에 의해서 최소수혜자가 가장 잘 보호받을 수 있다는 것은 이 원칙이 요구하고 있는 것이 무엇인가를 보면 확실해진다.

그러면, 이러한 논쟁을 평가해보자. 사회적 기본가치가 통계적 계산에 근거한 것이기 때문에 두 번째 조건과 첫 번째 조건은 상호 배타적이라는 라이언스의 주장에 대해서 롤즈가 사회적 기본가치는 계약 당사자 자신들에 의해서 통계적으로 규정된 것은 아니라고 답변한 것은 인정된다. 그러나 계약 당사자들이 최소한의 생활수준 이상의 이득에 대해서는 별다른 관심이 없는 가치관을 가지고 있다는 두 번째 조건은 여전히 문제로 남는다. 모든 계약 당사자들이 그러한 가치관을 갖는다고 일률적으로 가정하는 것은 결코 자연스러운 것은 아니다. 따라서 헤어는 계약 당사자들은 각자의 가치관을 모르기 때문에 두 번째 조건은 성립될 수 없다고 주장한다.247) 만일 롤즈가 그래도 두 번째 조건을 고수하려면, 모든 사람의 만족할 만한 최소치가 동일하다는 것을 가정하지 않을 수 없다.248) 이것은 결국 모든 사람의 효용함수가 동일하다는 공리주의의 표준적 가정에 의거하지 않으면 안 된다는 것을 의미한다.

이어서, 첫 번째 조건을 살펴보자. 인간사회의 일반적 사실만으로도 확률 계산이 가능하다는 라이언스의 반론에 대한 롤즈의 응답은 타당하다. 그러나 인간사회에 대한 구체적 지식이 없이는 확률 계산이 불가능하다는 롤즈의 주장을 인정하더라도, 그러한 지식을 배제한 그의 자의성은 부인될 수 없다. 이러한 관점에서 헤어는 확률에 대한 지식을 차단하는 두꺼운 무지의 장막을 비판한다. 헤어의 비판은 계약 당사자들이 사회의 구체적인 사정, 나아가서는 그 사회를 구성하고 있는 특정한 개인 a, b, …, n을 알고 있어도 단지 자신이 그들 가운데 어떤 자가 될 것인지만 모른다면, 공평성을 확보할 수 있다는 것이다.249) 이러한 근거에서 헤어는 이상적 관망자의 입장과 얇은 무지의 장막을 사용하는 합리적 계약자의 입장은 모두 공리주의에 이르게 된다고 주장한다.250) 그는 더 나아가서 이상적 관망자의 입장과 합리적 계약자의 입장은 모두 공평성을 확보할 수 있기 때문에, 두 입장 가운데 하나를 선택한다는 것은 철학자가 동일한 결과를 얻기 위해서 자신의 이론구성을 어떻게 극화시키느냐의 문제, 다시 말하면 어떤 시나리오를 채택하느냐의 문제로 귀착된다고 주장한다.251) 이러한 논의를 통해서 헤어는 롤즈가 두꺼운 무지의 장막을 사용한 것은 공리주의를 배제하기 위한 자의적 조작이라고 비판한다.252)

그런데, 또 하나의 문제는 객관적 확률 계산이 불가능하다는 롤즈의 주장을 인정해도 공리주의가 완전히 배제되는 것은 아니라는 점이다. 왜냐하면, 공리주의는 불충분한 이유의 원칙에 의해서 여전히 선택될 수 있기 때문이다. 이러한 관점에서 하사니의 비판은 주목을 끈다. 그는 평균 공리주의의 등확률(equiprobability)의 가정이 롤즈의 해석처럼 불충분한 이유의 원칙을 적용한 것으로 해석될 수도 있다고 본다. 그러나 등확률 가정은 순수한 도덕원칙을 표현한 것으로 간주될 수 있다는 것이다. 즉, 그것은 "기본적인 도덕적 가치판단을 내림에 있어서 모든 사회 구성원의 이익에 동일한 선험적 비중(a priori weight)을 두어야만 한다"는 것이다.253) 이러한 의미에서 평균 공리주의는 사회복지에 대한 몰개인적이고 공평한 판단으로서 사회복지함수(social welfare function)가 된다는 것이다.254)

이어서 하사니는 평균 공리주의에 대한 롤즈의 비판이 원초적 입장에서 확률 계산이 사용되어야 한다면, 불충분한 이유의 원칙에 의한 확률 계산은 배제되어야 한다는 것은 아니라고 지적한다. 즉, 롤즈가 배제하는 것은 원초적 입장에서 확률 계산을 사용하는 그 자체라는 것이다. 그러나 하사니는 최소극대화 규칙은 확률 계산을 전적으로 배제하고 있는 것이 아니라, 최소수혜자로 나타나게 될 확률에 1, 또는 1에 가까운 주관적 확률을 부여하고 있다고 비판한다. 그는 이러한 확률 계산에 대한 어떠한 합리적 정당화도 가능하지 않다고 반박한다.255) 그렇다면, 롤즈에게서 그러한 주관적 확률 계산이 정당화될 수 있는 길은 없는 것일까? 이것은 결국 이미 평균 공리주의를 논할 때 언급한 바와 같이 원초적 입장에서의 선택은 자신이 대표하는 후손들에게까지 중대한 책임이 있으므로 보수적인 선택을 할 수밖에 없다는 주장으로 귀착된다.256) 여기에 대해서 하사니는 원초적 입장에서의 선택이 최소극대화 규칙에 의거할 경우가 등확률의 가정에 의거할 경우보다 그의 후손들에게 정당화될 것이라는 롤즈의 주장은 결코 인정될 수 없다고 반론을 제기한다. 최소극대화 규칙은 최소수혜자의 미미한 이익을 위해서 최대수혜자의 중대한 이익을 희생하는 결과를 낳게 되기 때문에, 오히려 그 반대가 된다는 것이다.257) 하사니의 이러한 반박은 정의의 두 원칙에 대한 비판에서 다시 구체적으로 언급될 것이다.

이상의 논의를 통해 보면, 최소극대화 규칙은 공리주의의 배제에 결정적인 근거를 제시했다고 볼 수 없다. 확률 계산을 배제한 최소극대화 규칙의 첫 번째 조건은 롤즈의 이중적 자의성만을 드러낸 셈이다. 우선 헤어의 주장처럼 자기 자신이 누구인지만 모르는 보다 얇은 무지의 장막도 공평성을 확보할 수 있기 때문에, 특정한 사회적 지위에 속할 객관적 확률 계산을 배제한 점에서 자의적이다. 또한 확률 계산이 불가능하더라도 공리주의가 배제되는 것은 아니기 때문에 그것을 배제하기 위해 모험의 회피라는 보수적이고 주관적인 가정만을 첨가했다는 점에서 자의적이다. 그리고 최소한의 생활수준 이상의 이익에 대해서는 관심이 없다는 두 번째 조건은 무지의 장막에 가린 계약 당사자들이 최소극대화 규칙에 의한 최소한의 생활수준이 자신에게 만족스러운 최소치가 될 것인가를 알 수 없다는 점에서 자의적이다. 롤즈가 이것을 증명하려면 결국 공리주의의 표준적 가정에 의거하지 않을 수 없다. 세 번째 조건에 대한 평가는, 정의의 두 원칙과 공리주의 원칙 자체에 대한 비교를 필요로 하므로 이에 관련된 라이언스와 하사니의 반론을 고찰하고 난 다음, 본절 3)항에서 내리게 될 것이다.

2) 현실적 적용성의 문제: 사회적 기본가치의 난점

사회적 기본가치에 관련된 문제는 첫째, 사회적 기본가치가 기대치의 측정과 개인 간 비교의 근거로서 충분하며, 둘째, 사회적 기본가치가 선의 기초론에 근거하고 있기 때문에 도덕적으로 중립적이며, 따라서 원초적 입장에서의 합의는 공정하다는 롤즈의 주장에 관련된다. 구체적으로 첫째는 현실적 적용성에 있어서 롤즈의 정의론이 공리주의를 능가하는 장점을 가질 수 있느냐의 문제이며, 둘째는 정의의 두 원칙이 사회의 기본구조를 평가할 수 있는 아르키메데스적인 점이 될 수 있느냐의 문제이다. 애로우의 비판은 첫 번째 문제에 관련된다. 그는 먼저 자신의 비판적 관점이 후생경제학에 근거하고 있음을 밝힌다. 애로우에 의하면 후생경제학에 있어서 경제정책의 판단에 내재된 윤리학적 근거는 공리주의이며, 동시에 기술적(記述的) 경제학도 소비자를 위시한 경제주체의 선택 행위를 설명함에 있어서 공리주의적 심리학에 전적으로 의존하고 있다.258)

애로우는 롤즈의 사회적 기본가치에 대해서 구체적으로 비판을 전개하기에 앞서서, "어떤 방식으로 우리는 정의 원칙을 적용하기에 충분한 정도로 다른 사람의 복지에 대해서 알 수 있는가?"라는 중요한 질문을 던진다.259) 이것은 곧 만족의 개인 간 비교는 어떻게 이루어질 수 있는가라는 질문과 같은 것이다. 애로우는 효용, 또는 만족의 개인 간 비교의 문제는 철학자들보다는 경제학자들을 괴롭혀온 문제인 것 같다고 말한다. 경제 이론에 있어서 효용 또는 만족의 개념은 소비자로서의 개인의 행위에 대한 설명으로서 나타난다. 각 개인은 예산의 범위 안에서 효용이 극대화되는 소비를 선택하는 것으로 가정된다. 애로우는 이러한 선택을 설명함에 있어서 정량적으로 측정 가능한 효용(a quantitative measurable utility)이라는 개념은 불필요하다고 본다. 여기서 필요한 것은 서열화, 즉 선택될 소비형태의 각 결합에 대한 선호도에 순서를 매기는 것뿐이라는 것이다.260) 이러한 서수적 효용의 개념은 이미 빌프레도 파레토(Vilfredo Pareto)와 어빙 피셔(Irving Fisher) 등에 의해서 도입되어 지난 100여 년간 후생경제학의 정설로 되어왔다.261)

여기서 애로우는 이렇게 개인의 효용이 정량적으로 측정될 수 없는 것이라면, 효용의 개인 간 비교는 더 말할 필요도 없다는 것을 밝힌다. 따라서 공리주의의 고전적인 효용 총화의 기준은 그 자체로서는 옹호할 수 없는 것이 되어버렸다는 것이다. 애로우의 이러한 주장은 공리주의가 배제되어야 한다는 것이 아니고, 다만 공리주의는 서수적 효용의 개념을 통해서 전개되어야 한다는 것을 의미한다.262) 애로우는 롤즈의 차등의 원칙도 개인 간 비교의 문제를 당연히 함축하는 것으로 본다. 왜냐하면 차등의 원칙은 최소수혜자를 확인해내야 하기 때문이다. 그런데 애로우는 차등의 원칙에서는 효용 총화의 기준에서처럼 상이한 개인들의 효용에 대한 측정 기준인 어떤 단위들(units)이 비교되는 것이 아니고, 다만 상이한 개인들이 만족의 크기에 따라서 서열이 매겨지고 있다는 차이점을 지적한다. 그러나 그는 차등의 원칙도 서수적 판단의 기초가 되는 조작적 수단이 있어야 한다는 점을 아울러 지적한다.263)

이것은 이미 3절 3)항 (1)목에서 언급한 바와 같이 사회적 기본가치의 지수(index) 문제가 된다. 애로우는 전통적으로 공리주의가 서수적 효용을 받아들이지 않았기 때문에 개인들의 상이한 효용함수를 확정하는 문제가 실제로 불가능하거나 또는 매우 어려운 것이 되기는 했지만, 공리주의는 표준적 가정을 통해서 그러한 문제를 회피했다는 것을 밝힌다. 그리고 비록 롤즈가 공리주의의 이러한 표준적 가정을 비판하고 있기는 하지만, 실제로 롤즈도 비슷한 시도로 끝나고 만다는 것이다.264) 애로우는 롤즈의 사회적 기본가치에 대한 가정에 따르면 개개인들이 이러한 기본가치들을 매우 다른 방식으로 사용한다고 하더라도, 개인 간 비교를 위해서는 오직 그것들에 대한 단순한 지수만을 고려해야 할 필요성이 생긴다고 비판한다.

이에 관련해서 애로우는 두 가지의 실례를 든다. 그 하나는 어떤 사람은 프랑스산 포도주와 희귀한 물새알을 먹지 않고는 견딜 수 없는 반면에, 다른 사람은 물과 콩가루에도 만족한다는 사실은 개인 간 비교에 아무런 관계가 없게 된다는 것이다. 이것은 롤즈의 사회적 기본가치의 체계 내에서는 동일한 수입을 갖는다면, 모든 사람은 동일한 혜택을 받는다는 것을 의미한다. 애로우는 이러한 예가 우스꽝스러운 것으로 생각된다면, 출혈을 방지하기 위한 혈액응고 치료에 연간 4천 달러를 소비하는 혈우병 환자와 정상적인 인간을 비교해보라고 하면서, 이들에게 동일한 수입이 평등을 의미하는가? 하고 묻는다. 만약, 그렇지 않다면, 롤즈는 일관성을 유지하기 위해 건강도 사회적 기본가치의 목록에 삽입해야만 한다는 것이다. 그러나 그렇게 하면 건강과 부 사이에 교환이 가능하게 되며, 이것은 상이한 효용함수에 대한 모든 개념적인 문제를 포함하게 된다는 것이다. 따라서 사회적 기본가치의 목록을 제한하는 것은 롤즈에게서 필수적인 것이 된다는 것이다.265)

애로우는 이러한 논의를 통해서 다음과 같은 결론을 내린다.

(1) "하나 이상의 기본가치가 있는 한, 상이한 가치들을 통약적으로 취급하는 데 따르는 지수화의 문제가 존재한다. 이것은 원칙적으로 … [효용의] 개인 간 비교만큼 어려운 문제이다."266)

(2) "만일 개인 간 비교의 문제가 롤즈의 체계에서와 같이 모든 것을 하나의 기본가치[소득 과 부]에 환원함으로써 해결할 수 있다면, 효용 총화의 방식도 마찬가지다."267)

이러한 애로우의 비판은 전적으로 타당하며 롤즈 자신도, 그것을 인정하고 있다. 롤즈는 사회적 기본가치의 지수화를 통해서 최소수혜자 집단을 규정하는 문제에 있어서 어떤 임의성을 피할 수 없다는 것을 밝힌다.268) 또한 그는 각 개인의 효용은 주로 사회적 기본가치와 그것의 분배에 영향을 받으며, 또한 모든 사람은 정상적인 신체적 필요성만을 가지고 있기 때문에 특별한 건강상의 문제는 발생하지 않는 것으로 가정하고 있다.269) 그래서 만일 정상적인 경우에 타당한 이론을 구성할 수 있다면, 다른 경우들은 추후에 처리될 수 있다는 것이다.270) 그러나 롤즈의 주장처럼 이러한 문제들이 그렇게 쉽게 처리될 수 있을지는 의문이다. 이렇게 본다면, 롤즈는 점점 더 비현실적인 가정만을 수용하여 사회적 기본가치가 봉착한 문제를 해결하려고 한다는 비판이 가능할 것이다.

그런데 여기서 공리 계산과 개인 간 비교에 관해서 언급되어야만 할 것이 있다. 그것은 헤어와 하사니가 효용에 대한 기수적 측정이 가능하다고 보고 효용의 개념을 쾌락이나 만족이 아니라 선호(preference)로 규정하고 있다는 점이다. 이러한 선호에 대한 계산과 개인 간 비교가 충분히 가능하다는 것이 이들의 주장이다. 이들은 선호의 개인 간 비교(interpersonal comparison)는 개인 내 비교(intrapersonal comparison)로 환원될 수 있다고 주장한다.271) 본 논문은, 이러한 주장을 구체적으로 다룰 수 없지만, 이들의 입장에 반대하고 서수적 공리주의를 옹호하는 애로우의 입장에 동조한다는 점만을 밝혀두고자 한다.

사회적 기본가치에 대한 두 번째 문제는 가치중립성의 문제이다. 사회적 기본가치가 개인 간 비교의 완전한 척도로서 작용할 수 없다는 애로우의 비판은 사회적 기본가치가 모든 목적체계에 대해서 가치중립적이 아니라는 주장으로 바꾸어 놓을 수도 있을 것이다. 가치중립성에 대해서 공리주의자들은 구체적인 비판을 전개하고 있지는 않다. 그러나 그러한 문제를 간략히 언급해보기로 하자.

가치중립성에 대한 비판은 흔히 금욕적 수도자의 목적체계에 대해서 사회적 기본가치는 수단적 가치로서의 중립성을 보장할 수 없다는 방식으로 전개되기도 한다.272) 롤즈도 이러한 반론을 예상하고 "무지의 장막이 걷히게 되면, 어떤 당사자들은 종교적 혹은 다른 이유로 인해서 이러한 사회적 기본가치를 보다 많이 원하지 않게 될지도 모른다"는 점을 언급하고 있다.273) 그러나 롤즈는 원초적 입장에서 보면 계약 당사자들은 사회적 기본가치의 보다 많은 몫을 원하게 되리라고 생각하는 것이 합리적이라고 주장한다. "왜냐하면, 어떤 경우이든지 그들이 원치 않는다면 보다 많은 것을 받아들이도록 강요당하지 않을 것이기 때문이다."274) 그러나 이미 언급한 바와 같이 롤즈의 정의론은 복지국가의 윤리학적 기초로서 해석 가능하기 때문에, 그것은 이데올로기적 함축성을 가지고 있으며, 따라서 사회적 기본가치는 중립적이 아니라는 지적도 가능하리라고 생각된다. 사회적 기본가치의 중립성에 대해서 마지막으로 언급할 점은 윤리학사를 통해 볼 때도 모든 목적체계에 대해서 중립적인 수단적 가치가 없다는 것은 이미 존 듀이(John Dewey)에 의해서도 지적되었으며,275) 밀도 수단적 가치가 목적으로 전환될 수 있다는 것을 이미 언급했다는 사실이다.276)

3) 정의의 두 원칙 비판

라이언스는 정의의 두 원칙과 공리주의가 실제적으로 큰 차이점이 없다고 주장한다. 우리는 이미 정합론과 최소극대화 규칙의 세 번째 특징을 논할 때 라이언스의 이러한 주장을 간략히 언급한 바 있다. 라이언스의 이러한 주장은 최소극대화 규칙을 받아들인다고 해도 공리주의가 정의의 두 원칙보다 위험부담률이 높을 이유가 없기 때문에, 계약론은 공리주의가 배제된다는 것을 입증하지 못했다는 주장과 연관된다. 이미 2절 3)항 (2)목에서 언급한 바와 같이 롤즈의 정의 원칙은 일반적 정의관과 특수적 정의관으로 나누어져 있다. 특수적 정의관은 평등한 자유의 효과적인 실현을 보장하는 유리한 조건 아래에서 적용될 수 있는 조건부 원칙이다. 일반적 정의관은 그러한 상황이 이루어지지 않을 때 적용된다. 라이언스는 여기에 주목하고 롤즈가 원초적 입장에서 공리주의를 배제하기 위해서 이러한 두 단계를 혼합했다고 비판한다.277) 공정한 대조가 이루어지기 위해서는 양자가 단계적으로 비교되어야 한다는 것이다.

그래서 첫 번째 단계에서는 단순한 공리주의와 특수적 정의관이 비교되어서는 안 된다는 것이다. 즉, 유리한 조건 아래서의 특수적 정의관과 이와 동일한 조건 아래에 있는 공리주의가 비교되어야 한다는 것이다. 라이언스는 이러한 상황에서도 여전히 공리주의가 특수적 정의관보다 위험성이 높을 것이라는 반론을 예상한다. 왜냐하면, 유리한 조건 아래서도 특수적 정의관은 노예제도를 배제하나 공리주의는 그것과 양립 가능한 것으로 생각될 수 있기 때문이다. 그러나 그는 이러한 생각은 잘못된 것이라고 본다. 왜냐하면 단순한 논리적 가능성은 문제가 되지 않기 때문이라는 것이다. 원초적 입장의 계약 당사자들은 모든 일반적 사실을 안다고 가정되어 있기 때문에, 그들의 관심은 유리한 조건 아래서 공리주의가 노예제도를 현실적으로 용납할 가능성에만 주목하게 된다는 것이다. 라이언스는 계약 당사자들이 그러한 가능성을 믿을 아무런 근거가 없다고 주장한다.278)

라이언스는 이상과 같은 논의가 두 번째 단계에서도 적용된다고 주장한다. 여기에서는 더 이상 유리한 조건이 존재하지 않기 때문에, 일반적 정의관과 공리주의가 비교된다. 라이언스는 양자 모두 노예제도와 양립 가능하기 때문에 현격한 차이점은 사라지게 된다고 주장한다.279) 라이언스는 여기에서도 공리주의는 일반적 정의관보다 못한 것으로 평가될 수도 있다는 반론을 예상한다. 그러한 반론에 의하면 공리주의가 허용하는 제도가 일반적 정의관에 의해서는 용납될 수 없는 경우가 논리적으로 가능하게 된다. 또한 최소수혜자의 처지도 동일한 여건 아래에서라면 일반적 정의관 아래에서보다 공리주의 아래서 더욱 비참하게 될 가능성이 있다. 나아가서 노예제도 아래에서도 최소수혜자는 일반적 정의관에서보다 더 불리하게 될 수도 있다. 바로 이와 같은 이유 때문에 최소수혜자의 관점에서 볼 때 공리주의는 일반적 정의관보다 위험 부담이 큰 것으로 생각될 수도 있다. 그러나 라이언스는 이러한 생각도 역시 첫 번째 단계의 비교에서 제시한 것과 같은 이유에서 잘못된 추론이라고 비판한다. 공리주의를 논박하기 위해서는 단지 논리적 가능성만으로는 불충분하다는 것이다. 원초적 입장에서 계약 당사자들이 당면하는 문제는 공리주의 아래에서의 최소수혜자의 처지가 일반적 정의관 아래에서의 최소수혜자의 처지보다 불리하게 될 현실적 가능성이라는 것이다. 그러나 이러한 현실적 가능성에 대한 어떠한 구체적 실증도 없다고 라이언스는 주장한다.280)

이러한 라이언스의 반론에 대해서 롤즈는 제시된 정의의 두 원칙에 의해서 최소수혜자가 가장 잘 보호받을 수 있다는 것은 그 원칙이 요구하는 것이 무엇인가에 의해서 보증된다고 응수한다. 단계에 대한 구별은 이 문제에 영향을 미치지 않는다는 것이다. 비록 대부분의 조건 아래서 공리주의가 노예제도를 허용하지 않는다고 하더라도, 도덕적으로 비난받아야 할 여러 가지 관행과 정책들이 공리주의에 의해서 허용된다는 것을 보여줄 수 있다는 것이다. 따라서 롤즈는 "정의 원칙은 더 예리한 기준(a sharper criterion)으로서 그러한 가능성을 미리 봉쇄하는 합리적인 방법"이라고 주장한다.281) 이러한 롤즈의 주장은 3절 2)항 (2)목에서 논의된 것처럼 공리주의가 이론상의 계산으로는 언제나 평등한 자유를 보장한다고 해도 정의의 신념을 제1원칙에 보다 직접적으로 표현하는 것이 더 낫다는 근거에서 나온 것으로 생각된다.

이어서, 다른 공리주의자들의 반론도 살펴보기로 하자. 애로우는 라이언스와 비슷한 주장을 자유의 우선성에 관련해서 전개하고 있다. 애로우는 먼저 정의의 두 원칙이 자유의 우선성을 강조하고 있다는 점에서 공리주의와 구별된다는 롤즈의 주장에 주목한다. 롤즈에 있어서 자유의 우선성의 근거는 문명의 상태가 향상됨에 따라서 경제적, 사회적 이득에 대한 한계의의는 자유에 대한 관심에 비해서 줄어든다는 것이다. 애로우는 이러한 근거는 명백히 경험적 판단이라고 지적하면서, 만일 실제로 모든 사람이 축차적 의미에서 자유에 우선성을 부여한다면 공리주의도 사회적 선택에 있어서 동일한 결과를 낳게 된다고 주장한다. 왜냐하면 효용 총화의 기준도 먼저 개인적 자유를 극대화하고, 그 다음에는 그러한 상황이 확보된 가운데 다른 가치들의 만족에 대한 총화를 극대화하는 대안을 선택할 것이기 때문이라는 것이다.282)

우리는 이미 3절 2)항 (2)목에서 롤즈의 정의론도 정의 원칙이 사회 속의 인간에 관한 자연적 사실들에 의존한다고 주장한다는 점에서는 공리주의와 일치한다는 것을 언급한 바 있다. 그러나 롤즈는 정의의 이상을 보다 직접적으로 제1원칙 속에 구현하는 것이 더 낫다고 주장한 바 있다. 그러나 만일 애로우의 주장처럼 자유의 우선성이 경험적 판단에서 나온 것이라면 정의의 이상도 현존하는 욕구와 사회적 여건에 의존한다는 것을 의미한다. 그렇다면 일반적 사실에 대부분의 비중을 두는 것이 공리주의라는 롤즈의 비판은 그 근거를 잃게 되는 셈이다. 앞으로 차등의 원칙에 대한 비판을 통해서도 이러한 점이 다시 언급될 것이다.

차등의 원칙에 관련해서 언급되어야 할 것은 롤즈가 시종일관 자유의 우선성을 강조하고 있지만, 그의 체계 내에서도 자유에 대한 침해 가능성이 있다는 점이다. 여기서 롤즈가 차등의 원칙을 정당화하기 위해 집합적 자산이라는 개념을 도입했던 것을 상기해보자. 만일 개인의 능력을 집합적 자산으로 여기게 되면, 최대수혜자들은 유인의 관점에서 볼 때 그들의 능력을 감출 충분한 동기를 갖게 될 수 있다. 왜냐하면 그들은 전력을 발휘하더라도 그것이 최소수혜자의 이익이 되는 한에서 이득을 받게 된다면 그렇게 열심히 그들의 자질을 발휘할 필요가 없기 때문이다. 따라서 이러한 경우에 차등의 원칙은 최소수혜자의 이익을 확보하기 위해서 자유를 침해할 가능성을 갖게 된다. 롤즈도 이러한 경우를 주목하고 "더 유능한 자질이라는 것은 사회가 그러한 자질을 가진 사람에게 최소수혜자를 위해서 일하도록 강요해야만 한다는 의미에서의 집합적 자산은 아니다"라는 단서를 붙인다.283) 그래서 롤즈는 사회적으로 볼 때에 더 좋은 자질을 가진 사람은 호혜성의 원칙에 의거해서 오직 다른 사람을 돕는다는 조건으로만 이득을 볼 수 있다는 것이 차등의 원칙의 요점임을 강조한다.

이러한 관점에서 본다면 공리주의만이 전체주의적 함축성을 내포하고 있다는 롤즈의 비판은 성립될 수 없다고 생각된다. 왜냐하면 롤즈의 정의론도 분명히 집산주의(collectivism)적 함축성을 지니고 있기 때문이다. 우리는 여기서 자유지상주의(libertarianism)를 부르짖는 로버트 노직(Robert Nozick)이 공리주의와 롤즈의 정의론을 동시에 비판하고 있는 것을 이해할 수 있을 것이다.284) 그런데 마르크스주의적 입장에서 평등주의를 강조하는 사람들은 이 모두를 비판하고 있다.285) 오늘날 분배적 정의에 관련해서 이상과 같은 네 가지 입장이 그 주류를 이루고 있다는 것은 잘 알려진 사실이다. 자유와 평등 간의 갈등과 이데올로기적 함축성을 가지고 있는 이러한 논쟁을 여기서 전부 다룰 수는 없다.

차등의 원칙에 대한 공리주의자들의 비판을 알아보기 전에, 차등의 원칙에 대해서 롤즈 자신도 인정하고 있는 비합리성을 먼저 언급하는 것이 좋을 것 같다. 그것은 최소수혜자의 기대치가 아무리 적게라도 향상만 된다면 부와 소득에 있어서 엄청난 불평등이 허용될 수 있으면서도, 동시에 최대수혜자에게 유리한 마찬가지의 불평등이 최소수혜자에게 조금만 손해를 주어도 금지된다는 것이다. 여기에 대해서 롤즈는 차등의 원칙은 그러한 추상적 가능성에 적용되는 것은 아니라고 하면서, 그러한 가능성은 실제로 일어날 수 없기 때문에 배제될 수 있다고 주장한다.286) 그러한 가능성을 봉쇄하기 위해서 롤즈는 최소수혜자와 최대 수혜자의 기대치에는 "밀접한 연관성(close-knitness)"이 있음을 가정하게 된다.287) 이것은 보다 유리한 자의 기대치가 상승함에 따라 최소수혜자의 처지도 점점 향상된다는 것이다.

롤즈의 이상과 같은 주장은 공리주의에 대한 비판의 근거를 상실케 한다. 엄밀한 논리적 가능성에 의하면 공리주의가 자유의 희생을 정당화한다고 볼 수 있으나 그 원리를 현실에 적용할 경우 자유의 희생을 초래하지 않는다는 라이언스의 주장에 대해서 롤즈는 정의의 두 원칙은 더 예리한 기준이라고 답한 바 있다. 이러한 롤즈의 주장에 의거할 경우, 차등의 원칙이 논리적으로 볼 때 불평등을 심화할 가능성을 지니지만, 현실적으로 볼 때 지나친 불평등이 생기지 않는다는 논리 역시 인정될 수 없기 때문이다. 이것은 결국 공리주의가 일반적 사실로부터의 논증에 대부분의 비중을 둔다는 롤즈의 비판은 인정될 수 없다는 것을 의미한다. 그런데 이러한 밀접한 연관성에 대해서 애로우는 먼저 고소득 계층에 대한 소득세와 최소수혜자에 대한 복지보조금이 동시에 감축될 때처럼 최대수혜자가 최소수혜자의 희생으로 이득을 볼 수 있기 때문에 그것이 전적으로 타당하지 않음을 지적한다. 그리고 만일 밀접한 연관성을 가정한다면, 차등의 원칙과 공리주의 원칙은 아무런 현실적인 차이도 없게 된다고 주장한다. 왜냐하면 만일 모든 계층의 기대치가 함께 상승한다면, 최소수혜자의 이익과 전체의 이익은 결국 동일한 것이 되기 때문이다.288)

이어서, 차등의 원칙에 대한 다른 관점에서의 비판을 알아보자. 하사니는 최소극대화 규칙에 의거한 차등의 원칙이 도덕적으로 받아들일 수 없는 함축성을 가지고 있다고 신랄하게 비판하고 있다. 그는 폐렴약이 1인분밖에 없는데 두 사람의 환자가 있는 경우를 예로 든다. 환자 갑은 치료하면 완치되어 오래 살 수 있는 사람이고, 환자 을은 폐렴에다 불치의 암까지 걸려 있어 치료를 해도 불과 몇 달의 생명밖에 연장할 수 없다. 이런 경우 차등의 원칙은 불리한 조건에 있는 을을 최선의 상태로 만들어놓아야 하기 때문에 을에게 폐렴약을 주게 된다. 그러나 하사니는 이것은 우리의 상식적인 판단뿐만 아니라 공리주의 윤리에 의거해볼 때 잘못된 판단이라고 주장한다. 이것은 최소수혜자의 미미한 이익을 위해서 다른 사람의 중요하면서도 더 큰 이익을 무시하는 결과를 초래한다는 것이다.289)

이러한 반론에 대해서 롤즈는 최소극대화 규칙은 의사가 환자를 어떻게 다루어야 한다든지 하는 소규모 상황에 적용시키기 위한 것이 아니라 사회의 기본구조라는 대규모 상황에 적용시키기 위한 것이라는 답변을 보낸다.290) 그러나 하사니는 다시 자신의 예는 환자집단 갑과 을에 대해서 사회적으로 어떤 집단에 우선성을 부여해야 하는지의 대규모 상황으로 확대될 수 있다고 하면서, 도덕적 기본원칙이 상황의 대소에 따라서 형태를 달리한다는 것은 있을 수 없는 일이라고 재응수한다. 그리고 그는 어떤 상황에 개입된 사람의 숫자가 정확히 얼마나 되어야 대규모 상황이 될 수 있는지를 물으면서 규모의 대소에 대한 기준을 제시하라고 요구한다.291) 여기에 대해서 롤즈는 다시 오직 사회 구성원의 숫자만이 상이한 원칙들이 적용되어야 한다는 것을 설명해주는 것은 아니라고 답변한다. 즉, 중요한 것은 구조적 차이와 사회적 제도의 역할이라는 것이다.292)

여기에 관련해서 롤즈는 "공정성으로서의 정의관의 원칙들은 분명히 [도덕론의] 일반론으로서는 적합하지 않다"는 것을 밝히고 있다.293) 따라서 그는 정의 원칙은 기본구조를 규제하는 기준으로서 다른 경우에 있어서는 부당한 지침이 될 수 있다는 것을 인정한다.294) 이에 반해서 공리주의는 윤리학에 대한 완전한 일반론이라고 생각될 수 있다. 이러한 관점에서 본다면 롤즈의 계약론은 비체계적인 것으로 비판될 수 있을 것이다. 각기 상이한 대상에 적용되는 원칙들이 어떻게 통합될 수 있을 것인가? 비록 롤즈는 계약론이 축차적으로 구성되어 있기 때문에 선행하는 기준에 따라서 후행하는 기준이 조정될 수 있다고 하지만,295) 그러한 축차적인 서열이 상이한 대상에 따라서 완전히 일관성 있게 적용될 수 있다고 보기는 힘들 것 같다.

그러면, 보다 일반적인 관점에서 공리주의가 분배적 정의를 수용할 수 있다는 주장을 살펴보기로 하자. 헤어, 하사니, 라이언스는 모두 고전적 공리주의자들처럼 한계효용체감의 법칙을 통해서 분배적 정의의 문제를 해결하려고 한다. 특히 헤어는 한계효용체감의 법칙과 시기심을 결합하여 공리주의가 평등한 분배에 대한 근거를 제시할 수 있다고 주장하고 있다.296) 헤어는 한계효용체감의 법칙을 선험적인 법칙이 아니라 사람들이 그러한 경향을 가지고 있다는 경험적인 가정으로 본다. 그리고 불평등은 그 자체가 시기심을 발생시키기 때문에 제거되어야 한다는 것이다. 헤어는 시기심이 좋은 성질인가 나쁜 성질인가, 또는 그것이 정당화될 수 있는가 없는가는 문제가 되지 않는다고 생각한다. 그러한 마음의 상태는 엄연한 사실이며, 도덕판단은 그러한 사실에 비추어서 내려져야 한다는 것이다. 따라서 이러한 두 가지 경험적 요소를 고려한다면 공리주의가 현대의 실제적 사회에서 극도의 불평등을 용인할 수도 있다는 비난을 두려워해야 할 필요가 없다는 것이다. 이러한 논의를 통해서 헤어는 공리주의가 사실의 처분에 맡겨진다는 것이 약점으로 생각되어왔으나, 실상은 오히려 강점이라고 주장한다. 나아가서 헤어는 우리가 추구해야 하는 도덕원칙은 있는 그대로의 세계에서 일반적으로 적용될 수 있는 원칙이어야 한다고 강조한다.297) 그리고 헤어는 정의 원칙을 가장 높은 수용공리(the highest acceptance-utility)를 가진 원칙으로서 해석한다.298) 이것은 소위 규칙 공리주의(rule-utilitarianism)를 주장하는 것으로서,299) 하사니도 근래에 이러한 입장을 표명하고 있다.300)

헤어의 이상과 같은 주장은 다음과 같이 요약될 수 있을 것이다. 첫째, 공리주의는 일반적 사실을 고려함으로써 평등의 근거를 제시할 수 있다. 둘째, 롤즈의 정의 원칙 자체도 공리주의적으로 정당화된다. 헤어의 첫째 주장은 공리주의를 비판하는 롤즈의 입장에 대해서 충분한 반론이 되지는 않는다. 왜냐하면 롤즈는 일반적 사실로부터 논증에 대부분의 비중을 두고 있는 것이 공리주의의 특징이나, 이와는 대조적으로 공정성으로서의 정의관은 정의의 이상을 보다 직접적으로 제1원칙 속에 구현되고 있다는 점을 강조하고 있기 때문이다.301)

헤어의 둘째 주장은 정의의 두 원칙 그 자체도 좀 더 포괄적으로 말하면 계약론 그 자체도 공리주의적으로 정당화될 수밖에 없다는 것이다. 그러나 롤즈는 이런 식의 반론에 대해서 이미 평균 공리주의를 논하면서 그 답변을 준비하고 있다. 평균 공리주의자들의 반론은 구체적으로 예를 들면, 평등한 자유가 인간의 자존감을 위해 필요하고 그것을 인정하면 평균효용이 보다 높아지는 경우 그 평등한 자유가 마땅히 설정되어야 한다는 것이다.302) 롤즈는 일단 이러한 발상 자체는 좋다고 본다. 그러나 그는 여기서 도덕원칙의 형식적 제한조건인 공지성 (publicity)을 들고 나온다. 이 조건이 요구하는 바는 평균효용을 극대화하는 일이 공리주의 원칙이 공공적으로 인정되고 사회의 기본헌장으로 준수된다는 조건하에서 이루어져야 한다는 것이다. 그래서 롤즈는 비공리주의적 원칙을 채택하고 적용하도록 권장함으로써 평균효용을 증대한다는 일은 공리주의자가 할 수 없는 일이라고 주장한다.303)

이러한 맥락 속에서 롤즈는 정의의 두 원칙이 공적으로 인정되고 사회구조의 기본헌장으로 실현된다면, 평균효용이 실제로 더 커진다고 생각해보자고 한다. 이 경우에도 공지성의 조건 때문에 공리주의자는 지금도 정말 평균효용의 원칙이 채택되었다고 주장할 수는 없다는 것이다.304) 이렇게 본다면 롤즈는 정의의 두 원칙을 통해서 실제로 최대의 선이 산출될 수 있다는 것을 거부하고 있지는 않다고 생각된다.305)

그렇다면, 여기서 우리가 해결해야 할 문제는 3절 1)항 (2)목 말미에서 유보했던 문제로서 롤즈의 입장이 공리주의의 한 유형인가 하는 것이다. 우리가 주목해야 할 것은 공리주의란 유용성의 원칙이 사회의 공공적 정의관을 위해 올바른 원칙임을 주장한다는 것이다. 롤즈는 최초의 상황을 변경함으로써 계약 당사자들이 평균효용을 극대화하려는 동기를 가지고 있다고 생각하는 경우에도 공지성의 조건 때문에 역시 정의의 두 원칙이 선택될 것이라고 주장한다. 그러나 그렇다고 해서 정의의 두 원칙과 그 원칙이 나타내는 이론을 공리주의라고 부르는 것은 잘못이라는 것이다. 왜냐하면 동기에 대한 가정만으로는 전체 이론의 성격이 결정되지 않기 때문이라는 것이다.306) 이러한 롤즈의 주장을 감안한다면, 롤즈도 역시 특정한 유형의 공리주의자라는 생각은 받아들일 수 없을 것이다. 공리주의로부터 자신의 정의론을 구별하려는 롤즈의 시도는 인정해야 할 것이다.

그러나 롤즈의 정의의 두 원칙에 대한 공리주의자들의 대부분의 비판이 양자는 실질적으로 큰 차이가 없다는 주장이라는 사실은 어떻게 평가해야 할 것인가? 그것은 비록 그 근거는 상이하지만 계약론과 공리주의가 모두 서구사회의 정치사상에 대한 이론적 기반으로서 작용해왔다는 점을 들 수 있을 것이다. 또한 그것은 이미 지적되었듯이 양자는 모두 복지국가의 윤리학적 기초가 될 수 있다는 점을 들 수 있을 것이다. 롤즈 자신도 정의의 두 원칙이 실제적으로 볼 때는 공리주의 원칙과 동일한 결과를 갖는다는 것을 인정하는 것 같다.307) 그러나 롤즈는 정의의 두 원칙이 공리주의 원칙보다 "도덕적 관점(a moral point of view)"에서 더 우월한 체계라는 점은 결코 양보하지 않고 있다.308)

5. 결론

우리는 지금까지 사회정의, 특히 분배적 정의의 문제를 중심으로 롤즈의 정의론과 공리주의를 대비적으로 고찰했다. 공리주의가 근세 이후 영미 계통에서는 지배적인 윤리학적 전통을 형성해왔다는 것은 주지의 사실이다. 그런데, 무어 이후 현대 윤리학은 도덕적 언어의 의미와 개념적 분석에만 주력한 분석 윤리학의 영역에 안주함으로써 실질적인 도덕문제를 도외시하고 있다는 많은 비판을 받아왔다. 이러한 비판을 깊이 인식하고 "규범 윤리학에로의 복귀(the return to normative ethics)"를 선언한 롤즈의 정의론은 본 논문에서 고찰한 바와 같이 현대 윤리학의 새로운 지평을 열었다고 평가할 수 있을 것이다.309) 본 논문이 주제적으로 다루었던 것과 같이, 롤즈의 정의론이 갖는 중요한 의도 중의 하나가 규범 윤리학의 주요 전통을 이루고 있는 공리주의를 극복하는 데 있다는 것은 윤리학사적으로 볼 때 매우 커다란 의의를 갖는 문제이다.

사회정의의 관점에서 볼 때 롤즈의 정의론이 공리주의를 능가하고 있는 것은 틀림없는 사실이지만, 공리주의를 완전히 극복했다고 확언하기는 아직도 여러 가지 많은 문제점을 남기고 있다. 비록 우리는 롤즈가 제시한 정의의 두 원칙이 가지고 있는 실질적 내용과 그 속에 포함된 이념적 가치에는 동의할 수 있다고 하더라도, 그의 정의론이 여러 가지 이론적 한계성을 노출하고 있다는 점은 지적되어야 할 것이다.

공리주의에 대한 롤즈의 비판은 크게 세 가지 관점으로 요약된다. 첫째는 사회정의에 대한 도덕적 관점이다. 둘째는 최초의 선택 상황이라는 관점에서의 합리성이다. 셋째는 기대치의 계산과 현실적 적용성의 관점이다. 이러한 롤즈의 비판에 대한 공리주의자들의 반론도 크게 세 가지 관점에서 고찰되었다. 첫째는 윤리학 방법론인 정합론과 계약론에 대한 비판이다. 둘째는 기대치의 근거로서의 사회적 기본가치가 갖는 난점이다. 셋째는 정의의 두 원칙 자체에 대한 비판이다.

그러면 공리주의에 대한 롤즈의 비판을 공리주의자들의 반론과 대비시켜가면서 전체적으로 평가해보기로 하자.

첫째 문제는 사회정의에 대한 도덕적 관점이다. 롤즈의 정의론은 "공정성으로서의 정의관"이며 공리주의는 "효율성으로서의 정의관"이다.

롤즈의 정의론은 정의의 우선성에 대한 상식적 신념을 공정한 원초적 입장에서 선택될 정의 원칙으로 설명한다. 반면에 공리주의는 정의를 전체적 혹은 평균적 복지를 증진시키는 가장 효율적인 방식으로서 설명한다. 롤즈는 우선 공리주의적 정의관은 우리의 상식적 신조와 어긋난다는 정합론을 들고 나온다. 그러나 이러한 정합론은 헤어와 라이언스에 의해서 지적된 바와 같이 도덕적 관습주의나 직관주의적 요소를 지닐 수밖에 없기 때문에, 윤리학 방법론으로서 인정되기에는 많은 문제점이 있음이 드러났다.

또한 롤즈는 공리주의적 정의관은 원리적으로 볼 때 부정의한 분배를 보다 큰 복지에 의해서 정당화할 가능성을 가지고 있다고 비판한다. 그러나 라이언스를 위시한 공리주의자들은 그것은 다만 논리적 가능성일 뿐이며 대부분의 현실적 조건 아래서 복지의 최대량이 부정의한 방식으로는 성취되지 않는다는 반론을 제기한다. 그들의 이러한 반론의 근거는 전통적으로 공리주의에 분배적 관점을 제공해주고 있는 표준적 가정이다. 공리주의는 모든 개인이 한계효용체감의 법칙을 만족시키는 유사한 효용함수를 가지고 있다는 표준적 가정을 통해서 분배적 정의의 관점을 수용할 수 있다. 이러한 근거에서 공리주의자들은 롤즈의 정의의 두 원칙과 공리주의의 원칙이 실제적으로 동일한 결과를 갖는다고 주장한다.

이러한 공리주의자들의 주장에 대해서 롤즈는 우선 표준적 가정 자체를 의심스러운 것이라고 비판한다. 그러나 롤즈도 나름대로의 표준적 가정을 하고 있음이 지적되었다. 왜냐하면 무지의 장막 아래서 계약 당사자들은 모두 동일한 효용함수(엄밀히 말하면 사회적 기본가치 함수)를 가질 수밖에 없기 때문이다. 또한 롤즈는 경제적 부가 일정한 수준에 이르렀을 경우 자유에 대한 관심은 무한히 체증하는 반면에 경제적, 사회적 이득이 갖는 한계의의는 체감한다는 사실을 자유의 우선성에 대한 근거로 간주함으로써 한계효용체감의 법칙을 부분적으로 원용하고 있기 때문이다. 이렇게 본다면 공리주의의 표준적 가정에 대한 롤즈의 비판은 타당치 못하다. 그러나 이러한 지적으로 공리주의가 롤즈의 비판을 완전히 벗어날 수 있다고는 생각되지 않는다. 왜냐하면 롤즈는 비록 공리주의의 표준적 가정이 사실일지라도 정의의 이상이 보다 직접적으로 공지되어 있는 정의의 두 원칙이 유리하다는 단서를 붙이고 있기 때문이다.310) 여기서 롤즈가 들고 나오는 것은 소위 공지성의 조건이다. 이러한 근거에서 롤즈는 일반적으로 윤리설은 확실히 자연적 사실에 호소하고 있기는 하지만 정의의 이상을 제1원칙에 보다 직접적으로 표현함이 더 낫다는 것을 강조한다.311)

이러한 롤즈의 주장은 공리주의의 표준적 가정은 우연적인 사실에 불과한 것이기 때문에, 원리상의 문제로서 정의의 우선성을 강조하기 위해서는 공정성으로서의 정의관을 받아들여야 한다는 것이라고 생각된다. 그러나 공리주의에 대한 롤즈의 이러한 비판은 차등의 원칙에 관련시켜 볼 때는 문제가 있음이 지적되었다. 차등의 원칙은 불평등을 심화할 원리적 가능성을 가지고 있다. 또한 동시에 하사니의 지적처럼 최소수혜자의 미미한 이익을 위해서 최대수혜자의 커다란 이익의 희생을 강요할 가능성도 가지고 있다. 롤즈는 이것을 해결하기 위해 최대수혜자와 최소수혜자의 기대치에는 밀접한 연관성이 있음을 가정하고, 차등의 원칙은 그러한 실제적 가능성이 없음을 주장한다. 그러나 이러한 가정은 애로우에 의해서 현실적으로 최대수혜자와 최소수혜자의 기대치가 연관되지 않는 경우가 있음이 지적됨으로써 그 문제점이 드러났다.

롤즈는 이어서 공정성으로서의 정의관과 공리주의적 정의관의 차이가 양자의 윤리체계가 각각 의무론과 목적론이라는 데서 유래함을 밝힌다. 공리주의는 좋음을 욕구의 만족으로 정의하고, 옳음은 그러한 좋음을 극대화하는 것으로 정의하는 목적론이다. 롤즈는 이러한 목적론으로서의 공리주의는 욕구의 만족에 대한 극대화를 강조함으로써 분배적 정의의 문제를 간접적으로밖에 다룰 수 없다고 비판한다. 또한 롤즈는 목적론적 윤리설인 공리주의에서는 어떠한 욕구라도 그것은 옳음을 결정하는 데 있어서 그 자체로서 고려되어야만 한다고 비판한다. 그러나 공정성으로서의 정의관에서는 사람들이 갖는 욕구를 그 내용에 상관없이 전제하고 그것들을 만족시키는 최상의 방법을 강구하는 것이 아니라 정의 원칙을 통해서 그 한계를 구체적으로 밝히게 된다는 것이다. 이것은 공정성으로서의 정의관에서는 옳음이 좋음에 선행한다는 것을 의미한다. 따라서 롤즈의 윤리체계는 의무론이 된다. 그런데, 롤즈의 의무론은 전통적인 의무론과는 달리 결과주의를 수용하고 있으며, 또한 타산적 동기 없는 도덕법칙의 고수만을 주장하지는 않고 있다. 따라서 롤즈의 의무론은 목적론의 여지를 살리고 있다는 점에서 의무론과 목적론의 조화 가능성을 열었다고 해석된다.312)

둘째 문제는 최초의 선택 상황에 관련된 합리성이다. 롤즈는 공리주의가 도덕적 관점에서뿐만 아니라, 합리적 개인의 선택이라는 관점에서도 배제되어야 한다고 비판한다. 그는 전통적인 사회계약론을 수용하여 정의 원칙이 원초적 입장에서 계약 당사자들의 타산판단에 의해서 도출될 수 있음을 입증하려고 한다. 이러한 롤즈의 입장은 도덕원칙의 정당화에 대한 윤리학 방법론으로 볼 때 계약론이 된다. 롤즈는 원초적 입장에서 공리주의를 전체 공리주의와 평균 공리주의로 나누어서 비판한다. 그는 인구 문제와 개인적 선택의 합리성이라는 관점에서 볼 때 평균 공리주의가 정의의 두 원칙에 대한 보다 유력한 대안임을 지적한다. 이러한 롤즈의 지적은 타당한 것으로 생각된다. 그러나 전체 공리주의에 도달하는 이상적 관망자의 입장에 대한 롤즈의 비판은 그 자신도 세대 간 정의의 문제에서 이타심을 끌어들였기 때문에 부분적 타당성만을 가질 수밖에 없음이 지적되었다.

그런데 롤즈는 계약론에 대한 결정적 논증으로서 최소극대화 규칙을 사용함으로써 많은 문제를 야기하고 있다. 그래서 공리주의자들의 반론도 원초적 입장이 최소극대화 규칙의 세 가지 측면이라는 롤즈의 주장에 집중되고 있다.

확률 계산을 배제하는 첫째 조건은 헤어의 지적처럼 객관적 확률 계산을 허용하는 보다 얇은 무지의 장막도 공평성을 확보할 수 있다는 점에서 자의적이다. 그리고 하사니에 의하면 최소극대화 규칙은 확률 계산을 전적으로 배제하고 있는 것이 아니라 최소수혜자로 나타날 가능성에 1 또는 1에 가까운 확률을 부여하고 있다는 점에서 자의적이다. 그리고 계약 당사자들은 최소한의 생활수준 이상의 이익에 대해서는 관심이 없다는 두 번째 조건은 헤어의 주장처럼 자신의 가치관을 모르는 계약 당사자들을 모두 그러한 가치관을 가진다고 일률적으로 가정한다는 점에서 자의적이다. 롤즈가 이것을 증명하려면 공리주의의 표준적 가정과 동일한 근거에 서지 않으면 안 된다. 정의의 두 원칙보다 공리주의가 위험부담률이 높다는 세 번째 조건은 라이언스에 의해서 중점적으로 비판되고 있다. 그는 우선 롤즈의 정의론이 일반적 정의관과 특수적 정의관으로 나누어져 있다는 점에 주목한다. 그래서 그는 공리주의도 자유의 효과적인 실현을 보장하는 유리한 조건의 여부에 따라서 단계적으로 비교되어야 한다고 주장한다. 이러한 단계적 비교는 롤즈의 정의론과 공리주의가 현실적으로 큰 차이점이 없음을 입증해준다는 것이다. 여기에 대해서 롤즈는 정의의 두 원칙은 최소수혜자의 관점을 직접 고려하는 보다 예리한 기준이라는 답변을 보낸다.

이상의 논의를 종합해볼 때 롤즈는 원초적 입장이 공리주의를 배제하기 위해서 자의적으로 구성되었다는 공리주의자들의 반론을 전적으로 회피하기는 힘들 것으로 보인다. 그러나 그렇다고 해서 최초의 계약적 상황이라는 개념으로서의 원초적 입장이 전적으로 거부되어야 한다고는 생각되지 않는다. 우리는 롤즈의 계약론이 여러 가지 윤리설들을 연구하고 그러한 윤리설들의 기본가정을 밝혀주는 분석적 방편으로서는 유용한 것임을 인정해야 할 것이다. 여기서 본 논문은 원초적 입장이 어떻게 자의성을 배제시키고 새롭게 변경될 수 있는가의 문제는 후

일의 과제로 남기고자 한다.

셋째 문제는 기대치의 계산과 현실적 적용성이다. 공리주의는 선을 욕구의 만족으로 정의하고 있기 때문에, 욕구의 만족이 극대화되는지를 알기 위해서는 그것에 대한 기대치가 기수적으로 측정되고, 또 개인 간에 비교가 가능해야만 한다. 공리주의는 이러한 문제를 해결하기 위해서 모든 개인은 만족에 대한 유사한 효용함수를 가진다는 표준적 가정을 하게 된다. 롤즈는 공리주의의 이러한 가정을 비판함과 동시에 공리주의에는 막연하게 욕구의 만족이 비교될 뿐 그 객관적 근거가 결여되어 있다는 점을 지적한다. 그리고 롤즈는 현실적 적용성으로 볼 때 공리주의 원칙은 현실의 부정의를 판정하는 데 있어서도 여러 가지 대립적인 요소를 많이 남기게 되는 애매한 원칙이 될 수밖에 없다고 비판한다.

롤즈는 사회적 기본가치를 통해서 기대치에 대한 개인 간 비교의 근거를 단순화시킨다. 그는 특히 차등의 원칙은 최소수혜자의 관점에서 기대치에 대한 서수적 판단만을 내리기 때문에 공리주의보다 훨씬 부담감이 적다는 것을 강조한다. 그리고 현실적 적용성으로 볼 때 정의의 두 원칙은 현실의 부정의를 판정하는 데 명백한 입장이 될 수 있다는 것이다. 이러한 롤즈의 주장은 대체로 인정될 수 있지만, 역시 많은 난점을 숨기고 있다. 첫째, 사회적 기본가치의 비중이 가려지는 경우는 정의의 두 원칙이 축차적 서열을 이루고 있는 특수적 정의관에서 뿐이며, 일반적 정의관에서는 불가능하다. 둘째, 일반적 정의관에서 특수적 정의관으로 이행하는 배경조건인 일정한 수준의 부는 도대체 어느 정도인지 규정될 수 없다. 셋째, 차등의 원칙에서 최소수혜자 집단의 규정은 소득과 부의 수준에만 의존하고 있으나, 최소수혜자가 여러 사회적 지위에 결부될 때는 결코 쉽게 규정될 수 없다. 현실적 적용성의 관점에서 볼 때 정의의 두 원칙이 현실의 부정의를 판정하는 데 공리주의보다 유리한 입장에 선다는 것은 인정된다. 그러나 차등의 원칙의 경우에는 문제가 많다. 즉 차등의 원칙의 경우에는 허용되는 불평등이 어느 정도인지 애매하며 또한 최소수혜자의 적합한 최소치의 규정도 쉽지 않다.

이러한 일련의 지적은 사회적 기본가치에 대한 애로우의 비판으로 더욱 강화된다. 그는 사회적 기본가치는 개인 간 비교의 근거를 단순화시키기 때문에 건강 문제 등에 관련된 다양한 개인적 욕구를 충분히 소화할 수 없다고 비판한다. 이것은 결국 사회적 기본가치도 공리주의의 표준적 가정과 같은 결과를 피할 수 없음을 지적한 것이다. 그리고 애로우는 공리주의도 서수적 입장이 가능함을 밝히고 있다. 이상의 논의를 종합하면, 롤즈의 정의론은 그 외면적 성과에도 불구하고 현실적 적용성에 있어서 공리주의를 크게 능가하지는 못하고 있음을 지적할 수 있을 것이다.

그러면, 여기서 비록 본론 속에서는 충분히 논하지는 못했지만 우리의 논의와 직간접으로 관련되거나 또는 관련된 것으로 암시되어온 몇 가지 문제를 제기하고, 그것을 앞으로의 과제로 삼고자 한다.

첫째는 롤즈의 정의론과 공리주의에 대한 포괄적인 논의이다. 본 논문은 사회정의의 관점에서만 양자를 대비적으로 고찰했다. 롤즈의 정의론이 공리주의를 극복했느냐의 여부가 최종적으로 평가되기 위해서는 사회정의의 문제뿐만 아니라 개인적 행위와 의무, 그리고 도덕적 가치 등을 포괄하는 윤리체계 전반에 걸친 논의가 필요하다. 비록 롤즈의『정의론』이 *A Theory of Justice*라는 제목을 가지고 있기 때문에 사회정의의 문제만을 다룬 것으로 오해되기 쉬우나, 결코 그렇지 않다.313) 이러한 포괄적인 논의를 통해서 우리는 롤즈의 윤리체계가 "공정성으로서의 정의"가 아니라 "공정성으로서의 정당성"으로 확대될 수 있는가를 평가해볼 수 있을 것이다.314)

둘째는 롤즈의 정의론과 공리주의의 변형 가능성이다. 롤즈는『정의론』이후에 발표된 논문들을 통해서 자신의 입장을 끊임없이 수정하여 세련화하고 있다.315) 우리는 그것이 부분적인 수정인지, 아니면 근본적인 변혁인지도 추적해보아야 할 것이다. 이러한 점은 공리주의에 대해서도 마찬가지이다. 우리는 3절 1)항 (1)목에서 롤즈가 자신의 정의론은 공리주의의 여러 가지 상이한 변형 모두에 대한 대안으로서, 계약론과 공리주의의 비교는 모든 경우에 본질적으로 동일한 것으로 생각된다고 말한 것을 인용한 바 있다. 이렇게 본다면, 공리주의는 어떻게 변형되더라도 결코 롤즈의 비판을 피할 수 없는 것처럼 보인다. 본론에서는 언급하지 못했지만, 롤즈 자신이 언급한 변형 가능성은 다음의 단한 가지 경우뿐이다.316)

"물론, 공리주의자는 이러한 반론을 인정하고 기본가치에 관한 설명을 받아들일 수 있으며 그래서 기본가치에 대한 적절한 목록을 통해서 자신의 원칙을 규정할 수도 있다. 내가 고찰하지는 않겠지만, 이것은 그 이론에 중대한 변화를 초래한다. 나는 전형적인 입장에만 논의를 국한하려고 한다."

아마도 그러한 공리주의는 "사회적 기본가치 공리주의"라고 명명될 수 있을 것이며, 롤즈의 정의론과 아무런 현실적인 차이점도 없게 될지도 모른다. 근래에 아마르티아 센(Amartya Sen)이 롤즈의 그것과는 다른 사회적 기본가치를 통해서 공리주의를 변형시키고, 그러한 관점에서 롤즈에게 반격을 가하고 있다.317) 공리주의의 변형에 관해서 더욱 논의가 필요한 것은 4절 2)항에서 간략히 논의했던 애로우의 "서수적 공리주의"와 4절 3)항에서 언급만 되었던 하사니의 "규칙 공리주의"이다. 특히 하사니는 의사결정이론을 새롭게 원용하여 롤즈의 비판을 피하려는 시도를 하고 있어서 다시 주목을 받고 있다. 그는 유용성의 내용에 관련해서 자신의 입장을 "선호 공리주의(preference utilitarianism)"라고 표현하고 있다.318) 공리주의의 옹호 가능성에 관련해서 마지막으로 언급할 것은 우리가 공리주의의 대표로서 선정했던 네 사람 이외에도 롤즈에게 반격을 가하고 있는 많은 공리주의자들이 있다는 점이다. 여기서 그들의 구체적인 입장이 무엇인지 밝힐 수 없지만 스마트(J. J. C. Smart),[319] 잔 나브슨(Jan Narveson),[320] 그리고 다음 두 사람 리처드 브랜트(Richard Brandt)와 롤프 사토리우스(Rolf Sartorius)가 주목을 끌고 있다.[321]

셋째는 사회정의의 문제에 대한 체계적인 논의이다. 서론에서 언급한 바와 같이 사회정의에는 아리스토텔레스의 분류대로 분배적 정의만이 아니라 교정적 정의인 교환적 정의와 응보적 정의가 있다. 사회정의의 문제가 체계적으로 고찰되기 위해서는 사회정의의 각 측면에 대한 개별적인 논의와 아울러 그것들의 상호관계가 정립되어야 할 것으로 생각된다.[322]

넷째는 사회정의의 문제가 갖는 현실적 함축성이다. 우리는 롤즈의 정의론이 복지국가에 대한 강력한 윤리학적 기초가 되고 있다는 점을 지적했다.[323] 그리고 또한 공리주의도 표준적 가정을 통해서 고전적 후생경제학 이후 복지국가의 한 기반이 되어왔다는 점도 아울러 지적했다. 그러나 복지국가는 분명 사회적 진화의 마지막 단계는 아니며, 사회정책과 경제정책의 지배적인 이데올로기는 과거에도 그러했던 것처럼 도전받지 않고 있는 것은 아니다. 그래서 4절 3)항에서 언급한 것과 같이 분배적 정의에 관련된 다른 입장들, 즉 자유지상주의를 부르짖는 노직이나 마르크스주의자들의 입장도 아울러 고찰해야 할 것으로 생각된다.[324]

다섯째는 분석 윤리학과 규범 윤리학과의 관계이다. 롤즈의 정의론은 사회정의라는 실질적인 도덕문제를 다룸으로써 규범 윤리학이 가능함을 보여주었다. 그러나 우리는 롤즈의 정의론이 무어 이후 분석 윤리학의 성과를 어느 정도 수용하고 있는지, 그러면서도 분석 윤리학을 어떤 점에서 비판하고 있는지를 구체적으로 논의하지는 못했다. 우리는 다만 2절 2)항 (1)목에서 윤리학 방법론에 관련해서 롤즈의 정의론과 분석 윤리학의 여러 입장들과의 관계를 간략히 언급했을 뿐이다. 비단 롤즈의 정의론에 관련해서뿐만이 아니라, 분석 윤리학과 규범 윤리학의 관계를 정립하는 일은 현대 윤리학의 한 과제가 될 수 있을 것이다.325)

여섯째는 존재와 당위의 문제이다. 우리는 2절 2)항 1)목에서 롤즈의 계약론이 원초적 입장을 통해서 도덕판단을 계약 당사자들의 합리적인 타산판단으로 환원시키고 있음을 논의했다. 그리고 이것은 존재와 당위의 문제에 대한 새로운 해결책으로도 생각될 수 있음을 지적했다. 또한 롤즈는 도덕철학을 합리적 선택이론의 일부로 간주할 만큼 합리성을 강조하고 있다는 것을 3절 2)항 (1)목에서도 논했다. 그러나 우리는 이러한 롤즈의 주장이 흄과 무어에 의해서 제기된 존재와 당위의 문제에 대한 완전한 종결을 의미하는지는 확언하지 못했다. 왜냐하면 롤즈는 최소극대화 규칙을 원초적 입장에서의 결정적 논증으로 사용함으로써 많은 문제를 야기하고 있다는 점이 지적되었기 때문이다. 이러한 점을 감안할 때, 도덕성과 합리성과의 연관성을 보다 철저하게 규명하고,326) 나아가서 윤리학과 합리적 선택이론의 관계를 명백히 함으로써327) 존재와 당위의 문제에 대한 근본적인 논의가 이루어져야 할 것이다.

그리고 공리주의도 전통적으로 자연주의를 취해왔는데 현대 공리주의는 어떤 방식으로 "자연주의적 오류(naturalistic fallacy)"를 회피할 수 있는지도 고찰되어야 할 것이다.328) 또한 우리는 3절 1)항 (2)목에서 롤즈의 선의 기초론이 신자연주의(neo-naturalism)라고도 불리는 기술주의(descriptivism)라는 것을 지적했는데, 그것이 고전적 자연주의와 어떻게 다른지도 아울러 고찰되어야 할 것이다.

본 논문은 이상과 같은 문제들을 다루기 위한 시론적 논의이다.

제 2 장

롤즈의 정의론의 변천과 그 해석 논쟁

1. 서론: 철학적 정의론의 정초 위기

현대의 윤리적 위기상황과 철학적 대응의 문제를 논의하기 위한 철학적 단초로서 존 롤즈(John Rawls)의 『정의론』(1971)보다 더 적합한 것은 없을 것이다.[1] 롤즈의 정의론은 고전적 자유주의에서 유전되어온 개인적 자유의 우선성이라는 선취적 부동점을 재확인하면서도 민주주의적인 분배적 평등을 제고한다는 점에서 흔히 "복지국가적 자본주의의 평등주의적 유형에 대한 철학적 변호(a philosophical apologia for an egalitarian brand of welfare-state capitalism)"로 간주된다.[2] 롤즈의 정의론이 철학적 정의론으로서 중대한 분기점을 형성하는 것은 그러한 철학적 변호가 단순한 직관적 언명에 의존하거나 혹은 도덕적 개념과 용어의 메타윤리학적 분석에만 의존한 것이 아니라는 점이다. 그의 정의론은 자유주의의 초기 전통에서 유전되어온 사회계약론의 자연상태라는 개념을 공정한 가상적인 조건하에서의 합리적 개인들에 의한 정의 원칙의 선택 상황으로 체계적으로 재구성함으로써 실질적인 철학적 결론이 도출될 수 있다는 것을 보여주려고 했다. 바로 이 점이 "공정성으로서 정의(justice as fairness)"라는 구호로 요약되는 롤즈의 정의론이 지난 1970년대 이후 도덕철학 및 정치철학에서의 "거대이론의 복귀(the return of grand theory)"와 그 후속적인 규범적 논쟁들의 중대한 촉발제가 된 이유이다.3)

개인적 자유와 노동에 근거한 사유재산권이 자연상태에서 어떻게 확립될 수 있는가를 철학적으로 증명하려고 함으로써 자유방임적 자유지상주의(laissez-faire libertarianism)를 옹호하는 로버트 노직(Robert Nozick)의 『아나키, 국가, 그리고 유토피아』도 그 비판적 출발점은 롤즈의 정의론이다: "정치철학자들은 이제 롤즈의 이론 안에서 작업을 전개하든가, 아니면 왜 그렇지 않은가를 설명해야만 한다."4) 롤즈의 정의론에 대한 노직의 비판은 롤즈가 자기의 정의론이 제러미 벤담(Jeremy Bentham)과 존 스튜어트 밀(John Stuart Mill) 이래의 공리주의적 자유주의의 대안으로 제시되었다고 주장함으로써 이미 전개된 공리주의자들의 반박과 함께 자유주의의 "자기정체성 위기(identity crisis)"를 복합적으로 가중시킨다.5)

지난 1989년 이후에 전개된 동구 공산주의 국가들의 혁명적 변화와 소비에트 연방의 해체에 따른 현실적 공산주의와 사회주의의 붕괴로 자유주의의 자기정체성 위기가 완전히 소멸된 것은 아니다. 물론 이제 인류의 이데올로기적 진화는 끝이 났으며 서구 자유민주주의의 보편화가 달성되었다고 주장하는 프랜시스 후쿠야마(Francis Fukuyama)의 "역사의 종언(the end of history)"이 우렁차게 울려 퍼진 것도 사실이다. 그가 "역사 이후 혹은 탈역사의 시대에는 예술도 철학도 없고, 오직 인류 역사의 박물관에 대한 영원한 관리만이 존재할 것이다"라고 강조한 것은 지나친 감이 없지 않으나,6) 자유민주주의적 복지국가가 미래를 주도할 것이라는 것이 비교적 "새로운 합의"로 떠오르고 있는 것도 사실이다.7)

그러나 이것은 자유주의에 대한 근본적 대안들이 모두 고갈되었다는 것을 의미하지는 않는다. 자유주의는 아직도 방법론적 개인주의로 야기되는 도덕적 실패와 추상적 보편성과 합리성을 정초하고자 하는 철학적 방법론의 허구와 마치 다양한 견해와 삶의 방식들을 모두 갈등 없이 포괄하는 듯이 공언하는 중립성의 위선에 대한 삼중적 질책을 다음과 같은 다양한 이론들로부터 받고 있다.8) 즉, 비판이론(포스트마르크시즘의 제 입장을 포함해서), 공동체주의, 포스트모더니즘(후기구조주의, 해체주의를 망라해서), 종교적 근본주의, 시민적 공화주의, 여성해방론, 반핵운동을 위시한 평화운동, 환경보호운동, 민족중심주의, 보수주의, 그리고 권위주의(극동의 유교적 민주주의를 위시한 신권위주의를 포함해서) 등이 그것들이다. 이러한 여러 이론들의 심각한 비판들을 감안해 볼 때, 마르크시즘의 전면적 실패는 역시 근대성의 질곡을 함께 공유하고 있는 서구 자유주의의 도산에 대한 전주곡이며, 자유주의는 다음에 넘어질 또 하나의 도미노일지도 모른다. 만일 자유주의가 살아남는다면, 새로운 자유주의의 미래는 보장된 합의에 의한 지적 권태로움이 아니라 그러한 도전들에 대응하는 흥미진진한 것이 될 것이다. 자유주의의 스스로를 찾기 위한 철학적 오디세이는 아직도 끝난 것은 아니다.9)
　우리는 자유주의 정의론의 양대 지주를 형성하고 있던 롤즈와 노직이 최근에 각자의 철학적 정초와 그 실질적 함축에 대한 입장을 변경하고 있는 것을 그러한 철학적 오디세이의 한 도정으로 간주한다. 노직은 충분한 해명 없이 자유지상주의를 갑자기 포기하는 듯한 인상을 준다.10) 반면에 롤즈는 『정의론』이 간행된 이후 계속 발표된 일련의 논문들을 통해 여러 가지 비판들에 답하면서 자기의 정의론을 수정, 발전시키고 있다. 우리는 롤즈의 자유주의적 정의론의 변천에 대한 논의를 통해서 현대사회의 윤리적 위기상황과 사회정의의 문제를 둘러싼 논란들에 관한 양상을 파악하고, 나아가서 자유주의적 정의론의 과제와 그 미래에 대한 어떤 시사점을 얻어보려고 한다.

2. 롤즈 정의론의 변천: 2단계적 전환

롤즈가 『정의론』 이후에 발표한 일련의 논문들을 볼 때, 우리는 롤즈의 입장은 변하고 있는가 하는 의구심을 품게 된다. 우리는 물론 강조점의 차이와 보다 큰 실질적 전환을 구별해야 하지만, 강조점의 차이가 두드러질 때는 실질적 전환으로 볼 수도 있을 것이다. 이러한 것을 판정하는 것은 결국 텍스트를 보는 저자의 해석의 관점에 달려 있다. 우리는 롤즈의 정의론이 1971년 이후에 다음 두 단계를 거쳐서 전환하고 있다고 해석한다.[11]

제1단계는 1971년에서 1982년까지이고, 제2단계는 1982년부터 1989년까지이다.[12] 제1단계는 「기본적 자유들과 그 우선성」(1982)까지인데, 이 기간 동안 롤즈는 「정의의 주제로서 기본구조」(1978), 존 듀이(John Dewey) 강연록인 「도덕론에 있어서의 칸트적 구성주의」(1980), 그리고 「사회적 통합과 기본적 가치」(1982) 등의 중요한 논문들을 발표한다. 이 단계에서 롤즈는 자기 정의론의 역사적 상황성을 강조하며 "칸트적 인간관"을 기치로 들고 나와서, 원초적 입장과 그 속에서의 추론과정을 재정비하고, 사회적 기본가치들을 재해석하고, 정의의 두 원칙의 내용을 수정하여, 그의 정의론의 칸트 도덕철학적인 이해를 심화시킨다.

제2단계에서는 「공정으로서의 정의: 형이상학적 입장이냐 정치적 입장이냐」(1985), 「중첩적 합의의 개념」(1987), 「정당성의 우위와 선의 개념들」(1988), 그리고 「정치의 영역과 중첩적 합의」(1989) 등의 논문들이 발표된다. 이 논문들에서 롤즈는 "정치적 자유주의"의 기치를 들고 나오면서 자기의 정의론에 대한 칸트 도덕철학적인 해석을 탈각시킨다. 이어서 롤즈는 『정의론』 이후의 변화된 입장을 일목요연하게 정리한 출판 원고 『공정성으로서의 정의: 안내지침』(1989)을 마련한다. 여기서 그의 정의론과 복지국가와의 통상적인 연계성을 거부하고 "재

산소유제적 민주주의(property-owning democracy)"를 옹호하고 나선다.13)

1) 『정의론』의 기본적 개요

롤즈의 『정의론』은 모든 사람이 공공적 정의관을 따르는 질서정연한 사회(well-ordered society)를 배경으로 하는 이상론이다. 사회정의의 원칙은 자신의 이익 증진에 관심을 가진 자유롭고 합리적인 사람들이 평등한 최초의 입장에서 그들 공동체의 사회적 기본구조를 규정하는 것으로 채택하게 될 원칙으로 간주된다.14) 정의의 원칙을 이렇게 보는 방식이 "공정성으로서의 정의"이다. 롤즈의 공정성으로서의 정의는 체계적으로 볼 때 다음 두 부분이 그 핵심을 이루고 있다. 첫째는 최초의 선택 상황 및 거기서 생기는 선택 문제의 해명, 둘째는 합의될 정의 원칙의 내용 규명과 그 도출 과정에 대한 논증이다.15)

첫째는 소위 원초적 입장(original position)의 구성에 관련된다. 사회계약론의 자연상태라는 개념을 원용한 원초적 입장은 합의의 공정성과 중립성을 보장하기 위해서 계약 당사자들이 자기의 개인적인 가치관과 사회적인 지위를 모르는 무지의 장막(the veil of ignorance) 아래에 있다고 가정한다. 이렇게 계약 당사자들은 무지의 장막에 가려 있기 때문에 그들의 상호 무관심한 도구적 합리성은 보다 특수하게 규정된다. 즉, 그들은 자신의 가치관에 대한 구체적인 내용은 모르나 어떤 사회적 기본가치(primary social goods), 권리와 자유, 기회와 권한, 소득과 부, 자존감의 사회적 기반을 수단적 가치로서 더 많이 갖기를 바란다는 것이다.16) 계약 당사자들은 이러한 사회적 기본가치로서 정의의 원칙을 평가하게 된다. 따라서 이러한 사회적 기본가치는 동시에 분배적 정의의 원칙이 적용되는 대상이 된다. 원초적 입장의 이상과 같은 총괄적 규정을 통해서 롤즈는 자기의 정의론이 엄밀한 연역적인 도덕기하학의 체

계를 갖게 되며, 그러한 의미에서 합리적 선택이론의 한 부분이 된다고 주장한다.17)

둘째는 합의될 정의 원칙의 도출 과정에 대한 논증이다. 롤즈는 원초적 입장의 계약 당사자들에게 정의 원칙의 여러 대안들을 제시한다. 그 목록 속에는 롤즈 자신의 정의의 두 원칙과 목적론적 윤리설인 고전적 공리주의, 평균 공리주의, 완전주의 등이 포함된다.18) 롤즈는 이미 원초적 입장의 구성이 합리적 선택이론과 연관됨을 밝힌 바 있다. 합리적 선택이론에서 볼 때 원초적 입장은 무지의 장막 아래에 있기 때문에 불확실성하에서의 선택이 된다. 롤즈는 그러한 상황하에서 계약 당사자들이 최소극대화 규칙(maximin rule), 즉 최악의 결과가 가장 다행스러운 것을 선택하는 규칙에 의거하는 것이 합리적이라고 주장한다.19) 이러한 주장은 결국 사회적 불평등이 허용될 때 자신이 가장 불운한 자가 될 것을 가정하고 그러할 경우 가장 다행스러운 결과가 보장되는 대안을 선택한다는 것을 의미한다. 곧 계약 당사자는 최소수혜자의 관점에서 정의 원칙을 평가한다.20)

그러한 평가에 의해서 도출된 정의의 두 원칙은 다음과 같다.21) 제1원칙은 "최대의 평등한 자유의 원칙"으로서 각 개인은 모든 사람의 유사한 자유의 체계와 양립 가능한 평등한 기본적 자유의 가장 광범위한 전체 체계에 대해서 동등한 권리를 가져야 한다는 것이다. 제2원칙은 사회경제적 불평등이 공정한 기회균등의 조건하에서 모든 사람의 개방된 직책과 직위에 결부되어 최소수혜자에게 최대이익이 되도록 편성되어야 한다는 것이다. 롤즈는 이러한 두 원칙을 축차적으로 구성하여 우선성의 규칙을 적용한다. 그래서 제1원칙은 제2원칙에 우선하고 제2원칙 중 "공정한 기회균등의 원칙"은 최소수혜자에게 최대이익이 되도록 하는 "차등의 원칙"에 우선한다. 롤즈는 이러한 정의의 두 원칙을 사회제도를 평가하고 사회변동의 전체적인 방향을 지도해줄 "영원의 상하"에서의 "아르키메데스적 점"으로 간주한다.22)

그런데 롤즈는 자신의 정의론이 원초적 입장의 공정성을 통해 칸트의 자율성 개념과 정언명법을 절차적으로 반영하고 있다고 주장한다.23) 더 나아가서 롤즈는 원초적 입장의 여러 조건들과 자신의 정의의 두 원칙이 우리의 도덕적 숙고판단과의 반성적 평형상태에 이르러 결국 부합되기 때문에 정당화된다고 주장한다.24)

2) 후기 롤즈 제1단계: 1971-1982

롤즈의 정의론에 대한 주요 비판은 이미 언급한 두 핵심 부분, 즉 원초적 입장의 구성과 정의의 두 원칙의 추론 과정에 관해서 신랄하게 전개된다. 원초적 입장에 관련해서는 그것이 가정하고 있는 선택 동기와 사회적 기본가치가 공정하고 중립적인 것이 아니라 "근대 서구의 자유주의적인 개인주의적 인간(the modern, Western, liberal, individualistic men)"을 편파적으로 반영하고 있다는 비판이 제기된다.25) 이와 동시에 원초적 입장은 구체적 사회정의의 문제를 판정하기에는 너무나 단순화된 추상적 보편화일 뿐이라는 비판도 전개된다. 나아가서 정의론을 합리적 선택이론의 일부로 본 것은 결국 이기적 동기를 가정하는 타율적인 가언명법이며, 비록 무지의 장막에 가려 있다고 해도 원초적 입장의 칸트적 해석은 적절치 못하다는 질책이 가해진다. 또한 롤즈는 원초적 입장에서의 추론, 즉 계약론적 방법에 의한 정당화와 반성적 평형상태에 의한 정합론적 정당화 사이의 관련 방식을 명백하게 제시하지 못하고 있다는 지적도 제기된다.26)

정의의 두 원칙의 추론 과정에 관련해서는 다음과 같은 비판이 전개된다. 즉, 롤즈가 의거하는 최소극대화 규칙은 위험부담을 회피하고자 하는 극도의 특수한 보수적 심리 상태에 달려 있기 때문에 다른 정의의 원칙들을 배제하는 결정적이고도 정당한 이유를 제시하지 못한다는 것이다. 또한 원초적 입장에서 계약 당사자들에게 부여된 도구적 합리성은 왜 다른 사회적, 경제적 가치들에 대해서 자유가 우선성을 가지는가를 명백하게 입증하지 못한다는 논란도 제기된다.27)

원초적 입장의 추상적 보편성에 관련된 비판에 대해서 롤즈는 우선 자기의 정의론은 "… 특수한 역사적 상황에 관계없이 모든 사회에 적합한 정의관을 발견하려고 노력하지 않는다"는 것을 분명히 한다.28) 즉, 그의 정의론은 근대적 조건 아래서의 민주사회에 관한 정의 원칙만을 구성하려고 한다는 것이다. 그는 서구의 근대적 정치사에 있어서의 난관 봉착은 "도덕적 인간들로서의 시민들의 자유와 평등"에 부합하는 기본적인 사회제도의 편성 방식에 대한 불일치로 본다.29) 이러한 불일치는 로크와 루소에 의해서 양분된 자유민주주의적 전통의 갈등 상황이다. 롤즈는 자유민주주의적 전통 속에 내재하고 있는 "자유롭고 평등한 도덕적 인간"이라는 개념이 칸트에 의해서 가장 적절하고 조화롭게 제시되었다고 본다.30) 그러한 칸트적 인간관을 출발점으로 해서 자유민주주의적 전통의 갈등을 해결하려는 야심 찬 시도가 이제 롤즈의 목표가 된다. 비록 그러한 인간관은『정의론』에서도 이미 기본적으로 언급되긴 했었지만 정의론의 전체 구조에서 그것의 위치가 명백히 제시된 것은 아니었다.31)

이제 그러한 칸트적 인간관에 상응해서 롤즈 정의론의 전체 체계가 조정된다. 롤즈에 따르면, 공정성으로서 정의관에 있어서 가장 기본적인 두 개의 개념은 질서정연한 사회와 도덕적 인간이라는 개념이며, 원초적 입장은 제3의 매개적 개념으로서 그것의 역할은 질서정연한 사회에서의 도덕적 인간이 채택할 정의의 원칙에 대한 구성 절차가 된다.32) 질서정연한 사회에서 도덕적 인간은 정의감과 가치관을 형성할 수 있는 두 가지 도덕적 능력(moral powers)과 이러한 능력들을 실행하려는 최고차적 관심(the highest-order interests)을 갖는 것으로 규정된다.33) 이러한 고차적 관심은 정의감에 관한 합당성(the reasonal)과 가치관에 관한 합리성(the rational)으로 구분되는데, 중요한 것은 "합당성은 합리

성을 전제하며 그것에 우선한다"는 것이다.34) 합당성이 합리성을 전제
하는 이유는 사람들에게 동기를 부여하는 기본가치가 없이는 분배적
정의의 개념이 무의미하기 때문이며, 합당성이 합리성에 우선한다는 것
은 합당성이 추구될 수 있는 기본가치의 한계를 정해주기 때문이다. 따
라서 선에 대한 정의의 우선성이 확보되며, 여기서 칸트적인 자율성과
정언명법에 따르는 것이 가능하게 된다는 것이다.

따라서 원초적 입장은 합리적 선택이론에만 의거한 연역적인 체계는
아니며 그러한 칸트적 인간관이 반영된 것이다.35) 구체적으로 말하면
무지의 장막을 포함한 원초적 입장의 공정성은 합당성을 반영한 것이
며 사회적 기본가치는 합리성을 반영한 것이다. 그리고『정의론』에서
롤즈는 사회적 기본가치가 순전히 심리적, 통계적 혹은 역사적 고찰에
의거해서 제시된 것처럼 말했지만,36) 이제 그것을 수정하여 사회적 기
본가치는 칸트적 인간관에 의거한 것임을 밝힌다.37) 사회적 기본가치
에 관련된 원초적 입장의 비중립적 편파성에 대해서 롤즈는 "우리는
가치관들에 대해서 공정성을 말해서는 안 되며, 오직 그러한 가치관을
수용할 수 있는 능력과 그러한 가치관이 형성되는 조건에 대해서 관심
을 가진 도덕적 인간들에 대해서 공정성을 말해야만 한다"고 답변한
다.38)

롤즈는 "원초적 입장에 대한 몇 가지 오해를 방지하기를 희망하는데,
예를 들면, 그것이 도덕적으로 중립적인 것을 의도한다거나, 혹은 그것
이 오직 합리성의 개념에 따라서 만들어진 것이기 때문에 공정성으로
서 정의는 경제학이나 의사결정이론에서 이미 알려진 합리적 선택의
개념에만 순전히 근거해서 정의의 원칙을 선택하려고 시도한다는 오해
들이다. 칸트적 견해로 볼 때 그러한 시도는 있을 수 없는 일이며 그것
의 인간관과도 양립할 수 없다"는 것이다.39) 그렇다고 한다면 정의의
두 원칙의 정당화에 관련해서 롤즈는 당연히 반성적 평형상태의 개념
을 사용할 것으로 생각된다. 롤즈는 여기서 "일반적이고도 광역적인 반

성적 평형상태(general and wide reflective equilibrium)", 즉 특수적 숙고판단, 도덕원칙, 그리고 배경적 역사와 경제, 사회 이론들 사이의 정합을 추구하는 정당화의 기제를 들고 나오는데, 그것은 질서정연한 사회와 원초적 입장의 밖에 서 있는 우리의 관점으로서 자유민주주의의 상식적 이해에 내재한 칸트적 인간관을 "발판(foothold)"으로 삼고 진행된다.40)

정의의 두 원칙의 추론 과정과 자유의 우선성에 대한 논의도 역시 변경된다. 롤즈는 최소극대화 규칙은 계약 당사자의 특수한 심리적 상태에 근거한 것이 아니고, "자유롭고 평등한 인격성에 대한 열망이 최소극대화 규칙에 직접적으로 향하게 한다"는 것이다.41) 자유의 우선성에 대해서 롤즈는 소위 신고전학파 경제학의 한계효용체감의 법칙을 원용하여 일정한 경제수준에 도달하면 자유에 대한 한계의의는 체증하는 반면에 다른 경제, 사회적 가치들의 한계의의는 체감할 것이라는 주장을 했으나,42) 이제는 그러한 자유의 우선성이 칸트적 인간관에 따른 자유주의적인 철학적 이상(ideal)으로부터 직접 도출된다.43) 또한 제1원칙의 내용이 수정되는데, 그 이유는 기본적 자유들 사이에 상충되는 부분들이 있기 때문에 상호 규제가 필요하다는 것이다. 따라서 『정의론』에서 진술한 "가장 광범위한 전체 체계(the most extensive total system)"라는 것은 부적절하다고 보고,44) "충분히 적절한 구조(a fully adequate scheme)"로 대체한다. 제1원칙의 수정된 최종적 내용은 다음과 같다: "각 개인은 모든 사람의 유사한 자유들의 구조와 양립 가능한 평등한 기본적 자유들의 충분히 적절한 구조에 대해서 동등한 권리를 가져야 한다."45)

제1단계를 전체적으로 볼 때, 도덕론에 있어서의 칸트적 구성주의로 해석된 롤즈의 자유주의적 정의론은 일단은 『정의론』에서 발견된 여러 내부적 부정합성들과 외부적 비판들을 칸트적 인간관을 통해서 해결한 매력적이고도 야심 찬 변화를 이루어낸 것처럼 보인다. 그러나 우리는 곧 롤즈가 자기의 정의론에 대한 칸트적 해석과 철학적 학설로서의 자유주의를 버리게 되는 것에 놀라움을 금치 못하게 된다.

3) 후기 롤즈 제2단계: 1982-1989

롤즈의 정의론이 근대적 서구 역사를 배경으로 한 철학적 자유주의와 칸트적 인간관을 수용함으로써 제1단계적 전환을 이룩했음에도 불구하고, 그것의 추상적 보편성에 대한 비판은 다시 새로운 각도에서 전개된다. 그러한 비판의 예봉은 주로 공동체주의자들로부터 다가온다. 특히 마이클 샌델(Michael Sandel)은 롤즈의 정의론이 칸트적인 "의무론적 자유주의(deontological liberalism)"를 취함으로써 칸트적 도덕주체에 관련된 형이상학적 난점과 역사적 공동체로부터의 추상적 이탈과 고립을 피할 수 없다고 신랄한 비난을 제기한다. 즉, 롤즈의 정의론은 인간이 자기의 구체적 목적에 선행하는 근본적 본성과 자기 동일성을 가지고 있다는 형이상학적 견해에 의거하고 있고, 따라서 그것의 보편적 진리성에 대한 특정한 철학적 주장을 포함하고 있다는 것이다.46) 롤즈의 제2단계적 전환은 기왕에 이루었던 자기 정의론의 역사적 상황성을 재강조하면서 이러한 비판에 답하는 과정이다. 그러나 그 과정 속에는 자기의 정의론에 대한 새로운 해석이 잉태되고 있다.

롤즈는 이제 "보편적 진리나 인간의 본질적 특성과 자기 동일성에 대한 주장"을 회피함으로써 자기의 정의론이 형이상학적인 것이 아니고 "정치적 정의관(a political conception of justice)"이라고 해석한다.47) 롤즈는 공정성으로서 정의가 정치적 정의관이라는 것이 『정의론』에서는 미처 언급되지 못했거나 충분히 강조되지 못했다는 것을 시인한다.48) 또한 "도덕론에 있어서의 칸트적 구성주의"도 오히려 "정치철학에 있어서의 칸트적 구성주의"로 했어야 좋았을 것으로 생각한다.49) 롤즈는 정치적 정의관과 형이상학적 정의관이 정의관의 가능한 범주를 총망라한 것인지에 대해서는 확실히 언명하고 있지 않지만,50) 그 둘의 구별에 대해서는 비교적 자세한 논의를 하고 있다.

정치적이냐 형이상학적이냐의 구별은 다음 세 가지 관점에서 전개된다. 그 첫째는 철학적 의존성이며, 둘째는 정당화의 기준이며, 셋째는 적용의 범위이다. 첫째, 철학적 의존성으로 볼 때, 형이상학적 정의관은 보편적 진리나 인간의 본성과 자기 동일성에 대한 논란의 여지가 있는 철학적, 형이상학적 주장에 근거하고 있는 반면에, 정치적 정의관은 논란의 여지가 있는 철학적, 종교적, 도덕적 교설들로부터 독립적이다.51) 둘째, 정당화의 기준으로 볼 때, 형이상학적 정의관은 인식론적이거나 형이상학적인 것으로 기본적 전제나 공리들의 진리를 통한 정당화를 시도하나, 정치적 정의관은 실제적인 것으로 공공적 합의에 의해서 정당화된다.52) 셋째, 적용의 범위로 볼 때, 형이상학적 정의관은 보편적인 것으로 모든 역사적 사회들에 적용이 되나, 정치적 정의관은 역사적으로 제한된 것으로 근대적 입헌민주사회에만 적용된다.53)

롤즈는 결국 정치적이냐 형이상학적이냐의 구별을 "정치적 정의관과 포괄적인(comprehensive) 종교적, 철학적, 도덕적 교설들 사이의 구별"로 압축한다. 포괄적인 교설은 인간적 삶의 가치와 인격적 덕목과 성격의 이상들을 포함하는 데 비해, 정치적 정의관의 특색은 그러한 것을 배제하고 다음 세 가지 관점에서의 정치적 영역에만 논의를 국한한다는 것이다.54) 첫째, 정치적 정의관은 입헌민주정체의 기본적 사회구조, 즉 정치, 경제, 사회제도라는 특정한 논의 주제를 갖는 도덕적 개념이다. 둘째, 정치적 정의관은 어떤 특정한 포괄적 교설도 수용하지 않는다. 정치적 정의관은 그 자체로서 기본구조에 대한 합당한 개념을 제시한다. 셋째, 정치적 정의관은 어떠한 포괄적 교설에 의해서가 아니라 민주사회의 공공적인 정치적 문화에 내재한 근본적인 직관적 신념들에 의해서 구성된다. 롤즈가 언급하고 있는 포괄적인 교설의 예는 완전주의, 공리주의, 헤겔의 관념론과 마르크시즘, 그리고 칸트와 밀의 자유주

의, 기독교와 개신교 등이다.55)

그러면, 제1단계적 전환에서의 관건을 이루었고, 공동체주의자 샌델의 비판이 집중됐던 칸트적인 "자유롭고 평등한 도덕적 인간"의 개념은 정치적 정의관에서 어떠한 변화를 일으키고 있는지를 살펴보기로 하자. 롤즈는 자유롭고 평등한 도덕적 인간들에 의한 공정한 사회적 협동체라는 개념은 민주주의의 공공적인 정치문화에 내재한 기초적인 직관적 신념으로 본다.56) 롤즈는 공정성으로서의 정의가 포착하고 있는 인간관은 정치적 정의관의 일부로서 구성된 것이며, 또 그것에 국한된다는 것이다. 그러한 인간관은 통상적으로 자유주의와 관련된 포괄적인 도덕적 이상, 즉 "자율성과 개체성의 이상(the ideals of autonomy and individuality)"에 헌신하거나 공약하지 않고서도 가능하다는 것이다.57) 롤즈는 이제 자유롭고 평등한 도덕적 인간의 칸트적 해석을 전면적으로 배제하기를 원한다. "칸트의 자율성의 이상과 그것과 결부된 계몽주의의 제 가치들과 밀의 개체성의 이상과 그것과 결부된 근대성의 제 가치들"은 포괄적인 철학적 학설로서 정치적 정의관에는 부적합하다는 것이다.58)

이러한 일련의 정치적 전환을 통해서 롤즈는 공동체주의자 샌델의 비판에 답할 수 있기를 원한다. 정치적 정의관이 의거하고 있는 자유롭고 평등한 도덕적 인간관은 규범적 개념이긴 하지만 그것은 근대 자유민주주의적 시민을 근간으로 하여 역사적으로 구성된 것이라는 것이다.59) 비록 원초적 입장이 무지의 장막을 통해서 그러한 인간관을 단순화하고 추상화한 것은 사실이지만, 원초적 입장은 정의 원칙의 선택에 요구되는 공정성을 확보하고 도덕적으로 자의적인 우연성을 배제하기 위한 "대리적 표상의 도구(a device of representation)"로서 요구된다는 것이다.60) 그것은 결코 인간의 본질이 그의 최종적 목적과 사회적 귀속, 그리고 개인적 성격을 포함한 우연적 속성들에 우선하거나 독립적이라고 주장하는 어떤 형이상학적 자아의 개념에 의거하지 않는다는 것이다. 또한 그것은 자아의 본성과 동일성이 무지의 장막에 의해서 가려진 사실들보다 존재론적으로 선행한다고 주장하는 어떤 존재론적 언명을 하는 것도 아니라는 것이다.61) 여기서 롤즈는 칸트의 의무론적 자유주의와 결별한다.

롤즈는 이제 칸트를 버렸지만, 그가 자유주의까지 버린 것은 아니다. 그는 다만 포괄적인 도덕철학설로서의 자유주의를 버린 것이다. 이제 그의 입장은 "정치적 자유주의(political liberalism)"로 표명되며, 그러한 정치적 자유주의의 목표는 자유민주주의적인 다원적 사회에서의 안정되고 실행 가능한 정치적 정의관에 대한 최소한의 합의, 즉 "중첩적 합의(overlapping consensus)"를 이끌어내는 데 있다.62) 중첩적 합의의 개념은 벤다이어그램에서 흔히 볼 수 있는 것처럼 중첩하는 세 개의 원들에서 모두 일치하는 부분은 빗금 친 부분에 해당하며, 두 원에서만 일치하든가 전혀 일치하지 않는 부분은 공유하지 않는 고유한 속성을 가지고 남아 있는 것을 통해 쉽게 이해될 수 있다.63) 중첩적 합의는 그러한 의미에서 완전 중첩적 합의가 아니라 부분 중첩적 합의이다. 중첩적 합의는 기본적으로 가치관, 삶의 목표와 의미, 인격적 덕목과 특성에 대한 여러 가지 다양한 혹은 심지어는 상반되는 신조와 이상을 가진 종교적, 철학적, 그리고 도덕적 교설들에 의해서 지지되는 입헌민주주의의 "입헌적 요체(constitutional essentials)"이다.64) 입헌적 요체는 "시민의 기본적 권리와 자유에 대한 구체적 규정"으로서 정치, 경제, 사회제도의 기본구조에 대한 편성 방식이 되며, 곧 사회정의의 기준이 된다.65) 롤즈가 이 용어를 도입하는 이유는 중첩적 합의가 원초적 입장의 단계에서 이루어지는 것이 아니고 입헌적 단계에서 이루어진다는 것을 밝히기 위한 것이다.66) 왜냐하면 원초적 입장의 단계에서는 무지의 장막으로 말미암아 다양한 종교적, 철학적, 도덕적 교설들의 가치관들을 알 수 없기 때문이다. 물론 중첩적 합의의 내용은 정의의 두 원칙과 민주사회에 대한 기초적인 직관적 신념들, 즉 자유롭고 평등한 도덕적 인간들에 의한 질서정연한 사회적 협동체의 신념을 당연히 포함한다.

롤즈가 포괄적인 교설들을 정치적 정의관으로서 거부하는 이유는 그것들이 입헌적 요체에 대한 충분한 중첩적 합의를 이끌어낼 수 없다는 데 있다. 이것은 현대사회의 도덕적 위기상황과 사회정의의 문제를 보는 롤즈의 독특한 시각에 달려 있다. 롤즈가 보는 현대사회의 도덕적 위기상황은 자유민주사회의 전통 속에 내재한 자유와 평등의 갈등으로 요약된다. 이러한 갈등은 사회경제적 이익의 상충과 사회제도와 정책의 수행에 관한 다양한 사회과학 이론들 사이의 논쟁들뿐만 아니라 상이한 철학적, 도덕적 교설들 사이의 논쟁들에도 그 근거를 두고 있고 또 그것들 때문에 증폭되고 있다는 점이다.67) 그런데 문제는 그러한 갈등이 신의 율법, 자연법, 선험적 도덕원칙, 합리적 직관주의 등으로 해결될 수 없다는 데 있다. 롤즈가 정치적 자유주의의 중첩적 합의를 들고 나오는 이유는 "다원주의의 실상(the fact of pluralism)"으로 간주되는 다음과 같은 다섯 가지의 사실들 때문이다. 이러한 사실들은 어떠한 정치적 정의관도 전제해야 하는 정치적, 사회적 세계와 정치사회학과 인간심리학에 관한 일반적 사실들이다.68)

첫째, 다양한 포괄적인 종교적, 도덕적, 철학적 교설들이 상충하는 혹은 불가통약적인 인생의 의의, 가치와 목적에 대한 신조들을 개진하는 것은 근대 민주주의 사회의 영속적 특색이다. 둘째, 국가 권력의 억압적 사용만이 어느 하나의 포괄적인 교설을 유지할 수 있게 한다. 롤즈는 여기서 종교재판의 예를 들고 있으며, 또한 자유주의의 유래는 종교개혁 이후의 관용의 원칙의 형성에서 찾아볼 수 있다는 것을 지적한다. 셋째, 적대적인 사회적 계급들로 분열되지 않은 지속적이고 안정적인 민주사회는 적어도 정치적으로 활동적인 충분한 다수의 시민들에 의해서 자유롭고도 기꺼이 지지되어야만 한다. 이러한 세 번째 사실은 첫 번째 사실과 함께 감안해볼 때, 충분한 다수의 지지를 얻기 위해서는 다양한 포괄적인 교설들로부터 지지될 수 있는 정치적 정치관이 필요하게 된다는 것을 함축한다. 넷째, 무력이나 외부적 권위에 의해서가 아니라 이성적으로 안정된 민주사회는 통상적으로, 아니면 적어도 암묵적으로, 어떤 기본적인 직관적 신념을 포함하고 있으며 그것으로부터 정치적 정의관을 구축하는 것이 가능하다. 다섯째, 우리가 많은 중대한 판단을 내릴 때 우리는 양심적이고 충분히 합리적인 사람들이 심지어 자유로운 토론을 벌이고 나서도 동일한 결론을 얻기가 어렵다는 것을 고려한다. 다섯째 사실은 그렇기 때문에 합의 불가능한 포괄적인 교설을 배제하고 합의 가능한 정치적 정의관에 논의를 국한해야 한다는 것이다.

이러한 다섯 가지 사실을 통해 롤즈의 정치적 자유주의는 포괄적 교설들과 한 사회에서 동일한 가치관이 편재한다고 주장하는 공동체주의를 배격하고, "이성적으로 조화롭고 안정적인 다원주의적 사회의 가능성"을 실현하려는 목표를 갖는다.69) 여기서 롤즈는 그의 정치적 자유주의가 자유주의의 토머스 홉스(Thomas Hobbes)적 유형인 "잠정협정적 자유주의(modus vivendi liberalism)"로 오해되어서는 안 된다는 것을 분명히 한다.70) 잠정협정적 혹은 협상적 자유주의는 사회적 합의를 상대적인 힘의 우연적 균형에 의거하는 것으로, 개인적 혹은 집단적 이익들이 잘 고안된 입헌적 제도에 의해서 수렴될 수 있다는 것을 주장한다.71) 롤즈는 잠정협정적 자유주의에 의해서 확보된 안정과 사회적 합의는 말 그대로 잠정적인 것으로 힘의 균형이나 상황에 변화가 오면 붕괴된다고 주장한다. 이제 롤즈의 정치적 자유주의는 지속적인 사회적 안정과 통합을 확보하지 못하는 홉스적인 잠정협정적 자유주의와 충분한 사회적 합의를 이끌어내지 못하는 칸트와 밀의 포괄적인 도덕적 자유주의의 딜레마를 피하려고 하는 원대한 시도가 된다.

제2단계는 전체적으로 볼 때 『정의론』으로부터 상당히 벗어난 것처럼 보인다. 그것은 정의 원칙의 내용이 극적으로 변화했기 때문은 아니다. 중첩적 합의에 의거하는 정치적 자유주의에서도 제1단계에서의 수정된 정의의 두 원칙이 그대로 수용되는 것이 사실이다.72) 중요한 것은 정의론의 정당화 방식, 목표, 그리고 임무에 대한 해석이 극적으로 전환되었다는 것이다. 이제 롤즈는 공정성으로서 정의가 응용된 도덕철학이라는 것도 거부한다.73) 물론 롤즈는 정치철학의 가능성은 남겨두고 있는 듯이 보이기는 하지만, 어쩌면 철학 자체의 종언에 이바지하고 있는지도 모른다.

후기 롤즈에 대한 해석 논쟁으로 가기 전에 마지막으로 언급해야 할 것은 비록 정의의 두 원칙의 내용은 크게 변하지 않았다고 해도 그 실질적 해석은 변하고 있다는 점이다. 『정의론』에 관련된 중요한 논쟁의 하나는 정의의 두 원칙이 어떤 경제체제를 옹호하느냐, 아니면 중립적이냐 하는 것이다.74) 롤즈는 생산수단의 사적 소유 체제와 공동 소유 체제가 자유시장제도를 배경으로 하는 한, 둘 다 정의의 두 원칙을 만족시킬 수 있다고 말한 바 있다.75) 그러나 통상적으로 우세한 해석은 롤즈가 자본주의적 복지국가를 옹호한다는 해석이었다. 이제 롤즈는 『정의론』에서 그가 복지국가와 재산소유제적 민주주의 사이의 구별을 명백하게 하지 못했다는 것을 시인하고,76) 재산소유제적 민주주의를 자본주의에 대한 한 대안으로서 옹호하고 나선다.77) 그런데 롤즈는 기본적 권리 속에 개인적 재산(personal property)에 대한 권리는 포함시키고 있지만, 생산수단과 자연자원에 대한 사적 소유권(private property right)과 공동 소유권(socially owned right)은 포함시키지 않고 있다.78)

롤즈는 경제체제를 다음 다섯으로 구분한다: 자유방임적 자본주의, 복지국가적 자본주의, 통제경제적 국가사회주의, 사유재산제적 민주주의, 자유(민주적) 사회주의. 롤즈는 이 다섯 중에서 사유재산제적 민주주의와 자유 사회주의만이 정의의 두 원칙을 만족시키나, 그 둘 사이의 선택은 역사적 상황에 달려 있다고 본다.79) 물론 롤즈는 역사적 상황으로 보아서 미국은 사유재산제적 민주주의가 선택되어야 할 것으로 본다. 여기서 롤즈는 사유재산제적 민주주의와 복지국가적 자본주의를 구분하고 나선다. 둘 다 모두 생산수단의 사적 소유를 허용하는 것은 같다.80) 그러나 사유재산제적 민주주의의 배경적 제도들은 부와 생산자본의 소유권을 광범위하게 분산시켜, 소수의 상층부가 경제를 통제하고, 그래서 간접적으로 정치를 통제하는 것을 방지한다. 반면에 복지국가적 자본주의는 생산수단의 독점을 상층부에 허용하며, 단순히 수입의 분배와 보조라는 미봉책만을 사용할 뿐이라는 것이다.81) 롤즈는 사유재산제적 민주주의와 관련해서 공정한 교육적 기회균등의 원칙에 따른 인간자본(human capital), 가정과 직장에서의 여성의 지위 향상, 노동자 자주관리제도, 제로 성장론 등 여기서 모두 논의할 수 없는 광범위한 고려사항들을 개진한다.82) 그러나 롤즈의 이러한 변화는 일천한 것이기 때문에 좀 더 체계화가 될 필요가 있고, 또한 이러한 논쟁의 여지가 있는 문제들이 그의 정치적 자유주의의 중첩적 합의에 일관성 있게 포섭될 수 있는지는 앞으로의 과제라고 하겠다.83)

3. 후기 롤즈에 대한 해석 논쟁

우리는 지난 20년간 자유주의적 정의관의 선도적 역할을 하고 있는 롤즈 정의론의 발전 과정을 『정의론』(1971)으로부터 『공정성으로서의 정의: 안내지침』(1989)까지 추적해왔다. 우리의 논의는 지금까지 대체로 비판과 평가를 유보한 서술적인 것이었지만, 이제 전반적인 해석과 비판적 평가, 그리고 그와 관련해서 자유주의적 정의관의 미래에 대한 어떤 전망을 제기해보려고 한다.

우리는 『정의론』 이후 롤즈의 정의론이 2단계적 전환을 하며 수정, 발전했다는 기본적인 해석을 제시했다. 결국 롤즈는 『정의론』을 기점으로 보면 3단계의 발전 과정을 갖는 셈이다. 그러나 우리는 3단계가 완전히 불연속적이라든가, 혹은 완전히 상이한 근본적인 전환을 이루었다고 주장하는 것은 아니다. 많은 논점들이 서로 착종되어 있고, 또한 후속 단계에서의 논점들은 그 이전 단계에서 그 맹아를 찾아볼 수 있는 것도 사실이다. 물론 이미 언급한 대로 강조점의 변화와 실질적인 전환을 구별해야 하기는 하지만, 강조점의 변화가 크고 두드러질 때는 실질적인 전환으로 볼 수도 있는 것이다.

후기 롤즈에 대해서는 다양한 해석이 가능하며, 롤즈도 심지어는 자신도 모르는 어떤 방식으로 자기의 견해가 변화하고 있을 수도 있다는 것을 인정한다. 그러면 후기 롤즈 전반에 대한 다양한 해석, 평가, 그리고 비판들을 논의해보기로 하자. 우선 2단계적 전환에 대한 해석부터 살펴보자. 노먼 다니엘스(Norman Daniels)는 제1단계는『정의론』의 명료화 과정으로 보고, 제2단계만을 후기 롤즈로 본다.84) 후기 롤즈에 대한 가장 본격적인 토론집의 서문을 쓴 리처드 아르니슨(Richard Arneson)은 후기 롤즈에 대해서 "세 가지의 중대한 변화(three significant changes)"로 칸트적 인간관, 보편주의의 포기, 그리고 다원주의와 중첩적 합의를 들고 있다. 그는 앞의 두 변화는 서로 연관되어 있지만, 마지막은 독립적인 것으로 보고 있기 때문에 우리의 2단계적 전환과 부합된다고 볼 수 있다.85) 롤즈는『공정성으로서의 정의: 안내지침』에서 세 종류의 "주요 변화(the main changes)"로서 정의의 두 원칙의 진술과 내용의 변화, 원초적 입장과 그 추론 과정의 변화, 그리고 공정성으로서의 정의 자체에 대한 이해의 변화를 들고 있다.86) 그런데 그는 정치적 정의관의 개념은『정의론』에서 "전혀 논의되지 않는다(it is never discussed)"고 말하고 있다.87) 따라서 그는 이 변화를 앞의 두 변화와 구별하고 있기 때문에 우리의 2단계적 전환과 일치한다고 볼 수 있다.

전환의 시기적 단계를 둘로 볼 수 있다고 해도 중요한 것은 변화의 구체적인 내용들이다. 우리는 제1단계에서 역사적 상황성과 칸트적 인간관에 따른 원초적 입장에서의 추론 과정의 재정비와 최소극대화 규칙의 재해명, 광역적인 반성적 평형상태의 정당화 기능, 사회적 기본가치의 재해석, 정의의 제1원칙에 대한 내용 수정 등을 다루었다. 제2단계에서는 공정성으로서의 정의에 대한 칸트적 해석의 탈락과 함께 정치적 자유주의에 의거한 정치적 정의관과 중첩적 합의의 개념을 다루었고, 또한 사유재산제적 민주주의에 관련된 이데올로기적 문제를 언급했다.

우리는 이러한 다양한 시기적 단계와 관점들의 연관성과 착종성을 감안해볼 때, 후기 롤즈에 대한 "한마디로 낙인찍기"는 어려울 것으로 사료된다. 비록 구체적으로 다루지는 못했지만 제1단계적 전환에 대해서 얼마만큼이 칸트의 고유한 사상이고, 얼마만큼이 롤즈에 의해서 해석된 칸트인가 하는 문제도 칸트다 아니다, 칸트적이다 아니다 하는 식으로 단언을 할 수 있는 것은 아니다.88) 우리는 물론 롤즈가 말한 대로 "관용의 원칙"을 철학 자체에도 적용해서,89) 낙인찍기를 비롯한 다양한 해석들을 용인할 수도 있을 것이다. 아니면 해석상의 철학적 논란으로부터 벗어나기 위해 "회피법(the method of avoidance)"을 사용하여 그것들로부터 무관심해질 수도 있을 것이다.90) 그러나 우리는, 롤즈의 정치적 정의관에 대한 해석은 메타적인 것으로 철학적인 것이지, 비록 포괄적인 철학설로서는 아니더라도, 정치적인 것은 아니기 때문에 우리의 해석에 대한 최소한의 정당성과 진리성을 입증해야만 하는 것은 한 과제이기도 할 것이다.

제1, 2단계에 관계없이 다음과 같은 전환(turn)이라는 말이 붙은 다양한 해석들이 후기 롤즈에 대해서 쏟아지고 있다. 롤즈는 철학자로 보면, 헤겔적, 듀이적, 루소적, 로티적, 플라톤적, 흄적, 홉스적 전환을 했다고 해석된다. 사상사조로 보면, 역사주의적, 상대주의적, 반정초주의적, 완화된 정초주의적, 반보편주의적, 포스트모던적, 상황주의적, 해석학적, 정합론적, 자민족(국민)중심주의적, 지역주의적(미국적), 공동체주의적, 실용주의적, 잠정협정적인 자유주의적, 철학의 종언적, 서술주의적, 완전주의적, (경멸적 의미의) 정치적, 불충분한 정치적 전환을 했다고 해석된다. 또한 후기 롤즈는 대환영인 반면에, 환영받지 못한 전환을 했다고 비판도 받는다. 또한 후기 롤즈는 "양다리 걸치기(hedged bets)"의 명수인 "분열된 철학자(a philosopher torn)"가 된다.91) 이러한 다양한 낙인과 찬사와 비난들을 볼 때, 이제 후기 롤즈는 험난한 오디세이를 떠난 "천의 얼굴을 가진 영웅(the Hero with a Thousand Faces)"이 된 느낌이다.92)

이러한 다양한 해석들은 나름대로의 이유가 있고, 롤즈의 저작 속에서 그 해석의 전거를 찾을 수 있는 것도 사실이다. 우리는 그중 몇 가지 표현을 이미 사용하기도 했는데, 왜냐하면 그것들을 굳이 반대해야 할 이유도 없기 때문이다. 그러나 충분한 논의가 없는 단순한 낙인은 위험하다. 우리는 후기 롤즈가 "양다리 걸치기"의 명수인 것을 잊어서는 안 된다. 예를 들면, 후기 롤즈는 이미 제1단계에서 역사적 상황성을 고려하고 있기 때문에 역사주의자나 상대주의자(historicist or relativist)라고 생각해서는 곤란하다. 롤즈는 정치적 정의관이 모든 시간과 장소에서의 모든 사회에 적용되지 않는다고 해서, 그것이 역사주의적이거나 상대주의적으로 되는 것은 아니라고 강변한다.93) 정치적 정의관은 비록 다원주의의 다섯 가지 사실들이 발견될 수 있는 근대적 세계에만 적용되기는 하지만, 근대적 세계 내에서의 상이한 사회들과 그것들의 사회정책에 대한 평가에 적절하게 확대 적용될 수 있는 보편적 기준이 될 수 있다는 것이다.94) 그러나 이것은 양다리 걸치기를 후기 롤즈의 모든 면에 대한 낙인으로 받아들인다는 것을 의미하는 것은 아니다. 우리는 롤즈가 시종일관 거의 동일한 정의의 두 원칙을 고수하고 있다는 것을 알아야 한다.

철학의 종언에 관련해서도 상황은 마찬가지다. 롤즈는 "어떤 독립적인 형이상학적, 도덕적 진리의 추구로서의 철학은 … 민주주의 사회에서의 정치적 정의관에 대한 실행 가능하고도 공감된 토대를 제공해주지 못한다"는 것을 분명히 한다.95) "따라서 공정성으로서의 정의는 철학적으로 말하면, 의도적으로 표피에 머무른다."96) 그러나 롤즈는 중첩적 합의가 정치철학을 철학의 영역에서 분리시켜 정치학으로 만든다는 비난에 대해서, "그렇기도 하고 그렇지 않기도 하다(yes and no)"는 답변을 보낸다.97) 그렇기도 한 이유는 정치철학이 도덕철학과는 달리 실제적인 정치적 가능성에 관여하기 때문이다. 그렇지 않은 이유는 철학은 다음 선거만을 바라보는 정치꾼이나 다음 세대만을 바라보는 정치가와는 달리 무한한 미래를 바라보기 때문이다. 철학은 한 사회의 영속적인 역사적, 사회적 조건들을 바라보는 가장 장기적인 전망을 하여 그 사회의 가장 심각한 갈등을 중재하려고 한다는 것이다.98)

그러나 롤즈의 이러한 애매모호한 답변은 그가 아직도 실제적인 정치적 갈등 상황에서의 권력과 헤게모니 쟁탈전을 심각하게 고려하지 못하기 때문에 충분히 정치적이지 못하다는 비판이 제기되었다.99) 그리고 이제 롤즈는 정치철학의 문제에서 떠나 사회의 현실적 갈등을 실용적으로만 조정하려고 하기 때문에 너무 정치적이 되었다는 상반된 비판이 계속되고 있다.100) 롤즈가 대환영을 받거나 아니면 환영받지 못한 전환을 했다는 우려를 받는 이유도 철학의 종언에 대한 롤즈의 양다리 걸치기에 기인하고 있을지도 모른다. 철학의 종언을 주장하는 리처드 로티(Richard Rorty)만큼 후기 롤즈, 특히 제2단계에서의 롤즈를 쌍수를 들어 환영하는 사람도 없을 것이다. 그는 후기 롤즈를 "역사주의자와 반보편주의자"로 규정하고, 자유주의의 계몽주의적 합리주의에 근거한 철학적 정초를 붕괴시킴으로써 자유주의의 실용주의적 근거를 더 강화했다고 본다.101) 그는 롤즈의 광역적인 반성적 평형상태는 결국 미국적 자유주의에 대한 순환적 정당화(a circular justification), 즉 미국적 자유주의가 좋은 이유를 미국적 기준에 따라서 타 문화와 비교하여 정당화할 뿐이며 그 이상일 수도 없다고 주장한다.102)

반면에 철학의 종언에 반대하는 사람들은 정치적 정의관의 단순한 회피법에 의해서 철학적, 형이상학적 문제들이 정치적 안건에서 결코 사라질 수 없다고 강변한다.103) 가령 미국사회에서 논란이 되고 있는 임신 중절의 문제는 포괄적인 철학적, 도덕적, 종교적 교설들과 깊숙이 관여되어 있기 때문에 중첩적 합의가 쉽지 않고, 또 그러한 논쟁의 당사자들에게 포괄적인 교설을 회피하라는 주장은 무의미하다는 것이다. 그리고 때로는 회피법이 포괄적인 철학적 주장을 피하는 것이 아니라 오히려 강화해줄 수도 있다는 것이다. 예를 들어 노직이나 고티에가 개인의 사유재산권은 정치적 협상의 대상이 아니라고 회피하는 것을 감안해보면 회피법이 철학적 논란 해소를 보장해주지 못한다는 것을 알 수 있다.104) 그리고 중첩적 합의의 개념이 사회적 안정과 통합을 위해서 필요조건인지 충분조건인지도 명백하지 않다는 것이다. 비록 충분조건이라고 해도 많은 영역에서 기본적 자유들의 갈등, 합의된 분배적 정의 기준의 구체적인 해석 문제는 여전히 남으며, 철학은 정당하다고 믿는 주장들을 힘차게 개진하고 사회적 변혁의 갈등 속으로 뛰어들어야 한다는 것이다. 그리고 정치적 정의관이 그러한 회피법에 의해서 산출되었다고 해도, 정치적 정의관도 하나가 아닌 이상 정치적 정의관들 사이의 갈등은 무엇으로 해결할 것인가라는 질문도 제기될 수 있다.105)

4. 결론: 자유주의 정의론의 과제와 그 미래

후기 롤즈에 대한 이상과 같은 다양한 해석 논쟁들에 빠져들어가는 것도 흥미진진하겠지만, 중요한 것은 후기 롤즈의 최종적 입장, 즉 다원적 민주사회에서의 정치적 자유주의와 중첩적 합의에 대해서 앞으로 보다 더 충실한 철학적인 논의를 전개해야만 한다는 것이다. 기왕에 개방적 다원사회와 경제적, 정치적 다원주의를 주장했던 다양한 사상가들, 이사야 벌린(Isaiah Berlin), 칼 포퍼(Karl Popper), 마이클 월저(Michael Walzer), 로버트 달(Robert A. Dahl), 요제프 슘페터(Joseph

Schumpeter) 등과 비교하여 롤즈가 제시한 다원사회의 실행 가능성을 점검해야만 할 것이다.106) 여기서 후기 롤즈에 대한 즉흥적이고 단편적인 비판을 늘어놓는 것보다는 롤즈 스스로가 중첩적 합의에 대한 가능한 반론으로 예상하고 답변하려고 했던, 그러나 아직은 충분히 답변되지 못한, 다음 네 가지 사항들을 출발점으로 삼는 것도 좋을 것 같다. 첫째, 중첩적 합의는 결국 단순한 잠정협정이 될 뿐이며 또한 그것을 벗어나지 못한다.107) 둘째, 일반적이고 포괄적인 교설들을 회피하는 것은 그러한 포괄적인 교설들의 진리 여부에 대해서는 말할 것도 없이 정치적 정의관의 진리 여부에 대한 무관심이나 도덕적 회의주의를 함축한다.108) 셋째, 중첩적 합의가 단순한 잠정협정이 아니라는 것을 인정해도 실행 가능한 정치적 정의관은 일반적이고 포괄적이어야만 한다. 넷째, 중첩적 합의는 유토피아적이다. 왜냐하면 중첩적 합의는 한 사회에서 그것이 존재하지 못할 때는 그것을 산출할 만하게 충분한 정치적, 사회적, 그리고 심리적 역량들이 결여되어 있고, 혹은 그것이 존재할 때라도 그것을 안정되고 지속적으로 만들 그러한 역량들이 결여되어 있다.109)

다양한 갈등이론과의 대결을 불가피하게 하는 마지막 고려사항을 빼면, 나머지 고려사항들은 자유주의의 두 측면, 즉 홉스적인 잠정협정적 자유주의와 칸트와 밀의 도덕적 이상주의로서의 자유주의의 딜레마에 대한 롤즈의 우려를 반영한다. 즉, 잠정협정적 자유주의는 지속적인 사회적 안정과 통합을 확보하지 못하고 도덕이상적 자유주의는 충분한 합의를 창출해내지 못한다는 우려이다. 롤즈는 자유주의의 이러한 딜레마의 양 뿔 사이로 피해 가려고 하지만 그것은 그렇게 쉬운 일은 아니다. 홉스적인 협상적 자유주의는 오늘날 제임스 뷰캐넌(James Buchanan), 고든 털럭(Gordon Tullock), 데이비드 고티에(David Gauthier), 그레고리 카브카(Gregory S. Kavka) 등에 의해서 재부활하고 있으며, 도덕이상적 자유주의는 조지프 라즈(Joseph Raz), 윌리엄 갤스턴(William

Galston), 스티븐 마세도(Stephen Macedo) 등에 의해서 재무장하고 있다. 그들은 오히려 롤즈에게 딜레마의 시퍼런 양날을 들이대고 있다. 홉스적 협상주의자인 고티에는 롤즈식의 합리적 선택이론은 그가 원하는 자유와 평등의 상부구조를 정초해주지 못했다고 갈파한다. 이제 후기 롤즈는 합리적 선택이론을 버리고 질서정연한 사회적 협동체에서의 자유롭고 평등한 인간이라는 직관적 신념을 받아들였지만, 그것은 중립성을 표방하는 롤즈가 수용할 수 없는 실질적 가치(a substantive good)라는 것이다. 그러한 실질적 가치는 경쟁적 개인주의, 가부장적 보수주의, 기독교적 자선 등 다양한 가치관들과 현대 테크놀로지 사회에서의 불평등한 인간의 능력을 감안해볼 때, 그 기초를 결여하고 있는 역사적 유물로서의 도덕적 이상에 불과하다는 것이다.110) 반면에 도덕적 이상주의자인 갤스턴은 도덕적 이상을 버린 도구적 합리성은 도덕적 회의주의와 무관심을 야기하며, 결국 잠정협정적 자유주의로 귀착하게 된다고 주장한다. 어떠한 자유주의적 정의관도 결국은 자유주의적 가치관을 전제하지 않을 수 없기 때문에, 자유주의는 실질적 정당화(substantive justification)를 직접적으로 추구해야만 한다는 것이다.111)

그렇다면 자유주의적 정의론의 자기정체성을 찾기 위한 30년간의 오디세이 도정에 있는 롤즈는 공동체주의자들을 비롯한 많은 반자유주의자들의 사이렌 같은 아우성을 물리치고,112) 잠정협정적 자유주의가 버티고 있는 스킬라의 암초와 도덕이상적 자유주의가 잠복하고 있는 카리브디스의 소용돌이를 피해 무사히 귀환할 수 있을 것인가? 오디세우스는 돛대에 몸이라도 묶었지만, 무지의 장막으로 눈먼 롤즈는 몸을 묶을 고정점(fixed point)이라도 찾을 수 있단 말인가? 자유롭고 평등한 도덕적 인간은 그러한 고정점이 되기에는 너무나 박약한 돛대가 아닌가? 우리는 롤즈의 이러한 고난의 오디세이와 그 미래를 이렇게 해석하고 싶다. 그것은 자유주의와 겨우 지난 세기에 그것의 동반자가 된 민주주의를 조화시켜 정치적 분야에서뿐만 아니라 경제, 사회적 분야에

서도 진정한 자유민주주의로 발전시키려고 하는 "실현 가능한 유토피아"를 위한 대장정이라고 말이다.113)

우리 한국사회가 자유민주주의를 정치적 수사법이 아니라 정치적 원리와 삶의 방식으로 받아들이려고 한다면, 롤즈의 오디세이는 단순한 구경거리나 강 건너 불이 아니라, 심사숙고하면서 관심 있게 지켜보아야 할 중대한 철학적인 사례이다. 오늘날 우리 한국사회는 지역적, 직능 집단적, 당파적 이기주의가 팽배하고 전통적 가치관의 붕괴에서 오는 전환기적 공백 속에서 사회정의에 대한 국민적 합의가 중요한 과제로 되고 있다. 우리 한국사회는 후기 롤즈가 말하는 근대적 다원주의 사회의 조건을 갖추었는가, 아닌가? 롤즈도 인정했듯이 "우리는 우리가 처해 있는 곳으로부터 시작해야만 한다(We must start from where we are)"면,114) 우리가 처해 있는 곳은 어디이며 또 우리는 어디에서 시작해야 할 것인가?

제 3 장

롤즈의 정치적 자유주의의 방법론적 기초

1. 서론: 정치적 자유주의와 그 방법론적 기초의 변화

논리실증주의의 시련 아래 죽었다던 도덕 및 정치철학은 논리실증주의의 붕괴와 1960년대 이후 미국사회에서의 규범적 혼란과 다양한 시민적 사회운동의 대두라는 시대적 상황을 타고 재부활한다. 이러한 재부활은 존 롤즈(John Rawls)의 『정의론』(1971)에 의해서 주도되어, 그의 정의론은 현대 규범철학의 새로운 지평을 연 것으로 널리 환영을 받게 된다.1) 그의 정의론은 공리주의에 관한 대안 설정을 목표로 하여, 사회계약론적 자연상태를 공정한 가상적 조건하에서의 합리적 개인들에 의한 정의 원칙의 선택 상황으로 재구성하는 "공정성으로서의 정의(justice as fairness)"로 제시된다.2) 그러한 공정한 선택 상황에서 도출된 정의 원칙은 평등주의적인 자유주의의 실현을 위한 규범적 기준이 된다.

그러나 롤즈의 정의론은 정의 원칙의 정당화 방법론과 그 실질적 내용에 대해서 많은 철학적 논란을 불러일으켰다. 우선 롤즈가 공정한 선택 상황이라고 규정한 무지의 장막이 내려진 원초적 입장과 분배의 대상이 되는 사회적 기본가치들의 설정은 자유주의적 가치들을 전제하고 있어서 공정하고 중립적인 것이 아니므로 정당화에 실패했다는 비판이 분분했다. 그리고 정의의 두 원칙, 특히 최소수혜자의 이익을 최대로 증진시키는 차등의 원칙의 도출 과정도 합리성의 관점에서 볼 때 극도의 보수적 전략에 근거하고 있어서 임의적이므로 그 정당화에 실패했다는 주장이 제기되었다. 나아가서 롤즈의 정의론은 자유주의 내에서는 분배적 평등주의가 개인의 자유와 권리를 침해한다고 반대하면서 자유지상주의를 옹호하는 로버트 노직(Robert Nozick)과 전통적 공리주의를 최소수혜자만이 아니라 모든 사람의 입장을 공평하게 고려하는 평균 선호 공리주의로 재무장시킨 존 하사니(John C. Harsanyi)의 도전에 직면한다. 또한 롤즈의 정의론이 근거하고 있는 개인주의적 자유주의와 선(the good)에 대한 정당성(the right)의 우선성을 주장하는 의무론적 자유주의는 공동체의 상실을 야기하고 공동체적 선과의 연고성을 무시하는 비현실적인 자아관에 근거하고 있다는 비판을 공동체주의자들로부터 받게 된다.3)

롤즈는『정의론』이후 일련의 후속적인 논문들을 통해 그러한 도전에 응수하면서, 자기의 정의론을 수정하고 발전시킨다.4) 이러한 결과, 그의『정치적 자유주의(*Political Liberalism*)』(1993)가 출간된다.5) 정치적 자유주의는 근대 자유주의 국가의 사회적 기본구조에 관한 하나의 정치철학 이론이다. 정치적 자유주의는 근대적인 다원주의 사회에서의 종교적 관용의 정신을 그 역사적 출발점으로 한다.6) 따라서 정치적 자유주의는 특정한 종교적, 철학적, 도덕적 가치관과 교설들에 의거하지 않고, 그러한 가치관과 교설들로부터 중립적이고도 불편부당한 중첩적 합의를 통해서 국가 공권력 행사의 합법성과 사회의 기본적 제도에 대한 정치적 정의관을 확립하려는 것이 그 기본적 목표이다.7) 롤즈가『정치적 자유주의』를 쓰는 이유는 두 가지이다. 그 하나는 다원주의에 대한 적절한 대응책이 될 수 있도록 공정성으로서의 정의관에 대한 철학적 해석을 변경함으로써 자유주의적인 정치적 정의관을 피력하는 일이다. 다른 하나는 『정의론』과 그 이후에 발표된 논문들을 일관된 체계로 구성할 수 있도록 내부적인 문제와 모순들을 교정하는 일이다.8) 그런데 롤즈는 정치적 자유주의의 방법론적 정당화 방식과 그 철학적 기초에 대한 해석은 변하지만 그 "실질적 내용(substantive content)"은 변하지 않았다는 주장을 시종일관 전개한다.9) 즉, 자신의 정치적 정의관은 여전히 공정성으로서의 정의관을 기반으로 하는 평등주의적 자유주의라는 것이다.10)

따라서 우리의 논의 초점은 우선 정치적 자유주의의 정당화 방법론으로 부각되고 있는 중첩적 합의에 대한 비판이 될 것이다. 그리고 정치적 자유주의에서 정의의 두 원칙의 위상을 살펴봄으로써 과연 공정성으로서의 정의관 자체에 대한 해석 방식은 변하고 있지만 공정성으로서의 정의관의 실질적 내용은 불변인지를 평가해볼 것이다. 우리는 롤즈의 정치적 자유주의에 대한 이러한 정당화 방법론과 규범적인 실질적 내용에 대한 비판적 논의를 통해서 현대 정치철학의 과제에 대한 미래지향적 안목을 정립하려고 노력할 것이다.

2. 정치적 자유주의와 정치적 정의관

정치적 자유주의가 『정의론』과 다른 결정적인 차이는 공정성으로서의 정의관이 "포괄적 자유주의(comprehensive liberalism)"로서 제시된 것이 아니라, 포괄적인 종교적, 철학적, 도덕적 가치관과 교설들 사이의 중첩적 합의를 추구하는 정치적 정의관이라는 것이다.11) 롤즈는 공정성으로서 정의가 정치적 정의관이라는 것이 『정의론』에서는 미처 언급되지 못했거나 충분히 강조되지 못했다는 것을 시인한다.12) 롤즈는 『정의론』에서 질서정연한 사회를 규제하는 공정성으로서의 정의관을 "하나의 포괄적인 철학적 학설"로 제시하여 모든 시민들이 동질적인 도덕적 신념과 가치 있는 삶에 대한 동일한 견해를 가진 것으로 간주함으로써 정의로운 사회의 안정성(stability)을 확보할 수 있다고 보았다.13) 그러나 질서정연한 사회에서의 이러한 안정성은 상이한 종교적, 철학적, 도덕적 가치관과 교설들이 상충하는 근대 자유민주주의 사회에서는 비현실적이다.14) 따라서 질서정연한 사회에서의 안정성을 확보하기 위해서는 공정성으로서의 정의관이 포괄적인 도덕철학설로서의 자유주의가 아니라 "정치적 자유주의"가 되어야 한다.15) 이러한 정치적 자유주의의 목표는 자유민주주의적인 다원주의 사회에서의 합당한, 그러나 상충되는 종교적, 철학적, 도덕적 가치관과 교설들로부터 안정되고 실행 가능한 정치적 정의관에 대한 "중첩적 합의(overlapping consensus)"를 이끌어내는 데 있다.16)

롤즈는 자기의 정의론은 "보편적 진리나 인간의 본질적 특성과 자기 동일성에 대한 주장"을 회피하므로 형이상학적인 것이 아니라 "정치적 정의관"이라고 주장한다.17) 그 구별은 다음 세 가지 관점이다.18) 첫째, 철학적 의존성에서, 형이상학적 정의관은 보편적 진리나 인간의 본성과 자기 동일성에 대한 논란의 여지가 있는 철학적, 형이상학적 주장에 근거하고 있는 반면에, 정치적 정의관은 논란의 여지가 있는 철학적, 종교적, 도덕적 교설들로부터 독립적이다. 둘째, 정당화의 기준에서, 형이상학적 정의관은 인식론적이거나 형이상학적인 것으로 기본적 전제나 공리들의 진리를 통한 정당화를 시도하나, 정치적 정의관은 실제적인 것으로 공공적 합의에 의해서 정당화된다. 셋째, 적용의 범위에서, 형이상학적 정의관은 보편적인 것으로 모든 역사적 사회들에 적용이 되나, 정치적 정의관은 역사적으로 제한된 것으로 근대적 입헌민주사회에만 적용된다.

롤즈는 이러한 구별을 최종적으로 "정치적 정의관과 포괄적인 종교적, 철학적, 도덕적 교설의 구별"로 재구성한다. 포괄적인 교설들은 인간의 삶의 가치와 인격적 덕목과 성격의 이상들과 우정, 가족관계, 결사체적 관계 등 인생 전반에 대한 비정치적 이상을 포함하는 데 비해, 정치적 정의관의 특색은 그러한 것을 배제하고, 다음 세 가지 관점에만 논의를 국한한다.19) 첫째, 정치적 정의관은 입헌민주주의 정체의 사회의 기본구조, 즉 정치, 경제, 사회제도라는 특정한 주제를 갖는 도덕적 개념이다.20) 둘째, 정치적 정의관은 어떤 특정한 포괄적 교설로부터도 독립적이다. 즉, 정치적 정의관은 그 자체로서 사회적 기본구조에 대한 합당한 개념을 제시하는 자유입지적 견해(freestanding view)이다.21) 셋째, 정치적 정의관의 내용은 어떠한 포괄적 교설에 의해서가 아니라 민주사회의 공공적인 정치문화에 내재한 근본적인 관념들에 의해서 구성된다. 이러한 근본적인 관념들은 "공정한 협동 체계로서의 사회"의 관념, "자유롭고 평등한 인간들로서의 시민"의 관념인 "정치적 인간관", 그리고 정치적 정의관에 의해서 효과적으로 규제되는 "질서정연한 사회"의 관념이다.22) 롤즈는 때때로 이러한 관념들을 "근본적인 직관적 관념"이라고 말한다.23) 공정한 협동체로서의 사회의 관념은 "중추적인 조직적 관념"이며, 나머지 두 관념은 거기에 부가되는 "동반적 관념"이다.24) 정치적 정의관은 이러한 근본적인 관념들 이외에 공정성으로서의 정의관을 명료하게 제시하기 위해서 필요한 "기본구조"의 관념과 근본적인 직관적인 관념들을 구성하고 모형화하는 "원초적 입장"의 관념, 그리고 질서정연한 사회의 실현을 위한 합당한 포괄적 교설들 사이의 "중첩적 합의"의 관념을 포함하고 있다.

"합당한 다원주의"의 관념은 여기에 관련해서 구체화된다. 그리고 중첩적 합의에 의해서 달성되는 "사회적 안정과 통합"의 관념, 그리고 "정치의 영역"과 "정치적 가치"의 관념, 그리고 "공적 이성"의 관념이 정치적 자유주의의 "기초적 관념"으로 간주된다.25) 롤즈는 이러한 근본적이고 기초적인 관념들을 통해서 정치적 정의관의 규범적 내용을 예증하는 정의 원칙을 도출한다.26) 그러한 내용은 다음 세 가지 특징을 갖는다.27) 첫째, 입헌민주주의 정체에서 잘 알려진 기본적인 권리, 자유, 그리고 기회를 상술한다. 둘째, 이러한 권리, 자유, 기회들에 대해서 특히 전체적 복지와 완전주의적 가치들의 요구보다도 특별한 우선성을 부여한다. 셋째, 모든 시민들이 그들의 자유와 기회를 효과적으로 사용할 수 있도록 적절한 전 목적적 수단(all-purpose means)을 보장한다.28) 이러한 세 가지 요소들은 상이한 방식으로 이해될 수 있으므로 다양한 형태의 정치적 자유주의가 가능하다.29) 롤즈의 정치적 자유주의는 공정성으로서의 정의관을 그 내용으로 하는 정치적 자유주의의 한 가지 유형이다.30)

포괄적인 교설들이 정치적 정의관으로서 거부되는 이유는 그것들이 기본적인 정의의 문제들에 대한 충분한 중첩적 합의를 이끌어낼 수 없다는 데 있다. 이것은 현대사회의 도덕적 위기상황과 사회정의의 문제를 보는 롤즈의 독특한 시각에 달려 있다. 현대사회의 도덕적 위기상황은 자유민주사회의 전통 속에 내재한 "자유와 평등의 갈등"으로 요약된다. 이러한 갈등은 사회경제적 이익의 상충과 사회제도와 정책의 수행에 관한 다양한 사회과학 이론들 사이의 논쟁들뿐만 아니라 상이한 종교적, 철학적, 도덕적 교설들 사이의 "가장 고귀한 것을 위한(for the sake of the highest things)" 논쟁들에도 그 근거를 둔다.31)

롤즈가 정치적 자유주의의 중첩적 합의를 추구하는 이유는 "다원주의의 실상(the fact of pluralism)"으로 간주되는 다음과 같은 다섯 가지의 사실들 때문이다. 이러한 사실들은 어떠한 정치적 정의관도 전제해야 하는 정치적, 사회적 세계와 정치사회학과 인간심리학에 관한 일반적 사실들로서 한탄해야 할 파국이 아니라 자유민주주의 사회의 불가피한 자연적 결과이다.32)

첫째, 다양한 포괄적인 종교적, 도덕적, 철학적 교설들이 상충하는 혹은 불가통약적인 인생의 의의, 가치와 목적에 대한 신조들을 개진하는 것은 근대 민주주의 사회의 영속적인 특색이다.33) 둘째, 어떤 하나의 포괄적인 교설은 오직 국가 권력의 억압적 사용을 통해서 유지할 수 있다.34) 롤즈는 여기서 종교재판의 예를 들면서 자유주의의 유래는 종교개혁 이후에 형성된 관용의 원칙이라고 지적한다. 또한 롤즈는 설령 포괄적 교설이 널리 수용되고 있다고 하더라도 그것은 결국 자유를 억압하거나 질식시키기 쉬운 경향이 있다고 본다.35) 셋째, 적대적인 사회적 계급들로 분열되지 않은 지속적이고 안정적인 민주사회는 적어도 정치적으로 활동적인 충분한 다수의 시민들에 의해서 자유롭고 기꺼이 지지되어야만 한다.36) 이러한 세 번째 사실은 첫 번째 사실과 함께 감안해볼 때, 충분한 다수의 지지를 얻기 위해서는 다양한 포괄적인 교설들로부터 지지될 수 있는 정치적 정의관이 필요하게 된다. 넷째, 무력이나 외부적 권위에 의해서가 아니라 이성적으로 안정된 민주사회는 통상적으로, 아니면 적어도 암묵적으로, 어떤 기본적인 직관적 신념을 포함하고 있으며 그것으로부터 정치적 정의관을 구축하는 것이 가능하다.37) 다섯째, 우리가 많은 중대한 판단을 내릴 때 우리는 양심적이고 충분히 합리적인 사람들이 심지어 자유로운 토론을 벌이고 나서도 동일한 결론을 얻기가 어렵다는 것을 고려해야 한다.38) 이것이 바로 "판단의 부담(the burdens of judgement)"으로서 민주주의적 관용의 관념을 위해서 매우 중요한 것이다. 이러한 다섯 가지 사실과 민주주의를 가능케 하는 "합당하게 우호적인 조건", 즉 행정적, 경제적, 기술적 조건 등과 같은 사회적 배경에 대한 추가적 사실을 통해,39) 롤즈는 합의 불가능한 포괄적인 교설을 배제하고 민주주의의 기초로서의 합의 가능한 정치적 정의관에 정치적 논의를 국한한다.

이러한 다원주의의 실상은 "단순한 다원주의(simple pluralism)"가 아니고 "합당한 다원주의(reasonable pluralism)"에 관한 사실로서, 정치적 자유주의는 중첩적 합의를 통해서 합당한 포괄적 교설들에 의해서 지지될 것이라고 가정된다. 그러나 민주주의 정치문화에 내재한 기본적 신념들을 부정하는 "합당하지 않거나 불합리한 포괄적 교설들

(unreasonable and irrational comprehensive doctrines)"은 견제되어 그것들이 사회의 통합성과 정의를 훼손하지 못하도록 방지해야 한다.[40]

정치적 자유주의와 정치적 정의관에서 가장 문제가 되는 것은 정치적인 것과 비정치적인 것의 영역 사이의 구별이며, 그러한 구별이 타당한 것인가의 여부이다. 정치적인 것의 영역(the domain of the political)은 사회적 기본구조로서 정치적, 사회적, 경제적 제도들이다.[41] 비정치적인 것의 영역(the domain of the nonpolitical)은 개인적, 가족적 영역과 각종 자발적인 결사체의 영역이 된다.[42] 그런데 정치적 영역과 비정치적 영역 사이의 구별 기준은 이중적으로 사용되고 있다. 한편으로는 그 구별이 강조되고, 다른 한편으로는 그 구별이 무시된다. 롤즈는 포괄적인 종교적, 철학적, 도덕적 교설을 주장하는 사람들에게는 기본구조와 개인적 가치관의 영역을 모두 포괄하는 교설이 정치적 정의관의 고유 영역인 사회적 기본구조에 대한 합의를 도출하지 못한다고 비판한다.[43] 그러나 롤즈는 자유지상주의자 노직을 비판하면서 노직이 사회적 기본구조가 개인의 인생 전망과 능력의 발휘에 미치는 심대한 영향력을 파악하지 못함으로써 개인의 능력을 고정적인 자연의 산물로 본다고 비판한다.[44] 롤즈는 "기본구조의 사회제도는 심원하고도 정기적인 사회적 영향력을 가지며, 근본적인 방식으로 시민들의 성격과 목적을 형성해주고, 그들이 어떤 종류의 인간이며 또한 어떤 종류의 인간을 열망하는가를 결정해준다"고 주장한다.[45] 비록 롤즈가 개인의 자율성을 정치적 인간의 특성으로 강조하고 있지만,[46] 노직의 자유지상주의를 비판하는 이면에는 "사회적 결정론"이 자리를 잡고 있다.[47]

물론 정치적 영역에 관한 이러한 롤즈의 주장은 자유주의의 오랜 전통의 하나인 공적(public) 영역과 사적(private) 영역의 구분을 정치적 영역과 비정치적 영역으로 재구성한 것이다. 그러나 이러한 구분에 대해서 가장 신랄한 비판을 하는 사람은 여성주의자들이다. 그들은 정치적 영역과 비정치적 영역의 구분은 가족 내에서의 정의 문제를 정치적인 주제로 삼지 않음으로써 자유주의 사회에서의 남녀 차별을 영속화 시키고 있다고 주장한다.48) 따라서 정치적인 영역과 비정치적인 영역의 구분은 매우 자의적일 뿐만 아니라 여성의 억압 상태를 그대로 인정하는 실질적인 정치적 효력을 갖는다는 것이다. 따라서 정치적 영역에 정의의 문제를 한정하는 것은 결코 정치적 영역의 영향력이 비정치적인 영역으로 확장되는 것을 막지 못한다는 것이다. 이러한 근거에서 롤즈의 정치적 정의관은 (적어도 부분적으로) 포괄적인 교설이라고 지적된다.49) 결국 자유주의적인 정치적 정의관은 정치적 가치가 다른 모든 포괄적인 가치관과 교설들 사이에서 중립적인 것이라기보다는 오히려 그것들보다 우선적이고 우월하다는 것을 함축한다.50) 물론 롤즈가 이러한 문제들을 인식하지 못하고 있는 것은 아니다.51) 롤즈는 정치적 자유주의도 자유롭고 평등한 인간들 사이의 사회적 협동이라는 실질적 가치관을 가지고 있기 때문에 완전히 순수한 절차적 중립성을 주장할 수 없다는 것을 인정한다. 그리고 정치적 자유주의는 "효과나 영향의 중립성(neutrality of effect or influence)"을 확보할 수 없지만 그래도 인류 역사상 다른 어떠한 사상들보다도 "목적의 중립성(neutrality of aim)"은 달성했다고 주장한다.52) 그리고 롤즈는 정치적 자유주의가 목적에서의 공동적 기반과 중립성을 추구하기는 하지만, 정치적 자유주의가 여전히 어떤 형태의 도덕적 성격의 우월성과 일정한 도덕적 덕목들을 권장한다는 것은 중요하다고 강조한다. 즉, 공정성으로서의 정의는 특정한 정치적 덕목들, "시민성"과 "관용"의 덕목과 같은 "공정한 사회적 협동"의 덕목, 선의 추구를 제약하는 "합당성"과 "공정심"과 같은 덕목들을 요구한다는 것이다. 그러나 롤즈는 여전히 이러한 덕목들을 정치적 정의관 속에 유입시키는 것은 포괄적 교설 위주의 완전주의적 국가에 이르지 않는다고 강조한다.53)

그러나 롤즈의 정치적 정의관은 또 다른 각도에서의 비판에 직면한다. 그것은 롤즈의 정치적 자유주의가 아직도 실제적인 정치적 갈등 상황에서의 권력과 헤게모니 쟁탈전을 심각하게 고려하지 못하기 때문에 충분히 정치적이지 못하다는 비판과54) 아울러 이제 롤즈는 정치철학의 영역에서 떠나 사회의 현실적 갈등을 실용적으로만 조정하려고 하기 때문에 너무 정치적이 되었다는 상반된 비판이 계속되고 있다.55) 롤즈의 정치적 자유주의가 제시하려는 정치적 정의관은 이상과 같은 여러 가지 문제와 딜레마가 내재해 있다. 그러나 다원주의적 가치관과 문화적 차이를 피할 수 없는 정의의 여건으로 간주하고 그것을 자유주의적인 방식으로 해결하려는 것이 정치적 자유주의의 관건이라고 본다면, 그 철학적 의도와 방향은 올바른 것이다. 또한 롤즈의 정치적 자유주의는 다원주의 사회에서 비자유주의와 대비된 자유주의의 "자기이해"를 증진시키려는 데 그 "호소력"이 있다.56)

3. 중첩적 합의와 정당화 방법론 문제

롤즈의『정의론』에서 정당화 방법론은 합리적 선택이론에 의거해서 원초적 입장으로부터 정의 원칙을 도출하는 과정인 계약론적 정당화(contractarian justification)와 도출된 정의 원칙과 우리의 특수한 도덕적 판단과 배경적 사회이론들 사이의 "반성적 평형상태(reflective equilibrium)"인 정합론적 정당화(coherence justification)로 이루어진다.57) 그런데 정치적 자유주의에서는 정치적 정의관이 합당한 포괄적인 종교적, 철학적, 도덕적 교설들 사이의 중첩적 합의의 대상이 된다는 것이 더욱 중요한 정당화이다. 그리고 이러한 중첩적 합의는 질서정연한 사회에서 다양한 가치관을 가진 구성원들 사이에서 안정성을 확보할 수 있는가에 의해서 판정된다. 중첩적 합의와 안정성을 통한 정당화는 결국 사회 구성원들의 공적 이성(public reason)을 통한 "공적 정당화의 기반(public basis of justification)"을 마련하는 것이다.58) 롤즈는 "민주주의 문화의 합당한 다원주의의 사실을 감안해볼 때, 정치적 자유주의 목표는 근본적인 정치적 문제에 관한 합당한 공적 정당화의 기반이 가능한 조건을 드러내는 것이다"라고 말한다.59) 정치적 자유주의에서 어려운 문제의 하나는 정당화 방법론에 관계되고 있는 원초적 입장과 반성적 평형상태, 그리고 중첩적 합의를 공적 이성을 통한 공적 정당화라는 총괄적인 체계로 일목요연하게 적시하는 일이다.60)

　이러한 이해에서 가장 중요한 것은 롤즈의 정치적 정의관이 두 단계로 제시된다는 것이다.61) 우선 제1단계에서는 정치적 정의관이 사회의 기본구조에 대한 자유입지적 견해로서 제시된다. 따라서 정치적 정의관은 민주주의적 정치문화에 내재한 근본적인 신념들로부터 출발한다. 그러한 신념들을 모형화하는 "원초적 입장"을 통해서 정의의 원칙을 도출하는 "정치적 구성주의"와 그러한 원칙과 우리의 숙고적 판단과 배경적인 사회적 사실과의 "광역적인 반성적 평형상태(wide reflective equilibrium)"가 정당화의 두 축이 된다. 제2단계에서는 도출된 정치적 정의관이 합당한 다원주의 사회인 질서정연한 사회에서 시민들의 중첩적 합의를 통한 사회적 통합과 안정성을 보장할 수 있는지가 정당화의 관건이다. 공적 정당화는 자유로운 공적 이성의 개념을 통해서 제1단계의 정당화와 제2단계의 정당화의 배경으로 자리를 잡고 있다. 제1단계에서는 원초적 입장에서의 무지의 장막 등 "합당성(the reasonable)"의 조건과 광역적 반성적 평형상태를 가능케 하는 "충분한 숙고(due reflection)"의 개념을 통해서, 그리고 제2단계에서는 중첩적 합의를 가능케 하는 공공적 토론에서 상대방이 납득할 수 있는 이유와 근거를 제시할 수 있는 이성의 능력 등을 통해서 자유로운 공적 이성이 발휘된다.62) 공적 이성은 우리가 정의의 원칙을 도출할 때, 어떤 "탐구의 지침"과 "공공적으로 인정된 규칙"이 필요하다는 것을 말하고 있다. 그러므로 어떤 정의관이 효과적으로 합의된 정의관이 되기 위해서는 사적인 이해관계나 포괄적인 가치관을 반영하는 비공적 이성(nonpublic reason)이 사용되어서는 안 된다.63) 공적 이성의 내용은 기본구조에 대한 정의 원칙과 그러한 원칙이 타당하게 적용되는가, 그리고 그러한 원칙을 실현할 수 있는 법과 정책을 판정할 수 있는 탐구의 지침, 추론의 원칙과 증거의 규칙들이다.64) 또한 공적 이성은 정치적 강제 권력이 근본적인 정치적 안건에 관련해서 정당하게 사용될 수 있는 "자유주의적 합법성의 원리(the liberal principle of legitimacy)"를 규정한다.65)

그러나 이러한 공적 이성을 통한 공적 정당화는 이성 개념 자체가 이미 정치적 자유주의의 가치를 전제하거나 그것에 따라서 규정되었기 때문에 순환적 정당화이거나 자기충족적일 뿐이라고 비판된다. 또한 만약 공적 이성의 개념이 순전히 형식적이고 중립적이라면 그러한 공적 이성의 개념으로부터 롤즈의 정치적 정의관이 필연적으로 도출된다는 보장이 없다.66) 또 다른 각도에서의 비판은 롤즈가 사용하고 있는 공적 이성의 개념은 결국 이성적 인간의 규정에 달려 있는데, 이러한 이성적 인간은 정의감과 가치관의 형성과 개조의 능력 소유, 정치적 가치의 우위성 인정, 그리고 "합당한 도덕심리학"에서의 "원리-의존적 욕구(principle-dependent desires)"를 통해서 규정되므로 여전히 칸트적이라는 것이다.67) 따라서 그것은 다양한 포괄적인 교설들의 지지를 확보하기에는 지나치게 협소하다는 것이다.68)

그러면 다시 각 단계에서의 정당화 방법론을 다루어보자. 롤즈는『정의론』에서 원초적 입장을 자기이익을 추구하는 합리적 개인들의 공정한 합의로 해석하여 공정성으로서의 정의관이 합리적 선택이론의 일부라고 주장했다. 이제 롤즈는 원초적 입장이 합리적 선택이론에 따른 연역적 정당화가 아니라고 부인한다.69) 따라서 원초적 입장은 합리적 선택이론에만 의거한 연역적인 체계는 아니며, 자유롭고 평등한 인간이라는 정치적 인간관이 반영된 것이다. 원초적 입장은 정의 원칙의 선택에 부과되는 공정한 배경으로 무지의 장막, 계약 당사자들의 대칭성 등의 합당성(the reasonable)의 제약 조건을 설정하고, 그 제약 조건 아래 각자의 이익 추구라는 합리성(the rational)이 작동하게 된다. 이제 원초적 입장은 그 독립적인 정당화의 능력을 상실하고 자유주의 정치문화에 내재한 근본적인 직관적 신념들을 재현하는 "대리적 표상의 도구(the device of representation)"가 된다.[70] 그러나 이것도 있는 사실을 그대로 대리하는 것이 아니라 엄밀하게는 근본적인 신념에 대한 하나의 "해석의 도구(the device of interpretation)"일 뿐이다.[71] 만일 원초적 입장이 단순한 대리적 표상의 도구라면 우리는 원초적 입장을 통하지 않고 직접 정의의 원칙들을 도출할 수 있을지도 모른다.[72] 그러나 롤즈는 우리의 직관적 신념을 모형화하여 명료하게 만들고, 공정한 실질적 내용을 구체화하기 위해선 여전히 원초적 입장을 통한 정치적 구성주의가 필요하다고 본다.[73]

종합적으로 볼 때, 제1단계에서 가장 중요한 정당화는 도출된 정의 원칙과 배경적인 사회적 사실과 이론들, 그리고 우리의 숙고적 판단 사이의 광역적인 반성적 평형상태(wide reflective equilibrium)이다.[74] 그러나 이러한 광역적인 반성적 평형상태에 대한 비판은 세 가지 입각점들 사이의 갈등이 발생할 경우 해결할 확정된 방도가 없으므로 비결정성(indeterminacy)이나 혹은 순환성(circularity)에 빠진다는 것이다.[75] 그래서 롤즈는 이미 언급된 자유민주주의의 정치문화에 잠재한 근본적인 직관적 신념들을 "잠정적 고정점(provisional fixed points)"으로 삼는다.[76] 즉, 자유롭고 평등한 인간들의 사회적 협동체가 그것이다. 그러나 이러한 잠정적 고정점은 롤즈의 정치적 자유주의에서 결국 움직일 수 없는 고정점으로 귀착된다. 따라서 롤즈의 광역적인 반성적 평형상태는 직관주의나 정초주의로 빠지게 된다. 또한 이것은 자유주의 이론이 배경적 문화와 관행에 의해서 정당화되고 배경적 문화는 다시 자유주의 이론을 강화해주는 순환적 오류에 빠지게 된다는 것을 의미한다.[77] 또한 이것은 소위 "민주주의적 정당화의 역설(paradox of democratic justification)", 즉 평가의 대상이 평가의 기준이 되는 아이러니에 빠지게 된다는 것을 의미한다.[78] 롤즈의 정의론은 현존하는 사회의 기본구조를 평가하기 위한 독립적인 자유입지적 기준을 설립하는 것을 목표로 한다. 그러나 그러한 평가는, 비록 충분한 숙고(due reflection)를 거쳤다고는 하지만,79) 현존하는 사회의 기본구조에 심각한 영향을 받고 있는 사람들의 신념적 합의에 의존하는 모순에 봉착한다. 자유민주주의의 정치문화의 전통에 내재한 근본적인 직관적 신념으로부터 정당화를 찾는 롤즈의 입장은 "전통주의자적 정당화(traditionalist justification)"이며, 다음과 같은 네 가지 관점에서 비판된다.80) 첫째, 우리는 현재 우리가 속해 있는 하나의 특정한 사회를 위한 정의론이 아니라 어떤 종류의 사회가 정의로운지를 결정할 적절한 정의론을 열망한다. 둘째, 전통주의자적 입장은 근본적인 사회적 비판의 도구를 제공해주지 못한다. 왜냐하면 그것은 하나의 특정한 전통의 중심적 이상을 주어진 것으로 간주하기 때문이다. 셋째, 롤즈는 자유주의 전통에 잠재된 신념들이 상호 일관된다고 가정하는 매우 낙관주의적인 견해에 빠져 있다. 아마도 서구의 자유주의 전통은 자유와 평등의 갈등을 해결할 개념적 원천을 결여하고 있을지도 모른다. 넷째, 비록 자유주의적 전통이 그러한 갈등을 해결한 개념적 원천을 가지고 있을지라도, 자유주의 사회의 상당 부분의 사람들은 그러한 정치문화에서 소외되어 있으므로 롤즈가 시도하는 정의 원칙의 합의는 달성될 수 없다.

그러면 정치적 정의관의 두 번째 단계를 보자. 롤즈는 제1단계에서 도출된 정치적 정의관으로 규제되는 질서정연한 민주사회가 합당한 다원주의의 사실을 감안할 때, 사회적 통합과 안정성을 확보할 수 있는가를 제2단계에서 해결해야 할 문제로 본다.81) 이러한 안정성의 문제는 두 가지에 달려 있다. 그 하나는 질서정연한 사회에서의 구성원들이 정치적 정의관을 준수할 만한 충분한 정의감을 가지고 있느냐의 문제이다.82) 그러나 이미 논의한 바와 같이 롤즈의 도덕심리학은 여전히 칸트적인 원리-의존적 동기를 근본적인 것으로 간주한다.83) 다른 하나는 합당한 포괄적 교설들 사이에서 정치적 정의관이 중첩적 합의의 초점이 될 수 있느냐의 문제이다.84) 우리는 여기서 롤즈가 포괄적인 교설들이 중요하지 않다거나, 혹은 그것들을 정치적 정의관을 통해서 대체하거나, 혹은 그것들에 진정한 기초를 주려고 생각하지 않는다는 것에 유의해야 한다.85) 민주사회의 시민들은 두 부분의 다른 견해를 갖는 것으로 생각된다. 한 부분은 정치적 정의관에 따라서 중첩하는 견해이고, 다른 부분은 정치적 정의관과 "어떤 방식으로든 연관되어 있는" 포괄적인 교설에 따른 견해이다. 물론 모든 포괄적인 교설들이 인정되는 것은 아니고 민주주의의 기본적 신념에 위배되지 않는 것들만이 "허용 가능한 합당한 포괄적인 교설"이 된다.86) 그러한 교설들 가운데 어떤 것을 지지하고 선택하는가는 시민 각자의 자유로운 고유 영역이다.

중첩적 합의와 관련해서 가장 관심을 끄는 문제는 정치적 정의관과 합당한 포괄적인 교설들의 관련 방식이다.87) 롤즈는 중첩적 합의가 하나의 초점, 필수적 구성부분인 모듈(module), 혹은 정리(theorem)라고 말한 바 있다.88) 그 구체적인 관련 방식은 어떤 경우에는 정치적 정의관이 단순히 포괄적 교설의 단순한 결과일 수도, 연속적일 수도 있다. 어떤 경우에는 수용할 만한 근사치(acceptable approximation)일 수도 있다.89) 롤즈가 이러한 관련 방식을 구체적으로 제시한 것이 모형적 사례이다. 그 모형적 사례는 네 가지로 정리할 수 있다.90) 첫째는 어떤 포괄적 교설은 종교적 교설과 자유로운 신앙에 대한 신념을 통해 관용의 원칙으로 나아가서, 결국 입헌적 민주주의의 근본적 자유를 포괄하는 정치적 정의관을 인정하는 경우이다. 둘째는 임마누엘 칸트(Immanuel Kant)와 존 스튜어트 밀(John Stuart Mill)의 자율성과 개체성의 포괄적 자유주의 이론과 같이 포괄적인 도덕적 교설의 논리적 귀결로서 정치적 정의관이 수락되는 경우이다. 셋째는 다양한 정치적 가치들과 비정치적 가치들의 상호 조정에 따라서 사회질서가 유지되어야 한다는 부분적으로 포괄적인 교설로부터 민주주의가 가능한 충분히 우호적인 조건에서 정치적 가치가 다른 비정치적 가치와 충돌할 때 정치적 가치가 우월성을 갖는다는 것을 인정하게 되는 경우이다. 넷째는 제러미 벤담(Jeremy Bentham)과 헨리 시지윅(Henry Sidgwick)의 공리주의처럼 사회적 상황을 고려할 때, 즉 인권과 자유를 무시하는 방식으로는 최대다수의 최대행복이 달성되지 않는다는 해석을 통해, 정치적 정의관을 수용할 만한 근사치로 받아들이는 것이다.91)

이러한 모형적 사례에 대해서 다양한 비판이 전개되고 있다. 신앙의 자유를 인정하는 종교적 교설의 경우 정치적 정의관이 가진 공적 이성의 엄격한 기준과 충돌할 가능성이 있다. 그리고 롤즈의 정치적 정의관과 벤담과 시지윅의 고전적 공리주의, 그리고 밀의 이상적 공리주의와의 양립 가능성 여부가 문제시된다.92) 롤즈가 『정의론』에서 공리주의에 대한 대안적 정의관을 제시하려는 중대한 이유의 하나는 공리주의가 질서정연한 사회에서 안정성을 확보할 수 없는 것이라면,93) 어떻게 정치적 정의관과 공리주의가 양립할 수 있을까?94) 또한 안정성을 제외하고도 롤즈가 공리주의를 반대하는 이유가 많은데, 정치적 자유주의에서는 그러한 이유들이 다 사라져버린 것인가? 아니면 중요하지 않게 된 것인가? 그 다음 다원론적 견해를 보자. 이것은 다원적 원칙들의 직관적 조정을 통해 정의관을 구성하려는 입장이다. 롤즈가 주장하는 다원주의의 실상을 통해서 본다면, 다원론적 입장은 정치적 정의관보다 더 타당할 수도 있다.

여기서 우리의 관심을 가장 끄는 것은 칸트와 밀의 포괄적 자유주의와 정치적 정의관 사이의 관계이다. 롤즈는 정치적 정의관이 포괄적 자유주의의 결과이거나, 그것과 일치하거나, 혹은 연역적, 보조적 관계가 아니면, 적어도 유사성을 가지고 있다는 것을 누차 말한다.95) 그렇다면, 롤즈의 정치적 자유주의는 다른 포괄적인 종교적, 철학적, 도덕적 교설들보다는 포괄적 자유주의와 더 밀접하게 관련되어 있으며, 또한 그것에 의존할 수밖에 없을 것이다. 특히 롤즈는 칸트의 도덕철학에서 정치적 정의관이 연역적으로 도출된다고 인정한다.96) 그렇다면, 그의 정치적 정의관이 "칸트적인 도덕적 구성주의"가 아니고 "정치적 구성주의"라는 강변은 매우 역설적으로 들린다.97) 또한 롤즈가 자유주의 정치문화에 내재한 직관적 신념들로부터 출발하지만, 그러한 직관적 신념들을 논란의 여지없이 받아들인다고 하더라도, 그러한 직관적 신념들은 포괄적인 자유주의적 관행과 제도의 누적적 결과일 것이다.98) 따라서 포괄적 교설로부터의 독립적인 자유입지적 견해를 추구한다는 관념과 자유주의의 정치문화에 내재한 직관적 신념에 의존한다는 관념, 다시 말하면 공정성을 확보하기 위해서는 포괄적인 교설들로부터 독립적이어야 하지만 안정성을 확보하기 위해서는 포괄적인 교설들로부터 지지가 필요하다는 두 가지 요구는 철학의 전통적인 딜레마의 하나인 초월과 내재의 딜레마이다.99)

롤즈는 물론 중첩적 합의에 대한 다음과 같은 반론을 예상하고 그것을 자세히 다룬다. 첫째, 중첩적 합의는 결국 단순한 잠정협정이 될 뿐이며 또한 그것을 벗어나지 못한다.100) 둘째, 일반적이고 포괄적인 교설들을 회피하는 것은 그러한 포괄적인 교설들의 진리 여부에 대해서는 말할 것도 없이 정치적 정의관의 진리 여부에 대한 무관심이나 도덕적 회의주의를 함축한다.101) 셋째, 중첩적 합의가 단순한 잠정협정이 아니라는 것을 인정해도 실행 가능한 정치적 정의관은 일반적이고 포괄적이어야만 한다.102) 넷째, 중첩적 합의는 유토피아적이다. 왜냐하면 중첩적 합의는 한 사회에서 그것이 존재하지 못할 때는 그것을 산출할 만하게 충분한 정치적, 사회적, 그리고 심리적 역량들이 결여되어 있고, 혹은 그것이 존재할 때라도 그것을 안정되고 지속적으로 만들 그러한 역량들이 결여되어 있기 때문이다.103) 여기서 가장 중요한 것은 첫 번째와 세 번째의 반론이다. 롤즈는 정치적 자유주의가 홉스적 유형인 "잠정협정적 자유주의(modus vivendi liberalism)"로 오해되어서는 안 된다는 것을 분명히 한다.104) 잠정협정적 자유주의는 사회적 합의를 상대적인 힘의 우연적 균형에 의거하는 것으로, 개인적 혹은 집단적 이익들이 잘 고안된 입헌적 제도에 의해서 수렴될 수 있다는 것을 주장한다.105) 롤즈는 잠정협정적 자유주의에 의해서 확보된 안정과 사회적 합의는 말 그대로 잠정적인 것으로 힘의 균형이나 상황에 변화가 오면 붕괴된다고 주장한다.

이제 롤즈의 정치적 자유주의는 지속적인 사회적 안정과 통합을 확보하지 못하는 홉스적인 잠정협정적 자유주의와 충분한 사회적 합의를 이끌어내지 못하는 칸트와 밀의 포괄적인 도덕적 자유주의(comprehensive moral liberalism)의 딜레마를 피하려는 원대한 시도가 된다. 그러나 많은 사람들은 이러한 딜레마를 피하기가 쉽지 않다고 비판한다. 즉, 잠정협정적 자유주의를 주장하는 사람들은 실질적인 자유주의적인 가치관을 피하고 진정한 중립성을 확보하기 위해서는 합리적 선택이론에 의거해야 한다고 주장한다. 반면에, 포괄적 자유주의를 옹호하는 사람들은 정의적 정의관에서 실질적 내용을 배제하는 것은 결국 잠정협정적 자유주의로 전락하고 만다고 주장한다.106) 이미 우리가 3절에서 논의한 바와 같이 롤즈는 합리적 선택이론의 정당화를 거부하였기 때문에 롤즈가 피해 갈 수 있는 뿔은 후자인 것 같다. 어차피 모든 삶의 양식이 다 보전되는 사회를 생각할 수 없다면,107) 비록 정치적 자유주의가 실질적 가치관을 전제하고 그 우월성을 주장하기는 하지만, 그것은 어떠한 다른 포괄적인 가치관보다는 여전히 중립적이며, 결코 포괄적인 교설에 따른 완전주의적 국가에 이르지 않는다는 것을 주장하는 것이다.108)

4. 정치적 자유주의와 평등주의: 정의의 두 원칙의 위상

롤즈의 정의론은 기본적으로 수정 자유주의(revisionist liberalism)라고 명명된다. 이것은 롤즈의 자유주의적 정의론이 "소유적 자유주의"라고 일컬어지는 고전적 자유주의와는 달리 평등주의적인 재분배주의적 요소를 강하게 포함하고 있기 때문이다.109) 롤즈는 자기의 정의론이 "민주주의적 평등"을 지향한다는 점을 분명히 한다.110) 특히 최소수혜자의 최대이익을 규정한 "차등의 원칙"은 많은 반향을 일으키며 롤즈의 정의론에서 가장 핵심적인 요소로 부각된다. 그렇다면 정치적 자유주의에서도 이러한 평등주의적 요소가 그대로 간직되고 있을까? 롤즈는 "정치적 자유주의를 제안하는 것은 『정의론』의 평등주의적 관념을 포기하는 것을 의미한다"는 의혹에 대해서 근거 없는 것이라고 일축한다.111) 롤즈는 정치적 자유주의가 『정의론』과 "동일한 평등주의적 정의관"을 가지고 있다고 주장한다.112) 이러한 롤즈의 주장을 평가하기 위해서는 그러한 의혹이 어디에서 유래하는가를 밝혀보고, 정치적 정의관에서 정의의 두 원칙이 가지고 있는 규범적 위상을 논구해야 한다.

롤즈는 『정의론』에서 정식화된 정의의 두 원칙을 『정치적 자유주의』에서 다음과 같이 수정하여 최종적으로 제시한다.113)

a. 각 사람은 평등한 기본 권리들과 자유들의 충분히 적절한 체계에 대한 평등한 요구권을 가지며 그러한 체계는 모든 사람에게 동일한 체계와 양립 가능해야 한다. 그리고 이러한 체계 내에서 평등한 정치적 자유들, 그리고 오직 이러한 자유들만이 그 공정한 가치가 보장되어야 한다.

b. 사회적, 경제적 불평등은 다음 두 조건을 만족시켜야 한다. 첫째, 그것은 공정한 기회균등의 조건 아래 모든 사람에게 개방된 직위와 직책에 결부되어야 한다. 그리고 둘째, 그것은 사회의 최소수혜자 성원들의 최대이익을 위한 것이 되어야 한다.

제1원칙은 최대의 평등한 자유의 원칙이고, 제2원칙은 공정한 기회균등의 원칙과 차등의 원칙이다. 이러한 정의의 두 원칙들 사이의 우선성은 그 순서대로 부여된다. 정의의 두 원칙의 진술과 내용 중 변화한 것은 제1원칙이다. 『정의론』에서 제시된 "가장 광범위한 전체 체계(the most extensive total system)"는 여기서는 "충분히 적절한 체계(a fully adequate scheme)"로 바뀐다.114) 이것은 기본적 자유들이 상충할 수도 있기 때문에 상호 조정되어야 할 경우가 있으므로 최대의 평등한 자유는 가장 광범위한 자유가 아닐 수도 있다는 하트(H. L. A. Hart)의 비판을 수용한 것이다.115) 적절한 예를 든다면, 발언권의 규제 없는 자유로운 토론은 더 광범위한 자유이기는 하지만 모든 사람의 발언의 자유가 상호 양립적으로 실현될 수 없다. 이것은 발언의 내용을 제약(restriction)하는 것이 아니고 발언의 질서를 규제(regulation)하는 것일 뿐이다.116)

롤즈는 정의의 두 원칙을 제시하고 난 뒤, 바로 그것들은 다음과 같은 세 가지 요소를 통해서 자유주의의 평등주의적 형태를 표현한다고 지적한다.117) 첫째, 정치적 자유들의 공정한 가치를 보장함으로써 그것이 순전히 형식적인 것에 그치지 않게 한다. 둘째, 기회의 균등 역시 순전히 형식적인 것이 아니라 실질적인 공정한 기회의 균등이 되어야 한다. 셋째, 직위와 직책에 결부된 사회적, 경제적 불평등은 그러한 불평등의 정도가 어떻든지 사회의 최소수혜자 성원들의 최대이익을 위한 것이 되도록 차등의 원칙을 통해서 조정되어야 한다. 그런데 롤즈는 모든 시민들의 기본적 욕구나 필요의 충족을 위한 사회적 최소치(social minimum)의 보장을 요구하는 원칙이 정의의 두 원칙에 선행할 수 있음을 인정한다.118) 이러한 원칙은 시민들이 정의의 제1원칙에 의해서 규정된 기본적인 권리들과 자유들을 이해하고 그것들을 실질적으로 행사하기 위한 필수적인 요건이 된다.

롤즈의 정치적 자유주의가 여전히 평등주의적이라고 주장할 수 있는 근거는 이미 언급한 평등주의의 세 요소이다. 롤즈는 정의의 제1원칙인 최대의 평등한 자유의 원칙에 의해서 보장되는 정치적 자유에 대한 공정한 가치(fair value)를 강조한다.119) 이것은 정치적 자유들이 단지 명

목적이거나 형식적인 것이 아니라는 것을 주장하는 것이다. 즉, 자유의 공정한 가치의 실질적 실현은 정의의 제2원칙인 공정한 기회균등의 원칙과 차등의 원칙에 의해서 보충되어야 한다는 것을 의미한다.120) 그리고 롤즈는 정치적 정의관이 실현될 수 있는 경제체제로 "사유재산제적 민주주의"와 "자유(민주적) 사회주의" 체제를 여전히 꼽고 있다. 그리고 그 속에서 정치적, 경제적, 사회적 권력의 집중을 방지한다면 자유의 공정한 가치가 보장될 수 있는 배경적 제도가 유지된다고 지적한다.121) 물론 롤즈는 그중 어떠한 체제를 선택하느냐 하는 문제는 해당 사회의 전통과 여건에 달려 있다고 생각한다.122)

그러나 많은 자유주의자들은 롤즈의 정치적 자유주의가 더 이상 평등주의가 아니라고 비판한다.123) 그 이유는 중첩적 합의의 대상이 되는 롤즈의 정치적 정의관은 입헌적 요체(the constitutional essentials)와 기본적 정의의 문제들(the matters of basic justice)로 이루어져 있는데,124) 가장 중요하고도 시급한 합의의 대상이 되는 입헌적 요체에서 정의의 두 원칙 중 제2원칙인 공정한 기회균등의 원칙과 차등의 원칙이 제외된다는 것이다.125) 공정한 기회균등의 원칙과 차등의 원칙은 기본적 정의의 문제에 속하며 그 적용 단계는 입헌적 단계(constitutional stage)가 아니라 입법적 단계(legislative stage)이다.126) 『정의론』에서 정의의 두 원칙의 적용 단계는 네 단계로서 제시되었는데, 제1단계는 원초적 입장의 단계, 제2단계는 입헌적 단계, 제3단계는 입법적 단계, 제4단계는 사법적 단계이다.127) 특히 제2단계는 원초적 입장에서 채택된 정의의 두 원칙에 따라 헌법을 수립하는 단계로서 제헌위원회는 정의의 두 원칙을 헌법에 충실히 반영하는 일을 수행한다.128)

그렇다면 우리의 과제는, 입헌적 요체가 무엇이고 롤즈가 입헌적 요체에서 공정한 기회균등의 원칙과 차등의 원칙을 제외한 이유가 무엇인가를 살펴보아야 할 것이다. 롤즈는 기본적 자유들에 의해서 규정되는 입헌적 요체를 사회적, 경제적 불평등을 규제하는 분배적 원칙인 기본적 정의의 문제들과 구분하는 이유로 다음 네 가지를 들고 있다.129) 첫째, 사회의 기본구조에 대한 상이한 역할을 규정하는 두 가지 종류의 원칙들을 구분할 필요가 있다. 둘째, 기본적 자유들을 다루는 입헌적 요체를 확정하는 것이 더 시급하다. 셋째, 그러한 요체들의 실현 여부를 확인하는 것이 훨씬 쉽다. 넷째, 기본적 권리와 자유들이 무엇인가에 대한 합의를 획득하는 것이 훨씬 쉽다.130) 우선 롤즈는 기본적 권리와 자유들을 규정하는 원칙과 분배적 정의의 기본적 문제들을 다루는 원칙을 구분한다. 첫 번째 원칙은 입헌적 요체에 속하며, 입헌적 요체는 정부의 기본적 구조와 정치의 과정을 상세히 규정하는 기초적 원칙과 선거권, 정치참여, 사상과 양심과 결사의 자유, 법치주의의 보장에 관련된 동등한 기본적 권리와 시민적 자유로 이루어져 있다. 두 번째 원칙은 거주 이전의 자유와 기회의 균등, 사회적, 경제적 불평등, 그리고 자존감의 사회적 기반에 관련된다. 롤즈가 입헌적 요체로 생각하는 것은 첫 번째 원칙이 적용되는 모든 부분과 두 번째 원칙이 적용되는 것 중 거주 이전의 자유와 직업의 자유 선택, 그리고 이미 정의의 제1 원칙에 선행하는 것으로 인정된 사회적 최소치에 국한된다. 이것은 원초적 입장에서 도출된 정의의 두 원칙 중 공정한 기회균등의 원칙과 차등의 원칙이 중첩적 합의의 중요한 대상에서 배제되었다는 것을 의미한다. 롤즈의 정치적 자유주의가 더 이상 평등주의가 아니라는 주장의 또 한 가지의 이유는 위에서 언급했던 평등주의의 세 요소가 정의론을 국제사회에 적용하는 "만민법(the Law of Peoples)"에서는 정치적 자유주의의 본질적 요소로 인정되지 않고 있다는 점이다.131)

이러한 일련의 비판은 정치적 자유주의에서 공정한 기회균등의 원칙과 차등의 원칙의 위상이 매우 약화된 것을 입증하고 있다. 물론 입법적 단계에서 두 원칙이 보장될 수 있다고는 하지만, 아직 사회적 최소치도 명시되어 있지 않은 미국 헌법을 놓고 볼 때, 두 원칙이 입헌적 요체에서 제외된 것의 상징적 의미는 결코 가볍지 않다.132) 롤즈의 정치적 자유주의가 여전히 평등주의적이라는 것을 주장하기 위해서는 정치적 자유주의가 정의에 관한 것이 아니고, 다만 국가의 정치적 권력을 국민에게 행사할 수 있는 적합성을 판정하는 "자유주의적 합법성의 원리(the liberal principle of legitimacy)"에 관한 것이라고 해석하는 것이다.133) 롤즈의 정치적 자유주의는 국가의 정치적 권력을 시민에게 행사할 수 있는 대상을 입헌적 요체에 국한한다고 말한다.134) 이러한 점에서 정치적 자유주의의 주안점은 "자유주의적 합법성의 원리"라고 해석할 수 있는 여지가 있다. 그러나 이러한 해석은 롤즈의 정치적 자유주의가 기본적으로 정치적 정의관이라는 점을 무시하는 해석일 뿐이다.135) 많은 평등주의적 자유주의자들과 여성주의자들은 롤즈의 정치적 자유주의는 분배적 정의를 기조로 하는 초기 입장과 일관되지 않는다고 비판한다. 그래서 심지어 롤즈는 초기 입장에 그대로 남아 있는 것이 더 낫다고까지 주장한다. 왜냐하면 원초적 입장에서 도출된 정의의 두 원칙은 제1원칙을 제외하고는 질서정연한 사회에서 충분한 안정성을 확보할 수 없으므로 중첩적 합의에서 실질적으로 제외되고 말았기 때문이다. 만일 공정한 기회균등의 원칙과 차등의 원칙이 중첩적 합의의 핵심적 대상이 될 수 없다면, 원초적 입장에서의 정의의 두 원칙의 도출도 그 정당화를 상실하게 될 것이다.136) 정치적 자유주의에서 롤즈는 정말로 "자유주의적 보수주의자", "현상 옹호적 자유주의자", "지나친 수용주의자"가 되고 만 것일까?137)

5. 결론: 정치적 자유주의와 현대 정치철학의 과제

정치적 자유주의의 정치적 정의관은 비록 도덕철학의 대상이 아닌 것은 분명하지만, 그것은 여전히 도덕적 개념으로서 정치철학의 규범 설정 영역에 속한다. 비록 롤즈의 정치적 자유주의가 자유주의의 문화에 내재한 직관적 신념들에 기본적으로 의거한다고 주장하고 있지만,

그러한 신념들은 여전히 철학적으로 해석되거나 추상화된 관념들이라는 것은 부인하지 못한다. 따라서 정치철학의 임무는 때로는 애매모호한 그러한 직관적 신념들을 발견하여 드러내고, 총괄하여 정교화하고, 해석하고, 구성하는 일이다.138) 그러한 임무는 단지 현상적으로 존재하는 자유주의적 관행들을 무비판적으로 수용하는 것만이 아니라 현존하는 사회적 관행을 비판하는 혁명적 관점을 만들어낼 수도 있다. 우리가 정치적 자유주의의 방법론적 기초를 말하려고 하는 것은 철학적 정초주의를 말하려는 것이 아니고 정치철학의 그러한 임무를 염두에 두고 그것을 밝혀보려고 한 것이다. 우리는 롤즈의 정치적 자유주의에 관한 지금까지의 논의를 전부 요약하지는 않을 것이다. 우리의 결론은 정치적 자유주의의 중첩적 합의는 방법론적으로 많은 문제점이 있기는 하지만 대체로 다원주의에 대한 적절한 대응이라고 할 수 있다는 것이다. 그러나 정치적 자유주의가 공정한 기회균등의 원칙과 차등의 원칙을 중첩적 합의의 가장 중요한 대상인 입헌적 요체에서 제외한 것은 평등주의적 자유주의의 분배적 측면을 상당히 약화시킨 것이다. 따라서『정치적 자유주의』가『정의론』과 동일한 실질적 내용을 갖는다는 롤즈의 주장은 신빙성이 없다.

그러면, 정치적 자유주의를 좀 더 거시적인 관점에서 조망해보고, 그것을 통해서 현대 정치철학의 과제를 정리해보기로 하자. 롤즈의 정치적 자유주의는 정치철학적으로 볼 때 참으로 야심에 찬 이론적, 실천적 치열함을 보여준다. 우선 그는 중첩적 합의의 안정성을 보장하지 못하는 홉스적인 잠정협정적 자유주의와 다원주의적 사회에서 중첩적 합의를 충분히 도출해내지 못하는 칸트와 밀의 포괄적 자유주의 사이의 딜레마를 벗어나려고 한다. 또한 그는 개인적 재산권만을 옹호하는 자유지상주의와 사회 전체 혹은 평균 복지의 극대화를 강조하는 공리주의 사이의 딜레마를 피하려고 한다. 더 나아가서 그는 한편으로는 사회적 기본구조에 대한 국가적 통제성을 강조하는 전체주의자들과 공동체적 가치관을 주장하는 공동체주의적 완전주의자들과, 다른 한편으로는 개인의 욕구가 실현되는 개인적 영역을 지상의 가치로 여기는 사적 사회(private society)의 주창자들과 무정부주의자들 사이의 딜레마를 극복하려고 한다.139) 그러나 롤즈가 이러한 삼중적 딜레마를 뚫고 나올 수 있을 것인지 아직 확신할 수 없다. 자유주의 영역 내에서도 롤즈는 아직도 완전한 이론적, 실천적 설득력을 행사하지 못한다. 첫 번째 딜레마의 예를 보자. 홉스적 잠정협정적 자유주의를 주장하는 데이비드 고티에(David Gauthier)는 롤즈의 정치적 자유주의와 공적 이성의 기본적 개념을 수용하면서도 그것을 달성하기 위해서는 보다 중립적인 합리성(the rational)의 개념에 의거한 사회 구성원들 사이의 완전한 지식을 가진 합리적인 협상 계약이 더 타당하다고 주장한다.140) 즉, 우리는 실질적인 가치관들 사이의 달성할 수 없는 합의를 추구할 것이 아니라, 경제적 합리성에 기초한 상호 이익의 성취에 대한 합의를 추구해야 한다는 것이다. 로널드 드워킨(Ronald Dworkin), 조지 캐테브(George Kateb), 조지프 라즈(Joseph Raz), 윌리엄 갤스턴(William Galston)을 위시한 포괄적 자유주의자들은 정치적 자유주의가 잠정협정적 자유주의를 벗어나기 위해서는 결국 포괄적 자유주의에 의존할 수밖에 없음을 지적한다. 그래서 자유주의적 가치관을 철학적 정초나 완전주의적 가치로 수용하여 그 가치의 우월성을 주장하는 것만이 정치적 자유주의가 꿈꾸는 사회상을 실현할 수 있다고 주장한다.141)

자유주의 내에서도 상황이 이러하다면, 자유주의 밖에서는 더 말할 필요가 없을 것이다. 정치적 자유주의는 비자유주의자들, 특히 가치통합론적 공동체주의자인 알래스데어 매킨타이어(Alasdair MacIntyre)와 마이클 샌델(Michael Sandel)에 대해서는 치명타를 가했다고 생각된다. 그러나 마이클 월저(Michael Walzer)와 찰스 테일러(Charles Taylor)를 위시한 다원주의적 공동체주의자들과의 논쟁은 그렇게 쉽게 종식될 수는 없다.142) 만약 우리가 다원주의의 사실을 사회학적 사실이 아니라 규범적 사실로 받아들인다면, 다원주의 사회에서의 정의의 기준은 롤즈가 주장하는 것처럼 정치적 영역에 적용되는 정의의 기준이 보편적 우월성을 갖는 것이 아니라, 다양한 영역에서의 다원적인 기준들이 적용되어야 할지도 모른다.

만약 관용의 원칙이 종교에 적용되는 시점이 중세를 마감하고 근대를 시작했다면, 그러한 관용의 원칙이 철학과 도덕적 교설에 적용되는 시점은 근대를 완성시키는 것이 될 것이다.[143] 이때 우리는 비로소 포스트모던 시대로 진입할 수 있을 것이다. 이러한 의미에서 정치적 자유주의는 근대를 풍미했던 자유주의와는 분명히 다른 철학적 기초를 가질 것이다. 아마도 존 그레이(John Gray)가 주장하는 대로 인류사회의 진보에 대한 이성적 확신과 아울러 도덕에 대한 보편적인 합리적 정당화를 추구하는 "계몽주의적 기획"의 실패와 함께 "거대담론(Grand narratives)"으로서의 자유주의는 또 하나의 거대담론인 마르크스주의와 함께 이미 사라져버렸는지도 모른다.[144] 롤즈도 자기의 정치적 자유주의는 결코 "계몽주의적 기획"을 감히 시도하지 않는다고 겸허하게 고백한다.[145] 거대담론이 아닌 자유주의는 후기자유주의 혹은 탈자유주의(post-liberalism), 아니면 포스트모던 자유주의(postmodern liberalism)로서,[146] 해방의 메시지를 포기하고 서로 양립 불가능한 가치관들을 가진 타인들과 더불어 살아가는 지혜, 즉 서로 공멸하지 않고 살아남는 상호 공존의 메시지를 주는 "공포의 자유주의(liberalism of fear)"인지도 모른다.[147] 우리는 환경위기와 핵위기, 문화와 문명 충돌의 위기에서 살아남기 위해서 정치적 자유주의가 적절한 처방이라고 말할 수 있는가? 롤즈의 정치적 자유주의는 1980년대 이후 미국사회에 무서운 세력으로 등장하고 있는 기독교적 원리주의자들에 대한, 혹은 서구사회에 만연한 이슬람 사회의 원리주의에 대한 자유주의적인 혹은 십자군적인 공포를 반영하고 있는지도 모른다.[148] 그렇다면 우리는 "아직 정치적 자유주의는 문화적 다양성이 삶의 사실일 뿐만이 아니라 삶의 환희인 세계에서 인류가 가질 수 있는 최선의 희망으로 남아 있다"고 말할 수 있을 것인가?149)

그러나 롤즈의 정치적 자유주의는 미국의 모토인 "다수로 이루어진 하나(E Pluribus Unum, one out of many)"를 기껏해야 미국 내에서 실현한 것에게 불과한 것은 아닐까?150) 만일 그렇다면 그것이 인류의 최선의 희망으로 인정되기 위해서는 얼마만큼의 이론적, 실천적 확장이 필요할 것인가?151) 그러한 확장 중 아마도 가장 중요한 것은 롤즈도 인정하고 있듯이 근대의 고색창연한 종교적 관용의 문제와 철학적, 도덕적 교설들 사이의 추상적인 갈등이 아니라, 보다 현대적 갈등인 "인종, 민족, 그리고 성(race, ethnicity, and gender)"의 문제들을 다루는 것이 될 것이다.152) 롤즈의 정치적 자유주의가 근대철학으로 만족하지 않고 근대 이후까지 그 영향력을 발휘하기 위해서는 중첩적 합의와 아울러 문화적 소수와 최소수혜자를 보호하는 "다문화주의적 정의(multicultural justice)"와 합의에 의해서도 해소될 수 없는 억압과 갈등을 인정하고 치유하는 "차이의 정치(politics of difference)"를 보다 활성화시켜야 할 것이다.153) 또한 롤즈는 서구 자유민주주의 사회와 문화에 내재한 직관적인 기초적 신념을 통해서 정치적 자유주의를 옹호할 것이 아니라, 자유주의를 우리가 추구하고 쟁취해야 할 하나의 이상으로서 옹호해야 할 것이다. 즉, 자유주의를 합당한 우호적 조건(reasonably favorable condition)에서만이 아니라,154) 비자유주의적인 사회와 문화에서 자유주의 사회로의 발전을 인도하는 정치철학적 지침으로 발전시켜야 할 것이다. 이러한 주장은 정치적 자유주의를 다시 (적어도 부분적으로) 포괄적인 철학적 교설로 환원시키거나, 아니면 미국적 자민족중심주의로 보이게 할 우려가 있는 것도 사실이다.155)

물론 다문화주의적 정의를 실현하는 문제와 비자유주의적 사회를 자유주의적 사회로 개조하고 변환시키는 문제는 21세기를 당면한 인류의 모순된 과제일 것이다. 그러나 이것은 또한 불가분의 과제이기도 하다.

이것은 특히 1989년 이후 구소련과 동부 유럽에서 자유주의적 시장경제로의 성급하고도 무리한 전환에 따른 "통제불능의 자본주의(the un-regulated capitalism)"가 야기하는 심각한 경제, 사회적 문제와 해체된 구소련의 각 국가에 나타난 "문화적, 민족적 특수주의"가 더욱 강화되고 있는 실정을 동시에 감안해본다면 더욱 그러할 것이다.156) "공산주의 이후의 자유주의(Liberalism After Communism)"의 실상은 도대체 무엇인가? 결론적으로 자유주의가 이러한 두 가지의 모순된, 그러나 불가분의 과제에 대한 신뢰성 있는 "자유주의의 전망"을 내어놓지 않는 한,157) 정치적 자유주의를 포함한 근대적 자유주의는 경화된 채로, 그리고 혁명적 역동성과 참신한 사회개조 능력을 상실한 채로 종언을 맞이하게 될 것이다.158)

제 4 장

롤즈의 합리적 계약론에서 자인된 실책들

1. 롤즈의 『정의론』에서 전개된 합리적 계약론

『정의론』(1971)이 출간된 지 14년 후, 존 롤즈(John Rawls)는 "『정의론』에서의 한 가지 실책(그것도 매우 오도된 실책)은 정의론을 합리적 선택이론의 일부라고 서술했던 것이었다"라고 자인했다.[1] 이 글은 『정의론』에서 롤즈가 추구했던 도덕성의 합리적 연역 기획, 즉 합리적 계약론에 관련하여 롤즈가 자인한 매우 오도된 실책과 이와 관련된 다른 실책들을 상세히 탐구할 것이다.[2]

롤즈는 『정의론』에서 다음과 같은 단호한 태도로 합리적 계약론을 진술한다. "정의론은 합리적 선택이론의 일부요, 그것도 가장 중요한 일부이다."[3] 롤즈에게서 합리적 계약론은 "정의의 원칙들이 합리적인 사람들에 의해서 선택될 그러한 원칙들로 간주되며, 그리고 그러한 방식으로 정의의 개념들은 설명되고, 또한 정당화될 수 있다"는 것을 의미한다.[4] 따라서 롤즈의 합리적 계약론은 정의론에 관한 설명과 아울러 정당화의 도구로 사용된다. 이러한 의미에서, 롤즈는 "윤리적 판단을 합리적 타산 판단으로 대체하였다."5) 합리적 선택이론은 실제로는 가치-효용이론, 게임이론, 그리고 집단적 (사회적) 의사결정이론과 같은 여러 하부 이론들의 집합체이다. 합리적 선택이론은 합리적 선택의 여러 모형들을 개인적 소비행동, 집단행동, 공공 정책에 적용하려는 다양한 시도들로부터 발전해왔다. 노먼 다니엘스(Norman Daniels)가 옳게 지적한 것처럼, 롤즈의 합리적 계약론은 "상대적으로 복잡한 문제인 정의 원칙들에 대한 사회적 선택을 좀 더 다루기 쉬운 문제인 합리적 개인의 정의 원칙들에 대한 선택으로 환원하는 구체적인 모형을 제시하고 있다."6)

롤즈의 합리적인 개인적 선택으로서의 합리적 계약론은 공정한 배경적인 선택 상황으로 간주되는 원초적 입장과 그 속에서의 합리적 선택 기제를 구축할 때 최대한으로 활용된다. 롤즈는 자신의 정의론을 "공정성으로서의 정의"로 규정한다. 따라서 정의의 원칙들은 "자신들의 이익 증진에 관심을 가진 자유롭고 합리적인 사람들이 평등한 최초의 상황에서 그들 연합체의 기본 조건을 규정하는 것으로 채택하게 될 원칙들이다."7) 이런 점에서 롤즈는 불공정한 전략적인 협상과 위협적 이익을 허용하는 토머스 홉스(Thomas Hobbes)의 합리적 계약론의 모형을 거부한다.8) 공정한 원초적 입장을 구성하기 위해서는 무지의 장막을 씌워야 하는데, 무지의 장막 아래에서 계약 당사자들은 자신들의 자연적 재능, 사회적, 경제적 지위, 성별 구분, 최종 목적 등과 같은 도덕적으로 자의적인 정보를 박탈당한다.9)

이상과 같은 특징을 가진 원초적 입장에서 계약 당사자들의 합리성은 도구적 합리성으로 정의된다: "합리성의 개념은 경제 이론에서 전형적인 것처럼, 주어진 목적에 대한 가장 효과적인 수단을 취하는 것으로 가능한 한 좁은 의미로 해석되어야 한다."10) 이에 부가하여, 계약 당사자들은 "상호 무관심한 합리성"을 가진 것으로 가정되는데, 이러한 가정으로 말미암아 상대적 박탈감과 시기심뿐만 아니라 이타적 감정으로부터도 벗어나게 된다.11) 그래서 계약 당사자들은 비록 그들이 가진 특정한 가치와 목적에 대한 지식을 원초적 입장에서 박탈당했다고 하더라도, 더 많은 사회적 기본가치들을 욕구하는 것으로 가정되며, 따라서 "사회적 기본가치들을 욕구하는 것은 합리성의 일부가 된다."12) 사회적 기본가치들은 권리와 자유, 기회와 권한, 수입과 부, 그리고 자존감의 기반이다.13) 사회적 기본가치들은 "전 목적적 수단(all-purpose means)"으로서 계약 당사자들과 시민들이 어떠한 가치들과 궁극적 목적들을 가졌다고 하더라도 그것들의 실현을 위해서 필요한 것이며, 더욱이 더 많이 갖기를 바라는 것들이다.14)

합리적 선택이론에 의하면 롤즈의 무지의 장막이 드리워진 원초적 입장에서의 개인적 선택은 불확실성하에서의 선택으로 분류된다. 롤즈는 이러한 불확실성하에서는 "계약 당사자들은 이 규칙[최소극대화 규칙]을 따름으로써 표출된 보수적 태도를 취하는 것이 합리적이다"라고 단언한다.15) 원초적 입장에서의 선택에서 채택된 최소극대화 규칙에 대한 롤즈의 옹호 논증은 계약 당사자들이 사회적 기본가치들을 추구함에 있어서 여러 대안들(예를 들어, 롤즈의 정의의 두 원칙, 고전적 공리주의, 평균 공리주의, 완전주의, 직관주의, 이기주의, 그리고 여러 절충적 입장)을 최소수혜자의 관점에서 평가함을 의미한다.16) 정의의 두 원칙의 제2원칙 중 하나인 차등의 원칙(the difference principle)은 이러한 최소수혜자의 관점을 직접적으로 수용하여 구현시키고 있다: 즉, 사회적, 경제적 불평등은 최소수혜자에게 최대이익이 되도록 편성되어야 한다는 것이다.17)

최소극대화 규칙은 차등의 원칙뿐만 아니라, 더 나아가서 정의의 두 원칙의 나머지 부분인 제1원칙인 평등한 자유의 원칙과 제2원칙 중 하나인 공정한 기회 균등의 원칙에 대해서도 정당화를 제공한다. 롤즈는 정의의 두 원칙과 불확실성하에서의 선택을 위한 최소극대화 규칙 사이에는 세 가지 유사성이 있다고 주장한다. 첫째, 원초적 입장에서는 무지의 장막으로 말미암아 확률에 대한 지식이 배제되고, 계약 당사자들도 최종적이고 영구적인 단 한 번의 자신들의 선택으로 말미암아 크게 영향을 받을 후손들에게도 그 선택이 합당한 것이 되어야 함을 심각하게 생각하는 공약의 부담(strains of Commitment) 속에 처해 있으므로 최소한을 확보할 수 있는 신중한 선택이 필요하다. 따라서 계약 당사자들은 최소극대화 규칙을 채택하게 될 것이다.18) 둘째, 계약 당사자들은 최소극대화 규칙을 따름으로써 확보할 수 있는 최소한의 생활수준 이상으로 얻게 될 이득에 대해서 별다른 관심이 없는 그러한 가치관을 가지고 있다. 따라서 정의의 두 원칙은 그러한 최소한의 만족을 보장할 뿐만 아니라, 원초적 입장에서 계약 당사자들은 평등한 자유를 희생하고서 보다 더 큰 사회적, 경제적 이득을 얻으려는 욕구를 가지지 않는다는 것이다. 따라서 이상과 같은 가치관과 욕구는 정의의 두 원칙에서 자유의 우선성과 두 원칙의 축차적 서열에 대한 "실질적으로 결정적인(practically decisive)" 유력한 논증이 된다.19) 셋째, 제외된 다른 대안들은 공리주의처럼 사회 전체의 효용 증진을 위해서 노예제도까지는 아니더라도 상당한 정도의 자유의 침해를 정당화하므로 도저히 받아들일 수 없는 결과를 가지고 있다. 따라서 계약 당사자들이 최소극대화 규칙에 의거하여 최소한의 만족을 보장하는 정의의 두 원칙을 버리고 우연히 보다 큰 이익을 얻을 수는 있지만 그들의 보다 더 소중한 것을 잃게 되는 모험적 선택을 하는 것은 어리석고, 무가치하고, 수용할수 없는 것이다.20) 이러한 최소극대화 규칙으로부터의 논증을 통해 롤즈는 자신의 정의의 두 원칙이 다른 전통적 정의 원칙들, 특히 공리주의 원칙들을 제치고 선택된다고 주장한다.21) 롤즈는 자신의 정의의 두 원칙에 대한 최소극대화 규칙으로부터의 논증을 "결정적 논증"으로 간주한다.22)

여기에 덧붙여서, 롤즈는 공정한 원초적 입장이 절차적으로 (자유롭고 평등한 자율적이고 이성적인 존재와 사람들이 서로를 오직 수단으로서만이 아니고 목적 그 자체로서 대하려는) 임마누엘 칸트(Immanuel Kant)의 자율성과 인간 존중의 정언명법의 개념들을 반영한다고 주장한다. 더 나아가서, 롤즈는 원초적 입장이 그간 칸트의 윤리학에 대한 비판의 초점이 되었던 칸트의 윤리학에서의 보편화 가능성이 갖는 형식성을 경험적으로 실행 가능하게 만든다고 주장한다.23)

2. 롤즈의 합리적 계약론에 대한 비판과 롤즈의 자인된 실책들

롤즈의 『정의론』에 대해서 많은 찬사가 있었지만, 동시에 다양한 비판들도 제기되어왔다. 우리는 정의의 두 원칙에 대한 최소극대화적 도출과 사회적, 경제적 가치들에 대한 자유의 우선성을 위한 원초적 입장의 구성에 대해서 롤즈의 합리적 계약론의 타당성 문제를 배경으로 놓고 쟁점화해볼 것이다.

우리가 1절에서 본 것처럼, 롤즈는 홉스의 합리적 계약론의 모형을 배격하는데, 그 이유는 그 모형이 합리성의 도덕적 부적절성을 결과하기 때문이다. 따라서 롤즈는 자유롭고 평등한 합리적인 계약 당사자들 사이의 공정한 합의를 보장하기 위해서 공정한 원초적 입장을 구축하게 된다. 이러한 관점에서 보면, 롤즈의 합리적 계약론의 모형은 순수한 합리적 선택이론의 일부가 아니다. 그 모형은 합리성 겸 공정성 모형이다.24) 합리적 선택이론의 절대적인 관점에서 보면, 공정성을 증진하기 위해서 원초적 입장에 독립적인 도덕적 가정들(예들 들어, 무지의 장막, 시기심 없음, 최소 수준의 삶에 대함 금욕적 만족, 정당성 개념의 형식적 제한조건들)을 도입하는 것은 딜레마의 또 다른 한 뿔, 합리성에 우선한 도덕적 가정들의 순환성, 그리고 그러한 순환성의 합리적 임의성에 봉착하게 된다.25) 롤즈는 확실하게 순환성의 문제를 인식하고 있었으나, 그러한 문제를 사소한 것으로 치부하고 말았다. 따라서 우리는 롤즈가 『정의론』의 다음 두 군데에서 그러한 문제에 대한 책임을

부인하고 있음을 알게 된다.26)

"나는 원초적 입장의 개념 체계 그 자체가 도덕적 힘이 없다든가, 혹은 그것이 의거하고 있는 개념군이 윤리적으로 중립적인 것이라고 주장하지는 않는다(23절). **그러한 문제를 나는 그냥 접어두기로 한다.**"

"원초적 합의라는 개념은 더 이상 윤리적으로 중립적인 것이 아니라는 반론은 그릇된 것이다. 왜냐하면 그러한 개념은 이미 도덕적인 측면, 예들 들어서 원칙들에 대한 형식적 조건과 무지의 베일 같은 것을 내포하고 있을 뿐만 아니라 마땅히 그래야 할 것이기 때문이다. 나는 원초적 입장을 구분해서 서술함으로써, 물론 이 경우에 무엇이 도덕적인 요소이며, 무엇이 그렇지 않은지도 문제가 되기는 하겠지만, 당사자들의 규정에 그러한 요소들이 개입되지 않게끔 했다. **이러한 문제를 해결해야 할 필요는 없다.**"

이러한 관점에서 진 햄프턴(Jean Hampton)이 잘 지적하고 있는 것처럼, "롤즈의 실제적인 반계약론적 선택 절차는 그의 정의론에 대한 고도의 칸트적인 정당화를 제시하고 있다."27) 롤즈의 정의의 두 원칙이 불확실성하에서의 최소극대화 규칙에 의해서 도출되는 것은 바로 위험을 회피하려는 보수적인 심리적 태도 때문이라는 비판이 제기되어왔다. 이러한 비판의 선구자인 공리주의적 경제학자 존 하사니(John C. Harsanyi)는, 원초적 입장에서 최소극대화 규칙을 사용하는 것은 계약 당사자들이 한 사회에서 최소수혜자들로 나타날 가능성에 대해서 1(100%)의 확률, 혹은 거의 1의 확률을 배당하는 것과 같다고 롤즈를 비판한다. 하사니는 여러 가지를 고려해보더라도, 최소수혜자들로 나타날 가능성에 대해서 그러한 극도로 높은 확률을 배당하는 어떠한 정당화도 존재할 수 없다고 주장한다. 그는 계약 당사자들이 모든 사회적 지위들로 나타날 등확률(equiprobability) 기준이 더 합리적이라고 주장한다. 따라서 하사니의 입장은 평균 공리주의에 이르게 된다.28) 롤즈와 하사니 사이의 논쟁을 감안하면, 롤즈의 다음과 같은 단언은 이해할 수 없다. "나는 채택된 정의론이 합리성에 대한 상충하는 해석들에 대해서 상관하지 않는다고 생각해왔다."29)

그러나 롤즈는 이미 스스로 타당하다고 생각하는 합리성을 구체적으로 "통일된 기대치와 확률에 대한 객관적 해석과 더불어 목적에 대한 효과적인 수단을 택함"으로 정의하였다.30) 이러한 합리성에 관한 해석에 의거하여, 롤즈는 "통일된 기대치도 없이 불충분한 이유의 원칙을 이용하여 목적에 대한 효과적인 수단을 택함"이라는 공리주의적 합리성을 배척한다.31) 만약에 불확실성하에서 객관적인 확률을 확정할 수 없고, 특정한 확률을 배당하는 어떤 충분한 이유도 없다면, 불충분한 이유의 원칙은 불확실성하에서의 모든 대안들에 대한 등확률을 가정한다. 불충분한 이유의 원칙은 하사니가 사용하여 공리주의를 도출한 등확률 기준에 대해서 그 근거를 제시해주고 있다. 롤즈의 최소극대화 규칙에 대한 또 하나의 비판은 자유지상주의의 강력한 옹호자인 로버트 노직(Robert Nozick)이 무지의 장막은 최소수혜자들에게 비대칭적 편애를 드러낼 뿐이라고 주장한 것이었다.32)

합리성에 대한 롤즈의 정의를 감안해볼 때, 그의 합리적 계약론은 확실성하에서의, 혹은 위험부담하에서의 선택을 채택해야만 하지만, 롤즈는 그 대신에 불확실성하에서의 개인적 선택을 채택하고 있다. 이러한 관점에서 그는 공리주의를 비판하기를, "그럼에도 본질적인 것은 [원초적 입장에서] 계약 당사자들이 그들의 가치관을 모른다는 것과 통상적인 의미에서 그들의 효용을 산정할 수 없다는 것이다."33) 그러나 합리성에 대한 롤즈의 정의 중 한 부분, 즉 통일된 기대치와 확률에 대한 객관적 해석도 원초적 입장에서는 가동될 수 없다. 왜냐하면, 롤즈가 인정하듯이, 최소극대화 규칙이 작동하는 불확실성하에서의 원초적 입장에서는 확률 계산이 불가능하기 때문이다.34) 따라서 롤즈는 최소극대화 규칙의 손익계산표에서 나오는 숫자는 효용이 아니라 금전상의 가치임을 분명히 한다.35) 보다 엄밀하게, 롤즈는 공리주의와 달리 객관적인 가치에 근거하고 있는 합리적 기대치는 사회적 기본가치들(금전상의 가치로 환원 가능한 소득과 부)의 지수(index)를 통해서 수량화가 가능하다고 주장한다.36) 그러나 케네스 애로우(Kenneth Arrow)는 사회적 기본가치들이 다수이고 상이하므로, 다수이고 상이한 사회적 기본가치들을 통약적으로 취급하는 문제, 즉 지수의 문제는 효용의 개인 간 비교의 문제만큼 어려운 문제라고 갈파한다. 애로우는 만약 롤즈가 개인 간 비교의 문제를 하나의 단순한 사회적 기본가치들(금전상의 가치로 환원 가능한 소득과 부)로 단순화한다면, 공리주의적 효용 총화에 대한 계산도 역시 단순화될 수 있다고 논박한다.37)

롤즈와 하사니, 그리고 롤즈와 노직 간의 해결되지 않은 논쟁들을 볼 때, 롤즈는 정의의 두 원칙, 특히 차등의 원칙의 최소극대화 규칙으로부터의 도출이 다른 대안들의 전략들보다 유일무이하고도 우월한 합리성에 근거하고 있음을 입증하지 못하고 있다.38) 이러한 관점에서 롤즈는 "[특히 차등의 원칙의 별칭이라고 생각되는] 최소극대화적 형평성 기준(maximin equity criterion)과 불확실성하에서의 선택을 위한, 소위 최소극대화 규칙(maximin rule)이라고 불리는 것은 아주 상이한 것들이다"라는 점을 강조한다.39) 나중에 롤즈는 이 두 가지가 엄밀하게 구분되는 개념임을 강조한다.40) 롤즈의 이러한 태도는 합리적 계약론의 관점에서 보면 일종의 후퇴이며, 매우 방어적인 것처럼 보인다.

"차등의 원칙을 최소극대화 기준으로 명명하는 것은 원초적 입장에서 도출되는 차등의 원칙에 대한 주요한 옹호 논변이 마치 극도의 위험 기피라는 가정에서 도출되는 것인 양 잘못 말하는 것이다. 차등의 원칙과 이러한 가정 간에 사실상 어떤 관계가 있는 것은 사실이지만, 위험에 대한 극단적인 태도가 요청되는 것은 아니다(28절). 그리고 어쨌든 차등의 원칙에 유리한 여러 고려 사항들이 있으며 여기서 위험 기피는 어떤 역할도 하지 못한다. 따라서 불확실한 상황에서의 선택 규칙에 대해서만 최소극대화 기준이라는 용어를 사용하는 것이 가장 좋다."

롤즈의 원초적 입장의 구성, 특히 정의의 두 원칙의 최소극대화 규칙을 통한 도출 문제, 특히 차등의 원칙의 도출 문제 이외에 가장 많은 비판적 관심을 받고 있는 부분은 사회적, 경제적 가치들에 대한 기본적 자유들의 우선성과 우선성을 명시하고 있는 제1원칙의 정의(定義) 문제들이다. 하트(H. L. A. Hart)는 원초적 입장에서 계약 당사자들에게 부여되고 있는 도구적 합리성은 왜 자유가 다른 사회적 기본가치들에 대해서 결정적으로 우선적인가 하는 점을 입증하지 못하고 있다고 비판한다.[41] 롤즈는 이러한 하트의 비판을 인정하면서, "기본적 자유들과 그 우선성은『정의론』에서 도출되고 발전된 고려 사항들이었지만 그것들을 종합적으로 고찰하는 데 실패하였다"고 인정한다.[42] 롤즈는 나중에 하트의 비판에 대해서 "기본적 자유들과 그 우선성은 하트의 생각처럼 합리적 이익만의 독자적인 고려 사항들이 아니라 자유주의적인 것으로 간주되는 인간관에 의거하고 있다"고 답변한다.[43]

그럼 우리는 여기서 롤즈는『정의론』에서 사회적, 경제적 가치들에 대한 기본적 자유들의 우선성에 대해서 어떠한 논증들을 제시했는지 살펴보도록 하자. 아마도, 롤즈가 인정하듯이, 그러한 논증들은 종합적으로 고찰되지 못했음에 틀림없다. 첫째, 롤즈는 우리가 1절에서 논구한 정의의 두 원칙과 불확실성하에서의 최소극대화 규칙 사이의 둘째 유사성에 다시 주목한다. 즉 최소극대화 규칙은 계약 당사자들에게 만족할 만한 최소치를 보장한다는 것이다. 따라서 계약 당사자들은 축차적으로 이루어진 정의의 두 원칙을 채택하게 되는데, 그 이유는 "그러한 우선성이 함축하는 바는, 원초적 입장에서 계약 당사자들은 평등한 자유들을 희생하고서 보다 더 큰 사회적, 경제적 이득을 얻으려는 욕구를 가지지 않는다"는 것이다.44) 따라서 계약 당사자들은 "적어도 일정 수준 이상의 부가 획득된다면", 즉 상당히 유리한 조건 아래서 "그들은 보다 적은 자유를 자신들의 경제적 복지의 개선과 교환하지 않을 것이다."45) 그래서 계약 당사자들은 양심의 자유와 사상의 자유를 갈구하게 되는데, 그것은 우리의 최종적인 가치관과 "우리의 인생 계획을 결정하는 데 있어서의 근본적 이해 관심을 보장하기 위해서"이다.46) 셋째, 계약 당사자들은 "자존감이라는 사회적 기본가치가 갖는 중심적 위치와 타인과의 자유로운 사회적 연합을 통해 자기 본성을 표현하는 인간 존재로서의 욕구를 가지고 있다."47)

첫째 논증과 관련하여, 롤즈는 다음과 같은 옹호 논변을 제시하고 있다.48)

"이제 자유의 우선성에 대한 근거는 대체로 다음과 같다고 말할 수 있다: 즉 문명의 상태가 향상됨에 따라 더 이상의 경제적, 사회적 이득이 우리의 선(가치)에 있어서 갖게 될 한계의의(marginal significance)는 자유에 대한 관심에 비해 상대적으로 줄어들 것이며, 자유에의 관심은 동등한 자유의 행사를 위한 여건이 보다 충분히 실현됨에 따라 강화된다는 것이다."

그러나 롤즈는 나중에 위의 별도 인용문에서의 자유의 우선성의 근거와 그 옹호 논변에 대해서 다음과 같이 실책이 있었음을 인정하고 있다.49)

"두 가지 주요 실책이 있었다. 첫째, 가장 중요한 근거들을 명확하게 설명하지 못했다. 둘째 … 기본적 자유에 대한 우리의 관심에 상대적인 경제적 및 사회적 이익의 한계의의 체감의 개념을 사용하지 말았어야 했다. 여기서 기본적 자유들에 대한 관심은 이와 같은 자유들을 효과적으로 집행하는 사회적 조건이 더 완전히 실현되면 될수록 더 강해진다고 말했었다."

왜 롤즈는 실책을 자인할 수밖에 없는가? 두 번째 실책부터 논의해 보기로 하자. 첫째, 한계의의 체감으로부터의 논증은 기본적으로 공리 주의적 개념으로서 한계효용체감의 법칙에 근거하고 있다. 롤즈는 한계 효용체감의 법칙이 포함된 공리주의의 표준적 가정(standard assumptions)을 비판한다. 공리주의의 표준적 가정은 "사람들은 한계효용체감 의 조건을 만족시키는 유사한 효용함수를 갖는다"는 것이다.50) 롤즈는 공리주의의 표준적 가정은 자연적 사실에 호소하는 하나의 가정이지만, 그것은 단지 추정적으로 참일 뿐이거나, 혹은 보다 의심스러운 것이라 고 비판하면서 자유와 평등이 정의의 두 원칙 속에 직접적으로 보장되 고, 사회적으로 공지되어 있는 자신의 정의관이 실질적인 장점을 갖는 다고 주장한다.51) 따라서 롤즈는 한계의의 체감에 기반한 논증을 유지 할 수 없었는데, 그 이유는 『정의론』의 주요한 목표 중의 하나가 공리 주의와 그 정의관에 대한 대안적인 정의관을 제시하는 것이었기 때문 이다.52)

둘째, 한계의의 체감을 통한 논증은 각 가치와 재화에 대한 의의의 한계효용을 측정함으로써 관심의 위계질서를 세울 수 있다는 것을 함 축한다. 그러나 롤즈는 관심의 위계질서는 의의의 한계효용을 통해서 측정될 수 없다고 자각한다. 오히려 관심의 위계질서는 자유롭고 평등 한 인격으로서의 칸트적 인간관에서 나온다고 생각한다. 롤즈에 따르 면, "도덕적 인간의 전형적 관념(the model conception of a moral person)"인 칸트적 인간관과 관심의 위계질서는 합리성과 합당성이라는 두 가지 도덕적 능력에 의해서 발전된 두 종류의 최고차적 관심으로 이 루어진다. 합리성은 선, 혹은 가치관을 실현시킬 수 있는 능력을 통해 서 최고차적 관심을 추구하며, 합당성은 유효한 정의감의 보유를 통해 서 최고차적 관심을 추구한다. 따라서 칸트적 인간관에서 합리성은 "합리적 자율성(rational autonomy)"을 갖도록 해주고, 여기에 합당성이 더해지면 "완전한 자율성(full autonomy)"을 갖도록 해준다.53) 이러한 관점에서, 롤즈는 합당성이 첫 번째 도덕적 능력이며, 합리성이 두 번째 도덕적 능력임을 명백히 한다.54) 따라서 자유롭고 평등한 인격으로서의 칸트적 인간관을 반영하는 것은 롤즈의 정의의 두 원칙에서 제1원칙인 자유롭고 평등한 자유의 원칙이 불평등한 사회적, 경제적 재화를 다루는 제2원칙보다 우선적이라는 것을 의미한다.55)

롤즈는 이러한 우선성을 지지하면서, "합당성은 합리성을 전제하지만, 또한 종속시킨다"라고 말한다.56) 합당성은 합리성에 의해서 조정된 분배의 대상으로서의 사회적 기본가치들을 필요로 한다. 그러나 합당성은 계약 당사자들이 추구하는 최종적 목적을 제한한다. 더 나아가서, 합당성은 협동의 공정한 조건을 제공하고, 사회적, 경제적 가치들에 대한 기본적 자유들의 우선성을 규정하고, 사회적 기본가치들, 즉 권리와 자유, 기회와 권한, 수입과 부, 자존감의 기반을 정의의 두 원칙, 보다 엄밀하게는 세 원칙, 즉 제1원칙으로서의 평등한 자유의 원칙에 권리와 자유를, 제2원칙의 첫 번째 원칙으로서 공정한 기회균등의 원칙에 기회와 권한을, 그리고 제2원칙의 두 번째 원칙으로서 차등의 원칙에 수입과 부를 배정한다.57) 롤즈는 이것을 "공정성으로서의 정의관에서 합당성은 합리성의 구성적 [준거]틀을 만든다"고 말한다.58) 이어서, 자존감의 기반은 정의의 두 원칙 모두에 해당되는데, 그것은 사회가 이들 원칙에 따를 경우, 모든 사람들은 상호 이익과 상호 존중의 체계 속에서 포함되고, 그러한 체계 내에서 각자의 노력에 대한 공적인 인정은 사람들의 자존감을 고양시키기 때문이다.59) 자존감의 기반은 계약 당사자들과 시민들이 자신들의 가치관과 자신들의 인생 계획이 실현할 만한 가치가 있다고 믿으며, 자신들의 의도와 계획을 성취하려는 자신들의 능력에 대한 자신감을 내포한다. 더 나아가서 자존감의 기반은 합리적인 인생 계획, 특히 아리스토텔레스적 원칙을 만족시키는 계획을 가지고 있으며, 우리의 인격과 행위가 마찬가지로 존중을 받고 있는 타인들에 의해서 평가와 인정을 받으며 그들 집단에 의해 애호를 받는다는 것을 인지하고 있는 것이다.60) 롤즈는 자존감의 기반에 대해서 다음과 같이 잘 요약하고 있다:61) "자존감의 사회적 기반: 이 기반들은, 시민들이 인격체로서의 자신의 가치에 대한 자부심을 지니고, 자신의 도덕적 능력을 계발시키고 행사하며, 자신감을 가지고 자신의 목표와 목적을 추구하려 한다면, 통상 본질적으로 필요한 기본적 제도의 측면들이다." 자존감의 사회적 기반에 대한 이러한 설명을 통해서 우리는 그것이 가장 중요한 사회적 기본가치임을 여실히 깨달을 수 있게 된다.62)

그러면 첫 번째 실책을 살펴보자. 롤즈가 자인했듯이, 그는 자유의 우선성에 관한 가장 중요한 근거들을 명확하게 설명하지 못했다. 롤즈가 위의 별도 인용문에서 언급한 가장 중요한 근거들은 칸트적 인간관, 양심의 자유와 사상의 자유, 사회적 기본가치인 자존감의 중심적 위치와 타인들과의 사회적 연합이다. 이러한 중요한 근거들은 곧 순차적으로 다루어질 것이다. 우선 이 절 앞에서 우리가 간략히 논의한 것처럼, 자유의 우선성과 정의의 제1원칙인 평등한 자유의 원칙의 정의(定義)에 대한 또 하나의 관건은 롤즈가 그러한 주제들에 대한 하트의 비판을 충실히 수용한다는 점이다.63) 그래서 롤즈는 "나의 책 『정의론』에서 기본적 자유들과 그 우선성에 대한 설명이, 다른 결함과 함께, 두 가지 심각한 간극을 포함하고 있다"고 인정했다.64) 두 간극은 위의 별도 인용문에서 언급된 두 가지 주요 실책 중 첫 번째 실책에 해당한다. 첫 번째 간극은 "원초적 입장에서 계약 당사자들이 기본적 자유들의 우선성을 받아들이고 우선성에 합의하는 근거들에 대한 설명이 충분하지 못하다"는 점이다.65) 두 번째 간극은 "기본적 자유들이 사회적 상황이 알려짐에 따라 어떻게 구체화되고 서로 간에 상호 조정이 될 것인가에 대한 만족스러운 기준이 제시되고 있지 않다"는 것이다.66)

두 번째 간극을 메꾸기 위해서 롤즈는 기본적 자유들과 그 우선성과 원초적 입장에서 자유롭고 평등한 도덕적 인간들의 사회적 협동에 대한 공정한 조건들 사이의 연결을 제안한다.67) 자유롭고 평등한 도덕적 인간들을 기조로 하는 칸트적인 인간관에 기반을 두면서, 원초적 입장에서 계약 당사자들은 구체적으로 배열된 정의의 원칙들, 즉 자유의 우선성인 제1우선성 규칙과 효율성과 복지에 대한 정의의 우선성인 제2우선성 규칙을 가진 정의의 두 원칙에 합의한다.68) 사회적 협동은 자유롭고 평등한 도덕적 인간관의 동반 개념이다.69) 사회적 협동은 두 가지 요소를 포함한다. 첫 번째 요소는 협동에 참여하는 각 사람이 합당하게 받아들일 것으로 기대할 수 있는 협동의 공정한 조건에 대한 공유된 관념이다. 두 번째 요소는 협동에 참여하는 각 사람의 합리적 이득의 추구인데, 그것은 개인들로서의 각 사람들이 증진시키려고 노력하는 것이다. 그래서 "사회적 협동에서의 화합은 공정한 조건들이라는 관념에 합의하는 사람들에 달려 있다."70) 특히, 합당성 혹은 사람들의 정의감은 "사회적 협동의 공정한 조건들을 준수하는 능력에 달려 있다."71)

이에 더하여, 롤즈는 자유의 우선성에 대해서 첫 번째 도덕적 능력인 합당성과 관련된 다음과 같은 세 가지 근거들도 열거한다.72) 첫 번째 근거는 합당성에 의해서 촉진된 정의롭고 안정된 협동의 구조이다. 두 번째는, 이 절 조금 전에 자존감의 문제를 다루었듯이, 자유의 우선성에 관한 제1우선성 규칙을 가진 정의의 두 원칙에 영향을 받는 자존감의 근본적 중요성이다. 세 번째는 사회적 연합에의 자유로운 참여이며, 그러한 참여는 한 사회에서 협동의 참가자들이 다른 사람들과의 상호성과 사회성에 대한 욕구를 표출함으로써 지지된다.

최종적으로 롤즈는 기본적 자유들과 그 우선성에 관하여 서구 유럽의 자유주의적 전통에 내재하는 하나의 철학적 교설에 의거한다.73) 그러나 나중에 롤즈는 철학적 교설로서의 자유주의적 전통이라는 개념을 철회하고, 그 대신에 포괄적인 종교적, 철학적, 도덕적 교설들로부터 독립적인 정치적 자유주의로서의 자유주의적 전통은 유지한다.74)

두 번째 간극을 메꾸기 위해서 롤즈는 다수의 자유들이 어떻게 보다 더 구체화되고 상호 조정될 수 있는지에 대한 기준이 필요함을 느낀다.75) 『정의론』에서 맨 처음 제시되었던 기준은 기본적 자유들의 가장 광범위한 전체 체계를 달성하는 것이다. 따라서 정의의 제1원칙은 "각자는 모든 사람의 유사한 자유 체계와 양립 가능한 평등한 기본적 자유의 가장 광범위한 전체 체계에 대한 평등한 권리를 가져야 한다"는 것이 된다.76) 이러한 체계는 순전히 양적인 것이며, 어떤 체계가 다른 체계보다 더 중요하다고 평가하지 못한다.77) 그 다음으로 제시되었던 기준은 자유의 체계가 시민들이 추구하는 합리적 이익에 비추어서 조절된다는 것이다.78) 그러나 하트는 "그러한 합리적 이익의 내용이 내용에 관한 지식을 통해 기준으로서 역할을 할 수 있도록 명백하게 서술되지 않았다"고 지적한다.79) 무엇보다도 심각한 것은 두 기준이 서로 양립 가능하지 않다는 것이다. 또한 기본적 자유들이 상충할 수도 있다는 것이다. 따라서 어떻게 기본적 자유들이 하나의 일관된 체계로 짜 맞추어질 수 있는지가 입증되어야만 한다.80) 이러한 관점에서 롤즈는 기본적 자유들의 최선의 체계가 가장 광범위한 체계가 아닐 수도 있다는 것을 깨닫게 된다.81) 예를 들면, 민주주의에서는 자유로운 토론을 규제하는 질서의 규칙이 필수적으로 요구된다. 그러한 규제가 없다면, 언론의 자유는 그 목적을 달성할 수 없다. 여기서 우리는 규제(regulation)와 제한(restriction)을 구분해야 한다. 질서의 규칙은 언론의 자유가 피력되는 동안 참석자들이 지켜야 할 발언권의 획득, 발언의 순서와 시간에 대한 형식적이고 질서적인 규제일 뿐이며, 언론의 자유의 내용에 대한 실질적 제한은 아니다.82) 따라서 발언권의 규제 없는 자유로운 토론은 더 광범위한 자유이기는 하지만, 모든 사람들의 발언의 자유가 상호 양립하게 실현될 수 없다. 따라서 기본적 자유들은 제약될 수 없지만, 오직 "오직 자유는 자유를 위해서만 제한될 수 있다."83) 『정의론』에서 자유의 우선성인 제1우선성 규칙은 "덜 광범위한 자유는 모든 이가 공유하는 자유의 전 체계를 강화할 경우에만' 허용될 수 있음을 명기하고 있다.84) 롤즈는 이 경우의 중요성을 확실히 알고 있었지만, 정의의 제1원칙에 반영하지는 못했다. 따라서 롤즈는 정의의 제1원칙의 문구를 수정하게 된다:85) "각자는 모든 사람에게 적용되는 유사한 자유의 체계와 양립할 수 있는 평등한 기본적 자유의 충분히 적절한 체계에 대해서 평등한 권리를 가진다."

정의의 제1원칙에 대한 또 한 번의 문구 수정이 있게 되는데, 그것은 수정된 정의의 제1원칙에 바로 이어서 "그리고 이 구조에서는 평등한 정치적 자유들, 그리고 다만 그러한 자유들만이 그 공정한 가치를 보장받을 수 있도록 되어야만 한다"라는 문구가 추가된다.86) 롤즈는 자신의 정치적 자유주의의 평등주의적 측면을 증진시키기 위해서 정치적 자유들의 공정한 가치를 보장함으로써 정치적 가치들이 단순히 형식적인 것으로 그치지 않도록 하고 있다.87) 이것이 의미하는 바는 정치적 자유들이 단순히 형식적이거나 소극적이지 않고, 그것들이 실질적이고 적극적이 되어야 한다는 것이다. 이러한 목표를 달성하기 위해서 동등한 정치적 자유들의 공정한 가치가 필수적인 제도와 법규에 의해서 유지되어야만 한다.88) 첫째, 선거 유세와 선거 비용에 대한 공적 자금 조달, 아울러 선거 운동 과정과 정치 자금의 기부에 대한 제약은 필수적인 것이다. 둘째, 제도적 장치들은 다양한 정치적 집단에게 과도한 부담을 지우지 말아야 한다. 또한 제도적 장치들은 어떤 특정한 정치적 교설을 어떤 다른 교설들보다 선호하지 않는다. 셋째, 공정한 대의 민주주의적 구조 속에서 모든 시민들에게 완전하고도 평등하게 효력이 있는 목소리를 확보하는 정치적 절차가 마련되어야 한다. 마지막으로, 배경적인 정의가 유지되고 있다는 공적인 인정은 명시적으로, 그리고 널리 알려져야 한다.

이상의 두 간극을 메꾼 뒤에, 롤즈는 "자유롭고 평등한 인격성에 대한 열망이 직접적으로 최소극대화 규칙으로 향하게 한다"고 천명한다.89) 그리고 최대한으로 평등한 자유의 원칙인 정의의 제1원칙을 위한 자유의 우선성은 칸트적 인간관에서 예시된 "하나의 철학적 교설로서의 자유주의적 견해"에 의해서 보장된다. 그러한 자유주의적 견해는 "어떻게 기본적 자유들과 그 우선성이 자유롭고 평등한 인간관에 의거하여 각자 자신들과 다른 사람들을 대하는 시민들 사이의 협동에 관한 공정한 조건에 속하게 되는지"를 잘 나타내고 있다.90)

따라서 롤즈는 원초적 입장의 역할을 명료화하고, 그의 공정성으로서의 정의론이 주로 합리적 선택이 아니라 칸트적 인간관에 의거하고 있음을 다시 확인한다.91)

"나는 원초적 입장의 두 부분을 구분하여, 각각 합당한 것과 합리적인 것에 부응시키고 있다. 이것은 원초적 입장이 **완전한** 인간관(the *full conception of the person*)을 모델화하는 발상을 명료하게 설명하기 위한 것이다. 이러한 설명이 원초적 입장에 대한 몇몇 잘못된 오해들을 풀수 있기를 기대한다. 예를 들면, 원초적 입장은 도덕적 중립성을 의도하고 있다든지, 또는 합리성의 개념만 모델화한다든지, 그리고 이 때문에 공정성으로서의 정의는 경제학이나 결정이론에서 다루어지는 합리적 선택에 순전히 기초한 정의 원칙들을 도출하려고 한다는 오해들을 들 수 있다. **칸트적 시각**에 본다면, 그와 같은 시도는 논외가 되며, 원초적 입장의 인간관과는 양립할 수 없다."

이러한 언명의 연후에, 롤즈는 궁극적으로 그의 도덕성의 합리적 연역 기획에서의 가장 중요한 실책을 아래의 별도 인용문에서 자인하고 있다.92) 이러한 자인 이후, 그는 이미 언급한 자유롭고 평등한 칸트적 인간관으로뿐만 아니라 정치적 정의관으로 자신의 입장을 전환하고 있음을 밝힌다.

"따라서 『정의론』 16페이지와 583페이지에서 제시된 것처럼 정의론을 합리적 선택이론의 일부로 서술한 것은 하나의 **실책**(그것도 **매우 오도된 실책**)이었다. 내가 말했어야 하는 것은 공정성으로서의 정의관이 합리적 선택에 관한 설명을 사용하는 것이 자유롭고 평등한 사람들의 대표인들로서의 계약 당사자들의 숙고를 규정하기 위한 합당성의 조건들에 종속되어 있고, 또한 이상의 모든 것은 당연히 도덕적 관념이라고 할 수 있는 **정치적 정의관**에 속한다는 것이다. 정의의 내용을 합리성을 유일한 규범적 이념으로 사용하는 준거 틀 내에서 도출하려고 시도하는 것은 생각할 수 없는 것이다. 그러한 사유는 어떤 종류의 **칸트적 견해**와도 양립할 수 없다.”

위의 두 별도 인용문과 비슷한 맥락에서, 롤즈는 아래의 별도 인용문에서 합리적 선택이론을 거부하고, 결국 정치적 정의관에 의지한다.93)

“여기서 나는『정의론』16페이지에서 말한 것을 수정한다. 거기서 나는 정의론이 합리적 선택이론의 일부라고 말했다. 우리가 방금 말한 것으로부터 보면, **이것은 분명히 부정확하다.** 내가 말했어야 하는 것은 계약 당사자들과 그들의 추론에 대한 설명이, 단지 직관적인 방식으로만, 합리적 선택이론을 사용하고 있다는 것이다. 이 이론은 합당한 정의의 원칙들을 설명하려고 시도하는, 그 자체로서 **정치적 정의관**의 일부이다. 합리성의 개념을 유일한 규범적 개념으로 간주하여 그러한 원칙들을 도출해내려는 것은 생각할 수 없는 것이다. 나는『정의론』전체의 내용이 이러한 해석을 지지한다고 믿는다.”

3. 롤즈의 정의론에서의 방법론적 전회: 도덕적 계약론으로서의 칸트적 인간관에로의 전회, 그리고 정치적 자유주의로의 전회

이제 롤즈의 정의론에서의 방법론은 합리적 계약론으로부터 도덕적 계약론으로 전회하는데, 그러한 전회는「도덕론에서 칸트적 구성주의」

(1980)라는 논문에서 이루어지기 시작했다.94) 그러나 롤즈는 나중에 칸트적 구성주의와 그 인간관도 버리고 종국에는 정치적 자유주의로 전회하는데, 그러한 전회는 「공정성으로서의 정의: 형이상학적이 아닌 정치적 입장」(1985)이라는 논문에서 이루어지기 시작했고, 최종적으로 그의 저서 『정치적 자유주의』(1993)로 귀착했다.95) 우리는 이러한 두 가지 전회를 차례로 다루게 될 것이다. 그의 도덕적 계약론에서 롤즈는 칸트적 인간관, 즉 자유롭고 평등한 도덕적 인간을 근본적인 직관적 관념으로 간주한다. 롤즈는 그의 칸트적 구성주의에서 두 가지의 도덕적 능력, 즉 합당성과 합리성을 구분한다.96) 우리가 이미 논의한 것처럼, "합당성은 합리성을 전제하지만, 또한 그것을 종속시킨다."97)

> "합당성은 합리성을 전제하는데, 왜냐하면 비록 사회적 협동이 선에 대한 관념 자체만으로 규정한 관념을 넘어서는 가치를 실현하더라도, 집단의 구성원들을 움직이게 하는 선에 대한 관념이 없이는 사회적 협동, 혹은 정당성과 정의의 관념도 아무런 의미가 없다. 합당성은 합리성을 종속시키는데, 왜냐하면 합당성의 원칙들은 추구될 수 있는 최종적 목적들을 제약하며, 칸트적 교설에서는 절대적으로 제약하기 때문이다."

롤즈에 따르면, 합당성은 집단의 구성원들의 합리적 계약에 (사전의 제약과 제제에 의해서 규정되어) 부과된 사회적 협동의 공정한 조건을 존중하려는 정의감에 대한 계약 당사자들의 능력이다.98) 여기서 우리는 롤즈의 정의론에서 자유롭고 평등한 도덕적 인간이라는 칸트적 인간관에로의 전회를 목도하게 된다.99) 만약 이것이 사실이라면, 롤즈의 변화된 입장은 여전히 사회계약론적 윤리학이라고 할 수 있을까? 롤즈 자신의 기준에 따르면, "계약론에서 모든 주장들은, 엄밀히 말한다면, 원초적 입장에서 합리적으로 선택하는 것이 무엇인가에 의해서 만들어진다."100)

이러한 상황에서 데이비드 고티에(David Gauthier)의 『합의도덕론』 (1986)은 사회계약론적 전통이 윤리학의 합리적 근거를 제공할 수 있는가를 평가할 수 있는 중요한 기회를 제공한다. 그의 책에서 고티에는 다음과 같이 단언한다.101) "우리는 합리적 선택의 일부로서 도덕론을 발전시킬 것이다." 그는 "합리적으로 선택하기 위해서 우리는 도덕적으로 선택해야만 한다"는 명제를 입증하기 위해서 진력하고 있다.102) 고티에의 합리적 선택 모형은 협상적 게임으로서 합리적 계약 당사자들의 사이에서 "최대상대양보의 극소화 원칙(principle of minimax relative concession)"을 도출하려고 한다. 이러한 모형에서 계약 당사자들은 자신의 정체성, 사회적, 경제적 위치, 그리고 협동적인 사회 상황에서뿐만 아니라 비협동적인 최초의 상황인 자연상태에서의 그들의 기여에 대한 명백한 지식을 가지고 있다.103) 그러나 롤즈는 고티에의 협상적 모형에 대해서 그것은 아무것도 이룰 수 없는 불모의 착상이라고 비판한다.104) "한 개인이 아직 사회의 구성원이 아닌 상황에서 사회에 대한 가능한 기여를 확인할 수 있는 어떠한 방도도 없다. 왜냐하면 이러한 가능성은 알려질 수 없고, 어떠한 경우에도 이러한 가능성은 현재 상황과 관련이 없기 때문이다."

그러나 고티에는 롤즈의 정의론에서 칸트적 인간관에로의 전회조차도 도구적 합리성과 실질적 공정성 사이의 딜레마적 상황을 극복할 수 있는 가능성을 제공하지 못한다고 비판한다. 조지 그랜트(George Grant)의 저서, 『영어권의 정의』를 서평하면서, 고티에는 다음과 같이 롤즈의 딜레마적 상황을 명백하게 지적한다.105)

"그랜트는 롤즈를 딜레마의 두 뿔 속에 몰아넣는다. 그는 롤즈가 정의는 자기이익에 관한 일반적 계산으로부터 도출한다고 주장하는 것으로 해석한다. 이러한 해석에 따르면, 롤즈는 자기이익을 추구하는 계산자들의 합리적 합의를 토대적인 것으로 간주한다. 그러나 그랜트는 그러한 토대가 자유와 평등이 보장되는 상부 구조를 산출하지 못한다고 역설한다. 롤즈도 그러한 해석을 거부한다는 것이다. 자기이익을 추구하는 계산자들의 합리적 합의는 자유롭고 평등한 인격체들 사이의 협동에 관한 공정한 체계라는 직관적 관념에 종속되어야만 한다. 그러나 이러한 관념은 롤즈가 분명하게 거부한 실질적 가치에 의거한 지나간 세계의 유산에 불과하다."

현대 다원주의의 상황 속에서 중첩적 합의를 추구하는 정치적 자유주의는 롤즈의 정의론에서 최종적인 발전 단계인데, 이 발전 단계에서 롤즈가 위에서 제기된 딜레마의 두 뿔을 피해 갈 수 있는지를 탐구하는 것은 흥미로운 주제가 될 것이다.106) 특히, 두 번째 뿔에 관련하여, (자유롭고 평등한 인격체들 간의 공정한 협동 체계라는 근본적인 직관적 관념에 근거한) 롤즈의 정치적 자유주의의 중립적인 중첩적 합의는 다른 많은 인간관들(예를 들면, 경쟁적 개인주의와 결부된 부르주아 인간관, 보수주의적 온정주의, 공동체주의적인 사회적 인간) 속에서 우월한 입지를 보장받지 못한다.107) 롤즈 자신도 정치적 인간(*homo politicus*), 경제적 인간(*homo oeconomicus*), 유희적 인간(*homo ludens*), 공작(工作)적 인간(*homo faber*)을 열거하고 있지만, 그 어느 것도 근대적 인간의 대표적이고 근본적인 관념으로 인정하지 않고 있다.108) 정치적 자유주의에서, 롤즈는 (협동에 참여하는) 시민들을 자유롭고 평등한 인격체로 간주하며, 또한 그러한 인간관을 근본적 관념의 하나로 간주한다.109) 롤즈는 그러한 근본적 관념을 근대 민주주의 사회의 공적 문화속에 내재한 근본적 관념으로 해석한다.110) 이러한 내재적 관념은 직관을 통해서 파악할 수 있다. 따라서 롤즈는 이러한 내재적 관념을 그의 정치적 자유주의의 근본적인 직관적 관념이라고 부른다.111)

롤즈는 딜레마의 첫 번째 뿔, 즉 정의론을 위한 자기이익 추구의 도구적 합리성이 가진 실질적인 도덕적 무능과 결함에서 벗어난 것은 분명하다. 그러한 무능과 결함을 극복하기 위해서 롤즈는 "자유롭고 평등한 도덕적 인간"이라는 칸트적인 인간관으로부터 자유와 평등을 도출하기 위한 실질적인 능력을 가져온다.112) 그러나 공동체주의자인 마이클 샌델(Michael Sandel)은 롤즈가 의무론적인 칸트적 인간관을 수용한 것은 형이상학적이고 무연고적인 자아, 즉 가치와 목적에 대한 자율적이고 독립적인 선택자를 가정하고 있다고 비판한다. 이러한 칸트적인 자아관은 우리 자신에 대한 친숙한 도덕적 경험과 양립할 수 없다고 주장한다.113) 샌델의 이러한 비판은 롤즈가 칸트적 인간관을 수용한 것에 대한 일련의 강력한 도전들을 촉발시켰다. 샌델의 비판에 대해서, 롤즈는 칸트적 인간관이 형이상학적이고 포괄적인 교설이 아니고, 사회의 기본구조에 관해서 적용되는 정치적 관념이라고 응수한다.114) 동일한 맥락에서, 롤즈는 원초적 입장이 근대 자유민주주의 사회에 내재한 근본적인 직관적 관념들에 대한 "단순한 대리적 표상의 도구"에 불과하다고 밝힌다.115)

인간에 대한 정치적 관념에 관련하여, 롤즈는 칸트와 밀(John Stuart Mill)에서 각각 찾아볼 수 있는 자율성과 개체성에 대한 포괄적인 도덕적 이상으로서의 자유주의를 포기한다.116) 따라서 롤즈는 도덕론에서 (바로 아래의 별도 인용문에서 보는 것처럼) 칸트적 구성주의의 본질적 부분인 자유롭고 평등한 도덕적 인간이라는 칸트적 인간관을 버리게 된다.117)

"칸트적 유형의 구성주의를 다른 유형들로부터 구분하는 것은 본질적으로 다음과 같은 것이다: 그것은 특정한 인격체의 개념을 명시하는데, 그러한 인격체는 합당한 절차의 구성에 관한 한 요소로서, 그러한 절차의 구성에 따른 결과는 정의의 제1원칙들의 내용을 규정한다. 다른 말로 표현하면, 이러한 유형의 견해는 특정한 절차의 구성을 설정하는데, 그러한 절차의 구성은 특정한 합당한 요구에 대답하기 위한 것이며, 이러한 절차의 구성에서 인격체들은 합리적 행위자로 나타나며, 그들의 합의에 의거하여 정의의 제1원칙들을 규정한다."

또한 롤즈는 우리가 2절에서 언급한 "철학적 교설로서의 자유주의적 전통이라는 견해"도 포기한다.118) 그러나 롤즈는 합당한 인격체들과 합리적인 행위자들이 공히 정치적 절차의 구성에 참여하며, 그것은 정치적 자유주의에 이르게 된다는 점은 유지하고 있다. 이제 정치적 자유주의에서 롤즈는 자유주의가 당면한 딜레마의 두 뿔을 피해 가려고 노력한다. 즉 홉스(Thoma Hobbes)의 잠정협정적 자유주의와 칸트와 밀의 포괄적인 도덕적 이상으로서의 자유주의가 그것들이다. 롤즈에 따르면, "전자는 지속적인 사회적 통합을 확보할 수 없고, 후자는 충분한 합의를 얻어낼 수 없다."119)

4. 롤즈의 실책들에 대한 자인과 그 교훈: 도덕철학과 합리적 선택이론

정치적 자유주의를 소개하면서 롤즈는 "공정성으로서의 정의가 『정의론』에서 제시된 구조와 내용에는 수많은 실책이 있었고, 따라서 수정이 필요하다"는 것을 인정하였다.120) 또한 그는 "『정의론』에서 결점"과 "비일관성"도 인정하였다.121) 자신의 마지막 저서인 『공정으로서의 정의: 재진술』(2001)에서도 롤즈는 그 책의 목적 중의 하나는 "『정의론』에서의 더욱 심각한 실책들을 교정하려고 한다"는 점을 명백히 하였다.122) 우리는 여기서 이러한 것들을 모두 다룰 수는 없고, 두 책들을 본격적으로 다루게 될 때 이러한 문제들을 취급할 것이다.123)

오류 가능성의 정신에 의거하여, 우리는 우리의 철학적 논증에 대해서 겸손해야 할 것이다. 또한 우리는 우리의 비판자들에 의해서 드러날 여러 가능한 실책들을 솔직하게 인정해야 하고, 진실되고 열린 마음으로 그러한 실책들을 교정해야 할 것이다. 따라서 우리는 오류 가능성을 인정하는 다원주의를 적극적으로 수용하는 철학자가 되어야 할 것이다. 그러기 위해서 우리는 "상대방의 목소리를 경청하라!(*Audi alteram partem!*)"는 격언을 받아들여야 한다. 물론 그의 위대한 철학, 공정성으로서의 정의는 말할 필요도 없이, 우리는 자신의 실책들을 솔직히 인정하고 충실하게 수정하려는 롤즈에 대해서 커다란 존경을 해야 할 것이다.

롤즈가 자인한 도덕성의 합리적 연역 기획의 실패는 합리적 선택이론의 정초주의적인 정당화적 사용에 대한 다양한 회의주의적이고 상대주의적인 도전들을 촉발시켰다. 그러나 롤즈가 합리적 선택이론부터의 고려를 완전히 포기하지 않았다는 것에 주목해야 한다. 롤즈가 명백히 언급한 것처럼, "합당성은 합리성을 전제하는데, 왜냐하면 집단의 구성원들을 움직이게 하는 선에 대한 관념이 없이는 사회적 협동, 혹은 정당성과 정의의 관념도 아무런 의미가 없다."124) 도덕이론들이 도덕적 회의주의자들과 무도덕론자들에 직면해서 선과 가치, 협동과 조정의 문제, 그리고 합의된 도덕원칙들의 준수에 관련된 동기화의 문제를 설명하려고 하는 한 합리성과 합리적 선택이론은 완전히 배제될 수 없다.125) 도덕철학자들은 여전히 합리적 선택이론을 정당화의 장치가 아니라면 매우 유용한 분석적, 설명적, 자기 발견적 장치들로서 사용할 수 있다.126) 사무엘 프리먼(Samuel Freeman)의 우려처럼, 롤즈의 도덕적 계약론은 합리적 선택이론이 없이는 직관적인 도덕적 관념에 크게 의존할 수밖에 없을 것이다.127) 이러한 프리먼의 우려는, 우리가 3절에서 논의한 것처럼, 자유롭고 평등한 도덕적 인간이라는 칸트적 인간관이 근본적인 직관적 관념이라는 점에 의해서 확증된다. 그러나 『정의론』에서 롤즈는 "해야 할 일은 도덕판단을 합리적 타산 판단으로 바꾸어 놓고, 직관에 의존하는 범위를 줄여 보다 면밀하게 초점을 맞추는 일이다"라고 말한 바 있다.128) 도덕철학과 합리적 선택이론 사이의 관계는 일방적이 아니고 쌍방적이다. 합리적 선택이론은 사회과학과 철학 사이의 학제적 협동의 영역에 속한다.129) 합리적 선택이론은 규범적 후생경제학이 공리주의에 영향을 받은 것처럼 윤리학설들에 의해서 영향을 받을 수 있다. 이러한 관점에서, 하사니의 공리주의적인 규범적 사회적 선택이론은 "의사결정이론의 윤리화"로 일컬어진다.130) 여기서 주목할 것은, "케네스 애로우(Kenneth Arrow)에 의해서 개척된 합리적 선택이론에 관해서 보면, 사회계약론의 현재적 분석에 의거한 만장일치적 합의는 사회계약론적 접근법이 애로우의 탐구[즉, 불가능성 정리]에 의해서 제기된 풀기 힘든 난점들로부터 벗어날 수 있는 가능성을 시사한다"는 점이다.131)

주지하는 것처럼, 사회과학에 널리 사용되고 있는 합리적 선택의 규범적 이론은 (홉스주의자들, 칸트주의자들, 공리주의자들과 같은) 도덕철학자들에 의해서 조명되었다. 프리먼이 지적한 것처럼, "그러나 어느 누구도 감히 독립적인 도덕적 가정들을 보충함이 없이 합리적 선택이론이 도덕철학에서 원용될 수 있다고 가정하지 않는다."132) 이 논문에서 우리는 합리적 계약론이 딜레마의 두 뿔, 즉 합리성의 도덕적 부적절성이라는 홉스적 뿔과 합리성에 선재하는 도덕적 가정들의 순환성과 합리적 임의성이라는 롤즈적 뿔에 봉착하고 있다는 주장을 피력하였다.133)

이러한 딜레마와 관련하여, 버나드 윌리엄스(Bernard Williams)가 그의 『윤리학과 철학의 한계』(1985)에서 개진한 내적 정초주의(internal foundationalism)와 외적 정초주의(external foundationalism) 사이의 딜레마에 대한 식견은 매우 시사적이다.134)

"이것을 말하는 것은 놀랄 만한 것처럼 보인다. 칸트의 이름은 도덕성에는 결코 어떤 **정초**도 있을 수 없다고 흔히 가정되는 도덕성에 대한 접근법과 연관되어 있다. 칸트는 도덕성이 '자율적'이어야 하며, 또한 도덕적

이어야 할 어떤 이유도 없다고 주장한다. 하나의 간단명료한 논증은 왜 칸트적 준거 틀에서 그러야만 하는지를 보여준다. 도덕적이어야 할 어떤 이유도 도덕적이거나, 혹은 비도덕적인 이유가 될 것이다. 만약 그 이유가 도덕적이라면, 그것은 도덕적이어야 할 이유가 될 수 없다. 왜냐하면, 그 이유를 받아들이기 위해서는 우리가 이미 도덕성 안에 있어야 하기 때문이다. 다른 한편으로, 비도덕적 이유는 **도덕적**이어야 할 이유가 될 수 없다. 도덕성은 동기의 순수성, 즉 (칸트가 의무로 간주하는) 기본적으로 도덕적 의도를 요구하며, 비도덕적 유혹으로 말미암아 파괴되고 만다. 따라서 도덕적이어야 할 어떤 이유도 없으며, 도덕성은 그 자체로 매개되지 않는 요구, 즉 하나의 정언명법으로 제시된다."

그렇다면 도덕성에 대한 모든 내적 정초주의와 외적 정초주의로부터의 정당화는 실패할 운명에 처해 있는가? 도덕성의 이유에 대한 칸트의 의무론적 정언명법으로부터의 해결책은 실질적이고 수용할 만한 것인가? 칸트의 해결책은 내재주의와 외재주의 사이의 딜레마의 두 뿔을 피해 갈 수 있을 것인가? 칸트의 해결책도 (정언명법적으로 가정된 도덕적 이유에 기반함으로써 선결문제 요구의 오류를 범하는) 일종의 내재주의적 뿔에 봉착하는 것이 아닐까? 칸트가 자유에 대한 요청을 제안한 것처럼(자유의지는 실천이성의 가능성을 위한 자유로부터 파생되어 나옴), 도덕적 동기의 순수성, 즉 정언명법을 무조건적으로 의무로서 따르려는 선의지도 역시 요청되어야 할 것이다.135) 게오르크 헤겔 (Georg W. F. Hegel)이 비판한 것처럼, 칸트의 정언명법은 보편화 가능한 의무론적 도덕원칙이지만, 그것은 실상 비모순적인 형식적 원칙으로서 구체적이고 실천적인 내용과 현실적인 동기 부여가 결여되어 있는지도 모른다.136) 더 나아가서, 헤겔은 칸트의 정언명법은 우리를 이성과 욕망 사이의 내적 갈등으로 내몬다고 비판한다.137)

그렇다면 롤즈는 윌리엄스의 딜레마에 대해서 무슨 말을 할 수 있을 것인가? 롤즈는 고티에를 비판하면서, 비도덕적 이유인 두 번째 뿔을

피하려고 하지만, 동시에 도덕적 이유인 첫 번째 뿔을 잡아서 새로운 해석을 제시하려고 한다.138)

"합당한 것이 합리적인 것으로부터 도출될 수 없다는 것을 증명할 수 없을지도 모른다. 이러한 종류의 부정적인 입장은 단순한 추측에 불과하다. 이러한 부정적 입장이 할 수 있는 최상의 것은 결국 합리적인 것으로부터 합당한 것을 유추하려는 중대한 시도(고티에의 시도가 그 한 예이다)가 성공하지 못하며, 그것이 성공한 것처럼 보인다고 해도, 어느 지점에서는 합당한 것 자체를 표현하는 조건에 의존하고 있다는 것을 보여주게 될 것이다."

정초주의적인 도덕적 딜레마는 현대 도덕철학의 영역을 배회하는 무시무시한 유령일지도 모른다. 그러한 도덕적 딜레마에 대한 해결책이 없다면, 우리는 유령 포획자, 퇴마사, 혹은 고도(Godot)를 기다려야 할 것인가? 『도덕철학자를 위한 도구로서의 게임이론』(1955)에서 브레이스웨이트(R. B. Braithwaite)가 한 예언은 들어맞지 않을 것 같다! 과연 그러한 날이 올 것인가?139)

"아마도 300년의 시간이 흐른 뒤에는 도덕철학의 경제적, 정치적, 그리고 여타 분과들은 전략적 게임이론이라는 원천으로부터 나온 빛을 받아 찬란히 빛날 것이다. 그 빛의 원형은 프린스턴의 포커 테이블에서 타올랐다."

제 5 장

롤즈의 관용론: 『정의론』, 『정치적 자유주의』, 『만민법』

1. 서론

존 롤즈(John Rawls, 1921-2002)가 2002년 11월 24일 81세의 나이로 영면했을 때 세계 학계는 이구동성으로 그를 20세기 후반기에서 가장 영향력 있는 윤리학자 및 정치철학자로 찬양하고, 또한 그의 『정의론』을 존 스튜어트 밀(John Stuart Mill)의 저작 이후 가장 중요한 정치철학적 저작이라고 평가하면서 그 부음을 안타까워했다.

그의 대표 저작인 『정의론(A Theory of Justice)』(1971)은 개인적, 정치적, 경제적 자유와 권리가 개인들 사이에서 상호 양립 가능한 방식으로 동일하게 최대한 보장되어야 한다는 자유의 원칙을 우선시하는 고전적 자유주의의 요소를 가지고 있다. 그리고 유사한 능력과 재능을 가진 사람들은 유사한 삶의 기회를 가져야 한다는 공정한 기회균등의 원칙도 포함되어 있다. 더 나아가서 사회적, 경제적 불평등은 최소수혜자들의 삶의 기대치를 최대한 향상시키는 한 허용된다는 차등의 원칙을 통한 분배적 정의의 실현이라는 평등주의적 요소도 결합되어 있다.[1)]

이러한 결합은 공정한 선택 상황에서의 공평무사한 합의를 도출하는 "공정성으로서의 정의(justice as fairness)"라는 사회계약론적 방법을 원용하여 이룩된 것이다.2) 방법론적으로 "공정성으로서의 정의"는 자유주의적 평등주의에 대한 철학적 정당화를 제공하게 된다. 롤즈는 또한 자신의 정의의 원칙들이 우리의 도덕적 숙고 판단과 일치한다는 반성적 평형상태라는 정합론을 정당화의 근거로 주장하기도 했다.3)

따라서 그의 정의론은 1950년대 이후 도덕적 판단에 대한 개인의 실존적 결단을 강조하거나, 혹은 도덕적 성질에 대한 직관을 강조하거나, 혹은 도덕적 언명을 감정이나 태도를 표현하는 것으로 보거나, 혹은 언어분석적인 메타윤리학적 논의에만 사로잡혀 있던 서구 학계에서의 규범철학의 불모 상황에서 체계적인 거대 규범철학의 복귀를 가져올 수 있었던 것이다.4)

그의 정의론은 그동안 사회복지의 극대화 원리를 통해 자유주의에 대한 지배적인 철학적 근거로서 행세하던 공리주의의 약점을 극복하게 된다. 그의 정의론은 전체 복지라는 미명 아래 소수자에 대한 인권이 침해될 가능성이 있는 공리주의의 약점을 원리적으로 극복함으로써 자유주의 윤리학과 정치철학의 한 전형을 이루었던 것이다. 롤즈에 의해서 창출된 자유주의의 새로운 유형은 "권리준거적인 칸트적 의무론적 자유주의"로서 1980-90년대에 전개된 "자유주의 대 공동체주의 논쟁"을 촉발한 계기가 되었다.5) 또한『정의론』출간 이후 줄곧 롤즈는 정치적 자유와 경제적 평등의 양립 가능성에 관련하여 자유지상주의와 마르크스주의 양 진영으로부터 평등 때문에 자유가 훼손되고 자유 때문에 평등이 상실된다는 상반된 비판을 받게 되었던 것도 사실이다. 이러한 상반된 비판은 오해에서 비롯된 것이라는 주장이 있지만, 자유와 평등을 조화시키려는 롤즈의 시도는 그 자체가 지난한 세계사적 문제라는 것을 웅변적으로 잘 말해주고 있다. 롤즈는 자신의 그러한 시도를 "실현 가능한 유토피아"를 위한 대장정이라고 말했던 바 있다.6)

『정의론』출간 이후 롤즈는 정의로운 사회의 안정성에 관련하여『정의론』을 부분적으로 변호하고 보완할 뿐만 아니라 현대사회에서의 다원주의적 사실에 직면하여 자유주의의 더 높은 수용성을 확보하기 위해 고심하게 된다. 그 결과 자유주의적 정의관을 포괄적이고 형이상학적인 것이 아니라 공적이고 정치적인 영역에 한정시킴으로써 다양한 가치관을 가진 사람들 사이에서 공적 이성을 기반으로 자유주의적 정의관에 대한 중첩적 합의를 추구하는『정치적 자유주의(*Political Liberalism*)』(1993)를 출간하게 된다. 이어서 자신의 정의론을 국제사회에 확대 적용한『만민법(*The Law of Peoples*)』(1999)도 출간하게 된다. 롤즈가 남긴 다른 저작들도 있지만 통상적으로 이 세 저작이 롤즈 정의론의 3부작으로 간주되고 있다.7)

롤즈가 타계한 지도 벌써 17년이 지났다. 롤즈의 정의론이 남긴 사상적 유산과 궤적은 그 방법론적 접근이나 실질적 내용 모두에 있어서 국내적 정의는 물론 국제적 정의 문제를 해결하는 데 커다란 자산임에 틀림없다. 롤즈가 정의론을 통해 남긴 문제들은 오늘날도 여전히 살아 있는 이슈들이라고 아니 할 수 없다. 롤즈의 정의론이 남긴 사상적 유산과 파장을 철학적으로 파악해보고, 또한 대립적 이론들과의 비판적 대조와 아울러 그 현실적 적용의 문제를 고찰하는 것은 오늘날 후학들이 당면한 커다란 학문적 과제라고 할 것이다.8)

관용은 "자유주의의 실질적 핵심(the substantive heart of liberalism)"이라고 일컬어진다.9) 또한 "정치적 관용은 흔히 자유주의와 거의 동의어로 생각되고 있다."10) 그렇다면 현대 자유주의 철학의 부흥을 주도한 존 롤즈의 정의론과 그에 의거한 관용론을 그의 3부작을 통해서 고찰하는 것은 커다란 적실성과 의의가 있을 것이다.

2. 『정의론』에서의 관용

1) 평등한 양심의 자유

롤즈의 『정의론』(1971, 1999)에서 관용의 문제는 제2부 "제도론", 제4장 "평등한 자유", 아래의 34절 "관용과 공익(Toleration and the Common Interest)", 그리고 35절 "불관용자에 대한 관용(Toleration of the Intolerant)"에서 다루어지고 있다.

관용이 논해지는 두 절에 대한 배경적인 논의로서 33절 "평등한 양심의 자유(Equal Liberty of Conscience)"가 우선적으로 고찰되고 있다. 롤즈는 자신의 공정성으로서의 정의관은 평등한 양심의 자유에 대한 강력한 논거를 제시하고 있으며, 이러한 논증이 일반화되면 정의의 제1원칙인 평등한 자유의 원칙도 뒷받침해줄 수 있으며, 또한 자유의 우선성을 해명할 수 있다고 생각한다.[11] 33절에서 논의되고 있는 양심의 자유는 원초적 입장의 계약자들이 단일한 개인이 아니라 자신들이 속해 있는 단체나 집단이 최선을 다해 보호해야 할 특정한 관심이나 가치관의 자유로운 표출을 뜻하는 적극적인 것으로서의 정치적 자유이다. 이것은 시민 각자가 도덕적 존재로서 공정하게 대우받을 경우 그들이 받아들이게 될 협동체제의 원칙들을 실현하기 위해서 평등한 양심의 자유에 의거한 종교적, 도덕적 자유에 대한 권리들이 부여되는 것을 의미한다.[12]

따라서 공정성으로서의 정의가 제공해주는 종교적, 도덕적, 철학적 교설에 대한 양심의 자유와 그 안전한 보호에 대한 평등한 부여는 계약 당사자들의 "상호 관용"에 대한 적극적인 태도를 전제하고 있다. 원초적 입장의 계약 당사자들은 자신들의 자유가 어떤 지배적인 종교적 혹은 도덕적 교설에 의해서, 혹은 다른 사람들의 자유에 의해서 제약되는 것을 원하지 않을 것이다. 또한 무지의 장막이 드리워진 원초적 입장에서는 다양한 종교적, 도덕적 교설들이 갖는 상대적 강점을 확인할 수 없는 불확실성하에서의 선택 상황이므로 서로 간의 상이한 관점들을 상호 인정함으로써 타인의 양심의 자유를 인정함과 동시에 자신의 양심의 자유도 인정받는 "상호 관용"이 이룩된다.13) 롤즈는 종교적인 신교(信敎) 자유의 원칙을 사회적인 형태로 일반화하면 공공제도들에 있어서 평등한 자유에 이르게 된다는 점을 강조하고 있다.14)

　따라서 롤즈의 정의의 제1원칙인 "평등한 자유의 원칙"은 "각자는 모든 사람의 유사한 자유 체계와 양립할 수 있는 평등한 기본적 자유의 가장 광범위한 전체 체계에 대해 평등한 권리를 가져야 한다"는 것이다. 이러한 자유의 원칙은 제2원칙인 "공정한 기회균등의 조건 아래 모든 사람들에게 개방된 직책과 직위가 결부되어야 한다"는 "공정한 기회균등의 원칙"과 "사회적, 경제적 불평등은 최소수혜자에게 최대이익이 되도록 편성되어야 한다"는 "차등의 원칙"에 우선한다.15) 롤즈의 공정성으로서의 정의관이 작동하는 사회는 구성원 상호 간의 양심의 자유가 정의의 제1원칙인 "평등한 자유의 원칙"에 의해서 권리로서 보장받는다는 것이다. 따라서 롤즈는, 진보적 존재로서의 인간의 항구적인 관심에 근거한 유용성으로 평등한 양심의 자유와 관용을 주장하는 존 스튜어트 밀의 공리주의는 비록 유력한 것이기는 하지만 모든 사람에 대한 평등한 자유를 정당화하지 못할 것이라고 비판한다.16) 그리고 "예술이나 학문, 문화에 있어서 인간적 탁월성의 성취를 극대화할 수 있도록 사회가 제도를 마련하고 개인의 의무와 책무를 규정하는 데 지침이 되는 단일 원리의 목적론적 이론"인 완전주의(perfectionism)도 모든 사람들이 타인들의 유사한 자유와 양립하는 최대의 동등한 자유를 가져한 한다는 평등한 자유의 원칙과 상호 관용을 보장하지 못한다.17) 물론 "어떤 사람은 타인들이 그와 동일한 신념과 제1원칙을 받아들여야 하며, 만일 그렇게 하지 않으면 그들은 대단한 과오를 범하게 되어 그들의 구원에로의 길을 상실하게 된다"고 생각하는 종교적 근본주의 혹은

원리주의(religious fundamentalism)는 당연히 배제된다.18)

　롤즈는 55절에서 59절까지 시민 불복종과 양심적 거부의 문제들도 다루고, 그것들의 정당화와 관용의 한계 문제도 논의하고 있다.19) 롤즈는 "시민 불복종을 법이나 정부의 정책에 변혁을 가져올 목적으로 행해지는, 공공적이고 비폭력적이며 양심적이기는 하지만 법에 반하는 정치적 행위라고 정의한다."20) 시민 불복종은 그것이 정치권력을 쥐고 있는 다수자에게 제기된다는 의미에서뿐만 아니라 정치적 원칙, 즉 헌법과 사회제도 일반을 규제하는 정의의 원칙들에 의해 정당화되는 행위라는 점에서 정치적 행위이다. 시민 불복종의 정당화는 어떤 개인적인 도덕원칙이나 종교적 교설에 근거할 수는 없고, 한 사회의 "정치적인 질서의 바탕에 깔려 있는 공유되고 있는 공공적인 정의관에 의거해야만 한다."21) 롤즈는 정의의 제1원칙인 평등한 자유의 원칙과 제2원칙 중 공정한 기회균등의 원칙이 위배되었을 때만 시민 불복종이 정당화된다고 지적한다.22)

　롤즈는 양심적 거부를 "어느 정도 직접적인 법령이나 행정적인 명령에 대한 불순종이다"라고 정의한다.23) 위에서 언급한 시민 불복종과 비교해본다면, 양심적 거부는 다수자의 정의감에 호소하는 청원의 형식이 아니라 한 개인이 숭배하는 종교적 혹은 철학적 신념에 의거할 수 있다.24) 양심적 거부와 관련하여 제기되는 문제는 "여호와의 증인"처럼 종교적 신념에 의거한 국기에 대한 경례 거부, 그리고 집총 및 군복무 거부이다. 그리고 평화주의자들의 군복무 기피, 혹은 병사가 전쟁에 적용되는 도덕 법칙에 분명히 어긋난다고 생각되는 명령에 복종하려 하지 않는 것 등을 들 수 있다.25) 롤즈는 한 사회를 유지시키는 정치적 정의의 원리들이 요구하는 것으로 보이는 행위를 거부함에 있어서 종교적 원리에 호소하는 경우는 정당한 절차를 발견하는 것은 어려운 문제라고 생각한다.26) 즉 종교적 원리에 호소하는 군복무의 거부에 관한 진정성을 파악하기 어려울 뿐만 아니라, 종교적 원리에 의거하여 군복무 면제라는 특혜적 위치를 주장하면서도 타인들의 평등한 자유를 침해하는 종파들에게 관용을 베풀 수 없기 때문이다.27) 롤즈는 "일반적으로 한 사회에 대해서 대립적인 도덕관들에 부여되는 관용의 정도는 정의로운 자유 체제 내에서 그것들에게 동등한 위치가 허용될 수 있는 한도에 달려 있다"고 명시한다.28) 롤즈는 양심적 거부가 정당화될 수 있는 경우는 한 사회에서 공인된 정치적 원리와 정의의 원칙들이 위배된 경우에 한정한다.29) 만약 국가가 부정의한 전쟁을 수행할 경우에는 평화주의자는 "단지 관용될 뿐만 아니라 존경을 받을 수 있다."30) 따라서 롤즈는 일반적이고 전면적인 평화주의가 아니라 특정한 여건 속에서 전쟁에 가담하는 일에 대한 분별 있는 양심적 거부, 즉 조건부의 평화주의는 수용되어야 한다고 인정한다.31) 그리고 롤즈는 전쟁 중에 한 병사가 불법적인 전쟁 행위에 가담하라는 명령을 받았을 경우, 그가 정의로운 전쟁 행위에 적용되는 원칙들이 명백히 위반되었다고 합당하게, 그리고 양심적으로 믿는다면 그러한 양심적 거부는 수용될 수 있다고 인정한다.32) 그래야만 6·25 전쟁에서의 노근리 양민 학살 사건과 베트남 전쟁에서의 1968년 미라이 학살 사건을 막을 수 있을 것이다. 그래서 전쟁에 참여한 병사는 인도주의적인 자연적 의무가 상관으로부터의 비인도주의적이고 부당한 전쟁 행위에 관한 명령보다 우선적이며, 따라서 그러한 명령을 "거부할 권리뿐만 아니라 거부할 의무까지도" 갖는다고 말할 수 있다.33)

2) 관용과 공익

34절 "관용과 공익"에서 롤즈는, 평등한 양심의 자유로부터 도덕적인 자유와 사상, 신앙 및 종교적 관행의 자유를 보장하는 체제가 옹호되지만 이러한 자유들은 공공질서와 안녕이라는 국가적 이익을 위해서 규제된다는 점도 인정하고 있다.34) 국가는 특정한 종교를 선호할 수 없으며, 신앙 고백을 요구하지 못하며, 어떤 종교에 가입하거나 탈퇴한다고 해서 벌금이나 근신을 부과할 수는 없다.35) 이러한 관점에서 국가는 도덕적, 종교적 자유를 지지하게 된다. 다만 국가는 철학적, 도덕적, 종교적 교설들에 관여하지는 않으나 평등한 원초적 입장에서 개인들 자신이 합의하게 될 정의 원칙들에 따라서 그들의 도덕적, 정신적 관심 분야에 대한 추구를 규제하게 된다. 비록 그 한계가 부정확하다는 것을 롤즈는 인정하고 있지만 공공질서에 대한 국가적 이익의 한계 내에서 양심의 자유를 통제하는 것은 공동의 이익, 다시 말하면 "대표적인 평등한 시민의 이익이라는 원칙에서 도출되는 제한"이라 할 수 있다.36) 그러므로 양심의 자유가 제한되어야 할 경우는 그렇지 않을 경우 "정부가 유지해야 할 공공질서를 해치게 되리라는 합리적인 예상이 있을 때"에 한해서이다.37) 롤즈는 이러한 양심의 자유에 대한 제한은 형이상적 교설이나 인식론, 혹은 철학이나 과학에 있어서 의미나 진리의 문제는 아니라는 점을 지적한다.38)

양심의 자유에 대한 이상과 같은 롤즈의 논증은 "관용은 실제적인 필요성이나 국가적인 이유들로부터 도출되는 것이 아니다"라는 점을 명백히 한다.39) 도덕적, 종교적 자유는 평등한 자유의 원칙으로부터 유래한 것이며, 이러한 원칙이 갖는 우선성을 가정할 경우 "평등한 자유를 부정할 수 있는 유일한 근거는 보다 큰 부정의나 나아가 보다 큰 자유의 상실을 피하기 위한 것이다."40) 롤즈는 여기서 자유 혹은 관용의 근거로서 철학에 대한 회의나 종교에 대한 무관심이 내포되어 있는 것이 아니라는 점도 명백히 한다.41) 이러한 관점에서 롤즈는 서양의 과거 몇 세기 동안 인정된 관용을 제한하는 여러 근거들은 그릇된 것이라고 결론을 짓는다.42)

롤즈는 "교회 밖에서는 구원이 없다(Extra Ecclesiam nulla salus)"는 경구를 믿지 않는 종교들에 대해서 관용을 베풀지 않은 루소나,43) 가톨릭 신자들과 무신론자들에게 관용을 베풀지 않은 로크의 입장을44) 약간은 우호적으로 해석한다.45) 롤즈는 루소나 로크가 가톨릭 신자들이나 무신론자들에게 관용을 베풀지 않는 이유가 그들이 공공사회의 규약을 준수하리라고 믿을 수 없기 때문이었다고 해석한다. 롤즈는 두 사람의 제한적 관용은 많은 역사적 경험과 정치 생활의 보다 넓은 가능성에 대한 지식을 갖게 되면 자신들의 입장이 그릇되거나 혹은 특수한 여건에서만 참되다는 것을 확신할 수 있을 것이라고 지적한다.46) 그러나 이단자에게 사형을 정당화한 가톨릭의 옹호자 아퀴나스나 가톨릭 신자들과 개신교 신자들 사이의 상호 적대적인 자유의 억압이 신학적 원리나 신앙의 문제에 근거해 있는 경우는 명백한 불관용의 사례라고 지적한다.47)

3) 관용의 역설: 불관용자에 대한 관용

35절에서 롤즈는 관용론에서 가장 해결하기 힘든 문제, 즉 불관용자에 대한 관용의 문제를 다루고 있다. 이 문제는 소위 "관용의 역설(the paradox of toleration)"로 알려져 있으며 도덕적 딜레마의 형식으로 제시된다. 롤즈는 여기서 세 가지 문제를 구분하고 있다. 첫째, 불관용하는 종파가 자기에게 관용을 베풀지 않는다고 불평할 명분이 있는가 하는 문제이다. 둘째, 관용적인 종파가 불관용적인 종파에게 어떤 조건 아래에서 관용을 베풀지 않을 권리가 있는가 하는 것이다. 셋째, 언제 관용적인 종파가 관용을 베풀지 않을 권리를 가질 것이며 어떤 목적을 위해 그러한 권리가 행사되어야 할 것인가이다.48) 롤즈는 종교적 관용에 관련된 관용의 역설의 문제를 다루지만 그러한 논의는 다른 경우까지 확대할 수 있다고 생각한다.

관용의 역설은 도덕적 딜레마의 형식으로 제시된다. 첫 번째 선택지는 불관용자를 관용하면 관용의 정신을 지킬 수는 있지만 사회적으로 불관용이 결과한다는 것이다. 두 번째 선택지는 불관용자를 불관용하면 관용의 정신을 지킬 수는 없지만 사회적으로 불관용을 막을 수 있다는 것이다. 우리가 관용의 정신을 중시하면 첫 번째 선택지를 택해야 할 것이지만, 사회적 결과로서의 관용을 중시하면 두 번째 선택지를 택해야 할 것이다. 첫 번째 선택지는 관용의 자기파괴적인 내부적 모순에 봉착하지만, 두 번째 선택지는 일견해서는 관용의 정신을 살리지 못하지만 관용의 한계를 명백히 함으로써 관용의 정신의 실제적 적용에서의 합당성을 살린다고 볼 수 있다. 그러므로 우리는 두 번째 선택지를 택해야만 한다. 관용의 역설에 관련된 문제는 칼 포퍼(Karl Popper), 롤즈, 그리고 마이클 월저(Michael Walzer)가 다루었으며 두 번째 선택지를 모두 옹호하였다.[49]

관용의 역설은 윤리학적 상대주의의 관점과 연계되면 첫 번째 선택지를 택하게 만들므로 더욱 복잡하게 전개된다. 윤리학적 상대주의는 타 문화에 대한 관용과 이해의 정신을 중시한다. 그러나 만약 타 문화가 불관용적이라면 우리는 불관용을 관용해야 하는 역설에 빠진다.[50] 관용의 역설은 관용을 중시하는 자유주의의 역설(paradox of liberalism)로도 나타난다. 자유주의 국가에 사는 호전적인 반자유주의자들은 관용되거나 아니면 불관용된다. 만약 관용된다면 그 정책의 결과 관용을 제약하는 호전적인 반자유주의가 득세하게 된다. 만약 불관용된다면 자유주의 국가는 그 정책 자체로 볼 때 반자유주의적이 된다. 그래서 관용에 대한 헌신과 공약을 내세우는 자유주의는 어떻게 하든지 간에 관용을 감소시킬 수밖에 없게 된다. 그렇다면 기본적으로 관용의 광범위한 확대를 주장하는 자유주의의 기본적 입장은 큰 타격을 입게 된다.[51]

롤즈의 경우 『정의론』에서 정의의 제1원칙은 처음에는 "각자는 모든 사람의 유사한 자유 체계와 양립할 수 있는 평등한 기본적 자유의 가장 광범위한 전체 체계에 대해 평등한 권리를 가져야 한다"는 것이었다.[52] 하지만 나중에 "각자는 평등한 기본적 권리들과 자유들의 충분히 적절한 체계에 대한 평등한 요구권을 가지며 그러한 체계는 모든 사람에게 동일한 체계와 양립 가능해야 한다"로 변경되었다.53) 『정의론』에서 제시된 "가장 광범위한 전체 체계(the most extensive total system)"는 여기서는 "충분히 적절한 체계(a fully adequate scheme)"로 바뀐다. 이것은 기본적 자유들이 상충할 수도 있기 때문에 상호 조정되어야 할 경우가 있으므로 최대의 평등한 자유는 가장 광범위한 자유가 아닐 수도 있다는 하트(H. L. A. Hart)의 비판을 수용한 것이다.54) 적절한 예를 든다면, 발언권의 규제 없는 자유로운 토론은 더 광범위한 자유이기는 하지만 모든 사람의 발언의 자유가 상호 양립적으로 실현될 수 없다. 이것은 발언의 내용을 제약(restriction)하는 것이 아니고 발언의 질서를 규제(regulation)하는 것일 뿐이다.55) 롤즈는 사실 이러한 구분을 『정의론』에서 제1우선성 규칙(자유의 우선성)으로 이미 제시한 것이 사실이다: "덜 광범위한 자유(a less extensive liberty)는 모든 이가 공유하는 자유의 전체 체계(the total system of liberty)를 강화해야만 한다."56) 이러한 롤즈의 인식은 자유의 범위와 관용의 범위는 일치한다는 관점에서 보면, "덜 광범위한 **관용**은 모든 이가 공유하는 **관용**의 전체 체계를 강화해야만 한다"는 관용의 우선성 규칙으로 재진술할 수 있으며, 이것은 또한 관용에 관련된 자유주의의 역설을 해결하는 하나의 방책이 될 수 있을 것이다.57)

도덕적 관용에 관련된 "도덕적 관용의 역설(the paradox of moral tolerance)"도 많이 언급되고 있다. 타인의 신조를 배척하는 이유와 그럼에도 불구하고 수용하는 두 가지 근거는 도덕적인 것인데, 도덕적으로 잘못된 것을 관용하는 것이 도덕적으로 정당하거나 혹은 심지어 도덕적으로 요구된다는 것은 역설이라 아니 할 수 없다.58) 관용에 관한 우리나라 연구들은 이것을 주로 관용의 역설로 여기고 있지만 관용의 역설은 여러 종류가 있으며 그중 가장 난해한 문제는 딜레마적 형식으로 제기된 관용의 역설임을 인지해야 한다.59)

롤즈는 위에서 언급한 세 가지 문제에 대해서 다음과 같은 답변을 제시한다. 첫째, 불관용적인 종파는 자기에게 평등한 자유가 인정되지 않는다고 하더라고 불평할 근거가 없다. 어떤 사람의 불평권은 그 자신이 다른 사람들과 상호 간에 인정하는 원칙들이 위반되었을 경우에 국한된다. 불관용적인 종파는 자신의 종파에 속하는 사람들은 물론 속하지 않는 사람들의 종교적인 신교의 자유를 인정하지 않으면서 불관용을 포함한 자신의 더 넓은 종교적인 신교의 자유가 인정되지 않는다고 불평할 수는 없다.60) 롤즈는 불관용자들을 정의로운 제도의 평등한 자유로부터 이익을 취하면서도 그것을 유지하기 위한 자신의 본분을 다하지 않는 사람들로서 "무임승차자(a free-rider)"로 간주한다.61) 둘째, 관용적인 종파가 불관용적인 종파에게 관용을 베풀지 않을 권리는 양심의 자유를 부정함으로써 정의의 원칙이 어겨지는 경우에 그것을 반대하는 권리로서이다.62) 셋째, 관용적인 종파는 불관용적 종파에 의해서 그들 자신의 안전이나 자유로운 제도가 위험에 직면할 경우 자기 보존의 권리에 의거하여 불관용적 종파의 자유를 제한하게 된다. 이러한 제한은 원초적 입장에서 계약 당사자들이 합의할 정의 원칙들과 그것들에 따른 평등한 자유의 보장에 위배된다는 관점에서 행해지게 된다.63)

이상의 논의에서 본다면 롤즈의 『정의론』에서 관용의 원칙은 정의의 제1원칙인 평등한 자유의 원칙에 속하는 양심의 자유와 종교의 자유에 의거하여 수립되게 된다. 그러나 롤즈는 나중에 『정의론』에서의 정의의 원칙과 관용의 원칙은 질서정연한 사회에서 모든 사람들이 받아들이는 것으로 가정된 사회계약론에 의한 포괄적인 자유주의라는 도덕철학적 교설로서 제시되었기 때문에 모든 사람의 합의와 사회적 안정성을 담보할 수 없다는 것을 인정하게 된다. 그래서 등장한 것이 정치적 자유주의이며, 여기서 관용의 새로운 근거가 제시된다.64)

3. 『정치적 자유주의』에서의 관용

1) 정치적 자유주의와 정치적 정의관, 그리고 관용

롤즈는 자유주의, 보다 엄밀하게는 정치적 자유주의의 역사적 기원은 종교개혁과 그 영향이라고 생각하며, 그것은 16세기와 17세기 종교적 관용에 관한 오랜 논쟁과 관련되어 있다고 본다.65) 정치적 자유주의가 『정의론』과 다른 결정적인 차이는 공정성으로서의 정의관이 "포괄적인 자유주의(comprehensive liberalism)"나 "포괄적인 철학적 교설(comprehensive philosophical doctrine)"로서 제시된 것이 아니라, 포괄적인 종교적, 철학적, 도덕적 가치관과 교설들 사이의 중첩적 합의를 추구하는 정치적 정의관이라는 것이다.66) 롤즈는 공정성으로서 정의관이 정치적 정의관이라는 것이 『정의론』에서는 미처 언급되지 못했거나 충분히 강조되지 못했다는 것을 시인한다.67) 롤즈는 『정의론』에서 질서정연한 사회를 규제하는 공정성으로서의 정의관을 "하나의 포괄적인 철학적 교설"로 제시하여 모든 시민들이 그들의 사회를 유지하고 존속시킬 수 있는 정치적 신념과 가치 있는 삶에 대한 동일한 견해를 가진 것으로 간주함으로써 정의로운 사회의 안정성(stability)을 확보할 수 있다고 보았다.68) 그러나 질서정연한 사회에서의 이러한 안정성은 상이한 종교적, 철학적, 도덕적 가치관과 교설들이 상충하는 근대 자유민주주의 사회에서는 비현실적이다.69) 따라서, 질서정연한 사회에서의 안정성을 확보하기 위해서는 공정성으로서의 정의관이 포괄적인 도덕철학적 교설로서의 자유주의가 아니라 "정치적 자유주의"가 되어야 한다.70) 이러한 정치적 자유주의의 목표는 자유민주주의적인 다원주의 사회에서의 합당한, 그러나 상충되는 종교적, 철학적, 도덕적 가치관과 교설들로부터 안정되고 실행 가능한 정치적 정의관에 대한 "중첩적 합의(overlapping consensus)"를 이끌어내는 데 있다.71)

롤즈는 여기서 방법론적으로 볼 때 "정치적 자유주의는 관용의 원칙을 철학 자체에 적용시킨다"는 유명한 언명을 한다.72) 즉 롤즈는 "어떤 독립적인 형이상학적, 도덕적 진리의 추구로서의 철학은 … 민주주의 사회에서의 정치적 정의관에 대한 실행 가능하고도 공감된 토대를 제공해주지 못한다"는 것을 분명히 한다.73) "따라서 공정성으로서의 정의는 철학적으로 말하면, 의도적으로 표피에 머무른다"는 것이다.74)

롤즈는 "정치적 정의관과 포괄적인 종교적, 철학적, 도덕적 교설들 사이의 구별"을 다음과 같이 제시하고 있다. 포괄적인 교설들은 인간의 삶의 가치와 인격적 덕목과 성격의 이상들과 우정, 가족관계, 결사체적 관계 등 인생 전반에 대한 비정치적 이상을 포함하는 데 비해, 정치적 정의관의 특색은 그러한 것을 배제하고, 다음 세 가지 관점에만 논의를 국한한다. 첫째, 정치적 정의관은 입헌민주주의 정체의 사회적 기본구조, 즉 정치, 경제, 사회제도라는 특정한 주제를 갖는 도덕적 개념이다.75) 둘째, 정치적 정의관은 어떤 특정한 포괄적 교설로부터도 독립적이다. 즉, 정치적 정의관은 그 자체로서 사회적 기본구조에 대한 합당한 개념을 제시하는 자유입지적 견해(freestanding view)이다.76) 셋째, 정치적 정의관의 내용은 어떠한 포괄적 교설에 의해서가 아니라 민주사회의 공공적인 정치문화에 내재한 근본적인 관념들에 의해서 구성된다. 이러한 근본적인 관념들은 "공정한 협동 체계로서의 사회"의 관념, "자유롭고 평등한 인간들로서의 시민"의 관념인 "정치적 인간관", 그리고 정치적 정의관에 의해서 효과적으로 규제되는 "질서정연한 사회"의 관념이다.77)

포괄적인 교설들이 정치적 정의관으로서 거부되는 이유는 그것들이 기본적인 정의의 문제들에 대한 충분한 중첩적 합의를 이끌어낼 수 없다는 데 있다. 이것은 현대사회의 도덕적 위기 상황과 사회정의의 문제를 보는 롤즈의 독특한 시각에 달려 있다. 현대사회의 도덕적 위기 상황은 자유민주사회의 전통 속에 내재한 "자유와 평등의 갈등"으로 요약된다. 이러한 갈등은 사회경제적 이익의 상충과 사회제도와 정책의 수행에 관한 다양한 사회과학 이론들 사이의 논쟁들뿐만 아니라 상이한 종교적, 철학적, 도덕적 교설들 사이의 "가장 고귀한 것을 위한(for the sake of the highest things)" 논쟁들에도 그 근거를 둔다.78) 롤즈가 정치적 자유주의의 중첩적 합의를 추구하는 이유는 "다원주의의 실상(the fact of pluralism)"으로 간주되는 다음과 같은 다섯 가지의 사실들 때문이다. 이러한 사실들은 어떠한 정치적 정의관도 전제해야 하는 정치적, 사회적 세계와 정치사회학과 인간심리학에 관한 일반적 사실들로서 한탄해야 할 파국이 아니라 자유민주주의 사회의 자연적 결과이다.79) 롤즈는 근현대 자유주의적 입헌주의의 성공은 합당한 다원주의 사회에서 조화와 안정을 이룰 수 있는 가능성을 추구하는 데서 유래했다고 본다. 즉 자유주의적 제도를 가진 사회에서 성공적이고 평화적인 관용의 실천이 나타나기 전에는 이러한 가능성을 알 방법이 없었다고 지적한다. 수세기 동안 지속되어온 불관용의 전통이 확인하여주는 것처럼, 서구사회에서 조화와 화합은 포괄적인 종교적, 철학적, 도덕적 교설들에 대한 합의를 필요로 하는 것으로 생각되어왔다. 즉 "불관용은 바로 사회의 질서와 안정의 조건"으로 널리 수용되었던 것이다.80) 그러나 종교개혁 이후 불관용에 대한 믿음의 약화가 자유주의적 제도의 길을 터놓게 되었던 것이다. 그래서 "자유 신앙의 원칙(the doctrine of free faith)"으로부터 자유주의가 발생하고 발전하게 되었던 것이다.81)

첫째, 다양한 포괄적인 종교적, 도덕적, 철학적 교설들이 상충하는 혹은 불가통약적인 인생의 의의, 가치와 목적에 대한 신조들을 개진하는 것은 근대 다원민주주의 사회의 영속적인 특색이다.82) 둘째, 어떤 하나의 포괄적인 교설은 오직 국가 권력의 억압적 사용을 통해서 유지할 수 있다.83) 롤즈는 여기서 종교재판의 예를 들면서 자유주의의 유래는 종교개혁 이후에 형성된 관용의 원칙이라고 지적한다. 또한 롤즈는 설령 포괄적 교설이 널리 수용되고 있다고 하더라도 그것은 결국 자유를 억압하거나 질식시키기 쉬운 경향이 있다고 본다.[84] 셋째, 적대적인 사회적 계급들로 분열되지 않은 지속적이고 안정적인 민주사회는 적어도 정치적으로 활동적인 충분한 다수의 시민들에 의해서 자유롭고 기꺼이 지지되어야만 한다.[85] 이러한 세 번째 사실은 첫 번째 사실과 함께 감안해볼 때, 충분한 다수의 지지를 얻기 위해서는 다양한 포괄적인 교설들로부터 지지될 수 있는 정치적 정의관이 필요하게 된다. 넷째, 무력이나 외부적 권위에 의해서가 아니라 이성적으로 안정된 민주사회는 통상적으로, 아니면 적어도 암묵적으로, 어떤 기본적인 직관적 신념을 포함하고 있으며 그것으로부터 정치적 정의관을 구축하는 것이 가능하다.[86] 다섯째, 우리가 많은 중대한 판단을 내릴 때 우리는 양심적이고 충분히 합리적인 사람들이 심지어 자유로운 토론을 벌이고 나서도 동일한 결론을 얻기가 어렵다는 것을 고려해야만 한다.[87] 이것이 바로 "판단의 부담(the burdens of judgement)"으로서 민주주의적 관용의 관념을 위해서 "가장 중요한 것"이다.[88] 이러한 다섯 가지 사실과 민주주의를 가능케 하는 "합당하게 우호적인 조건", 즉 행정적, 경제적, 기술적 조건 등과 같은 사회적 배경에 대한 추가적 사실을 통해,[89] 롤즈는 합의 불가능한 포괄적인 학설들을 배제하고 다원민주주의 사회의 기초로서의 합의 가능한 정치적 정의관에 정치적 논의를 국한한다.

이러한 다원주의의 실상은 "단순한 다원주의(simple pluralism)"가 아니고 "합당한 다원주의(reasonable pluralism)"에 관한 사실로서, 정치적 자유주의는 중첩적 합의를 통해 합당한 포괄적 교설들에 의해서 지지될 것이라고 가정된다.[90] 그러나 민주주의 정치문화에 내재한 기본적 신념들을 부정하는 "합당하지 않거나 불합리한, 그리고 심지어는 광신적인 포괄적 교설들(unreasonable and irrational, and even mad, comprehensive doctrines)"은 견제되어 그것들이 사회의 통합성과 사회 정의를 훼손하지 못하도록 해야 한다.[91] 롤즈는『정의론』에서 "불관용자에 대한 관용"을 논하면서 다루었던 것을 여기서 다시 명백히 하고 있다. 만약 모든 포괄적인 종교적, 철학적, 도덕적 교설들이 관용되어야 하다면 관용의 범위를 지나치게 확장시킨 것이다. 이렇게 된다면 관용의 원칙조차 관용되어야 하는 상대주의로 전락하고 말 것이다.92) 그래서 롤즈가 합당한 포괄적인 종교적, 철학적, 도덕적 교설들만이 관용의 대상이라고 한정하는 것은 이기적이고, 비합리적이고, 합당하지 못한, 광신적인 교설들을 배제하여 정치적 자유주의에서 관용의 한계를 명백히 한 것으로 볼 수 있다.93) 롤즈는 그러한 포괄적 교설들의 예와 그러한 교설들이 억제되는 두 가지 상황을 언급한다.94) 우선 포괄적 교설들과 연결된 삶의 방식이 정의의 원칙들과 직접적인 상충에 있거나, 또는 그것들은 허용될 수 있지만 정의로운 입헌정체의 정치적, 사회적 여건 하에서 신봉자를 획득하는 데 실패하는 경우이다. 첫 번째 경우는 인종적, 민족적, 혹은 완전주의적 근거, 가령 아테네 또는 미국 남북전쟁 이전의 남부에서의 노예제와 같은 특정한 개인이나 인종에 대한 억압이나 경멸을 요구하는 가치관이 공정성으로서의 정의 원칙과 배치되는 경우이다. 그리고 사람을 제물로 바치는 것과 같은 극단적인 종교적 관행은 분명히 금지되어야 한다.95) 두 번째는 가톨릭과 같은 특정 종교와 그것에 관련된 가치관이 국가 기관의 통제와 비가톨릭 교도와 불신자에 대한 종교재판과 사형제도와 같은 효과적인 불관용을 실행할 수 있는 때만 특정 종교가 사회적으로 실행 가능한 경우이다. 이러한 종교는 정치적 자유주의의 질서정연한 사회에서는 소멸하게 될 것이다. 그러나 정치적 자유주의의 관용의 한계는 결국 문화적 다원주의 사회에서 포괄적인 자유주의적 교설과 배치되는 비자유주의적 사고와 종교 집단을 배제하는 한계를 노정시킨다는 비판도 가능할 것이다.96)

결국 자유주의적인 정치적 정의관은 자신의 정치적 가치가 다른 모든 포괄적인 가치관과 교설들 사이에서 중립적인 것이라기보다는 오히려 그것들보다 우선적이고 우월하다는 것을 입증한다.97) 물론 롤즈가 이러한 문제들을 인식하지 못하고 있는 것은 아니다.98) 롤즈는 정치적 자유주의도 자유롭고 평등한 인간들 사이의 사회적 협동이라는 실질적 가치관을 가지고 있기 때문에 완전히 순수한 절차적 중립성을 주장할 수 없다는 것을 인정한다. 그리고 정치적 자유주의는 "효과나 영향의 중립성(neutrality of effect or influence)"을 확보할 수 없지만 그래도 인류 역사상 다른 어떠한 사상들보다도 "목적의 중립성(neutrality of aim)"은 달성했다고 주장한다.99) 그리고 롤즈는 정치적 자유주의가 목적에서의 공동적 기반과 중립성을 추구하기는 하지만, 정치적 자유주의가 여전히 어떤 형태의 도덕적 성격의 우월성과 일정한 도덕적 덕목들을 권장한다는 것은 중요하다고 강조한다. 즉, 공정성으로서의 정의는 특정한 정치적 덕목들, "시민성"과 "관용"의 덕목과 같은 "공정한 사회적 협동"의 덕목, 선의 추구를 제약하는 "합당성"과 "공정심"과 같은 덕목들을 요구한다는 것이다. 그러나 롤즈는 여전히 이러한 덕목들을 정치적 정의관 속에 유입시키는 것은 포괄적 교설 위주의 완전주의적 국가에 이르지 않는다고 주장한다.100)

2) 중첩적 합의와 공적 이성, 그리고 관용

롤즈의 『정의론』에서 정당화 방법론은 합리적 선택이론에 의거해서 원초적 입장으로부터 정의 원칙을 도출하는 과정인 계약론적 정당화(contractarian justification)와 도출된 정의 원칙과 우리의 특수한 도덕적 판단과 배경적 사회이론들 사이의 반성적 평형상태(reflective equilibrium)인 정합론적 정당화(coherence justification)로 이루어진다.101) 그런데 정치적 자유주의에서는 정치적 정의관이 합당한 포괄적 종교적, 철학적, 도덕적 교설들 사이의 중첩적 합의의 대상이 된다는 것이 더욱 중요한 정당화이다. 그리고 이러한 중첩적 합의는 질서정연한 사회에서 다양한 가치관을 가진 구성원들 사이에서 안정성을 확보할 수 있는가에 의해서 판정된다. 중첩적 합의와 안정성을 통한 정당화는 결국 사회

구성원들의 공적 이성(public reason)을 통한 "공적 정당화의 기반 (public basis of justification)"을 마련하는 것이다.102) 롤즈는 "민주적 문화의 합당한 다원주의를 현실로 받아들일 때, 정치적 자유주의의 목적은 근본적인 정치적 문제에 관하여 정당화의 합당한 공적 근거의 가능성을 찾아내는 것이다"라고 말한다.103) 정치적 자유주의에서 난제의 하나는 정당화 방법론에 관계되고 있는 원초적 입장과 반성적 평형상태, 그리고 중첩적 합의를 공적 이성을 통한 공적 정당화라는 총괄적인 체계로 일목요연하게 이해하는 일이다.

이러한 이해에서 가장 중요한 것은 롤즈의 정치적 정의관이 두 단계로 제시된다는 것이다.104) 우선 제1단계에서는 정치적 정의관이 사회의 기본구조에 대한 자유입지적 견해로서 제시된다. 따라서 정치적 정의관은 민주주의적 정치문화에 내재한 근본적인 신념들로부터 출발한다. 그러한 신념들을 모형화하는 "원초적 입장"을 통해서 정의의 원칙을 도출하는 "정치적 구성주의"와 그러한 원칙과 우리의 숙고적 판단과 배경적인 사회적 사실과의 "광역적인 반성적 평형상태(wide reflective equilibrium)"가 정당화의 두 축이 된다. 제2단계에서는 도출된 정치적 정의관이 합당한 다원주의 사회인 질서정연한 사회에서 시민들의 중첩적 합의를 통한 사회적 통합과 안정성을 보장할 수 있는지가 정당화의 관건이다. 공적 정당화는 자유로운 공적 이성의 개념을 통해서 제1단계의 정당화와 제2단계의 정당화의 배경으로 자리 잡고 있다. 제1단계에서는 원초적 입장에서의 무지의 장막 등 "합당성(the reasonable)"의 조건과 광역적 반성적 평형상태를 가능케 하는 "충분한 숙고(due reflec- tion)"의 개념을 통해서, 그리고 제2단계에서는 중첩적 합의를 가능케 하는 공적 토론에서 상대방이 납득할 수 있는 이유와 근거를 제시할 수 있는 이성의 능력 등을 통해서 자유로운 공적 이성이 발휘된다.105) 공적 이성은 우리가 정의의 원칙을 도출할 때, 어떤 탐구의 지침들과 공적으로 인정된 원칙들과 규칙들이 필요하다는 것을 말하고 있다. 그러므로 어떤 정의관이 효과적으로 합의된 정의관이 되기 위해서는 사적인 이해관계나 포괄적인 가치관을 반영하는 비공적 이성(nonpublic reason)이 사용되어서는 안 된다.106) 공적 이성의 내용은 기본적 구조에 대한 정의 원칙과 그러한 원칙이 타당하게 적용되는가, 그리고 그러한 원칙을 실현할 수 있는 법과 정책을 판정할 수 있는 탐구의 지침들, 추론의 원칙들과 증거의 규칙들이다.107) 또한 공적 이성은 정치적 강제 권력이 근본적인 정치적 안건에 관련해서 정당하게 사용될 수 있는 "자유주의적 합법성의 원리(the liberal principle of legitimacy)"를 규정한다.108)

그러나 이러한 공적 이성을 통한 공적 정당화는 이성 개념 자체가 이미 정치적 자유주의의 가치를 전제하거나 그것에 따라서 규정되었기 때문에 순환적 정당화이거나 자기충족적일 뿐이라고 비판된다. 또한 만약 공적 이성의 개념이 순전히 형식적이고 중립적이라면 그러한 공적 이성의 개념으로부터 롤즈의 정치적 정의관이 필연적으로 도출된다는 보장이 없다. 또 다른 각도에서의 비판은 롤즈가 사용하고 있는 공적 이성의 개념은 결국 이성적 인간의 규정에 달려 있는데, 이러한 이성적 인간은 정의감과 가치관의 형성과 개조의 능력 소유, 정치적 가치의 우위성 인정, 그리고 합당한 도덕심리학에서의 "원리-의존적 욕구(principle-dependent desires)"를 통해서 규정되므로 여전히 칸트적이라는 것이다.109) 따라서 그것은 다양한 포괄적인 교설들의 지지를 확보하기에는 지나치게 협소하다는 것이다.

중첩적 합의와 관련해서 가장 관심을 끄는 문제는 정치적 정의관과 합당한 포괄적인 교설들의 관련 방식이다.110) 롤즈는 중첩적 합의가 하나의 초점, 필수적 구성 부분인 모듈(module), 혹은 정리(theorem)라고 말한 바 있다.111) 그 구체적인 관련 방식은 어떤 경우에는 정치적 정의관이 단순히 포괄적 교설의 단순한 결과일 수도, 연속적일 수도 있다. 어떤 경우에는 수용할 만한 근사치(acceptable approximation)일 수도 있다.112) 롤즈가 이러한 관련 방식을 구체적으로 제시한 것이 모형적 사례(model case)이다. 그 모형적 사례는 네 가지로 정리할 수 있다.113) 첫째는 어떤 포괄적 교설은 종교적 교설과 자유로운 신앙에 대한 신념을 통해 관용의 원칙으로 나아가서, 결국 입헌적 민주주의의 근본적 자유인 정치적 정의관을 인정하는 경우이다. 롤즈는 로크의『관용에 관한 편지』에서 제기된 입장이 이 사례에 해당한다고 지적한다.114) 둘째는 칸트의『윤리형이상학 정초』에 나타난 자율성(autonomy)과 밀의『자유론』에 나타난 개체성(individuality)에 기반한 포괄적 자유주의 이론과 같이 포괄적인 도덕적 교설의 논리적 귀결로서 정치적 정의관이 수락되는 경우이다.115) 거꾸로 말하면 포괄적 자유주의는 정치적 자유주의의 연역적 기초가 된다.116) 셋째는 다양한 정치적 가치들과 비정치적 가치들의 상호 조정에 따라서 사회질서가 유지되어야 한다는 부분적으로 포괄적인 교설로부터 민주주의가 가능한 충분히 우호적인 조건에서 정치적 가치가 다른 비정치적 가치와 충돌할 때 정치적 가치가 우월성을 갖는다는 것을 인정하게 되는 경우이다.117) 넷째는 제러미 벤담(Jeremy Bentham)과 헨리 시지윅(Henry Sidgwick)의 공리주의처럼 사회적 상황을 고려할 때, 즉 인권과 자유를 억압하는 방식으로는 최대다수의 최대행복이 달성되지 않는다는 해석을 통해, 정치적 정의관을 수용할 만한 근사치로 받아들이는 것이다.118)

이러한 모형적 사례에 대해서 다양한 비판이 전개되고 있다. 문화적 다원주의 사회에서 종교적인 문화적인 내부적 결속을 중시하여 신앙의 자유를 인정하지 않는 종교적 교설의 경우 정치적 정의관이 가진 공적 이성의 엄격한 기준과 충돌할 가능성이 있다. 그리고 롤즈의 정치적 정의관과 벤담과 시지윅의 고전적 공리주의, 그리고 밀의 공리주의와의 양립 가능성 여부가 문제시될 수 있다. 롤즈가『정의론』에서 공리주의에 대한 대안적 정의관을 제시하려는 중대한 이유의 하나는 그것이 질서정연한 사회에서 안정성을 확보할 수 없는 것이라면,119) 어떻게 정치적 정의관과 공리주의가 양립할 수 있을까?120) 또한 안정성을 제외하고도 롤즈가 공리주의를 반대하는 이유들, 즉 자유와 권리의 억압, 개인 간 차이 무시, 공리와 효용 비교를 위한 쾌락주의적 단일 척도 수립 등 많은데, 정치적 자유주의에서는 그러한 이유들이 다 사라져버린 것인가? 아니면 중요하지 않게 된 것일까?

그 다음 다원론적 견해를 보자. 이것은 다원적 원칙들의 직관적 조정을 통해 정의관을 구성하려는 입장이다. 롤즈가 주장하는 다원주의의 실상을 통해서 본다면, 다원론적 입장은 정치적 정의관보다 더 타당할 수도 있다. 여기서 우리의 관심을 가장 끄는 것은 칸트와 밀의 포괄적 자유주의와 정치적 정의관 사이의 관계이다. 롤즈는 정치적 정의관이 포괄적 자유주의의 결과이거나, 그것과 일치하거나, 혹은 연역적, 보조적 관계가 아니면, 적어도 유사성을 가지고 있다는 것을 누차 말한다.121) 그렇다면, 롤즈의 정치적 자유주의는 다른 포괄적인 종교적, 철학적, 도덕적 교설들보다는 포괄적 자유주의와 더 밀접하게 관련되어 있으며, 또한 그것에 의존할 수밖에 없을 것이다. 특히 롤즈는 칸트의 도덕철학에서 정치적 정의관이 연역적으로 도출된다고 인정한다.122) 그렇다면, 그의 정치적 정의관이 "칸트적인 도덕적 구성주의"가 아니고 "정치적 구성주의"라는 강변은 매우 역설적으로 들린다.123) 또한 롤즈가 자유주의 정치문화에 내재한 직관적 신념들로부터 출발하지만, 그러한 직관적 신념들을 논란의 여지없이 받아들인다고 하더라도, 그러한 직관적 신념들은 포괄적인 자유주의적 관행과 제도의 누적적 결과일 것이다. 따라서 포괄적 교설로부터의 독립적인 자유입지적 견해를 추구한다는 관념과 자유주의의 정치문화에 내재한 직관적 신념에 의존한다는 관념, 다시 말하면 공정성을 확보하기 위해서는 포괄적인 교설들로부터 독립적이어야 하지만 안정성을 확보하기 위해서는 포괄적인 교설들로부터 지지가 필요하다는 두 가지 요구는 철학의 전통적인 딜레마의 하나인 초월과 내재의 딜레마이다.124)

롤즈는 물론 중첩적 합의에 대한 다음과 같은 반론을 예상하고 그것을 자세히 다룬다. 첫째, 중첩적 합의는 결국 단순한 잠정협정이 될 뿐이며 또한 그것을 벗어나지 못한다.125) 일반적이고 포괄적인 교설들을 회피하는 것은 그러한 포괄적인 교설들의 진리 여부에 대해서는 말할 것도 없이 정치적 정의관의 진리 여부에 대한 무관심이나 도덕적 회의주의를 함축한다.126) 셋째, 중첩적 합의가 단순한 잠정협정이 아니라는 것을 인정해도 실행 가능한 정치적 정의관은 일반적이고 포괄적이어야만 한다.127) 넷째, 중첩적 합의는 유토피아적이다. 왜냐하면 중첩적 합의는 한 사회에서 그것이 존재하지 못할 때는 그것을 산출할 만하게 충분한 정치적, 사회적, 그리고 심리적 역량들이 결여되어 있고, 혹은 그것이 존재할 때라도 그것을 안정되고 지속적으로 만들 그러한 역량들이 결여되어 있다.128) 여기서 가장 중요한 것은 첫 번째와 세 번째의 반론이다. 롤즈는 정치적 자유주의가 홉스적 유형인 "잠정협정적 자유주의(modus vivendi liberalism)"로 오해되어서는 안 된다는 것을 분명히 한다. 잠정협정적 자유주의는 사회적 합의를 상대적인 힘의 우연적 균형에 의거하는 것으로, 개인적 혹은 집단적 이익들이 잘 고안된 입헌적 제도에 의해서 수렴될 수 있다는 것을 주장한다.129)

롤즈는 16세기경의 가톨릭과 프로테스탄트의 사이의 권력 관계를 보면 잠정협정의 폐해가 잘 드러난다고 지적한다. 당시에는 "관용의 원칙(the principle of toleration)"에 대한 중첩적 합의가 존재하지 않았기 때문에 양쪽 진영 모두가 자신들의 진실한 종교를 지지하고, 이단이나 그릇된 교리의 확산을 억제하는 것이 "통치자의 의무"라고 생각하였다. 그런 경우 관용의 원칙을 인정한다는 것은 그야말로 "잠정적 타협"에 그치고 말 것이다. 왜냐하면 만약 일방의 세력이 우세해질 경우, 관용의 원칙이 즉각 "그 효력을 상실"하게 될 것이기 때문이다.130) 롤즈는 이처럼 잠정협정적 자유주의에 의해서 확보된 안정과 사회적 합의는 말 그대로 잠정적인 것으로 힘의 균형이나 상황에 변화가 오면 붕괴된다고 주장한다.

이제 롤즈의 정치적 자유주의는 지속적인 사회적 안정과 통합을 확보하지 못하는 홉스적인 잠정협정적 자유주의와 충분한 사회적 합의를 이끌어 내지 못하는 칸트와 밀의 포괄적인 도덕적 자유주의(comprehensive moral liberalism)의 딜레마를 피하려는 원대한 시도가 된다.131) 그러나 많은 사람들은 이러한 딜레마를 피하기가 쉽지 않다고 비판한다. 즉, 잠정협정적 자유주의를 주장하는 사람들은 실질적인 자유주의적인 가치관을 피하고 진정한 중립성을 확보하기 위해서는 합리적 선택이론에 의거해야 한다고 주장한다.132) 반면에, 포괄적 자유주의를 옹호하는 사람들은 정의적 정의관에서 실질적 내용을 배제하는 것은 결국 잠정협정적 자유주의로 전락하고 만다고 주장한다.133) 롤즈는 합리적 선택이론의 정당화를 거부하였기 때문에,134) 롤즈가 피해 갈 수 있는 뿔은 후자인 것 같다. 어차피 모든 삶의 양식이 다 보전되는 사회를 생각할 수 없다면,135) 비록 정치적 자유주의가 실질적 가치관을 전제하고 그 우월성을 주장하기는 하지만, 그것은 어떠한 다른 포괄적인 가치관보다는 여전히 중립적이며, 결코 포괄적인 교설에 따른 완전주의적 국가에 이르지 않는다는 것을 주장하는 것이다.136)

이러한 롤즈의 정치적 자유주의는 현대 다원민주사회에서 종교적, 철학적, 도덕적인 포괄적 교설들 사이의 중첩적 합의를 공적 이성을 통해서 달성하므로 사회적 안정성을 확보할 수 있을 뿐만 아니라 그러한 사회적 안정성을 바탕으로 관용과 상호 신뢰가 증진되는 사회를 발전시킬 수 있을 것으로 사료된다. 롤즈의 『정의론』은 포괄적인 도덕적, 철학적 교설들로서의 자유주의에 근거하고, 『정치적 자유주의』는 그러한 포괄적인 교설들로서의 자유주의를 배제하고, 정치적 정의관에 근거하기는 하지만 모두 국내적 정의의 관점에서 정의로운 사회와 그에 따른 관용의 입지를 확보한 것이다. 국내적 정의의 관점을 국제사회에서의 정의와 관용에 관한 만민법으로 확대 발전시킨 것은 롤즈의 3부작의 마지막인 『만민법』이다.

4. 『만민법』에서의 관용

1) 만민법의 개요와 만민법의 정의 원칙으로서의 인권

롤즈는 전 지구적 정의를 『만민법(*The Law of Peoples*)』(1999)에서 다루고 있다.137) 『만민법』에는 "공적 이성의 재론(The Idea of Public Reason Revisited)"도 추가되어 있다.138) 롤즈는 "만민법"을 "국제법 및 국제 관행의 원칙과 규범에 적용되는 정의에 기초한 특수한 정치관" 이라는 의미에서 사용한다.139) 따라서 "만민법"은 정치적 자유주의에 기초하여 한 사회의 공적 이성에 기초한 사회계약론적인 공정성으로서의 정의를 만민의 사회로, 즉 국제적으로 확장하려는 시도이다. 롤즈는 "만민법은 정치적 자유주의 이론 체계 내에서 계발되고 정치체제에 적용되는 자유주의적 정의관을 만민의 사회로 확대하고자 한다는 점에 유의하는 것이 중요하다"고 지적한다.140) 그러나 국제사회에는 자유주의적 사회들만이 있는 것이 아니므로 국제법의 기초가 되는 만민법은 자유주의와 비자유주의 사회들 간의 상호관계를 규제하기 위한 기준으로 제시된 일반적인 원칙들이기도 하다.

롤즈는 정치적 자유주의의 정치적 정의관을 이상적인 것으로, 즉 유토피아적이기 위한 필요조건으로 제시하고 있다. 따라서 그 정의관에는 합당하고 정의로운 사회를 구현하기 위한 정치적인 도덕적 이상, 원칙 및 개념들이 구비되어 있어야 하므로 다음과 같은 세 가지 특징을 가진 특수한 원칙들이 기본적으로, 그리고 선행적으로 만족되어야 한다는 것이다.141)

첫 번째, 자유민주적 입헌정체에서는 전통적으로 인정된 친숙한 종류의
 기본적 권리들이 망라되어야 한다.
두 번째, 특히 일반적인 선과 완전주의적 가치들의 주장에 대해서 첫

번째에서 망라된 기본적 권리, 자유 및 기회들에 대한 특별한 우선성
이 부여된다.

셋째, 모든 시민들에게 필수적으로 요구되는 사회적 기본가치들을 보장
하여 이들이 그것들을 사용하여 자신의 자유를 현명하고 효과적으로
실현할 수 있도록 해야 한다.

이어서 롤즈는 『정의론』에서의 무지의 장막이 드리워진 원초적 입장
의 도출 절차와 유사한 방식을 통해서 만민 사회의 대표들이 자유롭고
평등한 민주적 만민에게 친숙한 다음과 같은 전통적인 원칙들에 합의
하게 될 것이라고 주장한다.[142] 롤즈에게서 만민법의 계약적 합의 당사
자는 개인이나 국가가 아니라 만민들의 연합체나 협의체의 대표들이라
고 볼 수 있다.

1. 만민은 자유롭고 독립적인 존재이다. 이들의 자유와 독립성은 다른
   국민에 의해 존중되어야 한다.
2. 만인은 조약과 약속을 준수해야 한다.
3. 만민은 평등하며 자신들을 구속하는 약정에 대한 당사자가 된다.
4. 만민은 불간섭의 의무(duty of non-intervention)를 준수해야 한다.
5. 만민은 자기방어의 권리를 갖는다. 그러나 자기방어 이외의 이유로
   전쟁을 일으킬 수 있는 권리를 가지지 못한다.
6. 만민은 인권을 존중해야 한다.
7. 만민은 전쟁 수행에 있어 특별히 규정된 제약 사항들을 준수해야 한
   다.
8. 만민은 정의롭거나 적정 수준의 정치 및 사회체제의 유지를 저해하
   는 불리한 조건하에 살고 있는 다른 국민을 도와줄 원조의 의무가
   있다.

이러한 만민의 연합체(협의체)들에 대한 여덟 가지 원칙을 제시한 롤즈는 약간의 설명을 부기한다.[143] 1번부터 3번 원칙들은 만민의 연합체들의 정치적 집단의 최종 단위로서의 독립권과 만민이 그 자신들의 문제를 외세의 간섭 없이 스스로 결정할 권리로서의 자결권을 명시하고 있다. 연합체들에 대한 내정 불간섭의 원칙인 4번 원칙은 무법적 국가의 호전적 침략성, 그리고 심대한 인권 위반의 경우에는 명백히 제한적으로 적용되어야 한다고 설명한다. 이 원칙은 질서정연한 만민의 사회에는 적합하지만, 전쟁과 심각한 인권 위반 행위들이 만연하는 무질서한 국민들의 사회의 경우에는 그대로 적용되기 어렵다. 6번 원칙은 『세계인권선언』(1948)을 존중하라는 것이며 만민법이 인권에 기초하고 있음을 적시하고 있다.[144]

제2차 세계대전 직후인 1948년에 선포된 유엔 『세계인권선언』을 필두로 한 일련의 인권 선언과 규약들을 통해 점진적으로 이룩된 인권의 공고화 현상은 인권 문화, 심지어는 "인권 혁명"이라고까지 표현되고 있다.[145] 통상적 정의에 따르면 인권은 인간이 단지 인간이기 때문에 어떤 차별도 없이 갖게 되는 생득적이고 불가양도적인 보편적 권리이다. 이제 인권은 보편적인 도덕적 권리일 뿐만 아니라 그 도덕권리적 이상은 국제 관습법(*jus cogens*)과 국제법(*jus gentium*), 그리고 각국의 입헌적 기본권의 설정을 통해 현실적으로 (부분적으로는 강제 규범력을 통해) 구현되었다. 따라서 인권 존중은 국제사회에서 국가의 대세적 의무(*obligations erga omnes*)가 되었다. "모든 사람은 태어날 때부터 자유롭고, 존엄성과 권리에 있어서 평등하다"는 것과 "모든 사람은 인종, 피부색, 성, 언어, 종교, 정치적 또는 그 밖의 견해, 민족적 또는 사회적 출신, 재산, 출생, 기타의 지위 등에 따른 어떠한 종류의 구별도 없이, 이 선언에 제시된 모든 권리와 자유를 누릴 자격이 있다"는 『세계인권선언』의 근본적인 두 원칙은 분명히 자유와 평등, 그리고 인간의 무차별적 존엄성이라는 고전적인 철학적 이념을 담고 있다.[146]

우리가 관용의 개념에 관련하여 보면, 관용은 권력을 가진 자가 관용 수혜자들에게 마치 시혜하듯이, 즉 베풀 듯이 이루어지는 것처럼 보인다. 관용의 실행에 대한 이러한 일방적 측면을 불식시키기 위해서라도 관용의 근거로서 인권을 정초시키는 것이 좋을 것이다.[147] 왜냐하면 인권은 인간이 가진 권리로서 그에 상응하는 의무를 발생시키기 때문이다. 인권이 권리라는 것은 어떤 요구 사항이 통상적으로 정당하게 청구되거나 주장되는 것을 의미하며, 시혜적으로 혹은 우연적으로 충족되는 것과는 다르다. 인권은 보다 적극적인 차원의 것으로서 특정한 사물, 사람, 단체, 국가, 혹은 모든 사람들에게 의무를 수반시키는 정당한 도덕적 혹은 법적인 요구로서 청구되거나 그러한 청구 자격을 부여하는 인간관계의 사회적 체계이다.[148]

또한 인권은 법적 권리임과 아울러 도덕적 권리이다. (물론 법적 권리 중에도 도덕적 권리가 아닌 것도 있지만) 정의로운 사회체제가 배경이 된다면, 대체로 모든 법적 권리는 도덕적 권리일 수 있다. 그러나 모든 도덕적 권리가 법적 권리일 수는 없다. 따라서 인권은 한 사회의 법률적 인정과 수용 여부에 관계없이 부여받는 도덕적 권리로서 한 사회의 정치적, 법률적 체제를 비판할 수 있는 독립적인 기준으로 간주된다. 또한 도덕적 권리도 어떤 사회에서 통용되고 있는 현실적 도덕과 정당화될 수 있는 도덕의 구분에 따라 분류되기도 하며, 이 경우 당연히 정당화될 수 있는 도덕에 따른 권리가 우선한다. 또한 인권은 인간이 지닌 다양한 사회적, 생물학적, 문화적, 경제적 배경에 따른 차별 없이 보편적으로 적용된다. 이러한 보편성은 "타인의 권리와 자유에 대한 적절한 인정과 존중"을 동시에 요구하게 된다.[149]

5번과 7번 원칙들은 정의전쟁론(just war theory)의 관점에서 본 만민법의 원칙들이다. 어떠한 국민도 다른 국민을 정복하면서 자결권 또는 분리 독립권을 주창할 수 없다. 정의전쟁론의 관점에서 인권에 기초한 법리주의적 모형(legalistic paradigm)의 6원칙들을 제시하고 있는 마이클 월저(Michael Walzer)의 정의전쟁론의 입장과 비교하고 참조하는 것이 좋을 것이다.150) 어떤 국민도 자신이 속한 국내적 제도와 사회가 심각한 인권 위반을 하였거나 소수파의 권리를 제한하는 경우에는 이에 대한 세계사회의 비난과 강제적 개입에 항의할 수 없다. 8번 원칙은 원조의 의무를 규정한 것으로, 기근 및 가뭄의 경우 만민 상호 간에 상호 부조에 대한 특정한 규정뿐만 아니라 모든 합당한 자유주의적 사회에서 국민의 기본적 필요의 충족에 관한 규정도 필요하다.151)

롤즈의 『만민법』은 인권(human rights)에 기초하여 어떻게 합당한 공적 이성과 정치적 정의관을 통해 규제된 시민들과 만민들이 정의로운 국제사회에서 평화롭게 살 수 있는가를 다루고 있다. 종교와 사상과 양심의 자유, 선거권과 동등한 정치적 참여의 자유 및 언론, 결사, 거주 이전의 자유 등 입헌적 법치주의에서 보장된 자유와 권리, 공정한 기회 균등과 여성에 대한 평등한 정의, 민족자결의 원칙, 오직 자기방어만을 위한 정의로운 전쟁의 허용 등은 바로 "실현 가능한 유토피아"를 위한 자유주의적 만민법의 근본적 측면들이다.152)

이상에서 본 것처럼 롤즈는 우선적으로 국내 정치에서 『정치적 자유주의』에 기초한 우선성이 부여되는 세 가지 특수한 원칙을 정립하고, 이어서 『정의론』의 원초적 입장을 통한 연역 절차에 따라서 여덟 가지의 만민법의 원칙을 정립한다. 이제 문제는 특히 여덟 가지 만민법의 원칙들을 구체적으로 어떻게 어떠한 만민들의 연합체에 적용할 것인가이다.

2) 만민 사회들의 구분과 적정 수준의 위계적 만민, 카자니스탄에 대한 관용의 문제

롤즈는 우선 국제사회를 구성하는 국내적 개별사회들 혹은 만민들을 다음과 같이 분류한다. (1) 합당한 자유주의적 만민(reasonable liberal peoples)의 사회, (2) 적정 수준의 비자유주의적인 위계적 만민(decent non-liberal hierarchical peoples)의 사회, (3) 무법적 국가들(outlaw states), (4) 불리한 여건으로 고통 받는 사회들(societies burdened by unfavorable conditions), (5) 자애적 절대주의 체제(benevolent absolutisms)이다.153) 이 중에서 합당한 자유주의적 만민의 사회와 적정 수준의 비자유주의적인 위계적 만민의 사회만이 질서정연한 만민들(well-ordered peoples)로 간주된다. 질서정연한 사회는 기본적 인권이 존중되고, 또 만민들이 정치적 결정에서 의미 있는 역할을 수행하는 것으로 간주된다. 무법적 국가는 국가의 성격상 기본적 인권이 존중되지 않으며, 불리한 여건의 사회 역시 그 사회의 여건으로 말미암아 기본적 인권이 보장되지 못한다. 자애적 절대주의 체제는 인권이 존중되나 정치적 결정에서 구성원들이 의미 있는 역할을 수행하지 못하므로 질서정연한 사회로 분류되지 않는다.154) 롤즈의 만민(peoples) 개념은 정치문화적 개념으로서 정치문화를 공유하고 있는 한 사회에 속한 인민으로 이해된다.155) 그리고 "적정 수준(decent)"은 "합당한(reasonable)"보다 완화된 개념으로 적정 수준의 사회란 인권을 기본적으로 존중하지만 비자유주의적 사회라고 할 수 있다. 이러한 분류에서 이미 언급한 것처럼 인권의 준수 여부가 중요한 기준으로 제시된다.156) 롤즈는 이러한 다섯 가지 사회를 이상적 상황과 비이상적 상황에서 각기 논의하고, 자유주의적 만민 사회에서 비자유주의적인 적정 수준의 위계적 사회가 관용되어야 하는 이유도 동시에 제시하고 있다. 그러한 이러한 문제들을 좀 더 자세하게 알아보도록 하자.

이상적 이론의 제1부에서는 합당한 자유주의 만민들 상호 간에 합의될 수 있는 정의 원칙들이 제시된다. 이미 우리가 논의한 만민법의 여덟 가지 원칙들이 그것들이다. 이상적 이론의 제2부에서는 합당한 자유주의 만민들 상호 간에 합의될 수 있는 정의 원칙들을 적정 수준의 비자유주의적인 위계적 만민들의 사회로 확대하는 문제가 다루어진다. 이러한 자유주의적 정의 원칙들의 확장 과정에서 롤즈는 자유주의적 만민들이 비록 비자유주의적이지만 인권이 존중되고 있는 적정 수준의 만민들의 사회를 관용할 수 있어야 한다고 주장한다. 즉 "만민법을 비자유주의적 만민들에게로 확장하는 데 있어서 주요한 작업은 자유주의적 만민들이 비자유주의적 만민들을 어느 정도까지 관용해야 하는지를 상술하는 것이다. 여기서 관용한다는 것은 물론 한 국민의 고유한 삶의 방식을 변화시키기 위한 정치적, 군사적, 경제적, 또는 외교적 제재의 행사를 자제하는 것을 의미한다. 나아가 관용한다는 것은 또한 이러한 비자유주의적 사회들을 만민의 사회의 우호관계에 참여하는 동등한 성원으로 인정하는 것을 의미한다."157)

적정 수준의 비자유주의적인 위계적 만민(decent non-liberal hierarchical peoples)의 사회는 이미 언급한 것처럼, 기본적 인권이 존중되고, 또한 만민들이 정치적 결정에서 의미 있는 역할을 수행하는 것으로 간주되는 질서정연한 사회이다. 또한 이 사회는 평화의 법률과 공동선의 정의관을 존중하는 사회로서 자국 내 영토에 사는 모든 사람들에게 합당한 의무와 책무를 부과하는 사회이다.158) 롤즈는 적정 수준의 비자유주의적인 위계적 만민 사회의 가상적 예로 이상화된 이슬람 사회인 카자니스탄(Kazanistan)을 든다. 이 사회는 정교일치의 사회로 신정정치(神政政治) 사회이며, 이슬람교가 국교이며, 오직 이슬람교도만이 정치권력의 고위직을 차지한다. 이슬람교의 종교적 의례는 이교도들에 대한 공포를 조장하거나 시민권을 상실시키지 않는 방식으로 진행되고 있으며, 따라서 다른 종교들도 관용이 된다.159) 롤즈는 그러한 이상적인 이슬람 사회인 카자니스탄은 현실세계에서 그 선례를 찾아볼 수 있다고 지적한다. 즉 오스만 튀르크 제국이 유대인과 기독교인들을 관용했을 뿐만 아니라 일종의 종교 자치제인 밀레트(Millet)를 제도적으로 실시한 것을 제시하고 있다.160) 롤즈는 물론 모든 사회들이 자유주의적이 되면 더 좋겠지만 적정 수준을 견지하고 있는 비자유주의적 사회를 관용하는 것은 만민 간의 상호 존중과 관용의 정신을 진작시키기 위해서 중요한 것이라고 밝힌다.161) 물론 롤즈의 만민법에서 무법적 국가나 자애적 절대주의 체제는 관용할 수 없는 체제라는 것도 아울러 명시하고 있다.

이상화된 이슬람 사회인 카자니스탄에 대한 롤즈의 옹호는 많은 논란을 낳았다. 우선 관용을 통한 자유주의적 정의 원칙의 확장을 논하는 롤즈의 입장은 자유주의적 만민과 적정 수준의 만민 간의 평등한 대칭성을 의미하는 것이 아니라 자유주의적 자국민중심주의(ethnocentrism)에 의한 일방성을 반영한다.162) 또한 롤즈의 관용의 개념은 국내적 관점에서 볼 때 억압적인 비자유주의적 국가들을 국제적 관점에서 관용한다는 점에서 『정의론』에서 논한 불관용자에 대한 불관용의 입장과는 모순될 수 있다.163) 정훈은 반대로 국제적 관점에서 보면 카자니스탄은 비자유주의적 사회가 아니라 충분히 자유주의적 사회이므로 자유주의적 사회가 관용을 할 수 있다는 다른 시각에서의 비판을 제기한다.164)

비이상적 이론에서는 우선 무법적 국가가 다루어진다. 롤즈는 호전적 침략성을 가지고 있는 무법적 국가에 대해서는 경제 및 기타 지원을 거부하는 것과 같은 외교정책 조치가 강구되어야 한다고 생각한다. 롤즈는 아울러 무법적 국가의 팽창주의적 호전성에 대비하여 질서정연한 사회들의 만민들은 자기방어 전쟁권을 가지고 시민들의 기본적 자유와 민주주의적 제도를 수호해야만 한다고 지적한다.165) 2003년 정의전쟁론의 관점에서 부정의한 이라크 전쟁을 시작했던 조지 부시(George W. Bush) 대통령이 2002년 반테러 전쟁의 일환으로 지목한 "악의 축(axis of evil)" 국가들은 국제 테러 지원과 대량 파괴무기 개발, 억압적 체제 등과 같은 공통점을 가지고 있으며, "불량국가(rogue state)" 중에서도 특히 국제사회에 중대한 위협이 되는 국가들인 이라크, 이란, 북한을 지칭했던 것은 롤즈가 말한 무법적 국가와 비슷한 측면이 있다. 그러나 악의 축은 미국의 이해관계에 기반한 일방적 규정의 측면도 있으며, 또한 선악 이원론의 경직성도 가지고 있다. 그리고 "미국 편이 아니면 적"이라는 이분법적 준별은 "흑백논리" 혹은 "흑백론적 사고(black-and-white thinking)"로서 미국을 다른 나라들과는 다른 특별한 국가로 생각하는 미국의 "예외주의(American exceptionalism)"에서 유래한 것이다. 아버지 조지 허버트 부시(George Herbert Bush) 전 대통령은 아들 조지 W. 부시 대통령에 대해서 대체로 긍정적인 평가를 했다. 다만 그는 아들 부시가 "악의 축"이라는 용어를 사용했던 것에 대해서는 누구에게도 도움이 되는 말은 아니었다고 회고했다.166)

그 다음 불리한 여건들로 고통 받는 사회들에 대한 원조의 의무(duty of assistance)가 논해진다.167) 그러나 여기서는 롤즈가 『정의론』에서 제시한 차등의 원칙, 즉 사회적 불평등은 최소수혜자에게 최대이익이 되도록 편성되어야 한다는 원칙이 만민법에는 적용되지 않는다.168) 마지막으로 인권을 존중하지만 그 구성원들이 정치적 의사결정에서 참여하는 질서정연한 사회가 아닌 자애적 절대주의 사회도 비공격적이며 인권을 존중하는 사회라면 자기방어를 위한 전쟁권을 가진 것으로 평가받는다.169)

3) 공적 이성의 재조명과 관용

롤즈는 『만민법』에 수록되어 있는 "공적 이성의 재조명"에서도 관용의 문제를 다루고 있다. 롤즈는 자유주의적인 다원민주사회에서 그러한 사회와 양립할 수 없는 수많은 합당하지 않은 교설들이 있음에 주목하고, 그 예로 근본주의적인 종교와 같은 종교적 교설들이나 독재정치와 독재정부와 같은 비종교적인 세속적인 교설들을 지목한다.170) 합당하지 않은 교설들은 민주제도에 위협이 되며, 공적 이성과 정당한 법의 개념을 갖춘 합당한 민주사회를 완전하게 실현하려는 목표에 제약이 되므로, 그것들이 활동적이 되도록 방치하거나 무조건 관용할 수는 없

다고 주장한다.171)

  그러나 합당한 민주사회에서는 양심의 자유와 관용의 원칙이 모든 시민들의 평등한 자유와 권리와 결합되므로 어떠한 입헌민주관에서도 본질적인 위치를 차지해야만 한다. 이러한 본질적 위치는 입헌민주사회의 근본적인 기반이며 합당한 포괄적 교설들의 상호 간의 경쟁 관계를 규제해주는 역할도 한다.172) 합당한 포괄적 교설들은 입헌민주정체의 본질적 요소들을 거부하지 않는다. 따라서 합당한 포괄적 교설들을 믿거나 지지하는 합당한 사람들은 (1) 평등한 사람들 간의 사회적 협력을 위한 공정한 조건을 준수할 의향이 있으며, (2) 입헌민주사회의 합당한 관용의 기초가 되는 다원주의의 실상의 하나인 판단의 부담의 결과를 인정하고 받아들이며, (3) 정치적 권위의 일반적 구조에 적용되는 것으로 이해되는 정당한 법의 개념에 도달하게 된다.173) 따라서 "종교적으로 진실하거나 철학적으로 진실한 것은 정치적으로 합당한 것에 우선한다고 단언"하는 사람들은 포괄적 교설의 신봉자로서는 합당하지만 정치적으로는 합당하지 않은 것이다.174)

  롤즈는 입헌민주사회에서는 민주주의와 합당한 종교적 교설들 간의 갈등은 물론 합당한 종교적 교설들 자체 간의 갈등이 크게 완화될 수 있으며 합당한 정의 원칙들의 경계 내에서 억제될 수 있다고 주장한다. 이러한 완화는 관용의 개념에 근거하고 있다. 그 하나는 순수하게 정치적인 것으로 합당한 정치적 정의관에 부합하여 양심의 자유와 종교적 자유를 보호하는 권리와 의무의 관점에서 표현되는 것이다. 다른 하나는 순수하게 정치적이지는 않지만 종교적 또는 비종교적 교설들 내에서 표현된 것이다. 예들 들면, 이러한 표현은 종교적 교설들이 관용에 관한 정치적 주장의 일부를 "신이 우리의 자유에 대해서 부과해놓은 한계들"이라고 인정한 뒤, 그것들을 자신들의 포괄적 교설들의 사회적 존립 근거로서 해석하여 자유신앙의 원칙을 발전시킨 결과로서 나온 것이다.175) 이렇게 본다면 16-17세기 서구사회에서 가톨릭교도들과 신교도들 간의 관용의 원칙은 단지 잠정적 타협으로 존중되었다고 볼 수 있다.176) 그러나 정치적 자유주의에서는 관용의 원칙이 정의의 제1원칙으로서 다원민주주의 사회의 근본인 양심과 종교의 자유에 영구적으로 안정적으로 기반하고 있다는 점이 다르다. 롤즈는 "이런 측면에서 정치적 자유주의는 전통적인 기독교를 역사적으로 공격했던 계몽주의적 자유주의(Enlightenment Liberalism)와 분명하게 다르며 또한 이를 거부한다"는 것을 명백히 하고 있다.177) 또한 역으로, "합당한 정치적 가치들이 종교적 교설들의 초월적 가치들에 의해 유린될 수 있다는 것을 의미하지는 않는다."178) 롤즈는 여기서 정치적 자유주의가 포괄적 교설들 간의 합당한 중첩적 합의의 대상이 되며, 그러한 교설들은 정치적 정의관을 지지할 것이라는 점을 다시 한 번 강조한다.179)

롤즈의 『만민법』이 세계화 시대에 다양한 관심과 비판의 대상이 되는 것은 당연한 일일 것이다. 현재 가장 주목할 만한 것은 비판적 논의가 상반되지만 연관된 양극을 달리고 있다는 점이다. 그 양극의 한 축은 포괄적인 가치관을 배제하는 합당성과 공적 이성에 기초한 인권 중심의 자유주의적 만민법에 대한 비판이다. 즉 만민법은 이미 정치적 자유주의의 가치를 전제하거나 그것에 따라 규정되었기 때문에 순환적 정당화이거나 혹은 자유주의적인 서구중심주의일 뿐이라는 문화다원주의로부터의 비판이 그것이다. 그 양극의 또 다른 한 축은 롤즈가 국제적인 정치적, 분배적 정의에서 최소주의적인 입장을 취하고 있다는 점에 대한 비판이다. 롤즈는 우선 비자유주의적인 적정 수준의 위계적 사회를 관용함으로써 강한 자유민주주의적 보편주의의 실현을 주장하는 사람들의 불만을 사고 있다. 물론 가장 초미의 관심사는 "사회적, 경제적 불평등은 최소수혜자의 삶의 기대치를 최대로 하는 조건 속에서만 정당화된다"는 롤즈의 국내적 차등의 원칙을 지구 전체에 걸쳐 확대한 "지구적 차등의 원칙(the global difference principle)"을 천명하는 토머스 포기(Thomas W. Pogge) 등 국제적 평등주의자들의 주장이다.180)

그들은 서구 중심의 일방적인 경제적 세계화로 승자전취 시장(winner-take-all market)이 만연하고 있다고 갈파한다. 그 속에서 더욱 심화되는 국내적, 국제적 불평등 때문에 흔히 "20 대 80의 사회"라고 패러디되는 이 세계화의 시대에 기아와 궁핍 등의 불리한 여건으로 "고통 받는 사회"에 대해서 롤즈의 『만민법』이 규정하는 "원조의 의무"만으로 과연 충분할 것인가?

새천년에 더욱 가속화되고 있는 세계화 시대에 그 이데올로기적 헤게모니를 제공하고 있는 신자유주의를 이해하고, 또한 효과적으로 대응하기 위해서도 우리는 신자유주의의 사상적 원류인 자유주의를 잘 이해할 필요가 있다. 현대 자유주의의 사상적 태두인 롤즈가 이 책에서 개진하고 있는, 공적 이성과 만민법에 기초한 자유주의의 "실현 가능한 유토피아"는 "카자니스탄"이라는 비자유주의적인 가상적 이슬람 위계사회에 대한 관용을 명시하고 있다는 점이 돋보인다. 롤즈의 『만민법』은 이렇게 문명의 무자비한 충돌과 교류 없는 단순한 공존 사이의 딜레마를 피해 가면서, 미래 사회에 대한 인류의 실현 가능한 희망(종교와 사상과 양심의 자유, 여러 정치적 자유와 입헌적 법치주의의 자유와 권리, 여성에 대한 평등한 정의, 다원주의적 관용, 민족자결주의, 고통 받는 사회에 대한 원조의 의무, 국제평화)을 작금의 빠르게 진행되고 있는 이 세계화 시대에서 인상 깊게 제시하고 있다.

5. 결론

현대 자유주의의 부흥을 주도한 존 롤즈의 정의론에 관한 3부작, 『정의론』, 『정치적 자유주의』, 『만민법』을 통해 본 관용의 문제는 관용의 정신이 자유주의의 중추적이고 핵심적인 도덕적, 정치적 가치임을 여실히 입증해주고 있다. 롤즈의 정의론에 관한 3부작은 정의로운 사회는 관용적인 사회이며, 역으로 관용적인 사회는 정의로운 사회임도 밝혀주고 있다. 롤즈의 관용론은 기본적으로 양심의 자유와 인권을 통해서 전개된다. 그리고 근현대 다원민주사회에서의 다양한 포괄적 교설들 사이의 중립성과 사회적 안정성을 확보하기 위한 관용의 정신의 증진이 논구된다. 그리고 국제사회에서 기본적 인권들이 존중되고, 구성원들이 정치적 영역에서 의미 있는 역할이 주어지는 질서정연한 사회, 즉 자유주의적 사회가 만민법의 기초가 된다. 롤즈는 여기서 더 나아가서 적정수준의 비자유주의적 사회에 대한 관용도 제시한다.

롤즈의 『정의론』에서 관용의 원칙은 정의의 제1원칙인 평등한 자유의 원칙에 속하는 양심의 자유와 종교의 자유에 의거하여 수립되게 된다. 롤즈는 또한 관용이 공공질서와 안녕이라는 공익을 위해서 규제될 수 있음도 밝히고, 관용의 역설, 즉 불관용자에 대한 관용의 문제도 자유주의에서 관용의 한계라는 관점에서 탁월한 논의를 제시하고 있다. 그러나 롤즈는 나중에 『정의론』에서의 정의의 원칙과 관용의 원칙은 질서정연한 사회에서 모든 사람들이 받아들이는 것으로 가정된 사회계약론에 의한 포괄적인 자유주의라는 도덕철학적 교설로서 제시되었기 때문에 모든 사람의 합의와 사회적 안정성을 담보할 수 없다는 것을 인정하게 된다. 그래서 등장한 것이 정치적 자유주의이며, 여기서 관용의 새로운 근거가 제시된다.

이러한 롤즈의 정치적 자유주의는 현대 다원민주사회에서 종교적, 철학적, 도덕적 포괄적 교설들 사이의 중첩적 합의를 공적 이성을 통해서 달성하므로 사회적 안정성을 확보할 수 있을 뿐만 아니라 그러한 사회적 안정성을 바탕으로 관용과 상호 신뢰가 증진되는 사회를 발전시킬 수 있을 것으로 사료된다. 롤즈의 『정의론』과 『정치적 자유주의』는 비록 포괄적인 도덕적, 철학적 교설로서의 자유주의와 정치적 자유주의 사이의 준별에 근거하기는 하지만 모두 국내적 정의의 관점에서 정의로운 사회와 그에 따른 관용의 입지를 확보한 것이다.

국내적 정의의 관점을 만민법이 적용되는 국제사회에서의 정의와 관용의 문제로 확장하는 문제는 롤즈 3부작의 마지막인『만민법』을 통해서 논의된다.『만민법』은 우선 자유주의적 만민 사회가 원초적 입장을 통해 자유주의적 정의 원칙들을 도출할 수 있음을 입증하고 있다. 이러한 정의 원칙들은 만민의 연합체들의 독립권과 자결권, 그리고 정의전쟁론에 의거한 자위권을 인정하는 것이다. 더 나아가서 이러한 정의 원칙들은 불리한 여건으로 고통 받는 사회를 원조할 의무도 명시한다. 이러한 인정과 원조의 의무는 인권을 기초로 도출된다. 롤즈는 국제사회의 구성원이 되는 국내사회를 합당한 자유주의적 사회, 적정 수준의 비자유주의적인 위계적 사회, 무법적 국가들, 불리한 여건으로 고통 받는 사회들, 자애적 절대주의 체제라는 다섯 가지로 나눈다. 롤즈는 자유주의적 정의의 여덟 가지 원칙들을 처음 두 사회에만 적용한다. 여기서 등장하는 관용의 문제는 합당한 자유주의적 사회가 과연 적정 수준의 비자유주의적인 위계적 사회를 관용할 수 있는가이다. 롤즈는 합당한 자유주의적 사회는 그러한 적정 수준의 비자유주의적인 위계적 사회의 가상적 사례인 카자니스탄이라는 가상적 이슬람 사회를 관용해야 한다고 주장한다. 그는 이러한 관용이 국제사회에서 만민들 간의 상호 존중과 관용의 정신을 진작시키기 위한 중요한 단서가 될 것이라고 지적한다.

만약 관용의 원칙이 종교에 적용되는 시점, 즉 종교전쟁과 그 쓰라린 경험 뒤에 공유하게 되는 피를 통해 자라난 종교적 관용이 중세를 마감하고 근대를 시작했다면, 그러한 관용의 원칙이 철학적, 도덕적 교설들에 적용되는 시점은 근대를 완성시키는 것이 될 것이다.181) 이때 우리는 비로소 포스트모던 시대로 진입할 수 있을 것이다. 이러한 의미에서 정치적 자유주의는 근대를 풍미했던 자유주의와는 분명히 다른 철학적 기초를 가질 것이다. 아마도 존 그레이(John Gray)가 주장하는 대로 인류사회의 진보에 대한 이성적 확신과 아울러 도덕에 대한 보편적인 합리적 정당화를 추구하는 "계몽주의적 기획"의 실패와 함께, "거대담론(Grand narratives)"으로서의 자유주의는 또 하나의 거대담론인 마르크스주의와 함께 이미 사라져버렸는지도 모른다.182) 롤즈도 자기의 정치적 자유주의는 결코 "계몽주의적 기획"을 감히 시도하지 않는다고 겸허하게 고백한다.183)

거대담론이 아닌 자유주의는 후기자유주의 혹은 탈자유주의(post-liberalism), 아니면 포스트모던 자유주의(postmodern liberalism)로서,184) 거대한 해방의 메시지를 포기하고 서로 양립 불가능한 가치관을 가진 타인들과 더불어 살아가는 지혜, 즉 서로 공멸하지 않고 살아남는 상호공존의 메시지를 주는 "공포의 자유주의(liberalism of fear)"인지도 모른다. 롤즈는 정치적 정의관에 대한 관용의 원칙을 설명하면서 주디스 슈클라(Judith Shklar)의 공포의 자유주의가 그 출발점이 되었다는 것을 지적한다.185) 우리는 환경위기와 핵위기, 문화와 문명 충돌의 위기에서 살아남기 위해서 정치적 자유주의와 만민법과 그것들이 주는 관용의 정신이 적절한 처방이라고 말할 수 있는가? 롤즈의 정치적 자유주의와 만민법은 1980년대 이후 미국사회에 무서운 세력으로 등장하고 있는 기독교적 원리주의자들에 대한, 혹은 서구사회에 만연한 이슬람 사회의 원리주의에 대한 자유주의적인 혹은 십자군적인 공포를 반영하고 있는 지도 모른다. 그렇다면 우리는 아직 정치적 자유주의와 만민법은 문화적 다양성이 삶의 사실일 뿐만이 아니라 삶의 환희인 세계에서 인류가가질 수 있는 최선의 희망으로 남아 있다고 말할 수 있을 것인가?

그러나 롤즈의 정치적 자유주의와 만민법은 미국의 모토인 "다수로이루어진 하나(E Pluribus Unum, one out of many)"를 기껏해야 미국 내에서 실현한 것에게 불과한 것은 아닐까? 만일 그렇다면 그것이 인류의 최선의 희망으로 되기 위해서는 얼마만큼의 이론적, 실천적 확장이 『만민법』에서 필요할 것인가? 카자니스탄을 관용한 것으로 충분할 것인가? 불리한 여건으로 고통 받는 사회에 대한 최소한의 원조로만 가능할 것인가? 그러한 확장 중 아마도 가장 중요한 것은 롤즈도 인정하고 있듯이 근대의 고색창연한 종교적 관용의 문제와 철학적, 도덕적 교설들 사이의 추상적인 갈등이 아니라 보다 현대적인 갈등인 "인종, 민족, 그리고 성(race, ethnicity, and gender)"의 문제들 다루는 것이 될 것이다.186) 롤즈의 정치적 자유주의와 만민법이 근현대 철학으로 만족하지 않고 근현대 이후까지 그 영향력을 발휘하기 위해서는 중첩적 합의와 아울러 문화적 소수와 최소수혜자를 보호하는 "다문화주의적 정의(multi cultural justice)"와 합의에 의해서도 해소될 수 없는 억압과 갈등을 인정하고 치유하는 "차이의 정치(politics of difference)"를 보다 활성화시켜야만 진정한 관용의 정신을 구현할 수 있을 것이다.187)

그러나 롤즈가 말하는 무법적 국가에 해당하는 이슬람 무장단체 IS가 주도하는 테러리즘이 지구촌을 공포로 뒤흔들어놓고 있는 작금의 상황에서는 테러에 대한 절대 불관용 혹은 무관용(Zero Tolerance)이 공언되고 있다. 테러와 관계없는 무슬림들에 대한 신매카시즘(neo-McCarthyism)이 매우 팽배하고 있으므로 관용의 정신과 이슬람 국가로부터의 난민들을 받아들이는 개방사회는 어디서 찾을 수 있단 말인가? 테러리즘과 대테러 전쟁이 주는 전 지구적 재앙의 영구적인 순환을 끊을 수 있는 칸트적인 "영구평화론"은 과연 가능할 것인가? 이제 일상적 평온(*tranquilitas ordinis*)을 찾을 수 없는 상황에서 관용의 정신과 개방사회는 설 자리가 없는 것처럼 보인다. 그렇더라도 관용의 정신과 개방사회는 그만큼 실현하기 어렵기 때문에 더욱 가치 있고 귀중한 것이 아니겠는가?

토머스 홉스(Thomas Hobbes)가 『리바이어던(*Leviathan*)』에서 말한 대로 우리 인류는 이제 "만인에 대한 만인의 투쟁상태(a time of Warre, where every man is Enemy to every man)" 속으로 빠져들어 실낙원의 운명과 자연상태로의 원대 복귀에 처해진다: "최악의 상황인 끊임없는 공포와 갑작스런 죽음의 위험으로 말미암아 인간의 삶은 고독하고, 초라하고, 야만적이고, 짐승 같고, 단명하다."188) 우리는 이러한 삶을 과연 언제까지 견디어내고 관용할 수 있을 것인가?

제 2 부

롤즈의 정의론과
자유주의 대 공동체주의 논쟁

제 1 장

자유주의 대 공동체주의 논쟁의 방법론적 쟁점

1. 서론: 자유주의 대 공동체주의 논쟁의 기본적 개요

세기말 아니 또 다른 천 년의 종말을 맞이하는 인류는 근대적 이데 올로기의 재편성 혹은 해체, 환경 문제, 군비축소, 경제전쟁, 독재의 종 식과 민주주의의 실현, 그리고 민족적, 인종적, 종교적 갈등 등에 관련 된 다양한 실천적 문제들을 전 지구적 안건으로 상정하기에 이르렀지 만 아직도 문제 인식의 태도와 해결의 방도에 있어서 합의를 이룩하지 못하고 있다. 20세기 중반기까지 각각 영미와 유럽 대륙을 주도했던 메 타윤리학적 정의론(情意論)과 개인적 결단의 윤리학인 실존주의 철학 과 비교해볼 때, 실천철학은 오늘날 찬란한 전성기를 맞이하고 있는 것 이 사실이다. 환경, 생명의료, 기업, 군사윤리 등 응용윤리학의 대두, 자 유주의의 새로운 철학적 논의, 포스트마르크스주의와 분석적 마르크시 즘의 등장, 칼-오토 아펠(Karl-Otto Apel)과 위르겐 하버마스(Jürgen Habermas)에 의해서 주도된 담론 윤리학 혹은 의사소통의 윤리학, 한 스-게오르크 가다머(Hans-Georg Gadamer)의 해석학적 윤리학, 미셸

푸코(Michel Foucault)의 자아에의 배려 등 포스트모더니즘의 윤리학적 함축성에 대한 논의, 리처드 로티(Richard Rorty)의 신실용주의, 공동체주의라는 이름 아래 등장한 새로운 윤리학의 전개 과정 등등. 우리는 이러한 실천철학의 부흥이 단순히 대학의 철학 강단에 국한된 것이 아니라, 사회과학과 저널리즘의 폭넓은 관심을 야기하고, 또한 중대한 영향력을 행사하고 있는 것을 목격한다. 이러한 현상은 "철학의 윤리학적 전환"을 나타낼 뿐만 아니라, 오늘날의 "시대정신(Zeitgeist)"이 어떤 "윤리적 징표"를 함유하고 있다는 것을 아울러 나타내고 있다.1)

그러나 실천철학의 이러한 찬란한 부흥은 역으로 다양한 방법론적 전제들과 실천적 결론들의 합의 불가능성 혹은 불확정성을 적나라하게 드러내고 있다. 철학자들은 언제나 그랬듯이 평화로운 공존을 하지 못하고 있다. 만약 우리가 철학 내에서도 서로 소통되지 못하는 언어로 말하고 있는 "바벨탑 이후의 윤리학(Ethics After Babel)"에 직면하고 있다면, 그것은 실천철학의 방법론적 기초에 대한 심각한 우려를 자아내게 한다.2) 오늘날 실천철학에서의 방법론 논쟁, 즉 실천적 규범의 근거와 정당화 가능성에 관련된 논쟁은 합리성, 보편주의, 정초주의라는 안건들을 둘러싸고 다양하게 전개되고 있다. 실천철학의 방법론 논쟁은 한편으로는 우리가 철학 이론을 통해서 실천적 규범의 합리적인 보편적 원리나 근원을 발견, 인식, 혹은 구성할 수 있다는 주장을 하는 진영에서의 내적 논쟁이다. 그러한 내적 논쟁은 자연주의, 직관주의, 자연권, 계약론적 합의와 협상, 이상적 대화 상황 등의 방법론적 근거들 사이의 각축전으로 진행된다. 다른 한편으로 실천철학의 방법론 논쟁은 우리가 철학 이론을 통해서 그러한 합리적인 보편적 원리나 근원을 발견, 인식, 혹은 구성할 수 없다고 반박하는 반이론(anti-theory), 반정초주의(anti-foundationalism), 혹은 도덕적 보수주의(moral conservatism)의 진영을 통해서 전개된다.3) 이러한 진영의 입장은 규범적 이론에 대한 회의주의와 상대주의로부터 도덕적 갈등과 딜레마의 불가피성을 강조하는 입장, 반유토피아주의, 도덕규범의 특수성과 다원성을 강조하는 상황주의, 도덕적 규범을 공동체의 관습과 역사와 전통에서 유래하는 것으로 보는 공동체주의에 이르기까지 다양하다.

우리가 주제적으로 다루려고 하는 "자유주의 대 공동체주의 논쟁(the debate between liberalism vs. communitarianism)"은 이상과 같은 실천 철학적 방법론 논쟁의 한 대표적 사례이다. 자유주의에 대한 공동체주의적 비판의 역사는 자유주의가 등장한 근대 이후 끊임없는 재발적 증후군으로 나타났으며. 기본적으로 그것은 공동체 상실을 염려하는 실낙원의 이야기이다.4) 그것은 자유주의가 그 실천적 이념으로 볼 때 "해방(liberation)"의 철학이었지, "소속(belonging)"의 철학은 아니었기 때문이다.5) 자유주의는 착취와 불합리성으로 점철된 억압적인 중세 공동체를 해체하고, 인권과 자유를 가진 근대적 개인(the modern individual)을 출현시킴으로써, 인간사회와 공동체는 그러한 개인들의 자발적인 계약적 합의에 의해서 이룩되는 것으로 설명하였다. 그러나 근대적 개인은 시민혁명과 산업혁명을 통해서 개인적 자유와 인권과 물질적 풍요를 얻게 되었지만, 개인들 사이의 살벌한 경쟁 속에서 공동체적 삶과 가족애를 잃게 되었다는 비판이 대두하게 되었다. 따라서 18세기 이후의 사회학 사상과 정치철학은 생산, 신앙, 소비, 참여, 혹은 도덕의 공동체를 통해서 자유주의의 그러한 상실을 회복시킬 수 있다는 신념을 각양각색으로 제시하였다.6) 장-자크 루소(Jean-Jacques Rousseau), 게오르크 헤겔(Georg W. F. Hegel), 칼 마르크스(Karl Marx)의 자유주의 비판도 공동체주의적 신념을 기본으로 하고 있다는 것은 주지의 사실이다. 그러나 공동체주의의 비판에 대해서 자유주의 사상가들은 비자유주의적 공동체주의는 결국 전체주의적인 억압의 체제로 전락하고 만다는 것을 주장하였으며, 그러한 주장은 20세기 역사가 입증하고 있는 것이 사실이다.

현대 실천철학의 자유주의 대 공동체주의 논쟁은 기본적으로 자유주의와 공동체주의 사이에 전개된 대립의 역사를 답습하면서도, 새로운 상황 속에서 전개된다. 새로운 상황이란 공리주의를 비판하고 나선 존 롤즈(John Rawls)의 『정의론』(1971) 이후 재정립된 "자유주의의 새로운 모형"에 대해서 공동체주의자들이 광범위한 관점에서 비판을 전개하고 있다는 것이다.7) 롤즈 이후 자유주의는 로버트 노직(Robert Nozick), 로널드 드워킨(Ronald Dworkin), 앨런 거워스(Alan Gewirth), 브루스 애커먼(Bruce Ackerman), 데이비드 고티에(David Gauthier) 등을 통해서 다양하게 발전되어왔다.8) 자유주의자들 사이에 방법론적 논쟁이 없는 것은 아니지만, 자유주의자들은 기본적으로 다음과 같은 방법론적 기초에 합의하고 있다.9) (1) 자유주의는 도덕적 규범이 개인의 본성과 권리, 혹은 개인들 간의 계약적 합의와 협상에 근거하고 있으므로 도덕적 규범은 그러한 근거를 통해서 보편적으로 정당화될 수 있다고 주장하는 방법론적 개체주의(methodological individualism)를 취하고 있다. (2) 자유주의는 권리 근거적(right-based) 혹은 의무론적(deontological) 윤리체계를 취하고 있는데, 그것은 현대사회에서의 다원적인 가치관들 사이에서 중립적인 절차를 통해 도덕규범을 산출하기 위한 것이다. (3) 자유주의는 개인들이 자유롭게 다양한 실질적 가치관을 추구할 수 있다는 것을 인정하고 있지만, 공공도덕의 차원에서는 순전히 도구적 합리성을 근거로 사회적 규범을 산출하려고 시도한다. (4) 도덕적 주체로서 개인은 자유로이 가치관을 선택하고 변경하고 수정할 수 있기 때문에 선택되는 가치관과 목적에 선행한다. (5) 정치적 공동체의 기본적 목적은 개인들이 그들의 협동적 이득을 얻는 한에서 참여하는 기초적인 것일 뿐이며 정치적 참여가 본질적인 가치를 가진 것으로 간주되지는 않는다.

이러한 자유주의의 기본적 모형에 대해서 공동체주의는 알래스데어 매킨타이어(Alasdair MacIntyre)의 『덕의 상실』(1981) 이후로 로베르토 웅거(Roberto Unger), 찰스 테일러(Charles Taylor), 마이클 샌델(Michael

Sandel), 마이클 월저(Michael Walzer), 벤자민 바버(Benjamin Barber) 등의 저작을 통해서 다양한 비판을 전개한다.10) 자유주의가 공동체 상실의 원흉이라는 대전제 아래, 공동체주의의 기본적 입장은 자유주의의 기본적 모형에 대한 대립항으로 정리될 수 있을 것이다. (1) 공동체주의는 도덕적 규범이 역사적 공동체의 특수한 사회문화적 전통 속에 내재하고 있으므로, 도덕적 규범은 방법론적 총체주의(methodological holism)를 통해서 서술적으로 혹은 해석적으로 발견되거나 수용되어야 한다고 주장한다. (2) 공동체주의는 덕 혹은 개인의 품성에 근거하는 목적론적(teleological) 윤리체계를 취하고 있는데, 그것은 그러한 목적론적 가치관을 통해서 공동체적 통합성을 제공하기 위한 것이다. (3) 공동체주의는 합리성을 단순히 도구적 합리성이 아니라 본래적 가치를 선택할 수 있게 하는 가치 추구적 합리성으로 보고 개인적 도덕과 공공적 도덕의 통합을 시도한다. (4) 도덕적 주체로서의 개인은 추상적 자아가 아니라 공동체적 삶의 구체적 가치를 수용하며 그러한 방식으로 자아가 형성되므로, 그러한 공동체주의적 개인은 이기적 가치를 추구하는 것이 아니라 타자의 선을 고려하는 가치를 추구할 수 있게 된다. (5) 정치적 공동체의 목적은 개인들이 그 속에서의 적극적 참여를 통해 시민적 덕목과 자아를 실현하는 본질적 가치를 가진 것으로 간주된다.

그러나 공동체주의에 대한 이상과 같은 일반화는 상당한 주의를 요한다. 왜냐하면 매킨타이어는 아리스토텔레스의 부활에 그리고 나중에는 토미즘의 실현에, 웅거는 초기 마르크스와 기독교적 전통의 융합에, 테일러는 헤겔적 관점에, 샌델은 롤즈에 대한 부정적 비판에, 월저는 분배적 정의의 다원적 기준과 구체적 적용 문제에, 바버는 참여 민주주의의 실현에 치중하고 있는 등 공동체주의자들의 입장도 다양하고 상충할 수 있기 때문이다. 예를 들면 매킨타이어와 샌델은 "가치통합론자(integrationist)"로서 목적론적 입장을 취하고 있는 반면에 월저와 바버는 "참여론자(participationist)"로서 정치적 참여가 본질적 가치를 가진 것으로 인정하고 있지만 공동체 전체에 대한 목적론적 가치통합에 대해서는 반대한다.[11] 그래서 바버는 가치통합론자를 "사이비 공동체주의자"라고 신랄하게 비판한다.[12] 그러나 이러한 구분도 가치통합론자가 정치적 참여의 문제를 도외시한다는 인상을 줄 수 있기 때문에 정확한 분류 방식은 아니다. 차라리 목적론적 공동체주의와 비목적론적 공동체주의의 구분이 더 타당할 것이다.[13]

　우리는 공동체주의자들의 입장을 전부 다 다룰 수도 없고 또한 공동체주의의 일반적 입장이라는 것도 상당한 주의를 요하기 때문에 탐구범위를 다음과 같이 제한하려고 한다. 우리의 논의는 소위 가치통합론자라고 분류되고 있는 매킨타이어와 샌델의 입장에 국한될 것이다. 그이유는 자유주의 대 공동체주의 논쟁이 본격적으로 전개되고 있는 것은 주로 목적론적 가치통합의 문제이며, 비목적론적인 참여론적 입장은 자유주의를 본질적으로 반대한다기보다는 그것을 참여 민주주의적 방식으로 보강하려는 의도를 가지고 있기 때문이다. 2절에서는 자유주의 대 공동체주의 논쟁에서 가장 중요한 방법론적 쟁점이 되는 문제를 제기한 매킨타이어와 샌델 두 사람을 통해서 자유주의에 대한 공동체주의의 비판을 다룰 것이다. 여기서의 주요한 방법론적 쟁점은 각각 윤리체계의 구성에 관련된 의무론적인 규칙의 윤리 대 목적론적인 덕의 윤리 사이의 논쟁, 그리고 도덕적 주체의 설정에 관련된 고립적인 무연고적 자아 대 상황적인 연고적 자아 사이의 논쟁이 될 것이다. 3절에서는 자유주의의 대응으로서 롤즈가 『정의론』 이후에 발표된 논문들을 통해서 공동체주의자들에게 어떠한 답변을 보내고 있는가를 밝힐 것이다. 그리고 롤즈가 그러한 답변을 하는 과정 속에서 자유주의도 방법론적으로 상당한 변화를 겪게 된다는 점을 아울러 밝힐 것이다. 공동체주의자들 중 샌델을 제외하고는 롤즈에 대한 상세한 비판을 전개하고 있지도 않고, 롤즈도 공동체주의자들 각각에 대해서 대응하고 있는 것은 아니지만, 우리는 그러한 비판과 대응이 가능하도록 논쟁점을 재구성하는 해석적인 관점을 취할 것이다. 결론에서는 자유주의 대 공동체주의 논쟁의 방법론적 쟁점에 대한 비판적 평가와 성과 분석을 통해서 현대 실천철학의 방법론적 과제에 관한 미래지향적 시사점을 얻어보려고 한다.

2. 자유주의에 대한 공동체주의의 비판

1) 매킨타이어: 의무론적 규칙의 윤리에서 목적론적 덕의 윤리로

매킨타이어의 『덕의 상실』은 그 비판이 자유주의에 국한되고 있는 것은 아니다. 오히려 그것은 근대 이후의 모든 도덕철학과 정치철학을 포괄하는 근대성 자체에 대한 질타이다.14) 그는 자유주의적 개인주의의 결과인 공동체 문화의 상실에서 야기되는 현대 서구사회의 도덕적 위기가 근대의 "계몽주의적 기획(the Enlightenment project)", 특히 추상적 도덕주체로부터 의무론적 규칙의 윤리를 보편적으로 정당화하려는 시도로부터 유래함을 밝힌다. 그래서 그는 아리스토텔레스적인 목적론적 덕의 윤리의 부활을 통해서 그러한 위기를 극복하려고 한다. 매킨타이어가 아리스토텔레스의 공동체적 덕의 윤리를 비판적으로 재구성한다는 점에서 그의 입장은 신아리스토텔레스주의적 공동체주의(neo-Aristotelian communitarianism)라고 불린다.15)

매킨타이어는 우선 현대사회의 도덕적 상황을 심각한 위기로 진단한다. 즉 현대사회는 통약 불가능한 전제들과 상이한 대안적 신념체계들로 말미암아 도덕적 불일치에 대한 어떠한 합리적 해결도 가능하지 않은 심각한 상대주의적 무질서 속에 있다는 것이다.16) 그는 비록 롤즈를 비롯한 현대의 자유주의 도덕철학자들이 도덕의 공평무사하고도 객관적인 합리적 근거를 제공하는 것을 목표로 삼고 있기는 하지만, 그러한 근거에 대해서 그들 사이에 어떠한 합의도 이룩하지 못하고 있다는 것을 지적한다. 따라서 자유주의 도덕철학은 결국 정의론(情意論, emotivism)을 극복할 수 없다는 것이다.17) 정의론은 모든 도덕판단이 개인적 선호, 태도, 혹은 감정의 표현에 불과하다는 것을 주장하는 메타윤리학 설이다.18)

매킨타이어의 도덕 계보학에 의하면 그러한 도덕적 위기와 정의론의 만연에 관한 역사적, 사회적 원천은 서구의 근대성 자체에서 기인한다. 특히 근대 자유주의적 개인주의는 소위 계몽주의적 기획을 통해서 자율적인 개인의 도구적 이성이 도덕성에 대한 보편적인 합리적 정당화를 마련해줄 것으로 기대한다.19) 그러나 그러한 도구적 이성은 도덕적 추론에서 자연적 목적을 배제함으로써 윤리적 논증은 역사적 사회 공동체에서 유리된 허구적인 자유, 권리, 또는 계약의 개념이나, 칸트에서 보는 것처럼 이성을 논리적 정합성으로 간주하게 되어 추상적인 도덕 규칙의 의무론으로 귀착될 뿐이라는 것이다.20) 매킨타이어는 여기서 롤즈와 앨런 거워스를 칸트의 현대적 대변자로 간주한다.21) 매킨타이어는 의무론적 윤리체계에서 도덕적 선택의 주체에게는 "모든 사회적 특수성에서 완전히 유리된 순전히 보편적이고도 합리적인 관점"에서 선택할 수 있는 능력이 요구되는 것으로 본다.22) 그는 결국 계몽주의적 기획의 최대 허구와 환상은 "합리적인 그리고 합리적으로 정당화되는 자율적인 도덕주체"라고 신랄하게 비판하고,23) 그러한 도덕주체의 권리나 계약이라는 것도 심지어 "일각수나 마녀"처럼 허구에 불과하다고 주장한다.24)

매킨타이어에 의하면 니체는 계몽주의적 합리성의 실패를 철저히 갈파하고 현대 서구 문화가 결국 개인의 자의적 의지의 표현인 정의론으로 나아가게 될 것을 예언한 위대한 허무주의자로 해석된다. 따라서 우리는 "니체인가, 아니면 아리스토텔레스인가?"라는 중차대한 선택의 기로에 서게 된다는 것이다.25) 부연하면, 우리의 선택은 계몽주의적 기획을 시도하여 결국 니체적 허무주의로 빠지고 말든가, 아니면 계몽주의적 기획은 그릇되었을 뿐만 아니라 애초에 시작조차 되어서는 안 될

것으로서 아리스토텔레스의 도덕적 전통으로 복귀하든가이며, 제3의 대안은 없다는 것이다.26)

매킨타이어는 계몽주의적 기획의 실패를 아리스토텔레스적 목적론의 근대적 상실에서 오는 당연한 귀결로 단정 짓는다. 아리스토텔레스 윤리학이 함유하고 있었던 인간의 본성에 대한 자연적 목적을 도덕적 추론의 대상에서 배제함으로써 근대 자유주의 도덕철학은 추상적인 도덕 규칙이나 의무 사이의 관계로 전락하고 인간의 본성에 대한 사실은 소위 "자연주의적 오류(naturalistic fallacy)"로 말미암아 윤리학의 영역에서 사라졌다고 본다.27) 물론 매킨타이어는 공리주의처럼 단순한 자연적 욕구와 개인적 이익의 추구라는 사실로부터 당위성을 추출하려는 것이 아니고, 완전설적인 기능주의적 사실로부터 당위성을 이끌어내려고 한다. 아리스토텔레스의 『니코마코스 윤리학』에 나타난 목적론적 덕의 윤리학의 관점에 따르면, 윤리학은 인간적 삶의 독특하고도 고유한 목적(telos)인 행복 또는 번영(eudaimonia)에 근거한다.28) 덕의 실행은 그러한 목적을 극대화하는 기능적 탁월성으로서 요구된다. 물론 덕은 그러한 목적을 위한 단순한 수단이 아니라 그것의 구성요소가 된다. 따라서 덕의 실행은 숙고적 사려판단(phronesis)에 근거한 성격 형성과 도덕적 습관화(hexis)의 총체적 과정인 것이다.29) 그런데 덕은 한 개인의 공동체 내에서의 역할에 따라서 보다 구체적으로 규정된다. 다시 말하면 한 개인에게 있어서 선은 그러한 공동체 속의 사회적 역할에 따라 규정되며 그러한 규정은 개인적 삶의 기본적 여건과 "도덕적 관점"을 형성하게 되는 것이다.30)

여기서 매킨타이어는 자유주의 윤리학에서 덕은 다만 규칙이나 원리를 준수하는 경향으로만 간주되었으며, 롤즈도 거기서 예외가 아니라고 지적한다.31) 매킨타이어는 덕이란 단순히 규칙이나 원칙이 지시하는바 일정한 방식으로 행위하는 성품에 불과한 것이 아니라, 덕이란 지각과 통찰의 기술이고 구체적 상황에 따른 인식을 내포한다고 주장한다.32)

즉 도덕규칙이나 법칙은 일반적인 것이기 때문에 특수한 경우에 어떻게 적용되는가 하는 것을 아는 것은 덕의 함양에 달려 있다는 것이다. 따라서 매킨타이어는 덕이 규칙의 준수에 관련된 부차적인 것이 아니라 "우리는 규칙의 기능과 권위를 이해하기 위해서 먼저 덕에 주목할 필요가 있다"고 주장한다.33) 여기서 매킨타이어는 롤즈와 노직의 의무론적인 규칙 중심적 사회정의론이 복잡다단한 구체적인 현실에 "아무런 도움이 되지 못한다"는 것과 아울러 그들은 서로 규칙 자체의 합의에도 도달할 수 없다는 이중적 비판을 전개한다.34)

그렇다고 해서 매킨타이어가 아리스토텔레스의 단순한 추종자는 아니다. 그는 아리스토텔레스의 형이상학적, 생물학적 목적론을 잘못된 것이라고 비판하면서 목적론을 인간 본성에만 국한시킨다. 또한 인간 본성 자체에서 사회계급의 분화를 찾는 시도도 거부한다.35) 여기서 그의 신아리스토텔레스주의적 덕의 윤리가 전개된다. 그의 덕의 윤리는 덕의 단순한 평면적 통일성에 근거한 것이 아니라 그것의 다층적 역사성에 의거한다. 그러한 다층성은 사회적 관행, 인간적 삶의 설화적 질서, 그리고 도덕적 전통으로 이루어진다. 덕은 우선 사회적 관행에 내재한 선을 성취시키는 데 유용한 인간의 성품으로 정의된다.36) 그러나 사회적 관행이 언제나 도덕적으로 선한 것은 아니기 때문에 덕은 한 개인의 삶이 선을 위해 일관성 있게 추구되도록 하는 삶의 자서전적인 설화적 질서(narrative order)로 규정된다.37) 종국적으로 사회적 관행과 개인적 삶의 질서는 도덕적 전통이라는 보다 큰 역사적 상황 아래 포섭된다. 인간의 궁극적 목적과 최종적 선을 통합적으로 규정하는 도덕적 전통의 공동체 속에서 인간적 덕의 실현은 완성되는 것이다.38)

매킨타이어는 현대사회의 도덕적 위기상황을 치유하는 것은 마치 로마가 멸망하는 와중에서 새로운 공동체를 창조하려는 초기 기독교도들의 노력만큼이나 어려운 것임을 지적하면서, "우리는 고도(Godot)를 기다리고 있는 것이 아니라 또 하나의 — 의심할 바도 없이 매우 다른 —

베네딕트 성인(St. Benedict)을 기다리고 있다"고 결론짓는다.39) 이러한 결론에 따라 매킨타이어는 "우리의 시민성과 지적, 도덕적 삶이 이미 우리에게 도래하고 있는 새로운 암흑기를 헤치며 지속할 수 있도록 지방적 형태의 공동체들(local forms of community)을 구성하는 것이 현 단계에서 중요한 것이다"라는 현실적 처방을 제시한다.40)

2) 샌델: 추상적인 무연고적 자아에서 구체적인 연고적 자아로

샌델의 『자유주의와 정의의 한계』(1982)는 자유주의에 대한 공동체주의의 비판 중에서 롤즈에 초점을 맞춘 비판서이다. 샌델의 비판은 스스로 지적하고 있듯이 칸트의 "도덕성(Moralität)"에 대한 헤겔의 "인륜성(Sittlichkeit)"으로부터의 비판과 역사적 맥락이 닿아 있다.41) 우리는 특히 권리 중심적인 자유주의적 도덕적 주체, 즉 롤즈에 의해서 수용된 칸트적인 의무론적 자아 개념에 대한 샌델의 비판을 중점적으로 논의하고, 그의 대안 제시를 추적할 것이다.

샌델은 롤즈의 칸트적인 의무론적 자유주의를 우선 다음과 같이 해석한다. 즉 의무론적 자유주의(deontological liberalism)는 "한 사회가 그 자체로서 어떠한 특정한 가치관을 가정하지 않는 원칙들에 의해서 규제될 때 가장 잘 구성된 것이다"라는 견해이다.42) 의무론적 자유주의에서 그러한 규제적인 원칙들을 정당화하는 것은 그러한 원칙들이 선의 개념과는 독립된 권리 혹은 정당성의 개념에 얼마나 부응하는가에 달려 있다.43) 샌델은 의무론적 자유주의의 가치중립적인 정당화는 "선에 대한 정당성의 우선성(the priority of the right over the good)"에 달려 있으며,44) 그것은 결국 자유롭게 선택할 수 있는 개인으로 귀착된다고 본다. 자유롭게 선택할 수 있는 개인은 "목적에 대한 자아의 우선성(the priority of the self over its ends)"을 그 기초로 하고 있는 하나의 형이상학적 자아관이라는 것이다.45) 샌델은 여기서 "자아는 그것에 의해서 인정되는 목적에 선행한다"는 롤즈의 말에 주목하고,46) 도덕적 선택주체로서의 자유주의적 자아(the liberal self)에 대한 비판적 분석을 전개한다. 샌델의 비판은 그러한 자유주의적 자아는 도덕적으로 부당할 뿐만 아니라, 롤즈의 전체 체계로 볼 때 내부적으로도 부정합하다는 것이다.47)

샌델은 무지의 장막이 드리워진 롤즈의 원초적 입장에서의 선택주체에 대해서 다음과 같은 비판의 서두를 연다. 즉 "롤즈와 같은 의무론적 자유주의자의 원초적 입장은 선에 대한 정당성의 우선성을 확보하려고 시도하며, 또한 그렇게 하면서 그것은 무연고적 자아(unencumbered self), 즉 의도와 목적에 선행하고 그것들에 독립적인 것으로 이해되는 자아의 개념을 산출시킨다"는 것이다.48) 샌델에 의하면, 롤즈의 자아 개념은 자아가 어떤 특정한 역사적 공동체의 구성원으로서의 개체에 선행하고, 또한 자아의 특정한 목적에 선행하는 것을 의미한다. 따라서 자아를 구성하는 것은 공동체적 소속이나 어떤 특정한 목적이 아니고, 단순히 선택할 수 있는 "인식적 능력"일 뿐이다.49) 이러한 박약한 자아관에서 자아는 그것의 목적과 단순한 욕구의 체계로서만 연결된다. 그러한 욕구들은 상대적 강렬성에 의해서 합리적으로 질서 지워지지만, 그것들은 자아의 정체성(the self's identity)을 본질적으로 결정하는 것은 아니다. 따라서 그러한 자아관은 자의적인 선택의 주체로서 구성적 목적(constitutive ends)을 배제하게 된다는 것이다. 자유주의적 자아는 결코 그의 정체성을 구성하는 목적을 가질 수 없으며, 이것은 자아의 구성적 정체성이 바로 공동체에의 참여를 통해서 가능하다는 것을 부인한다는 것이다.50) 샌델은 자유주의적 자아관이 가정하고 있는 자아와 그것의 목적 사이의 구분은 궁극적으로 도덕적 주체 혹은 행위자(moral agency)의 개념을 붕괴시킨다고 주장한다. 목적에 선행하는 자아는 아무런 성격도 가지지 않으며, 아무런 도덕적 깊이도 없으며, 도덕적으로 중차대한 의미에서 자아의 인식(self-knowledge)도 가질 수 없다는 것이다.51) 샌델은 롤즈의 의무론적 자아관은 결국 "자아가 무연고적이고 본질적으로 박탈된" 것이며, 그러한 자아관 속에서는 "심사숙고할 수 있는 자기반성으로서의 어떠한 인격도 남아 있지 않다"는 것이다.52)

나아가서 샌델은 롤즈의 의무론적인 무연고적 자아는 도덕적 주체로서 부당할 뿐만 아니라 롤즈의 전체 체계로 볼 때도 부정합적이라고 주장한다. 샌델에 의하면 롤즈에게 있어서 구성적(constitutive) 형태의 공동체는 생각할 수 없다. 왜냐하면 롤즈에게서 공동체는 기본적으로 각자의 이미 주어진 목적을 가진 개인들 사이의 협동적 체계에 불과한 것이기 때문이다.53) 샌델은 공동체에의 구성적인 참여를 배제하는 롤즈의 무연고적 자아관이 선에 대한 정당성의 우선성을 확보하기 위해서 필요한 것이기는 하지만, 그것은 롤즈가 정당화하려는 정의의 원칙과 모순이 된다고 주장한다.54) 그러한 모순은 롤즈의 차등의 원칙과 연결된다. 롤즈의 "차등의 원칙(the Difference Principle)"은 최소수혜자의 분배 몫이 최대가 되도록 사회적, 경제적 자원을 분배하도록 요구한다.55) 롤즈는 각자가 자유롭게 자기의 자연적, 사회적 재능을 사용하도록 허용하는 노직의 자연적 자유 체제에 반대하고 차등의 원칙을 정당화하기 위해서, 그러한 재능을 "공동적 자산(common asset)"으로 간주하고 그것을 모든 사람의 이익이 되도록 사용하도록 해야 한다고 주장한 바 있다.56) 여기서 샌델은 우리의 재능이 공동적 자산으로 간주되기 위해서는, 우리 자신들 사이뿐만 아니라 우리의 재능과 타인과의 연관 사이에 뚜렷한 구분이 더 이상 가능하지 않아야 한다고 지적한다. 우리는 우리를 무연고적 자아가 아니라, 공동체의 다른 구성원들과 공유하는 가치 있는 삶의 개념에 의해서 구성되는 간주체적 자아(intersubjective self)로 간주해야 한다는 것이다.57) 따라서 선이 정당성에 우선하게 되고 목적이 자아에 선행하게 되며, 결국 의무론적 자유주의는 공언했던 중립성을 확보할 수 없으므로 오도되고 불완전한 방법론적 기초

를 가질 수밖에 없다는 것이다.58)

그러면 샌델은 롤즈의 의무론적 자유주의에 대해서 자신의 공동체주의적 대안을 어떻게 제시하고 있는지를 살펴보자. 샌델은 자유주의의 추상적인 무연고적 자아에 대해서 구체적인 역사적 공동체의 상황 속에서 형성되는 "구성적 자아(constituted self)"의 개념을 제시하고 있다.59) 또한 그는 자유주의의 "권리의 정치"에 대해서 "공동선의 정치"를 제시하고 있다.60) 샌델의 인간관에 따르면, 우리는 어떤 한 가족, 공동체, 민족의 성원이나 혹은 국가의 시민으로서 특정한 인간(particular person)으로 이해되며, 그러한 인간의 도덕적 힘은 그러한 인간이 가진 목적과 귀속, 그리고 충성과 확신으로부터 온다.61) 여기서 한 가지 주목할 것은 "자기해석적 존재(self-interpreting self)"라는 개념으로서, 한 개인은 역사를 반성하고 그러한 의미에서 역사로부터 거리를 유지할 수 있다는 것이다. 그러나 그러한 거리는 결코 역사 자체의 외부로까지 미치지 않는다는 것이다.62) 그러한 자기해석적 존재는 비교적 고정적인 성격을 소유하며 자기의 욕구에 대해서 단순한 수용이 아니라 본질적인 판단을 내릴 줄 아는 자기반성적 존재이기도 하다는 것이다. 그러한 자기반성적 존재를 통해 자아는 자기의 정체성을 구성하게 된다.63) 그러한 자기의 정체성은 우정을 통한 타인과의 연관성 속에서 더욱 굳건히 형성되며, 최종적으로 "공유된 자아이해"라는 공동성을 가진 역사적 공동체 속에서의 참여로 완결된다는 것이다.64)

샌델에 의하면 그러한 공동체는 "공동선의 정치적 공동체"이기도 한데, 자유주의는 "정치가 잘되어 나갈 때, 우리가 혼자서는 알 수 없는 공동의 선을 알 수 있다는 가능성을 망각하고 있다"는 암시적인 말을 하면서, 그의 『자유주의와 정의를 한계』를 끝마치고 있다.65) 그러나 확정된 정치철학으로서의 자유주의에 비해서 "공동선의 정치"는 구체적으로 무엇을 말하는지 상당히 애매모호하다. 근래 많은 공동체주의 해설가들은 그것이 "고전적 공화주의(classical republicanism)", "시민적 공화주의(civic republicanism)", 혹은 "시민적 인본주의(civic human-ism)"와 연계됨을 지적하고 있다.66) 통상적으로 공화주의적 윤리는 정치적 참여를 장려하고 시민적 덕목을 육성함으로써, 공동체의 구성원들이 개인적 이익의 단순한 증진을 넘어선 공동선을 추구하도록 유도하는 것으로 이해되고 있다.

3. 자유주의의 대응: 롤즈의 정치적 자유주의

이제 우리는 공동체주의의 자유주의에 대한 이상과 같은 비판에 대해서 자유주의가 어떻게 대응하고 있는지를 롤즈를 통해서 살펴보고, 자유주의 대 공동체주의 논쟁의 방법론적 쟁점에 대한 전반적 평가를 내려보려고 한다. 우리는 또한 롤즈가 공동체주의에 대한 답변의 과정에서 자유주의의 방법론적 정초에 관한 새로운 해석을 시도하고 있는 것에도 주목하게 될 것이다.

매킨타이어나 샌델은 주로 롤즈의 『정의론』에만 비판의 화살을 돌리고 있기 때문에 롤즈가 후속적인 논문들에서 어떠한 방법론적 전환을 하고 있는지에 대해서 거의 주목하지 못하고 있는 것은 이상스러울 정도이다. 롤즈는 매킨타이어와 샌델의 비판이 전개되기 이전에 「도덕론에 있어서 칸트적 구성주의」라는 논문에서 자기의 정의론은 "특수한 역사적 상황에 관계없이 모든 사회에 적합한 정의관을 발견하려고 노력하지 않는다"는 것을 분명히 한 바 있다.67) 롤즈는 공동체주의의 자유주의 비판에서 가장 중심적인 방법론적 문제는 자유주의가 소위 초문화적이고 역사와 무관한 추상적인 철학적 정당화를 시도한다는 비판으로 보고, 자기의 정의론에 관한 역사적 상황성을 강조한다. 롤즈는 이제 마치 공동체주의의 전유물인 것처럼 보였던 "역사", "문화", "전통"이라는 단어들을 부각시키면서 그의 자유주의적 정의론이 서구의 근대적 입헌민주주의의 정치문화의 전통 속에 내재한 직관적 신념인

"자유롭고 평등한 인간들 사이의 사회적 협동"을 기초로 구성된 것임을 명백히 한다.68) 만약 자유주의가 이러한 역사적 정초를 가지게 된다면, 매킨타이어가 자유주의적 권리를 허구라고 한 것이나 샌델이 무연고적 자아를 역사적 공동체로부터의 이탈이라고 한 비판은 그 설득력을 상당히 상실하게 될 수 있다.69) 어떤 의미에서 자유로운 선택의 주체라는 "무연고적 자아는 … 우리의 근대적인 사회적 조건을 그 연고로 한다"고 볼 수 있기 때문이다.70)

그러면 구체적으로 롤즈가 매킨타이어와 샌델에게 각각 어떠한 답변을 보낼 수 있는지를 살펴보기로 하자. 매킨타이어는 "니체인가, 아니면 아리스토텔레스인가?"라는 두 배타적 선택지를 우리가 택할 수 있는 유일한 것으로 제시한 바 있다. 그러나 롤즈는『정의론』에서 이미 니체와 아리스토텔레스 모두가 동일하게 완전주의(perfectionism)에 입각한 정의관을 주장한 것으로 보았다. 완전주의적 정의관은 예술이나 학문, 문화에 있어서 인간적 탁월성의 성취를 극대화하게끔 사회적 제도를 구성하고 그에 따른 개인의 의무와 책무를 규정하는 목적론적 이론이다.71) 롤즈는 그러한 목적론적인 완전주의적 정의관이 비록 소규모의 사회적 집단 내에서는 유의미한 것이 될 수 있다는 것을 인정하지만 그것이 사회 전체의 기본구조에 대한 정치적 원리로서 작동할 수는 없다는 것을 분명히 한다. 그 이유는 가치통합적인 목적론은 개인의 자유로운 가치추구에 대한 심각한 위협이 될 뿐만 아니라 그러한 통합적 가치의 실현은 국가의 강제력이나 교육적 독재에 의존할 수밖에 없기 때문이다.72)

롤즈는 상충하고 불가통약적인 가치관들이 편재한다는 다원주의적 사실(the fact of pluralism)을 종교개혁 이후 관용의 정신으로부터 출발한 자유주의가 기본적으로 인정할 수밖에 없는 근대사회의 "영속적 특색"으로 본다.73) 우리가 논의한 바와 같이 매킨타이어는 근대사회의 다원주의적 측면을 인정하지만 그것은 수용되어야 할 영속적 측면이 아니라 극복되어야 할 도덕적 무질서와 위기로 보는 점이 다를 뿐이다. 롤즈의 규정에 따르면, 매킨타이어의 아리스토텔레스적 덕의 윤리는 인간적 삶의 가치와 인격적 덕목과 성격의 이상을 함유하고 있는 포괄적인(comprehensive) 종교적, 철학적 혹은 도덕적 교설의 하나가 된다.74) 롤즈는 특히 "모든 사람들이, 완전히 합리적인 한에서, 인정해야만 하는 선에 대한 유일한 개념"을 주장하는 학설을 가치통합적인 포괄적인 학설로 보고, "플라톤과 아리스토텔레스, 어거스틴과 아퀴나스에 의해서 대변된 기독교적 전통"과 "고전적 공리주의"를 그 대표적 사례들로 지적한다.75) 사회제도는 그러한 통합적인 유일한 가치관을 효과적으로 증진하는 한 정의로운 것으로 간주된다. 롤즈는 그러한 가치관에 대한 공공적 합의는 근대 다원주의적 민주사회에서 결코 달성될 수 없다고 주장한다.76)

포괄적인 혹은 형이상학적인 교설과 대비해서, 롤즈는 자기의 정의론이 다양한 상충하는 가치관들 사이에서 합의 가능한 "중첩적 합의"만을 추구하는 "정치적 자유주의(political liberalism)"라고 천명한다.77) 정치적 자유주의는 다음과 같은 세 가지 관점에서 정리될 수 있다.78) 첫째, 철학적 의존성으로 볼 때 정치적 자유주의는 논란의 여지가 있는 철학적, 종교적, 도덕적 교설로부터 독립적이다. 둘째, 정당화의 기준으로 볼 때 정치적 자유주의는 공공적 문화에 내재한 직관적인 기본적 전제들로부터 출발해서 도출된 결론을 공공적 합의에 의해 정당화한다. 셋째, 적용의 범위로 볼 때, 정치적 자유주의는 근대적 민주사회의 기본적 구조에만 적용된다.

정치적 자유주의를 통해서 롤즈는 이제 자유민주주의적 개인주의에 대한 새로운 해석을 시도하며 그러한 시도를 통해서 샌델의 비판에 답하려고 한다. 우리가 논의한 바와 같이, 샌델은 롤즈의 정의론이 칸트적인 의무론적 자유주의를 취함으로써 칸트적인 도덕적 주체에 관련된 형이상학적인 난점을 피할 수 없다고 비판했다. 롤즈는 우선 샌델의 비판이 집중됐던 칸트적인 자유롭고 평등한 도덕적 인간, 즉 무연고적 자아는 자유주의와 통상적으로 관련된 포괄적인 도덕적 이상, 즉 자율성과 개체성의 이상에 근거하였다는 비판을 피할 수 있기를 원한다. 이제 "칸트의 자율성의 이상과 그것과 결부된 계몽주의의 제 가치들과 밀의 개체성의 이상과 그것과 결부된 근대성의 제 가치들"은 포괄적인 철학적 교설로서 정치적 자유주의에는 부적합한 것이 된다.[79] 롤즈는 그의 정치적 자유주의가 의거하고 있는 자유롭고 평등한 도덕적 인간은 규범적 개념이기는 하지만 그것은 근대 자유민주주의적 시민을 근간으로 하여 역사적으로 구성된 것이라는 것이다.[80] 비록 원초적 입장이 무지의 장막을 통해서 그러한 인간관을 단순화하고 추상화한 것은 사실이지만, 원초적 입장은 정의 원칙의 선택에 요구되는 공정성을 확보하고 도덕적으로 자의적인 우연성을 배제하기 위한 "대리적 표상의 도구(a device of representation)"로서 요구된다는 것이다. 여기서 주목해야 할 사실은 원초적 입장은 이제 순전히 개인의 도구적 합리성에만 근거한 합리적 선택이론으로서의 정당화의 기제가 더 이상 아니라는 점이다.[81]

따라서 정당화의 문제도 순전히 원초적 입장 자체에 국한되는 것이 아니라, 자유민주주의적 전통 속에 내재한 직관적 신념과 원초적 입장에서 도출된 결론 사이의 상호 조정과 그 조정에 대한 공공적 합의를 추구하는 "광역적인 반성적 균형상태(wide reflective equilibrium)"에 달려 있는 것이다.[82] 그러한 반성적 균형상태의 매개체인 원초적 입장에 나타난 선택주체의 개념은 결코 인간의 본질이 그의 최종적인 사회적 목적과 사회적 귀속, 그리고 개인적 성격을 포함한 우연적 속성들에 우선하거나 독립적이라고 주장하는 어떤 형이상학적 자아의 개념에 의거하지 않는다는 것이다. 또한 그것은 자아의 본성과 동일성이 무지의 장막에 가려진 사실보다 존재론적으로 선행한다고 주장하는 어떤 존재론적 언명을 하는 것도 아니라는 것이다.[83] 결국 롤즈는 샌델의 비판에 답하면서 칸트적인 의무론적 자유주의를 버리고 정치적인 의무론적 자유주의를 택하게 되는 것이다.

샌델에 의해서 비판이 제기됐던 선에 대한 정당성의 우선성도 정치적인 의무론적 자유주의에서는 정치적 특성으로서 재강화된다. 선에 대한 정당성의 우선성과 독립성은 자유롭고 평등한 개인들의 인권이 공리주의에서처럼 전체적 복지를 위해서 희생될 수 없다는 것과, 정의의 원칙은 추구될 수 있는 선의 개념에 한계를 설정한다는 것과, 근대적 사회의 영속적 측면인 다원주의적 사실을 감안하면 정의의 원칙은 어떠한 특정한 가치관을 전제로 해서 도출되어서는 안 된다는 세 가지 목적을 동시에 갖는다.84) 롤즈는 정치적인 의무론적 자유주의에서 "정당성의 우선성은 선의 개념들이 회피되어야만 한다는 것을 의미하지 않는다"는 것을 지적하고 그것은 사실상 불가능함을 인정하고 있다. 오히려 그것은 선의 개념들이 정치적 정의관이 허용하는 한도 내에 제한되어야 한다는 의미에서 정치적인 개념들이 되어야 한다는 것으로 해석한다.85) 즉 "정의는 한계를 설정하고 선은 방향을 설정한다. 따라서 정당성과 선은 상보적이며 정당성의 우선성은 그것을 부인하지 않는다"는 것이다.86) 다른 방식으로 말하면, 롤즈의 정치적 정의관은 분배적 정의의 대상이 되는 어떤 기초적 선의 개념(the thin theory of the good)을 전제로 하지만 그것은 포괄적인 혹은 형이상학적인 선의 개념이 아니라 모든 가치들에 중립적인 권리와 자유, 권한과 기회, 소득과 부, 자존감의 사회적 기반인 "전 목적적 수단(all-purpose means)"만을 대상으로 한다는 것이다.87) 그러나 그러한 전 목적적 수단도 자유주의적 개인주의의 가치관에 경도되어 있기 때문에 중립적이 아니라는 공동체주의의 끈질긴 비판은 아직도 유효하다. 여기서 롤즈는 정치적 자유주의도 자유롭고 평등한 인간들 사이의 사회적 협동이라는 실질적 가치관을 가지고 있기 때문에 순수한 절차적 중립성을 주장할 수 없다는 것을 인정한다. 그러나 정치적 자유주의는 "효과나 영향의 중립성(neutrality of effect or influence)"을 확보할 수 없지만 그래도 인류 역사상 다른 어떠한 사상들보다도 비교적 "목적의 중립성(neutrality of aim)"은 달성했다고 주장한다.88)

그러면 차등의 원칙이 간주체적 자아와 공동체를 전제로 하고 있다는 샌델의 비판에 대해서 롤즈는 어떻게 답변할 수 있는가를 살펴보자. 롤즈는 차등의 원칙이 실현되는 정의로운 사회에서 어떤 "최종적인 공동적 목적", 즉 정의로운 제도를 유지하고 다른 사회적 구성원들에게 정의로운 행위를 하려는 공동체적 목적이 있다는 점에서 간주체적 자아라는 관점을 수용할 수 있을 것이다.89) 그러나 롤즈는 간주체적 자아와 공동체적 배경이 포괄적인 종교적, 철학적, 도덕적 교설을 수용하는 점에서 그러한 것은 아니라는 점을 강하고 못 박고 있다.90) 왜냐하면 차등의 원칙에 의해서 실현되는 복지 수혜는 샌델이 주장하는 "구성적 결부(constitutive attachments)"와는 무관하며 가톨릭교도에게 걷은 세금이 무신론자에 쓰일 수도 있고 또 그 역일 수도 있기 때문이다.91) 차등의 원칙에 관련된 샌델의 비판은 엄밀한 "소유권적 개인주의"를 주장하는 노직에 비해 롤즈의 복지 자유주의가 "박애(fraternity)"의 정신을 실현하는 점에서 보다 공동체주의적이라고 본다면 기본적으로 타당한 것이라고 생각된다.92) 그러나 그것은 공동체주의적 공동체가 아니라 자유주의적 복지공동체의 실현이라는 관점에서 그러한 것이다.

롤즈는 공동체주의의 자유주의 비판에 대한 최종적인 답변은 자유주의적 공동체의 지속성과 안정성에 달려 있다고 본다. 그는 『정의론』에서 이미 개진된 "사회적 연합들의 사회적 연합(a social union of social unions)"의 개념을 보다 진전시켜 정치적 자유주의 한도 내에서 다양한 가치관들이 공동체적인 번성을 할 수 있는 길을 모색하고 있다.93) 그는 정치적 자유주의가 실현되는 질서정연한 사회에서 개인주의만이 조장되는 것도 아니고 또한 기본적 자유가 한 개인을 다른 사람들로부터 고립시키는 것을 위한 것만이 아니라는 것을 지적한다. 자유주의는 기본적으로 집회와 결사의 자유, 양심의 자유, 거주 이전의 자유를 통해 다

양한 종교, 문화, 예술, 과학의 공동체와 지역적 공동체, 그리고 시민사
회를 형성할 수 있도록 한다. 물론 자유주의는 공동체에서의 탈퇴와 공
동체들 사이에서의 자유로운 이전도 보장하고 있다. 그런데 공동체주의
는 흔히 자유주의의 공동체 형성과 보존에의 기여를 망각하고 있거나
아니면 탈퇴나 이전 등 해체적 경향만을 강조하고 있다는 것이다. 롤즈
의 정치적 자유주의는 사회 전체의 측면에서 포괄적인 종교적, 철학적,
도덕적 교설을 허용하고 있지 않지만, 개인적 측면에서는 그것을 허용
할 뿐만 아니라 보장까지 하고 있다.94) 롤즈는 자유주의적 공동체가 단
순한 "사적인 사회(private society)"가 아니라고 주장한다. 이제 자유주
의적 공동체에서 정치적 공동체에서의 참여와 정치적 자유주의에 의해
서 규제된 사회 자체가 "본질적 가치"를 가진 것으로까지 인정되고 있
다.95) 그래서 롤즈는 공동체주의자들이 흔히 원용하고 있는 니콜로 마
키아벨리(Niccolò Machiavelli) 혹은 알렉시스 드 토크빌(Alexis de
Toqueville)에 의해서 주장된 "고전적 공화주의"는 자유주의와 양립 가
능하다는 것을 인정한다. 그러나 롤즈는 아리스토텔레스 혹은 루소에
의해서 주장된 "시민적 인본주의"는 정치적 참여가 인간 본성의 실현
에 관련된다는 포괄적인 정치철학적 교설로 간주하고 그것을 배척한
다.96) 이러한 관점에서 롤즈는 국가 전체를 하나의 공동체로 보는 것에
는 반대하고 있다.97) 롤즈의 이러한 자유주의적 공동체론은 아마도 공
동체주의의 자유주의 비판에 대한 롤즈의 답변 중에서 가장 중요한 것
이라고 말할 수 있을 것이다.98)

4. 결론: 논쟁의 성과 분석과 현대 실천철학의 방법론적 과제

우리는 자유주의 대 공동체주의 논쟁을 도덕체계적인 측면에서는 의
무론과 목적론의 대립, 그리고 도덕적 주체의 측면에서는 권리와 자유
의 담지자로서의 추상적 개인과 공동체적 도덕의 수용자로서의 구체적

사회 구성원의 대립이라는 방법론적 쟁점을 통해서 살펴보았다. 그러한 쟁점을 상세히 부각시키기 위해 우리는 공동체주의자들 중에서 가치통합론자로 분류되는 매킨타이어와 샌델을 선정하여 공동체주의의 자유주의에 대한 비판을 논의했다. 우리가 2절에서 논의한 바와 같이, 매킨타이어는 자유주의적 의무론의 역사적 허구성을 비판하면서 아리스토텔레스적 덕의 윤리의 부활을 주장하였고, 샌델은 의무론적 자유주의의 형이상적이고도 추상적인 무연고적 자아를 비판하면서 연고적인 구성적 자아를 기반으로 하는 공동선의 정치를 주장하였다. 3절에서는 이러한 공동체주의에 대해서 자유주의가 어떻게 대응할 수 있는가를 롤즈의 정치적 자유주의를 통해서 논의했다. 롤즈는 근대 자유민주주의 사회의 다원주의적 사실을 감안해볼 때 매킨타이어의 목적론은 포괄적인 도덕적 교설로서 충분한 사회적 합의를 이끌어낼 수 없으며 또한 그러한 포괄적인 도덕의 실행은 전체주의적 함축성을 가질 수밖에 없다고 답변한다. 그리고 샌델에 대해서 롤즈는 자유롭고 평등한 도덕적 주체라는 개념이 인간의 본성에 대한 존재론적 언명이나 형이상학적 언명은 아니고 근대적 입헌민주주의라는 구체적 전통과 역사에 내재한 직관적 신념이라는 답변을 보낸다. 이러한 답변에 일관되기 위해서 롤즈는 자유주의적 개인주의도 포괄적인 철학적 교설이 아니고 사회 전체의 위협으로부터 개인의 인권을 보장하고 또한 다원사회에서의 자발적인 중첩적 합의를 이끌어내기 위한 정치적 개인주의라는 것을 강조한다. 이상과 같은 논쟁에 대한 전반적인 평가는, 공동체주의는 자유주의가 이룩한 개인적 인권과 자유의 사회적 확보라는 공헌을 무화할 수는 없으므로 자유주의에 대한 전면적 대안이 아니라 부분적 보완으로 보아야 한다는 것이다. 이러한 관점에서 우리는 롤즈의 자유주의적 공동체론을 중요한 시도로 평가했다.

그러나 우리의 이상과 같은 평가는 자유주의와 공동체주의 사이의 가장 기초적인 논쟁을 탐구한 결과에 불과하다. 롤즈를 위시한 자유주의자들도 논쟁에 관련해서 계속 후속작을 내놓고 있고, 매킨타이어를 비롯한 공동체주의자들도 그들의 논의를 가일층 심화시키고 있지만 우리는 그러한 것을 전혀 다루지 못했다.99) 또한 우리는 비목적론적 참여주의자들로 분류되고 있는 바버와 월저, 그리고 웅거와 테일러 등 다른 공동체주의자들의 입장도 전혀 다루지 못했다. 또한 우리의 논의는 논쟁의 방법론적 측면에 치중함으로써 논쟁의 현실적 함축성에 대한 구체적 논의도 하지 못했다. 논쟁의 현실적 함축성은 동일한 정책의 상이한 해석, 즉 민권운동, 의무교육의 확대와 지방자치제도 등에 대한 다른 해석으로부터 사회의 도덕적 규제(음란서적의 규제), 교육의 목표와 방식(특정한 가치관 교육, 공립학교에서의 종교 교육과 기도의 문제), 정치경제제도(참여 민주주의, 노동자 자주관리제도, 분배 및 조세제도, 공동체의 해체 방지를 위한 보조금과 산업시설 설치의 규제 문제), 법률제도(자유주의의 다반사적 법률 소송과 공동체주의적 조정의 가능성) 등에서의 정책적 차이에 이르기까지 다양하게 걸쳐 있다.100)

우리는 그렇다고 해서 우리의 논의가 무의미했다고는 생각하지 않으며, 자유주의 대 공동체주의 논쟁에 관한 우리의 논의 범위 안에서 다음과 같은 세 가지의 잠정적 성과를 분석해냄으로써 그것들로부터 현대 실천철학의 방법론적 과제를 정립해보려고 한다.

첫째, 자유주의와 공동체주의는 극도의 양극화 혹은 이원론의 횡포(the tyranny of dualism)로부터 벗어나야 한다는 것이다.101) 즉 우리의 자기정체성은 우리의 목적으로부터 완전히 독립적이어서 우리는 자유롭게 우리의 인생계획을 선택할 수 있거나 아니면 우리의 자기정체성은 공동체에 의해서 완전히 구성되며 따라서 사회적 목적에 의해서 제약된다, 정당성이 선에 대해서 절대적인 우선성을 가지거나 아니면 공동선이 정당성을 완전히 압도한다, 정의는 모든 역사적, 사회적 특수성으로부터 독립적이거나 아니면 덕은 특수한 사회적 관행에 완전히 의존한다 등이 이원론의 횡포이다. 우리의 논의도 어떤 경우에 설명의 편의를 위해서 그러한 극심한 이분법에서 출발한 것도 사실이나 자유주의와 공동체주의의 대립을 구체적으로 탐구해보면 그렇게 간단한 것은 아니다. 이미 논의했듯이 롤즈는 우리가 개인적인 차원에서는 귀속과 정적 유대를 가지고 있다는 것을 인정하고 있고,[102] 또한 정당성과 선의 개념이 상보적이라는 것을 강조한다.[103] 매킨타이어도 덕의 윤리가 규칙의 윤리를 대체하려고 한다는 것은 오해라고 강조하며 덕의 윤리는 규칙의 선정과 아울러 규칙의 구체적인 적용에 관계된다는 것을 밝힌다.[104] 또한 매킨타이어는 우리의 도덕적 자기정체성이 사회적 역할에 의해서 제약된다고 주장하지만, 그것도 다만 "부분적(in part)"으로 제약될 뿐이다.[105] 샌델의 경우도 깊숙한 사회적 연고를 가진 구성적 자아를 강조하기는 하지만, 그것도 다만 "부분적(partly)"으로 구성될 뿐인 것은 마찬가지다.[106] 매킨타이어와 샌델은 따라서 자유주의적 개인에게 자율적인 선택 영역을 남겨주고 있는 듯이 보인다. 그렇다면 도대체 자유주의와 공동체주의의 대립은 무엇이란 말인가? 그것은 페르디난트 퇴니스(Ferdinand Tönnies)가 지적한 것처럼 "어떤 사회나 공동사회(Gemeinschaft)의 요소와 이익사회(Gesellschaft)의 요소를 동시에 가지지 않는 사회는 없다"는 것을 나타내는 것인가?[107] 우리는 자유주의와 공동체주의가 전혀 관계없는 다른 두 요소를 다루고 있다고 해석할 수는 없을 것이다. 문제는 어떠한 요소가 사회적으로 볼 때 지배적이냐 하는 것이다. 중요한 것은 지배적이면서도 상보적인 관계를 찾는 것이므로 평행적 상보성으로서의 단순한 절충주의는 무의미하며 서열적 상보성으로서 자유주의의 한도 내에서 공동체주의적 가치의 실현 방도를 찾아야 할 것이다.[108] 이러한 관점의 한도 내에서 우리는 철학자들에게 그가 비판하는 "상대편의 허울 둘러씌우기(tu quoque, you too argument)"가 유행하는 것을 용인할 수 있을 것이다. 즉 롤즈의 입장을 "공동체주의적 자유주의"라고 한다거나 혹은 매킨타이어가 아리스토텔레스의 형이상학적, 생물학적 목적론을 거부하는 점에서 "어쩔

256

수 없는 근대주의자"라고 부르는 것이 그것이다.109)

둘째, 자유주의의 방법론적 정초가 근대의 역사적 전통과 문화에 내재하고 있다는 인식의 확산이다. 이러한 인식은 방법론적 측면에서 볼 때 역사, 문화, 전통을 강조하는 공동체주의적 방식으로 자유주의가 재해석 혹은 재강화될 수 있다는 것이다. 우리는 롤즈의 정치적 자유주의에 대한 논의를 통해서 그러한 인식의 방법론적 함축성을 간략히 다루었다. 물론 그러한 인식은 전혀 새로운 것은 아니며 자유주의 진영에서도 리처드 로티(Richard Rorty)와 존 그레이(John Gray)에 의해서 이미 병행되고 있었던 것이다. 매킨타이어도 이제는 자유주의가 전통이라는 것을 인정한다.110) 그러나 자유주의의 그러한 방법론적 정초에 대한 해석의 변경은 작게는 자유주의의 오랜 신념이었던 도덕적 규범의 보편적 정당화 가능성, 그리고 크게는 실천철학의 위상 자체에 대한 심각한 논란을 제기하게 된다는 점이다. 한편으로 자유주의는 롤즈의 정치적 자유주의에서 보는 것처럼 역사주의적, 반보편주의적 성향을 갖는다고 할 수 있을 것이다. 그러나 다른 한편으로 롤즈의 정치적 자유주의는 근대적 다원사회의 도덕적 평가에 대한 보편적 기준을 아직도 견지하고 있다고 할 수 있을 것이다. 따라서 반보편주의라기보다는 오히려 "상황적 보편주의(contextual universalism)"라고 하는 것이 나을 것이다. 그리고 실천철학의 위상에 관련해서도, 한편으로 롤즈는 논란의 여지가 있는 철학적, 형이상학적 주장으로부터 가능한 한 독립을 시도한다는 점에서 "철학의 종언"을 주장하고 있는 듯이 보인다. 그러나 다른 한편으로 롤즈는 실천적으로 비생산적인 무모한 이론적, 방법론적 소모전을 자제함으로써 실행 가능한 실천적 정치철학을 제시한 것으로 볼 수도 있다.111)

도덕적 규범의 근거와 그 정당화 가능성에 대해서 주목할 사실은 롤즈가 방법론적으로 공동체주의적 전환을 했고 또한 그러한 점에서 도덕적 규범이 철학에 의한 "독창적인 창조(original creation)"의 대상이 아니라는 것을 인정한다는 점이다.112) 그러나 롤즈의 방법론은 기본적으로 도덕을 주어진 것으로 보는 공동체주의와는 확연한 차이점을 남겨두고 있다. 즉 롤즈는 자유롭고 평등한 인간들 사이의 공정한 사회적 협동이라는 직관적인 신념에서 출발하기는 하지만, 그러한 신념적 전제로부터 그의 정의 원칙들이 바로 도출되어 나오는 것은 아니다.113) 아직도 롤즈는 선택의 공정성을 확보하기 위한 원초적 입장을 설정함으로써 실질적 결론을 도출하는 계약론적 구성주의를 취하고 있다. 따라서 방법론적으로 볼 때 롤즈는 자유주의 정치문화에 내재한 기본적인 신념에 대해서는 발견적 직관주의를, 실질적 결론에 대해서는 합리적 구성주의를 혼용하고 있다. 그러나 기본적 신념도 자명하게 참으로 "주어진 것"이라고 볼 수 없고 주어진 것에 대한 논란의 여지는 항존하고 있다. 예를 들면 자유지상주의적인 경쟁적 개인주의를 주장하는 노직은 롤즈의 분배적 관점에서의 평등한 존재라는 신념을 비판하고 나선다는 것이다. 이러한 시각에서 볼 때 롤즈는 주어진 것에 대한 나름대로의 해석과 명료화에 의존하고 있는 것이다. 따라서 롤즈는 발견, 해석, 구성이라는 세 가지 방법을 혼용하고 있음이 밝혀진다. 또한 해석된 전제와 도출된 결론에 대한 중첩적 합의를 통해서 공적 정당화를 시도하고 있는 점에도 심각한 문제가 도사리고 있다. 그것은 소위 "민주주의적 정당화의 역설", 즉 평가의 대상이 평가의 기준이 되는 아이러니에 빠지게 된다는 것이다.114) 롤즈의 정의론은 현존하는 사회의 기본구조를 평가하기 위한 아르키메데스적인 독립적 기준을 설립하는 것을 목표로 하고 있다.115) 그러나 그러한 평가는 현존하는 사회의 기본구조에 심각한 영향을 받고 있는 사람들의 계약적인 중첩적 합의에 결정적으로 의존하게 된다는 것이 문제이다. 롤즈가 이것을 피해 나갈 수 있는 유일한 방법은 계약 당사자들의 현존하는 욕구들을 그대로 반영하는 것이 아니라 그것들을 정화하고 여과하는 "광역적인 반성적 균형상태"라는 정합적 방법론이다.116) 그것은 기본적 여과 장치, 즉 무지의 장막, 그리고 일반성과 보편성 등 형식적 제한조건, 중립적인 사회적 기본가치가 설정되는 원초적 입장의 구성에서 수용된 전제와 도출된 결론인 정의 원칙 사이의, 특수적 도덕판단과 정의 원칙 사이의, 그리고 전제와 원칙과 배경적인 사회적 이론과 상황 사이의 다각적인 상호 조정이다. 그런데 만약 어떠한 "고정점(fixed points)" 혹은 "발판(foothold)"을 발견할 수 없다면, 상호 조정은 순환성을 회피할 수 없게 된다.117) 그러나 롤즈가 그러한 고정점으로 본 "자유롭고 평등한 도덕적 인간"도 역시 주어진 것으로서 확고부동한 것은 아니며 그것도 한 해석에 의존할 수밖에 없는 것이다.118) 따라서 우리는 다시 발견과 해석과 구성의 혼용이라는 처음의 문제로 되돌아오게 되는 셈이다.

셋째, 공동체주의는 아직도 자유주의에 대한 부정적 비판(via nega-tiva)의 수준에 머무르고 있으며, 공동체주의적 가치의 실현을 위한 구체적인 현실적 전략이 결여되어 있다는 것이다.119) 기본적으로 매킨타이어는 기독교적 전통을 유지하고 있는 소규모적인 지방적 공동체의 건설을 주장하고 있고, 샌델은 고전적 공화주의의 모델을 주장하고 있다. 그러나 공동체주의자들은 자주 아무런 이론적 기점도 없이 다양한 형태의 공동체를 나열만 하고 있는 것도 사실이다. 매킨타이어는 가족, 도시, 종족, 국가를 말하고 있고,120) 샌델은 가족, 공동체, 국가, 민족을 말하고 있다.121) 그들은 개인과 공동체 사이의 갈등과 하위 공동체들 사이의 갈등을 무시할 뿐만 아니라 하위 공동체와 상위 공동체가 아무런 대립도 없이 화합을 이룰 수 있다고 보는 믿기 어려운 신념을 견지하고 있다. 아마도 소규모적이고 정태적이고 고립적인 면접적 공동체에서 매킨타이어와 샌델과 같은 가치통합자들의 이상이 실현될 수 있을지도 모른다. 그러나 그들이 공동체의 역동적 구성과 다양한 공동체들 사이의 관계 설정 방식에 대한 논의를 전개하지 않음으로써 그들의 입장은 유토피아적 풍미와 전체주의적 함축성을 내포할 수밖에 없는 것이다. 샌델은 『정의란 무엇인가』 1강에서 도덕적 추론에서 딜레마에 대한 이해가 매우 중요하다는 것을 말하면서도,122) 정작 자신의 공동체주의가 어떠한 딜레마에 봉착하고 있는가는 무시하고 있다.

아마도 공동체주의자들 중에서 그러한 문제를 가장 심각하게 인식하고 있는 것은 웅거일 것이다. 그는 아래와 같은 "공동체주의 정치학의 딜레마"를 통해 그러한 문제를 적나라하게 밝혀주고 있다.123)

공동체주의 정치학의 딜레마

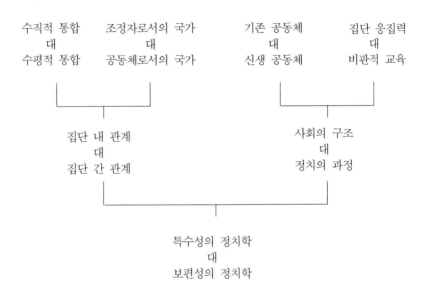

공동체주의 정치학의 딜레마는 우선 ① "수직적 통합 대 수평적 통합"의 딜레마이다. 다양한 공동체들이 존재했을 때 공동체주의는 위계질서를 가진 공동체들의 수직적 통합을 우선으로 하는가, 아니면 동등한 지위를 가진 다원적 공동체들의 수평적 통합을 중시하는가의 문제가 발생한다. 그 다음은 ② "조정자로서의 국가 대 공동체로서의 국가"의 딜레마가 발생한다. 공동체주의는 국가를 모든 하위 공동체들을 조정하고 통괄하는 것으로 보는가, 아니면 국가도 하나의 공동체, 혹은 이익공동체의 하나로 보는가의 문제가 발생한다. 그 다음으로 ③ "기존 공동체 대 신생 공동체"의 문제가 발생한다. 만약 기존 공동체와 신생 공동체가 다양한 이유로, 예를 들면 쓰레기장 등 혐오시설 설치, 철도와 버스 등 교통 노선, 과세 문제, 공립학교의 종교적 오리엔테이션에 관련된 문제 등으로 갈등한다면 샌델의 공동체주의는 누구의 편을 들어야 할 것인가?

그 다음은 공동체주의에 관련해서 가장 중요한 비판인 ④ "집단 응집력 대 비판적 교육"의 문제가 발생한다. 공동체주의는 집단 응집력을 우선시하지만, 그것은 공동체를 비판적으로 보는 능력을 저하시킨다고 할 수 있다. ①번 딜레마와 ②번 딜레마를 종합해서 보면, ⑤ 집단 내 관계와 집단 간 관계의 딜레마가 발생한다. 공동체주의는 기본적으로 집단 내 관계를 중시하고 있지만 이러한 태도는 다른 집단에 대한 배타성을 키울 가능성이 농후하다. ③번 딜레마와 ④번 딜레마를 종합해서 보면 ⑥ "사회의 구조 대 정치의 과정"의 딜레마가 발생한다. 공동체주의는 공동체 사회의 구조기능주의적 측면을 통해 갈등이 자동적으로 해결되는 것으로 가정하지만, 실제적으로 보면 다양한 이익집단 혹은 이익공동체들의 정치적 타협과 합의의 과정에 의거하는 것이 그 진상이다.124)

이상의 여섯 가지의 딜레마를 종합한 것이 ⑦ "특수성의 정치학 대 보편성의 정치학"이다. 공동체주의는 한 공동체를 기점(基點)으로 정하는 순간 그것은 타 공동체들과 상위 공동체에 대해서 특수성을 갖게 된다. 그러나 기점적 공동체는 내부적으로 볼 때 그것에 속해 있는 하위 공동체들과 집단들과 개인들에 대해서는 보편성을 가지게 된다. 그래서 공동체주의는 특수성의 정치학과 보편성의 정치학을 동시에 진작시켜야 하는 의무를 갖는다. 웅거 자신의 해결책은 초월적 내재자로서의 "숨어 계시는 신(*Deus absconditus*)"에 의지하는 것이다. 숨어 계시는 신은 중대한 역사적 상황에서의 구원을 위해 섭리에 의해서 "스스로를 계시하시는 신(*Deus revelatus*)"이시기도 하다.125) 이것은 하나의 "데우스 엑스 마키나(*Deus ex machina*)"이다.126) 즉 신에게 귀의하여 딜레마로 점철된 공동체주의의 절망적인 상황을 타개하려는 것이다.

우리는 물론 자유주의가 이상과 같은 딜레마들을 해결했거나 아니면 완전히 해결할 가능성이 있다고 주장하는 것은 아니다. 롤즈의 자유주의적 공동체론도 사실 이상과 같은 딜레마들을 회피할 수 있을 만큼 충분한 기반을 가지고 있는 것은 아니다. 이제 인류는 논문의 서두에서 말한 것처럼 심각한 현실적 문제들을 전 지구적 안건으로 상정을 하고 있지만, 즉 지구 공동체적 안건으로 인식을 하고 있지만, 특수적 국가 사회와 보편적 인류의 생존과 번영 사이의 조화로운 해결책을 아직 찾고 있지 못하고 있다. 이러한 인류의 당면과제를 놓고 볼 때 자유주의 대 공동체주의 논쟁은 철학의 유구한 방법론적 논쟁의 한 단면임을 여실히 보여주고 있다. 그것은 기본적으로 개인이라는 특수성과 공동체라는 보편성의 대립이지만 이론적으로 볼 때는 역으로 자유주의적 보편성과 공동체주의적 특수성의 대립이기도 하다. 더 나아가서 그것은 내재와 초월, 중심과 주변, 마을과 코스모폴리스, 근접과 거리, 몰입과 초연, 구성원과 국외자, 동일성과 차이성, 역사와 자연, 연속성과 균열의 딜레마이기도 하다. 아마도 현대 실천철학의 가장 중요한 방법론적 과제는 그러한 딜레마에 대한 깊은 이해와 아울러 현실적으로 실행력이 있는 역동적 해결 방안들을 인류에게 어떻게 제시할 수 있느냐 하는 것일 것이다. 우리는 자유주의가 그러한 해결 방안의 제시에 가장 효과적일 것이라는 고정적 선입견을 가질 필요는 없을 것이다. 자유주의는 아직도 개인적 합리성이 사회적 합리성으로 이어지지 못하는 "수인의 딜레마"와 공공재의 설비에 있어서의 "무임승차자의 문제"를 완벽히 해결하지 못하고 있다.127) 우리는 다양한 철학적 방법론들이 그러한 해결 방안의 제시에 가담할 수 있는 개방적 가능성을 항상 인정해야만 할 것이다.128) 아마도 그러한 개방적 정신은 "철학 자체에 관용의 원칙을 적

용하는 것"의 진정한 의미가 될 것이다.129)

　자유주의 대 공동체주의 논쟁이 우리 한국사회와 갖는 현실적 관련성은 자못 심대하다고 아니 할 수 없다. 우리에게는 어쩌면 자유주의적 폐해를 공동체주의적으로 보완해야 하기보다는 오히려 지연, 혈연, 학연이라는 전근대적인 폐쇄적 연고주의와 지역감정과 출세지상주의적 순종주의를 타파하기 위해서도 개개인의 재능과 창조성과 인권이 존중되는 자유주의가 확대되어야 할 것이다. 그리고 우리의 정치문화에는 아직도 사회적 갈등에 대해서 민족과 국가와 공동체라는 미명을 앞세우면서도 실상은 그것을 전체주의적 억압을 통해서 해결하려는 시도가 잔존하고 있다는 것을 자각하지 않으면 안 될 것이다. 또한 그러한 억압에 대해서 국민의 심한 반발이 때때로 터져 나오고 있는 사실을 감안한다면, 사회적 갈등의 처리와 새로운 정책의 수립과 실행 과정에 있어서 국민들 사이의 의견 수렴과 합리적인 계약적 합의를 통한 해결 가능성을 추구하는 롤즈식의 정치적 자유주의와 자유민주주의적인 정치문화의 정착이 절실히 요청된다고 하겠다.

제 2 장

공동체주의 정의관의 본질과 그 한계

1. 서론: 자유주의 대 공동체주의 논쟁과 사회정의의 문제

공동체에 관한 이론은 사상사적으로 유구한 연원을 가지고 있다. 그러나 "공동체주의(communitarianism)"라는 하나의 특정한 사상 사조는 근래의 현상이다. 그것은 지금까지 서구사회에서 주도적인 위치를 차지해왔던 자유주의의 이론적 한계와 자유주의적 사회제도와 관행의 부적합성에 대한 비판적 대응책으로서 1980년대에 비로소 등장했다. 공동체주의가 비판의 대상으로 삼는 자유주의는 특히 존 롤즈(John Rawls)에 의해서 주도된 새로운 유형의 자유주의이다. 롤즈는 1970년대 초반에 『정의론(*A Theory of Justice*)』을 발간했다. 이 책은 통상적으로 제2차 세계대전 이후 도덕 및 정치철학에 있어서 가장 중요한 텍스트로 간주된다.[1] 롤즈는 그 당시까지 도덕 및 정치철학에서 지배적인 영향력을 행사해왔던 공리주의를 버리고, 사회계약론의 전통에 근거해서 자유주의를 재구성한다.[2] 이 책에서 롤즈는 분배적 정의의 도덕적 기준 설정과 그와 관련된 복지국가의 정치적 타당성 입증이라는 중대한 실천적 과제를 제시하고, 그러한 과제를 해결하려고 한다. 이러한 롤즈의 "새로운 유형의 자유주의(a new liberal paradigm)"는 권리와 정당성의 문제를 가장 주요한 논제로 제기하면서, 그것들을 개인주의적 관점에서 재구성하고 정당화한다.3) 요약하면, 이러한 새로운 유형의 자유주의는 "의무론적인 권리준거적 이론(deontological right-based theory)"이다. 이 이론은 하나의 가상적 사고 실험에 근거하고 있으며, 이러한 실험은 우리의 개인적, 집단적 편견을 가능한 한 제거함으로써 정의의 원칙들을 도출하기 위한 공정한 선택 상황을 마련해주는 역할을 한다. 이러한 공정한 사고 실험의 의미는 정의로운 사회가 어떤 특정한 가치관을 증진시키는 것이 아니라, 개인들이 다른 사람들의 동일한 자유와 양립 가능한 방식으로 각자의 가치와 인생계획을 추구할 수 있는 기본적인 권리와 자유들의 중립적 체계를 제공한다는 것이다. 여기서 롤즈의 정의론은 권리준거적이라는 점이 명백히 드러난다. 그것은 정당성(the right)을 특정한 가치관(a specific conception of the good)과 구별하고 또한 그것에 선행시킨다는 의미에서 목적론적 윤리설(teleological ethical theory)이 아니라 의무론적 윤리설(deontological ethical theory)이 된다.4)

이러한 배경적 상황을 감안한다면, 공동체주의적 비판의 표적이 "개인의 권리와 자율성과 아울러 보편적으로 적용되는 도덕원칙이라고 간주되는 정의의 원칙에 대한 합리적 정당화의 과정에 밀접하게 관련된 자유주의"라는 것은 자명하다.5) 우리는 여기서 사회정의의 문제가 공동체주의적 비판에 있어서 중심적 위치를 차지하고 있다는 점을 알 수 있다. 자유주의 대 공동체주의 논쟁에 있어서 사회정의의 문제는 방대하고도 광범위한 영역에 걸쳐서 존재하고 있다. 사회정의의 문제는 방법론적 문제들뿐만 아니라 실질적인 문제들에도 동시에 관련되어 있다. 방법론적 관점에서 공동체주의자들은 자유롭게 선택하는 합리적 개인이라는 자유주의적 개인주의의 전제는 잘못된 것이거나 오도된 것이라고 주장한다. 그래서 그들은 인간의 행위를 이해하는 유일한 길은 개인들을 그들이 처한 사회적, 문화적, 역사적 상황 속에서 파악하는 것이라고 주장한다. 실질적 관점에서 공동체주의자들은 자유주의적 개인주의의 전제들이 도덕적으로 만족스럽지 못한 결과를 야기한다고 주장한다. 이러한 결과들의 예를 들면, 진정한 공동체 수립의 불가능성, 공동체에 의해서 유지되어야 할 가치 있는 삶이라는 관념의 경시, 이기심의 만연과 그에 따른 애국심과 소속감 등 유익한 사회적 덕목의 상실, 그리고 사회적 재화의 불공정한 분배 등이다.6) 자유주의 대 공동체주의 논쟁에 관한 다양한 해석이 존재하고 있지만, 주요한 쟁점들은 자유주의적인 고립적 자아관, 자유주의적인 반사회적 개인주의와 공동체의 개념, 반완전주의와 중립성, 자유주의적 보편주의, 가치 주관주의와 상대주의, 선에 대한 정당성의 우위와 정의의 우선성, 정치적 참여의 경시, 그리고 분배적 정의의 본질과 영역이다.7) 우리는 여기서 이러한 문제들을 모두 다룰 수는 없으므로 정의의 우선성, 그리고 분배적 정의의 본질과 영역의 문제를 중심으로 해서 논의를 전개할 것이다.

우리는 공동체주의의 주요한 비판의 대상이 자유주의라는 것을 언급했지만, 주지하는 바와 같이 자유주의에도 여러 가지 유형이 있다. 자유주의는 공리주의, 자유지상주의, 롤즈적인 평등주의적 자유주의로 대별할 수 있다. 공동체주의는 공리주의, 자유지상주의, 평등주의적 자유주의 이론들이 모두 지나치게 개인주의적이라는 점에서 오도된 것이라는 생각에 의해서 촉발되었다. 자유주의자들은 사회가 추상적 개인들로 구성되며, 각 개인들이 그들의 권리와 선호를 단순히 사회 속으로 가져오는 것으로 생각한다. 반면에 공동체주의자들은 개인들이 사회적, 역사적 상황 속에 처해 있고, 또한 공동적 가치와 가치 있는 삶의 이상으로 결부된 공동체의 구성원임과 동시에 그 공동체에 책임을 지고 있다고 주장한다. 그렇다면, 공동체주의자들은 정의의 본질과 역할을 어떻게 규정하고 있는가? 그들은 정의가 우리로 하여금 각자가 소속된 특정한 공동체를 결속시키고 있는 삶의 가치와 이상들을 증진하도록 하며, 더 나아가서 사회적 자원의 분배가 이러한 가치들과 이상들을 반영하도록 편성되어야 한다고 본다. 따라서 공동체주의자들은 자유주의가 정의를 "사회제도의 제1덕목"이라고 찬양하는 것은 잘못된 것이며,[8] 정의는 기껏해야 공동체적 가치의 증진과 분배를 위한 보조적 역할을 하는 것에 불과한 것으로 보는 경우가 많다. 이러한 견해를 더 밀고 나가면, 정의는 오직 더 높은 공동체적 가치들이 파괴된 상황에서만 필요한 "교정적 덕목(a remedial virtue)"에 불과한 것이 된다.[9] 정의의 본질과 역할에 대한 이러한 공동체주의자들의 견해를 볼 때, 사회정의의 문제를 둘러싼 자유주의와 공동체주의의 논쟁은 단순히 정의로운 행동과 정의로운 사회제도를 유지하기 위한 정의의 기준 혹은 표준의 설정에만 관련된 것이 아니다. 그것은 또한 정의(특히 분배적 정의)가 어떠한 종류의 가치인가 하는 문제에도 관련된다.[10] 공동체주의자들에게서 첫 번째 문제의 해결은 상당한 정도로 두 번째 문제의 명료화를 전제하고 있다.[11]

본 논문은 사회정의의 문제에 관련된 자유주의와 공동체주의의 논쟁에 관하여 네 명의 대표적인 공동체주의자들, 즉 알래스데어 매킨타이어(Alasdair MacIntyre), 마이클 샌델(Michael Sandel), 마이클 월저(Michael Walzer), 찰스 테일러(Charles Taylor)를 통해서 살펴보는 것이다.[12] 우리는 자유주의적 정의관에 대한 그들의 비판과 아울러 그들 자신의 공동체주의적 정의관을 차례로 살펴보고 비교할 것이다. 우리는 이러한 네 명의 공동체주의자들이 가지고 있는 공통의 주제를 확인함과 동시에 그 이론적, 실천적 차이점에도 주목하려고 한다. 이러한 논의를 통해서 우리는 사회정의의 문제를 둘러싼 자유주의와 공동체주의의 논쟁을 철학적으로 평가해봄으로써 현대 실천철학의 과제를 파악하려고 한다. 이러한 일반적이고 포괄적인 목표를 달성하기 위해서 우리가 먼저 해야 할 일은 네 명의 공동체주의자들의 정의관을 통해서 과연

"공동체주의 정의관"의 일반적 모형을 도출할 수 있는가를 탐색하는 일이다.

2. 공동체주의 정의관의 기본적 유형들과 롤즈의 자유주의 정의론 비판

1) 매킨타이어: 전근대적인 완전주의적 정의

그의 주저 『덕의 상실』에서13) 매킨타이어는 현대 윤리학설에는 "니체인가, 아니면 아리스토텔레스인가?"라는 오직 두 가지의 선택지밖에 없다고 주장한다.14) 즉, 현대 윤리학에는 계몽주의적 개인주의를 영웅적인, 그러나 불모의 도덕적 허무주의로 소진시키는 도덕철학이나, 아니면 공동체의 개념, 공유된 가치관, 인생의 목적(telos), 설화, 관행과 전통에 근거하는 도덕철학이라는 두 가지 선택지밖에 없다는 것이다. 매킨타이어는 인간의 본성에 대한 아리스토텔레스적인 목적론적 개념과 행위 주체자로서의 인간에 대한 상황론적 견해를 피력한다.15) 도덕과 정치에 합리적 근거를 제시하려고 했던 근대 "계몽주의적 기획"의 가장 큰 과오는 인간의 본성에 대한 목적론적 개념과 행위 주체자의 상황론적 이해를 동시에 거부한 것이다. 목적론적 견해에 따르면, 도덕적 행위는 의무론처럼 규칙과 원칙에 대한 양심적 고수가 아니라 선의 실현을 목표로 하는 덕의 실행을 그 특성으로 한다.16) 이러한 관점에서 매킨타이어는 롤즈와 노직의 원칙-중심적 의무론적 정의관은 "우리에게 아무런 도움도 되지 않는다"고 비판한다.17)

매킨타이어는 도덕적 삶과 그에 부수되는 덕목들은 오직 공유된 가치관으로 통합된 지방적 형태의 공동체와 함께 번성할 수 있다고 주장한다. 근대 자유주의 이론의 중요한 결점의 하나는 도덕적 인격의 구성체로서, 그리고 도덕적 관행의 근거지로서의 공동체에 대한 적절한 이론이 결여되어 있다는 것이다. 따라서 매킨타이어는 롤즈와 로버트 노직(Robert Nozick)의 반사회적인 개인주의는 "마치 우리가 각자 서로 모르는 일단의 낯선 사람들과 함께 무인도에 난파된 것처럼 간주한다"고 신랄하게 비판한다.18) 매킨타이어는『덕의 상실』제17장에서 롤즈와 노직의 자유주의적 정의관들을 비교하고 비판하면서 정의관의 구체적 내용에 관한 중대한 지적을 한다. 즉 롤즈와 노직의 정의관에는 실제 사회에서 비슷한 정의관을 가진 사람이라면 그들의 정치적 논의에 있어서 당연히 고려하야 하는 응분(desert)의 개념이 어떠한 위치도 차지하지 못한다는 것이다. 응분의 개념을 수용하는 강력한 사회적 유대가 결여되어 있는 현대 미국의 다원주의적 문화에는 롤즈의 필요 개념과 노직의 합당한 권리 개념 사이의 갈등을 해소하거나 그 비중을 재는 어떠한 합리적 기준도 존재하지 않는다는 것이다.19) 여기서 매킨타이어는 자유주의적 개인주의 철학자들이 어떠한 합리적 해결도 불가능한 불가통약적 전제와 논증들을 노정하고 있을 뿐이라고 힐난한다.20)

매킨타이어는 정의를 일종의 응분이라고 주장한 바 있지만, 동시에 정의를 관행의 내재적 구성 요건으로 간주한다.21) 이것이 어떻게 가능한가 하는 질문은 그의 정의관의 긍정적 측면을 이해하는 관건이 된다.22) 즉 여러 덕목들, 진실, 용기, 정의, 절제는 그 자체로 어떤 특정한 관행의 내재적 가치를 달성 가능하게 하는 획득된 경향성(acquired dispositions)이다. 매킨타이어가 의미하는 응분은 진정한 인간적 삶의 목적(telos)에 따른 탁월성의 개념에 상응해서 어떤 특정한 사회적 관행 속에 독특한 방식으로 존재한다. 모든 관행은 탁월성과 성취의 기준을 가지고 있으며, 모든 사람들이 그러한 기준에 의거해서 최고의 성취자가 최고의 보상을 받고, 그 다음의 성취자는 그 다음의 보상을 받는 방식으로 각자가 행위하고 사회가 영위될 때 정의는 달성된다. 다시 말하면, 사회의 모든 구성원들은 사회적 재화들이 응분에 따라서 분배되기를 기대하며, 그러한 응분은 공동선의 추구에 있어서의 상호 의존성을

그 기초로 한다. 매킨타이어는 자기의 입장을 다음과 같이 일목요연하게 정리한다.23)

"정의는, 아리스토텔레스적 견해에 따르면, 각자에게 그의 당연한 몫 혹은 응분의 보상을 주는 것으로 규정된다. 상을 받을 만하다는 것은 어떤 실질적인 방식으로 그러한 [관행 내재적] 선들의 성취에 공헌했다는 것을 의미하며, 그러한 선들의 공유와 공통적 추구는 인간 공동체의 기초를 마련해준다. 그러나 공동체를 형성하고 유지하는 관행 내재적 선들도 우리가 상대적 응분을 평가하려면 어떠한 방식으로든지 서열화되고 평가될 필요가 있다. 그래서 아리스토텔레스적 정의 개념의 실질적 적용은 관행 내재적 선들과 아울러 그러한 다양한 선들을 벗어나는 어떤 [고차적] 선의 이해를 필요로 한다."

매킨타이어는 관행 내재적 선들을 응분의 기준으로 삼음으로써 사회주의의 초석을 놓은 것처럼 보인다.24) 그는 기본적으로 자본주의가 지배인적 관료주의(managerial bureaucracy)의 이데올로기에 의거하고 있다고 신랄하게 비판한다. 관행 내재적 선과 외재적 선의 구분은 자본주의를 비판하는 또 다른 근거를 마련해준다.25) 그러나 자본주의적 시장경제에서 응분은 여전히 재화의 분배를 평가하는 중요한 기준이라고 해석될 수 있다.26)

그렇다면 매킨타이어의 이러한 완전주의적인 응분적 정의관은 자유주의적인 중립적 정의관과 어떻게 대비될 수 있는가? 매킨타이어는 정의 원칙에 대한 중립적 정당화는 존재할 수 없다고 본다. 왜냐하면 모든 정의관은 하나의 전통 속에 위치해 있고, 그러한 전통의 고유한 가치관을 구현하고 표출하는 것이기 때문이다. 따라서 선은 언제나 정당성에 우선한다. 문제는 자유주의적 전통에 의해서 구현된 선의 관념이 다른 관념들에 비해서 합리적으로 우월한가를 보일 수 있는가의 여부이다. 매킨타이어는 이러한 문제를 그의 근래 저작『누구의 정의인가? 어떤 합리성인가?』에서 상세히 다루고 있다.27)『덕의 상실』과는 달리 이제 "자유주의는 하나의 전통으로 인정된다."28) 그리고 이제는 매킨타이어에게 아리스토텔레스적 전통보다는 토미즘의 전통이 보다 중요시된다. 매킨타이어는 원죄와 신의 은총에 관한 토미즘적 전통이 가장 적절한 인간의 덕행을 정초하는 데 필요한 인간 본성의 서술을 제공해 준다고 주장한다. 여기서도 정의는 여전히 응분(desert)으로서 이해된다: "정의는 자신을 포함한 모든 사람에게 각자가 받아야 마땅한 것을 주고, 어떠한 사람도 그들의 응분과 양립되지 않는 방식으로 취급하지 않는 하나의 경향이다."29) 그러나 매킨타이어의 정의 개념에 있어서 가장 중요한 초점은 아리스토텔레스적인 응분의 개념에서 적법성이 정의(justice as legality)라는 것으로 옮겨간다. 즉 정의는 위계적 질서가 잡혀 있는 신법, 자연법, 그리고 실증법이 우리에게 요구하는 것을 행하라는 토미즘적 개념으로 옮겨가고 있다.30) 그의 근래의 책『도덕적 탐구의 경쟁적 입장들: 백과전서, 계보학, 전통』에서31) 매킨타이어는 도덕의 진정한 합리적 탐구는 특정한 유형의 도덕적 공동체와 전통의 구성원이 될 것을 요구한다고 주장하면서, 토미즘적 전통의 옹호를 더욱 공고히 하고 있다. 요약적으로, 우리는 매킨타이어의 정의관을 전근대적인 완전주의적 정의관이라고 특징지을 수 있다.32)

2) 샌델: 교정적 덕목으로서의 정의

『자유주의와 정의의 한계』33)에서 샌델은 자유주의적 정의론의 한계와 비일관성을 입증하기 위해서 롤즈의 정의론에 대한 자세한 분석을 시도한다. 그는 "선에 대한 정당성의 우선성"과 그러한 우선성이 함축하는 "무연고적 자아(the unencumbered self)"의 개념을 주요 비판 대상으로 삼는다.34) 그는 선에 대한 정당성의 우선성은 자아가 목적과 가치와 결속보다 언제나 우선한다는 자아관에 근거하고 있다고 해석한다. 샌델은 이러한 자아관은 현실적으로 볼 때 신빙성이 없다고 주장한다. 왜냐하면 우리는 우리 자신을 공동체의 목적과 가치와 완전히 유리된 것으로 생각할 수 없기 때문이다. 우리가 가진 공동체적 목적의 "구성적(constitutive)" 차원을 인정하는 것은 선에 대한 정당성의 엄밀한 우선성에 도전하는 것이며, 나아가서 상이한 가치관들에 관련한 정의 원칙의 중립성에 의문을 제기하는 것이다.35)

이러한 논의를 통해서, 샌델은 공동체적 공동선에 대한 정의의 우선성을 비판하고, 우정, 자선, 상호 인정의 가치들과 공동선의 획득을 강조하는 정치적 질서를 옹호한다.36) 샌델은 공동선에 대한 정의의 우선성을 주장하는 롤즈의 입장은 오직 목적에 대한 자아의 우선성이라는 선행된 유사한 주장이 타당할 때만 유지될 수 있다고 갈파한다.37) 샌델은 이러한 자아관은 공동체적 목적과 결부가 우리 자신의 자아를 구성하는 역할을 한다는 사실을 설명할 수 없기 때문에 비일관적인 것이라고 주장한다. 무연고적 자아에 대한 이러한 비일관성 논증은 더한층 강화된다. 이것은 무연고적 자아가 사실적이지 않다는 것뿐만이 아니다. 더 나아가서 무연고적 자아는 롤즈의 정의론의 체계에서 선에 대한 권리의 우선성을 확보하기 위해서 요구되는 것이기는 하지만, 롤즈가 정당화하려고 하는 정의 원칙과 비일관적이라는 것이다.

특히 롤즈의 "차등의 원칙", 즉 사회적, 경제적 불평등은 최소수혜자에게 최대이익이 되도록 편성하라는 것이 기본적으로 공동 소유와 비용 분담의 원칙이라는 점을 감안한다면 그 비일관성은 명백하다는 것이다. 차등의 원칙은 사회적 기본가치를 분배함에 있어서 도덕적 유대의 존재와 아울러 구성적 공동체의 존재를 전제하고 있다는 것이다. 그래서 샌델은 롤즈의 재분배적 기획은 불발로 끝나고 만다고 지적한다. 그 이유는 다음과 같다.38) "우리는 정의가 우선성을 가지면서, 동시에 차등의 원칙이 정의 원칙이 되는 그런 유형의 인간이 될 수 없다." 샌델은 개인주의적 자유주의가 옹호하려는 자유시장 경제체제를 비판하고 공동체주의적 복지국가를 지지한다. 그가 명백히 지적한 것과 같이 "복지국가는 … 개인적 권리를 강력하게 보장할 것을 약속하지만, 동시에 시민들에게 높은 정도의 상호 연대성을 요구한다." 그러나 "권리에만 주목하는 [개인주의적] 자아상은 그러한 상호 연대성을 유지할 수가 없다."39) 따라서 샌델은 "차등의 원칙이 명백히 유리(遊離)된 자아관에 의존하는 것"으로부터 탈피할 수 있는 철학적 방도를 제시한다.40)

무연고적인 자유주의적 자아에 대항해서 구성적 목적과 결속적 애착을 고려하는 완전히 상황적인 자아관(the fully situated self)을 제시하면서, 샌델은 우리가 권리와 정의 원칙이 아니라 오히려 공동선에 의해서 사회가 더 잘 통치될 수 있다고 주장한다. 이것은 자유주의가 정의의 근본적 한계를 인식하는 데 실패했다는 것을 의미한다. 샌델의 공동체주의 사회에서 정의는 그 사회가 실현하기를 갈망하는 최고의 덕목은 아니다. 그것은 기껏해야 "하나의 교정적 덕목(a remedial virtue)"에 불과하고, 그것의 가치는 교정해야 할 결함의 존재에 비례할 뿐이라는 것이다.41) 정의가 교정해야 할 결함은 공동체의 상실 혹은 더 엄밀하게 말하면, 공동선에 관한 공유된 관념들이 결여된 다원론적 현상이다. 공동체와 공동선의 상실은 이기심의 팽배를 낳고 그것은 결국 심각한 경쟁과 갈등을 낳기 때문에, 갈등의 해소책으로서 정의의 역할이 강조될 뿐이라는 것이다. 샌델은 여기서 정의에 관한 두 가지 입론을 제시하는 셈인데, 첫 번째가 교정론, 두 번째가 비례론으로 명명될 수 있다.42) 그러나 샌델의 정의관은 여기에 그치지 않고 더욱더 암울한 측면을 드러낸다. 샌델은 "심지어 정의가 완전히 실현된다고 해도 도덕적 손실을 벌충"할 수 없고, 정의가 박애를 대체할 때, "전반적인 도덕적 수준은 하강할 것이다"라고 주장한다.43) 결국 샌델은 다음과 같이 자유주의와 정의의 한계를 요약하고 있다.44)

"정의는 [자유주의의] 그러한 개인주의가 통상적으로 갈등하는 주장들을 야기할 때만 오직 우선적인 것으로 보인다. 정의의 한계는 따라서 갈등을 덜 첨예한 것으로 만드는 이타주의와 자선과 같은 협동적 덕목들을 계발할 수 있는 가능성에 있다. 그러나 이러한 덕목들은 개인주의적 가정에 근거한 사회에서는 결코 번성할 수 없는 바로 그러한 덕목들이다."

정의에 대해서 이러한 비관적 관념을 가지고 있더라도, 샌델에게서도 최소한 분배적 정의의 기준은 있어야 할 것이다. 정의가 교정적이고 2차적인 덕목이라는 조건 아래서, 샌델은 적절한 정의의 신조가 "도덕적 공적(moral merit), 혹은 덕목(virtue), 혹은 본질적인 인간적 가치의 개념들"이라고 본다.45) 우선 샌델은 "비록 [자유지상주의자인] 프리드리히 하이에크(Friedrich Hayek)와 로버트 노직은 [복지 자유주의자인] 롤즈가 옹호하는 재분배적 정책에 반대하고 있더라도, 그들 모두는 수입과 부가 도덕적 공적(merit) 혹은 응분(desert)에 따라서 분배되어야 한다는 관념을 거부한다"는 점을 지적한다.46) 그는 자유주의자들이 도덕적 공적과 응분을 거부하는 이유를 다음과 같이 해명한다. 롤즈에게서 자격과 권리(entitlements)를 공적, 응분, 혹은 덕망에 근거시키는 것은 선을 정당성에 우선시키는 것이 된다. 따라서 정당성의 우선성을 지키기 위해서 롤즈는 분배의 근거를 사회계약적 계산에 따른 "정당한 기대치(legitimate expectations)"에 둔다.47) 하이에크와 노직의 입장은 자격과 권리를 공적 혹은 응분에 두는 것은 사람들이 선택한 대로 교환하고 매매할 수 있는 자유와 그에 따른 이익을 취할 수 있는 자유를 제한하는 것이 된다. 종합적으로 볼 때 자유주의자들에게 있어서 사람들을 공적과 응분과 덕망에 따라서 구분 가능하게 하는 인격적 특성은 자아의 "본질적 구성요소"가 아니라 오직 "우연적 속성"에 불과한 것이 된다.48) 그렇다면, 샌델에게서 도덕적 공적과 응분에 따라서 분배가 이루어지는 사회는 어떠한 정치체제가 될 것인가? 그는 "만약 공동선의 정책이 옳다고 한다면, 우리의 가장 긴급한 도덕적, 정치적 안건은 … 우리의 전통 속에 함축되어 있지만 우리 시대에 사라진 시민 공화주의의 가능성을 부흥시키는 것이다"라고 주장한다.[49] 이상과 같은 논의를 종합해볼 때, 우리는 샌델의 정의관을 (시민적 공화주의 사회를 위한) 교정적 덕목으로서의 정의관이라고 규정할 수 있다.

3) 월저: 평등주의적인 다원주의적 정의

월저는 자기의 공동체주의적 정의관을 피력하고 있는『정의의 영역: 다원주의와 평등의 옹호』에서[50] 자유주의적 중립성론자들과 함께 공동체주의적 완전주의와 공리주의적 추론에 대한 반감을 공유하고 있다. 그러나 그는 자유주의적 중립성론자들의 방법론적 개체주의(methodological individualism)를 거부한다. 다원주의와 평등이라는 자유주의적 가치를 진정으로 실현하기 위해서는 한 사회의 정의 여부를 평가할 때 우리는 각각의 공동체가 채택하고 있는 상이한 기준들을 고려해야만 한다는 것이다. 그는 공동체가 우리의 도덕적 특성을 형성하는 것뿐만 아니라 우리의 다양한 정의관을 구성하는 것에 대해서도 강조한다. 사회적 가치들의 정의로운 분배는 사회 구성원들이 그러한 가치들에 대해서 가지고 있는 공통된 이해에 달려 있다는 것이다. 이러한 이해가 사회 구성원들이 거주하고 있는 공동체의 본성에 달려 있다고 생각하는 것은 당연할 것이다. 월저의 견해에 따르면, 공동체와 사회의 구성원 자격 그 자체가 가장 중요한 가치이다. 왜냐하면 그것은 사회적 가치에 대한 우리의 기본적 이해와 소속감을 형성하고 우리의 정의관을 규정하기 때문이다.[51]

월저는 소위 보편적이고도 영원한 진리를 발견하기 위해서 사상가는 공동체와의 모든 유대를 끊고 자신을 유리시켜야 한다고 가정하는 유형의 철학적 추론에 대해서 반대한다.52) 우리에게 필요한 것은 보편적이고도 영원한 진리로서의 정의가 아니라 "지금 여기서의 [현 상황적] 정의(justice here and now)"라는 것이다.53) 월저는 비록 롤즈의 보편주의적인 도덕 인식론을 거부하지만, 정의의 우선성과 그러한 정의의 실현은 현 사회에서 자유와 평등의 제도화로 이루어진다는 견해에 대해서는 동조한다.54) 그러나 월저는 평등을 인식하는 방식에서 롤즈와 결별하고, 『정의의 영역』에서 사회정의에 관한 다원주의적이고도 특수론적인 이론을 제시한다. 월저의 정의론의 목표는 "복합적 평등(complex equality)"을 실현하는 것이다.55) 이러한 복합적 평등은 상이한 사회적 가치들이 단일한 방식에 의해서가 아니라 그러한 사회적 가치들의 다양성과 그것들에 부착되어 있는 의미들을 반영하는 다양한 영역적 기준들에 의해서 분배되도록 요구한다. 평등은 모든 영역에 걸친 단순한 기계적 동일성은 아니다. 오히려 평등은 일련의 사회적 가치들에 의해서 매개된 인간들 사이의 복합적 관계라고 보는 것이 더 타당하다. 가장 중요한 것은 각 영역에 적합한 분배의 원칙을 위배하지 않는 것이며, 경제적 부처럼 한 영역에서의 성공이 다른 영역에서도 우세한 것이 될 가능성을 봉쇄하는 것이다. 따라서 월저에게서 정의는 분배의 기준에 대한 해명과 적용의 문제뿐만이 아니라 상이한 영역들 사이의 구분과 경계의 문제도 포함한다. 이것은 어떠한 사회적 가치도 지배의 수단으로 사용되어서는 안 되므로, 한 사람의 손에 정치적 권력과 부와 명예와 특히 바람직한 직책과 직위들이 집중되어서는 안 된다는 것을 의미한다.

정치적 문제들에 대한 월저의 실질적 견해는 평등주의적이면서 다원주의적인 민주주의적 가치들에 대한 헌신을 반영한다. 월저는 그러한 가치들을 사민주의(social democracy)적 전통에 입각해서 논하면서 현재 미국의 권력과 이익의 구조를 비판하고 있다. 『정의의 영역』이 거의 끝날 즈음, 월저는 그의 실질적인 정치적, 경제적 견해를 다음과 같이

요약한다.56)

　　"나는 우리 사회의 적절한 사회적 구성방식이 탈중앙화된 민주적 사회
주의라고 생각한다. 적어도 부분적으로는 지역 아마추어 관리들에 의해
서 경영되는 강한 복지국가; 제한된 시장; 개방되고 계몽된 시민적 서비
스; 독립적인 공립학교들; 근면과 여가의 공유; 종교적, 가족적 삶의 보
호; 사회적 직위와 계층의 고려로부터 독립한 공공적 명예와 불명예의
체제; 회사와 공장의 노동자 통제; 복수정당, 사회운동, 회합, 그리고 공
공적 토론의 정치."

　　위 인용절에서 본 것처럼, 월저에게서 "국가는 기본적으로 복지국가
이어야만 한다."57) 그러나 그의 실질적 견해를 통해서 본 것처럼, 월저
는 자본주의적 복지국가에서 머무르지 않고 사회민주주의적인 복지국
가를 지향한다. 그렇다고 한다면, 월저에게 있어서 정의의 신조는 무엇
인가? 일견할 때, 월저는 다원주의를 옹호하기 때문에, 고정된 정의의
신조가 없을 것으로 생각된다. 그러나 다원주의가 제시된 모든 분배적
기준들을 수용하라거나 혹은 수혜자가 되어야 한다고 주장하는 모든
사람들에게 혜택을 주라고 요구하는 것이 아니므로, 우리에게는 다원적
선택을 정당화하고 그것에 제한을 가하는 원칙들이 있어야만 한다는
것이다.58) 그는 자유 교환, 응분, 그리고 필요가 가장 중요한 분배 원칙
의 기준들이라고 본다. 이러한 세 가지 기준들은 『고타강령비판』에 나
오는 마르크스의 유명한 분배 공식의 변형으로 압축된다는 것이다: "각
자는 그의 능력(혹은 자원)에 따라서 일하고, 그의 사회적으로 인정된
필요에 따라서 분배받는다."59) 이상의 논의를 통해서, 우리는 월저의
정의관을 사회민주주의를 위한 평등주의적인 다원주의적 정의관이라고
요약할 수 있다.

4) 테일러: 공화주의적인 총체론적 정의

테일러는 샌델과 마찬가지로 자유주의적 자아관에 대한 공격을 통해서 공동체주의를 부각시키려고 한다. 테일러는 자유주의적 자아관이 소위 원자론적인 것으로서 개인의 자기충족성을 그 중요한 특성으로 간주하는 것으로 파악한다. 이러한 자유주의적 자아관은 인간을 근본적으로 사회의 품속에서만 그 본성을 실현하는 정치적 동물(*zoon politikon*)로 간주하는 아리스토텔레스적 인간관에 비하면 빈약하기 짝이 없다는 것이다. 노직의 저작들 속에서 가장 명백하게 표현된 자유주의자의 원자론적 자아관을 비판하면서, 테일러는 인격적 동일성의 사회적, 문화적, 역사적, 그리고 언어적 구성을 강조하는 상호 주관적인 관계적 자아관을 옹호한다.[60] 이러한 그의 옹호가 체계적으로 결실을 본 것이 『자아의 원천들: 근대적 정체서의 형성』이다.[61] 이 책에서 테일러는 자연적으로 본래적인 권리를 가진 것으로 생각되고 있는 근대적 개인은 사실상 유구하고도 착종된 역사적 발전의 결과이며, 또한 각자의 목표를 마음대로 선택할 수 있는 자유로운 근대적 개인의 존재도 오직 특정한 형태의 사회 속에서만 가능하다고 갈파한다.

테일러는 원자론적 개인주의자(노직)와 총체론적 집산주의자(마르크스)의 양 뿔을 피해 갈 수 있는 제3의 방도를 찾으려고 한다. 그러한 제3의 방도는 빌헬름 폰 훔볼트(Wilhelm von Humboldt) 등에 의해서 주장된 총체론적 개인주의자(holist individualists)의 입장이다. 테일러는 총체론적 개인주의가 주체적 인간의 (존재론적인) 사회적 형성을 충분히 인식할 뿐만 아니라, 동시에 자유와 개인적 차이를 아주 높이 찬양하고 있는 사상적 조류라고 해석한다.[62] 이러한 관점에서 테일러는 롤즈의 정의론이, 특히 사회적 연합체들의 사회적 연합으로서의 공동체의 개념으로 볼 때, 훔볼트의 입장과 친화적이라고 생각한다.[63] 테일러는 롤즈의 이론이 원자론적은 아니라고 평가하면서, 롤즈의 "차등의 원칙"

을 아리스토텔레스적인 방식, 즉 인간의 가치에 대한 보다 정교한 사회적, 역사적 견해를 통해서 보강하려고 한다.64) 따라서 우리는 테일러의 저작이 원자론적 개인주의에 대항하면서 복지국가가 마련하려고 하는 개인적 자유와 평등을 옹호하려는 시도라고 말할 수 있을 것이다. 테일러의 가장 영향력 있는 초기 논문 「원자론」은 "좌파-자유지상주의(left-libertarianism)"적 관점에서 노직의 "자유시장적 자유지상주의(free-market libertarianism)"를 비판하는 것이다.65) 원자론적 개인주의에 대한 이러한 존재론적 비판의 효과는 오직 강한 공동체적 유대성을 공유하는 "연고적 자아"만이 평등주의적인 복지국가를 유지하는 데 필요한 상호 헌신감을 가질 수 있다는 점을 밝혀주는 것이다.66)

이상과 같은 논의를 통해서, 테일러는 가장 적절한 정치적 체제는 고대 공화주의 (혹은 시민적 인본주의) 사회라고 주장한다.67) 고대 공화주의 사회는 다음과 같은 구체적인 모습으로 파악된다.68)

"그것은 대다수의 사람들이 그들의 경제활동을 영위함에 있어서 추구하는 주요한 가치들이 더 이상 개인적 재산이 아니라, 예를 들면, 어떤 공공적 목표 혹은 일 자체로부터의 본래적 만족이 되는 사회를 의미할 것이다; 혹은 그것은 사람들의 필요가 거의 없거나 제한되어 있는 사회로서, 그 속에서 삶의 수단에 대한 생산은 어떤 적절한 수준의 번영 이상이 되면 아무런 흥미도 없으며, 모든 잉여적 에너지가 다른 것들에 바쳐지는 사회, 즉 고대인들이 언급하고 루소가 꿈꾸었던 그런 유형의 사회가 될 것이다; 그러한 사회 속에서 사람들은 명예와 공공적 봉사와 직책, 즉 아리스토텔레스가 분배적 정의가 관여하는 주요한 사회적 선으로서 언급한 것에 더 큰 관심을 가질 것이며, 수입이나 부에 대해서는 더 적은 관심을 가질 것이다."

그렇다면, 그러한 사회에서의 정의 원칙은 무엇일까? 여기에 관련해서, 테일러는 분배적 정의에 대한 단일한 원칙을 찾으려는 시도를 포기해야 한다고 주장한다. 왜냐하면 근대사회는 상이하고 상호 환원될 수 없는 관점들이 착종되어 있으므로 하나의 일률적이고 보편적인 정의 원칙에 의해서 평가될 수 없다는 것이다.[69] 그렇다고 해서 테일러는 모든 분배적 정의의 원칙들이 타당하다고 주장하는 것은 아니다. 그는 정의가 통상적으로 동등한 몫(equal sharing)의 원칙과 (우리가 시민으로서 상호 의존하고 있다는 사실에 의해서 완화된) 기여(contribution)의 원칙에 적절한 비중을 두는 것이라고 조심스럽게 제안한다.[70] 이러한 논의를 종합해볼 때, 우리는 테일러의 정의관을 공화주의적인 총체론적 정의관이라고 명명할 수 있다.

3. 공동체주의 정의관들에 대한 비교와 비판적 고찰

우리는 지금까지 자유주의 정의관에 대한 네 명의 공동체주의자들의 비판과 아울러 그들의 건설적인 대안적 정의관을 파악해보려고 노력했다. 우리가 다루었던 모든 방법론적, 실질적 문제들을 둘러싼 네 명의 공동체주의자들의 견해에 대한 완전하고도 전면적인 비교는 결코 쉬운 일이 아니다. 따라서 우리는 사회정의의 문제에 비교적 직접적으로 관련이 된다고 생각되는 방법론적 문제들을 다루고 나서, 사회정의의 실질적 문제들로 옮겨 갈 것이다.

공동체주의자들의 자유주의 비판을 전반적으로 볼 때, 월저와 테일러는 근대 자유주의의 가치를 수용하고 있고, 샌델은 자유주의의 한계를 지적하고 있다.[71] 그러나 매킨타이어는 자유주의적 가치를 완전히 부정하고 있는 것처럼 보인다.[72] 또한 월저와 테일러는 자유주의적 권리와 정의를 민주주의적 사회에서의 다양한 선의 목록 속에 끼워 넣고 중요시하나, 매킨타이어와 샌델은 자유주의 사회의 다원주의적 문화를 경멸한다. "가치다원론(value-pluralism)"을 수용하는 월저와 테일러와 달리, 매킨타이어와 샌델은 "가치통합론(value-integrationism)"을 주장한다. 더군다나 매킨타이어는 완전주의를 취하고 있다. 테일러는 총체론적 개인주의자로서 근대 자유주의적 공동체에 근거한 개인적 자율성을 옹호하고 있으나, 다른 세 사람은 그렇지 않다. 그러나 이러한 차이점에도 불구하고 그들 모두는 자유주의 비판에서 방법론적으로 가족적 유사성(family resemblances)을 보이고 있다.73) 즉 그들은 모두 무연고적 자아의 개념, (공동체를 다만 개인의 이익 증진을 위한 도구로만 보는) 도구적 공동체의 개념, 자유주의적 보편주의, 자유주의적 가치 주관주의, 선에 대한 정당성의 우위, 그리고 자유주의적 중립성을 반대한다.

　우리의 논의에서 가장 중요한 문제는 정의의 본질과 범위이다. 네 명의 공동체주의자들의 건설적인 대안적 정의관을 살펴볼 때, 그들의 입장 차이는 광범위한 것처럼 보인다. 이미 요약적으로 명명한 것처럼, 매킨타이어는 전근대적인 완전주의적 정의관을, 샌델은 교정적 덕목으로서의 정의관을, 월저는 평등주의적인 다원주의적 정의관을, 테일러는 공화주의적인 총체론적 정의관을 각각 옹호한다. 또한 그들은 공동체의 공동선을 유지하고 분배하는 기준인 분배적 정의의 신조와 원칙에 대해서도 다양한 견해를 표출한다. 매킨타이어는 응분을, 샌델은 도덕적 응분 혹은 공적을, 월저는 마르크스의 신조를 변형한 능력과 필요를, 테일러는 동등한 몫과 기여를 분배적 정의의 기준으로 삼는다. 이러한 차이점에도 불구하고, 그들 모두는 정의가 역사적이고 특정한 공동체의 공유된 가치의 이해를 반영해야만 한다고 생각한다. 따라서 그들은 정의 원칙이 보편적으로 문화를 교차하여 적용될 수 있다는 자유주의적 견해를 비웃는다. 이러한 관점에서 볼 때, 다원주의자인 월저와 테일러가 고정된 정의의 신조를 주장하는 것은 모순된 것처럼 보인다. 그러나 이러한 일견적 모순은, 월저를 다루면서 논의한 바와 같이, 다원주의가 제시된 모든 분배적 기준들을 수용할 것을 요구하는 것은 아니라는 인식으로 해결된다. 월저는 적절한 상황적 영역에 따라서 신축적으로 적용될 수 있는 일반적 지침은 다원주의와 모순되지 않는다고 주장한다.[74] 그러나 월저의 기본적인 생각인 영역의 구별(the separation of spheres)은 자유주의의 소중한 유산이라는 점이 지적되어야 한다.[75] 교회와 국가, 경제와 정치, 개인과 공공의 영역들이 분리되어야 한다고 가장 열렬하게 주장한 사람들은 자유주의자들이었던 것이다.

샌델과 테일러는 진정한 현대적 복지국가를 건설하기를 원하는 반면에, 매킨타이어와 월저는 보다 급진적인 반자본주의적인 사회주의적 성향을 보인다. 롤즈와 관련해서 말하면, 샌델과 테일러는 롤즈의 차등의 원칙에서 개인주의적 존재론적 비일관성을 해소하려고 노력한다. 그러나 매킨타이어와 월저는 그러한 노력을 경주하지 않는다. (근대주의자로서 롤즈와 노직이 커다란 차이가 없다고 생각하는 매킨타이어를 제외하면) 대체적으로 공동체주의자들의 주요 공격 대상은 롤즈와 같은 복지 자유주의자가 아니라, 노직과 같은 급진적 자유지상주의자이다. 샌델과 테일러는 명백하게 롤즈의 차등의 원칙이 공동체주의적 특성을 가지고 있다고 해석한다.

서론에서 언급한 것처럼, 본 논문의 중요한 한 가지 목적은 공동체주의자들이 "공동체주의적 정의관"이라고 명명할 만큼 공통적이고도 독특한 정의관을 가질 수 있는가의 여부를 판정하는 것이다. 그러나 네 명의 공동체주의자들이 상이한 문제들을 취급하고 있고, 또한 상이한 실질적 정치경제적 결론을 내리고 있는 것을 볼 때, 공동체주의적 정의관이 무엇이라고 한마디로 단언하기는 매우 어려울 것이다. 아마도 그들은 정의관에 관련해서도 가족적 유사성을 가진 정도일 것이다. 방법론적으로 공동체주의자들은 대개 정의론과 정의 개념 자체가 공동체주의적 구조와 공동체적 가치의 공통적 이해에 근거해서 이해되어야만 한다고 주장한다. 실질적으로 공동체주의적 분배적 정의의 신조는 대략 다음과 같이 정리될 수 있을 것이다: 공동체의 구성원들은 공동체의 일원으로서의 자격을 통해서 존엄성과 기본적인 동등한 몫을 보장받는다.

나아가서 공동선의 추구에서의 상호 의존과 혜택 제공과 탁월성으로 해석된 각자의 응분, 즉 공적 혹은 기여에 따라서 재화와 가치들이 분배된다.

우리가 여기서 근래에 공동체주의자들에 의해 선포된 「감응적 공동체주의 강령: 권리와 책임」에서 "사회정의" 항목이 어떻게 서술되어 있는가를 살펴보는 것은 약간의 도움이 될 것이다.[76] 공동체주의자들은 이 강령을 통해서 20세기 초반 미국사회에서 전개되었던 "진보주의 운동(the Progressive Movement)"에 필적하는 사회운동을 전개하려고 한다. 이 강령에서 사회정의는 공동체적 연대와 상호 의존성을 기반으로 하여 인격적 책임과 시민적 덕목이 결부된 복지국가적 배려로서 나타난다(부록 I 참조). 물론 이 강령의 사회정의관은 우리가 논의했던 네 명의 공동체주의자들의 정의관과는 직접적인 연관성이 없으며, 그들이 모두 이 강령에 찬성을 할 것인지는 의문이다.

그렇다면 우리는 공동체주의자들의 정의관을 어떻게 평가해야 할 것인가? 우리는 여기서 네 명의 공동체주의자들의 정의관 각각에 대해서 상세한 비판을 전개할 수 없다. 보다 중요한 것은 가족적 유사성의 관점에서 본 공동체주의 정의관 일반이 봉착하고 있는 난관과 결점에 대해서 비판하는 일이다. 공동체주의 정의관의 가장 큰 결점은 공동체적 관행의 내재적 선을 유지하고 실현하는 덕목으로서의 정의의 역할에 관련된다. 이러한 관점에서 공동체주의 정의관은 그 보수주의적 함축성 때문에 자주 비판된다. 이러한 문제를 공정하게 다루기 위해서 우리는 공동체주의자들이 그들의 정치적 입론에서 호소하고 있는 공유된 가치들은 무엇이며, 왜 그러한 가치들이 지배적인지를 물어야만 한다. 지배적인 가치들은 사실은 지배적인 사회집단의 가치는 아닐까? 만약 그렇다면, 여성주의자들이 공동체주의 정의관의 부적절성에 대해서 분노하고 있다는 사실은 놀랄 만한 것은 아니다.[77] 여성주의자들은 지배적인 남성중심적 사회적 가치들을 수용하고 있는 공동체주의적 정의관이 여성의 평등을 보장하는 데 부적절하다고 비판한다. 공동체주의 정의관에는 여성주의자들의 비판 이외에도 보다 일반적인 보수주의적 함축성의 문제가 존재하고 있다. 공동체주의의 내재적 정의관에서 과연 순환성의 부담이 없이 공동체의 정의로움에 대한 찬양이나 혹은 어떠한 건설적인 내재적 비판이 가능한가의 문제는 매우 중요하다.[78] 공동체주의는 우리가 어떻게 공동체에 대해서 도덕적으로 비판적인 태도를 취할 수 있는지를 입증시켜줄 그러한 이론을 발전시켜야 할 필요가 있다. 그 이론은 공동체 문화 속에 함축되어 있는 묵시적 혹은 명시적 오용과 부정의, 그리고 잔인성을 통제할 수 있어야 한다.[79] 요컨대, 공동체주의 정의관은 단순히 내재적 덕목이 아니라 공동체의 관행을 비판적으로 평가할 수 있는 실질적인 기준이 되어야 한다.[80]

공동체주의 정의관의 또 다른 결점은 도덕적 응분 혹은 공적이라는 분배적 정의의 신조에 관련된다. 이미 논의한 것처럼, 매킨타이어와 샌델은 도덕적 응분과 공적을 옹호한다. 그렇다면 그들은 분배적 정의(distributive justice)를 응보적 정의(retributive justice)에 대응하는 것으로 간주하고 있는 셈이다. 이것은 마치 범죄자들이 마땅한 처벌을 받아야 하는 것처럼, 유덕한 사람들도 보상을 받아야 한다는 것을 의미한다. 따라서 롤즈가 비판적으로 지적하는 것처럼 "정의는 덕에 상응하는 행복"이 된다.[81] 그러나 분배적 정의의 원칙으로서 도덕적 응분의 신조는 실제로 적용하기가 쉽지 않다. 도덕적 응분의 개념은 기여에 관한 경제적 유인을 혼란시키며, 결과적으로 수요와 공급에 의거하는 시장경제를 혼란시킨다. 경제적, 사회적 이득의 분배가 처벌적인 응보적 정의와 다르다는 것은 명백하다. 형법과의 관계에 있어서 분배적 정의는 한 쪽이 어떤 범행을 처벌하며 다른 한 쪽이 도덕적 가치에 보답하는 식으로 서로 반대되는 것은 아니다. 롤즈가 지적한 바와 같이, "불평등한 분배의 몫의 기능은 훈련과 교육의 경비를 부담하고 개인들을 사회적 관점에서 보아 가장 필요한 장소와 집단으로 유인하려는 것이다."[82] 도덕적 응분의 신조에 관련된 또 하나의 문제는 우리가 어떤 하나의 신조, 혹은 몇 가지 신조의 결합을 분배적 정의의 유일무이한 절대적인 기준으로 삼을 때 그것은 마땅히 고려해야 할 다른 정의의 신조들, 예를 들면, 능력, 필요, 노력, 위험부담, 기여, 보상 등의 신조와 상충하는 경우가 비일비재하다는 것이다. 이러한 관점에서 우리는 몇 가지 정의의 신조들의 결합으로 이루어진 월저와 테일러의 분배적 정의관도 역시 문제가 있다는 것을 지적할 수 있다.

공동체주의 정의관의 중대한 결점은 매킨타이어에 의해서 예시된 완전주의적 정의관의 문제를 통해서 드러난다. 매킨타이어는 우리에게 니체인가, 아니면 아리스토텔레스인가 하는 선택지를 제시했지만, 롤즈의 해석에 따르면 니체와 아리스토텔레스는 모두 완전주의적 정의관을 옹호한 것으로 해석된다. 완전주의적 정의관은 "예술이나 학문, 문화에 있어서 인간의 탁월성의 성취를 극대화하게끔 사회가 제도를 마련하고 개인의 의무와 책무를 규정하는 데 지침이 되는 단일 원리의 목적론적 이론이다."[83] 롤즈에 따르면, 이러한 완전주의적 정의관은 공동체주의의 망령, 즉 전체주의적 함축성을 야기하게 된다. 완전주의는 완전성의 원리를 실현하기 위해서 국가의 공권력에 의존하게 되고, 이것은 개인들의 다원적 선에 대한 국가의 중립성을 해치게 되고, 결국 자유를 제한하게 된다. 예를 들어 만일 철학이나 학문에 있어서 그리스인들이 성취한 것 그 자체가 (그들에게 여가를 제공한) 고대의 노예제도를 정당화한다고 주장한다면, 분명히 그러한 입장은 완전주의적인 것이다.[84] 그렇다고 해서, 우리는 완전주의가 인간의 삶에서 무의미하다고 주장하는 것은 아니다. 완전주의는 비록 정의의 원칙이나 정치적 원리로서는 부적절한 것이지만, 완전주의적 가치 판단은 인간사회에서 창조적 노력과 탁월한 예술적, 학문적 업적을 평가하는 데 중요한 기준이다.[85]

4. 결론: 공동체주의 정의관과 현대 사회정의론의 과제

우리는 네 명의 공동체주의자들의 정의관에 대한 논의를 통해서 그 가족적 유사성과 차이점을 부각시키고, 공동체주의 정의관의 이론적, 실천적 난점을 지적했다. 이제 우리의 남은 과제는 사회정의의 문제에 관련된 자유주의 대 공동체주의 논쟁의 성과를 비판적으로 평가하는 일이다.86) 이러한 비판적 평가를 위해서, 우리는 먼저, 샌델이 생각하듯이, 자유주의자들과 공동체주의자들이 분배적 정의에 관한 동일한 정책을 상이한 도덕적 근거에서 지지하는지, 혹은 제임스 스테바(James Sterba)가 생각하듯이, 두 진영이 어떠한 실천적 합일점을 찾을 수 있는지에 대해서도 심사숙고해야 한다. 샌델은 "1960년대의 민권운동은 자유주의자들에 의해서는 인간의 존엄성과 인격의 존중이라는 명분으로, 그리고 공동체주의자들에 의해서는 국가의 공동적 삶으로부터 잘못 유리된 동료 시민들의 완전한 사회 구성원 자격의 인정이라는 명분으로 정당화될 수 있을 것이다"라고 지적한다.87) 매킨타이어는, 롤즈와 노직의 정의관을 논하면서 주장한 바와 같이, 자유주의 철학자들 사이의 의견 차이가 해결 불가능하다는 점으로부터 자유주의 철학의 파산 선고를 이끌어낸다. 그러나 스테바는 매킨타이어가 해결 불가능성의 정도를 과장했다고 지적하고 나선다. 스테바는 롤즈의 복지 자유주의와 노직의 자유지상주의 사이뿐만 아니라 자유주의와 공동체주의 사이에서도 합일점을 발견할 수 있다고 주장한다. 우리는 최소한의 복지 혹은 복지 하한선(welfare minimum)의 적절한 수준 설정을 통해서 그러한 합일점을 도출할 수 있다는 것이다.88)

물론 자유주의 정의관과 공동체주의 정의관 사이에서 그러한 동일한 도덕적 근거와 실천적 합일점을 찾을 수 있다고 하더라도, 우리는 자신들을 자유주의자들로부터 구별하기를 원하는 공동체주의자들의 항변을 외면할 수는 없다. 공동체주의자들은 우리에게 도덕적으로 우월할 뿐만 아니라 현실적으로도 실행 가능한 정의관을 제시하고 있는 것일까? 본 논문을 통해서 우리는 공동체주의적 정의관의 도덕적 합당성과 아울러 그 현실적 실행성을 판정하려는 노력을 기울여왔다. 그러나 우리가 그러한 최종적 판정을 하기 위해서는 공동체주의에서 가장 기본이 되는 "공동체"에 관련된 문제들을 점검해보아야 한다. 공동체에 관한 문제는 우선 공동체가 어떠한 형태의 공동체이며 어느 정도의 크기인가에 대한 것이다. 공동체주의자들은 흔히 지방적 (중간적 혹은 탈중앙화된) 공동체나, 혹은 시민공화정 사회의 도시국가를 언급한다. 그러나 어떠한 공동체주의자도 그러한 공동체의 창출과 유지를 위한 조건과 기제에 관한 직접적인 설명을 제공하지 않고 있다. 공동체주의자들은 그러한 지방 공동체가 국가에 대해서 갖는 관계에 대해서도 거의 논의하지 않고 있으며, 또한 기존의 지방 공동체들 사이의 갈등과 기존 공동체와 신설 공동체 사이의 갈등을 어떻게 해결할 것인가에 대해서도 논의하지 않고 있다.[89]

그리고 공동체주의자들 스스로 지적하는 것처럼, 공동체주의자들이 꿈꾸는 공동체가 현대사회에서 "돌이킬 수 없이 사라진(irrevocably lost)" 것이고 근대 자유주의적 관습이 그러한 상실을 야기했다고 한다면, 우리는 공동체를 어떻게 재건할 수 있을 것인가?[90] 공동체의 상실과 그에 따른 자유주의의 문책은 공동체주의자들이 간과하기 쉬운 딜레마를 숨기고 있다. 만약 공동체주의자들이 주장하는 것처럼, 자유주의적 개인주의의 만연이 공동체의 상실을 불러왔다면, 자유주의는 현대사회에 대한 정확한 이론적, 실천적 반영이라고 할 수 있다. 그런데 만약 공동체주의자들이 공동체 재건의 가능성을 위해서 현대사회의 이면에는 암묵적으로 공동체주의적 맥락이 엄연히 존재하고 있다고 주장한다면, 자유주의는 현대사회에 관한 정확한 이론적, 실천적 반영은 아니다. 따라서 공동체 상실에 대한 자유주의의 문책은 불가능한 것이 된다. 이미 우리가 논의한 것처럼, 테일러는 『자아의 원천들: 근대적 정체성의 형성』에서 자유주의 사회의 심층구조는 사실상 공동체주의적이라는 주장을 편다.91) 공동체주의의 이상과 같은 상이한 두 가지 주장들, 즉 공동체의 상실과 공동체의 암묵적 존속, 현대사회에 관한 정확한 이론적, 실천적 반영과 부정확한 이론적, 실천적 반영으로서의 자유주의는 모두 옳을 수 없다. 월저는 고통스럽게도 이러한 공동체주의의 역리를 인정하지 않을 수 없다고 고백한다.92)

그렇다면, 사회정의의 문제에 관한 자유주의 대 공동체주의 논쟁의 철학적 교훈은 무엇인가? 아마도 가장 중요한 교훈은 자유주의적 개인주의인가 아니면 공동체주의인가 하는 배타적 이원론의 단순한 횡포로부터 벗어나야 한다는 것이다.93) 월저와 테일러에 대한 논의에서 밝힌 것처럼, 자유주의에 대한 공동체주의적 비판은 결코 자유주의적 가치에 대한 전면적인 포기를 의미하지 않는다. 우리는 공동체주의적 정의관이 자유주의적 정의관을 완전히 대체할 수 있다는 주장을 신뢰할 수 없다. 공동체주의자들은 공동체와 기본적인 자유주의적 가치를 결합할 수 있는 정치철학의 가능성을 찾는 데 커다란 일조를 한 것으로 보아야 한다.94) 그렇다면, 공동체주의자들의 비판에 대해서 자유주의자들이 어떻게 대응하고 있는가, 그리고 그러한 대응에 대한 양 진영의 근래 논의는 어떻게 전개되고 있는가에 대한 논의를 통해서 자유주의와 공동체주의의 결합 가능성을 탐구하는 것은 현대 사회정의론의 중대한 과제가 될 것이다. 특히 롤즈는 생전에 『정치적 자유주의』를 통해서 그러한 대응과 결합 가능성을 시사한 바 있다.95)

공동체주의 정의관의 도덕적 합당성에 관한 가장 심각한 비판은, 이미 3절에서 언급한 대로, 공동체주의 정의관이 단순히 내재적 덕목이 아니라 공동체의 관행을 비판적으로 평가할 수 있는 실질적인 기준이 되어야 한다는 것이다. 그러나 공동체주의는 기본적으로 내재적 결속과 외부적 비판 사이의 딜레마, 즉 집단 응집력 대 비판적 교육의 딜레마에 빠져 있다.96) 만약 공동체주의가 도덕적 합당성과 (공동체의 창출과 유지에 관한) 현실적 실행 가능성에 관한 이상과 같은 딜레마들을 해결할 수 없다면, 우리는 공동체주의 정의관의 건설적 공헌을 기대할 수 없을 것이다. 비록 공동체주의 정의관이 자유주의 정의관의 한계를 정확히 지적한 점에서 그 부정적 공헌은 인정받을 수 있더라도. 그렇다면 공동체주의에 대해서 그러한 건설적 기대를 하는 것은 오지 않는 "고도(Godot)를 기다리고 있는 것"이 될지도 모른다.97)

부록 I. 「감응적 공동체주의 강령」

사회정의

사회정의에 관한 공동체주의적 이해의 핵심은 상호성(reciprocity)의 관념이다. 공동체의 모든 구성원들 각자는 나머지 다른 구성원들에게 무엇인가를 의존하고, 공동체는 모든 구성원들 각자에게 무엇인가를 의존한다. 정의는 감응적 공동체(responsive community)에서의 책임 있는 개인들을 요구한다.

공동체의 구성원들은 최대한으로 그들 자신과 그들의 가족을 부양해야 할 책임이 있다. 훌륭한 임무 수행은 구성원 모두에 대한 공헌과 아울러 필수적인 과업을 성취하는 공동체의 역량에 대한 공헌이 된다. 각 개인들은 자활의 단계를 넘어서 다른 사람들에 대한 물질적, 도덕적 복지에 대한 책임이 있다. 그렇다고 이것은 영웅적인 자기희생을 의미하지 않는다. 이것은 오히려 어떤 사람도 다른 사람들의 운명에 영향을 받지 않는 고립된 상태에 있지 않다는 것을 의미한다.

공동체는 자연적 인위적 재해로부터 우리를 보호할 본질적 책임이 있다. 아울러 공동체는 진정으로 자활할 수 없는 사람들의 기본적 필요를 충족시키고, 공동체에 대한 개인들의 독특한 공헌을 적절하게 인정하고, 각 개인들이 자유로운 교환과 선택을 통해서 그들의 삶을 영위할 수 있는 영역을 확보해주어야 할 책임이 있다.

공동체주의 정의관은 모든 개인들의 동등한 도덕적 존엄성에 대해서뿐만 아니라 그들 스스로의 인격적 결정을 통해서 내린 타인들과 자신들을 구별하려는 방식에 대해서도 민감하고 생동적으로 응답한다.

"Responsive Communitarian Platform: Rights and Reasonabilities," from The Communitarian Network(1991).

제 3 장

자유주의의 건재: 공동체주의와의 논쟁 이후

1. 서론: 자유주의 대 공동체주의 논쟁의 자유주의적 해법

1) 자유주의의 약사와 자유주의의 새로운 유형: 롤즈의 권리준거적 인 의무론적 자유주의

보편적 자유와 권리, 신분적 평등, 박애, 다원주의적 관용, 입헌적 제한정부, 가치관에 대한 국가의 중립성, 법치주의, 그리고 계몽주의적 합리성을 기치로 들고 나온 자유주의는 엄청난 "해방의 힘(liberating force)"을 가지고 근대의 지배적 이념으로 자리 잡아왔다.1) 이러한 해방의 힘은 잔인성과 무지몽매와 미신, 신분적 구속과 불관용, 자의적 정부의 횡포로부터 인간을 구해냄으로써, 특권을 가진 인간에 대한, 궁극적으로는 인간 자신에 대한 인간의 승리를 구가하는 근대적 개인을 역사의 중심무대로 등장시킨다. 인간사회와 공동체는 이제 그 억압적 굴레를 벗어 던지고, 그러한 근대적 개인들의 자유와 평등의 실현을 위한 부차적인 현실적 장치로서 새롭고도 제한된 의미만을 부여받게 되었다.2) 결국 자유주의는 "사회질서 그 자체가 원칙적으로 각 개인이 이해할 수 있도록 설명되어야 하는 심판대를 통과해야 한다"고 요구한다.3) 1980년대 후반 공산주의의 몰락 이후 자유민주주의적 자본주의 체제는 "역사의 종언과 그 최종적 승리자"까지는 아니더라도 경제적 비효율성이라는 고질적인 문제를 해결한, 약간은 약화된 복지국가의 유형을 통해서 여전히 미래를 주도할 것이라는 "새로운 합의"를 도출한 것이 사실이다. 그러나 범자본주의적 국가관리체제의 일환이었던 공산주의의 몰락은 자유주의 몰락의 전조라는 비관적 전망도 나오고 있다.4) 자유주의는 자신의 최종 승리가 임박할 때면 언제나 그 승리에 재를 뿌리는 반자유주의자들의 횡포에 시달려왔다. 마치 자유주의 혁명이 성공하면 언제나 반혁명분자들이 나타났듯이. 자유주의는 1930년대 이후 미국 대공황을 존 메이너드 케인즈(John Maynard Keynes) 경제철학에 기반한 뉴딜 정책으로 해결함으로써 영국에서 이미 19세기 후반과 20세기 초반에 정립된 자유주의적 복지국가 모형의 현실적 우위를 입증한다. 따라서 서구에서는 1950년대 말 보수주의와 사회주의가 자유주의적 복지국가로 통합되어 "이데올로기의 종언"을 이룬 듯이 보였다. 이러한 상황은 예수도 마르크스도 없는 "조용한 혁명"으로서 숭앙되었다.5)

그러나 자유주의는 여전히 자신의 이념인 자유와 평등의 가치가 현실적으로 완벽하게 실현되지 않았다는 점에서 1960년대 이후 흑인 민권운동과 페미니즘과 신좌파에 의한 비판에 시달리게 된다. 존 롤즈의 『정의론』(1971)은 이러한 시대적 상황에서 정치적, 경제적 자유와 권리의 확보라는 고전적 자유주의의 유산과 공정한 기회균등과 분배적 정의의 실현이라는 두 이질적 요소를 공정한 선택 상황을 가정하는 사회계약론적 관점에서 종합함으로써 자유주의적 복지국가에 대한 철학적 정당화를 이룩한다.6) 따라서 그의 정의론은 그동안 자유주의의 지배적인 철학적 근거로서 행세하던 공리주의의 "최대대수의 최대행복"

이 가지고 있던 이론적 약점, 즉 전체 복지라는 미명 아래 소수자 인권 침해의 가능성을 극복하고 자유주의 정치철학의 한 전형을 이루게 된다. 이러한 전형은 "신칸트적 좌파 자유주의" 혹은 권리준거적인 "칸트적인 의무론적 자유주의"로 명명된다.[7] 그러나 롤즈의 이러한 신칸트적 좌파 자유주의는 1970-80년대에 영미에서 신고전적 자유주의와 보수주의의 연합세력에 의한 반격을 받게 된다. 특히 로버트 노직(Robert Nozick)은 롤즈의 분배적 평등주의가 개인의 권리와 자유를 침해한다고 반대하면서 자유지상주의적 최소국가론을 전개한다.[8] 연합세력의 이러한 반격은 1990년대 이후 세계를 질풍노도처럼 몰아친 신자유주의(neoliberalism)로 군림하게 된다. 반면에 로널드 드워킨(Ronald Dworkin)은, 자유주의 정치가 자유와 평등 간의 독특한 균형을 찾는 일이라고 보는 상식적 견해를 거부하고, 자유의 이념보다는 평등의 이념이 더 중요하다고 천명한다.[9] 그러나 이러한 공리주의, 롤즈, 노직, 드워킨 사이에서 전개된 자유주의 논쟁은 자유와 평등의 실현이라는 자유주의의 "목적이 아니고 그 수단"에 대한 내부 논쟁이므로,[10] 롤즈에 의해서 창출된 "자유주의의 새로운 유형(a new liberal paradigm)"은 자유주의 철학의 보편적 유형으로 인정되기에 이른다.[11]

2) 자유주의의 공동체주의적 시련

롤즈에 의해서 주도된 이러한 새로운 유형의 자유주의는 로버트 노직, 로널드 드워킨, 앨런 거위스(Alan Gewirth), 브루스 애커만(Bruce Ackerman), 데이비드 고티에(David Gauthier) 조지프 라즈(Joseph Raz), 윌 킴리카(Will Kymlicka), 찰스 라모어(Charles Larmore), 윌리엄 갤스턴(William Galston) 등을 통해 다양하게 발전한다.[12] 그러나 자유주의는 1980년대와 1990년대에 걸쳐서 알래스데어 매킨타이어(Alasdair MacIntyre), 마이클 샌델(Michael Sandel), 찰스 테일러

(Charles Taylor), 마이클 월저(Michael Walzer), 로베르토 웅거(Roberto Unger), 벤자민 바버(Benjamin Barber), 로버트 벨라(Robert Bellah), 애미타이 에치오니(Amitai Etzioni) 등 공동체주의자들로부터 다양한 비판을 받게 된다.13) 공동체주의자들은 이데올로기 좌우파와 보수주의와 급진주의를 망라함으로써 전통적인 좌우 이데올로기의 대립보다 매우 복잡한 양상으로 전개되어 자유주의 대 공동체주의 논쟁의 전모를 파악하기 어렵게 하고 있다.14) 또한 공동체주의자들은 아리스토텔레스나 헤겔에 호소하거나, 아니면 마키아벨리와 루소가 주창한 고전적 혹은 시민적 공화주의, 또는 미국 건국 초기에서 나타난 공화주의적 전통을 부활시키려고 하는 다면적인 모습을 보인다. 또한 공동체주의자들은 가치통합론적인 입장을 보이거나, 아니면 참여 민주주의적 입장, 그리고 특수주의적이고 다원적인 입장을 보이기도 한다.15) 공동체주의자들의 이러한 다양한 입장 차이로 말미암아 그들의 자유주의에 대한 비판을 한마디로 정리하는 것은 "성급한 일반화의 오류"를 저지를 수도 있지만, 대체로 다음과 같은 여덟 가지의 관점에서 요약될 수 있다.16)

첫째, 자유주의는 가족 혹은 지역 공동체를 경시 또는 무시함으로써 인간의 가치 있는 삶에 대한 중요하고도 대체할 수 없는 구성요소인 공동체를 손상한다. 둘째, 자유주의는 정치적 결합을 단순히 도구적인 가치만을 가진 것으로 과소평가함으로써 정치적 공동체에 대한 적극적인 참여가 인간의 가치 있는 삶에 대해서 갖는 중요성을 망각한다. 셋째, 자유주의는 자유로운 개인적 계약이나 선택의 결과가 아닌 가족에 대한 의무, 공동체와 국가를 유지하고 발전시키려는 애국심과 헌신 등 개인적, 사회적 덕목들에 대한 적절한 설명을 제공할 수 없거나 그러한 설명과 양립할 수 없다. 넷째, 자유주의는 자율성을 가지고 있다고 상정하는 개인적 자아가 선택의 대상이 아닌 공동체적 삶과 가치를 수용하며 그러한 방식으로 자아가 형성된다는 것을 인식하지 못함으로써 자아에 대한 불완전한 개념을 가지고 있다. 다섯째, 자유주의는 정의

(正義)가 공동체의 보다 고차적인 덕목들이 붕괴된 상황에서만 필요하거나 또는 기껏해야 교정적 덕목에 불과하다는 것을 인식하지 못함으로써 정의를 사회제도의 제1덕목이라고 잘못 간주하고 있다. 여섯째, 자유주의는 다양한 개인의 가치관에 대해서는 반완전주의적 중립성을 유지하고 정의의 원칙을 통한 절차주의적인 통괄만이 도덕과 국가의 우선적 임무라고 생각하는 편협한 권리 중심적인 의무론적 도덕체계와 국가관을 가지고 있다. 일곱째, 자유주의는 개인적 권리의 보장과 정의 원칙의 실현을 모든 사회를 평가할 수 있는 보편적인 정당화 기준으로 간주함으로써 한 사회와 공동체가 가지고 있는 특수적이고 다원적인 역사적 상황을 무시한다. 여덟째, 자유주의적 개인주의 문화는 공동체적 귀속의 상실과 가치의 상대성으로 말미암아 삶의 지표와 근본과 사회적 통합성을 상실한다. 따라서 고립적이고 파편적 개인, 이기심의 만연, 이혼율의 증가, 정치적 무관심, 나르시시즘, 상업주의적이고 감각주의적인 탐닉의 만연, 폭력적인 대중문화, 마약의 범람 등 다양한 도덕적 실패를 노정한다.

3) 자유주의의 대응과 공동체주의에 대한 역공

공동체주의의 이러한 혹독한 비판은 자유주의의 철학적 정체성과 그 이론적, 현실적 건실성에 대한 심각한 의문을 제기하게 만든다. 이제 자유주의자들은 "자신들 스스로 자유주의에 대해서 심사숙고"하고, "자유주의와 도덕적 삶"의 관계를 재조명하기에 이른다.17) 자유주의 대 공동체주의 논쟁에 대해서 한편으로는 이미 논쟁은 끝이 났고 양자는 상호 수렴하고 있다는 주장과 아직도 이 논쟁은 더욱 확산일로에 있다는 상반된 주장이 동시에 제기되고 있다.18) 근래에 공동체주의자들은 공동체주의 강령을 선포하고 자신들의 저널을 만들고 그 이론적, 실천적 대안을 정교히 하려고 노력하고 있고, 주요한 공동체주의자들도 후속작을 계속 내놓고 있으며, 자유주의자들도 자유주의를 옹호하기 위한 반격의 채비를 늦추지 않고 있다.[19]

　본 논문은 공동체주의의 자유주의 비판에 대해서 자유주의자들이 어떻게 대응하고 있는가에 초점을 맞출 것이다. 공동체주의의 비판에 대해서 자유주의자들은 수정주의적 입장으로부터 독단주의적 입장까지 다양한 반응을 보이고 있다. 즉, 공동체주의의 도전을 십분 이해하고 상호 수렴론으로 나아가야 한다는 주장과,[20] 공동체주의의 도전과 자유주의의 문제점을 인정하기는 하지만 공동체주의는 자유주의에 대한 전면적 대안에 아니고 비판적 보완일 수밖에 없다는 주장과,[21] 공동체주의의 도전으로 자유주의가 약화되었다는 것을 인정하고 그것을 치유하는 새로운 자유주의를 모색하는 입장과,[22] 자유주의는 적절한 재서술 혹은 재해석을 통해서 공동체주의를 수용할 수 있다는 입장과,[23] 더 나아가서 그러한 재해석을 통해서 자유주의는 공동체주의보다 더 진정으로 공동체를 보호할 수 있다는 입장과,[24] 그리고 이미 자유주의 이면에는 공동체주의의 요소가 포함되어 있기 때문에 공동체주의는 시간 낭비라는 주장과, 자유주의는 공동체주의적 교정이 필요 없이 그 자체로 공동체주의적 요소를 가지고 있다는 강한 자유주의론이 제기된다.[25] 또한 자유주의자들은 공동체주의자들에게 다양한 직접적인 역공을 가한다. 자유주의자들은 자유주의가 가진 문제점을 인정하기는 하지만, 공동체주의적 대안은 더 참혹한 결과를 산출할 것이라고 대꾸한다. 그래서 공동체주의는 자유주의를 오해하고 희화화하고 위조하고 모함하는 반동적이고도 시대착오적인 사상이라는 것이다.[26] 공동체주의는 공동체 개념과 공동체 구성의 현실적 방안에 관련된 자신의 사상체계와 대안을 결코 명료하게 제시한 적이 없다는 사실도 지적된다.[27] 그리고 설령 공동체주의적 대안이 명료화된다고 해도 그것은 현대사회에서는 부적절한 낭만주의적 노스탤지어에 불과하다는 것이다.[28] 방법론적으로 볼 때, 공동체주의가 공동체의 관행과 가치와 전통에 도덕적 준거를 두고 있는 한, 건전한 사회비판을 수행할 수 없는 보수주의적이고도 상대주의적인 입장에서 헤어나지 못한다는 것이 커다란 약점으로 부가된다. 따라서 현실적으로 공동체주의는 전체주의적 지배 아니면 적어도 다수자 횡포를 함축할 수밖에 없다는 것도 강조된다.[29]

우리는 2절에서 공동체주의의 자유주의 비판에 대해서 자유주의자들이 어떻게 대응하고 있는가를 다음과 같은 다섯 가지 관점으로 재정리하여 고찰할 것이다. 즉 자유주의의 자아관, 자유주의적 개인주의와 사회관, 반완전주의와 중립성, 자유주의적 보편주의, 그리고 자유주의와 현대사회 문제의 관점이다. 3절은 자유주의자들이 공동체주의에 대해서 직접적으로 전개하는 역공을 논할 것이다. 여기에는 공동체주의자들의 공동체 개념의 모호성과 공동체 구성의 현실적 한계와 아울러 공동체주의의 전체주의적 함축성과 방법론적 딜레마가 지적될 것이다. 그리고 공동체주의자들이 결코 자유주의를 넘어설 수 없는 이유도 제시될 것이다.

이러한 일련의 논의를 통해서 우리는 공동체주의의 도전에 대한 자유주의의 대응을 우호적으로 평가하려고 한다. 즉 자유주의는 공동체주의의 도전을 물리칠 현실적, 이론적 역량을 가지고 있으므로 자유주의의 건재를 입증하려고 한다. 그러나 이것은 공동체주의의 비판적 공헌이 전무하다는 것을 주장하는 것도 아니며, 또한 자유주의에 대한 무비판적 찬양을 의미하는 것도 아니다. 이것은 철학적 관점에서나 실천적 관점에서 공동체주의가 자유주의에 포섭되는 것이 더 타당하다는 것을 주장하는 것이다. 우리는 특히 롤즈의 복지 자유주의 유형과 근래의 정치적 자유주의의 모형을 통해서 그 철학적, 현실적 타당성을 입증할 수 있으리라고 생각한다. 그러나 자유주의 철학과 현실적 정치체제로서의 자유주의의 괴리는 언제나 존재하고 있으며, 우리는 자유주의가 공동체주의의 도전을 물리쳤다고 해서, 만사형통이라고 주장할 수는 없다. 따라서 우리의 궁극적인 과제는 21세기를 맞이하는 시점에서 자유주의 정치철학과 현실적 정치체제로서의 자유주의의 현재적 위상을 고찰하는 일이다. 이러한 고찰을 통해서 우리는 현재 자유시장체제의 우월성을 기조로 하여 득세하고 있는 신자유주의가 자유주의의 전형적인 혹은 최선의 모습은 아니라는 점을 지적함과 아울러 자유주의의 현재 과제와 미래 전망을 제시하려고 한다.

2. 공동체주의의 비판과 자유주의의 대응: 쟁점별 전개과정

우리는 자유주의에 대한 공동체주의의 비판이 광범위한 관점에 걸쳐서 전개되고 있다는 것을 지적했으나, 다음과 같은 다섯 가지 주요 쟁점으로 재정리하여 고찰하려고 한다. 즉 자유주의적 자아관, 자유주의적 개인주의와 공동체 개념, 중립성과 반완전주의, 자유주의적 보편주의, 자유주의와 현대사회의 문제이다.30) 여기서 우리의 주안점은 공동체주의자들의 비판에 대한 자유주의자들의 대응을 종합적으로 고찰하는 것이다.

1) 자유주의적 자아관

공동체주의자들, 특히 매킨타이어, 샌델, 그리고 테일러는 자유주의적 자아관의 박약성과 방법론적 오류를 지적한다. 롤즈에 의해서 상정된 자유주의적 자아는 목적에 선행하고 또 구분되기 때문에 그러한 목적을 평가하고 교정할 수 있는 역량을 가진 독립적이고 자율적인 존재로 나타난다.31) 그러나 이러한 자유주의적 자아관은 자아의 정체성이 공동체의 도덕적 전통과 상황 속에서 발견되는, 즉 우리가 결코 자의로 선택할 수 없는 목적에 의해서 구성적으로 결부되어 있다는 사실을 무시하는 추상적이고 완전히 유리된 자아(the detached self)이거나 무연고적인 자아(the unencumbered self)이며, 또한 고립적인 원자론적 자아(the atomistic self)라고 비판된다.32) 이러한 자유주의적 자아관은 자아가 결코 목적과 유리될 수 없기 때문에 박약하고 공허할 뿐만 아니라, 자아의 정체성에 대한 구성적 목적을 인정하지 않으므로 존재론적 오류에 근거하고 있는 형이상학적 자아관이라는 것이다.33)

이러한 비판에 대해서 자유주의자들은 두 가지 방식으로 대응한다. 첫째로, 자유주의자들은 공동체주의자들이 자유주의적 자아관의 적용 범위를 오해하고 있나고 반박한다. 즉 자유주의적 자아관은 오직 공공적인 정치의 영역에 적용되기 위한 것으로서 존재론적이거나 형이상학적인 것이 아니라는 것이다. 롤즈와 라모어의 정치적 자유주의에 입각한 주장에 따르면, 도덕적 주체가 자신의 가치관을 추구하고 변경하고 평가하는 고차적인 관심을 가진다고 가정하는 것은 가치관에 대한 합의가 없는 다원적이고 민주적인 서구사회의 전통과 정치적 문화에 내재하는 자유롭고 평등한 시민이라는 직관적 신념을 대변한 것이다.34) 자기 자신의 구체적인 가치관과 사회적 위치가 무지의 장막으로 가려진 롤즈의 "원초적 입장"에 나타난 자유로운 선택 주체라는 개념은 결코 인간의 본질이 그의 최종적인 사회적 목적과 사회적 귀속, 그리고 개인적 성격을 포함한 우연적 속성들에 우선하거나 독립적이라고 주장하는 어떤 형이상학적 자아 개념에 의거하지 않는다는 것이다. 물론 롤즈는 정치적 영역이 아닌 사적인 영역에서 개인들이 구성적 목적과 포괄적 가치관을 가질 수 있다는 것을 인정한다.35) 따라서 자유주의적 자아관이 형이상학적이 아니라 정치적이라는 주장은 자유주의적 자아관이 공허하고 오류라는 비판을 피해 갈 수 있는 것처럼 보인다. 왜냐하면, 어떤 의미에서 자유로운 선택주체라는 "무연고적 자아는 … 우리의 근대적인 사회적 조건을 그 연고로 한다"고 볼 수 있기 때문이다.36)

둘째로, 킴리카와 스티븐 마세도(Stephen Macedo)는, 공동체주의들의 비판은 자유주의적 자아관의 자율성에 대한 오해에 기인하고 있다고 대응한다.37) 자유주의자들은 우리가 **모든** 목적을 선택하거나 변경할 수 있는 자율성을 가진다고 주장하는 것은 아니다. 그러나 우리는 적어도 어떤 **특정한** 목적과 사회적 역할에 대해서 언제나 비판적 숙고와 선택을 할 수 있다. 이러한 숙고와 선택은 언제나 선택될 수 없는 구성적 목적의 배경 속에서 전개되며, 우리는 이러한 한도 내에서 우리의 성격과 사회를 점진적으로 우리가 원하는 방식대로 만들어나갈 수 있다. 이것이 바로 "정황적 자율성"이다. 이러한 킴리카와 마세도의 주장은 공동체주의자들을 딜레마 속에 봉착시킨다.38) 즉, 공동체주의자들의 구성적 자아관은 우리가 언제나 특정한 목적에 대해서 숙고하고 선택할 수 있기 때문에 오류이거나, 아니면 우리가 언제나 선택할 수 없는 구성적 목적의 한계 속에서 숙고하고 선택할 수 있다는 적절한 주장으로 귀착한다. 그런데 이것은 우리가 지닌 목적 중 어떤 것을 비판하고 변경하는 도덕적 역량의 행사를 강조하는 자유주의의 견해와 양립 가능하다. 공동체주의자들은 딜레마 두 번째 뿔을 결코 피할 수가 없으며, 그것을 잡을 수밖에 없을 것이다. 왜냐하면 매킨타이어, 샌델, 테일러 모두는 자아의 정체성과 공동체적인 구성적 결부를 논하면서 그것이 "부분적"으로만 그러하다는 것은 명백히 밝히고 있기 때문이다.39) 물론 선택할 수 있는 것과 선택할 수 없는 것의 절대적 구분은 결코 존재할 수 없다. 그러한 구분은 결국 사회적 전통의 관성과 변화의 역동성에 달려 있다. 킴리카는 페미니즘을 예로 들면서 아무리 견고한 사회적 역할과 구성적 결부도 깨질 수 있음을 강조한다.40) 낸시 로젠바움 (Nancy Rosenbaum)에 의거하면, 다원주의적인 변화무쌍한 현대사회에서는, 설령 자아의 구성적 결부를 인정한다고 해도, 그러한 구성적 결부는 공동체주의자들이 생각하는 것처럼 결코 단일하고 일률적인 것은 아니며, 복합적이고 다층적인 것으로 상충될 수 있다.41) 그러한 역할 갈등과 상충 속에서 우리가 분열되지 않고 자아의 정체성과 인격을 유지하고 살아갈 수 있으려면 자유주의적 자아관이 더 유연성과 타당성이 있을 것으로 생각된다.

2) 자유주의적 개인주의와 공동체 개념

공동체주의자들은 자유주의적 자아관과 관련해서 자유주의적 개인주의와 공동체 개념을 비판한다.42) 첫째, 공동체주의자들은 자유주의가 개인과 공동체 사이의 관계를 순전히 개인주의적이고 도구적인 관계로만 파악한다고 비판한다. 즉 자유주의가 개인의 이익과 권리를 공동체적 가치보다 우선시키는 것은 공동선의 정치를 손상시키며, 개인들 사이의 계약론적 관계를 통해서 사회구조가 정당화된다고 보는 것은 공동체를 부차적이고 도구적으로만 파악한다고 비판한다.43) 둘째, 공동체주의자들은 자유주의는 도구적 가치만을 중시함으로써 개인들에게 가장 중요한 것이 한 사회와 공동체와 전통의 일원이 되는 구성원 자격이라는 것과 또한 그것이 본질적 가치를 가진다는 것을 망각한다.44) 이러한 두 가지 비판과 아울러 공동체주의자들은 자유주의자들이 찬양하고 있는 자율성의 가치도 사실은 비판적 사고 역량을 중시하는 사회적 전통을 전제하고 있다는 사실을 지적한다.45) 첫째 비판에 대해서 자유주의자들은 두 가지 방식으로 대응한다. 첫째, 롤즈는 『정의론』에서 원용했던 합리적 선택이론적 정당화를 포기한다. 이제 롤즈는 정의론이 순전히 합리적이고 상호 무관심한 개인들의 계약적 합리성(the rational)을 통해서만 정당화되는 것이 아니라고 본다. 보다 중요한 것은 계약 당사자들이 사회를 공정한 사회적 협동체로 간주하고 그 제약 조건을 반영하는 합당성(the reasonable)을 가지고 있다는 사실이다. 더 나아가서 롤즈는 사회정의에 의해서 규제되는 자유주의 사회는 하나의 정치적 공동체로서 시민성과 관용과 같은 공정한 사회적 덕목, 선의 추구를 제약하는 공정성과 같은 사회적 덕목과 가치를 요구한다고 밝힌다.46)

자유주의자들은 이러한 관점에서 자율성의 덕목도 순전히 개인주의적인 것은 아니며, 그것은 일련의 의미 있는 사회적 선택 대안들의 집합을 전제하고 있고, 이러한 집합은 다양한 선택이 가능한 사회적, 역사적 제도의 존재를 또다시 전제한다고 시인한다.47) 둘째, 앨런 뷰캐넌(Allen Buchanan)을 위시한 자유주의자들은 개인적 권리의 우선성을 강조하는 것은 공동체주의적 방식보다 오히려 공동체와 공동체의 가치를 더 잘 보존하고 증진시킬 수 있다고 주장한다. 즉 자유주의가 종교, 사상, 언론, 표현, 결사의 자유에 대한 권리를 공동체에 귀속시키지 않고 개인에게 귀속시키는 이유는 새로운 공동체의 결성이나 기존의 공동체의 변경은 개인이나 소수자의 믿음이나 행동으로부터 유래하는 경우가 비일비재하기 때문이다. 물론 현존 공동체를 보존하는 데는 공동체에 권리를 귀속하는 것이 더 나을 수도 있다. 그러나 공동체의 평화적 변천과 자의적인 정치적 권력으로부터 소수집단을 보호하기 위해서는 개인에게 권리와 자율성을 귀속하는 것이 더 타당하다. 물론 이러한 뷰캐넌의 주장은 개인에의 권리 귀속이 결코 사회의 원자화와 파편화에 이르지 않는다는 자유주의적 신념에 근거하고 있다.48)

그러나 이러한 자유주의자들의 반응도 공동체의 구성원 자격이 가장 중요한 본질적 가치를 가진다는 두 번째 비판에 대해서 충분한 반론이 되지 않는다. 킴리카를 위시한 자유주의자들은 이러한 비판에 대해서 간접적으로 답변한다. 즉 자유주의적 개인주의는 존재론적인 관점에서의 반사회적 개인주의(asocial individualism)가 아니라 가치와 의무의 원천은 개인과 그 개인의 선택과 선호라는 관점에서의 도덕적 개인주의(moral individualism)라는 것이다.49) 이러한 도덕적 개인주의는 사람들이 가장 중요하게 생각하는 가치가 어떤 특정한 공동체의 구성원 자격이라는 공동체주의의 주장과 최소한 양립 가능하다. 킴리카는 이러한 관점에서 자유주의자들은 문화적 구성원 자격이 개인들에게 기본적인 사회적 가치임을 인식해야만 한다고 강조한다.50) 단, 킴리카는 뷰캐넌과 마찬가지로 개인들이 그러한 구성원 자격과 공동체적 결부를 자유롭게 형성하고 수정할 수 있는 한에서 그러하다는 단서를 붙인다. 다른 자유주의자는 어떤 한 공동체의 도덕적 건전성은 그 구성원이 독립적인 권리의 담지자라는 것을 인식하는 정도에 달려 있다고 주장한다.51) 또 다른 자유주의자는 이러한 도덕적 개인주의는 공동체주의자들도 암묵적으로 가정할 수밖에 없다고 주장한다. 즉, 권위주의적 독재정부로부터 개인들을 보호하기를 원하는 공동체주의자들은 도덕적 개인주의와 인권을 공동체적 가치의 사회적 공유와 참여 민주주의적 제도 속에 반영하지 않을 수 없다.52) 자유주의자들이 공동체주의자들의 공동체 개념과 그 전체주의적 함축성에 대해서 펼치는 역공은 3절에서 논의할 것이다.

3) 자유주의의 중립성과 반완전주의

자유주의와 공동체주의 논쟁에서 가장 복잡한 문제가 있다면 그것은 자유주의의 반완전주의와 중립성 논제이다. 왜냐하면 이 논쟁은 자유주의와 공동체주의자들 사이의 논쟁일 뿐만 아니라, 자유주의의 자기정체성과 정당화 방식에 대한 자유주의자들 사이의 논쟁을 포함하고 있기 때문이다. 자유주의 도덕철학과 정치철학은 "선에 대한 정당성의 우선성" 혹은 "공동선에 대한 정의의 우선성"을 주장하는 의무론적 자유주의를 취하고 있다. 이러한 의무론적 자유주의는, 한 사회를 규제하는 정의 원칙은 어떤 특정한 가치관과 삶의 방식을 반영해서는 안 된다는 공정한 중립성의 요구와 이러한 중립성의 요구는 어떤 특정한 가치관과 삶의 방식의 탁월성을 주장하는 완전주의와는 양립할 수 없다는 것을 전제한다. 이러한 반완전주의적 중립성은 근대 민주사회를 상충하는 양립 불가능한 다양한 가치관이 혼재하는 다원주의적 사회라고 보는 자유주의의 기본적 정치사회학에 근거하고 있다. 이러한 반완전주의적 중립성은 자유주의 도덕 및 정치철학적 체계와 국가관을 동시에 규정하고 있다.53)

공동체주의자들은 이러한 반완전주의적 중립성은 위선적이며 모순적이라고 주장한다. 자유주의자들은 자유주의적 제도와 규범이 다양한 삶의 방식을 모두 포괄하는 듯한 불편부당성을 과장하고 있다는 것이다.54) 결국 자유주의적 중립성 자체는 자유주의적인 삶을 옹호하게 되는 명백한 모순을 피할 수 없다는 것이다. 그런데 문제를 더욱 복잡하게 하는 것은 공동체주의자들뿐만 아니라 소위 "완전주의적 자유주의자들(perfectionist liberals)"인 갤스턴, 라즈, 마세도 등도 이러한 비판에 동조하고 나선다는 것이다. 완전주의적 자유주의자들은 자유주의 사회에는 일련의 독특한 자유주의적 덕목들의 집합으로 이루어진 공유된 도덕체계가 존재하고 있다고 주장한다.55)

롤즈는 정치적 자유주의도 자유롭고 평등한 인간들 사이의 사회적 협동이라는 실질적 가치관을 가지고 있기 때문에 완전히 순수한 절차적 중립성을 주장할 수 없다는 것을 인정한다. 정치적 자유주의는 따라서 "효과나 영향의 중립성"을 확보할 수 없지만, 그래도 인류 역사상 다른 어떠한 사상들보다도 "목적의 중립성"은 달성했다고 주장한다.56) 그리고 롤즈의 강조에 따르면, 정치적 자유주의가 가치관들 사이의 공통적 기반과 중립성을 추구하지만 여전히 어떤 형태의 도덕적 성격의 우월성과 일정한 도덕적 덕목들을 권장한다는 것은 중요하다. 즉, 공정성으로서의 정의는 특정한 정치적 덕목들, "시민성"과 "관용"의 덕목과 같은 "사회적 협동"의 덕목, 선의 추구를 제약하는 "합당성"과 "공정성"과 같은 덕목들을 요구한다는 것이다. 그러나 롤즈는 여전히 이러한 덕목들을 정치적 정의관 속에 유입시키는 것이 포괄적 교설 위주의 완전주의 국가에 이르지 않는다고 주장한다. 롤즈는 가치통합적이고 완전주의적인 공동체주의의 포괄적인 가치관은 결코 다원주의적 사회에는 적합하지 않다고 지적한다. 이러한 포괄적 가치관을 사회적으로 유지하는 것은 오직 국가 권력의 억압적 사용을 통하는 길밖에 없다.57) 롤즈의 이러한 중립성과 반완전주의는 그의 정치적 정의관의 정당화 방법론과 밀접하게 연관된다. 그는 정치적 정의관이 근대적 다원주의 사회에서 "합당한 다양한 포괄적 가치관과 삶의 양식들" 사이의 중첩적 합의를 통해서 도출된다는 점에서 정당화된다고 주장한다.58)

그러나 문(J. Donald Moon)은 이러한 롤즈의 정치적 자유주의가 반완전주의라는 점은 동조하지만, 결코 중립적일 수는 없다고 주장한다. 즉, 문은 롤즈의 정치적 자유주의는 정치적 공동체 자체를 목적으로 삼으나 결코 어떤 특정한 인간의 번영 방식이나 탁월성의 실현을 도모하지 않는다는 점에서 다원주의에 대한 최선의 방책이라고 생각한다. 그러나 그는 자유주의 국가는 가족법, 국적 취득과 정치적 구성원 자격에 관련된 영역에서는 적어도 부분적으로 포괄적인 가치관에 의존하지 않을 수 없다고 주장한다.59) 이와는 다르게 설령 중립성이 가능하다고 해도, 그것은 결코 바람직하지 않다는 입장도 등장한다. 완전주의적 자유주의자인 라즈는 개인적 자율성의 사회적 실현이 가능할 정도로 다양한 의미 있는 선택 대안들이 존재하기 위해서는 어떤 제도적, 문화적 구조가 구비되어 있어야 한다고 주장한다. 자유주의자들이 믿는 것처럼 자유주의적 문화적 시장이 자동적으로 그러한 대안들을 산출하고 유지하지는 않는다는 것이다. 가치 있는 삶과 사회문화적 구조는 국가의 원조를 필요로 하는데, 이것은 중립성을 통해서는 달성될 수 없다.60) 공동체주의자 테일러는 같은 맥락에서 자유주의적인 완전주의 국가는 결국 정치적 합법성을 상실하게 될 것이라고 주장한다. 자유주의는 자유와 평등과 자율성 같은 실질적인 가치를 가정하고 있는데, 중립성은 결코 이러한 가치를 조장할 수 없다는 것이다. 특히 롤즈가 주장하는 자유주의적 복지국가는 공동체적 희생과 고통 분담을 요구하지만, 개인의 권리만 강조하는 의무론적 중립성은 결코 그러한 희생과 고통 분담에 대한 정치적 합법성을 제공해주지 못한다는 것이다.61) 이러한 주장에 대해서 킴리카는 만약 자유주의적 문화적 시장이 가치 있는 대안을 제공해주지 못하는 것이 사실이라고 한다면 자유주의적 중립성은 국가의 원조와 양립 가능할 수 있다고 생각한다. 그러나 국가의 원조를 통해

가치 있는 대안들의 영역을 확장하는 것은 그중 어떠한 대안을 완전주의적으로 옹호하는 공동체주의와는 구별된다. 킴리카에 따르면, 근대적 사회적 조건을 볼 때 국가 완전주의보다는 국가 중립주의가 타당하며, 다양한 선택 대안을 가능케 하는 제도적, 문화적 구조에 대한 원조를 국가 원조와 동일시하는 것은 정치 영역과 사회 영역을 혼동하는 것이다. 킴리카는 자유로운 경쟁을 통해 다양성을 창출하고 가치 있는 대안들이 번성하게 되는 자유주의 시민사회의 건전성을 신뢰한다.62) 테일러의 비판에 대한 롤즈의 대응은 다음과 같다. 정치적 자유주의의 "질서정연한 민주사회"는 다원주의적 가치관들 사이에서의 중첩적 합의를 거친 정의 원칙에 대한 신뢰를 통해 정의감을 고양함으로써 사회적 안정성과 통합성, 그리고 더 나아가서 정치적 합법성을 확보할 수 있다.63) 킴리카도 여기에 동조하면서 정치적 합법성의 기초는 "공유된 가치관이 아니라 공유된 정의감"이라고 응수한다.64)

결국 자유주의적 중립성과 반완전주의의 문제는 자유주의의 어떤 유형이 가장 적절한 자유주의의 정당화 방식이며, 또한 공동체주의에 대한 가장 효과적인 대응책인가라는 문제와 연관된다. 롤즈는 자신의 정치적 자유주의가 홉스적인 잠정협정적 자유주의(modus vivendi liberalism)와 칸트와 밀의 포괄적인 도덕적 이상주의로서의 자유주의(comprehensive moral ideal liberalism)의 딜레마를 피해 가려는 시도임을 명백히 한다.65) 즉, 잠정협정적 자유주의는 지속적인 사회적 안정과 통합을 확보하지 못하고 도덕이상적 자유주의는 다원주의 사회에서 충분한 합의를 창출해내지 못한다. 롤즈는 비록 자유주의의 이러한 딜레마의 양 뿔 사이로 피해 가려고 하지만 그것은 결코 쉬운 일은 아니다. 홉스적인 잠정협정적 자유주의는 오늘날 고티에 등에 의해서 재부활하고 있으며,66) 도덕이상적 자유주의는 라즈, 갤스턴, 마세도 등에 의해서 이미 언급한 것처럼 완전주의적 자유주의로 재무장하고 있다. 그들은 오히려 롤즈에게 딜레마의 시퍼런 양날을 들이대고 있다. 홉스적 협상주의자인 고티에는 롤즈의 합리적 선택이론은 그가 원하는 자유와 평등의 상부구조를 정초시키지 못했다고 주장한다. 이제 후기 롤즈는 합리적 선택이론을 버리고 질서정연한 사회적 협동체에서의 자유롭고 평등한 인간이라는 직관적 신념을 받아들였지만, 그것은 중립성을 표방하는 롤즈가 수용할 수 없는 실질적인 가치라는 것이다. 그러한 실질적 가치는 경쟁적 개인주의, 가부장적 보수주의, 기독교적 자선 등 다양한 가치관들과 현대 테크놀로지 사회에서의 불평등한 인간의 능력을 감안해볼 때, 그 기초를 결여하고 있는 역사적 유물로서의 도덕적 이상에 불과하다.67) 고티에에 따르면, 합리적 상호 이익을 추구하는 자유주의적 개인들은 계약적 협상을 통해서 자유주의 사회를 잠식하는 무임승차자의 문제를 극복하고 안정적인 사회적 협동체제를 도출할 수 있다. 즉, 공동체주의자들이 우려하는 공공선 혹은 공공재의 문제는 합리적 이기주의자들 사이의 계약론적 유인 제도 혹은 상호 감시 제도에 의해서 처리될 수 있다는 것이다.68)

반면에 완전주의적 자유주의자인 갤스턴은 도덕적 이상을 버린 중립적 절차로서의 자유주의 도덕은 도덕적 회의주의와 무관심을 야기하며, 결국 잠정협정적 자유주의로 귀착하게 된다고 주장한다. 어떠한 자유주의적 정의관도 결국은 자유주의적 가치관을 전제하지 않을 수 없기 때문에, 자유주의는 실질적 정당화를 직접적으로 추구해야만 한다는 것이다.69) 이미 롤즈는 합리적 선택이론적 정당화를 거부하였기 때문에 롤즈가 피해 갈 수 있는 뿔은 후자이다. 어차피 모든 삶의 양식이 다 보전되는 사회를 생각할 수 없다면, 비록 정치적 자유주의가 실질적 가치관을 전제하고 그 우월성을 주장하기는 하지만, 그것은 어떠한 다른 포괄적인 가치관보다는 여전히 중립적이며, 결코 포괄적인 교설에 따른 완전주의적 국가에 이르지 않는다는 것이다.70) 우리는 잠정협정적 자유주의보다는 완전주의적 자유주의가 개인주의를 불신하는 공동체주의의 비판에 더 효과적인 대응이라고 생각해볼 수는 있을 것이다. 그러나 완전주의적 자유주의는 국가 완전주의로 나아가게 될 경우 개인의 자율성과 충돌의 여지가 있다. 따라서 국가 완전주의는 개인의 자율성을 보호하고, 보다 가치 있는 삶에 대한 반성적 판단 능력을 배양시키고, 사적 영역에서의 개인의 건실한 삶의 추구에 대한 제한적이고 간접적인 지원을 통한 온건한 완전주의로서 롤즈의 정치적 자유주의를 보완하는 정도에 그쳐야 한다.71)

4) 자유주의적 보편주의

자유주의자들에 의하면 통상적으로 정의의 원칙은 보편적으로 혹은 범문화적으로 적용될 수 있다. 또한 자유주의자들은 어떤 특정한 전통과 문화에서 추상된 보편적 관점을 통해서 규범적 판단과 사회제도를 평가할 수 있다고 주장한다. 롤즈가 공정한 원초적 입장을 통해서 보편적 정의 원칙을 도출하려는 것이 그 단적인 예이다.72) 공동체주의자들은 그러한 보편적인 정의의 원칙과 추상적 관점이 존재한다는 것을 비판한다. 월저는 특히 분배적 정의의 문제에 주목하고, 사회적 가치는 특정한 사회에서 그러한 사회적 가치가 가지는 공유된 사회적 의미에 가장 충실하게 분배되어야 한다고 주장한다. 따라서 정의의 원칙은 모든 사회적 가치들에 일률적으로 적용되는 것이 아니고 그러한 사회적 가치들의 각 영역에 타당한 다원적인 원칙들로 구성된다는 것이다.73) 매킨타이어도 모든 도덕적, 정치적 논의는 특정한 공동체적 전통 속에서 사회적 관행과 개인의 설화적 질서를 배경으로 이루어지므로 보편적인 도덕적 관점이나 원칙은 없다고 주장한다.74)

롤즈의 정치적 자유주의는 이러한 공동체주의자들의 비판에 대한 답변으로 생각될 수 있다. 롤즈는 정치적 자유주의는 서구 자유민주주의 사회의 공공적인 정치문화에 내재한 근본적인 직관적 관념들을 통해서 구성된다고 주장함으로써 "특수한 역사적 상황에 관계없이 모든 사회에 적합한 정의관을 발견하려고 노력하지 않는다"는 것을 분명히 한다.75) 이러한 롤즈의 정치적 자유주의는 한편으로는 역사주의적이고 반보편주의적 성향을 갖는다고 해석할 수도 있고, 다른 한편으로는 근대적 다원사회에 대한 보편적 기준을 아직도 견지하고 있다고도 해석할 수 있다. 롤즈의 정치적 자유주의는 반보편주의라기보다는 "상황적 보편주의"일 것이다. 리처드 로티(Richard Rorty)와 존 그레이(John Gray)는 롤즈가 역사주의적이고 상대주의적인 전환을 했다고 보고 포스트모던적 자유주의 혹은 다원주의적 자유주의를 자유주의의 타당한 유형으로 주장하고 나선다.76) 그러나 이러한 로티와 그레이의 주장은 다른 자유주의자들의 커다란 호응을 얻지는 못하고 있다. 왜냐하면, 자유주의자들은 월저와 매킨타이어의 특수적이고 다원주의적인 공동체주의적인 방법론에 대해서 보수주의적 함축성을 가진 상대주의라고 역공을 펴고 싶어 하기 때문이다.77)

월저와 매킨타이어에 대한 가장 큰 비판의 주류는 가치의 사회적 의미에 대한 공유된 이해와 도덕적 전통의 사회적 관행에 근거하고 있는 공동체주의적 정의관의 방법론이 상대주의적이고 보수주의적인 입장을 함축한다는 것이다. 특히 드워킨은 사회정의의 실현은 우리의 비판을 통해서 달성되지, 현 사회의 단순한 반영인 거울로는 안 된다고 월저를 조롱한다. "정의는 우리의 비판이지 거울이 아니다." 또한 현 사회에서의 부정의를 비판하기 위해서는 공동체의 "동굴을 떠나서" 보편적인 관점에서 비판해야 한다는 것이다. 이제 월저는 "동굴 속에서 거울만 바라보는 음울한 철학자"가 된 셈이다.78) 킴리카는 사회적으로 많은 논란과 갈등을 함축하고 있는 가치들의 경우에는, 그러한 상충하는 의미를 평가하기 위해서도 지도적 원리로서 일반적이고 보편적인 정의의 개념이 필요하다고 주장한다. 비록 월저처럼 우리가 지역적이고 특수적인 의미로부터 출발하더라도, 그러한 갈등의 존재와 비판적 숙고에의 요구는 우리를 더 일반적이고 덜 지역적인 관점으로 나아가게 한다는 것이다.79) 매킨타이어의 공동체주의 정의관의 가장 큰 결점은 공동체적 관행의 내재적 선을 유지하고 실현하는 덕목으로서의 정의의 역할에 관련된다. 요컨대, 공동체주의 정의관은 단순히 내재적 덕목이 아니라 공동체의 관행을 보편적이고 외부적이고 비판적으로 평가할 수 있는 실질적인 기준이 되어야 하는데 매킨타이어의 저작에서는 그러한 기준을 발견할 수 없다는 것이다.80)

월저와 매킨타이어는 이러한 비판에 대해서 반론을 준비한다. 월저는 근래의 두 저작 『해석과 사회비평』과 『비평가 집단』에서 해석적 사회비평은 상대주의나 보수주의를 함축할 필요가 없다고 응수한다. 그는 일단 자유주의적 보편주의자들의 비판에 조금은 양보한다. 도덕성은 "최소한의 보편적 규범(a minimal and universal moral code)"을 갖는다는 것이다.81) 그러나 이러한 최소한의 규범 이상 구체적이고 특수한 기준은 결코 동굴을 벗어날 수 없다. 무비판적인 사람들은 거울 속에서 자기들이 원하는 것만을 보려고 하나, 비평가들은 그 나머지를 보고 지적해준다. 동굴 속에서 거울을 보는 것이 결코 상대주의와 보수주의를 함축하지 않는다.82) 사회비판은 공동체의 문화와 역사에 "내재적" 혹은 "연관된" 비판이어야지, 그 문화와 역사와 아주 동떨어진 외래적이고 보편적인 관점에서 나와서는 안 된다고 주장한다. 이러한 주장의 배경에는 다음 두 가지 관점이 보충해주고 있다. 첫째, 어떠한 지배적인 이데올로기도 최종 승리자는 아니며, 새로운 이데올로기에 의해서 경질당하는 것처럼 역사는 순환한다. 따라서 기존의 이데올로기에 대한 분노와 반항을 대변하는 "이의(dissent)" 제기자가 항상 존재한다. 둘째, 정치이론은 사회적 의미의 해석이며, 그러한 해석을 통해서 근본적인 사회비판이 가능하다. 마르크스의 말대로 사회적 의미가 지배계급의 이데올로기라고 할지라도 거기에는 비판의 여지가 있다. 모든 지배계급은 통상적으로 자신들의 이익을 지키기 위해서 그것이 보편적 이익이라고 위장하지 않으면 안 된다. 그러나 이러한 위장은 실제적으로 구현될 수 없는 보편성이므로, 사회비평가는 이러한 보편적 위장의 자기 전복적 요소와 모순을 적나라하게 밝혀내고, 또한 잠재적인 근본적인 사회적 의미들을 드러낼 수 있다.[83] 그러나 이러한 월저의 주장에도 문제는 여전히 존재한다. 그렇다면 변호적 해석과 비판적 해석 등 다양한 상충하는 해석들 중 진정한 해석을 어떻게 가려낼 수 있는가? 이상적인 사회비평가는 결국 "억압받고, 착취당하고, 곤궁에 빠지고, 망각된" 사람들에게 충실하여, 그들의 역경을 "국민적 역사와 문화의 구조" 안에서 바라보고 그 해결책을 제시하는 사람들이 된다.[84] 이러한 월저의 주장은 결국 사회비평가들이 "최소수혜자의 삶의 기대치를 최대로 하라"는 롤즈의 "차등의 원칙" 혹은 "맥시민 규칙(maximin rule)"에 따라서 (그것이 문화내재적인 원칙이든지 아니면 통문화적인 원칙이든지 간에) 사회비평을 행한다는 것으로 해석될 수 있다.[85]

매킨타이어는 정의관에 대한 전통을 초월한 보편적인 정당화는 존재할 수 없다고 본다. 왜냐하면 모든 정의관은 하나의 전통 속에 위치해 있고, 그러한 전통의 고유한 가치관과 합리성을 구현하고 표출하는 것이기 때문이다. 그러나 각 전통은 나름대로의 합리성의 기준을 가지고 있으므로 각 전통에 의해서 구현된 정의관이 다른 정의관에 비해서 합리적으로 우월하고 포괄적인가를 그 전통 속에서 비교할 수 있다고 주장한다. 즉 한 전통 X는 만약 전통 Y가 지금까지 해결하지 못했던 당면한 문제를 Y의 용어로 설명하고 문제 해결에 도움을 줄 수 있다면 전통 Y보다는 우월하고 합리적이라는 것이다. 매킨타이어는 이러한 논의를 그의 근래 저작 『누구의 정의인가? 어떤 합리성인가?』(1988)에서 전개하고 있다.[86] 『덕의 상실』과는 달리 이제 "자유주의는 하나의 전통으로 변형된다."[87] 물론 매킨타이어는 계몽주의적 자유주의 전통과 합리성이 아니라 아리스토텔레스적이고 토미즘적인 전통과 합리성이 인간의 도덕적 덕행과 전통을 유지하는 데 우월하다고 주장한다. 그리고 이러한 전통과 합리성을 통해 자유주의적 개인주의의 도덕적 병폐를 설명하고 치유할 수 있다고 강조한다. 그러나 이러한 매킨타이어의 주장은 아전인수에 불과하다. 그도 인정하고 있듯이 합리성의 본질에 관한 중차대한 논란은 해결하기가 매우 어렵다. 따라서 도덕적 문제를 해결하는 데 어떤 한 방식이 다른 방식보다 합리적이라고 어떤 한 전통에 따라 생각하여 그러한 방식을 따르는 것은 결코 "순환성"을 피할 수 없다.88)

　이러한 일련의 논쟁의 와중에서 주목을 끄는 한 가지 논의가 있다. 그러한 논의에 따르면, 롤즈의 정치적 자유주의는 다원적 민주사회에 내재한 직관적 신념들을 수용하고 나아가서 다양한 포괄적 가치관들 사이의 중첩적 합의를 추구함으로써 공동체주의자들보다 더 공동체주의적이 된다.89) 처음부터 가치의 공유된 사회적 이해를 찾으려는 월저와는 달리 롤즈는 "우리의 공유된 이해가 붕괴될 때 우리는 정치철학으로 향한다"고 지적한다.90) 월저는 "가치들의 사회적 의미가 논란의 여지가 많을 때는 우리는 그러한 불일치와 갈등에 충실해야 한다"고 밝힌 바 있다.91) 롤즈의 정치적 정의관은 이러한 월저의 주장을 충실히 수용하고 있는 셈이다. 롤즈는 우선 민주사회의 정치문화에 내재한 최소한의 직관적 신념들로부터 출발하지만, 우리가 실질적 가치관과 특정한 가치가 어떻게 분배되어야 할 것인가에 대해서는 매우 공유하는 바가 적다는 것을 인식한다. 이러한 인식에 따라 롤즈는 정치적 정의관은 어떤 특정한 포괄적 가치관에 근거해서는 안 되고 모든 합당한 포괄적인 가치관들 사이의 중첩적 합의에 근거해야 한다고 주장한다. 아마도 우리가 근대사회에서 가질 수 있는 공동 목적의 최대한은 그러한 중첩적 합의가 될 것이다.92)

　여기서 우리가 주목해야 할 또 하나의 논의는 롤즈의 『정의론』이 『정치적 자유주의』 이전에 충분히 공동체주의적 요소를 포함하고 있다는 "강한 자유주의론"이다. 강한 자유주의론의 요점은 자유주의가 공동체주의적 가치를 앞세우지 않지만, 개인들의 "마음의 습관에 대한 비밀스러운 동정"을 통해 실질적으로 근대사회가 필요한 만큼의 공동체주의적 요소를 간직하고 있다는 것이다.93) 첫째, 강한 자유주의론에 의하면, 롤즈의 자유주의는 이미 자유주의가 공동체주의적 요소를 포함할 수 있는 최대한을 포함하고 있다. 즉, 경제적 효율성을 해치고 않고 최소 수혜자의 복지를 최대로 향상시킬 수 있는 사회적 연대를 롤즈는 "차등의 원칙"을 통해서 구현하고 있다. 강한 자유주의론을 주장하는 사람들은 롤즈가 자유와 평등과 함께 "박애"를 중요시하며, 모든 개인들의 자질을 하나의 "사회적 자산"으로 간주한 것과 질서정연한 자유사회를 "사회적 연합들의 연합"으로 간주한 것에 주목한다.94) 둘째, 강한 자유주의론에 의하면, 공정한 기회균등에 대한 사회적 보장을 자유주의가 강조하지만 또한 역으로 복지 수혜자 집단이 수동적 비노동인구로 전락하는 것을 방지하기 위해, 자유주의는 개인들이 자신의 삶에 대해서 스스로 책임을 지는 능동적인 인간이라는 노동과 직업윤리를 창출한다. 이러한 노동과 직업윤리는 적자생존이라는 "사회적 다원주의(Social Darwinism)"를 배경으로 자유주의 국가에서의 윤리적 통합과 안정성에 기여한다. 셋째, 강한 자유주의론에 따르면, 자유주의는 단순히 개인주의가 아니라 국가의 역할과 관련된 정치적 강령이다. 자유주의는 자유주의적 세계체제와 민족자결주의를 통해 실질적으로는 국민국가를 위한 맹목적인 국수주의(chauvinism)를 조장해왔다는 것이다. 이러한 국수주의는 국가에 대한 시민의 애국심과 충성심을 당연히 요청하게 된다. 이러한 강한 자유주의론의 결론은 자유주의가 "비밀 공동체주의"로 공동체주의적 강화 없이도 "충분히 강력하게" 자유주의 사회의 통합성과 사회적 연대를 구성할 만큼 공동체주의적이라는 것이다.95) 그러나 이러한 강한 자유주의론은 자유주의가 공동체적 요소를 유지하면서 사실은 자유주의의 본질적 요소를 포기했다는 뼈아픈 역사와 현실을 말해주기도 한다.

5) 자유주의와 현대사회의 문제

공동체주의자들은 자유주의가 그 이론적, 철학적 오류로 말미암아 바람직하지 못한 정치적 결과를 가져올 뿐만 아니라, 자유주의적 개인주의 사회에서 여러 가지 사회적 문제들을 야기하고 증폭시키고 있다고 비판의 범위를 확장한다. 공동체주의자들은 자유주의적 개인주의 문화는 가치의 상대성으로 말미암아 삶의 지표와 근본과 공동체적 통합성을 상실하게 된다고 비판한다. 따라서 자유주의적 개인주의 사회는 고립적이고 파편적이고 고독한 개인, 방종과 이기심의 만연, 초개인주의적 환상과 도피주의와 나르시시즘, 이혼율의 증가와 가족의 해체, 정치적 무관심과 수동성, 상업주의적이고 감각주의적 탐닉의 만연, 폭력적인 대중문화, 마약의 범람, 범죄율의 증가 등 다양한 도덕적 실패를 노정한다는 것이다.[96]

매킨타이어의 『덕의 상실』에서 전개된 비판은 자유주의에 국한되고 있는 것은 아니다. 오히려 그것은 근대 이후의 모든 도덕철학과 정치철학을 포괄하는 근대성 자체에 대한 질타이다.[97] 그는 자유주의적 개인주의의 결과인 공동체 문화의 상실에서 야기되는 현대 서구사회의 도덕적 위기가 근대의 "계몽주의적 기획", 특히 추상적인 도덕주체로부터 의무론적 규칙의 윤리를 보편적으로 정당화하려는 시도로부터 유래함을 밝힌다. 그러한 시도는 결국 실패했다는 것이다.[98] 매킨타이어는 우선 현대사회의 도덕적 상황을 심각한 위기로 진단한다. 즉 현대사회는 통약 불가능한 전제들과 상이한 대안적 신념체계들로 말미암아 도덕적 불일치에 대한 어떠한 합리적 해결도 가능하지 않은 심각한 상대주의적 무질서 속에 있다. 그는 비록 롤즈를 비롯한 현대의 자유주의 도덕철학자들이 도덕의 공평무사하고도 객관적인 합리적 근거를 제공하는 것을 목표로 삼고 있기는 하지만, 그러한 근거에 대해서 그들 사이에 어떠한 합의도 이룩하지 못하고 있다는 것을 지적한다. 따라서 자유주의 도덕철학은 결국 정의론(情意論, emotivism)을 극복할 수 없다는 것이다. 정의론은 모든 도덕판단이 개인적 선호, 대도, 혹은 감정의 표현에 불과하다는 것이다. 현대사회와 문화는 정의론으로 말미암아 자기 자신의 감정과 태도에 대한 표현과 타인의 감정과 태도에 대한 조작이라는 이중성으로 점철된다. 따라서 개인적 만족에 몰두하는 탐미주의자들, 효율적인 관료적 통제를 추구하는 전문 경영인들, 그리고 타인의 삶에 대한 감정과 태도를 조작하는 임상적 치료사들이 대표적 인물들로 등장하게 된다. 현대사회와 문화는 그러한 개인적 자의성과 공공적 조작성으로 말미암아 개인과 사회의 도덕적 통합이 해체되고 조작성과 비조작성에 대한 윤리적 구분이 상실되는 도덕적 위기를 맞는다는 것이다.99) 그러나 불행하게도 그는 전근대와 근대, 덕의 윤리와 권리의 윤리 사이의 "현혹적인 양극화(mesmeric dichotomy)"에만 집착함으로써 근대성이 가지고 있는 변증법적 성격을 외면한다.100) 근대의 자유주의적 개인주의는 물론 덕 이후(after virtue)에 오는 것이지만 그것은 또한 "신분적 위계질서, 노예제도, 절대주의, 그리고 무지몽매" 이후에 오는 것이기도 하다. 근대 이후 장-자크 루소(Jean-Jacques Rousseau), 게오르크 헤겔(Georg W. F. Hegel), 칼 마르크스(Karl Marx)도 역시 자유주의적 개인주의가 가지고 있는 문제점들을 심각하게 인식했지만 매킨타이어처럼 근대성에 일방적 매도만을 퍼붓지는 않았다. 마르크스가 경고한 대로 "복고에의 동경(zurückzusehnen)"은 돌아올 수 없는 연인에 대한 노스탤지어의 손수건을 흔드는 것은 아닐까?

매킨타이어가 이렇게 근대성과 계몽주의를 일방적으로 매도하고 자유주의적 개인주의를 그것의 필연적 산물로 간주하는 데 반해서, 테일러는 근대문화가 한계와 가능성 모두를 가지고 있다고 본다.101) 근대 개인주의는 본래성 혹은 진정성(authenticity)이라는 이상을 가지고 있는데, 그것은 내면적 자아와의 도덕적 대면과 자아실현, 그리고 주체적 결정의 자유를 의미한다.102) 그러나 근대 개인주의 문화는 자아중심적이고 그 원자론적인 형태로 말미암아 그러한 본래성의 이상을 살리지 못하고 있다. 따라서 원자론적이고 자아중심적인 개인주의는 삶의 의미 지평의 상실과 도덕적 차원의 질적인 하락을 불러왔다. 그리고 근대성은 도구적 이성의 지배를 강화시켜 궁극적 목적에 대한 관심을 배제시켰다. 더 나아가서 근대성은 관료제의 심화와 개인의 공적 영역에서의 소외와 정치적 영향력의 쇠퇴로 말미암아 자유의 진정한 의미를 상실케 한다.103) 테일러의 진단에 따르면, 근대적 개인주의의 본래성의 이상을 회복하기 위해서는 개인의 선택 행위에 의미와 중요성을 부여하는 사회적 의미 지평의 확대와 타인과의 상호 대화가 가능한 공동체적 유대가 필요하다. 테일러는 이러한 공동체적 유대의 복원을 통해서만 "근대성의 병폐(malaise of modernity)"를 치유할 수 있다고 주장한다.104)

참여 민주주의적 공동체주의자인 바버는 주로 자유민주주의 시민의 정치적 무력감과 수동성의 문제를 지적한다.105) 벨라는 주로 개인주의 문화의 나르시시즘적 성격을 비판하고 있다.106) 그런데 이러한 공동체주의자들의 개인주의 문화 혹은 근대성에 대한 다양한 비판은 자유주의가 전적인 책임을 짊어져야 하는가에서 약간의 입장 차이를 보인다. 공동체주의자 로버트 파울러(Robert Booth Fowler)는 현대사회에서 오는 모든 문제는 근대성과 자본주의의 문제를 포함해서 자유주의가 책임을 가져야 한다고 생각한다.107) 그러나 바버는 근대 자유주의 사회의 모든 병폐들을 "자유주의의 본질적인 철학적 결함"으로 귀착시키는 것은 어이없는 일이라고 지적한다. 그러나 그도 역시 자유주의 정신은 근대정신의 일환이며 적어도 물질적 번영과 경제적 해방에 대한 옹호로 말미암아 자유주의는 그러한 병폐들에 대한 부분적 책임이 있다고 비난한다. 자유민주주의가 책임을 가져야 할 것으로 바버가 들고 있는 사회적 병폐의 예는 무임승차자의 문제, 최소수혜자에 대한 희생자 비난과 자기책임론, 사회문제에 대한 정부의 방임적 포기, 모든 공공선은 사적 이익을 통해서 달성된다는 믿을 수 없는 주장, 소수집단의 권리 주장을 민주적 질서의 혼란으로 보는 견해 등이다.108)

자유주의자들은 대체로 다음과 같은 세 가지 반응을 보인다. 첫째, 자유주의자들은 일단 근대성의 모든 문제를 자유주의 혼자 짊어지는 것에 못마땅해 하고 분노한다. 즉 현대사회의 문제는 자본주의, 대중사회와 조작적 문화, 과학기술, 세속화, 종교적 광신주의, 지역이기주의, 민족적 갈등, 낭만주의적 미학 등 다양한 원천으로부터 발생할 수 있는데, 자유주의를 유독 지목하는 것은 공정하지 못한 것이다. 로젠바움은, 자유주의는 개인이 공동체적 유대를 형성할 수 있는 충분한 자유의 영역을 확보하고 있으므로 진정한 공동체의 실현이 가능하다고 주장한다. 현대사회의 결속을 해치는 최대의 적은 개인주의가 아니라 오히려 집단적 감정, 이념적 갈등, 인종적이고 종교적이고 지역적인 편견과 오만에 기초한 공동 연대라고 논박하면서 자유주의를 간접적으로 방어한다.109) 롤즈도 아마 매킨타이어와 테일러를 의식해서인지 자신의 정치적 자유주의는 결코 "계몽주의적 기획"을 감히 시도하지 않는다고 겸허하게 고백하고 있다.110) 물론 자유주의는 "근대성에 대한 정치적 이론"이기는 하지만, 그것은 롤즈의 정치적 자유주의와 그 인간관에서 명백해진 것처럼 결코 삶의 가치와 인격적 덕목과 성격의 이상을 전반적으로 규정하는 포괄적인 종교적, 철학적, 도덕적 교설이 아니다. "자유롭고 평등한 인간으로서의 시민의 관념"인 정치적 인간관은 칸트의 자율성과 밀의 개체성에 근거한 도덕이상적 자유주의가 아니다.111)

둘째, 자유주의자들은 공동체주의자들이 한탄한 자유주의적 개인주의의 다양한 문화적 현상은 병폐로 볼 수만은 없고 근대 다원주의 사회에서 피할 수 없는 현실적 귀결이라고 답변한다. 롤즈는 상충하고 불가통약적인 가치관들이 편재한다는 "다원주의적 사실"은 종교개혁 이후 관용의 정신으로부터 출발한 자유주의가 기본적으로 인정할 수밖에 없는 근대사회의 "영속적 특색"으로서 파국(disaster)이 아니라 자유민주사회의 자연적 결과라고 본다.112) 따라서 다원주의적 사실은 매킨타이어가 생각하는 것처럼 도덕적 위기와 무질서로 볼 수만은 없다. 롤즈는 이사야 벌린(Isaiah Berlin)의 입장을 원용하면서 어떤 사회도 아무런 상실도 없이 모든 삶의 양식을 다 보존시킬 수는 없다고 지적한다. 자유주의 사회는 결국 근대세계를 거부하는 종교적 근본주의자들이나 광신주의자들의 지나친 공동체적 연대의식과 배타성을 거부하는 효과를 낳을 수밖에 없다.113) 라즈도 급변하는 사회경제적 기술적 조건들로 말미암아 현대인은 어떤 하나의 하위문화에 고착할 수는 없고 새로운 하위문화로 급속하게 이동할 수밖에 없다고 생각한다.114) 마세도는 더욱 극명하게 근대 자유주의적 사회는 다양성과 관용과 실험정신의 대가로 어느 정도의 피상성, 즉 심원하고도 영속적인 헌신에 대한 결여를 허용할 수밖에 없다고 솔직하게 인정한다. 그래서 그는 "자유주의는 모든 세계를 마치 캘리포니아처럼 만들겠다는 약속 혹은 위협을 하고 있다"고 말한다. 캘리포니아는 갖가지 괴벽과 기행적 삶의 방식이 관용되는 곳으로, 이번 주 나는 하나의 공동체를 창설하고 그 충실한 일원이 될 수 있으나, 다음 주는 직장과 가정을 버리고 불교 승려가 되기 위해서 출가할 수도 있다는 것이다.115) 이러한 상황에 대해서 공동체주의자들은 틀림없이 지나친 손실과 대가라고 생각할 것이지만, 자유주의자들은 "기꺼이 지불해야 할 대가(a price worth paying)"로 생각할 것이다.116)

셋째, 자유주의자들은 공동체주의자들의 정책 대안과 현실적 치유책이 명백히 제시되지 않고 있다는 점에서 대부분 그러한 비판들을 무시한다.117) 그러나 근래에 다니엘 벨(Daniel Bell)과 에치오니는 다양한 정책적 대안을 제시하고 있고, 이미 언급한 것처럼 공동체주의자들은 "공동체주의 강령"을 선포하고 자신의 저널을 만들면서 현실적 정책 대안 제시를 위해서 동분서주하고 있는 것이 사실이다.118) 벨과 에치오니는 개인의 권리에 대한 제한을 부과하고 공동체적 가치를 증진하는 정부의 조치를 요구한다. 또한 그들은 올바른 성격 형성을 위한 국방의

의무 수행을 주창한다. 에치오니는 국민생활을 적게 침해하면서도 공중
보건과 안전을 증진할 수 있는 조치로 음주측정 장소 설치, 마약검사,
전 국민 ID 카드, 엄격한 총기 규제, 장기간의 가족 휴가를 제안한다.
벨은 "공동체 옹호를 위한 정치적 조치"로 기존의 건축양식을 무시한
건축에 대한 지역적 거부권, 동일산업 공동체에 대한 보호, 생산 위주
의 경제, 위협받고 있는 언어 공동체에 대한 정치적, 경제적 원조, 엄격
한 이혼법, 협동심 배양의 교육을 제시한다.119)

   그러나 자유주의자들은 이러한 일련의 정책들은 엄청난 사회적 비용
과 낭비를 유발할 수 있고, 개인의 자유를 축소하고, 개인의 부담과 고
통을 가중시키고, 사적 영역에 국가의 간섭을 가중시켜 국가의 중립성
을 해치게 된다는 점에서 선뜻 응하지 않고 있다.120) 또한 자유주의자
들은 공동체주의자들이 막연하게 주장하는 공동체의 존속과 보존을 위
한 국가 지원도 그 지원의 우선순위와 사회적 자원의 공정하고도 효율
적인 분배를 외면할 수 없으므로 결국 자유주의적 조정을 거치지 않으
면 안 된다고 생각한다. 아마도 실행 가능한 공동체주의 정책은 온건한
완전주의적 자유주의에 의해서 용인되는 정도일 것이다.

3. 자유주의의 공동체주의 역공: 낭만적 노스탤지어의 딜레마

   자유주의자들은 공동체주의의 자유주의에 대한 비판에 방어적으로
대응할 뿐만 아니라 공동체주의 자체에 대해서 역공을 퍼붓고 있다. 자
유주의자들은 백번 양보해서 자유주의에 문제가 있다고 동의하더라도
공동체주의의 대안은 더 나쁜 결과를 가져온다고 반격한다. 우선 자유
주의자들은 공동체주의자들이 "자유주의에 대한 공격에 너무나 많은
시간을 소비하고 정작 대안을 명료화하고 구체적으로 적시하는 데는
거의 무관심하다"고 불평한다.121) 이러한 관점에서 오킨은 자유주의
대 공동체주의 논쟁은 "고스트 스토리"인 측면도 있다고 지적한다. 자

유주의적 페미니스트인 그녀는 공동체주의는 결코 현실적 대안을 통해서 자신의 모습을 명백히 밝히지 못했기 때문에, 자유주의를 배회하는 유령에 불과하다고 조롱한다.122) 우리는 자유주의자들의 이러한 역공을 공동체 개념, 전체주의적 함축성과 공동체주의의 딜레마, 그리고 공동체주의자들이 절대로 자유주의를 극복하지 못하는 이유의 세 가지 관점에서 고찰할 것이다.

1) 공동체 개념의 모호성과 공동체 구성의 현실적 한계

자유주의자들이 의심하는 것처럼, 공동체주의자들이 꿈꾸는 공동체가 현대사회에서 "돌이킬 수 없이 사라진(irrevocably lost)" 것이고 근대 자유주의적 철학과 관행이 그러한 상실을 야기했다고 한다면, 우리는 공동체를 어떻게 재건할 수 있을 것인가?123) 공동체주의자들의 주장은 현실적 기반과 살아 있는 전통을 결여한 "반역사적 지성주의"일지도 모른다. 또한 자유주의자들은 공동체주의자들이 말하는 공동체는 도대체 어떠한 공동체인가 하고 되묻는다.

공동체주의자들은 매킨타이어와 샌델처럼 흔히 지방적 (중간적, 혹은 탈중앙화된) 공동체나, 샌델이나 테일러처럼 공화주의적 공동체, 혹은 월저처럼 국가적 정치공동체를 언급한다.124) 그러나 어떠한 공동체주의자도 그러한 공동체가 현재 존재하는 공동체와의 관계, 그리고 그러한 공동체의 창출과 유지를 위한 조건과 방식에 관한 직접적인 설명을 제공하지 않고 있다. 공동체주의자들은 또한 그러한 지방 공동체가 국가에 대해서 갖는 관계에 대해서도 거의 논의하지 않고 있으며, 또한 기존의 지방 공동체들 사이의 갈등과 기존 공동체와 신설 공동체 사이의 갈등을 어떻게 해결할 것인가에 대해서도 논의하지 않고 있다.125) 매킨타이어가 제시하고 있는 현실적 처방이라는 것도 "우리의 시민성과 지적, 도덕적 삶이 이미 우리에게 도래하고 있는 새로운 암흑기를

320

헤치며 지속할 수 있도록 지방적 형태의 공동체를 구성하는 것이 현 단계에서 중요한 것이다"라고 한다면 팽배하고 있는 지역 공동체적 이기주의와 공동체들 사이의 다양한 갈등은 어떻게 해소할 것인가?126) 샌델은 "공동선의 정치"를 말하고 바버는 "강한 참여 민주주의"를 말하고 있는데, 이것은 정치공동체를 중시하는 것이다.127) 따라서 공동체주의는 공적인 정치 영역을 확장하려고 하고, 자유주의적 개인주의는 그것을 축소하려는 것처럼 보인다.128) 여기에 관련해서 로젠바움은 공동체주의자들이 정치공동체와 일반 공동체를 전혀 구분하지 않고 있다고 비판한다.129)

공동체주의자들 중에서 오직 웅거만이 공동체 구성에 관련된 딜레마를 솔직히 인정하고 있다. 그는 그러한 딜레마를 "공동체주의 정치학의 딜레마"로 보고 다음과 같이 구성한다: 수직적 통합 대 수평적 통합, 조정자로서의 국가 대 공동체로서의 국가, 기존 공동체 대 신생 공동체, 집단 응집력 대 비판적 교육, 집단 내 관계 대 집단 간 관계, 사회의 구조 대 정치의 과정, 특수성의 정치학 대 보편성의 정치학 등.130) 사회과학의 관점에서 공동체주의의 딜레마를 가장 심도 있게 논의한 어윈 샌더스(Irwin Sanders)는 여러 가지 하위적 딜레마를 형성하고 있는 총 5개의 일반적 딜레마를 말하고 있다: 지역적 공동체 대 비지역적 공동체, 법률적 공동체 대 자연적 공동체, 사회적 관계의 포괄적 영역 대 선택적 영역, 명시적인 이론적 구조 대 묵시적인 이론적 구조, 서술적인 배경적 요소 대 상호작용적인 배경적 요소.131) 물론 우리는 여기서 자유주의적 공동체론이 이러한 문제를 다 해결할 수 있다고 주장하는 것은 아니다. "자유와 평등의 구현체"로서의 자유주의적 공동체론도 이러한 문제를 처리하지 않으면 안 된다. 그러나 이러한 딜레마의 해결에 대한 이론적, 실천적 부담은 현재로서는 공동체주의자들이 더 짊어져야 한다.

자유주의자들 중에서 공동체주의자들이 가지고 있는 공동체 개념에 대한 구체적인 논의를 통해서 공동체주의를 논박하고 있는 사람은 잭 크리텐든(Jack Crittenden)과 데렉 필립스(Derek Philips)이다. 크리텐든은 공동체를 네 가지의 별개의 필요조건과 모두 합친 공동 충분조건으로 정의한다. 즉 (1) 총체적 삶의 방식의 공유, (2) 면접적 관계, (3) 모든 공동체 구성원의 복지에 대한 고려와 복지를 증진시킬 상호 의무, (4) 개인의 정체성의 구성이 그것들이다.132) 크리텐든은 이러한 공동체는 소규모 촌락이나 적합하고 또 필연적으로 개인의 자율성을 침해하게 될 것이라고 비판한다. 필립스도 공동체주의자들의 저작을 통해서 공동체주의자들이 원하는 공동체를 역시 네 가지의 각 필요조건과 공동 충분조건으로 정의한다. 즉 (1) 공동 영역과 지역, (2) 공동의 역사와 공유된 가치, (3) 광범위한 정치적 참여, (4) 높은 정도의 도덕적 연대가 그것들이다. 그는 매킨타이어, 테일러, 벨라, 샌델이 꿈꾸고 있는 고대 그리스 폴리스, 중세 공동체, 미국 건국 초기의 공화정 촌락을 면밀히 조사한 뒤, 역사적 자료를 통해 볼 때 억압받고 배제된 집단들이 항상 존재했기 때문에, 그 셋 중 어떤 것도 그러한 정의에 들어맞지 않는다고 지적하고, 그들의 공동체 개념은 낭만적이 아니라 오류에 가득 찬 잘못된 노스탤지어의 정치학에 불과하다고 혹평한다.133) 따라서 재생하거나 부활시켜야 할 어떠한 공동체주의적 공동체도 없다고 공동체주의에 대한 철학적 귀류법을 신랄하게 전개한다. 그는 "공동체주의자들이 소속감이 주는 황홀경을 찬양하느라, 과거[역사의 암흑]에 대한 믿을 수 없는 망각을 노정하고 있다"고 비판한다.134) 윈필드(R. D. Winfield)는 「공동체주의 없는 윤리적 공동체」라는 논문에서 공동체주의자들이 윤리적 공동체의 개념을 왜곡하고 있다고 반박한다. 즉 공동체주의자들은 윤리적 공동체를 그 내용이 역사적으로 주어진 형식적 상황으로 간주함과 동시에 행위의 규범성에 대한 유일한 준거로서 절대화함으로써 그것을 왜곡시킨다. 그러나 윈필드에 따르면, 도덕적 공동체는 결코 원자론적 개인주의일 수 없는 재산권과 계약의 자유와 도덕적 책임과 나아가서 개념적으로 명백하게 규정된 자유의 제도적 구성을 전제하지 않고서는 불가능하다. 가족과 시민사회와 국가는 그러한 윤리적 공동체의 제도적 구성으로 볼 수 있으며, 그러한 구성은 공동체주의 없이도 충분히 가능하다.135) 이렇게 크리텐든과 필립스와 윈필드에 의해서 개진된 공동체주의자들의 공동체 개념 비판은 자유주의자들의 공동체주의에 대한 규범적 비판으로 자연스럽게 이어진다.

2) 공동체주의의 규범적 방법론적 난점: 공동체주의의 딜레마 봉착

자유주의자들의 공동체주의에 대한 역공 중 가장 역설(力說)적인 부분은 공동체주의가 독재주의, 전체주의, 권위주의, 보수주의, 다수결 횡포의 함축성을 지니고 있다는 규범적 비판일 것이다. 그것은 공동체주의가 자아의 공동체적인 구성적 결부와 귀속, 개인의 사회적 역할 강조, 가치에 대한 공유된 이해와 통합을 바탕으로 "공동선의 정치"를 주장하고 있기 때문이다. 공동체주의는 그러한 사회의 실현을 위해서 가능한 한 동질적인 사회를 만들려고 할 것이며, 완전주의적 가치를 강요하고, 사적 영역과 공적 영역의 통합을 시도할 것이며, 사회적 갈등을 무시하고,136) 소수자의 권리와 자유를 억압하고, 개인의 자율성과 다원주의적 관용을 해치게 될 가능성이 비일비재할 것이라고 자유주의자들은 우려한다.137) 이러한 우려는 단순한 개연성이 아니라 역사적 사실이며 논리적인 필연성이라고 주장된다. 우선 자유주의자들은 개인의 권리가 공동선과 일반적 복지를 위해서 개인에게 행할 수 있는 것의 한계를 지정한다고 본다. 그래서 공동체주의자들이 만약 개인의 권리를 공동선의 정치로 대체하려고 한다면 도대체 개인의 권리와 자유를 어떻게 보장할 수 있을 것인가라고 반문한다.138) 논리적 필연성을 주장하는 자유주의자들은 공동체주의자들의 자아 개념은 자아정체성과 공동체의 상호 구성적 결부와 통합에 근거하고 있는데, 그러한 자아 개념과 20세기에서 등장한 전체주의 사회는 밀접한 관련이 있다고 갈파한다. 따라서 공동체주의자들의 그러한 자아관에 근거한 공동체라면 우리는 "잘 실낙원 했다(paradise well lost)"고 안도한다.139) 허쉬(H. N. Hirsch)는 불구자, 외국인, 동성애자, 소수집단의 문제를 들고 그들에게 전체 공동체적 정서를 강조하는 것은 그들에게 아무런 것도 해주는 바가 없다고 본다. 따라서 그들에게 "공동체의 존재는 문제 해결의 일부분이 아니라 오히려 문제의 일부분이다."140) 에이미 거트먼(Amy Gutmann)도 "공동체주의적 비판자들은 우리로 하여금 [마녀사냥이 있었던] 세일럼에 살도록 하면서 마녀의 존재를 믿지 못하게 한다"고 냉소한다.141) 자유주의적 여성주의자들도 공동체주의자들이 옹호하는 세 가지 단골 공동체, 즉 고대 그리스 폴리스, 중세 촌락, 미국 건국 초기의 공동체들은 모두 여성을 비롯한 많은 구성원들에게 공동체적 혜택을 배제했다고 불평한다. 물론 자유주의자들은 공동체주의자들이 실질적으로 역사적 공동체의 배제적 측면과 독재사회를 옹호하고 있다고 주장하는 것은 아니다. 오히려 그들은 공동체주의가 그러한 전체주의적 함축성의 문제를 자유주의에 의존하지 않고서는 해결하지 못한다고 웅변한다.142)

물론 공동체주의자들 중 자유주의자들의 비판에 대해서 그렇다고 대답하는 사람은 아무도 없다. 그들은 오히려 전체주의의 가능성을 다른 데에서 찾음으로써 비난의 예봉을 피하려고 한다. 샌델은 사회적 불관용과 전체주의적 가능성은 자유주의적 개인주의가 만연되어 공동체가 파괴된 결과인 아노미적 상태에서 일어난다고 강변한다. 즉 삶의 양식들이 제자리를 잃고, 근본이 불안정하고, 공동적 의미와 전통이 상실되었을 때, 개인들이 참여하는 공공적 영역도 축소되고 공동화되며, 그러한 공동화는 전체주의인 대중정치에 취약성을 보인다는 것이다.143) 바버도 여기에 동조하여 정치적 참여가 배제된 소극적이고 수동적인 자유의 상태에서 전체주의나 독재가 발생할 가능성이 많다고 지적한다. 샌델과 바버는 모두 강한 민주주의가 독재를 예방해줄 것으로 기대한다. 그러나 이러한 해석은 그동안 전체주의와 독재가 어디서 어떻게 등장했는가 하는 발생학적 측면에서 보면 납득할 수 없다.[144] 전체주의와 독재는 비자유주의 국가에서 발생했으며, 그것은 결국 민주주의라는 이름으로 국민들의 열광적인 정치적 참여를 강요했고, 그 강요의 힘은 어떠한 사회적 예외도 허용하지 않았던 역사를 볼 때 공동체주의자들의 변명은 구차하게 들린다. 근래에 에치오니는 입헌민주주의에 호소하고 있지만, 소수자의 언론의 자유와 인권을 보호하기 위해서 다수결주의를 입헌적으로 제약한 미국헌법 "수정조항 1조"는 순전히 민주주의적이라기보다는 오히려 자유주의 혹은 자유민주주의적 조항으로 보는 것이 더 타당할 것이다.

자유주의자들은 공동체주의에 대한 규범적 비판과 아울러 공동체주의에 대한 방법론적 난제를 들고 나온다. 자유주의자들은 공동체의 상실과 그에 따른 자유주의의 문책은 공동체주의자들이 간과하기 쉬운 딜레마를 숨기고 있다고 갈파한다. 만약 공동체주의자들이 주장하는 것처럼, 자유주의적 개인주의의 만연이 공동체의 상실을 불러왔다면, 자유주의는 현대사회에 대한 정확한 이론적 반영이라고 할 수 있다. 모든 공동체주의자들이 주장하는 것처럼, 자유주의적 개인주의 정치철학과 자유주의적 개인주의 문화와 관행은 상호 보강 관계를 유지해왔다. 그런데 만약 공동체주의자들이 공동체 재건의 가능성을 확보하기 위해서 자아의 구성적 결부와 함께 현대사회의 이면에 암묵적으로 존재하는 공동체의 맥락을 주장한다면, 자유주의는 자아와 현대사회에 관한 정확한 이론적 반영은 아니다. 이 경우 공동체 상실에 대한 자유주의의 문책은 불가능한 것이 된다. 테일러는 자유주의적 개인주의 사회의 심층구조는 사실상 공동체주의적이라는 주장을 편다.[145] 공동체주의의 이상과 같은 상이한 두 가지 주장의 집합들, 즉 공동체의 상실과 공동체의 암묵적 존속, 그리고 현대사회에 관한 정확한 이론적 반영과 부정확한 이론적 반영으로서의 자유주의는 모두 옳을 수 없다. 공동체주의자 월저는 고통스럽게도 이러한 공동체주의의 역리를 인정하지 않을 수 없다고 고백한다.146) 데이비드 잉그램(David Ingram)은 영미 공동체주의자들 전체가 이러한 역리에 오락가락하고 있다고 폭로한다.147)

자유주의자들의 공동체주의 방법론에 대한 질타는 여기에 그치지 않는다. 공동체주의는 방법론적으로 볼 때 보수주의와 상대주의를 함축하며, 따라서 "단순 공동체주의자의 딜레마"와 "해석학적 악순환"이라는 보다 정교한 철학적 방법론상의 난제에 직면하게 된다. 또한 그러한 난제는 공동체주의적 방법론으로 해결될 수 없는 사실도 아울러 지적된다. "단순 공동체주의자의 딜레마(simple communitarian dilemma)"는 만약 가치에 대한 사회적 의미가 현재 공동체가 가지고 있는 분배적 관행과 제도에 의거하고 있다면, 그러한 사회적 의미는 보수적인 것으로 비판적 원칙으로 작동할 수 없다. 만약 가치에 대한 사회적 의미가 공동체의 현재 관행과 제도에 의거하지 않고 그러한 의미를 통해서 관행과 제도를 비판할 수 있다면, 그러한 가치가 정당하다는 것을 공동체주의적 가치론에 의해서 어떻게 알 수 있는가?148) 또한 이 딜레마의 두번째 뿔은 가치가 하나가 아니고 서로 경쟁하는 가치들인 경우로 재구성될 수 있다. 이때도 역시 공동체주의적 방법론은 전혀 손을 쓸 수 없다. 조슈아 코헨(Joshua Cohen)은 사회적으로 많은 논란과 갈등을 함축하고 있는 가치들의 경우에는, 그러한 상충하는 의미를 평가하기 위해서도 지도적 원리로서 자유주의의 일반적이고 보편적인 정의의 개념이 필요하다고 주장한다. 월저와 매킨타이어의 경우 가치의 사회적 의미와 전통에 대한 상충된 해석들이 존재할 경우, 이데올로기적 허위의식을 배제하고 진정한 해석만을 추려내서 평가하는 기준은 "해석학적 악순환(vicious hermeneutical circle)"을 피할 수 없다. 다양한 해석들은 오직 총체적인 해석틀 안에서만 의미를 갖고 평가될 수 있지만, 그러한 총체적인 해석틀은 다시 다양한 해석들에 의거하지 않고서는 산출될 수 없기 때문이다.149) 매킨타이어도 도덕적 전통과 합리성이 가진 순환성을 인정한다. 그리고 우리는 월저도 롤즈의 맥시민 규칙이 아니면, 이러한 순환성과 단순공동체주의자의 딜레마를 피할 수 없다는 것도 논의했다.

3) 공동체주의자들의 본색: 어쩔 수 없는 근대주의자와 자유주의자

마치 마르크스가 말년에 자신은 마르크스주의자가 아니라고 했듯이, 공동체주의자들도 자신들이 공동체주의자라는 것을 흔쾌히 인정하지 않고 있다. 그 이유는 영미 상황에서 자유주의의 집단적 무의식의 주는 칼 융(Carl Jung)식의 원형적 억압일 것이다. 그 억압의 근원은 사적인 영역에서 가족과 같은 공동체는 삭막한 이 세계에서의 유일한 안식처 이지만, 공적 영역에서의 공동체주의는 대중들에게는 그 어원적 친근성 때문에 공산주의로 오해받을 수 있기도 하고, 또한 나치즘과 파시즘 등 전체주의로부터의 공포가 아직 완전히 가시지 않았다는 사실이다. 공동 체주의자 에치오니와 완전주의적 자유주의자인 갤스턴 등이 주도하여 공포한 "공동체주의 강령"에 주요한 철학적 공동체주의자인 매킨타이 어, 샌델, 테일러, 월저 등이 서명하지 않고 있다는 점에서도 잘 드러난 다.150) 매킨타이어는 자신이 서명하지 않은 이유를 이렇게 말한다: "소 문과는 반대로, 나는 결코 공동체주의자가 아니고 또 공동체주의자인 적도 없다. 내 판단으로는 어떤 다른 나라와 마찬가지로 미국에서의 근 대화의 진보에 따른 정치적, 경제적, 도덕적 구조는 과거의 다양한 역 사적 시기에 이룩되었던 찬양할 만한 그러나 언제나 불완전한 행태로 존재했던 정치적 공동체 유형들 중 그 어떤 것도 실현될 가능성을 배제 한다. 나는 또한 근대사회를 공동체주의적 방식으로 체계적으로 재구성 하려는 시도는 언제나 비효율적일 뿐만 아니라 파국을 몰고 올 것이라 고 생각한다."151) 이러한 매킨타이어의 솔직한 고백을 통해 본다면, 매 킨타이어는 어쩔 수 없이 가치다원주의적 자유주의자나 근대주의자(a modernist malgré lui)가 되어야 할 것이라는 라모어의 주장은 옳았다.152) 라모어는 공동체에 대한 자유주의적인 초월적 비판의 가능성을 전혀 인정하지 않는다면 매킨타이어의 덕의 윤리는 보수주의적, 반동주의적이라고 아니 할 수 없다고 비판한다. 그러나 매킨타이어는 에드먼드 버크(Edmund Burke)식의 보수주의와 구별되기를 바라고, 또한 아리스토텔레스의 형이상학적, 생물학적 목적론을 잘못된 것이라고 비판하면서 목적론을 인간 본성에만 국한시킨다. 또한 인간 본성 자체에서 사회계급의 분화를 찾는 시도, 즉 아리스토텔레스의 자연적 노예론을 일축한다. 수전 몰러 오킨(Susan Moller Okin)에 따르면, 매킨타이어가 찬양하는 도덕적 전통에 대한 이러한 교정은 자유주의적 관점이 아니면 이룩될 수 없다.153)

샌델의 입장은 롤즈의 무연고적 자아관과 상호 연대를 요구하는 "최소수혜자의 기대치를 최대로 하라"는 차등의 원칙과의 비일관성을 지적할 뿐이지, 결코 자유주의를 정면으로 반대하지 않는다.154) 그래서 샌델의 비판은 자유주의 내부 비판이라고 분류되기도 한다.155) 그러나 샌델은 자신의 저작 『민주주의의 불만』(1996)에서 공화주의적 공공철학을 들고 나온다. 그러나 여기서 샌델은 "공화주의의 정치가 보장이 없는 위험한 정치"일 수 있다는 점을 인정한다.156) 공화주의적 전통은 노예제, 여성의 참정권 배제, 유산계층에 유리한 선거권 제도, 이민자들에 대한 차별 등과 관련하여 비판의 대상이 된다는 것을 인정한다. 그렇다고 한다면, 그러한 인정은 과연 자유주의적 관점이 아니고 공화주의 자체에서 나올 수 있는가?

테일러는 이미 우리가 지적한 것처럼 근대 자유주의적 개인주의는 본래성의 윤리라는 이상이 있다는 것을 인정하고 그것을 공동체주의적으로 보완하려는 제한적인 의도만을 가진다. 또한 테일러는 자신을 공동체주의자라고 생각하지도 않으며, 자신의 자아관이 존재론적으로 볼 때 흔히 생각하듯이 "총체론적 집단주의(holist collectivism)"가 아니라

"총체론적 개인주의(holist individualism)"임을 밝힌다. 그는 물론 노직의 원자론적 개인주의(atomist individualism)를 거부한다. 이러한 관점에서 테일러는 롤즈의 정의론, 특히 "사회적 연합체들의 연합으로서의 공동체"의 개념을 지지한다. 다만 테일러는 롤즈의 차등의 원칙을 보다 아리스토텔레스적인 방식으로 보완하려고 시도하면서 자유주의적 복지국가를 옹호한다.157) 월저는 비록 자유주의의 방법론적 기초인 개인주의, 도덕적 보편주의, 권리준거적 의무론, 가치중립성을 거부하지만, 자유주의의 전통적 이념인 자유와 평등이 사회적 가치들의 공유된 이해에 근거한 공동체주의적 정의론을 통해서 진정으로 실현될 수 있다고 주장하는 점에서 자유주의에 친화적이다. 월저는 "자유주의를 그것의 기본 강령으로부터 급속하게 퇴각하는 자유주의자들로부터 옹호하는 것이 중요하다"고 생각한다. 또한 자신의 공동체주의는 "전근대적인 혹은 반자유주의적인 공동체가 도래할 것을 기다리는" 반동주의적인 공동체주의는 아니며, "자유주의 (혹은 사회민주주의) 정치 속에서 화합"될 수 있는 유형의 공동체주의라고 밝힌다. 그리고 그는 공동체주의는 자유주의에 대한 "재발적 교정"이지 전면적인 대체는 아니라고 지적한다.158) 월저는 자유주의의 진정한 실현은 사회민주주의로 이행을 의미한다고 주장한다. 그러나 미국적 상황에서는 좌파 자유주의와 사회민주주의는 현실적으로 동일한 것으로 본다. 그는 자유주의에 대한 공동체주의적 교정은 전통적 삶의 방식에 따른 유구한 불평등을 강화할 수도 있고, 아니면 자유시장과 관료주의 국가에서의 새로운 불평등에 대항하는 방식을 취할 수도 있다고 구분하고, 자기는 후자의 입장임을 분명히 한다.159) 바버는 가치통합론적 공동체주의자를 "사이비 공동체주의자"로 비하하고 자신은 자유민주주의를 참여 민주주의적인 방식으로 보강하려는 제한적 의도만을 가지고 있다고 밝힌다. 바버는 자유주의를 민주주의적 불충분성 때문에 비판하는 것이 결코 자유주의와 자유주의 철학을 공격하는 것을 의미하지 않는다고 강조한다.160) 공동체주의 운동을 주도하고 있는 에치오니도 자신을 자유주의의 반대자로 간주하지 않는다.161) 에치오니가 주도적으로 작성한 "공동체주의 강령"에는 "우리가 만약 오늘날 중국에 있다면, 우리는 더 많은 개인의 권리를 격렬하게 주창할 것이다"라는 점이 부각되고 있다.162) 그의 "온건한 공동체주의"는 공동체주의 운동을 하나의 "진보주의 운동"으로 생각하고 급진적 자유지상주의자들을 주요 공격목표로 하고 있다. 많은 자유주의자들이 이 운동에 동참하고 있는 것은 우연이 아니다.163)

스티븐 홈즈(Stephen Holmes)는 왜 공동체주의자들이 자유주의에 대한 이러한 유순성을 가지고 있고, 또 극명한 반자유주의자들이 될 수 없는가 하는 이유를 역사적 상황을 통해 설명한다. 공동체주의는 넓게 보아 반마르크스주의적 반자유주의 전통에 속한다. 이러한 전통은 "개인들의 근거 상실(the uprooting of individuals)"로 설명될 수 있는 도덕과 사회의 타락의 대한 우려의 일환으로서 자유주의를 비판한다. 이 전통은 개인들의 근거 상실에 대한 원인으로 자유주의의 핵심으로 간주될 수 있는 개인주의, 합리주의, 인본주의, 회의주의를 들고, 그것들이 사회를 부식시키고 와해시킨다고 진단한다. 그리고 이러한 원인의 보다 근본적인 원천은 계몽주의까지 소급될 수 있고 분석한다. 홈즈는 공동체주의가 이러한 전통의 유연한 측면을 반영하고 있다고 분석한다. 공동체주의자들은 프랑스 혁명에 반대한 가톨릭 군주제 옹호자인 조제프 드 메스트르(Joseph de Maistre)나 파시스트인 칼 슈미트(Karl Schmitt)와 같이 계몽주의에 노골적인 반감을 표시하는 골수 전통주의자들을 추종하지 않는다. 따라서 공동체주의자들은 자유주의를 통째로 거부하는 급진적인 정책을 제시하지 못한다는 것이다.164) 공동체주의자 벨도 킴리카와의 논쟁에서 기본적 권리에 대한 존경은 서구문화에서 중심적인 것이며, 극단적인 강제적 수단으로는 결코 공동체주의적 가치를 증진시키지 못할 것이라는 점을 인정한다.165) 그렇다고 한다면, 도대체 공동체주의자는 왜 일어났는가 하고 반문할 수도 있는 것이다.

이러한 반문을 하는 어떤 자유주의 철학자는 헤겔의 비판을 통해서 칸트적 자유주의는 이미 충분히 현대사회에서 가능한 만큼 최대한의 공동체주의적 요소를 수용했다고 존 스튜어트 밀(John Stuart Mill)과 롤즈의 저작을 통해 진단하고, 현대 공동체주의자들은 시간 낭비를 한 것이라고 주장한다.166) 여기서 우리는 헤겔의 사상을 원용했던 그린(T. H. Green) 등이 영국의 복지국가의 초기 모형을 구축하는 데 선구적인 역할을 하고, 자유주의가 복지국가를 수용하는 철학적 근거를 제시했다는 것은 우연이 아니라는 점을 지적해야 할 것이다. 그들은 자유주의의 개인주의적 요소를 공동체주의적 고려와 국가 개입을 조화시키려고 한 점에서 그들의 입장은 당시에 "신자유주의(New Liberalism)"라고 불렸던 사실을 염두에 두어야 할 것이다.167)

4. 결론: 논쟁의 자유주의적 종식과 자유주의의 미래

1) 자유주의 대 공동체주의 논쟁의 자유주의적 종식

"자유주의의 자화상은 통상적으로 있는 그대로가 아니라 미화되어서 그려져 온 것이 사실이다."168) 공동체주의자들의 최대 공헌은 자유주의자들로 하여금 자유주의에 대한 솔직한 자화상을 그리도록 도와준 것이다. 그래서 공동체주의는 "자유주의 이후(post-liberalism)"의 철학일지언정, 결코 "자유주의 사후(a postmortem-liberalism)"의 철학일 수는 없다.169) 공동체주의가 자유주의 이후의 철학이라는 의미는 "공동체주의가 민주주의적 관행이 확립된 자유주의 전통 속에서 발전되어왔으며, 또한 공동체의 가치가 어떤 교정이 필요할 정도로 하락하도록 놔두는 자유주의 문화 속에서 발전되어왔다"는 것이다.170) 그러한 교정은 자유주의 속에서 이루어져야 하며, 그러한 교정이 자유주의 문화 자체를 위협한다는 것은 어불성설이다. 공동체를 들고 온다고 해서 "만병

통치약(nostrum)"이 되는 것은 아니다. 자유주의는 전통적으로 집회와 결사의 자유, 양심의 자유, 거주 이전의 자유를 통해서 다양한 종교, 사상, 도덕, 문화, 예술, 과학의 공동체와 지역적 공동체, 그리고 시민사회를 형성하도록 한다. 물론 자유주의는 공동체에서의 탈퇴와 공동체들 사이에서의 자유로운 이전도 보전하고 있다. 그런데 공동체주의는 흔히 자유주의의 공동체 형성과 보존에의 기여를 망각하고 있거나, 아니면 탈퇴나 이전 등 해체적 경향만을 강조하고 있다.

　우리는 자유주의 대 공동체주의 논쟁을 자유주의적 자아관, 자유주의적 개인주의와 사회관, 중립성과 반완전주의, 보편주의, 그리고 자유주의와 현대사회 문제라는 다섯 가지의 쟁점으로 정리하여 고찰하였다. 우선 우리는 각 쟁점별로 자유주의에 대한 공동체주의자들의 비판을 소개하고 이러한 비판에 대한 자유주의자들의 대응을 후속 논쟁들과 연관시키면서 고찰했다. (1) 자유주의적 자아관은 공동체주의자들이 생각하듯이 순전히 무연고적, 무귀속적 자아로서의 존재론적 원자론이 아니다. 자유주의적 자아관은 가치관에 대한 합의가 없는 다원주의 사회에서의 자유롭고 평등한 시민의 관점이라는 롤즈의 정치적 자유주의의 자아관을 대변한 것이다. 이러한 자아관은 사적인 영역에서 공동체적 결부와 귀속을 인정한다. 그러나 자유주의적 자아관은 공동체적 결부와 귀속도 개인이 처한 사회적 정황의 제약 아래서 비판되고 변경될 수 있다고 개인의 자율성을 여전히 강조한다. (2) 자유주의적 개인주의와 공동체 개념은 공동체주의자들이 비판하듯이 순전히 자기이익 추구를 지상 목적으로 하는 원자적 개인들의 피상적인 협동 관계인 도구적 사회가 아니다. 자유주의적 개인주의는 반사회적 개인주의가 아니라, 가치와 의무와 책임의 원천은 개인에게 있다는 도덕적 개인주의이다. 그러한 자유주의적 개인은 자기이익 추구의 제약을 위한 공정한 사회적 협동체계를 수용함과 동시에 집회와 결사의 자유와 권리를 통해서 다양한 공동체를 형성하고 번성시킬 수 있다. (3) 자유주의의 중립성과 반완전주의는 공동체들이 비판하듯이 자유주의적 개인주의만을 조장하는 위선성과 편협성만을 위한 것은 아니다. 자유주의의 중립성과 반완전주의는 근대 다원주의 사회에서의 도덕과 정치 체계에 대한 피할 수 없는 제약 조건으로 보지 않으면 안 된다. 비록 자유주의적 중립성을 강조하는 롤즈의 정치적 자유주의는 효과나 영향의 중립성을 확보할 수 없지만, 어느 사회체제보다도 목적의 중립성을 달성시켰다고 본다. 그러나 완전주의적 자유주의자들은 공동체주의자들의 비판에 부분적으로 동조하고 가치 있는 삶의 증진을 위해서 국가가 그러한 삶이 가능한 공동체와 배경 조건을 지원해야 한다고 생각한다. 그러나 이러한 완전주의적 자유주의자들의 주장은 국가 완전주의로 나아갈 경우 개인의 자율성과 충돌되므로, 중립적 자유주의의 한계 내에서 간접적인 지원책이 되어야만 한다. (4) 자유주의적 보편주의는 공동체주의자들이 비판하듯이 역사적 공동체가 처한 특수성과 다원성을 무시하는 추상적이고 비현실적인 관점이 아니다. 자유주의적 보편주의는 서구 자유민주주의 사회의 공적인 정치문화와 전통에 내재한 근본적인 직관적 신념들을 배경으로 구성된 것이다. 그러나 이러한 출발점도 공동체주의자들이 빠지기 쉬운 상대주의적이고 보수주의적인 관점을 극복하기 위해서는 최소한의 공정성과 불편부당성을 보장하는 비판적인 입각지를 갖지 않으면 안 된다. 롤즈의 정치적 자유주의는 이러한 인식 아래 다양한 포괄적인 도덕적, 종교적, 철학적 교설들 사이에서 중첩적 합의를 추구하는 보편적인 관점으로 이해될 수 있다.171) 따라서 롤즈의 정치적 자유주의는 공동체주의보다도 더 공동체주의적이 될 수 있다는 해석도 가능하다.172) (5) 자유주의와 현대사회의 문제에 대해서 자유주의자들은 현대사회의 결속을 해치는 최대의 적은 개인주의가 아니라 오히려 집단적 감정, 이념적 갈등, 인종적이고 종교적이고 지역적인 편견과 오만에 기초한 공동 연대라고 논박하면서 자유주의를 방어한다. 그리고 자유주의자들은 공동체주의자들이 한탄하는 자유주의적 개인주의의 다양한 문화적 현상은 병폐로만 볼 수는 없고 근대 다원주의 사회의 피할 수 없는 현실적 귀결이라고 답변한다.

공동체주의자들의 비판에 대해서 자유주의자들은 이상과 같은 방어적 대응과 자유주의에 대한 적극적 재구성을 시도함과 아울러 공동체주의자들에게 다양한 직접적인 역공을 가한다. 자유주의자들은 대체로 자유주의가 가진 문제점을 인정하기는 하지만, 공동체주의적 대안은 더 참혹한 결과일 것이라고 응수한다. 우선 공동체주의는 공동체 개념과 공동체 구성의 현실적 방안에 관련된 신뢰할 만한 대안을 결코 제시한 적이 없다는 사실이 지적된다. 설령 공동체주의적 대안이 명료화된다고 해도 그것은 현대사회에서는 부적절한 낭만주의적 노스텔지어에 불과하거나, 롤즈의 정치적 자유주의가 밝힌 것처럼 근대 다원민주사회에서는 부적절한 포괄적인 도덕적 교설의 하나로서 충분한 사회적 합의를 이끌어낼 수 없다. 이어서 자유주의자들은 공동체주의가 규범적으로도 방법론적으로도 다양한 딜레마에 봉착하여 헤어날 수 없음을 지적한다. 공동체주의는 공동선의 정치를 주장함으로써 전체주의, 보수주의, 혹은 다수결 횡포의 함축성을 지닌다. 그러나 공동체주의는 자유주의에 의존하고 않고서는 이러한 함축성에서 벗어날 수 없다. 방법론적으로 볼 때 공동체주의는 공동체의 관행과 가치와 전통에 도덕적 준거를 두고 있는 한, 건전한 사회비판을 수행할 수 없는 보수주의적이고도 상대주의적인 입장에서 헤어나지 못한다. 이러한 방법론적 딜레마는 보다 정교한 철학적 방법론상의 딜레마인 "단순 공동체주의자의 딜레마"와 "해석학적 악순환"으로 재구성되었다. 특히 자유주의의 이론과 자유주의 사회의 관계에 대한 공동체주의자들의 모순된 두 가지 비판과 주장, 즉 공동체의 상실과 원자적 개인과 공동체의 암묵적 존속과 자아정체성의 구성적 결부, 그리고 그에 상응해서 전개된, 현대사회에 대한 정확한 이론적 반영과 부정확한 이론적 반영으로서의 자유주의에 대한 비판은 동시에 옳을 수 없다는 것이 지적되었다. 또한 우리는 공동체주의자들이 자유주의를 정면으로 부정할 수 없는 다양한 이유들도 제시하였다.

공동체주의자들의 비판에 대한 자유주의자들의 대응과 그들의 자유주의의 적극적 재구성 노력과 아울러 공동체주의에 대한 역공을 종합적으로 평가한 결과, 자유주의는 공동체주의의 도전을 물리칠 만한 이론적, 현실적 역량을 가지고 있으므로 아직 건재하다고 결론을 내려도 좋을 것 같다.

2) 신자유주의의 대두와 자유주의 대 공동체주의 논쟁의 위상

레이건-대처 정권 시대에서 태동한 신자유주의는 1990년대 이후에는 범세계화의 흐름에 힘입어 한 국가를 넘어서 전 세계 수준에 적용되는 거역할 수 없는 이데올로기가 된다. 신자유주의의 이러한 득세는 그동안 자유주의의 대표적인 철학적 모형으로 간주되어온 롤즈의 좌파 자유복지국가 모형에 치명적인 상처를 입힘으로써 자유주의 대 공동체주의 논쟁은 이제 좀 더 복잡한 양상으로 전개된다. 신자유주의는 영국과 미국을 중심으로 해서 케인즈 경제 이론에 토대를 둔 복지국가 이념에 대한 우파적 대안으로 등장했다. 복지국가는 한때 역사의 빛나는 승리로 숭앙되었고, 인류의 이상이 역사적 대타협으로 실현된 것같이 생각된 적도 있었다. 그러나 복지국가는 이제 누적되는 국가의 재정 적자, 비대해지는 국가 관료제, 시민사회 기능의 약화, 국민의 노동 의욕 감소, 국가 경쟁력의 하락 등으로 인하여 처치 곤란의 문제아가 되었다. 이러한 맥락에서 경쟁과 효율, 개인의 선택과 창의성을 강조하는 신자유주의가 세력을 얻게 된다. 물론 신자유주의는 시장 주도의 경제성장을 강력히 추진하므로 생태적 자각이 부족한 것이 결점이지만, 신자유주의에는 나름대로의 일관된 자유지상주의 철학이 있다. 국제금융 투기자본의 행태에서 드러나듯, 신자유주의적 범세계화는 분명 약육강식이 적용되는 것이지만, 동시에 변화와 개혁을 요구하는 세계의 시민들이 국가의 경계를 넘어 협력할 수 있는 새로운 가능성도 보여주고 있다. 앤서니 기든스(Anthony Giddens)에 의하면, 신자유주의는 시장 근본주의와 보수주의라는 모순된 요소의 결합이다. 시장 근본주의는 시장이 개인들의 능력과 창의성에 따른 경쟁을 촉진하고 차별화하고 보상함으로써 사회 전체의 발전을 가져온다는 신념이다. 따라서 정부의 역할은 로버트 노직과 밀턴 프리드먼(Milton Friedman), 프리드리히 하이에크 (Friedrich Hayek) 등이 주장한 대로 최소정부론에 의거한다. 최소정부론은 국가가 사유재산권 보호, 공정 경쟁의 보장 등 자유시장체제의 유지를 위한 최소한의 배경적인 사회적 안전망을 제공하는 것으로 만족해야 한다는 것이다. 한편, 신자유주의는 보수주의적 요소를 포함한다. 그러한 요소는 가족, 민족, 종교 등 비시장적 전통 가치를 옹호하고 사회질서 유지를 위한 강력한 국가를 지향한다. 따라서 이러한 두 요소의 결합에 따라 신자유주의는 신우파 혹은 신보수주의로 불리기도 한다. 기든스는 신자유주의가 시장 근본주의와 보수주의의 내부적 모순관계 때문에 곤경에 처해 있다고 비판한다.[173) 시장 근본주의는 자유시장 철학과 경제적 개인주의에 의거해서 미래에 대한 희망을 시장 세력의 해방에 의해서 만들어지는 끝없는 경제성장에 걸고 있다. 그러나 신자유주의가 전통적인 가족과 민족에 헌신하는 것은 자기모순이다. 개인주의는 전통적인 가족 구조와 민족적 정체성의 경계선에 오면 그 자유주의적 기능을 멈춘다. 반면에, 시장사회의 역동성은 국지적 공동체를 파괴하고 전통적인 권위 구조를 훼손한다. 신자유주의는 시장 그 자체의 사회적 기반을 간과하고 있다. 시장이란 시장 근본주의가 무관심하게 도외시해버리는 바로 그 공동체적 형태에 의존하고 있다.[174)

이러한 신자유주의의 등장과 모순은 자유주의 대 공동체주의 논쟁의 위상에 어떠한 변화를 초래하고 있는가? 일단 신자유주의가 개인의 자유와 권리를 옹호하는 개인주의적 측면과 자유시장 근본주의를 반영하는 점에서 그 논쟁에는 큰 위상 변화가 없다고 생각해볼 수 있다. 복지 자유주의자 롤즈와 자유지상주의자 노직은 개인의 자유와 권리가 공동체와 갖는 관계에 있어서는 동일한 입장에 서 있다. 이러한 점에서 여전히 개인주의 대 공동체주의 논쟁은 계속된다.175) 그러나 자유주의에 대한 공동체주의의 비판은 기회의 균등과 경제적 재분배를 강조함으로써 공동체적 요소를 어느 정도 포함하고 있는 롤즈보다는 오히려 노직이나 신자유주의에 향하는 것이 더 적절하다는 사실이 공동체주의자들 사이에서 인식되기도 한다. 따라서 "자유지상주의 대 공동체주의 논쟁"이라고 표시하자는 입장도 있다.176)

그렇다면 공동체주의자들은 신자유주의에 대해서 구체적으로 어떻게 생각하고 있는가? 샌델은 개인주의에 대한 기왕의 비판 각도와는 약간 다르게 자유지상주의적 자유주의와 복지 자유주의자들은 개인주의적 요소를 가지고 있으면서도 각각 거대 사기업 중심의 경제체제와 복지국가라는 거대 관료제도로 말미암아 권력 집중을 심화시키고 있다고 비판한다. 따라서 개인과 국가 사이에 존재하는 중간 단계의 공동체는 고사된다고 걱정한다.177) 통상적으로 공동체주의자들은 신자유주의의 등장이 자유주의의 개인주의적 요소를 더욱 강화한다고 생각한다. 벨은 자유주의자들이 "어떻게 전통적인 자유주의적 제도와 관행이 레이건-대처 시절에 특색이 된 자기이익의 무제약적 추구를 법제화하게 되었는가를 탐구하거나, 혹은 어떻게 자유주의 정치학이 우리 시대의 원자론적 경향에 대처할 수 있도록 개선될 수 있는가를 생각하지 않고, 현대 자유주의 이론가들은 자꾸만 현실세계에서 유리되어, 그들의 정력을 자유주의 이론이 지나친 개인주의 혹은 보편주의적 전제들을 가지지 않는다고 하면서 제거하려는 데에만 집중하고 있다"고 힐난한다.178) 패트릭 닐(Patrick Neal)과 데이비드 파리스(David Paris)도 역시 자유주의 사회에서는 점점 심각하게 소유적 개인주의가 강화됨에도 불구하고 자유주의 이론들은 철저하게 그러한 전제를 제거하려고만 한다고 비난한다.179) 바버도 자유주의가 책임을 져야 할 병폐로 사회구조적 불평등을 그 희생자인 최소수혜자 자신의 성격과 태도 문제라고 보는 "희생자 비난"과 레이건 행정부 시절처럼 모든 공공적 권리와 공공재가 개인의 이익을 통해서 보다 잘 확보되고 설비될 수 있다는 주장을 지목한다.180) 물론 신자유주의는 가족, 성차, 민족, 종교, 국가의 전통의 유지라는 보수주의적인 요소를 포함하고 있으므로 공동체주의자들은 그러한 요소들에 대해서는 안심할 것이다. 그러나 공동체주의자들은 자본주의 시장의 냉혹한 물결이 결국 가족과 그러한 전통을 잠식하는 점에 있어서는 불안해 할 것이다.

롤즈를 위시한 복지주의자들은 복지국가의 병을 치유하기 위해서는 신자유주의의 강한 경제적 개인주의에 의거해야만 할 것이다. 그러나 복지 자유주의자들은 시장 근본주의가 불평등을 심화시키고 "무덤에서 요람까지"는 아니더라도 최소한의 사회 안전망으로서의 복지국가 기능도 제대로 수행하지 못할 것을 염려한다. 복지국가에 기반한 공동체적 연대와 박애를 공동체주의자들도 최소한 인정하고 있다면, 공동체주의자들은 롤즈의 좌파 자유주의와 연합하여 그러한 연대와 박애를 깨뜨리는 신자유주의와 냉혹한 적자생존과 자연도태의 "보수주의적 다원주의(Conservative Darwinism)"에 도전해야 할 것이다.181) 자유주의자들은 신자유주의의 등장에 매우 실망한다. 그들은 영국에서조차 배심원제도의 축소, 구속적부 심사를 위한 법정에 출두시키는 출정 영장(habeas corpus) 발급의 감소, 어렵게 쟁취한 노동조합과 노동자의 권리 등이 박탈된 사실에 주목하고 "자유주의적 성취의 박약성"을 한탄한다.182) 복지 자유주의자들은 신자유주의의 시장 근본주의가 초래하는 싹쓸이식 "승자전취 시장(winner-take-all market)"을 매우 염려한다. 승자전취 시장은 경쟁과 효율성이라는 미명 아래 소득의 불균형을 확대시키고, 재능과 자원을 낭비하고, 사회와 문화의 통합성을 해치고, 대다수의 개인의 복지에 심대한 악영향을 끼친다.183)

자유주의, 신자유주의, 그리고 공동체주의는 이렇듯 매우 복잡한 관계를 형성하고 있다. 따라서 자유주의 대 공동체주의 논쟁을 신자유주의의 관점에서 보다 엄밀하게 고찰하고 평가하는 것은 미래 과제로 남겨두어야 할 것 같다. 우리가 여기서 할 수 있는 일은, 기든스의 분류에 따른다면, 고전적 사회주의자 혹은 구좌파가 되어버린 롤즈의 복지 자유주의의 모형을 신자유주의 혹은 신우파와 조화시킬 수 있는 "제3의 길"을 찾는 일이다.184) 이러한 "제3의 길"은 롤즈의 복지 자유주의와 신자유주의를 종합할 수 있는 최선의 자유주의의 유형은 무엇인가라는 문제로 재구성할 수 있을 것이다. 또한 이것은 개인이 단순한 복지의 수혜자가 아니라 노동의 주체와 책임의 담지자라는 것을 투철하게 인식하는 새로운 개인주의에 근거하면서도, 여전히 공정한 기회균등과 분배적 혜택이 보장된 정의로운 사회가 주는 자유주의적인 공동체적 연대를 동시에 달성할 수 있는 가능성을 찾는 일이다.

3) 최선의 자유주의와 자유주의의 미래

자유주의자들이 공동체주의를 신뢰하지 못하는 것은 아마도 자유주의자들에게는 과거 역사로부터의 정신적 외상(trauma)이 아직 치유되지 않았기 때문인지도 모른다. 갤스턴이 옳게 지적한 것처럼, "자유주의는 공포, 즉 잔인, 피비린내 나는 갈등, 자의적이고 독재적인 권위에 대한 공포로부터 탄생했다."185) 그 원조인 홉스를 따라서 자유주의자들은 최고악(*summum malum*)을 막기 위해서 최고선(*summum bonum*)을 버렸을 뿐이다. 자유주의자들에게는 자유와 인권은 최고악에 대한 최소한의 방패로서 결코 버릴 수 없는 것이다. 물론 자유와 인권은 공공선을 위해서 제약될 수 있으나, 그것은 정당한 이유와 설득과 보상을 통해서 시행되어야 한다. 자유는 타인의 동일한 자유를 위해서만, 인권은 타인의 동일한 인권을 위해서만 제한될 수 있을 뿐이다. 롤즈에 따르면, 자유는 오직 자유를 위해서만 제한될 수 있다.186) 그렇다고 해서 자유주의가 필연적으로 그러한 공포에만 머물러 있어야 한다는 것은 아니다. 자유주의는 무지로부터, 합의로부터, 인간 번영의 조건으로부터도 다양하게 옹호될 수 있다.[187]

자유주의자들은 본질적 가치와 삶의 방식에 대한 회의주의 혹은 상대주의를 개인이 그러한 가치와 삶의 방식에 대한 최종적 심판자라고 우호적인 의미로 해석한다. 그리고 도덕과 정치 체제가 행위자와 피치자의 합의(the consent of the governed)에 의해서 시행되어야만 그 정당화 근거를 확보할 수 있다고 굳게 믿는다. 이것은 "인민의 소리는 신의 소리(*vox populi vox Dei*)"라는 격언을 진정으로 실현하는 것을 의미한다. 더 나아가서 자유주의자들은 개인이 향유하는 자유와 평등, 자율성과 합리성을 개인과 인간사회의 번영과 진보의 공동 조건으로 중시한다. 공동체주의는 넓은 의미에서 인간 번영의 조건으로서의 자유주의를 진정으로 실현시키는 데 공헌한 것으로 평가되어야 한다. 이러한 점에서 공동체주의자와 완전주의적 자유주의자들은 일치할 수 있을 것이다. 따라서 완전주의적 자유주의자들은 공동체주의적 자유주의자로 부를 수 있다. 물론 완전주의적 자유주의는 정치적 자유주의의 한계 속에서 진행되어야 한다는 것이 이미 지적되었다.

자유주의의 이러한 세 가지 정당화 방법론은 잠정협정적 자유주의, 정치적 자유주의, 도덕이상적 자유주의라는 자유주의의 세 가지 유형과 상응한다. 우리는 롤즈가 자신의 정치적 자유주의를, 안정적인 사회적 통합을 이룩하지 못하는 잠정협정적 자유주의와 포괄적인 도덕적 이상을 포함함으로써 다원주의에 적합하지 못한 도덕이상적 자유주의의 딜레마를 극복하여 포괄적인 철학적, 종교적, 도덕적 교설들 사이에서의 안정적인 중첩적 합의를 확보하기 위한 시도로 풀이한 것에 주목했다. 롤즈는 또한 자유주의의 존 로크(John Locke)적 전통과 루소적 전통을 통합하여 "고대인의 자유"와 "근대인의 자유"를 동시에 실현시키려는 원대한 목표를 갖는다.[188] 우리는 그러한 시도가 매우 험난한 여정일

것이라고 지적한 바 있다. 최선의 자유주의가 어떠한 유형이며, 공동체
주의에 대한 최선의 자유주의적 전략은 무엇인가의 관점에서 이러한
자유주의의 유형적 분열은 신자유주의의 등장과 함께 자유주의의 "자
기정체성 위기"로, 혹은 공동체주의를 앞에 둔 "적전 분열"로 비하될
수도 있다. 그러나 철학 자체에도 관용의 원칙을 적용해야 한다는 사실
을 인식하면, 우리는 그러한 비하감을 극복할 수 있을 것이다. 자유주
의가 다양한 방식으로 옹호되고 정당화될 수 있는 것은 자유주의의 장
점이다.189) 그래도 못마땅하다면, 우리는 경제 영역에서는 잠정협정적
자유주의와 신자유주의의 시장 근본주의가, 정치 영역에서는 정치적 자
유주의와 온건한 완전주의적 자유주의가, 사적 영역에서는 도덕이상적
자유주의 혹은 완전주의적 자유주의가 주로 작동하는 것으로 생각해볼
수도 있다. 이러한 분업 가능성은 자유주의의 핵심인 "공사 영역 구분"
에 근거하고 있다. 물론 그러한 영역적 역할 분담을 물샐틈없는 것으로
간주하는 것은 지나친 일일 것이다.

  아마도 공동체주의에 대한 가장 강하고도 솔직한 반론은 "강한 자유
주의론"일 것이다. 강한 자유주의론이 "양심선언"한 것처럼 자유주의
는 민족국가에 대한 강력한 현실적 강령으로 작용해온 "비밀 공동체주
의"인지도 모른다.190) 그러나 그것은 자유주의가 자신의 본질을 왜곡
하는 방식으로, 혹은 보수주의적 방식으로 공동체주의를 실현했다는 자
가당착에 빠진다. 이러한 자가당착은 "자유주의자들은 사회주의자들이
대부분 많은 시간 그러했던 것처럼 자신의 이름으로 탄생된 현실에 대
해서 거의 수치스러워 할 필요가 없다"고 안도할 수 없음을 보여준
다.191) 그러나 우리는 "자유주의가 자신의 도덕적 이상을 실현하는 데
실패해왔다는 비판을 감수하면서도 그러한 실패가 논리적이거나 불가
피하다는 것을 받아들이지 않을 수 있다."192) 이미 월저가 말한 것처럼,
"우리는 자유주의를 자신의 기본강령으로부터 급속히 퇴각하는 자유주
의자들로부터 옹호하는 것이 중요하다."193) 공동체주의자들은 솔직한

말은 안 하지만 "자유주의의 최선"이 자유주의자들에게만 내맡기기에는 너무나 좋다는 것을 느꼈을 것이 틀림없다. 자유주의에 대한 비판자들은 "자신들이 자유주의를 파괴하게 될 것인지, 혹은 완성시키게 될 것인지를 근본적으로 모른다." 비록 우리는 "자유주의가 그 자체로 충분하지 않다는 것을 인정하지만, 최선의 자유주의를 계속적으로 필요로 한다."194)

자유주의 철학의 역사는 끊임없는 도전과 응전의 연속이다. 자유주의는 자기의 영원한 동지를 철저히 간수하면서도 일시적 적들과 동침하여 동지로 포용하는 이론적, 실천적 역동성을 입증한 바 있다. 자유주의는 합리주의, 사회계약론, 자연법 및 자연권, 경험주의, 혁명, 관료제도, 계몽주의, 낭만주의, 자유방임 경제, 국가주의, 민주주의, 복지국가를 자신의 동지로 가져왔다. 공동체주의는 드러나지는 않았지만 이미 그 동지였으며 이제 곧 한 줌도 안 되는 최후의 저항자들을 물리치고 동지로 포섭할 것이다. 자유주의는 그 해방성과 역동성과 포용성을 아직도 간직하고 있다. 자유주의의 자기정체성을 찾기 위한 "험난한 오디세이의 여정"은 지금도 끝나지 않았다.195) 자유주의의 미래는 보장된 합의와 경직된 이데올로그들로 인한 "역사의 종언"이 가져올 "우울과 권태"가 아니라 인류의 번영을 위한 심각하면서도 흥미진진한 지적 탐구와 사회적 실험으로 계속될 것이다. 아직도 "제3의 길"에의 전망이 쉽게 보이지 않는다고 해서 미리부터 실망할 필요는 없다.196)

제 3 부

롤즈의 자유주의적 정의론의 분야별 적용

제 1 장

사유재산권의 자유주의적 정당화의 과제

1. 서언

"자본주의 이대로 좋은가?" 하는 질문은 1980년대 후반 동구 사회주의 국가들의 충격적인 몰락, 서독의 동독 흡수 통합, 소련의 페레스트로이카와 글라스노스트, 그리고 불발 군부 쿠데타와 그에 따른 1990년대 초반 공산당과 소련의 해체 등 일련의 혁명적 거대 사태들에 대한 신사유람단적 단상기가 야기할지도 모를 자본주의의 긍정적 또는 부정적 실상에 대한 아전인수적 자만이나 자위 또는 은폐를 타산지석의 자성으로 바꿀 수 있게 하는 시의적절한 것이라고 생각된다. 자본주의가 정확히 무엇인가라는 개념적 문제를 둘러싼 논쟁들을 도외시할 수는 없지만,1) 대략적으로 자본주의의 주요 특징은 첫째, 토지, 생산설비, 자본 등 주요 생산수단의 사유재산제, 둘째, 경제활동의 목표로서의 이윤 추구 및 효용의 극대화, 셋째, 자유경쟁시장의 수요와 공급, 즉 가격 결정의 기제를 통한 효율적 경제활동의 조정이라고 말할 수 있을 것이다.2)

사회주의 체제에서 자본주의적 시장경제 체제로의 이행에서 가장 심각한 논란의 대상이 되고 있었던 것은 국유화된 생산수단의 사유화라는 점을 감안해볼 때, 생산재의 사유화/국유화의 문제는 자본주의와 사회주의를 구분해주는 중핵적인 문제이다. 칼 마르크스(Karl Marx)가 『공산당 선언』에서 "공산주의자들의 이론은 한마디로 사유재산의 폐지(the abolition of private property)로 요약될 수 있다"고 한 말에서 그 중핵성은 극명하게 표현되고 있다.3) 마르크스의 이 말과 대비되어 가장 주목되어온 말이 있다면, 근대 자유주의적인 사적 소유권 또는 사유재산권을 확립한 존 로크(John Locke)가 『시민정부론』에서 "사람들이 국가를 형성하고 정부의 지배 아래 들어가는 가장 중요하고도 주된 목적은 그들의 재산을 보존(the preservation of their property)하는 데 있다"고 한 말이다.4)

로크에서 마르크스까지 지난 3세기 동안 서양 철학사를 관류하고 있는 사적 소유권 내지는 사유재산권에 대한 이러한 첨예한 이데올로기적 대립은 하나의 제도로서 재산권 내지는 소유권이 우리의 삶, 자유, 그리고 행복의 추구에 미치는 중차대한 영향력을 잘 말해준다.5) 하나의 제도로서 재산권 내지 소유권이 철학적 논의의 대상이 되는 것은 그것의 사실적, 법률적 관계 규정을 넘어서 소유 주체와 소유 대상 그리고 소유 권리와 부담의 관계를 포함한 총체적 사회구조에 대한 정당화의 문제가 발생하기 때문이다. 우리가 유의해야 할 것은, 재산권 내지는 소유권에 대한 정당화의 이론을 필요로 하는 것은 사유재산제를 옹호하는 사람뿐만이 아니라는 것이다. 공동재산제(collective or public property system)를 주창하는 사람들도, 가령 한 지역에 사는 한 집단의 사람들이 공동으로 그 지역에서 나는 광물 자원을 소유한다고 한다면, 역시 어떻게 그러한 재산권이 발생하는가에 대한 정당화의 이론을 마련해야만 한다는 것이다.6)

소유권에 대한 일련의 저작과 논의들은 그러한 정당화의 "철학적 근거"를 다양하게 제시해왔다. 로렌스 베커(Lawrence C. Becker)는 사유 재산권의 찬성 논변으로는 선점의 논변(the argument from first occupancy), 재산 취득의 노동이론(the labour theory of property acquisition), 유용성의 논변(arguments from utility), 정치적 자유의 논변(the argument from political liberty), 도덕적 성격의 고려사항(considerations of moral character)을 들고 있다. 그리고 사유재산권의 반대 논변 으로는 사회적 비유용성(social disutility), 자멸성(self-defeatingness), 덕(virtue), 불평등의 영속화(the perpetuation of inequality)를 들 수 있 다.[7] 앨런 카터(Alan Carter)는 사유재산권의 정당화에 대한 아홉 가지 의 추론을 소개하고 있다. 즉, 노동으로부터의 추론(the derivation from labour), 그리고 응분(desert), 자유(liberty), 유용성(utility), 효율성(efficiency), 선점(first occupancy), 인격(personality), 도덕성의 계발(moral development), 인간 본성(human nature)으로부터의 추론이다.[8] 또 다른 일련의 저작들은 철학적 정당화에 대한 광범위한 역사적 서술을 시도 하고 있다.[9]

그러나 사유재산권에 대한 철학적 정당화와 관련하여 가장 중요한 관심의 대상이 되는 현대 철학자들은 맥퍼슨(C. B. Macpherson), 존 롤 즈(John Rawls), 그리고 로버트 노직(Robert Nozick)의 철학적 작업이 라고 생각된다. 맥퍼슨은 홉스로부터 로크에 이르는 17세기 근세 자유 주의의 비판적 해석을 통해서 그것이 "소유적 개인주의(possessive individualism)"라는 윤리적으로 결함을 가진 이데올로기에 근거하고 있 음을 폭로한다.[10] 그리고 현대의 자유민주주의가 자유주의의 소유적 개인주의를 극복하지 못하는 한, 자유주의와 민주주의는 양립 불가능하 다고 주장한다.[11] 롤즈의 입장은 자유주의적 복지국가(liberal welfare state)를 사회계약론적 윤리학의 재구성을 통해서 옹호하는 것으로, 소 유권에 대한 분배적 정의(distributive justice)로부터의 공정한 제약을 통해서 자유와 평등 간의 갈등을 해소하려는 야심찬 시도를 보인다.[12]

노직의 소유권론(entitlement theory)은 자유주의적 복지국가에 대한 자유지상주의(libertarianism)의 반론으로서 로크의 자유주의적 소유권에 대한 재해석을 통해서 고전적 자유주의의 부활과 보수적 자본주의(conservative capitalism)의 등장을 지지하고 나선다.13)

본 논문은 소유권에 대한 철학사적 대립의 전통에 대한 현대 철학적 의미 분석을 통해서 소유권에 대한 자유주의적 정당화의 한계를 밝혀 보려는 것이다. 2절에서는 우선 사유재산권에 대한 철학사적 개괄과 함께 맥퍼슨에 의해서 철저히 분석되고 비판된 소유적 개인주의, 특히 로크의 원초적 재산 취득의 노동이론을 다루게 된다. 그리고 이러한 소유적 개인주의에 대한 마르크스의 비판을 통해서 사유재산권을 둘러싼 철학사적 논쟁의 의미를 밝히려고 한다. 3절에서는 사유재산제적 부르주아 자본주의에 관한 마르크스의 비판에 대해서 자본주의의 자기 수정적 답변으로 간주되고 있는 자유주의적 복지국가의 철학적 기초를 롤즈의 분배적 정의론을 통해서 살펴볼 것이다. 그리고 이어서 복지국가의 경제적 위기와 그 병에 즈음하여 등장한 노직의 자유지상주의적 소유권론도 비판적으로 분석할 것이다.

사유재산권의 자유주의적 정당화의 이러한 한계 분석은 다만 그것의 철학사적 통시성과 현대 철학적 논의 전개에 대한 나름대로의 소규모적 평가에 근거하고 있을 뿐, 새로운 대안 제시나 대규모적인 이데올로기적 단안을 제시하려는 것은 물론 아니다. 그러나 사유재산권을 노동, 자유, 그리고 정의 개념과의 광역적인 연관성 속에서 파악하는 규범적 분석(normative analysis)을14) 통해서 자유주의적 자본주의에 대한 윤리적 비판을 제시하는 것은 전혀 의미가 없는 일은 아닐 것이다. 그러한 유의미성은 결국 사유재산권에 관련해서 한국 자본주의의 윤리적 개선 방향에 대한 철학적 제시로 나타나게 될 것이다.

2. 사유재산권 논쟁의 철학사적 의미 분석: 로크에서 마르크스까지

1) 로크의 사유재산권의 노동이론과 근대 자유주의

사유재산에 대한 철학적 논쟁은 통치자와 수호자 계급에 사적 소유를 불허한 플라톤의 이상국가론과 이에 대한 아리스토텔레스의 비판으로부터 시작된다. 아리스토텔레스는, 공동 소유는 개인적 행복의 추구라는 인간의 본성에 부합하지 않으므로 그것은 개인적 소유보다 더 잘 관리될 수 없고 비생산적이라는 공동 소유의 비극(the tragedy of the commons)을 초래할 것이라고 갈파했다.15) 중세 철학에서 토마스 아퀴나스(Thomas Aquinas) 등이 사유재산의 문제를 논의했고, 로마법에서 사유재산권의 규정은 그것의 근간을 이루는 가장 중요한 문제가 되었다. 그러나 사유재산을 하나의 개인적 권리로 정착시킨 것은 17세기의 시민사회와 그 정부에 철학적 근거를 제공한 사회계약론이다. 사회계약론은 그 이론적 단초로서 시민사회와 정부에 선행하는 자연상태와 자연권의 개념을 설정하게 된다. 홉스의 사회계약론은 "만인에 대한 만인의 투쟁(*bellum omnium contra omnes*)"이라는 자연상태에서 각자의 자기보존을 위한 자연권에서 출발한다. 그러나 홉스는 잘 알려진 대로 상호 양립 불가능한 자연권을 사회적으로 실현하기 위해서 자연법의 규정에 따라 절대군주에게 자연권의 일부를 양도하는 계약의 과정을 제시한 바 있다. 따라서 홉스에게서는 자연상태에서 재산권이 자연권의 일부로서 확정된 것은 아니며, 단지 자기의 소유물은 타인으로부터 지킬 수 있는 한에서만 자기의 것인 잠정적인 것에 불과했다.16)

이에 반하여 로크는 생명, 자유, 건강, 신체에 대한 자연권을 외적 자원의 소유에 대한 자연권으로까지 확대시킴으로써,17) 시민사회는 각자의 재산을 보호하기 위한 인위적인 계약적 구성의 산물로 간주된다. 홉스는 계약 당사자들이 자연상태에서 자유롭고 평등하다는 자유주의적 전제에서 절대군주제적 결론으로 나아갔으나, 로크는 홉스의 자유주의적 전제를 따르면서도 "피치자 동의(consent of the governed)"의 개념을 끝까지 견지하여 자유주의적 제한정부론을 확립하게 된다. 로크는 우선 로버트 필머(Robert Filmer)의 사적 지배론(private dominion)을 비판하고 나선다. 필머는 이 세계는 신에 의해 아담과 그의 직계자손에게 주어진 것이라고 주장하고 가부장제적 왕권신수설을 옹호한다. 로크는 창세기의 진정한 의미는 이 세계가 신에 의해 주어진 공유물이라고 해명함으로써 만인이 소유권의 주체가 될 수 있다는 것을 주창한다.18) 그런데 로크에게 있어서 이 세계가 신에 의해 주어진 공유물이라는 말은 엄밀한 의미에서는 아무에게도 속하지 않는 것(*res nullius*, a thing belonging to no one)이라는 뜻일 뿐이다.19) 로크는 이러한 무소유주의 공유물로부터 사유화가 성립되는 근거를 자기 소유권과 노동의 개념을 통해서 제시한다.

로크는 "… 비록 자연의 사물들이 모두에게 공동으로 주어진 것이기는 하지만, (자기 자신의 주인임과 동시에 자기의 신체, 신체의 활동 혹은 노동의 소유자인) 인간은 그 자신 속에 재산의 가장 큰 근거를 가지고 있다"고 주장한다.20) 인간이 자기 자신의 신체와 능력, 그리고 노동의 소유자라는 "자기 소유권(self-ownership)"의 개념은 중세 봉건사회의 신분적 질곡을 타파하려는 근대 자유주의의 기본적 강령이다.21) 자연상태에서 인간이 자기 소유권을 갖는다는 것은 자신의 보존을 위해서 지구의 산물을 소비하고 사용해야만 하며, 그러기 위해서는 자연에 노동이 부여되어야 한다는 것을 의미한다. 그리고 노동이 부여된 산물은 당연히 배타적인 자신의 소유로 된다는 것이다. 물론 이러한 자기 소유권에서 외부적 자원에 대한 "세계 소유권(world-ownership)"으로의 이행은 자연물의 채집 및 수렵의 단계에서는 노동의 수고와 노력에 대한 기초적 유인(incentives)으로서 작용하기 때문에 간단하다고 볼 수 있다. 그러나 로크는 "소유권의 주요한 대상은 오늘날에는 대지의 과실이나 그곳에 생존하는 동물이 아니라 대지 그 자체이다"라고 주장하고 나선다.22) 여기에서 로크가 제시하고 있는 정당화의 논변은 노동에 의한 토지의 개량, 즉 황무지 개간의 생산성을 강조하는 것이다. 이러한 로크의 주장은 농경 노동의 모델을 제시함과 동시에 노동이야말로 가치의 차이와 가치 증대를 결정하는 기본적 척도라는 관점을 도입하는 것이다. 결국 로크의 노동에 의한 사유재산권론은 노동에 의한 가치의 증대라는 노동의 생산성과 효용성에 근거하고 있다.23) 이러한 정당화의 논변을 통해서 로크는 타인의 동의와 승인 없이 사유재산권이 확립된다고 주장한다.

비록 자연상태에서 사람들은 자신이 적당하다고 생각하는 대로 자신의 소유물을 처분하는 완전한 자유의 상태에 있기는 하지만 사유재산권은 "자연법의 한계 안에서(within the bounds of the Law of Nature)" 확립된다.24) 즉, 사유재산권은 소유물이 (1) 즐기고 사용될 수 있는 한, (2) 자신의 노동의 산물인 한, (3) 썩어서 낭비되지 않는 한, (4) 다른 사람에게도 똑같은 양질의 것이 충분히 남아 있는 한에서만 확립된다.25) 이것들은 맥퍼슨에 의해서 각기 사용한계, 노동한계, 손상한계, 충분한계로 명명되었다.26) 그러나 로크는 자연상태에서 생산물의 교환과 양도를 가능케 하는 화폐의 사용에 대한 "암묵적 동의(tacit agreement)"를 가정한다.27) 이러한 가정은 부패하지 않는 금, 은 등의 화폐의 사용을 통해서 생존에 필요한 이상의 수확물을 무한히 축적하고 사유함을 가능하게 만들게 된다. 또한 화폐의 사용은 토지와 노동의 구매를 통해 많은 생산물을 산출하게 하므로 타인에게 충분한 양질의 생산물을 제공하게 된다. 결국 로크는 사실상 위에서 언급한 네 가지 한계를 해제하게 된다. 그러나 소위 "로크적 단서(Lockean Proviso)"라고 불리는 충분한계, 즉 "충분한 양의 그리고 똑같은 양질의 것들이 다른 사람들을 위해서 남아 있어야 한다"는 조건은 여전히 문제로 남는다.28)

만일 이 조건을 충분한 가치의 창출 조건이 아니라 충분한 공유지의 존재조건으로 본다면 시간 이행에 따라, 즉 사유화의 확대에 따라 공유지는 남아 있지 않을 것이기 때문이다. 결국 자원의 풍요로운 상태에서의 정당화가 희소 상태에서 여전히 적용될 수 있는가는 문제로 남는다.29)

이러한 관점에서 맥퍼슨은 로크의 사유재산권론은 자본주의의 계급구조를 자연적인 것으로 간주하는 놀랄 만한 성과(astonishing achievement)를 통해서 불평등한 재산뿐만 아니라 무한한 개인적 전유(unlimited individual appropriation)를 정당화했다고 신랄하게 비판한다.30) 이러한 소유적 개인주의는 화폐와 교환의 일반화에서 발생하는 소유에 대한 시민 상호 간 분쟁의 해결기관으로서의 정치적 시민사회, 즉 시민정부를 요청하게 된다. 이러한 시민정부는 소유를 자유로이 획득하는 활동과 그 성과를 자유로이 향유하는 것을 방해하는 전제권력을 억제하는 제한정부인 것이다. 결국 이데올로기로서의 근대 자유주의의 과제는 시민사회에 있어서의 소유의 원초적 축적과 교환에 따른 이익과 질서 확립을 목표로 하였던 것이다. 「미국독립선언」과 프랑스 혁명의 국민의회가 내놓은 「인간과 시민의 권리 선언」에서 사유재산권은 자명하고도 양도할 수 없는 천부적 자연권으로 확립된다.

사유재산권이 근대 시민사회의 기본 축이라는 것에 동의하면서도 그것이 야기하고 있는 원초적 축적의 불평등 구조에 주목한 것은 루소였다.31) 그는 부가 반드시 균등하게 분배되지는 않으나 거대한 부자도 빈자도 없는 그런 공동사회를 제시한다. 루소는 자연상태에서 선점(first occupancy)에 의한 잠정적 사유재산권을 인정하나, 그것은 공동체 전체의 권리에 종속되는 것이다. 그래서 어떠한 사람도 타인을 살 만큼 부유해서도 안 되고 자신을 팔지 않으면 안 될 만큼 가난해서도 안 된다는 것이다.32) 루소의 이러한 입장은 일종의 "사유재산제적 민주주의(property-owning democracy)"로 알려지고 있다.33) 보다 엄밀히 말하면 사유재산제가 인정되기는 하나 민주주의를 위해서 통제될 수 있다는 것이다.

그런데 자본의 원초적 축적에 대한 또 다른 강력한 정당화의 도구로 작용한 것은 노동이론을 성서의 실낙원의 이야기와 결합한 캘빈주의를 위시한 프로테스탄티즘이었다. 이 입장에 따르면 사유재산의 불평등은 신의 섭리에 의한 것으로 간주된다. 인간은 원죄를 지어서 에덴의 동산에서 추방되었기 때문에 이마에 땀을 흘리는 노동을 통해서만 생존할 수 있게 된다. 따라서 부지런하고 현재적 소비를 억제하는 금욕적인 자들만이 재산을 축적하고 부유해질 수 있으며, 그것은 신의 축복이라는 것이다. 반면에 게으르고 소비만 하는 자들은 가난해질 수밖에 없으며, 그것은 신의 저주라는 것이다.[34] 나중에 막스 베버(Max Weber)에 의해서 이러한 입장이 자본주의의 윤리로 정식화된 것은 잘 알려진 사실이다.[35] 다른 한편으로 이러한 신의 저주는 19세기에 찰스 다윈(Charles Darwin)의 진화론으로 말미암아 자연의 저주로 바뀌게 된다. 허버트 스펜서(Herbert Spencer) 등에 의해서 개진된 사회적 다윈주의(social Darwinism)에 의해서 적자생존과 자연도태의 냉혹한 차별이 유산자와 무산자에게 가해진다.[36]

자본주의가 전개되면서 사유재산권에 대한 자연권적, 종교적 의미 부여는 어느 정도 탈색되어가고, 그것을 사회 전체의 효용이나 공리를 위한 사회적 인습이나 관습(convention)으로 보는 데이비드 흄(David Hume), 아담 스미스(Adam Smith) 등의 스코틀랜드 계몽주의자들과 제러미 벤담(Jeremy Bentham)과 존 스튜어트 밀(John Stuart Mill) 등의 공리주의자들이 등장한다. 특히 스미스는 그 유명한 "보이지 않는 손"의 자유방임주의(laissez-faire)적 논의를 통해서 "누수효과 이론(trickle-down effect theory)", 즉, 상층부의 이익이 하층으로 자연스럽게 이동한다는 견해의 원형을 제시한 바 있다.[37]

그러나 자본주의가 산업혁명을 통해서 인류 미증유의 생산성을 창출하는 비약적 발전을 이룩했으나, 부익부 빈익빈 현상은 더욱 심화되고 사유재산을 소유하지 못한 노동자 계층은 여전히 인간 이하의 비참한 생활을 영위할 수밖에 없었다. 따라서 피에르 조제프 프루동(Pierre Joseph Proudhon)은 사유재산이란 강도질(robbery)이라고까지 단언한다. 많은 공상적 사회주의자들이 자본주의의 이러한 심각한 도덕적 폐해에 대한 우려를 표현한 것은 당연한 일이었다. 게오르크 헤겔(Georg F. W. Hegel)이 비록 사회계약론적 시민사회를 사적인 이익사회로 비판하였고, 또한 노동을 단순히 가치 창출의 도구적 수단이 아니라 인간의 자기외화로서 인간 본성과 자유의 실현을 위한 본질적 가치로 보는 인간학적 전회, 즉 경제인간(*homo economicus*)으로부터 노동하는 인간(*homo laborans*) 혹은 공작적 인간(*homo faber*)으로의 전회를 이룩하기는 했지만, 그러한 노동의 당연한 결과인 사유재산의 비극성에 주목한 것은 아니었다.38) 헤겔의 사회계약론 비판과 노동을 통한 인간학적 전회에 동조하면서도 사유재산의 비극성에 전면적으로 주목한 것은 마르크스였다.

2) 마르크스의 사유재산권 비판과 공산주의

마르크스는 모든 재산제도를 역사적으로 변천하고 있는 생산양식을 직접적으로 반영하는 사회적 관계의 총체로 파악한다. 따라서 자유주의적 사유재산권은 대상과 소유자와의 단순한 관계나 혹은 자연권이라는 추상적 개념의 원리가 아니라 유물변증법의 발전단계에 따른 자본주의적 생산관계의 총체일 뿐이다.39) 그러한 생산관계를 반영하는 사유재산에 대한 상부구조적인 권리 규정은 국가의 강제력에 의해서 보장된다. 따라서 어떤 형태의 재산도 존재하지 않는 곳에서는 생산도 사회도 있을 수 없는 것이다. 마르크스가 사유재산의 폐지를 말했을 때, 그것은 당연히 "소유 일반의 폐지가 아니라 부르주아적 소유 혹은 재산(bourgeois property)의 폐지"를 의미한다.40)

부르주아적 소유는 노동의 수단과 외적 조건들이 사적인 개인들에게 소유되어 있는 것을 말한다. 다시 말하면 토지, 공장, 자본, 그리고 주요한 자연자원 등의 생산수단(the means of production)과 유통수단이 특수한 계급적인 소유의 대상으로 되어 있는 것이다. 이러한 의미에서 부르주아적 소유란 근대 시민사회의 "노동의 산물에 대한 개인적 전유(personal appropriation of the product of labour)"와 혼동되어서는 안된다.41) 부르주아적 소유의 폐지는 노동에 의한 소유의 폐지이며, 또한 모든 개인의 자유와 독립의 기초를 위한 소유의 폐지로서 근대 서구사회에 대한 반동적 역행이라는 비판이 전개될 수 있다. 여기에 대해서 마르크스는 부르주아적 소유와 소시민적, 소농민적 노동에 의한 소유는 상이한 것으로 실제적으로 부르주아는 노동하지 않고 소유하며 프롤레타리아는 생산수단으로부터 유리되어 있으므로 노동하나 소유하지는 못한다고 응수한다. 로크와 헤겔의 사유재산권의 노동이론이 노동에 대한 개념적 상이성에도 불구하고 모두 노동자 자신들의 노동을 통한 개인 재산 획득의 기회조차 마련되지 못한 사회적 상황에서 나왔다는 것은 단순한 아이러니라고 할 것인가?

마르크스는 이러한 전도된 사유재산권의 노동이론이 숨기고 있는 이데올로기적 허위성을 폭로하고 부르주아적 사적 소유에 근거한 자본주의적 생산관계가 야기하는 계급적 지배(domination), 소외(alienation), 착취(exploitation)를 파헤친다. 우선 마르크스는『자본론』에서 자본의 원초적 축적(primitive accumulation)에 대한 자본주의 정치경제학의 소위 "경제적 원죄의 역사(the history of economic original sin)"는 이미 언급한 신학적 원죄설과 노동과 검약을 통한 빈부계층 구분의 경제학설을 야합한 목가적 가정이라고 비판하고 "실제 역사에서 정복, 노예화, 약탈, 살인, 간략히 힘이 중대한 역할을 했다는 것은 너무나 잘 알려진 것이다"라고 강조한다.42) 주지하는 바와 같이 자본주의적 경제구조는 봉건주의적 경제구조로부터 발생했다. 근대 자유주의는 중세적 신분질서의 질곡으로부터 자유노동자들을 탄생시켰으나 동시에 그들을 "그들 자신의 어떠한 생산수단으로부터도 자유롭게(free from … any means of production of their own)" 했다는 것이다.43) 따라서 소위 "원초적 축적의 비밀"은 생산수단으로부터 생산자들을 분리시키는 역사적 과정 이외에 아무것도 아니라는 것이다.

자본의 원초적 축적을 통해서 부르주아적 자본이 형성되고, 그러한 자본을 통해서 잉여가치가 만들어지고, 잉여가치를 통해서 더 큰 자본이 형성되는 확대 재생산의 논리가 자본주의적 생산관계를 특징짓는다. 부르주아적 사적 소유에 대한 마르크스의 비판은 광범위한 관점에서의 논의를 필요로 하나, 본 논문을 관류하고 있는 배경적 개념인 노동, 자유, 정의 개념들과의 관련성으로 논의를 국한한다.44) 이미 언급한 바와 같이 마르크스는 헤겔처럼 노동이 인간의 자기외화를 통한 인간의 자아실현과 자유의 획득을 위한 본질적 가치를 가진 것으로 본다.45) 인간의 노동은 기본적으로 인간의 생존을 위한 물질적 필요를 제공한다. 물론 노동의 더 중요한 기능은 인격의 향유와 인간의 능력과 정신적 목표의 실현이다. 그러나 자본주의적 생산관계 아래서는 노동을 통한 자아의 실현을 불가능하게 하는 노동의 소외가 발생한다. 노동의 산물과 대상, 그리고 그 생산과정으로부터 소외된 인간은 그 자신과 타인들로부터도 소외되어 종국적으로는 인류 공동체적인 유적 존재(species-being)로부터도 소외된다.46) 이러한 소외된 노동의 결과, 모든 인간관계는 화폐와 상품의 물신주의(the fetishism of commodities)로 전락하고 만다.47)

사유재산권에 대한 자유주의의 가장 중요한 정당화의 하나는 사유재산권에 대한 국가의 간섭을 배제함으로써 개인적 자유의 확대가 보장될 수 있다는 것이다. 여기에 대해서 마르크스는 자본주의적 사회에서 획득된 자유라는 것은 다만 형식적인 것에 불과하다고 반박한다. 노동자들에게 있어서 자유란 그들의 노동력을 구매할 수 있는 자라면 그 누구에게라도 팔 수 있는 자유뿐이다. 자유주의적 자본주의에서 그러한 자유는 부르주아와 프롤레타리아 간의 노동력 구매에 대한 자유로운 계약으로 위장되어 나타난다. 그러나 그러한 자유로운 계약도 실상은 노동자들이 자신들의 노동력을 팔도록 강요당하는(forced to sell) 것일 뿐이다.48) 따라서 노동자들은 계약의 자유는 고사하고 그들의 노동의 조건, 대상, 방법을 결정할 아무런 자유도 없다. 마르크스의 자유 개념은 자유주의적 자유의 개념, 즉 외부적 간섭이나 강요로부터의 자유인 소극적, 부정적 자유에 그치는 것이 아니라, 더 나아가서 자신의 목적과 물리적, 사회적 환경의 자율적 통제와 아울러 자신이 선택한 목적의 창조적 실현을 위한 현실적 시간과 능력의 겸비로 의미되는 적극적, 긍정적 자유이다. 자본주의 사회는 그러한 적극적, 긍정적 자유의 실현이 소수의 부르주아에게만 독점되어 있는 사회이다. 따라서 마르크스는 "각자의 자유로운 발전이 모든 사람의 자유로운 발전의 조건"이 되는 사회는 오직 부르주아적 사적 소유가 폐지되어 생산수단이 공유화된 공산주의 사회라고 주장한다.49)

근래에 마르크스의 부르주아적 사적 소유 비판에 관련해서 가장 많은 논의의 대상이 되고 있는 것은 마르크스의 그러한 비판이 분배적 정의의 관점에서 전개되었는가 하는 것이다.50) 노동가치설과 잉여가치설에 따라 개진된 착취의 개념은 간략히 말해서 임금노동자에게 노동이 산출한 가치의 전부가 지급되는 것이 아니라 그 일부분이 부불노동(不拂勞動)으로 착취되어 부르주아 자본의 잉여가치로 전환된다는 것이다. 이러한 착취의 개념은 각자의 생산의 기여도에 따라 분배하라는 분배적 정의의 자본주의적 개념에도 어긋나는 것이기에 비판되는 것처럼 보인다. 착취는 고대 노예경제나 중세 봉건제도에도 있어왔으나 자본주의적 착취의 특이성은 그것이 자본가와 노동자 사이의 계약이 마치 자유롭고 공정한 거래인 것처럼 위장되어 나타난다는 것이다. 그렇다면 마르크스는 생산의 기여도에 따라 분배하라는 분배적 정의의 기준을 수용하고 있는 것일까?

　마르크스는 『고타강령비판』에서 공산주의의 초기 단계에서는 생산수단의 공유와 공동 관리에 의거해서 생산의 기여도에 따른 분배가 달성될 수 있다고 보았다. 그러나 초기 단계의 이러한 분배적 정의의 기준은 아직도 부르주아적 한계(bourgeois limitation)를 가지고 있다. 왜냐하면 그러한 기준은 개인적 자질과 생산능력을 자연적 특혜로 인정하여 필요에 따른 고려사항을 무시하기 때문이다.51) 마르크스에 의하면 고차적인 공산사회에서는 노동이 개인적 경제유인에 따른 보수만을 요구하는 고통이 아니라 삶의 기본적 요구가 되고 개인의 다방면에 걸친 발전은 그들의 생산능력을 증진시켜 풍요로운 협동적 부가 산출된다. 따라서 그러한 사회에서는 "각자의 능력에 따라 일하고, 필요에 따라 분배한다(From each according to his ability, to each according to his needs!)"는 기준이 적용될 수 있다는 것이다.52) 이러한 사회에서는 생산수단과 소비형태의 합리적인 조정계획에 따라 자본주의 경제를 괴롭혀온 과생산 또는 저생산, 실업, 경기침체, 불경기 등을 극복할 수 있다는 것이다.

　그러나 불행하게도 마르크스의 이러한 인간 해방의 거대한 청사진은 현실적 사회주의나 공산주의 체제에서 결코 실현된 적이 없다. 생산수단의 공동 소유는 공산당 독재에 의한 국가 소유로 되어 노동자들의 착취와 소외를 영속화하는 또 다른 계급지배와 자본의 비효율적 운용이라는 비극을 낳고 말았다. 정치적, 경제적, 사회적 조건에 대한 노동자들의 자기규제 대신에 우리는 결코 사라지지 않는 강력한 중앙집권적인 권위주의적 정부를 본다. 그러나 이러한 마르크스에 대한 배반은 피할 수 없는 것은 아니며, 근대 초기에 부르주아들이 정치적 해방을 위해서 싸웠던 것이 유토피아가 아니었듯이 오늘날의 노동자들이 전개하는 경제적 자유를 통한 인간 해방에의 투쟁도 결코 유토피아는 아닐 것이다.

3. 사유재산권 논쟁의 현대 철학적 전개: 롤즈에서 노직까지

1) 롤즈의 분배적 정의론과 자유주의적 복지국가

현대 정치철학사에서 가장 흥미로운 주제 중 하나는 19세기의 자유방임주의적 야경국가(night-watchman state)에서 20세기의 복지국가(welfare state)로의 변모를 추적하는 일일 것이다. 자유방임주의적 자본주의에 대한 마르크스의 도전은 자본주의의 체제 수정을 가속화하여 시장경제에 정부가 적극적으로 개입하여 사회 전체의 평등을 제고하는 혼합경제적인 복지국가를 이루어낸다. 복지국가는 독점방지법, 생산수단의 소유 상한 등의 수단을 통해서 사유재산권에 대한 직접적인 제약을 가함과 동시에 노동자들의 권익을 옹호하는 노동조합을 인정하고 간접적으로는 재산, 소득, 상속 및 양도에 대한 누진세를 적용하여 사유재산으로 기인한 불평등을 재분배의 기제를 통해서 부분적으로 완화하려고 한다.53) 이러한 복지국가는 능력 있는 개인의 자유와 기회적 평등에만 안주하여 사유재산의 심각한 불평등을 용인했던 자유방임주의의 업적주의적 정의관(meritocratic concept of justice)에 대한 수정을 요구하게 된다. 자유는 외부적 제약으로부터의 탈피만이 아니라 가치 실현의 실질적 능력으로 인식되고, 기회는 형식적인 기회의 평등이 아니라 실질적인 결과의 평등으로 확대된다. 그러나 자본주의 윤리와 복지 윤리는 상충하는 면이 있기 때문에 사회정의의 관점에서 복지국가에 대한 통합적 가치체계를 제시하는 일은 현대 도덕 및 정치철학의 중대한 과제가 되어왔다.54)

복지국가에 대한 통합적 가치체계의 구성은 롤즈의 『정의론』(1971)에서 그 정점에 이른다. 롤즈는 사회정의의 일차적 주제는 사회의 기본구조(basic structure of society), 보다 정확히 말하면 사회의 주요 정치, 경제, 사회제도가 권리와 의무를 배분하고 사회협동체로부터 생긴 이득의 분배를 결정하는 방식이라고 주장한다.55) 물론 생산수단의 사적 소유에 대한 법적인 규정은 기본구조의 주요한 사례가 된다. 기본구조가 일차적 주제가 되는 이유는 그것이 사회 구성원의 삶의 기대치에 대해서 중대한 영향력을 가지고 있기 때문이다. 즉, 사회 구성원은 경제적, 사회적 여건에 의해서 제약되어 어떤 출발점은 다른 출발점보다 유리한 조건이 부여되며 그것은 뿌리 깊은 불평등으로 작용한다. 그러나 그러한 불평등은 능력이나 공적(merit or desert)에 의해서 정당화될 수 없는 것이다.56) 따라서 사회정의의 원칙들이 적용되어야 할 것은 사회의 기본구조에 있는 그와 같은 불평등인 것이다.

롤즈는 사회정의의 원칙을 확립하기 위해서 사회계약론을 재구성한다. 이것은 계약 대상이 전통적 사회계약론에서처럼 일정한 사회나 특정 형태의 정부가 아니라 분배적 정의의 원칙이라는 것을 의미한다. 분배적 정의의 원칙은 자신의 이익 증진에 관심을 가진 자유롭고 합리적인 사람들이 공정하고도 평등한 최초의 입장, 즉 원초적 입장(original position)에서 채택하게 될 원칙이 된다.57) 원초적 입장에서 계약 당사자들은 공정성(fairness)을 확보하기 위해서 자신의 가치관, 천부적 재능과 사회적 지위를 모르는 무지의 장막(the veil of ignorance) 아래에 있게 된다. 이렇게 계약 당사자들은 무지의 장막에 가려 자신의 가치관을 모른다고 가정되었기 때문에 그들의 합리성은 보다 특수하게 규정된다. 즉 그들은 자신의 가치관에 대한 구체적인 내용은 모르나 어떤 사회적 기본가치, 즉 권리와 자유, 기회와 권한, 소득과 부, 자존감을 수단적 가치로서 더 많이 갖기를 바란다는 것이다.58) 원초적 입장은 무지의 장막에 대한 규정으로 불확실성하에서의 선택(choice under uncertainty)이 되며 계약 당사자들은 최소극대화 규칙(maximin rule), 즉 최악의 결과가 가장 다행스러운 것을 선택하라는 규칙에 따라서 선택하게 된다.59)

이러한 주장은 곧 계약 당사자들은 최소수혜자(the least advantaged

person)의 관점에서 정의 원칙을 선택하게 된다는 것을 의미한다. 그러한 선택에 의해서 도출된 분배적 정의의 원칙은 다음과 같다.60) 제1원칙은 최대의 평등한 자유의 원칙으로서, 각자는 타인의 유사한 자유와 양립하는 한에서 가장 광범위한 기본적 자유에 대한 동등한 권리를 가진다는 것이다. 제2원칙은 공정한 기회균등의 원칙과 차등의 원칙이 결합된 것으로, 사회적, 경제적 불평등은 공정한 기회균등의 조건하에서 최소수혜자에게 최대이익이 되도록 편성되어야 한다는 것이다.

롤즈의 정의 원칙은 자유의 원칙을 제1원칙에 설정함으로써 기본적으로 고전적 자유주의의 입장을 견지하고 있으나, 공정한 기회균등의 원칙과 특히 차등의 원칙은 불평등이 최소수혜자에게 최대이익이 되도록 편성하라고 규정함으로써 고전적 자유주의에 대한 중대한 수정을 내포한다.61) 소위 자연적 자유 체제(the system of natural liberty)로 일컬어지고 있는 자유방임주의는 "재능 있는 자는 출세할 수 있다(careers open to talents)"는 형식적 기회의 평등을 평등한 자유의 배경 조건과 효율적인 자유시장 경제에 부과한 것이다.62) 이러한 체제는 현존하는 소득과 부의 분배를 개인적 재능과 능력 및 출신 배경 등의 천부적 우연성과 사회적 우연성(natural and social contingencies)의 누적적 결과로 간주한다. 자유주의적 평등(liberal equality)의 체제는 자연적 자유체제에 공정한 기회균등의 조건, 즉 유사한 능력과 재능을 가진 사람은 유사한 인생의 기회를 가져야 한다는 조건을 부가시킴으로써 사회적 우연성을 배제하나, 아직도 능력과 재능의 천부적 우연성에 의한 부나 소득의 분배는 허용하고 있다.63)

롤즈는 자기의 입장을 민주주의적 평등(democratic equality)으로 명명한다.64) 롤즈는 천부적, 사회적 우연성은 도덕적 관점에서 자의적인 (arbitrary from a moral point of view) 것이라고 주장하고 그러한 자의성에 의한 불평등은 어떤 식으로든지 보상되어야 한다고 강조한다.65) 기회균등의 원칙은 형식적이든지 실질적이든지 간에 가족제도가 존재하는 한 완전하게 이루어질 수 없기 때문에 사회적, 경제적 불평등은 최소수혜자에게 최대이익이 되도록 하는 차등의 원칙에 의해서 보완되어야 한다는 것이다. 롤즈의 이러한 주장은, 불평등은 업적주의적 정의관에 의해서가 아니라 최소수혜자의 기대치를 최대한으로 향상시키는 한에서 허용된다는 것을 의미한다.

롤즈의 정의론에서 중요한 논점 중의 하나는 정당한 불평등에 대한 근거를 제시하는 것이다. 만일 사회의 기본구조에 어떤 불평등이 있음으로 해서 그것이 단순한 평등이 주는 수준과 비교해서 모든 사람의 처지를 개선해줄 수가 있다면, 합리적인 사람은 그러한 불평등을 허용하는 것이 당연하다. 경제학적 용어로 표현하면, 엄격한 평등은 파레토 최적성 혹은 효율성(Pareto optimality or efficiency), 즉 어떤 한 사람을 더 나쁘게 하지 않고서는 어떤 한 사람도 더 좋게 할 수 없을 때 한 사회는 최적적이거나 효율적이라고 판정하는 관점에서 볼 때 최적적이지 않거나 혹은 비효율적이라는 것이다. 따라서 불평등은 생산에 대한 유인(incentives)으로 작용하기 때문에 모든 사람의 이득을 증진시키는 기여에 대한 보답으로서의 불평등은 정당화될 수 있는 불평등이 된다.66) 불평등한 분배적 몫의 기능은 훈련과 교육의 경비를 부담하고 개인들을 사회적 관점에서 보아 가장 필요한 장소와 집단으로 유인하려는 것이다.67) 불평등한 관계가 완전히 소멸된 사회란 정치경제학적으로도 상상할 수 없는 유토피아일 것이다. 물론 조지프 카렌스(Joseph H. Carens)가 제시한 대로 도덕적 유인(moral incentives)이 물질적 유인(material incentives)을 대체한 평등사회도 상상해볼 수 있겠지만,68) 롤즈는 분명히 순수한 도덕적 응분(pure moral desert)을 분배적 정의의 기준으로서는 수용하지 않고 있다.69)

차등의 원칙은 최소수혜자에게 최대이익이 될 것을 보장하므로 최소수혜자에게 당연히 받아들여질 것으로 생각되지만, 문제는 보다 유리한 조건을 가진 사람들이 받아들일 이유는 무엇인가 하는 점이다. 롤즈는 천부적 자질과 능력은 사회협동체를 전제하고, 또한 이미 언급한 바와 같이 천부적 자질 자체는 도덕적으로 볼 때 자의적인 것이기 때문에, 보다 나은 자질을 가지고 있는 사람은 상호 이익을 위한 호혜성을 받아들임이 없이는 자신의 이익을 요구할 권리가 없다는 것을 밝힌다.70) 따라서 차등의 원칙은 개인의 천부적인 자연적 자질, 재능, 능력(natural endowments, talents, abilities)을 공동적 자산, 사회적 자산, 혹은 집합적 자산(common, social, collective assets)으로 간주하고 혜택 받은 자는 그렇지 못한 자를 도울 수 있는 방식으로만 이득을 볼 수 있음을 주지시킨다.71)

이러한 롤즈의 주장은 로크를 통해서 자유주의의 기본적 강령으로 정식화된 자기 소유권(self-ownership)에 대한 중대한 도전을 의미하기 때문에 롤즈는 자유주의자가 아니라 사회민주주의자나 공동체주의자라는 논란이 제기되어왔다.72) 물론 롤즈에게도 각 개인은 자신의 직업, 교육 등 인생행로를 선택하는 인생계획의 입안자이며, 또한 종교, 양심, 사상, 신체의 자유를 갖는 주체자이다.73) 롤즈의 자기 소유권에 대한 도전은 천부적, 자연적인 것으로 간주되어 자연권의 대상이 되어온 개인의 재능과 능력 그리고 노동이 엄밀한 의미에서는 자연적인 것이 아니고 사회적 우연성의 영향을 받는다는 것으로 해석될 수 있다. 롤즈는 분명히 "천부적 능력이 계발되고 성숙하는 정도는 모든 종류의 사회적 여건과 계급 양태에 영향을 받는다. 노력하고 힘쓰며 일반적인 의미에서 값있는 존재가 되고자 하는 의욕 그 자체까지도 행복한 가정 및 사회적 여건에 의존한다"고 밝히고 있다.74) 만일 우리가 고전적 자유주의의 고립적 인간관, 즉 로빈슨 크루소(Robinson Crusoe)와 같은 고립적 자연인을 오늘날 더 이상 타당하지 않은 것으로 여긴다면, 롤즈의 주장은 개인주의의 재구성(reconstructing individualism)을 통해서 사유재산권에 대한 정당한 제약을 제시하는 것으로 보아야 할 것이다.75)

롤즈는 생산수단의 사적 소유 체제와 공동 소유 체제가 모두 자유시장을 배경으로 하는 한, 두 체제 중 어떤 체제가 더 정의로운지는 선험적으로 판정될 수 없다고 밝힌다. 그것은 오직 사회적 기본가치의 분배 방식이 최소수혜자의 기대치에 미치는 영향력을 통해서 결과적으로 판정된다는 것이다.76) 그래서 롤즈의 정의론이 경제체제에 과연 중립적인가 하는 문제는 많은 논란의 대상이 되어왔다.77) 그러나 그는 사유재산권을 가장 중요한 기본적 자유에 대한 권리 속에 넣고 있으며 최소수혜자의 최대이익은 결국 소득과 부에 대한 누진세를 통해 확보된 복지 보조금에 의해서 보장하고 있다.78) 이것은 전통적으로 경쟁적 자유시장체제에서 분배의 유일한 기준으로 간주되어온 생산에 대한 기여는 최소수혜자의 기본적 요구(basic needs)와 적절한 수준의 복리에 의해서 조정되어야 한다는 것을 의미한다.79) 물론 롤즈는 최소수혜자의 기대치를 극대화하기 위해서 경제적 효율성을 희생시키려고 하지는 않는다. 왜냐하면 무분별한 극대화는 고율의 세금과 경제적 효율성을 침해하므로 최소수혜자의 전망이 향상되지 않고 하락할 수도 있기 때문이다. 그 시점에서 차등의 원칙은 만족되었으며 더 이상의 증대가 요구되지 않는다.80) 이렇게 본다면 롤즈의 정의론은 자유주의적 또는 자본주의적 복지국가에 대한 강력한 윤리학적 기초를 제공하는 것으로 생각된다.81)

자유주의적 복지국가의 도덕적 기초를 위한 롤즈의 정의론은 고전적 자유주의와 사회주의 간의 자유와 평등이라는 이념적 가치의 대립을 조정하려는 시도이다. 그러나 롤즈의 이러한 중간자적 입장은 좌우 양 진영으로부터의 비판에 직면한다. 사회주의적 좌파로부터의 주요 비판자는 이미 언급한 맥퍼슨을 들 수 있다. 그는 롤즈의 정의의 두 원칙은 동시에 충족될 수 없다고 비판한다. 제1원칙인 자유의 원리는 부의 집중이 평등한 자유를 위협하기 때문에 평등한 자유를 확보할 만큼 높은 경제적 양도를 요구하는 반면에, 제2원칙 중 차등의 원칙은 그러한 양도가 부유층의 경제적 효율성을 해치지 않을 만큼 낮아야 할 것을 요구한다. 그래서 경제적 양도는 높을 만큼 높아야 하지만 동시에 낮을 만큼 낮아야 하는 부정합성을 보인다는 것이다.82) 맥퍼슨은 더 나아가서 롤즈의 정의론이 최소수혜자의 최대이익을 보장하는 것을 표방하기는 하지만 그것도 결국 자본주의적 복지국가에 내재한 자본주의적 계급적 불평등 구조의 불가피성을 전제하고 있으며, 또한 그러한 본질적 불평등은 결코 사라지지 않는다는 비판을 전개한다.83)

이와는 대조적으로 자유지상주의적 우파로부터의 비판은, 재분배를 요구하는 제2원칙은 사유재산권의 자유에 대한 국가의 간섭을 유발하기 때문에 제1원칙인 자유의 원칙을 침해한다는 것이다. 이러한 비판은 이제부터 논하게 될 노직에 의해서 보다 구체적으로 전개된다.

2) 노직의 소유권론과 자유지상주의적 최소국가

노직의 『아나키, 국가, 그리고 유토피아』(1974)는 밀턴 프리드먼(Milton Friedman), 프리드리히 하이에크(Friedrich Hayek) 등의 자유시장체제에 대한 옹호에 동조하면서, 국가 간섭에 의한 경제적 재분배를 거부하는 자유지상주의적 최소국가에 대한 철학적 기초를 제시한다. 물론 그의 사상적 선구는 17-18세기의 자유주의적 개인주의와 19세기의 자유방임주의에까지 이른다.84) 특히 노직은 로크의 사유재산권 이론을 현대적으로 재구성하려고 시도한다. 이러한 노직의 노력은 롤즈와 비견되면서 많은 주목의 대상이 되어왔다. 그것은 사회주의가 빚어내는 경제적 비효율성과 개인적 자유의 침해에 대한 우려뿐만 아니라 소위 복지국가의 위기,85) 즉 공공지출의 확대를 통한 인플레이션의 유발, 과중한 세금 부담에 따른 경제유인과 효율성의 상실, 복지 수혜자들의 수동적 삶의 자세 등에 대한 반동으로 등장한 경제적 보수주의의 현실적 득세에 기인한다.

노직에 있어서 사유재산과 개인적 자유의 관계는 롤즈의 분배적 정의관에 대한 기본적 반대 논변이다. 롤즈식의 정형적 원리들(the pat-terned principles)에 따른 분배적 정의론은 개인들의 사유재산권에 대한 자유를 제약하게 된다는 것이다.86) 그러나 노직의 이러한 주장은 사유재산권은 사유재산의 소유자들의 자유는 증진시키지만 사유재산을 소유하지 못한 자들의 자유를 제약할 수 있다는 반론이 존재한다는 사실을 회피하고 있는 일방적인 것이다.87) 또한 협동적인 사회의 기본구조 전체를 가정하고 그것에 대한 분배적 정의의 원칙을 적용하려는 롤즈의 시도에 대해서 노직은 존재하는 것은 독립적인 삶을 영위하는 서로 다른 개인들뿐이며 그 외에 어떠한 사회적 실체(social entity)도 없다는 가정을 내세운다.88) 그렇다면 롤즈와 노직의 사유재산권에 대한 논쟁은 권리와 사회적 실체와 개인에 대한 전제와 가정들의 싸움인가? 그래서 노직은 "이 책은 개인적 권리의 도덕적 근거에 대한 정확한 이론을 제시하려는 것은 아니다"라고 말한 것인가?89)

그러나 노직은 사유재산권에 대한 정당화의 문제를 회피하고 있는 것은 아니다. 그는 롤즈식으로 사회의 현재적 분배구조만 문제 삼는 것은 비역사적이라고 비판하고 각 개인이 어떻게 소유물에 대해서 소유권이나 응분의 자격을 갖게 되는가의 역사적 상황이 고려되어야 한다고 주장한다.90) 이러한 그의 주장은 하나의 정의론으로 간주될 수 있으며 소유물에 대한 소유권론(entitlement theory)이 중심이므로 정의의 소유권론(the entitlement theory of justice)이라고 규정될 수 있다.91) 우리의 직감적 이해를 돕기 위해서 노직의 소유권론은 롤즈가 분류한 바의 자연적 자유 체제(the system of natural liberty)라는 것을 언급해 둘 필요가 있다.92) 즉 각 개인은 자신의 재능과 능력에 대해서 소유권을 가짐은 물론 사회적 지위, 출신 배경 등 사회적 우연성에 따라서 주어진 모든 것, 즉 행운에 대한 소유권도 갖는다. 또한 그 모든 것을 자유시장의 기제를 통해서 소유, 교환, 처분, 양도할 수 있는 권리도 가진다.

그렇다면 노직의 소유권론은 무제약적인 것일까? 노직은 재산권을 논하면서 내 칼에 대한 나의 재산권은 내가 원하는 곳에 그것을 놓아두는 것을 허용하기는 하지만 남의 장롱 속에 놓아두는 것은 허용하지 않는다는 것을 분명히 한다.[93] 노직에게 있어서 "X에 대한 재산권(property right) 개념의 핵심은 … X를 가지고 무엇을 할 것인가를 결정할 권리이다. 즉 X에 관한 제약된 선택지들의 집합 중에서 무엇이 실현되거나 시도될지를 결정하는 권리이다."[94] 그리고 그러한 제약들(constraints)은 그 사회 내에서 작동하고 있는 다른 원리들이나 법에 의해서 정립된다.[95] 이러한 관점에서 본다면 노직의 소유권론은 자연권에만 의거한 무제약적인 것이 아님을 알 수 있다. 그렇다면 예를 들어 어떤 것에 소유권을 갖는다는 것이 꼭 그것을 매각하거나 교환할 권리까지를 내포하지 않을 수도 있으며 그러한 제한은 개인의 자유를 침해하는 것이라고 볼 수가 없을 것이다.[96]

그러나 본질적인 문제는 재산권에 대한 개념적 규정의 문제가 아니라 노직이 사유재산권에 대한 정당화의 논변으로 제시한 구체적 내용의 문제이다. 그의 소유권론에 따르면 정의의 주제는 롤즈에서처럼 사회의 기본구조가 아니라 소유물의 원초적 취득(the original acquisition of holdings), 소유물의 이전(the transfer of holdings), 그리고 소유물에서의 불의의 교정(the rectification of injustice in holdings)이다.[97] 아리스토텔레스적 관점에서 보면, 롤즈는 분배적 정의(distributive justice)를 사회정의의 기본 축으로 간주하고 있는 반면에, 노직은 교환적 정의(commutative justice)를 중시하고 있다. 노직의 소유권론은 첫째, 소유물의 원초적 취득은 한 개인이 자연상태에서 취득한 소유물에 대한 소유권을 갖는 조건을 규정한다. 둘째, 소유물의 이전은 한 개인의 소유권이 합법적으로 타인에게 이행되는 방식을 규정한다. 시장거래, 자선, 교환, 양도, 상속 등은 허용된다. 그러나 완력과 부정 수단에 의한 이전과 국가의 세금은, 즉 "근로소득에 대한 과세는 강제 노동과 동등한 것이다"98)라는 관점에서, 허용되지 않는다. 셋째, 불의의 교정은 소유물의 취득과 이전에 관련된 과거의 부정의한 결과를 현재적으로 해소할 수 있는 방식을 제시한다.

소유물의 원초적 취득에 대한 노직의 입장은 우리가 익히 알고 있는 로크적 단서, 즉 "충분한 양의 그리고 똑같은 양질의 것들이 다른 사람을 위해서 남아 있어야 한다"는 충분한계의 조건에 대한 재해석을 통해서 로크의 자연권적 사유재산권을 옹호하는 것이다.99) 노직은 이러한 단서가 보다 일반적으로 적용될 수 있도록 무소유의 대상에 대한 노동을 통한 취득이 타인의 처지를 악화시키지 않는 한, 그것의 사유화는 정당화된다는 약한 단서로 재해석한다.100) 이러한 약한 단서는 소유물의 원초적 취득뿐만 아니라 그 이후 소유물의 이전에서도 적용되어 사유재산권의 일반적인 제약으로 된다.101) 그러나 이러한 노직의 약한 단서도 사유재산권의 철학적 정당화로서는 몇 가지 난점들을 내포하고 있다. 그것은 우선 무소유의 대상(an unowned object)을 로크에서처럼,102) 인류에게 공동으로 주어진 것이기는 하지만 아무에게도 소유되지 않는 것으로 간주함으로써 사유재산제를 미리 가정하는 선결문제 요구의 오류(fallacy of begging the question)를 저지르고 있다.103) 우리는 인류에게 공동으로 주어진 것(given to mankind in common)을 사유재산제에 의한 무소유가 아니라 인류의 공동 소유(common ownership)로 가정한다고 해도 논리적인 하자는 없다. 특히 증명의 부담(the burden of proof)은 사유화 쪽에 더 있다는 것은 말할 것도 없다. 또한 타인의 처지를 악화시키지 않는다는 단서는 어떻게 해석된다고 해도 결국 인간의 복지에 사유재산권을 종속시킨다는 것을 의미하는 것이다.104)

이러한 해석은 불의의 교정이라는 관점에서 본다면 더욱 선명해진다. 노직은 소유물의 취득과 이전에 있어서 과거의 부정의에 대한 누적적 결과의 복잡성을 인정하고 있다. 그래서 부정의를 교정할 수 있는 개략적인 원칙은 롤즈의 차등의 원칙, 즉 최소수혜자의 기대치를 극대화하라는 원칙이 될 수 있다는 것을 인정한다. 왜냐하면 최소수혜자는 불의의 희생자일 가능성이 가장 크기 때문이다.105) 이러한 가능성을 밀고나간다면 노직은 결국 자본의 원초적 축적에 있어서의 부정의에 대한 마르크스의 인식을 수용하는 셈이다. "우리의 죄에 대한 벌로서 사회주의를 도입하는 것은 너무나 과하다고 할 수 있겠지만 (인류 역사에서 저질러진) 과거의 불의들은 너무나 심각하여 우리는 이를 교정하기 위해 단기적으로 볼 때는 보다 포괄적인 국가를 필요로 할지도 모른다."106) 그렇다면 그러한 보다 포괄적인 국가는 롤즈의 복지국가 이외에 무엇일까? 여기서 우리는 불의의 교정이라는 관점에서뿐만 아니라 인간적인 고려(human considerations)와 연대적인 협동 활동(joint co-operative activities)이라는 전반적인 사회구조의 관점에서도 자유지상주의는 더 이상 적절하지 않다는 것을 시인한 노직 자신의 마지막 입장 변경에 주목해야 할 것이다.107)

4. 결어

본 논문은 사유재산권 논쟁의 철학사적 의미 분석과 현대 철학적 전개 과정에 치중했지만 다른 중요한 문제들이 있다는 것을 도외시하지는 않는다. 예를 들자면 후기 자본주의 사회에 있어서의 소유와 경영의 분리 문제, 소유권의 사법적 규정의 한계, 노동자 자주관리제도(worker's control), 생산수단의 공유화와 자유시장체제의 결합인 시장사회주의(market socialism)의 실현 가능성 문제, 사유재산제적 민주주의(property-owning democracy)의 내용 규명, 환경 문제가 소유권의 제한에 미치는 영향, 지적 소유권의 문제 등이 그것이다. 이러한 문제들은 철학적 이념성과 정당화에 대한 논의와 아울러 제반 사회과학의 경험적 연구 성과를 결합하는 학제적인 연구를 통해서만 그 해결의 실마리를 찾을 수 있을 것이다.

비록 이렇게 제한된 범위이기는 했지만 우리는 사유재산권에 대한 이데올로기적 대립의 이면을 관류하고 있는 노동, 자유, 그리고 정의 개념을 사유재산권의 철학적 정당화의 문제와 관련시켜 논하면서, 자기 소유권 및 세계 소유권에 대한 정당한 제약을 제시하고 있는 롤즈의 수 정 자본주의적 복지국가에 대한 분배적 정의론이 철학적으로 타당하다 는 것을 입증하려고 했다. 물론 롤즈의 분배적 정의론에서도 해소되지 않는 자유와 평등 간의 갈등이 아직도 심각하게 노정되고 있다는 맥퍼 슨의 비판은 설득력을 갖는다. 그러나 맥퍼슨은 선진 산업사회가 조만 간 잉여 생산기로 돌입할 것을 예견하고 "풍요로운 사회의 시각 안에 서(within sight of a society of abundance)" 탐욕적인 경제인간이 아니 라 창조적인 민주적 유대를 가능케 하는 새로운 인간의 출현으로 말미 암아 그러한 갈등이 해소될 수 있다고 믿는다.108) 그러나 맥퍼슨의 이 러한 주장은 고차적인 공산사회에서는 자원과 생산물의 넘칠 정도의 풍요로 말미암아 초기 사회주의 단계에서의 부르주아적 한계가 극복될 수 있다는 마르크스적 기대를 아직까지 견지하고 있는 데서 오는 것은 아닐까? 우리가 철학사적으로 볼 때도 로크는 무소유의 풍요에 대한 가정에서 출발하였으나 불평등한 사유재산제도로 끝난 반면, 마르크스 는 그러한 불평등을 개선해보려고 출발하였으나 공동 소유의 풍요에 대한 가정으로 끝났다는 것은 다만 시작과 끝의 기묘한 일치라고 해야 할 것인가?

결국 소유권의 문제는 자연적 또는 사회적 자원의 희소 상태라는 배 경적 조건하에서 분배적 정의의 관점에서 파악되어야 할 것이다.109) 특 히 토지와 같은 확대 재생산이 불가능한 희소한 생산수단의 경우 소수 의 사람이 그것을 독점한다면, 자유지상주의자인 노직도 약한 의미에서 의 로크적 단서도 충족시키지 못하는 것으로 간주할 것이다. 우리는 노 직의 자유지상주의적 소유권론도 특히 불의의 교정이라는 관점에서 볼 때 롤즈의 정의론에 수렴된다는 것을 입증했고, 또한 노직의 마지막 입장 변경을 간략히 지적하기는 했지만, 시장체제의 자유로운 운영이 로크적 단서와 충돌하지 않는다는 그의 주장을 전적으로 반박한 것은 아니다. 노직은 사유재산제를 뒷받침하는 다음과 같은 다양한 사회적 고려사항들을 제시한다. 즉, 생산수단의 효과적인 사용을 통한 생산성의 증대, 분리된 자원의 개인적 관리를 통한 새로운 아이디어의 실험적 창출, 위험부담의 전문화, 미래 시장을 노리는 일부 사람들의 현재적 자원 사용의 억제를 통한 미래 세대의 보호, 고용의 대체 효과 등이 그것들이다.110) 아마도 이러한 관점에서 롤즈와 노직의 차이는 거의 없을지도 모른다. 왜냐하면 롤즈의 차등의 원칙은 효율성을 해치지 않는 범위에서 작동하기 때문이다. 그렇다면 복지국가의 위기는 과도한 재분배로 말미암아 차등의 원칙의 한계를 벗어난 것으로 해석될 수 있을 것인가?111)

우리의 논의에서 아쉬운 점이 있었다면 한편으로는 철학적 추상성 때문에 우리나라 자본주의의 현실적 구조 속에서 사유재산권의 위상을 구체적으로 논하지 못했다는 것이다. 그러나 다른 한편으로는 도출된 결론은 하등 신기할 것도 없는 것으로 경제정의의 실현과 수정 자본주의적 민주복지국가가 우리 한국 경제, 사회가 나아갈 길이라는 것이다. 이 두 가지 점에 대해서 간략히 언급하지 않을 수 없다.

첫째, 한국 자본주의에서는 성장 과실의 불공평한 분배, 소득과 부의 불공정한 축적 관행, 즉 부동산 투기, 금융자산의 위장, 재산소득에 대한 미흡한 과세에 따른 엄청난 불로소득의 발생, 정경유착, 재벌의 경제독점, 금융특혜, 주식의 불법적인 증자와 이동 등이 팽배하며, 그리고 불공정하게 축적된 재력을 통한 과시적 소비 작태와 불공정 거래로 말미암아 대다수 국민들의 도덕적 분노는 그 심각성을 나날이 더해가고 있다는 것을 지적하지 않을 수 없다. 이제 그러한 경제 부정의는 재벌의 사치성 소비재 수입 등에서 보여주는 것처럼 제 살 깎아먹기 식으로 전락되어 전체적인 경제 효율성마저도 심각하게 좀먹고 있다는 데서 또 다른 분노를 자아내고 있다. 그런데 철학적 추상성은 그러한 도덕적 분노와 관계가 없는 것이 아니라 그것의 가장 내면적인 동기를 유발함과 동시에 부정의의 개선에 대한 대략적인 방향을 제공해준다. 평등화, 민주화, 사회정의라는 이념적 가치에 따른 "도덕적 분노의 심각하고도 급격한 고조가 없이는 … 어떠한 [사회적] 변화도 발생하지 않는다."[112]

둘째, 중요한 것은 우리가 가진 결론이 아니라 어떻게 그러한 결론에 도달했느냐 하는 점이다. 복지국가는 분명 사회적 진화의 마지막 단계는 아니며 우리는 "선진국 병"이라고 일컫는 복지국가의 위기로 말미암아 서구적 모델을 무조건 답습할 수는 없다. 그렇다고 해서 자유방임주의적인 보수적 자본주의에로 회귀한다는 것도 정부의 과보호 아래서의 구제금융에만 익숙해진 기업인들과 경제 부정의에 대한 국민감정 때문에 불가능하다. 우리가 선두주자의 벌금(penalty for taking the lead)을 치르지 않아도 된다는 것은 단순히 늦게 시작했기 때문이 아니라 사회적 목적에 대한 현실적 실행력과 그것에 통합적 가치를 제공하는 철학적 이해를 고양시키는 데에 달려 있다는 것을 망각하고 있는 사람이 의외로 많다는 것은 놀라운 일이다. 그리고 철학적 이해는 한 번 도달하면 끝나는 것이 아니고 언제나 반성과정에 있어야 하기 때문에 과연 마르크스가 사유재산에 대해서 제기한 문제가 해소되었는지에 대해서도 끊임없는 성찰이 있어야 할 것이다. 소크라테스가 왜곡된 삶의 등에(gadfly)였다면, 마르크스는 왜곡된 사유재산의 영원한 등에로 남을 것이다.

물론 1980년대 말 동구 및 소련 사태를 해석하면서 이제 인류의 이데올로기적 진화는 끝이 났으며 서구 자유민주주의의 보편화가 달성되었다고 주장하는 프랜시스 후쿠야마(Francis Fukuyama)의 "역사의 종언(the end of history)"이 우렁차게 울려 퍼진 것도 사실이다.[113] 그가 강조한 대로 "역사 이후 혹은 탈역사의 시대에는 예술도 철학도 없고,

오직 인류 역사의 박물관에 대한 영원한 관리만이 존재할 것이다"라고 한다면,114) 더군다나 마르크스는 아무에게도 관심거리가 되지 않기 때문에 퀴퀴하고 어두운 박물관 구석에 처박힌 먼지조차 털 필요도 없는 조그마한 화석 조각이나 사금파리에 불과할지도 모른다. 그러나 우리 한국 자본주의의 실상을 본다면, 그 사금파리는 어둠 속에서 아직도 강하게 빛을 발하고 있거나 혹은 우리에게 생채기를 줄 정도로 날카로울지도 모른다. 이제 마르크스는 우리를 삼키는 공룡이 아니라, 우리의 이념인 복지국가의 달성을 위한 험난한 도정에서 우리를 자각시키는 등에로 보아야 할 것이다. 겨우 등에인지 아니면 어떻게 아직도 등에가 될 수 있는지에 대해서 나름대로 분노의 포도를 씹고 있을 수도 있겠으나, 등에 여부에 대한 판정은 그에 대해서가 아니라 우리의 정의감, 도덕적 순수성, 정치적 합리성, 그리고 경제적 효율성이 어우러지는 삶의 질, 비관적으로는 볼 때는 생존 여부에 대한 판정이라는 것을 냉철하게 인식해야만 할 것이다.

그런 의미에서 마르크스의 『자본론』에 있는 한 구절을 인용하면서 우리의 논의를 마치고자 한다.115)

"고차적인 경제 형태의 사회라는 관점에서 보면, 지구에 대한 사적 소유권을 소수의 개인들이 갖는다는 것은 한 인간에 대한 사적 소유권을 다른 인간이 갖는 것만큼 아주 터무니없는 것이 될 것이다. 심지어 어떤 사회 전체, 한 국가, 또는 동시에 존재하는 모든 사회를 총망라해도 지구의 소유자는 될 수 없다. 그들은 다만 지구의 점유자, 사용자들일 뿐이며 그것을 … 좀 더 개선된 조건으로 다음 세대들에게 물려주어야만 한다."

제 2 장

개인이익과 공익의 자유주의적 관련 방식

1. 개인이익과 공익의 관련 방식에 대한 자유주의적 통찰

20세기 초 독일의 법철학자 옐리네크(G. Jellinek)는 "개인과 공동체 사이의 진정한 경계를 인식하는 것은 인간사회에 대한 사려 깊은 통찰을 통해서 해결해야 할 최고차적인 문제이다"라고 지적한 바 있다.[1] 이러한 지적은 21세기의 인류사회에서도 여전히 타당하다. 개인과 공동체의 두 영역과 그 이익을 각각 어떻게 규정하고, 또한 그 관련 방식을 어떻게 이해할 것인가는 모든 사회정치사상과 사회철학에서 필연적으로 제기되는 본질적인 문제이다. 자유주의도 개인과 공동체와 그 두 영역의 이익에 대한 고유한 규정과 관련 방식을 견지하고 있다. 물론 자유주의는 다양한 사상적 원천을 가지고 있으며, 개인이익과 공익에 관한 규정과 관련 방식은 그러한 원천과 사상가와 시대에 따라 상이하게 혹은 대립적으로 변해온 것이 사실이다.[2] 그러나 우리는 개인이익과 공익의 자유주의적 규정과 관련 방식에서 어떤 중요한 "경향이나 추세" 혹은 "가족적 유사성"이 존재할 것이라고 가정하고 그것을 추적할 것이다.

역사적으로 자유주의는 사회적 신분과 계층에 따른 위계질서에 기반한 중세사회의 숨 막힐 듯한 억압적 지배로부터 개인들을 해방시켜 그들의 이익을 자유롭게 추구할 수 있게 해준 급진적인 교설이었다. 자유주의가 이러한 교설을 택했던 이유는 개인이익은 공동체와 정치제도와 결부되지 않고 별개로 이해될 수 있으며, 국가와 사회제도는 그 자체로서 목적을 가진다는 생각을 거부하며, 또한 사회적, 정치적 조직체는 인간 본성의 변형이나 완성을 목표로 해서는 안 된다는 기본적 신념 때문이다.3) 이러한 기본적 신념에 따라 자유주의는 개인들에게 집회와 결사의 자유를 부여함으로써 개인들의 자유로운 집단적 소속과 탈퇴를 가능하게 하였다. 이러한 기본적 신념은 자신의 이익에 대한 최선의 판단자는 바로 개인 자신이며, 공익은 기본적으로 정당한 개인이익에 기반한 사회 구성원들의 합사회적 이익이라는 자유주의적 개인주의로부터 도출된다.4) 이것은 공익이 어떤 개개인의 이익을 초월한 신비적인 가치를 지닌 개념으로 보는 것을 거부하는 것이다. 그리고 국가가 공익을 추구한다는 것은 공익에 대한 정치적 결정이 불편부당한 합의 절차를 거쳐 사회 구성원 전체의 이익을 도모하는 것으로 구현되어야 한다는 점에서 공익의 논의에는 공평성이 전제된다. 또한 공익의 목적이 아무리 중요하다고 하더라도 인간 개개인이 그 목적의 단순한 수단으로 전락되어서는 안 된다는 점이 강조된다. 따라서 공익은 사회정의와 인권의 허용 한계 내에서 추구되어야 한다.5)

개인이익과 공익의 자유주의적 관련 방식에서 우리는 우선 사적 영역과 공적 영역의 구분에 주목할 필요가 있다. 이러한 공사 두 영역의 구분은 자유주의가 이룩한 중요한 근대적 성취의 하나이다.6) 자유주의 이전 사회는 유기체적이고 통합적인 미분화된 사회였다. 자유주의는 국가에서 교회를 분리시킴으로써 정교분리의 원칙과 종교적 관용을 달성했고, 또한 정치적 공동체로부터 시민사회를 분리시킴으로써 시장경제와 다양한 시민적 조직과 결사체를 가능케 하였다. 그리고 자유주의는 국가로부터 가정을 분리시킴으로써 왕조 정치와 친족 등용주의와 족벌주의의 종식을 가져왔다. 이러한 일련의 과정을 통해 자유주의는 결국 공적 영역에서 사적 영역을 분리할 수 있게 되었던 것이다.[7]

이제 개인들은 공적 영역에서 분리된 프라이버시의 세계, 즉 자신의 이익과 목적을 자유롭게 추구하는 그 자신만의 성채를 가질 수 있게 되었다. 자유주의는 이러한 프라이버시의 사적 영역에 대한 공적 영역의 개입을 금지하는 것에 그 주안점을 둔다.[8] 그렇지만 자유주의는 아울러 판사의 친척 연루 사건 수임금지 등 "공적 제도에 대한 사적인 오용(the private abuse of public institutions)"을 방지하기 위한 다양한 기제를 창출해온 것도 사실이다. 보다 중요한 것은 자유주의가 "개인이익의 공공적 사용(the public use of private interest)"을 도모할 수 있는 독특한 입장을 견지하고 있다는 점이다.[9] 이러한 입장은 자유주의 사회가 엄밀한 평등주의적 사회가 아니라, 사회경제적인 불평등이 생산에 대한 유인(incentives)으로 작용하기 때문에 모든 사람의 이익을 증진시키는 기여에 대한 보답으로서의 불평등은 정당화될 수 있는 불평등이 된다는 자유주의적 정의관과 밀접한 관련이 있다. 그래서 영국의 철학자 데이비드 흄(David Hume)은 "시민들이 자신의 조건을 개선시킬 수 있다는 희망에 의해서 정력적으로 활동하지 않는다면, 그들은 사회를 위해서 아무런 도움도 되지 않을 것이다"라고 갈파한 바 있다.[10]

자유주의의 독특성은 개인이익을 부인하지 않고 공익을 확보할 수 있다는 신념이다. 이러한 신념은 근대 자유주의 국가에서 구현된다. 개인의 이익이 대변되고 추구되는 대의제 정부와 시장을 중심으로 조직된 국가와 시민사회라는 개념은 자유주의가 지닌 특징의 핵심이다. 자유주의는 시장경제의 영역에서는 가능하면 자유방임주의를 택함으로써 개인이익과 공익의 자연적인 조화를 달성하고, 사법적 영역에서는 민법, 형법적 제재로 반사회적인 개인이익을 배제함으로써 개인이익과 공익의 인위적인 조화를 이루고, 정치의 영역에서는 대의제 정부를 통해서 다양한 개인들의 이익과 조직화된 이익집단들의 이해관계를 타협적으로 조정하여 공익을 찾으려고 시도한다.11) 따라서 자유주의의 정치철학적 과제는 상충하는 개인이익과 개별적 집단이익의 자연적인, 인위적인, 혹은 타협적인 조화를 다각적으로 달성함으로써 공익을 실현할 수 있는 사회정치체제를 구축하는 일이 된다. 다시 말하면, 자유주의적 공익 개념은 개인 혹은 개별적 집단에 준거점을 두는 방법론적 개인주의 혹은 개체주의(methodological individualism)와 그들 사이의 합의를 추구하는 민주주의적 피치자 동의(the consent of the governed)에 동시에 의거하고 있다.

2. 자유주의 사상사에서 개인이익과 공익

그러면 자유주의 사상사에서 개인이익과 공익, 그리고 그 관련 방식이 각각 어떻게 규정되어왔는가를 전체적인 맥락을 위주로 살펴보기로 하자. 토머스 홉스(Thomas Hobbes)는『리바이어던(Leviathan)』에서 자연상태에서는 모든 사람이 자연권이 명령하는 대로 자기이익을 무제약적으로 추구하기 때문에 "만인에 대한 만인의 투쟁상태"가 야기된다고 보았다. 따라서 모든 사람이 자기보존과 사회적 평화를 위해서 절대군주에게 자연권을 양도하는 사회계약을 체결하여 절대국가적 시민사회를 수립하는 것이 모든 사람에게 이익이 된다고 논증했다.12) 존 로크(John Locke)는 생명, 자유, 신체에 대한 자연권을 외적 자원의 소유에 대한 자연권으로까지 확대시킴으로써 시민사회를 각자의 재산을 보호하기 위한 인위적인 사회계약의 산물로 간주했다. 그는 "사람들이 국가를 형성하고 정부의 지배 아래 들어가는 가장 중요하고도 주된 목적은 그들의 재산을 보존하는 데 있다"고 천명하면서 제한적 정부론을 제창했다.13) 장-자크 루소(Jean-Jacques Rousseau)는 개인이익과 공익에 관한 자유주의적 논의를 진일보시켰다. 그는 "주권은 이를 구성하는 개인들로 형성된 것이기 때문에, 그 개인들의 이익에 반하는 어떠한 이익도 가지지 않으며 또 가질 수도 없다"고 주장했다.14) 따라서 그는 정당한 것을 공동으로 추구하는 공동체의 모든 구성원의 의사를 도덕적 권위를 갖는 일반의지(general will)로 명명한 바 있다. 그는 본질상 불편부당한 일반의지를 편파적인 특수의지(particular will)와 구별함은 물론이고, 갈등을 자아내는 이기적 사익(private interest)과 집단이익의 총합인 전체의지(will of all)와도 구별하였다.

아담 스미스(Adam Smith)는 영국 도덕감 학파의 동정심 이론을 받아들여, 상충하는 자기이익의 외적 조정과 그 강제 집행이라는 시민사회의 역할과 국가의 임무를 각 개인들 사이의 동정심으로 내면화하여 완결시켰다. 그러나 그는 『국부론』에서는 각 개인이 자기이익을 추구하면 결코 개인이 의도하지 않았던 결과인 모든 사람에게 서로 이득이 되는 상황, 즉 국부가 증가하는 결과가 나온다는 점을 갈파했다. 즉 개인이익의 경쟁적 추구가 자유시장에서는 "보이지 않는 손"에 의해서 조화됨으로써 사회적 이익이 최대로 산출된다는 것이다.15) 그래서 "자기이익의 극대화"는 "근대 경제인간(*homo economicus*)의 영혼"이 되었다.16) 흔히 도덕적 선의지를 강조한 것으로만 인식되고 있는 임마누엘 칸트(Immanuel Kant)의 경우도 인간의 문화는 사실상 인간 각자의 자기이익의 발로라는 점에서 비사교적인 것이지만, 그 비사교성은 동시에 역설적으로 전체 사회의 발전을 야기한다는 점에서 사교적인 것이라고 지적했다. 칸트에 비해서 개인 각자의 이익을 전면에 내세우면서도 그것의 사회적 보편화 방식에 주목한 것은 공리주의자들이었다. 공리주의는 제러미 벤담(Jeremy Bentham)의 그 유명한 구호 "최대다수의 최대행복"으로 정식화된다. 벤담은 자연권과 사회계약의 개념에 반대하고, 사회개혁의 현실적 지표로서 개개인의 이익의 총합인 전체 사회의 행복 혹은 복지를 들고 나왔다. 물론 벤담도 사회는 하나의 가상체로서 사회 구성원인 각 개인들로 이루진 것에 불과하다고 본 점에 자유주의적인 방법론적 개인주의를 취하고 있다. 존 스튜어트 밀(John Stuart Mill)은 벤담의 양적 공리주의의 한계를 지적하고 질적 공리주의의 가능성을 개진함으로써 개인이익에 대한 합리성과 이상주의적 측면을 강조한 바 있다. 그는 또한 공익 결정에 관하여 다수결 원칙의 무분별한 적용을 경계하고 소수자의 권리와 이익을 옹호하였다.

그러나 이러한 개인이익과 공익의 조화에 대한 자유주의와 자본주의적 관련 방식은 이기심의 추구에 근거한 유산계급의 이익이 결코 사회 전체의 일반이익이 될 수 없다는 점을 신랄하게 비판한 마르크스에 의해서 심각한 도전에 직면하게 되었다. 자유주의는 이러한 마르크스의 비판을 복지국가의 수립을 통해서 부분적으로 수용하게 되었다. 그래서 자유주의에서 공익은 단순한 사유재산권의 보호와 시장의 배경적 질서 유지라는 소극적 측면만 아니라, 개인의 신체적 사회적 안전 보장과 폭력과 내란의 방지, 갈등의 평화적 해소, 상호 존중과 협동, 사회적 복지의 실질적 보장, 국민교육의 실현, 불편부당한 정의와 평등의 실현, 개인적 독립과 자존감의 확보라는 보다 적극적이고 포괄적 측면을 갖게 되었다.17) 그러나 자유주의적 복지국가는 시장에 대한 국가의 과도한 개입으로 말미암은 경제적 효율성의 하락과 거대한 관료국가의 폐해, 복지 수혜자의 피동성과 자립성 상실, 과도한 세금으로 말미암은 생산층의 근로의욕 상실 등 다양한 부작용으로 말미암아 신보수주의와 자유지상주의로부터의 반동에 직면하게 된다.

이러한 시대적 상황 속에서 공익을 정당한 개인이익에 기반한 사회 구성원들의 합사회적 이익으로 규정하는 자유주의적 입장은 그 기본적 가정에 대한 근본적 비판에 직면하고 있다. 자유주의에서 각 개인은 개인이익의 극대화를 무제약적으로 추구하는 경제인간, 즉 호모 에코노미쿠스(*homo economicus*)로 가정되고 있는데, 호모 에코노미쿠스가 어떻게 정당한 개인이익만을 추구하려는 도덕적 제약을 가질 수 있는가 하는 근원적인 의문이 제기되고 있는 실정이다.18) 이제 우리의 남은 과제는 호모 에코노미쿠스를 이러한 의문과 관련해서 논구하는 일이다.

3. 호모 에코노미쿠스로서의 자유주의적 개인: 개인이익의 무제약적 극대화

호모 에코노미쿠스는 합리적 경제인간을 지칭한다. 그것은 인간의 경제적 본성을 도구적 혹은 수단적 합리성을 통해서 "최소비용 최대효과의 경제원칙"으로 정식화한 하나의 일반적 모형이다.19) 그것은 근대적인 계몽주의적 인간관의 하나이다.20) 그 구체적 연원은 15-16세기 서구의 자본주의 시장경제의 태동과 자연권 사상과 사회계약론의 발흥이다. 나중에 아담 스미스의 고전주의 경제학에서 그 합리성이 규정되었고, 산업혁명을 거친 자본주의의 융성을 통해서 확고히 자리 잡는다. 최종적으로 호모 에코노미쿠스의 합리성은 신고전학파 경제학(neo-classical economics)에서 수학적으로 정식화되어, 현대 주류 경제학설로서 널리 수용되고 있다. 요약하면, "경제학은 합리적 인간의 전제에 기초해 있다"는 것이다. 그는 주어진 예산의 범위 내에서 일관된 선호를 통해서 가능한 대안들과 그 결과들에 대한 완전한 정보와 완벽한 계산적 능력을 가지고, 효용(utility) 혹은 자기이익(self-interest)의 극대화(maximization)를 합리적으로 추구하는 경제주체이다.21)

이러한 호모 에코노미쿠스들이 자유시장에서 자신들의 이익을 극대화하는 방식으로 재화와 용역을 생산하고 서로 교환하면, 모든 사람들은 자신들이 원하는 것을 충족하는 효율적이고도 번영하는 사회를 창출할 수 있다는 것이다. 자유시장체제는 다른 어떤 형태의 사회경제체제보다 더 많은 사람들에게 자신들의 욕구를 충족시켜 줄 수 있다는 것이다. 그리고 이러한 경제적 물질적 번영은 결국 보편적 교육과 다원주의적 가치와 개인적 시민의식의 향상을 통해 민주적 정치질서를 정착

시키고, 종국적으로는 고도의 삶의 질과 문화적 수준을 향유할 수 있게 한다는 것이다.22)

그러나 시장경제가 작동하고 자본주의가 발달하기 시작한 이래로, 호모 에코노미쿠스에 대한 비판은 지금까지 반복적으로 계속되어왔다. 그는 태동 시기부터 잇속만 밝히는 추악한 경제동물로 낙인이 찍혀, 아직 인간으로 승화하기에는 턱없이 부족한 동물적 이기적 본능으로 점철된 비인간성의 전형으로 매도되었다.23) 철학적 방법론으로 볼 때, 호모 에코노미쿠스의 합리성에 관한 비판이 가장 중요하게 부각된다. 1960년대 이후부터 전개된 이러한 비판은 신고전학파 경제학에서 정식화된 호모 에코노미쿠스의 합리성 모형 체계 전체를 뒤흔들 만한 엄청난 도전으로 등장하게 된다. 신고전학파 경제학의 합리성 모형은 그 내부적 모순과 도덕적 규범의 수용 불충분성 때문에 자멸적인 것으로까지 폄하되었다.

우선 합리적인 개인들이 자기이익의 극대화를 추구하면 사회 전체의 공익도 극대화될 수 있다는 자유주의의 전통적 신념은 각종 합리성의 역설과 시장의 실패에 의해서 위협을 받게 된다. 이것이 개인적 합리성으로부터 사회적 합리성을 도출하려는 자유주의적인 공공적 선택이론(public choice theory)이 봉착한 가장 큰 문제이다.24) 호모 에코노미쿠스는 따라서 "사회적 저능아"로서 심지어 "합리적 바보"라고까지 조롱을 받게 된다. 합리성의 역설은 수인의 딜레마(the prisoner's dilemma)와 무임승차자의 문제(the free-rider problem)로 여실히 드러나게 된다.25)

수인의 딜레마는 소위 고립(isolation)의 문제이다. 그 문제는 각자의 행동 결정이 지극히 합리적으로 이루어졌더라도 고립적으로 이루어진 많은 개인들의 결정의 결과가 어떤 다른 행동보다 모든 사람에게 더 좋지 못할 경우이면 언제나 생겨난다. 이것은 개인적 합리성이 최적적이지 못한 집단적 비합리성(sub-optimal collective irrationality)으로 전화되는 비극적 상황이다.26) 홉스의 자연상태는 그 고전적인 사례가 된다. 각 개인은 타인이 평화상태를 택하든가 말든가 관계없이 전쟁상태로 돌입하는 것이 합리적이며, 그것이 곧 "지배적 전략"이 된다. 이러한 수인의 딜레마 모형은 매점매석, 군비경쟁, 그리고 쓰레기 폐기물 처리장 등 공공(악)재의 경우 나타나는 소위 "님비(nimby, not in my back yard)" 현상을 통해서 현실적으로 입증된다.

무임승차자의 문제는 확신(assurance)의 문제이다. 그 문제는 공공재의 설비에 관한 시장의 실패를 야기하는 전형적인 경우이다. 사적 재화는 소비와 구매에서 개인적 가분성, 타인의 배제성, 타인으로부터 영향을 받지 않는 비외부성이 그 속성이다. 반면에 환경보호, 국방, 공중위생, 세금납부와 같은 공공재는 소비의 불가분성, 타인의 비배제성, 공급의 공동성과 외부성이 그 속성이다. 무임승차자 문제는 공공재를 설비하려고 할 때 공중의 규모가 커서 많은 개인을 포함하는 경우에 각자가 자신의 기여와 부담을 회피하고자 하는 유혹이 있게 된다는 점에서 출발한다. 그러한 유혹은 한 사람이 기여하는 바가 전체로 산출될 양에 대단한 영향을 미치지 않기 때문에, 그리고 또한 각 개인은 타인들의 행위가 어떻게든 이미 주어진 것으로 간주하고 있기 때문에 일어난다. 즉, 각 개인은 만일 공공재가 산출될 정도로 타인들의 기여가 이미 충분하다면, 자기가 기여하지 않는다고 해도 공공재에 대한 자신의 향유가 감소되지 않을 것이라고 생각할 것이다. 그리고 만일 타인들의 기여가 충분치 못해 공공재가 산출되지 않는다면, 그가 기여를 한다고 해도 상황은 변하지 않을 것이라고 생각할 것이다. 다시 말하면, 각 개인은 타인들이 공공재를 설비할 만큼 기여하든지 못하든지 간에 기여하지 않는 것이 합리적이다. 따라서 공공재는 설비될 수 없고 시장은 실패한다.27) 무임승차자 문제가 확신의 문제라고 하는 것은 협동하는 당사자들에게 공통의 합의가 수행되고 있음을 어떻게 확신시키느냐 하는 것이다. 그런데 개인의 합리성과 동기의 구조를 분석하면, 결국 고립의 문제인 수인의 딜레마와 확신의 문제인 무임승차자 문제가, 수인의 딜레마는 2인 게임이고 무임승차자 문제는 다인 게임이라는 것만 다를 뿐, 서로 "구조적으로 동치"인 점이 밝혀진다. 따라서 무임승차자 문제는 "다인적 수인의 딜레마(n-person or multiple prisoner's dilemma)"가 된다.28)

이러한 수인의 딜레마와 무임승차자 문제와 아울러 공익을 정당한 개인이익에 기반한 사회 구성원의 합사회적 이익으로 간주하는 자유주의적 공익 개념에서 대해서 치명적인 난제로 등장한 것은 케네스 애로우(Kenneth Arrow)의 "불가능성 정리(the Impossibility Theorem)"이다. 불가능성 정리는 사회적 복지함수(social welfare function)가 세 사람의 개인적 선호의 서열들, 예를 들면 {(a > b > c), (b > c > a), (c > a > b)}의 집합으로부터 다수결 원칙을 통해서 민주적으로 도출될 수 없다는 것을 입증한다.29) 이것이 바로 "투표의 역설"로서 합리성의 내부적 일관성 기준의 하나인 전이성(transitivity)이 "순환적 다수성"으로 말미암아 적용되지 못하는 상황이다. 세 사람의 개인적 선호의 서열들에서, 세 명 중 두 명은 a를 b보다 선호하므로 사회적 복지함수는 a > b가 되어야 하고, 두 명이 b보다 c를 선호하므로 사회적 복지함수는 b > c가 되어야 한다. 따라서 전이성의 기준에 의거 사회적 복지함수는 마땅히 a > c가 되어야 한다. 그러나 세 사람 중 두 명이 c를 a보다 선호하므로 사회적 복지함수는 c > a가 되어야 하는 역설이 발생하는 것이다. 애로우의 "불가능성 정리"는 방법론적 개체주의와 개인들 상호 간의 민주주의적 합의에 의거해서 공익에 관한 사회적 복지함수를 구성하려는 자유주의의 기본적 가정에 결정적인 타격을 입힌다.

4. 호모 에코노미쿠스에서 호모 모랄리스로: 정당한 개인이익 추구자로서의 자유주의적 개인

호모 에코노미쿠스의 합리성이 이상과 같은 심각한 난제에 봉착하므로, 다양한 대안이 제시되고 있다. 현재로서 가장 체계적 대안은 합리성의 불완전학파(the imperfect school)와 확장학파(the extended school)이다.30) 이러한 두 학파는 신고전학파 경제학의 호모 에코노미쿠스 합리성 모형에 대한 그동안의 비판, 즉 그러한 합리성 모형은 한편으로는 너무나 많은 것을 요구하고, 다른 한편으로는 너무나 제한적이라는 딜레마의 두 뿔을 피해가기 위해서 각각 제시된 것이다.31) 불완전학파는 두 방향에서 전개된다. 그 한 방향은 호모 에코노미쿠스의 합리성의 특징으로 가정된 확실성 아래에서의 완전한 정보 획득을 통한 효용 혹은 자기이익의 극대화에 대한 비판이다. 효용의 극대화로서의 합리성은 심지어 시장 영역에서도 적용될 수 없는 비현실적인 기준이라고 비판된다. 합리성의 불완전학파의 또 다른 방향은 일견 비합리적으로 혹은 불합리하게 보이는 인간의 행동이 신고전학파 경제학의 엄밀하고도 완벽한 합리성 모형에서 재단하는 것처럼 전적으로 불합리한 것은 아니라는 점을 주장하는 것이다. 불완전학파는 인간의 불합리성을 인정하면서도, 인간이 그러한 불합리성을 완전히는 아니더라도 어느 정도 미리 대비하여 제거하려는 차선책을 모색하고 있다고 본다. 따라서 이러한 불완전한 합리성을 상정하는 것이 언제나 완전한 합리성을 가정하는 신고전학파 경제학보다 더 현실적이라는 것이다.

합리성의 확장학파는 인간의 근본적 동기와 합리성이 개인이익 혹은 자기이익의 극대화만이라고 보는 것은 편협한 것이라고 비판하면서 호모 에코노미쿠스의 동기와 합리성을 확장하려고 한다. 따라서 사회적 규범과 제도, 습관과 관습, 감정, 이타주의, 도덕적 동기의 내면화, 충성과 선의, 의무, 공약과 헌신, 철학적 의미 부여, 그리고 공동체적 결속감 등 매우 다양한 확장의 기제들이 제시되고 있다. 또한 호모 소시오-에코노미쿠스(*homo socio-economicus*)를 비롯한 보다 포괄적인 새로운 인간관도 제시되고 있다. 자기이익과 이타심이 서로 상통할 수 있다는 사회생물학의 호혜적 이타주의 혹은 윤리학적 이타주의도 확장학파의 입장과 밀접한 관련이 있다. 또한 자기이익과 이타적 동기를 모두 기본적 동기로서 병치하는 방법과 복수적 동기를 위계적 질서로 서열화 시키는 방식도 모색되고 있다. 호모 에코노미쿠스의 합리성(the rational)을 인정하되 그것을 공평한 배경적 선택 조건을 인정하는 보다 고차적인 합당성(the reasonable)의 제약 아래 종속시키는 것도 그 하나의 방법이다. 이것은 자유주의 철학자 존 롤즈(John Rawls)가 주장한 것이다.32) 전통적으로 자유주의 경제학에서 호모 에코노미쿠스는 자기이익 이외의 동기는 완전경쟁시장에서의 외부성으로 간주할 뿐이었다. 따라서 확장학파는 윤리학을 어떻게 합리성에 정초시킬 것인가의 문제와도 깊숙하게 연관되어 있다. 경제학자 애로우 스스로도 자신의 "불가능성 정리"를 해결할 수 있는 것은 사회계약론에 근거한 "확장적 동정심"일 것이라고 밝힌 바 있다.33) 이것이 바로 경제학자들이 롤즈의 『정의론』(1971)에 주목하는 하나의 중요한 이유가 된다.

현대 자유주의 철학에서 롤즈의 『정의론』은 복지 혹은 평등 자유주의의 관점에서 개인이익과 공익의 자유주의적 관련 방식을 새롭게 구성하려는 중요한 시도이다. 모든 사람에게 이득이 되는 방식으로만 정당화될 수 있는 불평등은 실질적인 공정한 기회의 균등의 실현과 "최소수혜자의 삶의 기대치를 최대로 하라"는 "차등의 원칙"이 실행되는 한 허용된다는 점에서 롤즈의 『정의론』은 개인이익과 공익의 밀접한 연계를 구현한 것이다.34) 그렇지만 롤즈는 최대다수의 최대행복을 추구하는 공리주의에서 무시되기 쉬운 소수자의 인권을 보호하기 위해, "각자는 전체 사회의 복지라는 명분으로도 침해당할 수 없는 정의에 입각한 불가침성을 가지며, 따라서 정의롭게 확보된 권리는 정치적 흥

정이나 사회적 이익의 계산대상이 아니다"라는 점을 강조한다.35)

이미 논의된 것처럼 개인이익과 공익의 자유주의적 관련 방식에서 중요하게 대두하고 있는 것은 공익의 개념 중 환경보호, 국방, 매점매석의 금지, 공중위생, 조세의 확보 등 공공재의 설비 문제와 개인이익의 총합으로서의 공익, 즉 사회적 복지함수의 구성에 관련된 애로우의 "불가능성 정리"의 문제이다. 애로우의 불가능성 정리 문제는 롤즈와 데이비드 고티에(David Gauthier)를 비롯한 사회계약론적 자유주의 철학자들에 의해서 그 해결 가능성이 제시되고 있다. 사회계약론적 철학자들은 사회적 협동으로 오는 공동의 이익을 분배하는 사회정의 원칙을 도출하기 위한 공정한 배경적 상황을 일단 성정한다. 그러한 상황 아래에서, 최소수혜자에 대한 차등의 원칙을 주장하는 롤즈처럼, 어떠한 개인의 이익이 보다 중요하게 고려될 수 있는가, 혹은 공정한 협상 분배론을 주창하는 고티에처럼, 다양한 상충하는 개인들의 이익이 어떠한 방식으로 상호 협상 과정을 거쳐서 합리적으로 조정될 수 있는가 하는 점을 철학적으로 입증하려고 시도했기 때문에 많은 주목을 받고 있다.36)

적어도 시장의 영역에서는 개인이익의 공익으로의 자연적인 전환을 믿는 것이 자유주의와 자본주의의 기본 가정이라고 한다면, 소위 "수인의 딜레마"와 "무임승차자 문제"로 점철된 공공재의 설비에 관한 "시장실패" 문제는 개인이익과 공익의 자유주의적 관련 방식에 대한 심각한 도전이 된다. 여기서 공익을 위한 정부의 개입이 필요하다는 주장이 제기된다. 그러나 자유지상주의자들은 "정부실패"를 아울러 지적하면서 정부의 규제도 가능한 한 시장의 기제에 호응하는 방식으로 시도되어야 한다는 점을 주장한다.

오늘날 철학 분야에서 호모 에코노미쿠스에 관련된 시장실패 문제에 대해서 가장 체계적인 논의를 전개하고 있는 것은 이미 언급된 고티에이다. 그는 『합의도덕론』에서 자유주의적 개인이 호모 에코노미쿠스의 무분별한 자기이익의 극대화로 야기되는 수인의 딜레마 상황을 제어할 수 있는 신사회계약론적 합의도덕에 의해서 계몽되어 자기통제의 딕목을 가질 수 있다고 주장한다. 따라서 자유주의적 개인은 자기이익의 추구와 모든 사람에 대한 상호 이익의 증진이 연계되는 호조건의 영속화를 합리적으로도 정서적으로도 도모할 수 있는 유의미한 개인적 주체로 살아남을 수 있다는 것이다.37) 그 주장의 요체는 합리성에 대한 공평한 제약으로서의 도덕성이 바로 호모 에코노미쿠스의 자기이익의 극대화인 합리성 자체로부터 유래한다는 것이다. 즉, 자기이익의 극대화로서의 합리성의 개념에서 바로 자기이익의 제한적 극대화로서의 합리성의 개념이 도출된다는 것이다.

이러한 주장은 일견 모순처럼 보인다. 경제적 합리성의 추구와 도덕성이 상충한다고 본 전통윤리학의 입장과 도덕적 제약을 외부성으로 보는 에코노미쿠스의 합리성을 모두 고려할 때, 고티에의 시도는 처음부터 불가능한 것처럼 보인다. 그러나 그것이 가능하다는 것이 고티에의 신사회계약론적 윤리학의 핵심이다. 그는 단순히 "정직은 최선의 정책"이라는 격언적 교훈이나 단기적 이익보다는 장기적인 "계몽적 자기이익"을 추구하는 것이 더 낫다는 전략적 권고를 제시하고 있는 것은 아니다. 물론 그의 논의가 그러한 통상적 교훈과 권고를 종국에는 입증하는 것이 되겠지만, 그는 정교한 합리적 선택이론을 구사하여 합리성 개념의 변환 가능성을 입증하려고 한다. 고티에는 우선 "직접적 극대화"와 "제한적 극대화"라는 두 종류의 지속적인 심리적 성향에 따라 인간을 구분한다.38) 직접적 극대화 추구자는 상대방이 어떠한 성향을 가졌는지에 관계없이 자기이익의 극대화를 추구한다. 반면에 제한적 극대화 추구자는 상대방이 제한적 극대화 추구자일 경우 자기이익의 직접적 추구를 제한하며 협동한다. 물론 제한적 극대화 추구자는, 상대방의 본색을 몰라 사취를 당하는 경우도 있겠지만, 상대방이 직접적 극대화 추구자인 것을 알아차린 경우에는 협동하지 않는다.

고티에가 입증하는 바는 개별적이고 단기적인 경우 직접적 극대화 추구자가 이익을 보지만 종국적으로 볼 때 그는 자신에게 이익이 되는 사회적 협동체로터 제외된다는 것이다. 제한적 극대화 추구자는 그 지속적인 성향으로 말미암아 협동체의 일원으로 받아들여져 자신의 이익을 증진시킬 수 있는 기회를 더 많이 가진다는 것이다.[39] 따라서 제한적 극대화가 직접적 극대화보다 합리적이다. 여기서 고티에는 "합리적으로 선택하기 위해서는 도덕적으로 선택해야만 한다"고 천명하고 있다.[40] 고티에의 이러한 주장은 호모 에코노미쿠스가 진정한 자유주의적 개인으로 살아남기 위해서는 호모 모랄리스(*homo moralis*)로 변환되어야 한다는 것을 의미한다.

5. 결어: 개인이익과 공익의 합리적 결정 기제를 위한 자유주의의 공헌

멸사봉공, 살신성인, 공선사후의 덕목들은 지고지선하고 찬양을 받아 마땅한 덕목들이나 그것들은 자유주의 윤리학에서는 결코 자연적 의무나 사회적 책무가 될 수 없는 하나의 의무 이상의 행위인 여공적 행위(supererogatory acts)일 뿐이다. 우리의 전통적 유교 도덕도 의리를 추구하는 군자와 이익을 추구하는 소인으로 인간을 유형화함으로써 정당한 개인이익이라는 개념의 입지를 충분히 마련해 놓지 못했던 것도 사실이다.[41] 물론 자연인들보다 공인들에게 그러한 덕목들이 더욱 요청되는 것이 사실이지만, 공익은 어떠한 경우에도 사회정책의 특혜와 이익집단의 특수한 이익을 감추기 위한 "하나의 손쉬운 연막(a handy smoke screen)"이 되거나 개인이익을 억압하는 수단이 되어서는 안 될 것이다.

자유주의가 무작정 공익을 주창하는 것에 대해서 거부감을 갖는 것은 공익 자체를 거부하는 것이 아니라 권위주의적 정부와 전체주의적 사회체제에서 공익이 특권층과 지배층의 이익을 호도하기 위한 것으로 얼마나 빈번하게 변질되었는가 하는 점을 강조하는 것일 뿐이다.42) 우리는 공직자들이 공익만을 생각하고 행동하는 것으로 알고 있지만, 국회의원들의 최고 관심사가 재선이라는 점에서 알 수 있듯이, 그들도 역시 자기 자신의 이익을 위해 일한다는 것은 이미 정설로 되어 있다.43) 또한 우리는 엄청난 공적 자금의 투입에도 불구하고 불합리한 경제구조는 고쳐지지 않고, 오히려 부패한 국영기업체나 부실 금융기관 혹은 기업체의 간부진들만 살찌우게 했던 우리의 작금의 현실을 단적인 예로 제시할 수 있을 것이다.

우리의 정치문화에서는 아직도 사리사욕을 버리고 남을 위해 희생함으로써 민족 번영과 인류 공영의 세계를 이루어야 한다는 진부한 주장이 여전히 위력을 떨치고 있다. 또한 개인적, 집단적 이익의 사회적 갈등과 상충에 대해서 민족과 국가와 공동체라는 미명을 앞세우면서도 실상은 그것을 권위주의적 억압을 통해서 해결하려는 시도도 잔존하고 있다. 그러나 그러한 억압에 대해서 국민의 심한 반발이 빈번히 터져 나오고 있는 사실을 감안한다면, 사회적 갈등의 처리와 새로운 정책의 수립과 실행 과정에 있어서 우리는 건전한 개인적, 집단적 이익을 정치 무대에 등장시키고 국민들 사이의 의견 수렴과 적절한 보상 절차와 합리적인 협상과 계약을 통한 해결 가능성을 추구하는 자유주의 정치문화의 정착이 절실히 요청된다. 그런데 우리 사회에서는 설령 그러한 합의와 협상과 계약이 이루어졌다고 하더라도 합의와 협상 과정에 지나치게 많은 비용이 지불되고 있다는 점은 상당한 사회적 손실이 아닐 수 없다.44)

보다 구체적으로 개인이익과 공익의 실체적 본질을 규명하고, 개인이익과 공익 결정의 절차적 본질, 즉 개인이익과 공익 결정의 합리적인 사회적 기제를 찾는 일은 중요한 과제이다.45) 본 논문은 이러한 과제를 해결하기 위한 첫출발에 불과하다. 우리는 공익을 정당한 개인이익에 기반한 사회 구성원들의 합사회적 이익이라고 규정하는 자유주의적 입장에 심각한 난제로 등장한 수인의 딜레마, 무임승차자 문제, 애로우의 불가능성 정리와 어떻게 무제약적 자기이익의 추구자인 호모 에코노미쿠스가 자기이익의 제한적 극대화 추구자인 도덕적 인간으로 변모될 수 있는가의 문제를 간략하게만 다루었을 뿐이다.

그러한 과제를 해결하는 것은 부패가 만연한 우리 사회를 도덕적으로 개선하는 일도 될 것이다. 우리는 결국 "아나키와 리바이어던", 그리고 시장실패와 정부실패 사이에서 현명한 선택을 해야 할 것이다.46) 이러한 현명한 선택과 사회적 합의를 위한 자유주의의 공헌 가능성은 공산주의의 몰락 이후 환경위기가 가중되고, 신보수주의적인 자본주의로 인한 불평등이 고조되어 빈부의 격차가 더욱 벌어지고 있는 상황에서 인류의 보다 나은 미래를 위해서 완전무결하지는 않지만 매우 중요한 자산이 될 것이다.47)

제 3 장

자유주의와 여성주의 정의론

1. 서론: 가족관계와 사회윤리의 여성주의적 이해

1) 여성주의적 안건으로서의 가족문제

여성주의 철학자들에게 가족문제는 매우 미묘하고도 폭발적인 주제로서 열기를 꺼리는 판도라의 상자처럼 보인다. 가족관계에 관한 헤게모니적 이데올로기로 간주되고 있는 가부장제적 구조는 여성을 침묵시키고 억압하고 지배하고 착취하는 구조이지만, 그것은 또한 대부분의 여성주의자들이 살고 있는 가족의 구조이기도 하다. 따라서 그러한 가족 구조의 비판은 적어도 그러한 구조 속에 살고 있는 여성주의자 자신들을 비판하는 셈이 된다.1) 또한 그러한 비판은 다른 많은 일반적인 여성들의 가족을 비판하는 것이 된다. 실제로 급진적 여성주의자들은 1960년대와 1970년대에 들어 가족을 신랄하게 비판함으로써 여성해방적 자각을 고조시킨 것도 사실이지만, 동시에 많은 여성들을 소외시킴으로써 반가족적이라는 누명을 쓴 것도 사실이다. 여성주의 철학자들이 가족의 문제를 다루기 꺼리는 또 다른 이유가 있다. 그것은 가족관계로 간주될 수 있는 다양한 형태의 가족들(families)이 존재하므로 가족(the family)이라고 부를 수 있는 단일한 현상에 대한 보편적이고도 일반적인 주장을 피하고 있기 때문이다.2)

슐라미스 파이어스톤(Shulamith Firestone)을 위시한 초기 급진적 여성주의자들의 반가족주의적 속성은 반여성주의자들과 보수 반동적인 여성주의자들(conservative or backlash feminists)에 의해서 과장됨으로써 오직 보수 반동주의자들이 주장하는 가족관계와 형태만을 옹호하기 위해서 대비적으로 악용된 것도 사실이다.3) 또한 부분적으로 반여성주의적 보수 반동주의자들에 의해서 가족의 위기와 해체의 •문제가 사회 전면에 부상함으로써, 그러한 상황을 방지하지 위해서 가족의 안전만을 중시하고 오히려 가족 해체의 피해자인 여성들에게 잘못을 전가하는 오도된 사회개혁이 등장하게 되었다. 이러한 상황은 여성주의 철학자에게는 더 이상 좌시할 수 없는 것이 되었다.4) 따라서 여성주의 철학자들은 가족관계와 사회개혁의 상호 연관성에 대한 심원한 문제에 주목하게 되었고, 또한 자아의 정체성 문제에 전통적으로 관심을 가지고 있는 그들은 가족이 인간의 자아의 형성에 지대한 영향을 미친다는 사실로 말미암아 가족의 문제에 주목하게 되었다.

여성과 가족에 대한 여성주의의 입장은 자유주의적, 마르크스주의적, 사회주의적, 급진 정신분석적 여성주의 등 다양한 여성주의의 유파에 따라서 매우 상이하기 때문에 마치 천의 얼굴을 가진 것처럼 보인다. 그러나 1968년에 시작된 제2기 여성주의(the second wave of feminism)는 여성과 가족에 대한 최소한의 귀결점을 이끌어낸다.5) 우선, 가족에 대한 주요한 가정인 분리성(separateness)과 연대성(solidarity)의 허구가 폭로되고 해체된다. 나아가서 기능주의적인 혹은 생물학적인 결정론에 따른 성역할(sex roles)이 비판되고, 사회문화 구성주의적인 성별 혹은 성차의 관점(gender perspective)이 가족 분석의 기본 범주로 등장한다.6) 따라서 가족관계는 사회윤리적인 성별 이데올로기에 의해서 유지되는 권력 관계로 드러난다.7) 가족을 "삭막한 세계의 유일한 안식처(the haven in a heartless world)"로 본 전통적인 가족의 연구에서 당연시되어오던 공적 영역과 사적 영역 사이의 분리성은 비판되고, 가족의 내적 관계가 공적 영역과 정치적, 경제적, 문화적, 규범적으로 밀접하게 연관되어 있음이 밝혀진다.8) 그리고 "완전 결속적 가족(the guled-together family)"이라는 미명 아래 전통적으로 가족은 하나의 단위로서 밀접한 연대성을 가진다고 생각되었지만, 이제 그 통념도 해체를 당한다. 전통적으로 가족 구성원들 사이의 이익과 부담은 모두 동일한 것으로 간주되었지만, 실제로 가족들 사이의 이익과 부담의 방식은 결코 동일하지 않고 상충될 뿐만 아니라 그들의 가족 내에서의 경험도 동일하지 않다.9) 이러한 일련의 주장들은 가족을 생물학적이고 보편적인 제도로 파악하고자 하는 기존의 지배적인 가정에 도전함으로써, 가족은 사회적, 역사적으로 규정되는 산물이고, 그에 따라 상응하게 변화해왔다는 것이 밝혀진다. 따라서 변화하지 않는 유일한 형태의 "획일적 가족(the monolithic family)"이라는 개념은 이데올로기적인 허구로 드러나고, 다양한 형태의 가족과, 그리고 가족 내부에도 상이한 가족 구성원들이 존재한다는 것이 비로소 인정된다. 더 나아가서 여성과 가족을 동일시하는 생각도 비판을 받게 된다.10)

또한 가족에서 여성의 불평등한 위치를 설명하는 데에도 의견이 일치되는 추세에 있다. 두 가지 설명 방식이 있는데, 그 하나는 개인적(미시적)이고, 다른 하나는 사회구조적(거시적)이다. 개인적 설명 방식에는 개인이 소유하는 각종 자원에 따라서 권력 관계가 형성된다는 자원 이론, 가사 일은 가정 밖의 노동시장에서 보내는 시간을 제외한 자유시간이 많은 사람이 한다는 가용시간 이론, 그리고 성역할 이데올로기가 있다. 그러나 이러한 미시적 설명 방식들은 가족 내의 문제를 가족 밖의 사회구조적 요인들과의 연계성을 고려하지 않는 것이 단점이다. 사회구조적 요인들과의 관계를 중시하는 거시적 설명 방식은, 여성의 차별을 완전히 이해하기 위해서는 가정이라는 사적 영역에서뿐만 아니라 노동시장과 직업시장 등 공적 영역에서의 성별 분업과 두 영역 간의 관계가 검토되는 것이 필수적이라고 주장한다.[11] 가족관계는 1960년대 이후 주지하는 것과 같이 혁명적으로 변화하고 있는 데 반해서 전통적인 가족 이데올로기는 그 타성을 유지하며 문화지체 현상을 일으키고 있다.[12] 현실과 규범 사이의 이러한 문화지체 현상은 두 가지로 요약될 수 있다. 하나는 가족지체이고 하나는 사회지체이다. 가족지체는 변화된 사회현실을 외면하고 기존의 성역할 분업구조를 고수하는 경우이고, 사회지체는 취업 여성의 자녀양육 문제나 노인복지 문제를 사회나 국가에서 적절하게 처리하는 못하는 경우이다.[13] 이러한 지체 현상은 공사 양 영역에서 악순환을 일으켜 여성의 억압을 영속화하게 된다. 즉, 사적 영역에서의 여성의 성역할 이데올로기에 따른 가사와 육아의 부담은 공적 영역과 자본주의 노동시장에서 여성이 갖는 취약성과 불평등으로 작용하고, 이러한 공적 영역과 노동시장에서의 취약성과 불평등은 다시 여성에게 사적 영역에서의 취약성과 불평등을 재강화하는 악순환을 초래한다. 더욱 심각한 문제는 이러한 취약성과 불평등의 악순환이 지배하는 공사 양 영역에서는 여성 자신도 전통적인 성별 분업을 수용하여 가정으로 귀환하거나 결혼에 안주하는 것이 합리적인 것이 된다는 데 있다.[14] 이러한 악순환은 오늘날 현대사회가 당면하고 있는 주요한 사회문제로서 여성의 자유와 평등을 억압하고, 더 나아가서 가정 내 폭력과 학대로 이어지고, 이혼 후 여성과 그 보호 자녀가 감수해야만 하는 "삶의 질의 급격한 하락" 등으로 점철되는 "정의의 위기" 상황을 만들어내는 주범이다.[15]

2) 자유주의의 스캔들과 여성주의의 트라일레마

우리가 본 논문에서 주목하려고 하는 자유주의적 여성주의 정의론은 여성의 억압에 관한 공사 양 영역에서의 악순환의 고리를 끊고 진정한 여성해방을 이룩할 수 있을 것인가? 자유주의는 참정권 운동을 통해서 초기 여성해방운동을 주도해왔던 것이 사실이고, 아직까지 남녀의 동등한 권리와 자유의 확보를 위해서 사회적, 법적, 교육적 영역 등 공적 영역에서 많은 공헌을 한 것이 사실이다.[16] 그러나 자유주의는 여전히 사적인 영역에서는 가부장주의를 유지해오고, 자유주의가 공언하고 있는 평등은 형식적 기회균등에 불과하며 여성에게 실질적인 평등을 부여하지 못했다고 비판된다.[17] 또한 자유주의의 기본적인 전제와 가정도 여성주의적 입장에서 다양한 비판을 받는다. 역사와 사회로부터 유리된 무연고적이고 추상적인 개인, 도덕과 사회에 대한 계약론적 메타포, 연대감과 배려에 대한 정의와 권리의 우위, 육체적이고 정서적인 것에 대한 정신적이고 합리적인 것의 우위, 부정적 자유에의 강조, 중립적 국가의 허구성과 권력 관계의 편재, 공공선과 집단적 가치관의 결여, 사적 영역과 공적 영역의 자의적 구분 등이 그것이다.[18]

자유주의는 이제 여성주의와 더 이상 인연을 맺기는 틀린 것처럼 보인다.[19] 특히 1960년대와 1970년대 이후 급진적 여성주의자들은 "사적인 것은 정치적이다(the personal is political)"라는 슬로건을 들고 나오면서 자유주의를 위시한 전통적 사상의 공사 영역 구분에 내재된 가부장제적 음모를 폭로함과 아울러, 가족이 여성 억압의 근원이라고 주장한다. 자유주의는 공적 영역에서는 가부장제를 탈피하려고 노력하고, 또한 그것을 어느 정도 달성한 것이 사실이지만, 사적 영역에서는 여전히 여성을 억압하는 가부장제를 유지하고 있다는 점이 그 스캔들로 남아왔다.[20] 그리고 1980년대 이후에는 캐럴 길리건(Carol Gilligan)의 "보살핌과 책임의 윤리학"의 등장으로 여성주의자들은 자유주의에 기반하고 있는 로렌스 콜버그(Lawrence Kohlberg)의 "정의와 권리의 윤리학"을 남성적이라고 비판하고, 여성의 고유한 도덕성을 남성적 윤리학과 대등하거나 우월한 것으로 격상시킨다.21) 또한 여성주의자들은 1980년대 이후 전개된 "자유주의 대 공동체주의의 논쟁"에서 자유주의적 개인주의의 경쟁적 이익 추구에 반대하고, 공동체주의적 결속에 거의 동조하는 듯 보였다. 그러나 공동체주의가 옹호하는 가족도 전통적인 가부장제적 가족주의라는 점이 밝혀지고, 공동체주의자들의 일부는 여성주의를 비판하고 전통적인 가족 가치를 회복하려는 신우익(the New Right) 혹은 신가족주의(the New Familialism)와 결탁하고 있다는 점에서 여성주의자들은 공동체주의를 경계하게 되었다.22) 여성주의자들이 자유주의적 개인주의와 공동체주의적 연대주의 사이에서 딜레마를 느낄 수밖에 없다는 것은 이미 질라 아이젠슈타인(Zillah Eisenstein)과 배리 쏘온(Barrie Thorne)에 의해서 예견되었다.23)

이러한 상황을 종합적으로 볼 때, 여성주의는 세 가지의 딜레마에 빠진 것처럼 보인다. 첫째, 여성주의는 급진적 여성주의의 입장을 수용하여 가정을 여성 억압의 근원지로 파악하고 그것의 해체를 주장함으로써 반가족주의라는 오명을 쓰거나, 아니면 가정에 남아 여성의 억압을 자연적이고 불변적인 질서로 감수할 수밖에 없다는 것이다.24) 둘째, 여성주의는 가정이 여성에게 억압의 장소이지만, 여성이 가정에서 수행하는 양육과 보살핌은 여성에게 고유한 것으로서 그 자체로서 찬양할 만하다고 주장한다는 것이다.25) 셋째, 여성주의가 여성 개인의 자율성의 증진과 아울러 "가족 전체의 복지라는 미명 아래 어떤 한 사람의 가족 구성원도 불리한 대우를 받지 않는다"는 조건을 가족의 공동체적 친밀성과 공유, 애정, 그리고 상호 배려와 양립시킬 수 있느냐 하는 것이다. 특히 세 번째 딜레마의 한 뿌리는 현대 자본주의 제도 하에서처럼 가족이 친밀성과 공유, 애정, 상호 배려를 독점할 때 가족이 오히려 공동체적 발전에 장애가 되는 반사회적 제도로서 기능하게 된다는 점이다. 결국

반사회적 가족은 반가족적 사회가 되고 만다.26)

3) 여성주의 정의론과 여성해방의 가능성

본 논문의 주제인 수전 몰러 오킨(Susan Moller Okin)의 『정의, 성별, 그리고 가족』(1989)에서 개진된 여성주의 정의론은 이러한 세 가지의 딜레마를 (뿔 사이로 피하기도 하면서 혹은 뿔을 잡기도 하면서) 여성해방을 위해서 동시에 해결하려는 원대하고도 야심만만한 철학적 시도이다. 먼저 오킨은 "여성의 이중적 부담의 수용과 가족의 폐지 사이에 선택을 내려야 한다는 것"을 거부한다. 즉, "가족제도를 포기하는 것도 거부하며 또한 성별 간 노동분업을 자연적이고 불변적인 것으로 받아들이는 것도 거부한다."27) 첫 번째 딜레마의 해결책은 양성평등적인 성차별이 없는 가족적 정의를 실현하는 일이다. 두 번째 딜레마와 관련해서 오킨은 "정의의 윤리와 보살핌의 윤리 사이의 구분은 과도하게 내려져왔다"고 지적하고, 최선의 정의론은 그 이론적 구성 속에 "보살핌과 공감을 우리 자신과 매우 다른 사람들의 이익과 복지를 고려함에 있어서 필수적 구성요소로 통합하는 일이다"라고 단언한다.28) 세 번째 딜레마와 관련해서 오킨은 우선 자유주의가 사회적 성차를 무시하고 가족을 기본적인 정치적 제도로 간주하지 않았다는 점에서는 공동체주의에 동조한다. 그러나 공동체주의의 전통적 가족 가치의 복고적 회복과 가족 구성원의 이익이 분화되지 않는 소위 "정서적 한 몸(sentimental one-flesh)"으로서의 공동체적 유대성에 대해서는 반대하고 자유주의적 개인성을 옹호한다.29) 우리 논의의 초점은 첫 번째 딜레마에 관련된 가족적 정의의 문제이므로, 나머지 두 딜레마, 즉 정의의 윤리 대 보살핌의 윤리의 논쟁, 그리고 여성주의에서의 자유주의적 개인주의 대 공동체주의적 집산주의 사이의 논쟁을 자세히 다룰 수는 없다.30) 그러나 우리는 첫 번째 딜레마와 관련된 가족적 정의의 문제가 잘 해결된다면, 나머지 두 딜레마도 해결의 실마리를 찾을 수 있다는 철학적 희망을 피력할 것이다.

오킨을 위시한 일단의 여성주의자들은 "자유롭고 평등한 존재"라는 자유주의적 여성해방의 추상적 가능성을 가족적 정의의 달성, 공정한 기회균등의 실현, 정의감의 기초적 교육장소로서의 가족의 신뢰성 회복, 분배적 정의의 복지국가적 실현으로 구체화함으로써 "성차별 없는 정의로운 사회"를 달성해야 한다는 철학적 메시지를 제시한다. 여성주의 정의론은 오직 여성만을 위한 것이 아니고 사회정의 전체의 실현을 위해서 중요한 것이다. 우리는 자유주의적 여성주의 정의론을 통해서 진정한 양성평등을 구현하여 궁극적으로는 "인본주의적 자유주의 (humanist liberalism)"를 달성하려는 여성주의자들의 이러한 이론적, 실천적 노력에 주목할 것이다.31) 우선 "공정성으로서의 정의 개념"에 기초한 사회계약론적 자유주의 정의론을 통해서 현대 정의론을 주도하고 있는 존 롤즈(John Rawls)의 『정의론』(1971)을 여성의 시각에서 바라보고, 또 비판할 것이다.32) 아울러 자유주의적 여성주의 정의론을 선도하고 있는 오킨이 롤즈의 정의론을 어떻게 여성주의적 관점에서 재구성하는지를 검토할 것이다. 그리고 이러한 자유주의적 여성주의 정의론에 대한 여러 가지 비판을 논의함으로써 여성주의가 과연 자유주의적 정의론을 수용하여 이론적 정합성과 실천적 역동성을 가질 수 있는지를 평가해볼 것이다.

이러한 논의를 통해서 자유주의적 여성주의에 대한 올바른 이해를 증진시킴으로써,33) 한국사회에서의 가족관계의 개선에 자유주의적 여성주의 정의론이 공헌할 수 있는 이론적, 실천적 가능성을 타진해볼 것이다.34) 그리고 특히 자유주의적 여성주의 정의론이 전통적 자유주의가 불식할 수 없었던 공사 양 영역의 분리와 가부장제의 한계를 벗어나서 가족을 정의롭게 보전하면서도 동시에 여성해방을 위해서 급진화할 수 있는가의 가능성을 평가해본 다음, 여성주의의 미래 향방에 대한 자유주의적 전망을 우호적 관점에서 개진할 것이다.35) 아마도 이러한 자유주의적 전망에서 가장 중요한 것은, 여성해방론적 가족 이론을 구성하고 실천하기 위해서는 가족에 대한 전통적 도덕주의와 급진적 패배주의를 모두 지양한다는 선구적 결단일 것이다.36) 가족은 여성의 억압과 종속과 착취의 근원으로서 여성에게는 투쟁의 대상이기도 하지만, 동시에 여성도 역시 그 일원인 인간 공동체의 보다 큰 화합과 번영의 가장 기초적인 장소가 될 수 있다는 이론적, 실천적 가능성을 입증하는 일이야말로 21세기를 위한 인류의 중대한 과제 중의 하나가 될 것이다.

2. 롤즈의 자유주의 정의론: 여성의 눈으로

1) 롤즈 정의론의 철학적 개요

롤즈의 정의론은 고전적 자유주의에서 유전되어온 개인적 자유의 우선성이라는 선취적 부동점을 재확인하면서도 민주주의적인 분배적 평등을 제고한다는 점에서 흔히 "복지국가적 자본주의의 평등주의적 유형에 대한 철학적 변명(a philosophical apologia for an egalitarian brand of welfare-state capitalism)"으로 간주된다.37) 그의 정의론은 자유주의의 초기 전통에서 유전되어온 사회계약론의 자연상태라는 개념을 공정한 가상적인 조건하에서의 합리적 개인들에 의한 정의 원칙의 선택 상황으로 체계적으로 재구성함으로써 실질적인 철학적 결론이 도출될 수 있다는 것을 입증하려고 했다. 바로 이 점이 "공정성으로서 정의(justice as fairness)"라는 구호로 요약되는 롤즈의 정의론이 1970년대 이후 도덕철학 및 정치철학에서의 "거대이론의 복귀(the return of grand theory)"와 그 후속적인 규범적 논쟁들의 중대한 촉발제가 된 이유이다.38) 따라서 정치철학자들뿐만 아니라 정의를 논하려는 여성주의자들도 이제 롤즈의 이론 안에서 작업을 전개하든가, 아니면 왜 그렇지 않은가를 설명해야만 한다.39) 롤즈의 정의론을 여성주의적 관점에서 인간화하는 것은 이제 자유주의적 여성주의자들에게 있어서 중차대한 과제가 된다. 이러한 과제를 위해서 롤즈의 사회계약론적 정의론에 대한 최소한의 여성주의적 이해와 비판이 선행되어야 한다.

"정의가 사회제도의 제1덕목"이라고 주장하는 롤즈의 『정의론』은 모든 사람이 공공적 정의관을 따르는 질서정연한 사회(well-ordered society)를 배경으로 하는 이상론이다.40) 사회정의의 원칙은 사회적 기본구조, 즉 주요한 사회제도 속에서 권리와 의무가 할당되는 방식을 제시하고 사회적 협동에 의해서 발생되는 이익과 부담에 대한 적절한 분배를 결정한다. 사회적 기본구조(basic structure of society)가 정의의 일차적 주제가 되는 이유는 권리와 의무의 할당과 이익과 부담의 분배 방식은 사회 구성원의 인생 전망에 깊숙한 영향을 끼침으로써 어떠한 인간이 될 것인가에 대한 기대와 어떻게 살 것인가에 대한 소망까지 정해 주게 되기 때문이다.41)

사회정의의 원칙은 자신의 이익 증진에 관심을 가진 자유롭고 합리적인 사람들이 평등한 최초의 입장에서 그들 공동체의 사회적 기본구조를 규정하는 것으로 채택하게 될 원칙이다.42) 정의의 원칙을 이렇게 보는 방식이 "공정성으로서의 정의"이다. 롤즈의 공정성으로서의 정의는 체계적으로 볼 때 다음 두 부분이 그 핵심을 이루고 있다. 첫째는 최초의 선택 상황 및 거기서 생기는 선택 문제의 해명, 둘째는 합의될 정의의 원칙의 내용 규명과 그 도출 과정에 대한 논증이다.43)

첫째는 소위 원초적 입장(original position)의 구성에 관련된다. 사회계약론의 자연상태라는 개념을 원용한 원초적 입장에서는 합의의 공정성과 중립성을 보장하기 위해서 계약 당사자들이 자신의 개인적 가치관과 사회적 지위를 모르는 무지의 장막(the veil of ignorance) 아래에 있다고 가정된다. 이렇게 계약 당사자들은 무지의 장막에 가려 있기 때문에 그들의 상호 무관심한 도구적 합리성은 보다 특수하게 규정된다.

즉, 그들은 자신의 가치관에 대한 구체적인 내용은 모르나 어떤 사회적 기본가치(primary social goods), 즉 권리와 자유, 기회와 권한, 소득과 부, 자존감의 사회적 기반을 수단적 가치로서 더 많이 갖기를 바란다는 것이다.44) 계약 당사자들은 이러한 사회적 기본가치로서 정의의 원칙을 평가하게 된다. 따라서 이러한 사회적 기본가치는 동시에 분배적 정의의 원칙이 적용되는 대상이 된다. 원초적 입장의 이상과 같은 총괄적 규정을 통해서 롤즈는 자기의 정의론이 엄밀한 연역적인 도덕기하학의 체계를 갖게 되며, 그러한 의미에서 합리적 선택이론의 한 부분이 된다고 주장한다.45)

둘째는 합의될 정의 원칙의 도출 과정에 대한 논증이다. 롤즈는 원초적 입장의 계약 당사자들에게 정의 원칙의 여러 대안들을 제시한다. 그 목록 속에는 롤즈 자신의 정의의 두 원칙과 목적론적 윤리설인 고전적 공리주의, 평균 공리주의, 완전주의 등이 포함된다.46) 롤즈는 이미 원초적 입장의 구성이 합리적 선택이론과 연관됨을 밝힌 바 있다. 합리적 선택이론에서 볼 때 원초적 입장은 무지의 장막 아래에 있기 때문에 불확실성하에서의 선택이 된다. 롤즈는 그러한 상황하에서 계약 당사자들이 최소극대화 규칙(maximin rule), 즉 최악의 결과가 가장 다행스러운 것을 선택하는 규칙에 의거하는 것이 합리적이라고 주장한다.47) 이러한 주장은 결국 사회적 불평등이 허용될 때 자신이 가장 불운한 자가 될 것을 가정하고 그러할 경우 가장 다행스러운 결과가 보장되는 대안을 선택한다는 것을 의미한다. 곧 계약 당사자는 최소수혜자의 관점에서 정의의 원칙을 평가한다.48)

그러한 평가에 의해서 도출된 정의의 두 원칙은 다음과 같다.49) 제1원칙은 최대의 평등한 자유의 원칙으로서 "각 개인은 모든 사람의 유사한 자유의 체계와 양립 가능한 평등한 기본적 자유의 가장 광범위한 전체 체계에 대해서 동등한 권리를 가져야 한다"는 것이다. 제2원칙은 "사회경제적 불평등이 공정한 기회균등의 조건하에서, 모든 사람의 개방된 직책과 직위에 결부되어, 정의로운 저축 원칙에 일관되도록, 최소 수혜자에게 최대이익이 되도록 편성되어야 한다"는 것이다. 롤즈는 이러한 두 원칙을 축차적으로 구성하여 우선성의 규칙을 적용한다. 그래서 제1원칙은 제2원칙에 우선하고 제2원칙 중 공정한 기회균등의 원칙은 최소수혜자에게 최대이익이 되도록 하라는 차등의 원칙에 우선한다. 저축 원칙은 세대 간 분배적 정의의 원칙으로 차등의 원칙을 제약한다. 롤즈는 이러한 정의의 두 원칙을, 사회제도를 평가하고 사회변동의 전체적인 방향을 지도해줄 "아르키메데스의 점"으로 간주한다.50) 더 나아가서 롤즈는 원초적 입장의 여러 조건들과 자신의 정의의 두 원칙이 우리의 도덕적 숙고 판단과의 반성적 평형상태에 이르러 결국 부합되기 때문에 정당화된다고 주장한다.51)

2) 여성의 눈으로 본 롤즈

이러한 롤즈의 정의론을 여성의 눈으로 본다면 어떻게 보일까? 우선, 여성들은 롤즈의 정의론에서 여성과 가족의 위치가 무엇인가를 눈여겨볼 것이다. 그리고 그러한 위치 속에서 여성의 입장이 잘 대변되었는지도 볼 것이다.52) 롤즈는 비록 가족, 특히 일부일처제를 사회의 기본구조에 속하는 것으로 인정하지만, 그것이 최소한 정의로운 것으로만 가정할 뿐, 가족에 정의의 원칙을 적용하지 않는다.53) 이것은 전통적으로 정의의 원칙은 공적 영역에 적용되는 사회윤리적 원칙이며, 가족과 같이 정적 유대로 연결되어 있는 사적 영역에는 특수성과 관계성이 중시되는 가족윤리적 원칙이 적용된다는 자유주의적 공사 이분법의 소산이다.54)

롤즈는『정의론』에서 여성과 가족을 다양한 상황 속에서 다루고 있다. 원초적 입장에서 도덕적으로 자의적인 속성으로 간주되어 무지의 장막으로 가려지는 성별(sex), 정의로운 저축 원칙에 관련된 세대 간 분배적 정의를 위한 연계적 역할로서의 가족의 수장, 공정한 기회균등 실현의 장애물로서의 가족 사이의 불평등, 도덕 발전의 기초적 교육장소로서의 가족, 그리고 최소수혜자의 기대치를 최대로 향상시키는 차등의 원칙의 적용에 관련되어서 나타나는 성별의 배제. 이러한 문제 중 오킨의 입장을 통해서 논의하게 될 부분을 제외하고 나머지 부분만을 간략히 살펴보기로 하자.

롤즈가 가족을 공정한 기회균등 실현의 장애물로 간주하는 것은 부와 가난의 세대적 세습과 재생산 문제로서 소위 반사회적 가족의 현상 중 하나를 다루고 있는 것이다.[55] 물론 그렇다고 롤즈가 플라톤처럼 가족의 해체를 원하는 것은 아니다. 가족의 출생적 위치는 도덕적으로 자의적인 것이지만, 그것은 자연적 사실이다. 자연적 사실은 그 자체로서는 부정의하다고 할 수는 없으며, 다만 그것을 다루는 방식의 정의 여부를 물을 수 있다. 이러한 출생 가족적 불평등은 누진세와 같은 조세정책, 그리고 실질적 기회균등의 원칙과 차등의 원칙의 적용을 통해서 개선되어야 한다.[56] 나아가서 롤즈는 성별, 인종, 혹은 다른 불변적인 자연적 속성에 근거한 불평등은 오직 그러한 불평등이 최소수혜자의 기대치를 향상시킬 경우에만 정당화될 수 있지만, 그러한 경우는 거의 있을 수 없다는 것을 확신한다.[57] 다시 말하면, 성별, 인종, 그리고 다른 불변적인 생물학적인 자연적인 속성은 불평등의 정당한 근거가 되지 못한다.

롤즈의 정의론은 무지의 장막을 통해서 성별이 구분되지 않는다는 점에서 성차별 없는 불편부당한 도덕적 관점을 마련해주는 것처럼 보인다. 그리고 원래 상호 무관심한 것으로 가정된 계약 당사자들이 세대 간 정의의 문제로 말미암아 가족의 수장 혹은 가족의 대표(the heads or representatives of families)로 등장하는 것은 일견 여성의 눈에는 곱게 보인다.[58] 그러나 제인 잉글리시(Jane English)는 "원초적 입장에서 계약 당사자들을 개인이 아니라 가족의 수장(the heads of families)으로

만듦으로써 롤즈는 가족을 정의의 요구가 통하지 않는 것으로 만든다"고 비판한다. 가족의 수장은 결국 가부장을 의미하며, 그 속에서 모든 이익과 부담은 동일한 것으로 간주된다. 가족의 수장이라는 가부장제적 가정은 결국 가족 내에서의 효율성의 증대를 위해 가족 전체의 더 큰 복지라는 미명 아래 성적 역할의 고정적 할당과 장자 상속 등을 택할 수 있게 만든다.59) 데보라 커언스(Deborah Kearns)는 원초적 입장에서 원래 상호 무관심한 것으로 가정된 계약 당사자들이 가족의 수장으로 등장하는 것은 결코 합리적 계약 당사자들이 자기이익보다 가족이익을 우선적으로 생각한다는 것이 아니라고 지적한다. 이것은 다만 자기이익을 추구하는 계약 당사자들이 후세대를 위해서 저축할 이유가 없기 때문에 이러한 역설을 처리하기 위해서 (일부일처제적 핵)가족은 정적 유대로 충만한 곳으로서 다른 어떤 사회제도보다 더 자연적이라는 것을 강조하는 데 불과하다고 본다. 따라서 커언스는 "사회적 덕목으로서의 정의는 사적 영역인 가족에 존재해야 할 뿐만 아니라, 공적 영역에서 정의가 존재하기 위해서도 필연적으로 사적 영역인 가족에도 존재해야만 한다"고 주장한다.60)

캐럴 페이트먼(Carole Pateman)은 롤즈의 원초적 입장에서 무지의 장막을 통한 성별의 무화가 공정성과 불편부당성을 보장하는 것이 아니라고 눈을 흘긴다. 원초적 입장이 오히려 인간 개개인에게 매우 중요한 특정 사실인 성에 대한 인식을 제거함으로써 현실에서 유리된 계약 당사자들은 무한히 복제될 수 있는 추론하는 실체에 불과하며, 세대 간 저축 원칙의 문제를 해결하기 위해서 도입된 가족의 수장도 결국은 여성과 그 이익을 대표한다고 하면서도 결국 묵살하는 가부장에 불과하다고 비난한다.61) 페이트먼은 더 나아가서 자유주의와 자본주의의 기초가 되는 사회계약론은 실제적으로 여성의 노예적 종속을 위한 성적 계약이 전제되어 있다는 것을 폭로한다. 흔히 자유주의가 사회계약론을 통해서 결혼과 가족을 자연적 필연성이 아니라 계약의 대상임을 밝힌

것은 큰 공헌이라고 생각되고 있다. 그러나 그것에 현혹되어서 결혼 계약이 주인과 노예의 복종 계약이라는 것을 망각해서는 안 된다는 것이다.62) 이러한 폭로와 관련해서 심지어 자유주의적 개인으로서의 남성의 자율성이라는 것도 자세히 보면 여성의 복종과 헌신을 전제한다는 엘리자베스 폭스-제노브스(Elizabeth Fox-Genovese)의 주장도 주목을 끈다.63)

보살핌의 윤리학을 주장하는 여성주의자들은, 롤즈의 정의론은 계약 당사자들이 냉혹한 경제인간의 합리성에 따라서 타인에 대한 고려와 감정이입이 없는 메마른 이성적 추론만 행사하는 남성주의적 정의론이라고 비판한다. 나아가서, 롤즈의 정의론에 포함된 불편부당한 보편주의로서의 정의 원칙이 가족 간의 특수적 관계와 보살핌을 기초로 하는 여성의 관점과는 맞지 않는다고 비판한다. 그리고 공동체주의에 동조하는 여성주의자들은, 롤즈의 합리적인 계약 당사자들은 무연고적인 자아로서 가족을 위시한 공동체적 결속과 공동선의 고려를 무시하는 결과를 낳게 된다고 비판한다.64)

롤즈의 정의론은 이렇게 다양한 비판을 받고 있지만, 오킨을 위시한 많은 자유주의적 여성주의자들은, 원초적 입장을 기반으로 하는 롤즈의 정의론은 성중립적 사회(gender-free or-neutral society)를 위한 공정성과 불편부당성을 확보해주는 철학적 도구로서 여전히 중요하다고 생각한다. 따라서 적절한 변경과 재해석을 가해 여성주의를 위해서 원용해야 한다고 주장한다.65) 그렇다면 사회계약론을 비판했던 페이트먼도 암묵적으로 정의 기준의 가족 적용에의 필요성을 우회적으로 강조한 것으로 해석될 수 있다.66) 페이트먼이 또한 여성의 정의감 결여에 대한 사회적 편견이 여성을 사적 영역에 위리안치시키려는 (루소적) 자유주의와 (프로이트적) 심리학의 음모라고 폭로하는 것도 그러한 공사 영역 이분법과 여성의 정의감 결여를 그대로 수용하려는 것은 아니라는 방증이다. 그러나 페이트먼은 자유주의에서 여성의 장소로 여겨지고 있는 가족의 자연적이고 특수한 가부장적 유대 관계가 시민생활과 정의에 관한 보편적이고 협정적인 관계와 대비되고 있는 것은 매우 복합적인 문제라고 지적한다. 따라서 자유주의적 여성주의도 롤즈의 정의론도, 자유주의의 유서 깊은 가부장제와 공사 이분법과 정의감의 결여가 복합적으로 착종된 문제를 결코 해결할 수 없다고 단언한다.67) 그렇다면 과연 오킨의 자유주의적 여성주의 정의론은 이러한 문제를 해결할 수 있을 것인가? 그리고 오킨의 정의론은 이미 잘 알려진 것처럼 자유주의와 여성주의의 결합 가능성을 부인한 질라 아이젠슈타인과 앨리슨 재거(Alison M. Jaggar)의 비판도 넘어설 수 있을 것인가?68)

3. 자유주의적 여성주의 정의론: 오킨의 롤즈 성전환 실험

1) 정의의 윤리와 보살핌의 윤리의 정략결혼: 적과의 동침

오킨의 자유주의적 여성주의 정의론이 롤즈의 정의론을 여성주의에 원용하기 위해서는 우선적으로 해결해야 할 과제가 있다. 그것은 롤즈의 정의론이 남성적 이성과 권리 중심의 윤리로서 여성적 보살핌과 특수적 관계성을 고려하는 보살핌의 윤리에 배치된다는 점이다. 이러한 문제는 "정의의 윤리학" 대 "보살핌의 윤리학" 사이의 논쟁이며, 크게는 이성과 감정 사이의 논쟁이기도 하다. 이러한 논쟁들은 여성주의가 비판하는 공사 영역 이분법과 밀접하게 연관되어 있기 때문에 매우 복합적인 문제이지만 오킨에게는 필수적으로 해결해야 할 과제이다.

롤즈의 정의론은 이성과 감정에 관련해서 다층적인 내부적 불일치를 보인다는 점이 지적되어왔다. 무지의 장막이 내려진 원초적 입장에서는 각 개인들의 구체적인 상황이 전부 가려져 있으므로, 계약 당사자들은 "상호 무관심"을 기본적 동기로 하는 냉철한 합리적 선택자로 나타난다. 그래서 롤즈는 그의 정의론이 "자연적 애정의 광범위한 유대관계"

와 같은 "강한 가정"을 전제해서는 안 된다는 것을 분명히 한다.69) 또한 롤즈는 원초적 입장에 대한 칸트적 해석을 중시하므로,70) 그의 정의론은 흔히 "의무론적 자유주의(deontological liberalism)"의 한 유형으로 간주된다. 개인의 모든 구체적이고 경험적인 요소를 배제하는 원초적 입장에 대한 칸트적 해석은 결국 윤리학에서 감정의 위치와 역할을 전혀 인정하지 않는 것처럼 보인다.71) 다른 한편으로, 롤즈는 우선 계약 당사자들이 "정의감"과 자신의 가치관을 가진 "도덕적 인간"이라고 가정한다. 이러한 가정은 "질서정연한 사회"와 "원초적 입장"과 함께 롤즈의 정의론을 이루는 세 가지 기초적 개념이다.72) 롤즈는 이와 관련해서 다음과 같이 말한다: "내가 강조하고자 하는 바는 정확히 말해서 정의론은 이른바 하나의 이론이라는 것이다. 그것은 우리의 도덕적 능력, 혹은 더 특수하게 말하자면, 우리의 정의감을 규제해줄 원칙을 제시할 (18세기적인 명칭으로 말해서) 도덕감(moral sentiment)에 관한 이론이다."73) 또한 롤즈는 이러한 정의감이 질서정연한 사회의 안정성을 확보하기 위한 정의 원칙들의 준수에서 필수적으로 요구된다는 것을 분명히 한다.74) 그런데 롤즈의 정의론에는 이상과 같은 이성과 감정의 불일치 이외에 하나의 내부적 불일치가 있다. 그것은 이미 언급한 세대 간 분배적 정의의 문제이다. 원초적 입장에서는 상호 무관심이 가정되지만, 롤즈는 세대 간 분배적 정의의 문제를 해결하기 위해서 "계약 당사자들이 전후 세대들 간에 정적 유대로 연속되어 있는 가족 계열을 대표"하는 것으로 간주한다. 따라서 "한 세대는 어버이가 그들의 자식을 사랑하듯이 바로 그 다음 세대들에 대해 관심을 갖는 까닭에 정의로운 저축 원칙을 받아들이게 된다"는 것이다.75)

그렇다면 롤즈에게서 발견할 수 있는 이성과 감정의 이러한 다층적인 내부적 불일치는 과연 어떻게 해결될 수 있는가? 오킨은 이러한 불일치를 해소할 수 있다고 주장한다. 오킨은 「정의에 관한 사유에서 이성과 감정」이라는 논문을 통해서 롤즈의 정의론에 대한 새로운 해석을 제시하고, 그것을 여성주의적 비판으로부터 해방시켜, 그의 정의론을 여성주의를 위해서 원용하려고 한다.76) 오킨은 계약 당사자들을 가족의 수장이 아니라 개인으로 상정하면서도 이성과 감정의 내부적 불일치를 해소할 수 있다고 주장한다. 우선 오킨은 롤즈가 근래에 "정의론을 합리적 선택이론의 일부로 보았던 것은 『정의론』의 (매우 큰) 오류였다"고 시인한 점에 고무된다.77) 즉, 롤즈가 이러한 점을 시인한 것은 합리성이 정의론의 충분조건이 아니라는 것을 나타낸다.78) 따라서 이제 원초적 입장은 추상적인 합리적 선택이론에 의해서만 해석될 필요가 없다. 오킨은 계약 당사자들의 상호 무관심에 대한 가정도 무지의 장막 속에서는 각자의 이익이 결코 "구별되고 분화된(distinct and differentiated)" 것으로 나타날 수 없으므로, 그 가정은 오히려 자신뿐만 아니라 타인에 대한 공정하고도 동일한 고려와 감정이입, 그리고 이타심과 보살핌을 요구하는 도덕적 관점으로 보아야 한다고 지적한다.79) 또한 원초적 입장의 당사자들을 "현실에서 유리된 아무도 아닌 사람들(disembodied nobodies)"로 볼 것이 아니라, 오히려 "모든 사람 각자를 차례로(each in turn) 고려한다는 의미에서 누구든지 모두(everybody)의 입장"으로 보아야 한다고 주장한다.80) 이러한 입장에서 본다는 것은 결국 원초적 입장에서는 민족, 성별, 종교, 정치적 신념이 영향을 끼쳐서는 안 되고 자신과 타인에 대한 동일한 공감적 고려가 기본이 되어야 한다는 것을 의미한다. 이러한 동일한 공감적 고려와 보살핌을 통해서만 최소수혜자의 관점에서 선택하는 것이 바람직하게 되는 롤즈의 정의 원칙들이 도출될 수 있다. 따라서 최소수혜자의 최대이익을 도모하려는 "차등의 원칙(the difference principle)"은 결코 합리적 선택이론에서 직접 도출될 수 없다는 합리적 선택이론가들의 비판은 옳았다는 것이다. 특히 차등의 원칙은 공감적 고려와 보살핌, 그리고 우리와 타인의 능력 사이의 연대감이 없으면 결코 도출될 수 없다는 것이다.81)

오킨은 원초적 입장에 대한 이러한 대안적 해석이 "정의의 윤리 대 보살핌의 윤리", 그리고 "보편성과 불편부당성 대 차이성과 특수적 타자성", "개인적 합리성 대 관계적 연고성" 사이에 전개되는 배타직인 이분법을 해소한다고 주장한다.82) 오킨은 롤즈의 정의론에서 보살핌과 감정이입적 공감이 중심적이라는 것을 밝혀냄으로써 롤즈의 정의론에 대한 보다 풍부한 해석 방식을 제시하고 있다. 물론 이러한 오킨의 해석은 롤즈의 정의론을 감정의 관점에서만 본 측면도 있다. 그러나 이러한 감정적 관점으로부터의 선택이 가진 합리성, 즉 합리적 계약자가 자기의 이익을 증진하는 방식으로서의 감정이 발현한다는 것을 밝힌 점에서 이성과 감정의 조화를 시도한 것으로 해석될 수 있을 것이다. 이러한 오킨의 주장은 그동안 대립적인 것으로 이해해오던 "정의의 윤리"와 "보살핌의 윤리"를 조화시키려는 시도이다. 정의의 윤리를 사회제도의 공적 영역에만, 그리고 보살핌의 윤리를 가족생활의 사적 영역에만 적용하려는 것은 전통적인 공사 영역 이분법을 더욱 조장하는 셈이 된다. 따라서 여성해방을 위해서는 정의의 원리, 특히 분배적 정의의 원리를 사적 영역에 도입하고, 보살핌의 원리를 공적 영역에 확산하는 것이 필요하다.83) 물론 보살핌의 윤리학자들이 정의의 윤리학을 남성의 목소리로 비판하고 여성의 고유한 목소리를 드러내는 것은 일견 공헌이라고 할 수 있지만, 이러한 상호 교차적 영역 확장이 없이 양육과 가사의 전담자로서의 여성의 보살핌을 강조하면 전통적 공사 이분법을 재강화하여 여성 억압을 인정하는 꼴이 되고, 또 반여성주의자들에게 악용될 소지가 있다.84) 오킨은 「여성처럼 생각하기」에서 보살핌의 윤리학의 공헌을 인정하면서도, 그것은 결코 여성이 가진 정의의 능력이나 보편적인 도덕적 추론 능력의 결여를 인정하는 것으로 이어져서는 안 된다는 것을 분명히 한다. 이성은 남자의 전유물이 아니며, 여성에게도 부여된 것이다.85) 물론 오킨은 정의가 이상적이고 바람직한 가족생활을 위한 충분조건이라고 보는 것은 아니다. 정의의 조건이 충족되면, 우리는 얼마든지 포근한 애정과 정서적 충만과 낭만적 사랑으로 점철된 고귀한 가정생활을 영위할 수 있다. 그러나 이러한 보살핌의 윤리가 충분히 작동하기 위해서는, 그리고 보살핌의 주체와 보살핌의 대상 선정, 그리고 보살핌의 자원 확보에 관련된 갈등을 해소하기 위해서도 정의가 필수조건임을 분명히 한다.86)

2) 롤즈의 정의론에서의 양다리 걸치기: 롤즈의 정의론의 취사선택

『서구 정치사에서의 여성』에서 (자유주의도 예외가 아닌) "정치철학의 위대한 전통은 남성에 의한, 남성을 위한, 남성에 대한 글로 이루어져 있다"고87) 한탄했던 오킨은 왜 롤즈의 자유주의적, 개인주의적, 사회계약론적 정의론에 호소하는 것일까? 오킨은 롤즈의 정의론이 있는 그 자체로는 "남성지배적 이데올로기"에 침윤된 정의론에 불과하지만, 그것을 교정하고 재해석하면 여성주의적 비판을 위해서 훌륭한 도구가 될 수 있다고 강변한다.88)

우선 오킨은 롤즈가 가족제도를 경제제도와 함께 정의의 원리의 적용 대상이 되는 사회적 기본구조 속에 위치시킨 점에 주목한다.89) 이러한 롤즈의 가족제도와 경제제도에 대한 위치 설정은 자유주의적 공사 이분법(the public-private distinction)의 국가-사회 유형(state-society version), 즉 고전적 자유주의처럼 국가와 정치를 공적 영역으로, 경제 제도와 사유재산제도를 사적 영역인 시민사회의 영역으로 간주하는 것과도 다르고, 또한 공공-가사 영역 유형(the public-domestic version), 즉 국가와 시장, 정치제도를 공공 영역으로, 가족, 개인적 관계를 사적인 가사 영역으로 간주하는 것과도 다르다는 것이다.90) 비록 롤즈가 도출된 정의의 원리를 가족 내부에 적용하지 않고 어떤 형태의 가족이 정의롭다는 것을 가정하고 말았지만,91) 그러한 위치 설정은 여성주의적 관점에서 자유주의적 공사 이분법을 해체할 수 있는 기본적 단초가 된다고 본다.92) 자유주의적 여성주의 정의론은 우선 여성의 불평등 관계에 대한 미시적 설명들이 가지고 있는 한계를 극복하고, 거시적이고 구조적인 관점에서 여성 불평등의 문제에 접근한다. 오킨은 사회적 기본구조를 일차적 주제로 하는 롤즈의 재분배주의적 정의론을 통해서 여성이 처한 불평등과 억압의 사회적 구조가 적나라하게 드러나고 또 치유될 수 있기를 기대한다.93) 불평등에 대한 사회구조론적 설명은 여성주의자들에게 널리 수용되고 있는 사회적 성차의 관점(gender perspective)과 일치한다.94) 따라서 사회적 기본구조의 주요 제도에 가족제도와 성별체제를 포함하고, 또 부각시킴으로써 전통적인 공사 이분법을 극복하여, 공사 양 영역에 걸친 여성 불평등의 악순환과 재생산의 고리를 끊으려고 하는 것이다.

그 다음 오킨은 롤즈가 가족을 공정한 기회균등의 실현의 장애물로 본 점을 중시한다.95) 그러나 오킨은 공정한 기회균등의 실현은 상이한 가족 간뿐만 아니라 동일한 가족 내에도 적용되어야 한다고 요구한다. 가족 간의 기회 불균등이 다 사라진다고 가정하더라도 가족 내의 불평등은 여전히 남는다. 그리고 경제적, 심리적 고통을 받고 있는 미혼모, 별거, 이혼에 따른 여성 가장 가정의 증가는 가족 내 정의의 문제가 가족 간 정의의 문제와 밀접하게 연결되어 있다는 것을 입증한다.96) 그리고 오킨이 언급하고 있지 않지만, 미혼모, 별거, 이혼 가정의 자녀들이 범죄율이 높다는 통계가 사실이라면, 처벌에 관련된 교정적 정의(rectificatory justice)의 문제는 공정한 기회균등의 실현으로서의 분배적 정의(distributive justice)의 문제를 감안해야만 한다.97)

오킨은 롤즈가 현대 정의론자들 중 드물게 가족을 도덕적 사회화의 중요 장소로, 특히 정의감의 형성의 기초적 장소로 보고 철저하게 다루고 있다는 점도 중시한다.98) 롤즈는 인간의 도덕 발달 과정을 권위의 도덕, 공동체의 도덕, 그리고 원리의 도덕의 3단계로 나눈다. 그리고 제1단계와 제2단계의 초기에 아동의 도덕감 형성은 가족과 부모의 도덕적 사회화의 역할에 의존한다고 본다. 그런데 롤즈는 어떤 형태의 가정이 정의롭다는 것만을 가정하고, 그 형태가 어떠한지에 대해서는 구체적인 논의를 전개하지 않는다.99) 이제 4-5세만 되어도 정의와 공정성의 개념을 이해한다는 것이 경험적으로 알려진 아동들에게 가족 내부에서의 정의의 실현은 매우 중요하다.100) 그러나 현재와 같이 부부관계와 아동의 성별 관계가 고정적으로 성별 분화되어 있는 가정에서 자란 아동들이 진정한 의미에서의 정의감을 획득하기는 힘들다는 것은 자명하다. 그래서 오킨은 가족을 정의감의 기초적 학습 장소로 본 롤즈의 입장에 동조하면서 진정한 정의감의 습득을 위해서는 남성도 여성과 마찬가지로 양육과 가사를 분담해야 한다고 주장한다.101) 취업 여성이 귀가 후 양육과 가사노동을 위한 또 다른 하루(the double day or second shift)를 보내야만 하는 것을 목격한 자녀들은 과연 남녀평등에 관한 올바른 정의감을 형성시킬 수 있을까? 오킨의 주장에 동조하는 어떤 여성주의자는 이렇게 지적한다. 그러한 성차별적 상황에서 자라난 자녀들은, 자유민주주의적 수사에도 불구하고, 결국 마음속에는 조지 오웰의 『동물농장』과 마찬가지의 결론, 즉 "모든 동물은 평등하다. 그러나 어떤 동물은 다른 동물보다 더 평등하다"는 결론에 도달한다.102) 오킨은 롤즈가 세대 간 분배적 정의의 문제를 해결하기 위해서 계약 당사자들을 가족의 수장이라고 가정한 것을 비판한다. 오킨은 이러한 가정은 가족관계를 정적 유대를 기초로 하는 자연적인 관계로 보고, 가족 내부에는 정의의 기준이 적용되지 않지만 가족의 수장들 사이에는 정의의 기준이 적용된다고 보는 것이라고 갈파한다. 비록 가족의 수장이 꼭 남자가 될 필요가 없고, 또 롤즈가 성차별을 위해서 이러한 가정을 한 것은 아니지만 결과적으로 자유주의의 공사 이분법에 빠지게 되는 꼴이 되고 만다.103) 오킨은 원초적 입장에서의 계약 당사자가 가족의 수장이 아니라 개인이 되더라도 타인에 대한 공감적 고려가 가능하다는 점을 입증한 바 있다. 오킨은 공동체주의도 역시 가족 내부의 이해관계가 일치되는 것으로 본 점에서 비판한다. 따라서 가족의 각 구성원은 때로 상충할 수도 있는 고유한 목적과 인생 계획과 전망을 가진 개별적 인격으로 간주되어야 한다고 주장한다.104)

오킨은 롤즈의 정의에 대한 이러한 교정과 재해석을 시도한 뒤, 그것을 여성주의를 위한 도구로 사용한다.105) 원초적 입장에서의 무지의 장막이 가지는 불편부당성과 공정성의 요구조건에 따라서 각자의 성별을 모른다고 가정한다면, 우리는 성차별 없는 성중립적인 정의의 원칙을 도출할 수 있다는 것이다. 오킨은 원초적 입장에서 사람들이 결혼, 부모의 양육과 가사의 책임, 그리고 이혼에 관련해서 어떠한 종류의 합의를 볼 것인가를 상상해보라고 제안한다.106) 우리는 그러한 도덕적 상상력이 인도하는 바의 양성평등적 질서를 따라야 한다. 원초적 입장에서의 계약 당사자들의 선택과 그러한 선택에 따른 정의의 두 원칙의 실현은 양성평등에 의해서 달성될 것이다. 첫째, 오킨은 정의의 제1원칙에서 제시된 "자유로운 직업 선택의 자유"가 실현되어야 한다고 지적한다. 현재와 같은 공사 영역 이분법과 성별에 따른 가사 혹은 직업 노동의 분업구조는 여성의 자유로운 직업 선택의 자유를 제한하므로 정의의 제1원칙은 "가족 내에서의 성별 노동분업뿐만 아니라 그것을 가정하고 있는 모든 사회적 제도에 대한 근본적인 재고를 요구한다"는 것이다.107) 둘째, 오킨은 롤즈가 주장하는 정치적 정의의 실현을 위해서도 성별 체제의 폐지가 필수적이라고 요구한다. 정치적 자유는 단순한 명목적 자유가 아니고 자유를 실현할 수 있는 구체적인 현실적 능력과 수단까지를 포함하는 자유의 가치에 의해서 뒷받침되어야 한다고 롤즈는 말한 바 있다.108) 자유의 가치에 대한 이러한 주장은 롤즈의 정의론이 형식적 기회균등이 아니라 실질적인 평등을 주창하는 공정한 기회균등의 원칙과 최소수혜자의 기대치를 최대로 증진하라는 차등의 원칙을 통해서 공사 양 영역에서 최소수혜자의 입장에 속하는 많은 여성들의 복지를 증진시킬 수 있는 근거가 된다. 오킨은 여성차별 제도를 마치 카스트 제도와 같은 것으로 보고, 카스트 제도를 폐지하는 법적인 형식적 평등만으로는 부족하고 폐지된 카스트 제도 이후의 실질적 평등이 필요하다는 것을 역설한다. 해방된 흑인 노예가 결국 생산수단을 소유하지 못했기 때문에, 결국 백인의 농장과 공장에 임금 노예로 다시 자발적으로 유입될 수밖에 없었던 슬픈 역사를 잊어서는 안 된다.109) 여성이 결혼을 예상하면서, 결혼생활에서 별거와 이혼과 그 이후의 모든 단계에서 겪는 공사 양 영역에서의 취약성은 차등의 원칙을 통해서 보상되어야 한다.110) 셋째, 오킨은 롤즈의 정의론에서 자존감의 기반이 가장 중요한 사회적 덕목으로 간주되는 것에 주목하고,111) 여성들이 하나의 독립적 인격으로서 자유와 권리를 가진 존재로서 남성들의 욕구 실현을 위한 수단이 되어서는 안 된다는 점을 분명히 한다. 이러한 관점에서 여성의 자존감을 손상시키는 음란물은 표현의 자유를 심각하게 손상하지 않는 범위에서 규제되어야 할 이유가 있다.112)

이러한 구체적인 논의를 통해서, 오킨은 롤즈의 정의론이 있는 그 자체로는 내부적 모순이 있지만, 진정한 인본주의적 정의론으로 완결되기 위해서는 여성주의적 관점으로 환골탈태되어야 하고, 또 될 수 있다고 생각한다. 이러한 환골탈태는 롤즈의 정의론에서 다음 세 가지의 상응하는 변화를 가져올 것이다.113) 우선 분배의 대상이 되는 사회적 기본가치의 목록에 우호적 양육 조건과 평등한 가족관계가 포함된다. 이것은 이러한 사회적 기본가치의 실현을 국가가 보장해야 한다는 의미이다. 그리고 개인의 합리적 인생계획도 관계성을 중시하는 쪽으로 바뀌게 된다. 또한 앞으로 여성뿐만 아니라 남성도 중시하게 될 관계성과 공감적 고려를 통해서 차등의 원칙의 공사 양 영역에서의 실현 가능성은 더욱 강화하게 될 것이다. 그러면 이제 롤즈의 정의론을 이렇게 멋지게 성전환 시킨 오킨의 자유주의적 여성주의 정의론이 어떠한 구성 체계를 가지며 또 어떠한 현실적인 정책 대안을 제시하는지를 살펴보기로 하자.

3) 여성주의 정의론의 구성 체계와 정책 대안

오킨의 자유주의적 여성주의 정의론의 구성 체계와 정책 대안은 다음 네 가지의 질문으로 집약된다.114) 첫째, 왜 그리고 어떻게 성적 불평등의 문제는 오랫동안 무시되거나 드러나지 않고, 근래에서야 다루어지기 시작하는가? 둘째, 성적 불평등에 관련된 문제가 왜 중요한 것인가? 셋째, 가족에 정의의 기준을 적용할 때 발견되는 부정의한 현상은 무엇인가? 넷째, 이러한 부정의한 현상을 처리하기 위한 정책적 대안은 무엇인가?

(1) 성적 불평등이 무시되어온 것은 통상적으로 가부장에 의해서 영위되는 가계 혹은 가구(household)가 적절한 분석의 단위라는 가정 때문이다. 전통적인 윤리학과 정치이론에서 가족은 사랑과 이타주의와 이익의 공유가 특징이므로 정의가 적용되는 적절한 상황이 아니거나 정의보다 고차적인 덕목이 적용되는 "이상화된 가족(the idealized family)"으로 가정된다. 또한 가족은 자연적인 위계질서와 사회적 필연성에 따라 심지어는 필연적으로 "부정의한 가족(the unjust family)"일 수밖에 없다고 가정된다.115) 따라서 가족이 정의로워야 한다는 요구는 불합리할 뿐만 아니라 해롭기까지 하다는 것이다. 루소는 이러한 두 가지 가정을 다 수용한 것으로 보인다. 이러한 두 가지 가정은 사회와 가정, 그리고 생계 부양자로서의 권위적 남성과 가사 전담자로서의 복종적 여성을 성별 분화하는 공사 영역 이분법의 기초가 된다. 가족은 정의의 적용 대상이 아니라는 주장의 대표자로 공동체주의자 마이클 샌델(Michael Sandel)의 입장이 비판된다. 오킨은 이미 정의는 가족에서 발견되는 보살핌과 사랑의 필수조건이라는 점을 밝힌 바 있다. 정의의 요건이 충족된 이후에 우리는 얼마든지 이러한 덕목을 증진시킬 수가 있다.116) 가족이 자연적인 위계적 인간(*homo hierarchicus*)의 거주하는 장소로서 부정의한 것은 어쩔 수 없는 자연과 사회의 필연성이라고 주

장한, 전통적 가족옹호론자이며 보수주의자인 앨런 블룸(Allan Bloom)은 아주 신랄하게 비판당한다.117) 사회생물학자들도 이러한 주장을 하고 있다는 것은 잘 알려져 있다. 변경될 수 없는 자연적, 사회적 위계질서라는 것은 가부장제적 필요성에 따른 조작일 뿐이다. 그 조작성은 이미 사회구조적인 문화적 성별 관점(gender perspective)을 통해서 백일하에 적나라하게 드러났다. 경제학에서도 가계는 "자비로운 가장(the benign head of the family)"이 전체 가족 구성원을 위해서 자원을 최적적으로(optimally)으로 배분하는 곳으로 가정된다. 그러나 경제학에서 가정되는 최적적 배분에 따르면, 자원을 아들에게 집중하는 것도 최적적이 된다. 따라서 이러한 경제학적 가정은 분배적 정의의 관점에서 비난되어야 마땅하다.118)

오킨은 성적 불평등의 문제가 드러나지 않는 또 다른 이유로 언어적인 "허위적 성별 중립성(false gender neutrality)"을 든다.119) 남성 중심의 철학에서는 명백한 남성 지칭 명사나 대명사가 사용되거나(man, mankind, he), 아니면 보편적이지만 남성적 함축성이 있는 인간, 합리적 존재(human being, rational beings)와 같은 보편적 총칭 명사가 사용되어 여성을 보이지 않게 했다. 그러나 이러한 용어들이 비판받은 뒤 남성 철학자들의 일반적 반응은 남성 지칭적 용어와 여성 지칭적 용어를 병기시키거나(men and women, he or she, s/he) 아니면, 성별 중립적 용어(persons, self)를 사용하여 마치 여성을 고려한 것처럼 가장하는 것이었다. 사실 이것은 여성을 단순히 "첨가하고 흔들어 없애버리는 전략(add and stir)"에 불과하다. 결혼 여부에 관계없이 여성을 지칭하는 보편적 명사 "Ms."가 정착된 것은 결코 쉬운 일이 아니었고, 『뉴욕 타임스』도 겨우 1986년부터 그 명칭 사용에 동의했다.120)

(2) 사회적 성별 관계와 가족의 문제를 정의의 주제로 다루는 것은 다음 세 가지 점에서 매우 중요하다.121) 첫째, 여성의 복지와 삶의 질은 적어도 남성의 복지와 삶의 질에 못지않게 중요하다. 여성들 자신의

복지는 그 자체로서 중요할 뿐만 아니라 자녀들의 복지와 밀접하게 연관되어 있다. 여기서 여성에 대한 복합적 불평등은 전 세계적으로 볼 때 여성차별이 심하지 않은 지역의 여성 평균수명에 근거해서 볼 때 약 1억 명 이상의 여성이 이 세상에서 사라져버린 셈이라는 아마르티아 센(Amartya Sen)의 계산이 원용된다.122) 둘째, 성차별로 말미암아 남녀 사이에 심각한 사회적 기회의 불균등이 심화된다. 셋째, 가족은 정의감에 대한 최초이면서도 가장 영향력이 심대한 학습 장소이므로 양성평등이 필수적이다.

　(3) 현재의 가족과 성별 관계를 정의의 관점에서 평가할 때, 관찰되는 불공평한 역할 분담과 불평등한 권력 관계 현상은 기왕의 사회학적, 문화인류학적 조사에 의해서 보고된 바와 대동소이하다.123) 여성은 남성보다 더 많은 시간을 가사노동과 자녀양육에 소요하고 있지만, 여성의 가사노동은 생산적인 일로 간주되지 않고, 여러 의사결정 과정에서 무시되고, 남성에게 경제적으로 종속되고 있다. 가사노동과 자녀양육의 부담은 여성을 노동시장에서 불리하게 만들고, 이러한 불리함은 경제적 영역에서 불평등한 권력 관계를 산출하고, 이것은 다시 가정에서 불평등한 권력 관계와 성별 분업을 재강화하는 "나선 강하(downward spiral)"적 악순환의 기제로 작용한다.124) 더욱 심각한 것은 그러한 순환의 기제를 따르는 것이 여성에게 합리적이 된다는 것이다.125) 이러한 합리성을 벗어날 수 있는 길은 한때 사회적으로 자신을 성취하려는 여성들이 그러했던 것처럼 결혼을 포기하는 것밖에 없는 것처럼 보인다. "초라한 더블보다 화려한 싱글이 낫다"는 말은 역으로, 그러한 악순환의 고리를 벗어나기 위해서 여성 자신이 무엇을 포기해야 하는가를 잘 보여준다. 초기 자유주의적 여성주의자들은 가사 보조자를 통해서 이러한 문제를 해결하려고 했다. 그러나 오늘날 중산층 여성은 전업적 가사 보조자들의 도움을 받기가 어렵고, 시간제 가사 보조자가 주요 수단이다. 그러나 그 시간 동안 가사 보조자들의 가정은 누가 돌볼 것인가? 그러

한 가사 보조자들에게 낮은 임금을 지불하는 것이 합리적이 되는 것도 취업 여성의 딜레마이다. 만약 높은 임금을 지불하면, 가사노동에 높은 시장가치를 부여하는 것이지만, 그것은 여성 자신의 사회적 노동임금을 전부 상쇄해버리고 말 것이다. 그렇다고 가사노동에 낮은 시장가격을 매기면, 그것은 가사노동을 비하하는 셈이 되고 만다. 이러한 문제는 계층 간의 여성문제와 연결되어 있는 복합적 딜레마이다. 오킨은 이러한 딜레마를 피하기 위해서 가사 보조자를 통한 여성의 가사분담 방식에는 반대한다.126) 초기 자유주의적 여성주의자들은 남성들을 가사 영역으로 불러들이지 않고 여성들을 사회 영역으로 내보냈으나, 오킨은 초기 자유주의적 여성주의자들의 한계를 극복하려고 한다.127)

이러한 오킨의 부정의한 현상 관찰에서 독특한 것은 여성의 취약성을 앨버트 허쉬만(Albert Hirschman)과 존 내쉬(John Nash)의 협상게임 이론과 레노어 와이즈만(Lenore Weitzman)의 "이혼에 따른 사회적 경제적 영향 분석"의 도움을 받아서 밝혀내는 것이다.128) 오킨은 여성이 결혼을 예상하면서, 그리고 결혼 생활 동안, 그리고 별거와 이혼과 그 이후의 모든 단계에서 보이는 취약성을 면밀히 분석해낸다. 여성들이 결혼을 예상하면, 가사노동과 육아의 일차적 부담으로 말미암아 교육과 훈련, 취직, 그리고 전문직의 추구에 관한 결정 과정에서 취약성을 갖는다. 여성들이 결혼을 하면, 노동시장 진출에서 불리한 기회를 가지므로 남성에게 경제적으로 의존하게 되는 취약성을 보인다. 이러한 취약성과 부부간의 경제력 능력의 차이는 결혼 생활이 계속될수록 심화된다. 따라서 전통적 결혼 생활 방식 이외의 다른 대안을 고려할 때 "출구 선택권(exit options)"의 차이도 심화된다.129) 여성의 별거 혹은 이혼 시 출구 선택권은 더욱 여성을 옥죄어오고, 이혼 여성과 그 여성이 흔히 보호권을 갖는 자녀들의 삶의 지표는 급격히 하락하게 되는 취약성을 보인다. 이렇게 여성들이 취약성을 가지는 모든 단계에서 남성들은 더 큰 위협적 이익(threat advantage)을 행사할 수 있게 된다. 협상이론이 말해주는 것은 협상이 결렬될 때 손해가 더 큰 사람이 더 많이 양보할 수밖에 없다는 것이다. 즉, "이것만 받고, 싫으면 그만둬!(take it or leave it!)"라고 위협할 수 있는 남성들의 횡포는 여성의 취약성에 기생한다. 따라서 오킨은 결코 정의가 자유로운 계약이나 협상의 극대화에 있지 않다는 것을 분명히 한다.130) 개인들이 처음부터 불평등한 권력 관계로 시작한다면, 그들의 계약이나 협상은 그러한 관계를 결코 벗어날 수 없다. 이러한 점은 오킨이 왜 자유방임주의적 계약과 위협적 이익을 사용하는 협상게임론을 분배적 정의론의 기초로 수용하지 않고 있는 롤즈의 정의론에 호소하는지를 다시 한 번 밝혀준다.131) 그러나 현실적으로 볼 때 결국 오킨의 주장은 여성 자신들의 위협적 이익의 증가를 옹호한다는 해석도 충분히 가능하다. 그러나 반동주의적 보수주의자들은 여성의 출구 선택권의 강화는 가정의 안정성을 해치고 결국 가족의 해체로 이어질 것이라고 여전히 강변한다.132)

(4) 성차별이 없는 양성평등적인 정의로운 가족을 실현하기 위해서는 공사 양 영역에서의 다양한 정책이 필요하다. 요약적으로 말하면, 오킨은 단기적인 정책 목표로서는 "여성의 취약성을 보호(protecting the vulnerable)"하고, 장기적인 정책 목표로서는 "성차별로부터의 탈피(moving away from gender)"를 추구한다.133) 오킨은 물론 전통적으로 복지 자유주의적 여성주의자들이 주장했던 남녀 간 임금의 평등, 남녀 고용평등, 그리고 특혜적 고용 등 적극적인 사회적 인정을 위한 소수집단 우대정책 혹은 적극적 차별철폐 조치(affirmative action)와 역차별(reverse discrimination)을 통한 실질적인 평등을 쟁취하는 것을 찬성한다.134) 그러나 오킨은 이러한 노동시장에서의 평등보다는 부부 공동 육아에 관련된 자녀 중심의 성차별 탈피 정책이 더 중요한 것이라고 생각한다.135) 성별 분업 구조를 해체하는 장기적 정책 목표는 궁극적으로 인본주의적인 자유주의적 여성주의의 이상인 양성적 인간(the androgynous person)을 지향한다.

첫째, 여성의 취약성을 보호하기 위한 정책은 크게 두 가지이다. 그 하나는 무급 가사노동에 종사하는 전업주부 혹은 취업 여성들을 보호하기 위해서 부부가 모든 가계 수입에 대한 "동등한 법률적 권리(equal legal entitlement)"를 갖도록 보장해야 한다는 것이다. 이것을 실현하는 가장 명백한 방식은 고용자는 남성의 봉급을 직업노동과 가사노동에 종사하는 부부에게 양분해서 각각 지급하는 것이다.136) 그 다른 하나는 이혼 시에 양 가계가 "동일한 삶의 수준(the same standard of living)"을 영위하도록 보장해야 한다는 것이다. 위자료와 자녀양육비는 전통적인 성별 분업이 진행된 만큼, 그리고 여성이 보호하고 있는 자녀가 남성 가계의 생활수준에 이르기까지 계속 지급되어야 한다. 물론 짧은 결혼 기간 후 자녀를 가진 경우는 여성이 보호하고 있는 자녀가 성장하여 초등학교에 들어가고, 여성이 경제적으로 자립할 때까지 위자료와 양육비가 지급되어야 한다.137)

둘째, 성차별로부터의 탈피를 위한 정책은 성중립적인 사회를 지향하는 것이다. 그러한 사회는 성별이 더 이상 사회적 불평등의 조건이 되지 않으며 성역할이 고정되어 있지 않은 사회이다. 그리고 출산이 양육과 다른 가사의 책임으로부터 개념적으로 분리되어 있는 사회이다. 그래서 남편은 가사와 양육에 더욱 책임을 분담하고, 여성은 사회적 활동을 더욱 왕성히 수행할 수 있게 된다. 또한 사회도 가사 공유와 공동양육의 책임을 분담해야 한다는 것을 의미한다. 우선 부모 모두에게 유급 육아 휴직을 허용하고, 그것으로 말미암아 승진과 진급에 관련된 불리함이 없어야 한다. 또한 직장 여성을 위한 양질의 주간 탁아시설을 "직접적인 정부 보조(direct government subsidies)"로 설립하고, 가사와 육아의 편의를 위한 신축적 혹은 (신생아와 특수아동의 경우) 단축적 근무시간과 (사내 탁아시설 혹은 현장 즉석 탁아소 설치 등) 우호적인 근무환경을 제공해야 한다.138) 그리고 교육에 있어서 초등학교의 경우 여성 교사의 압도적 비율을 교정해야 하며, 고정적 성역할을 타파할 수 있는 남녀평등 교육을 실시하고, 방과 후 자유로운 특별활동을 위한 프로그램을 마련해주어야 한다.139) 오킨의 정책적 제안 중 돋보이는 것은 미혼모의 경우에는 자녀 출산 시 아버지를 인지하여 미혼모와 그 자녀에게 양육비를 부담하도록 강제해야 하고, 아버지의 인지가 불가능하거나 혹은 아버지가 지불 능력이 없는 경우는 정부가 보조를 해야 한다는 것이다.140)

종합적으로 말하면, 정의로운 성차별 없는 사회를 위한 정책적 대안은 부부가 소득과 가사, 그리고 양육을 공유함으로써 유급노동과 무급노동, 생산노동과 재생산노동을 모두 가치 있게 생각하도록 촉진시켜야 한다는 것이다. 그리고 나아가서 미혼모와 이혼 여성 가계의 취약성을 보호하는 정책이 실행되어야 한다.141) 이러한 성차별 없는 사회에서 남성들은 공동 양육 과정을 통해 자녀들과 더욱 밀접해지고 가정에의 충실에서 오는 환희와 책임을 동시에 경험하게 될 것이며, 공적인 영역에서는 처음으로 공동 양육을 수행했던 남녀가 정치와 전문적인 분야에 동일한 비율로 등장하게 될 것이며, 여성들도 자율적인 시민으로 거듭나게 되며, 아동들도 더 높은 복지를 누리게 된다.142) 궁극적으로 오킨은 인본주의적인 자유주의적 여성주의의 이상인 양성적 인간(the androgynous person)을 가장 바람직한 인간상으로 제시한다. 남녀 모두 "본질적 요소에서 동일한" 심리적, 도덕적 발달을 거치게 될 양성적 인간은 더욱 "완벽한 인간적인 인격성(complete human personality)"을 향유하게 된다는 것이다.143) 따라서 오킨은 전통적으로 정의의 기준으로 간주되어왔던 생산에의 기여, 필요, 그리고 응분의 보상이라는 신조도 인류 역사상 최초로 성차별 없는 진정한 "인본주의"적인 것으로 변화하게 된다는 거대한, 그러나 실현 가능할 수도 있는 유토피아적 희망을 개진한다.144)

4. 자유주의적 여성주의 정의론 유감: 양성적 인간의 복장도착

오킨의 자유주의적 여성주의 정의론은 그 정치철학적 역동성과 정책적 급진성 때문에 여성주의 내외부에서 많은 관심과 동조와 아울러 비판의 대상이 되는 커다란 반향을 불러일으킨다. 이러한 반향과 오킨의 대응은 다음 네 가지 관점에서 요약된다.

1) 롤즈 성전환 시비

오킨의 정의론은 과연 롤즈를 성공적으로 성전환(transsexuality) 시킨 것인가, 아니면 다만 복장도착(transvestism) 시킨 것에 불과한가? 아니면, 그것보다 못한 이성 변복(travesty)에 불과한가? 아니면, 여성주의를 위해서 더 이상 소용없는, 죽어버린 자유주의를 만지작거리는 더욱 참혹한 시간(necrophilia)에 불과한가? 우선 오킨이 원하는 대로 롤즈가 여성화될 수 없다는 비판이 제기되고 있다. 이러한 비판은 원초적 입장이 보살핌의 윤리를 수용할 수 없다는 것이다. 크리스틴 시프노위츠(Christine Sypnowich)는 원초적 입장에 동정심과 감정이입을 삽입하는 것은 원래 무지의 장막의 설정이 동정심과 이타심의 가정과 같은 강한 조건을 회피하기 위한 것이라는 롤즈의 의도와 정면으로 배치된다고 본다. 또한 오킨이 원하는 성중립적인 동정심과 감정이입은 오직 성별 차이가 사라졌을 때만 가능하기 때문에 원초적 입장에 그것을 삽입한다고 해서 현재의 성차별적 제약을 뛰어넘을 수 없다는 것이다. 롤즈가 "상호 무관심과 무지의 장막이 결합되면 이타심과 동일한 의도를 성취할 수 있다"고 지적한 것은 사실이다.145) 그러나 이것은 오킨의 주장처럼 원초적 입장에 이타심과 공감적 고려를 직접적으로 상정하는 것과는 다르다는 것이다.146) 또 다른 비판은 정의의 제1원칙인 "최대의 평등한 자유의 원칙"과 관련된다. 이 원칙은 현대 다원주의 사회에서의 자유와 다양한 가치관을 보호하는 데 그 주요 목적이 있다. 따라서 원초적 입장의 계약 당사자들은 꼭 성중립적인 가족 형태를 선택하는 것이 합리적이 아닐 수도 있다.147) 이러한 비판은 롤즈가 근래 저작『정치적 자유주의(*Political Liberalism*)』(1993)에서 정치적 정의관의 고려 대상이 아닌 비정치적 영역에 가족을 위치시킨 것을 보면 더욱 확증된다. 롤즈의 정치적 자유주의는 사회적 논란의 여지가 있는 비정치적 가치관으로부터 독립된 정치적인 중첩적 합의만을 추구한다. 오킨 자신도 인정하듯이 롤즈의 근래 저작『정치적 자유주의』는『정의론』보다 여성주의적 관점에서 보아 더 후퇴한 것으로 보인다.148)

정의감 형성에 꼭 정의로운 가족이 필수적이 아니라는 비판도 제기된다. 더 나아가서 부부 공동 자녀양육이 자녀의 정의감 형성에 필수적이라고 강조하는 오킨의 주장도 문제시된다. 비록 오킨이 편협하지 않은 가족 개념을 가지고 있고 미혼모와 여성 가장 가구에 대한 관심을 보이고 있는 것은 사실이지만, 결국 핵가족적 이성애 가족을 정의로운 가족의 전형으로 삼는 결과가 발생된다.149) 따라서 동성애 옹호론자들은 오킨의 정의론에 대해서 그것은 도대체 "누구의 정의인가?"라고 반문한다. 그렇다면, 성적 성향(sexual orientation)을 도덕적으로 자의적인 것으로 해석하고 무지의 장막으로 가린다면, 동성애적 정의론도 가능할 것인가?150) 그러나 문제는 그렇게 간단하지 않을지 모른다. 성별을 단순히 무지의 장막 속에 가려질 우연적인 것으로 본다고 해서, 여성의 평등이 자동적으로 보장되는 것은 아니다. 그것은 형식적 평등을 보장할 수 있지만, 여성에게 실질과 평등과 차이성을 감안한 특수적 타자에 대한 고려를 하지 못하게 만든다는 것이다. 이러한 관점에서, 아이리스 영(Iris Young)과 세일라 벤하비브(Seyla Benhabib) 등은 여전히 오킨의 롤즈 성전환에 대해서 유감을 표명한다.151)

2) 급진적 정책과 그 정치적 지지 기반의 결여

오킨의 정책적 대안 중 관심과 비판의 초점이 되는 것은 국가에 의한 모든 미혼모의 자녀의 강제적 부계 인지 유전자 감식 실시와 모든 가계 수입의 부부간 균등 분배이다. 그러나 이러한 두 가지 정책들은 자유주의와 자본주의의 한계를 벗어날 가능성이 충분히 있다. 아이러니하게도, 강제적 부계 인지와 그에 따른 생계비 부담은 전통적인 이성애 가족과 생계 부양자로서의 아버지의 역할을 강조하는 것이 될 수 있다.152) 가계 수입의 부부간 균등 분배라는 일률적이고 전면적인 평등주의 원칙(the flat principle of equality)은 롤즈의 차등의 원칙의 범위를 벗어난다.153) 롤즈의 차등의 원칙은 불평등이 최소수혜자의 기대치를 최대로 증진시키는 한 허용되며, 따라서 전통적인 가부장제적 성역할과도 양립 가능하다. 따라서 오킨의 제안은 여성주의적 관점에서 진일보한 것이지만, 사용가치는 인정되지만 교환가치가 없기 때문에 자본주의 시장에서 인정되지 않는 가사노동을 시장 외적 개입으로 규제한다는 것은 자본주의의 시장 논리를 벗어난다. 그리고 여성의 관점에서 볼 때도 균등 분할된 돈이 자신의 돈으로 적립되지 않고 생활비로 사용된다면, 남편이 총괄적으로 봉급을 수령하는 것과 현실적인 차이가 없어진다. 그러나 오킨의 급진적인 두 가지 정책은 현실적으로 이미 부분적으로 실행되고, 또 사법적으로 판례화되고 있다. 국가가 모든 미혼모 자녀를 위해서 강제적으로 부계 인지를 실행할 수 없지만, 여성이 부계 친자녀인지를 원하는 경우 유전자 감식을 할 수 있고, 그 결과에 따라서 양육비를 청구할 수 있게 되어 있다. 또한 이혼 시 남편이 형성한 재산에 대한 분할 청구권이 인정되는 것은 매월 균등 분할의 누적적 결과라고 해석될 수 있다. 오킨은 자신의 정책 제안이 비현실적이고 많은 공공적 비용이 필요하다는 것을 인정한다. 그러나 남성과 여성, 그리고 자녀, 노인들 모두에 대한 장기적인 혜택은 결국 사회적 비용을 상쇄할 것이라고 주장한다. 결국 관건은 우리가 얼마나 가족과 사회에서의 성별적 정의의 실현을 중시하고, 또 그것에 헌신하느냐에 달려 있는 것이다.154) 그러나 오킨이 제시한 두 가지 급진적 정책이 법제화되고 전면적으로 실행되기 위해서는 현실정치적 지지가 필요한데, 문제는 보수주의자들이나 자유주의들로부터 지지를 얻기 어렵다는 점이다.155) 이러한 두 가지 급진적 정책을 제외한 나머지 정책들은 성차별적인 (자유주의와 자본주의의 가부장제적) 사회구조에 대한 본질적 개조 없이 다만 그 성차별 현상만을 임시변통적으로 만지작거리는 것에 불과하다는 비판도 제기된다.156)

3) 여성주의와의 내부 혼전

롤즈의 성전환 실험에 관련해서 부분적으로 논의되었지만, 가장 중요한 반향은 여성주의 내부에서의 비판이다. 오킨의 자유주의적 여성주의 정의론이 백인 중산층 핵가족적 이성애 부부 동시 취업 가족을 기반으로 하는 대체주의(substitutionalism) 혹은 본질주의(essentialism)이므로 다양한 계급적, 인종적, 민족적, 문화적, 종교적, 그리고 성적 성향의 차이를 무시한다는 것은 예견될 수 있는 비판이다.157) 그러나 오킨은 그러한 차이가 중요한 것이 사실이지만, 차이의 강조는 상대주의에 빠지고, 여성해방의 확고한 도덕적 결속력과 기반을 상실하게 할 우려가 있다고 주장한다. 또한 백인 중산층 여성과 비교할 때, 약간의 차이는 인정되지만, 대부분 "동일하지만 더욱 심각한(similar but much worse)" 경우라고 본다.158) 오킨은 전통적 성별 이데올로기의 약화는 궁극적으로 동성애에 대한 사회적 혐오도 아울러 약화시킬 것이라고 지적한다.159) 나아가서 오킨은 1980년대 이후에는 자유주의적, 마르크스주의적, 급진주의적, 사회주의적, 정신분석적 여성주의자들 사이의 구분도 점차로 약화되고 있다고 지적한다. 오킨의 입장을 분석해볼 때, 우리는

"사적인 것은 정치적이다"라는 구호와 가부장적 가족관계의 권력 분석에는 급진적 요소가, 가사노동과 가족관계의 경제적 이데올로기적 분석에는 마르크스주의적 관점이, 사적 영역에서의 성별 분업구조와 자본주의 노동시장에서의 악순환 관계에는 급진적 요소와 사회주의적 요소가, 남녀평등의 철학적, 교육적, 법률적 기반에는 자유주의적 요소가, 부부 간 공동 양육의 근거에는 정신분석적 요소가 보인다고 분석할 수 있다. 여성주의자들에게 널리 수용되고 있는 이러한 가족관계에 대한 공통적 분석의 귀결에는 비트겐슈타인이 말한 "가족적 유사성(family resemblance)"이 존재하기 때문에 가능하다.160)

인본주의적 자유주의에 관련된 양성적 인간과 부부 공동 양육에 관련된 비판은 매우 흥미로운 주제이다.161) 오킨이 주장하는 심리학적 단일 양성적 인간의 개념은 결국 인간의 생물학적 성차에 따른 여성과 남성성을 전혀 인정하지 않는 극단주의처럼 보인다. 아마도 심리학적 양성적 인간에 어떤 섬뜩함이 있는 것은 그것이 인어와 미노타우로스를 합쳐놓은 것과 같은 기괴한 생물학적 자웅동체(hermaphrodite)를 연상시키기 때문이다. 오킨의 양성적 인간의 개념은 도로시 디너스타인(Dorothy Dinnerstein)과 낸시 초도로우(Nancy Chodorow)의 정신분석적 여성주의의 논의를 수용한 결과이다.162) 재거는 인본주의적인 양성적 인간에 관한 비판의 하나로 성별 중립성의 우스꽝스러운 결과를 지적한 바 있다. 즉, 고용주의 "유급 노동 불능 계획안"에서 임신과 연관된 노동 불능 조항을 제외시키는 것은 당뇨병 등과 연관된 노동 불능 조항의 제외나 마찬가지로 성차별이 아니라는 대법원의 판결을 예로 든다. 이러한 재거의 비판은 전통적으로 여성을 위한 자유주의적 "평등권 수정법안(Equal Rights Amendment)"이 여성의 차이성에 따라서 주어진 특혜적 고려를 박탈할 것이라는 생각과 동일하다.163) 그러나 오킨에게는 이러한 비판이 해당되지 않는다. 오킨도 동일한 예를 통해 "허위적 성중립성"과 "형식적인 법률적 평등"의 한계를 비판하기 때문이

다.164)

그런데 양성적 인간과 부부 공동 양육에 대한 비판은 남성들의 육아 능력을 신뢰할 수 없다는 낭패감으로 이어지며, 이러한 낭패감은 여성의 고유한 도덕성과 양육 능력을 강조하는 보살핌의 윤리학과 자연히 연결된다. 물론 길리건을 위시한 보살핌의 윤리학자들도 보살핌과 정의를 조화시키려고 노력하는 것은 사실이다.165) 이러한 관점에서 오킨은 정의의 윤리학과 보살핌의 윤리학을 조화시킨 것은 아니고, 보살핌을 정의에 동화 혹은 종속시킴으로써 가족이 정의의 적용 대상이 되어야 한다고 주장한 것에 불과하다는 비판이 제기된다. 여성적 양육을 옹호했던 사라 루딕(Sara Ruddick)은 오킨의 정의론에 영향을 받아, 보살핌의 윤리학자들이 취하기 쉬운 방법, 즉 정의를 보살핌에 종속시키는 한에서 정의의 요구를 수용하려는 입장을 거부하고, 정의의 윤리학과 보살핌의 윤리학을 상호 종속시킴이 없이 정의를 가족의 도덕적 경험과 관계성에 더욱 적합하도록 재개념화할 필요가 있다고 주장한다.166) 그러나 오킨이나 루딕이나 모두 마치 사회주의적 여성주의가 마르크스주의적 계급과 급진주의적 여성주의의 가부장제적 성차별이라는 두 요소를 잘 조화시키지 못했다고 비판을 받는 것처럼, 두 요소 간의 갈등으로 비판을 받을 소지는 남아 있다. 그런데 버지니아 헬드(Virginia Held)는 오킨이 공적 영역을 사적 영역으로 불러오는 가족적 정의 문제만을 중시하는 반면에, 사적 영역에서의 보살핌의 가족적 관계를 공적 영역으로 확대하는 점은 소홀히 하고 있다고 비판한다.167) 그러나 가족관계의 사회적 확장을 통해서 공적 영역을 변경시킬 수 있다는 헬드의 이러한 낙관주의는 가족적 관계가 어떻게 공적인 관계에 의해서 영향을 받고 또 오도되고 있는가를 해결하지 않고 있다는 점에서 선결 문제 요구의 오류와 순환성의 오류에 빠진다.168) 이러한 헬드의 입장은 전통사상과 자유주의에서 분리된 공사 영역의 재통합의 관점에서 볼 때 사적인 관계와 영역을 공적인 관계와 영역으로 확대하는 사회적 양육(the societal nurturance)으로 전개된다. 그러나 이러한 주장은 평화와 환경보전에서 강력한 시사점을 가질 수 있다고 하더라도, 무한경쟁 시대의 제약과 이미 가정에서 양육의 심각한 부담을 느끼고 있는 여성에게 해방의 메시지가 되지는 못할 것이다.169) 헬드의 입장을 우호적으로 해석한다면, 사회적 양육은 현실적으로 오킨이 추구하는 정의로운 복지국가의 달성과 전혀 무관한 것은 아닐 것이다.170)

4) 자유주의의 덫과 그 변증법적 탈출

오킨의 자유주의적 여성주의 정의론이 자유주의에 대한 아니면, 적어도 자유주의적 여성주의에 대한 기존의 비판들을 초월할 수 있는가를 살펴보아야 한다. 킴리카는 오킨이 자신의 자유주의가 무엇인지를 구체적으로 규정한 적이 없다고 따끔하게 지적한다.171) 오킨은 인간으로서의 모든 남녀의 평등이라는 자유주의의 통상적인 매력과 참정권 운동에 관련된 초기 여성주의에 대한 자유주의 공헌과 근대적 다원주의 사회에서의 개인의 자유로운 가치 추구와 공동체적 가치의 억압적 위험성을 단편적으로 말했을 뿐이다.172) 서론에서 언급한 자유주의와 자유주의적 여성주의에 관련된 비판들을 오킨의 자유주의적 정의론이 과연 극복했는가의 문제를 여기서 모두 다룰 수는 없다. 우리는 2절 말미에서 언급했던 페이트먼의 사회계약론적 자유주의에 대한 신랄한 비판과 아울러 복지 자유주의에 대한 비판과 근래의 자유주의적 여성주의에 대해서 종합적인 비판을 시도한 로즈마리 통(Rosemarie Tong)이 언급한 두 가지 비판만을 살펴볼 것이다.

페이트먼은 『성의 계약(*The Sexual Contract*)』(1988)을 통해서 자유주의가 실제는 가부장제적 자유주의라는 것을 밝히고, 더 나아가서 자유주의적 결혼 계약은 주인과 노예 계약이라고까지 주장한 바 있다. 페이트먼의 주인과 노예의 비유는 기본적으로 성역할 이데올로기이다. 그러나 이것은 개인 간의 권력 관계에 관한 미시적 고찰의 한계점을 극복할 수 없다. 따라서 사회구조적 분석을 시도하여 사적 영역과 공적 영역 사이의 상호 관련성에 주목하고 공적 영역에서의 평등을 위해서는 사적 영역이 변해야만 하고 사적 영역에서의 평등은 공적 영역의 평등을 위한 호순환으로 작용할 수 있다는 오킨의 주장은 전통적인 자유주의가 가지고 있는 한계를 극복했다고 볼 수 있다.173) 물론 우리가 정책적 대안에 관련해서 논한 것처럼, 오킨이 주장하는 복지 자유주의적 여성주의는 복지주의가 사적 영역을 공적 영역으로 대체하고, 사적 가부장제를 국가라는 공적인 가부장제로 대체한다는 전통적인 비판에서 완전히 자유로운 것은 아니다.174) 복지 자유주의는 가족의 결속력과 의무감을 손상시킬 뿐만 아니라 여성들 사이에 복지 수혜에 관련한 갈등이 생길 수 있다는 점이 지적되어왔다. 그러나 오킨은 이러한 비판이 전통적인 가족적 가치를 중시하고 고전적 자유주의의 사생활 보호라는 미명 아래 전통적 가족에서의 폭력과 학대를 감추려고 하는 위장전술로서 국가의 외부적 개입을 회피하려는 신우익(the New Right)과 가족옹호주의(Profamilialism)의 반동적인 의도적 과장에도 부분적으로 관련된다고 본다.175) 그렇다고 해서 오킨이 자유주의의 기본적 가정인 개인적, 가족적 사생활의 보호에 전면적으로 반대하는 것은 절대 아니다.176)

로즈마리 통은 자유주의적 여성주의에 대한 두 가지 주요한 비판을 언급한다.177) 우선 공동체주의자인 진 엘쉬타인(Jean Elshtain)의 비판이 소개된다. 엘쉬타인은 자유주의적 여성주의가 지역사회보다 개인의 우위를 강조함으로써 공동체를 약화시킨다고 비판한다. 그러나 오킨은 자유주의와 공동체주의의 논쟁 속에서 자신의 정의론의 합당한 위치를 찾으려고 하기 때문에 이러한 비판은 설득력이 없다. 엘쉬타인은 통이 인정하듯이 신보수주의자로서 전통적인 가족적 가치를 중시하는 공동체주의자이다. 오킨은 오히려 신보수주의자들이 가족의 안정성 확보와 자녀 보호라는 명목과 미명 아래 여성의 성별적 분업 구조의 영속화를 획책하고, 여성이 쉽사리 이혼할 수 없도록 하고, 미혼모를 비난하는 시대착오적인 보수반동자들이라고 비판한다. 통이 언급한 두 번째 비판은 사회주의적 여성주의자인 재거의 비판이다. 재거는, 자유주의적 여성주의자들은 정신과 육체, 이성과 감정을 구분하는 규범적 이원론자일 뿐 아니라 정신과 이성이라는 남성적 가치를 중시한다고 비난한다.178) 재거의 이러한 비난은 오킨에게는 적용되지 않을 것이다. 설령 오킨이 정의의 윤리학과 보살핌의 윤리학을 통합시키는 데 실패했다고 가정하더라도, 오킨은 그 의도상 결코 그러한 규범론적 이원론자는 아니다. 수전 웬델(Susan Wendell)이 일반적으로 자유주의에 귀속시키고 있는 철학적 가설들을 자유주의적 페미니즘에도 똑같이 귀속시키는 것은 잘못이므로 자유주의적 여성주의를 "철학적으로 더 나은 종류의 자유주의"로 읽도록 촉구한 것은 옳다. 즉, 자유주의적 여성주의는 추상적 개인주의, 도덕과 사회에 대한 개인주의적 접근, 정신적이고 합리적인 것의 육체적이고 감정적인 것에 대한 우위, 공사 영역의 전통적 구분을 더 이상 수용하지 않는다. 더 나아가서 웬델이 자유주의적 여성주의가 공약하고 있는 공정한 기회균등의 실현 등 명백한 정치적 헌신은 여성해방에 매우 중요하며 사회주의적 여성주의와 급진적 여성주의와도 양립 가능하다고 주장한 것도 역시 옳다. 웬델의 주장은 오킨의 자유주의적 여성주의가 그러한 헌신의 급진적 전형임을 시사해준다.179) 자유주의적 여성주의는 (여성을 성 계급으로 완전히 인식하는 데에는 여전히 한계가 있다고 할지라도, 자유주의적 가부장제를 타파하고, 개인주의와 공동체주의를 조화시키려고 한 점에서) 아이젠슈타인이 회의적으로 보았던 자유주의의 급진주의적 미래를 가능케 한 것은 여성과 여성주의와 남성과 인류의 미래를 위해서 커다란 공헌이라고 아니 할 수 없다.180)

5. 결론: 자유주의적 여성주의 정의론의 과제와 여성주의의 미래

1) 자유주의적 여성주의 정의론의 업적 평가

로즈마리 통이 언급한 것처럼 통상적으로 20세기 자유주의적 여성주의자들은 복지 혹은 평등주의적 입장을 취한다.181) 이러한 점에서 오킨도 예외가 아니다. 오킨은 분배적 정의를 기조로 하는 롤즈의 사회계약론적 정의론을 원용하여 성차별 없는 인본주의적 자유주의를 실현하기 위한 철학적 기반과 아울러 장단기적인 정책적 대안을 위한 거대한 청사진을 마련한다. 이러한 거대한 청사진은 한편으로 미혼모 자녀의 강제적 부계 인지와 가계수입의 전면적 균등분배와 같은 급진적인 정책적 대안을 통해서 자유주의적 한계를 벗어나는 것같이 보인다. 다른 한편으로, 오킨의 여성주의 정의론은 서구, 중산층, 백인, 이성애적 핵가족의 모형을 기초로 한다는 점에서 자유주의의 전통적 가족 개념과 자본주의적 가부장제의 요소를 완전히 탈피하지 못한 것처럼 보인다. 그러나 오킨은 전통적인 공사 양 영역의 이분법에 따라서 가족관계에는 사회윤리의 가장 근본적 원리인 정의 원칙이 적용되지 못한다는 끈질긴 두 가지 편견, 즉 가족은 정적 유대로 연결된 하나의 통합된 단위로서 정의의 여건을 벗어난다는 편견과 가족은 자연적으로 가부장적 위계질서로 조직되는 어쩔 수 없는 부정의한 체제라는 편견을 동시에 극복하고, 가족에 정의의 기준을 적용해야만 하는 이유로서 절체절명의 "정의의 위기"를 적나라하게 드러낸다. 가족에서의 정의의 위기의 근본적 원인은 사적 영역에서의 전통적인 성별 관계가 공적 영역에서의 여성의 위치를 불평등하게 만들고, 이러한 공적 영역에서의 불평등은 다시 사적 영역에서의 전통적인 성별 관계를 재강화하는 악순환의 고리이다. 오킨의 자유주의적 여성주의 정의론은 그러한 공사 이분법의 부정의한 측면을 폭로함으로써 전통적인 성별 분업구조에 도전하고, 여성의 가사노동을 진정한 노동으로 간주하고, 남성을 사적 영역으로 불러들여 가사와 양육에 대한 책임을 분담하도록 함으로써, 그러한 악순환을 절단하는 커다란 업적을 이룬다. 아마도 가족에 정의의 기준이 적용되는 것을 반대하는 사람들이 있다면 그들은 암묵적으로 마르크스가 취했던, 정의의 원칙의 회화된, 그러나 처절한 변형인 "여성은 능력 이상으로 일하고, 필요 이하로 분배받는다"라는 공식을 수용하고 있을 것이다.182)

2) 자유주의적 "주인과 노예" 관계: 그 여성주의적 반전과 종언

1989년 이후에 전개된 동구 사회주의 국가들의 혁명적 변화와 소비에트 연방의 해체에 따른 현실적 공산주의와 사회주의의 붕괴로 자유주의의 자기정체성 위기가 완전히 소멸된 것은 아니다. 물론 이제 인류의 이데올로기적 진화는 끝이 났으며 서구 자유민주주의의 보편화가 달성되었다고 주장하는 후쿠야마의 "역사의 종언(the end of history)"이 우렁차게 울려 퍼진 것도 사실이다. 그가 "역사 이후 혹은 탈역사의 시대에는 예술도 철학도 없고, 오직 인류 역사의 박물관에 대한 영원한 관리만이 존재할 것이다"라고 강조한 것은 지나친 감은 없지 않으나,183) 자유민주주의적 복지국가가 미래를 주도할 것이라는 것이 비교적 "새로운 합의"로 떠오르고 있는 것도 사실이다. 그러나 이것은 자유주의에 대한 근본적 대안과 비판들이 모두 고갈되었다는 것을 의미하지는 않는다. 아마도 마르크시즘의 전면적 실패는 역시 근대성의 질곡을 함께 공유하고 있는 서구 자유주의의 도산에 대한 전주곡이며, 자유주의는 다음에 넘어질 또 하나의 도미노일지도 모른다. 만일 자유주의가 살아남는다면, 새로운 자유주의 미래는 보장된 합의에 의한 지적 권태로움이 아니라 그러한 도전들에 대응하는 흥미진진한 것이 될 것이다. 자유주의의 스스로를 찾기 위한 철학적 오디세이는 아직도 끝난 것은 아니다.184) 자유주의의 철학적 오디세이의 남은 여정 중 가장 중요한 것은 자유주의적 여성주의 정의론이라고 해도 과언이 아닐 것이다. 진정한 자유주의의 완성은 여성해방을 통해서 이룩될 것이며, 이때 우리는 비로소 철학의 종언도 말할 수 있을 것이다.185) 후쿠야마는 다시 『역사의 종말과 최후의 인간(*The End of Ideology and the Last Man*)』을 말하고 있으나,186) 그는 최후의 인간은 여성이 될 것을 몰랐단 말인가? 내분비 장애물질인 환경호르몬의 극성으로 이제 지구상의 수컷들은 자신들의 수많은 극미인들(homunculi)을 상실하거나 아니면 암컷화하고 있다. "이기적 유전자"의 대변인인 사회생물학자 리처드 도킨스(Richard Dawkins)가 언급한 "멋진 남자는 먼저 끝낸다(nice guys finish first!)"는 예언은 사실이 될 것이다. 이제 남은 것은 "가장 좋은 것은 최후의 여자를 위해서 남겨 두라(save the best for the last girls!)"라는 금언뿐이다.

페이트먼은 "공적인 영역과 사적인 영역의 자유주의적 대립에 대한 여성주의적인 총체적 비판은 아직도 그러한 일을 수행할 철학자를 기다리고 있다"고 말하면서, 아직 사회계약론의 이야기는 끝나지 않았음을 확신한다.187) 자유주의적 여성주의자들은 오지 않는 여성해방의 신 고도(Godot)를 더 이상 기다릴 수 없어, 스스로 철학을 배우고, 롤즈의 정의론을 성전환 시켜 자신들의 강력한 무기로 삼는다. 그럼에도 불구하고, 우리는 오킨을 위시한 자유주의적 여성주의 정의론의 공헌을 무로 돌리고, 페이트먼이 말했던 주인과 노예의 관계가 가부장제 자유주의적 계약의 본질이라고 체념할 수도 있을 것이다. 그러나 우리는 헤겔이 말했던 것처럼 첨예한 상호 인정투쟁으로 점철된 "주인과 노예의 관계"는 결국 반전된다는 그 엄청난 철학적 복음을 믿고 싶다. 그 주인과 노예의 반전을 부르주아와 프롤레타리아의 반전에 원용하려던 마르크스의 위대한 야심이 실패로 끝났다면, 이제 그 반전을 인류 역사상 실현할 수 있는 것은 오직 여성주의뿐이다.188)

3) 남성적 자유주의의 저항과 여성주의의 미래

그러나 고개 숙인 남자들은 그러한 반전을 미래의 엄연한 사실로 받아들이지 않고 반항하며,[189] 해로운 약물 비아그라(viagra)를 먹고, 거세된 팔루스(Phallus)의 역사를 연장하려고 발악할 것이다.[190] 그러나 그들은 결국 삭막하고 냉혹한 세계에서의 유일한 안식처인 여성한테로 진정한 의미에서 복귀하지 않을 수 없을 것이다. 비아그라가 기본적으로 남성을 우쭐하게 만들기 위한 묘약이지만, 동시에 여성들의 불감증에도 치유 효과가 있는 묘약이라는 사실은 고무적이다. 근대적인 가부장제적 자유주의는 어떤 점에서 (모든 남성들이 사회적, 계급적 위치에 관계없이 자신의 입지를 상향시킬 수 있다는 면에서) 모든 남성들의 비아그라라고 해도 과언이 아니다. 그러나 이제 자유주의적 여성주의 정의론은 남성들뿐만 아니라 여성들에게도 자유주의의 가장 기초적 신념인 "자유롭고 평등하고 합리적인 인간"의 모습에서 오는 (지금까지 느껴보지 못했던 짜릿한 오르가슴적) 자존감을 만끽하게 해줄지도 모른다. 우리는 오킨이 주창한 자유주의적 여성주의가 전통적 자유주의의 한계를 극복한 "순화된 자유주의(chastened liberalism)"라는 평가가 정당한 것이라고 믿는다.[191] 또한 우리는 로즈마리 통이 자유주의적 여성주의를 "철학적으로 더 나은 종류의 자유주의"로 읽도록 요구한 웬델을 우호적으로 평가한 것도 정당하다고 확신한다.[192] 그리고 통이 자유주의적 여성주의 정의론이 발휘한 사적 영역과 공적 영역에서의 이론적, 실천적 노력과 성과를 아래와 같이 적시한 것은, 완벽하지는 않지만 어느 정도 충분하다고 볼 수 있을 것이다.[193]

"자유주의적 페미니즘은 결코 과거사가 아니다. 그것은 아이젠슈타인이 예언한 '혁명적 미래'를 보여줄 수도 있을 것이다. 그것은 물론 한계점을 지니고 있다고 하더라도, 장점 또한 부인할 수 없다. 우리는 여성의 삶의 질을 증진시킨 교육적, 법적 개혁들의 대부분은 아니더라도 많은 부분을 자유주의적 페미니스트들의 공덕으로 돌릴 수 있다. 자유주의적 페미니스트들의 노력이 없었더라면, 그렇게 많은 여성들이 새로 찾아낸 전문적인 직업상의 진전을 성취할 수 있었을지가 의문이다. 확실히 여성들의 전문적인 직업상의 입장을 증진시키는 것을 주목적으로 삼았던 교육적, 법적 개혁 이상의 것이 페미니즘이다. 그러나 그러한 개혁들도 사소하게 취급되거나 과거의 업적으로 기념되어서는 안 된다. 자유주의적 페미니스트들에게 모든 여성들의 교육적, 법적, 전문적 직업상의 이익을 완전히 확보하기 전에는 아직도 해야 할 일이 많이 남아 있다."

그러나 자유주의적 여성주의 정의론이 아직도 해방이라는 근대적인 거대담론적 메시지를 믿는 시대착오적인 본질주의라고 당당하게 비판하는 포스트모던적 여성주의자들이 있다면, 여성해방이 달성되기 전에는 결코 근대가 완성되지 않는다고 말한다고, 그들이 납득할 것인가?[194] 그리고 유교적 가부장제의 지겹게도 끈질긴 잔재와 한국적인 반사회적 현상으로서의 가족적 이기주의, 그리고 남아선호사상과 태아감별을 통한 잔혹한 임신중절에 따른 성비 불균형이 점철된 우리나라에서, 자유주의적 여성주의 정의론이 과연 적용될 수 있을 것인가를 우려하는 사람이 있다면, 언젠가는 "이름만 바꾸면, 그 이야기는 당신을 말하고 있다(*Mutato nomine, de te fabula narratur*)"는 경구가 진실이 되는 날이 온다고 말한다고, 그들이 그날을 묵묵히 기다릴 것인가?[195]

오킨을 위시한 자유주의적 여성주의자들이 추구하는 성차별 없는 정의롭고 정감 어린 가족과 사회의 달성을 위한 여정은 결코 쉬운 것은 아닐 것이다. 그 여정에는 동일성과 차이성, 포함과 배제, 내재와 초월, 평등권과 특혜적 보호, 정의와 보살핌, 이성과 감성, 보편주의와 특수주의, 성별적 인간과 양성적 인간, 생물학적 자연성과 사회적 구성성, 개인과 공동체 사이의 다양한 딜레마와 패러독스가 여전히 존재하고 있다. 그러나 자유주의적 여성주의 정의론은 사실상 여성의 이미지도 없었고 여성을 위해서 존재하지도 않았던 정의의 여신 디케(Dike)를 고색창연한 신화로부터 현대에 환생시키는 영웅적인 뮈토스(mytos)적 업적의 소산이다. 이제 정의의 여신 디케는 3천 년 동안의 침묵과 눈가리개를 벗고 "보이지 않았던 여성의 가사노동"과 취업 여성의 성역할 갈등에서 오는 "이름이 없는 문제"를 가시화하고 정의의 문제로 (적어도 모든 남성을 육체적으로는 불구속 상태지만 도덕적으로는 구속 상태로) 입건하는 대역사의 첫발을 내딛을 것이다. 그리고 디케는 거기서 자신의 진정한 관할 영토(providence)를 찾을 것이다. 그러한 영토에는 "우애혼"과 "평등혼"의 "대칭가족"에 적합한 "새로운 남성"과 "양육하는 아버지", 그리고 "가족적 남성"이 모여들리라.196) 물론 정의의 여신은 복수의 여신(Nemesis)으로 둔갑할 필요는 없지만, 적어도 운명의 여신(Moirai)일 필요는 있다. 마키아벨리의 『군주론』 제25장에서처럼, 남성들은 예전에도 그랬지만 앞으로도 여성이 자신의 운명임을 절실히 깨닫게 될 것이다. 자유주의적 여성주의 정의론은 오디세우스의 험난한 여정처럼 색다른 목소리를 내는 사이렌들의 보살핌의 유혹과 전통적 가족의 안정성만을 주장하는 공동체주의자들의 스킬라의 암초와 반가족적인 급진적 여성주의자들의 카리브디스의 소용돌이를 뚫고, "영원한 여성(Ewig-Webliche)"이 사는 해방의 나라로 인류를 인도할 수 있을 것인가? 이것은 아마도 인류의 최대 최후 해방의 거대담론으로 실현될 때까지 "영겁회귀(Ewige Widerkunft)"할 것이다.

제 4 장

인권 이념의 철학적 고찰

1. 인권 이념의 철학적 고찰에 대한 변론

1) 인권 이념의 현대적 중요성

제2차 세계대전 직후인 1948년에 선포된 유엔 「세계인권선언」을 필두로 한 일련의 인권 선언과 규약들을 통해 점진적으로 이룩된 인권의 공고화 현상은 인권 문화, 심지어는 "인권 혁명"이라고까지 표현되고 있다.1) 통상적 정의에 따르면 인권은 인간이 단지 인간이기 때문에 어떤 차별도 없이 갖게 되는 생득적이고 불가양도적인 보편적 권리이다. 이제 인권은 보편적인 도덕적 권리일 뿐만 아니라 그 도덕권리적 이상은 국제 관습법(*jus cogens*)과 국제법(*jus gentium*), 그리고 각국의 입헌적 기본권의 설정을 통해 현실적으로 (부분적으로는 강제 규범력을 통해) 구현되었다. 따라서 인권 존중은 국제사회에서 국가의 대세적 의무(*obligations erga omnes*)가 되었다.

"모든 사람은 태어날 때부터 자유롭고, 존엄성과 권리에 있어서 평등하다"는 것과 "모든 사람은 인종, 피부색, 성, 언어, 종교, 정치적 또는 그 밖의 견해, 민족적 또는 사회적 출신, 재산, 출생, 기타의 지위 등에 따른 어떠한 종류의 구별도 없이, 이 선언에 제시된 모든 권리와 자유를 누릴 자격이 있다"는 「세계인권선언」의 근본적인 두 원칙은 분명히 자유와 평등, 그리고 인간의 무차별적 존엄성이라는 고전적인 철학적 이념을 담고 있다. 그러나 20세기에 들어 인권의 이론적 신장과 국제적 제도화, 그리고 현실적 투쟁에서 철학은 법학과 정치학만큼 주도적인 위치를 차지하지 못하고 있었다.[2]

현실적으로 "인권은 기본적 권리를 침해당한 개별적인 존재들의 역사적 체험에서 비롯된다. 인권은 정치인, 시민, 역사적 체험의 소산이었지 결코 철학의 산물은 아니었다. … 그리고 인권에 대한 인식의 확산 역시 현실의 인권운동에 의해서 촉발되었다."[3] 「세계인권선언」을 일상인도 이해할 수 있도록 평이하게 작성하려는 목적과 아울러 「세계인권선언」에의 정치적 합의는 제2차 세계대전 이후의 시급한 국제적인 정치적 과제였기 때문에 인권 선언 자체에 합의되기가 힘든 하나의 공통된 철학이 명백히 드러날 수는 없었다.[4]

인권 혁명은 제2차 세계대전에서 인류가 목도한 나치의 유태인 대학살(holocaust) 등 "인류에 대한 범죄(crimes against humanity)"가 단초를 제공하였다. 그리고 20세기 후반부에 들어서 또다시 자행된 "인종청소" 등의 대규모의 인권 유린 사태로 말미암아 억압되고 희생된 자들의 피어린 절규와 아울러 전체주의적 공포와 그 비극적 체험 속에서 역으로 절감된 희망 때문에 지속될 수 있었던 것이다. 그렇지만 「세계인권선언」이 합의될 당시 인권 혁명의 출발은 명예혁명처럼 조용했다고도 할 수 있다. 그렇지만 그것을 혁명이라고 말할 수 있는 것은 지금까지 국제사회에서 국내 정치에 관한 한 유일하고도 무제약적인 권리 행사자로 인정되었던 국가의 주권(sovereignty)이 개인에 대한 억압과 부당한 권력 행사까지 함축하는 것은 아니라는 점을 천명했기 때문이었다. 또한 국가의 주권은 침략에 대응하는 방어 전쟁과 인권 유린에 대한 군사적 간섭이라는 합당한 도덕적 명분 없이는 전쟁을 개시할 수 없다는 평화 유지 의무의 제약과 아울러 전쟁의 수행에 있어서도 인권 존중이라는 도덕적 제약을 지켜야만 한다는 것도 아울러 천명했기 때문이다. 이러한 인권 혁명은 마키아벨리 이후 국내 정치는 물론 국제정치에서 분열되었던 정치와 도덕의 최소한의 결합을 가져오는 계기가 된 것이다.

2) 인권 이념과 철학

조용한 그러나 엄청난 인권 혁명의 출발 속에서 철학은 인권의 문제에 대해서 더욱 조용히 숨죽였다. 현대 인권 이념에 철학적 기초를 제공했던 17-18세기의 자연법적 자연권 사상과 사회계약론 사상은 19세기 말부터 가상적인 자연상태에서 도출된 인권이 실증적 근거 없는 "죽마 위의 헛소리(nonsense upon the stilts)"로서 무정부 상태를 야기한다고 힐난한 공리주의자 제러미 벤담(Jeremy Bentham)과 인권 일반을 부르주아적 이기심의 발현으로, 그리고 특히 재산권을 사회적 불평등의 주요 원인으로 비판한 칼 마르크스(Karl Marx)에 의해서 역사의 무대 뒤로 사라졌다. 또한 20세기에 들어서도 실증과학의 영향을 받은 서구 주류철학 진영에서는 논리적인 명제와 경험적인 명제만이 진위치를 판명할 수 있는 유의미한 명제들로 간주하는 논리실증주의가 득세했다. 그 영향 아래 모든 규범적 담론을 무의미한 명제로 보는, 기껏해야 감정 표현과 권고로 간주하는 정의론(情意論, emotivism)이 주도적이었으므로 인권의 문제는 철학자들의 관심 밖에 있었다.5)

또한 실증과학과 논리실증주의에 반대했던 철학 진영에서도 인간의 비합리적인 측면, 즉 개인의 실존적 부조리와 결단을 강조하는 실존주의와 인간의 무의식적 충동을 강조하는 프로이트적 정신분석학에 심취

되었으므로 합리적인 관점에서 인권이 관심의 대상이 되지 못했다.6)
그러나 논리실증주의와 정의론(情意論)이 쇠퇴한 뒤인 1960년대 후반
과 1970년대 초반 이후 도덕적이고 규범적인 명제에 합리성을 부여하
려는 "정당근거적 접근 방식(The Good Reasons Approach)"에 따른
"규범윤리학에로의 복귀(The Return to Normative Ethics)"가 이루어지
면서 자연권 사상의 재등장과 아울러 존 롤즈(John Rawls)의 『정의론
(A Theory of Justice)』(1971)을 선도로 권리준거적인 사회계약론적 자
유주의의 현대적 부활이 가능하게 되었던 것이다.7)

현대에 들어와서 인권은 도덕적 권리임과 아울러 각종 인권 관련 국
제선언과 협약, 그리고 각국의 헌법에 명시된 기본권(fundamental
rights)이 되었다. 그러나 실정법적 인권은 보편적인 도덕의 관점에서
정당화될 수 있는 인권의 이념과 항상 일치하는 것은 아닐 것이다.8) 또
한 실정법적인 인권법도 실은 어떤 논쟁들의 결론으로 표현된 것이므
로 인권의 철학적인 이론적 기초가 있어야 그 논쟁들의 사회적 이상성
과 현실적 연관성을 파악함과 아울러 추후 논쟁에서 상호 의사소통의
경로를 제공할 수 있을 것이다. 따라서 우리는 인권에 대한 착종된 철
학적 역사와 현대적 논란을 이해함으로써 인권 실현의 시대적 필요성
을 더욱 절감하고, 그것을 보다 정당하고 조화로운 방식으로 성취하게
할 수 있는 비판적 안목을 가질 수 있을 것이다.9)

2. 인권의 개념적 특징과 내용적 실체

1) 인권의 개념적 특징

인권의 이념이라고 하면 인권이 지닌 고차적인 사회적 이상과 그 이
데올로기적 함축성을 말한다. 반면에 인권의 개념이라고 하면 그 내포
적 속성과 외연적 속성에 관한 규정이다. 인권의 개념적 규정으로부터

인권의 이념이 함축되어 발현되는 경우가 많으므로 우리는 우선적으로 인권의 개념적 특징을 탐구할 필요가 있다. 인권 개념의 내포적 속성은 인권의 논리적, 형식적 속성을 말하고, 인권 개념의 외연적 속성은 인권의 종류와 범위를 말하며 결국 내용적 실체로 이어진다. 우리는 인권 개념의 이러한 형식과 내용을 모두 탐구해야만 한다.

그러면 인권의 형식적인 개념적 특징부터 살펴보기로 하자. 인권의 통상적 정의는 인간이 오직 인간이기 때문에 갖게 되는 일련의 권리를 지칭한다. 이러한 권리는 인간의 사회적 속성과는 관계없이 오직 인간의 자연적 평등성을 근거로 도출되는 권리이다. 따라서 이러한 자연권적 권리는 강한 도덕적 위상을 부여받게 되어 전통적으로 불가양도적이고(inalienable), 소멸 불가능하며(imprescriptible), 불가침하며(violable), 보편적이며(universal), 독립적이라고(independent) 간주되어왔다. 그러나 이러한 전통적인 정의는 너무 절대적인 것으로 보이기도 하고, 또 그 의미가 명확하지 못한 점도 있으므로 인권 개념의 현대적 규정을 통해서 명확히 해명될 필요가 있다. 현대적 의미에서 인권은 다음과 같은 개념적 특징을 가진 것으로 분석된다.10)

첫째, 인권은 인간이 가진 권리로서 그에 상응하는 의무를 발생시킨다. 인권이 권리라는 것은 어떤 요구 사항이 통상적으로 청구되거나 주장되지 않아도 시혜적으로 혹은 우연적으로 충족되는 것과는 다르다는 것을 의미한다. 인권은 보다 적극적인 차원의 것으로서 특정한 사물, 사람, 단체, 국가, 혹은 모든 사람들에게 의무를 수반시키는 정당한 도덕적 혹은 법적인 요구로서 청구되거나, 그러한 청구 자격을 부여하는 인간관계의 사회적 체계이다. 이러한 권리의 행사에 관한 기초로서 이익 이론(benefit theory)과 선택 혹은 의지 이론(choice/will theory)이 제시되어왔다. 이익 이론은 권리를 권리 소유자가 타인의 방해가 없는 허용을 통해서 갖게 되는 대상물이 주는 혜택으로 본다. 그러나 선택 혹은 의지 이론은 권리를 권리 소유자가 가진 대안들 중에서 자유롭게 선택하거나, 아니면 의무 수행자인 피청구자의 행동을 자신의 의지에 따라 통제하는 역량을 강조하는 입장이다. 이익 이론은 수동적 수혜를 강조하므로 동물도 권리 소유자가 될 수 있으며, 선택 혹은 의지 이론은 선택 역량과 의지가 스스로 취소될 수 있는 상황과 아울러 그러한 역량과 의지를 결여한 아동 및 정신박약자의 문제가 발생하게 된다. 세 이론의 문제점들을 고려하여 권리가 청구권, 권한권, 자유권, 면제권을 포괄적으로 갖는다고 보는 종합적인 입장도 대두했다.11)

둘째, 인권은 법적 권리임과 아울러 도덕적 권리이다. (물론 법적 권리 중에도 도덕적 권리가 아닌 것도 있지만) 정의로운 사회체제가 배경이 된다면, 대체로 모든 법적 권리는 도덕적 권리일 수 있지만 모든 도덕적 권리가 법적 권리일 수는 없다. 따라서 인권은 한 사회의 법률적 인정과 수용 여부에 관계없이 부여받는 도덕적 권리로서 한 사회의 정치적, 법률적 체제를 비판할 수 있는 독립적인 기준으로 간주된다. 또한 도덕적 권리도 어떤 사회에서 통용되고 있는 현실적 도덕과 정당화될 수 있는 도덕의 구분에 따라 분류되기도 하며, 이 경우 당연히 정당화될 수 있는 도덕에 따른 권리가 우선한다. 또한 인권은 인간이 지닌 다양한 사회적, 생물학적, 문화적, 경제적 배경에 따른 차별 없이 보편적으로 적용된다. 이러한 보편성은 "타인의 권리와 자유에 대한 적절한 인정과 존중"을 동시에 요구하게 된다.12) 그러나 인권의 보편성은 단지 개별적 인간의 자연적 보편성으로부터만 오는 것은 아니다. 어떠한 경우에는 선거권처럼 성인에게만 부여되거나, 사회적 약자인 아동, 여자, 원주민의 권리처럼 보다 특수하게 규정되거나, 혹은 대량학살에 대항할 수 있는 인종과 종족의 생존권 등은 집단적 권리로서 국제적으로 규정되기도 한다.

셋째, 인권은 고도의 우선성을 가진 권리로서 확고한 정당성을 가진다. 인권은 가장 근본적인 권리로서 단순한 필요나 소망이 아닌 인간의 본질적이고 근본적인 필요나 이익을 반영한다. 그래서 인권은 로널드 드워킨(Ronald Dworkin)이 말한 것처럼 정부의 정책적 고려사항과 사회적 유용성에 대해서 "으뜸패(trump)"로 작용한다.13) 그렇다고 해서 인권은 통상적으로 이해된 것처럼 불가양도적이고 절대적인 것이 아니다. 물론 인권은 제한될 수 있지만, 인권의 제한은 타인의 동일한 권리와 자유를 확보하기 위한 상호 양립성 아니면 공동이익처럼 중차대한 사유에 근거한 최소 규제에 그쳐야 한다. 따라서 인권은 중대한 조건부적 권리(prima facie rights)가 된다. 조건부적 권리라 함은 그것을 압도할 만한 조건이나 상황이 없다면 절대적인 권리로 간주한다는 것을 말한다. 「세계인권선언」에서도 인권은 "타인의 권리와 자유에 대한 적절한 인정과 존중을 보장하고, 민주사회에서의 도덕심, 공공질서, 일반의 복지를 위하여 정당한 필요를 충족시키기 위한 목적에서만 법률에 규정된 제한을 받게 되는 것이다." 또한 "국민의 생존을 위협하는 공공의 비상사태의 경우"에만 그러한 제한이 가능하다.14) 그렇지만 이러한 제한 조항에 생명권과 고문을 받지 않을 권리, 비인도적 대우나 처벌, 노예제로부터의 자유, 소급입법의 비적용, 법 앞의 평등, 사상과 양심과 종교의 자유 등은 포함되지 않는다.15)

넷째, 인권은 최소한의 도덕적 보장이다. 그것은 최악의 경우를 방지하기 위한 것이지 최상을 실현하기 위한 것은 아니다. 인권은 "관용될 수 있는 인간 행동의 최저 한계"를 밝히는 것으로 "최상의 열망과 고귀한 이상"을 지향하는 것은 아니다. 그것은 인간의 탁월성과 완전성의 실현을 직접적으로 지향하지 않는다. 따라서 인권은 인간이 고상한 삶을 살기 위한 "최소한의 도덕적 보장"으로서 다양한 문화적, 제도적 상이성을 수용할 수 있게 된다. 따라서 각 국가와 사회는 어떠한 사회적 기본구조를 영위함으로써 최소한의 도덕적 보장으로서의 인권을 구체적으로 어떻게 실현할 것인가 하는 방식에서는 자유롭게 개방되어 있다.16)

그러나 우리가 곧 다룰 인권의 외연적 범위가 계속적으로 확장되어가는 점을 볼 때 과연 인권이 최소한의 기준인지는 여전히 논란의 여지로 남아 있다고 볼 수 있다. 그리고 우리가 살펴볼 인권 이념의 사상적 원천과 철학적 정당화에는 고귀한 사회적 열망이 표출된 것도 많이 있다는 점도 감안되어야 할 것이다.[17)]

2) 인권의 종류와 범위

인권에 대한 형식적인 개념적 특성에 합의했다고 해도 인권의 외연적 종류와 범위인 내용적 실체에 대해서는 여전히 논란이 제기될 수 있다. 물론 형식적인 개념적 논란이 인권의 내용적 실체의 문제에 직접적으로 영향을 미칠 수도 있다. 「세계인권선언」이 발표된 이후에도 철학자들은 광범위한 인권의 목록보다는 간결하고 추상적이고 일반적인 목록에 집착하는 경향을 보여온 것이 사실이다.[18)] 그것은 서구의 자연권적 전통에서 추상적이고 일반적인 인권의 목록이 제시되었던 것을 답습한 것이다. 즉 로크는 "생명, 자유, 재산"을 기본적 인권으로 간주했고, 「미국독립선언」에는 "생명, 자유, 행복의 추구"가 기본적 권리로 제시되었던 것이다. 그러나 현대 인권론의 또 다른 형식적인 개념적 특징을 든다면 그것은 인권의 목록이 추상적이고 일반적이 아니라 포괄적이고 구체적이라는 점이다. 그렇다면 이러한 포괄적인 인권의 목록은 다 인권이라고 인정될 수 있는 것일까?

인권 개념의 외연적 속성은, 인권은 어떠한 종류의 것들이며 어디까지가 인권의 범위인가 하는 내용적 실체와 연관된다. 인권의 종류는 「세계인권선언」에 제시된 인권의 목록을 프랑스 법학자 카렐 바작(Karel Vasak)이 제3세대 인권으로 분류한 것이 하나의 전거가 되었다.[19)] 바작은 「세계인권선언」에 제시된 인권들에 진화론적 세대 모형을 적용하여 각각 프랑스 혁명의 3대 기치인 자유, 평등, 박애와 결부시킨다. 즉 자유는 17-18세기에 발전된 제1세대 인권인 시민적, 정치적 권리에 부합하고, 평등은 19세기 발전한 제2세대 인권인 경제적, 사회적, 문화적 권리에 부합하고, 박애는 작금의 지구 공동체에서 등장하는 신생국가들의 제3세대 인권인 국제적 연대권에 부합한다는 것이다.20) 또 다른 해석은 「세계인권선언」 당시의 세계의 이데올로기적 상황으로 보아 제1세대 인권은 서구 자유주의에 부합하고, 제2세대 인권은 공산주의 및 사회주의에 부합하고, 제3세대 인권은 제3세계의 민족자결주의에 부합한다는 것이다.21)

그러나 제1세대 인권인 시민적, 정치적 권리들만이 기본적 인권이고 나머지는 선언적인 혹은 부차적인 인권에 불과하다는 주장이 제기되어 왔다.22) 이러한 주장은 「세계인권선언」의 구체적 실현을 위해 추후 합의된 「시민적 및 정치적 권리에 관한 국제규약」(1966: 통칭 B규약)은 즉각적인 시행을, 「경제적, 사회적 및 문화적 권리에 대한 국제규약」(1966: 통칭 A규약)은 경제적 상황에 따라 점진적인 준수를 두 규약 자체에서 밝히고 있다는 점에도 근거하고 있다.23)

그 주요 논변은 다음과 같다. 첫째, 소극적 권리와 적극적 권리는 구분되어야 한다는 것이다. 기본적 인권은 시민적, 정치적 인권인 소극적 또는 부정적 권리들이며, 이러한 권리들만이 그에 상응하는 방해하지 않을 명백한 의무를 산출할 수 있다는 것이다. 소극적 권리에 대한 침해는 명백하게 해악을 유발한다. 그러나 적극적 혹은 긍정적 권리들인 경제적, 사회적, 문화적 인권들은 그에 상응하는 재화와 용역을 제공해야 하는 적극적인 의무를 요구한다. 그런데 적극적 의무에 대한 불이행은 단지 원조를 제공하지 않은 부작위의 죄(sin of omission)로서 소극적 인권에 대한 명백한 침해인 작위의 죄(sin of commission)와는 비중이 다르다는 것이다. 또한 비록 국가가 주된 피청구자가 되지만 그러한 적극적인 의무의 수행 주체와 시효가 명백하지도 않고 또한 명백하다고 해도 의무가 충족되었는지 판결하기가 쉽지 않다는 것이다. 이에 대한 반론으로는 우선 작위와 부작위에 관련해서 흔히 구별하고 있는

"죽이는 것(killing)"과 "죽도록 방치하는 것(letting die)"은 생명권과 관련해서 결과론적으로 볼 때 결국 같은 것이라는 논변이 제기된다. 그리고 소극적 권리와 적극적 권리의 구분도 대부분 명확하지 않다는 논변도 제기된다. 가장 기본적인 생명권의 존중도 국가와 개인이 개인 혹은 타인의 생명을 침해하지 않을 소극적 의무만이 아니라 경찰력을 동원하여 치안을 확보하는 것이 필요하다는 것이다. 또한 공정한 절차를 통해 재판을 받을 권리는 순전히 소극적인 권리는 아니며 국가가 적정한 사법제도 설립과 그 유지를 위한 많은 국가적 비용을 지불해야 한다는 것이다. 따라서 기본적 인권들은 소극적 권리임과 동시에 적극적인 권리인 경우가 많다는 것이다.

둘째, 제2세대 인권을 실현하기 위해서는 정부의 적극적인 지원과 개입이 필요하지만 자원의 희소성으로 말미암아 그러한 인권들은 실현 불가능하다는 것이다. 여기에는 윤리학의 기본 준칙, 즉 "당위는 가능성을 함축한다(ought implies can)"는 준칙도 동원된다. 이 준칙의 후건 부정에서 전건 부정이 도출된다. 즉 가능하지 않으므로 의무도 없다는 것이다. 또한 자유지상주의자인 로버트 노직(Robert Nozick)은 그러한 정부의 적극적인 지원과 개입을 위한 재분배 정책은 개인의 재산권을 침해하는 부정의한 일이라고 비판한다.24) 이에 대한 반론으로 제시된 것은 제1세대의 권리들인 정치적 참여의 권리와 공무 취임의 권리는 경제적, 사회적, 문화적 권리가 실질적으로 보장되지 않으면 명목적인 권리에 불과하다는 것이다. 그러한 권리들이 실질적인 권리가 되기 위해서는 제2세대 인권의 실현이 절실하다는 것이다. 즉 경제적 불평등은 결국 정치적 불평등을 양산하므로 시민적, 정치적 권리의 실현을 방해한다는 것이다. 또한 "당위는 가능성을 함축한다"는 준칙에 의거해서 제2세대 인권을 배제하는 추론도 타당하지 않다고 반박된다. 그러한 추론에서 내세우는 불가능성(can't)은 실질적인 물리적 불가능성이 아니라, 재산권 등 기득권을 지키고 기존의 사회경제체제를 변화시키려고 하지 않는, 즉 "내키지 않는, 즉 안 하겠다는 의지(won't)"에 불과하다는 것이다.25) 현재 불가능한 것도 미래의 실현을 위해서는 지금 사회적, 정치적 기본제도의 보완과 신설을 위한 관심과 투자가 필요하므로 제2세대 인권도 기본적 인권이 되어야 한다는 것이다. 또한 제1세대 인권 중 재산권은 사회적, 경제적 권리인데 그것을 인정하면서 다른 제2세대 사회적, 경제적 인권들을 인정하지 않는 것은 모순이라는 반론도 제기된다. 또한 제3세대 인권론은 현대사회의 역사적 전개 과정을 통해서 보면 부합하지 않는 측면도 많다고 지적된다. 즉 서유럽 복지국가를 보면 제1, 2세대 인권들이 밀접하게 연관되어 있고, 구소련 진영이 해체될 때 시민들은 시민적, 정치적 권리를 요구하고 나섰으며, 제3세계의 자유화와 민주화 물결은 개발권, 자결권, 국가안보라는 미명하에 이루어진 희생이 불가피한 것이 아니라 독재를 연장하기 위한 호도책으로서 국가 강제력을 통한 시민적, 정치적 권리의 지속적인 침해라는 것을 폭로했다는 것이다.26)

셋째, 기본적 인권은 개인에게만 주어질 수 있으므로 제2세대 인권인 문화권과 제3세대 인권인 국제적 연대권과 관련해서 집단에게 주어지는 인권은 개념적으로 실제적으로 공허하다는 것이다. 그러나 이에 대한 반론으로는 인종적, 집단적 혐오나 차별에서 발생하는 대량 학살이나 원주민 박해는 개인의 인권 보장만으로는 미흡하며 결국 개인을 보호하기 위해서라도 소수 집단에게 인권을 부여하고 보호하는 것이 중요하다는 것이다. 그러나 어떤 집단의 문화에 대한 존속과 연대를 유지하기 위해서 강한 위계질서나 시대에 뒤진 전근대적 삶의 방식을 강요함으로써 개인의 자유권과 평등권을 위배하는 경우는 개인적 인권과 집단적 인권 사이의 딜레마가 생긴다. 그래서 어떤 삶의 방식에 대한 개인의 자유로운 선택에 따라 전통적 집단이 더 이상 존속할 수 없다면, 우리는 그것을 어쩔 수 없는 상실로 수용해야만 한다는 주장도 제기된다.27) 이와 관련해서 근대화로 말미암아 전통적인 공동체 자체와 그 공동체가 구성원들에게 제공하던 보호체계도 역시 붕괴되었기 때문에 개인적 인권을 통해 그들을 보호해야 한다는 해석도 제기된다.28)

이렇게 인권의 종류와 범위에 관해서 전개된 논쟁의 결과, 인권의 목록이 개별적인 인권 세대들의 집합이 아니라 그 이상인 하나의 총체적인 시스템(holistic system)이라고 간주하는 것이 일반적인 경향이 되었다.29) 그래서 「비엔나 선언 및 행동계획」에서는 "모든 인권은 보편적이며, 불가분적이며, 상호 의존적이며, 상호 연관적이다"라고 천명되었던 것이다.30) 그러나 여전히 모든 국가에서 모든 인권을 동시에 추구해야 한다는 것은 "만복 이론(the Full-Belly Thesis)"으로서 그 현실적 실행은 어려울 것이다.31) 이러한 관점에서 인권의 시행은 모든 국가의 보편적 의무이지만 각 국가는 현 경제적, 사회적, 문화적 상황을 감안하여 인권의 목록을 순차적으로 혹은 우선적으로 시행할 수 있는 특수성을 인정받게 되는 것이다. 이러한 상황에서도 일단의 인권을 우선적으로 시행하기 위해서 다른 일단의 인권을 무시하거나 유린하는 것과 다른 일단의 인권을 시차적으로 유보하거나 점진적으로 시행하는 것은 본질적인 차이가 있다. 따라서 광범위한 인권 목록의 실현은 타협의 여지가 없는 "전부가 아니면 무(all-or-nothing)"라는 논리로 접근해서는 안 된다.32)

3. 인권 이념의 사상적 원천과 철학적 기초

1) 인권 이념의 사상적 원천

인권을 보편적으로 정당화하는 것은 인권 이념의 철학적 고찰에서 가장 논란이 많은 부분이다. 인권은 인간의 생득적 권리로서 모든 인간이 단지 인간이라는 이유만으로 어떠한 차별도 없이 보편적으로 동등하게 갖게 되는 권리이다. 물론 이러한 정의는 「미국독립선언」(1776)

에서 천명된 것처럼 "자명한 진리"로 간주될 수 있을 것이다. 그러나 왜 그것이 자명한가라고 반문했을 때, 인간이 인간이기 때문이라고 말하는 것은 "A는 A다"라고 말하는 것과 같은 동어반복(tautology)이 될 것이다. 동어반복은 논리적으로는 언제나 참인 항진명제이지만 그것은 경험적으로 말해주는 바가 아무것도 없다.33)

따라서 인권을 정당화하는 길은 그러한 동어반복적인 자명성에 대한 원천과 근거를 제시하는 일이다. 인권의 정당화는 인간의 본성(human nature) 자체나 어떤 특성에서 보편적 가치 혹은 이념의 원천을 찾거나, 아니면 인간성에 보편적 가치 혹은 이념을 부여해주는 이론적 법칙 혹은 신과 같은 초월적 실재를 통해 원천을 찾거나, 아니면 인간의 사회적 합의와 구성의 관점에서 그 근거를 찾는 일이 될 것이다. 인권의 근거로서 보편적 법칙을 추구하려는 이론적 정향들을 분류해보면 도덕적 법칙, 형이상학적/신학적 법칙, 역사적 법칙, 정치적 법칙으로 대별될 수 있다.34)

인권의 사상사적 근원은 인간의 동등성과 존엄성에 관한 동서양의 다양한 종교적, 철학적, 문화적 교설들 속에서 찾아볼 수 있다. 종교적 관점에서 보면 인권, 즉 인간의 자연적 동등성과 존엄성은 인간이 신의 형상에 따라 신에 의해서 창조되었기 때문에 부여된다고 본다. 그러나 종교는 언제나 인간이 자신의 의지에 따라 자유롭게 살도록 허용한 것은 아니며, 또한 다양한 위계적 질서에 대한 부동의 보장책으로, 예를 들어, 절대국가에서의 왕권신수설에 대한 근거가 되기도 했다. 17-18세기의 서양 자연권 사상도 초기에는 기독교와 자연법 이론의 결합에 의거하여 그 원천을 찾았으나 점차로 세속화되어 더 이상 신의 의지가 아니라 자연이나 인간의 이성 속에서 그 원천을 찾게 되었다.

인권의 사상사에서 결정적 공헌은 서양의 자연권(natural rights) 사상이다.35) 자연권 사상은 자연법(*jus naturale*) 사상에 근거하여 발전한 것이다. 자연법 사상은 헬레니즘과 로마시대의 스토아 철학으로부터 고

대 그리스 철학에 이르기까지 그 사상적 연원이 추적될 수 있다. 자연법은 기본적으로 자연(*physis*)과 관습(*nomos*)의 구분에 근거한다. 따라서 자연법 사상은 인간의 관습적 행동과 인위적 사회질서를 평가하고 인도할 수 있는 항구적이고 고차적인 법칙인 자연법(인간의 본성적 자연과 우주로서의 자연 일반, 혹은 신의 의지)이 있으며, 이러한 자연법은 인간의 이성에 의해서 포착될 수 있는 것으로 간주하였다. 이러한 자연법은 한편으로는 관습적인 것을 자연적인 것으로 해석하는 체제 보수적인 함축성과 다른 한편으로는 관습적인 것을 자연적이 아닌 것으로 해석하는 체제 비판적인 함축성을 모두 가지고 있었다. 근대에 들어와서는 자연법의 그 체제 비판적 함축성이 크게 부상하게 된다. 자연법은 궁극적으로 자연적 불평등을 가정하는 인간의 관습적 질서와 사회적 신분이 자연적 질서가 아닌 인위적 질서임을 일깨워주게 된다. 즉 인간은 이성과 인간 지위 그 자체를 통한 자연적 평등성을 지닌다고 보는 것이 더 자연적 질서에 순응하는 것이 된다. 따라서 자연법 사상은 인간이 그러한 자연적 평등성을 통해서 불가양도적인 보편적인 권리를 갖게 된다는 천부적인 자연권 사상으로 발전하게 된다.36)

이러한 자연법적 인권 이론은 토머스 홉스(Thomas Hobbes)와 존 로크(John Locke) 등이 제시한 사회계약론에서 의해서 비로소 인간과 국가와의 관계로서 정식화된다. 사회계약론은 자유롭고 평등하고 합리적인 인간들이 자연상태에서 획득한 자연권, 즉 생명권, 자유권, 재산권, 행복추구권을 안전하고 양립 가능한 방식으로 보장하기 위해서 상호 계약을 통해 국가사회를 성립한다고 본다. 국가 권력의 정당성은 피치자 동의(the consent of the governed)로부터 나오며, 국가 권력은 인간이 자연상태에서 획득한 자연권을 보장하도록 신탁된 것이다. 이러한 신탁된 권력이 자연권 보전이라는 기본적 임무를 훼손할 경우 국민들은 그 국가 권력에 저항하여 새로운 정체를 세울 저항권을 가지고 있는 것으로 보았다.37) 이러한 자연권적 사회계약론은 미국 독립과 프랑스 혁명의 이론적 기초가 되었다. 자연권적 사회계약론은 결국 서양 근대성의 정치적, 도덕적 발현인 자유주의적 개인주의로 나타난다.

사회계약론적 자유주의의 전통을 이어받은 임마누엘 칸트(Immanuel Kant)는 인간의 도덕적 본성을 통해 인권을 보편적으로 정당화하려고 시도한 것으로 해석된다. 그는 선의지를 통해 도덕원칙을 준수하려는 인간의 도덕적 자율성을 인간 본성의 본질적 측면으로 간주했다. 따라서 그러한 도덕적 자율성을 가진 인간을 수단으로서가 아니라 목적으로 대우하는 의무가 인간 상호 간의 보편적 준칙인 정언명법(categorical imperative)으로서 최고의 도덕원리라고 주장했다. 따라서 인권은 인간을 목적으로 대우하는 것이 무엇인지를 실질적으로 구현한 것으로 볼 수 있다.38)

인권에 대한 긍정적 혹은 부정적 공헌을 망라해서 볼 때 근대의 주요 사상들은 인권에 직간접적으로 관련되어 있다.39) 자연권을 부정하고 국가의 권위와 실정법을 강조한 실증주의는 인권의 법제화를 추진하는 계기가 되었다. 인간을 개인이 아니라 유적 존재(a species-being)로 본 마르크스주의는 자연권을 이기주의적인 것으로 비판했다. 그렇지만 인간이 오직 정치사회의 구성원인 시민으로서만 권리를 가진다는 주장은 제2세대 인권인 경제적, 사회적 인권에 대한 중요성을 밝힌 것으로 볼 수 있다. 사회과학적 접근법은 실증과학의 영향을 받아 인권의 과학적 근거를 불신했으나 그러한 불신은 사회과학에서 추후 인권 이념이 어떠한 사회적 갈등과 그 해소 과정을 통해서 발전하고, 또한 다양한 사회적 이익집단들의 목소리를 어떻게 대변하고 있는가를 밝힌 점에서는 공헌이다.40) 자연권적 인권을 실증적 근거 없는 헛소리로 비판했던 공리주의도 실증적 인권의 궁극적 근거는 사회적 유용성이라는 이론을 제시했다. 공리주의의 이러한 실증적 인권론은 동등하게 고려해야 할 인권들이 상충할 때 그 해결을 위한 하나의 현실적 책략으로 생각될 수도 있다. 또한 공리주의는 인권의 기초를 "고통에 대한 감수성 혹은 감수 능력(capacity to suffer, or sentience)"으로 봄으로써 동물에 대한 권리를 주장하는 근거가 되기도 하였다.41)

2) 「세계인권선언」의 철학적 기초 문제

우리는 서두에서 「세계인권선언」의 목록과 내용적 합의는 시급한 국제적인 정치적 과제였으므로 인권 선언 자체에 하나의 공통된 철학적 기초가 명시될 수 없었다는 점을 언급했다. 그것은 전 세계의 다양하고도 상이한 이데올로기적, 문화적, 종교적, 철학적 입장들을 모두 포괄할 수 있는 하나의 공통된 철학적 기초를 찾는 것은 불가능하다는 자각 때문이었다.42) 「세계인권선언」의 철학적 기초 문제를 다루었던 자크 마리탱(Jacques Maritain)뿐만 아니라 나중에 국제정치학자 데이비드 포사이드(David P. Forsythe)도 인권의 실천문제가 중요하기 때문에 본질적으로 논쟁적인 철학에서 공동의 기초를 구하는 것은 불가능하다고 보았다. 마리탱은 「세계인권선언」의 합의가 가능했던 것은 "공통된 관념적 사유에 근거해서가 아니라 공통의 실천적 인식에 근거해서였고, 이 세계에 대한 하나의 동일한 개념에 동의해서가 아니라 행위를 인도할 수 있는 하나의 신념 체계에 동의했기 때문이다"라고 밝힌다.43) 즉 정치적 준거 체계로서 세계 인권을 선언하는 것의 효용성은 철학적 문제로부터 정치를 분리할 수 있는 가능성에 달려 있다는 것이다.

이러한 관점에서 「세계인권선언」과 후속적인 인권 선언과 규약에 대한 전 세계적인 실질적 합의를 인권의 정당한 근거로 삼는 정치적 혹은 실용주의적 정당화가 등장했다.44) 그러나 인권에 대한 실질적 합의에 근거한 정당화는 논리적으로 이론적으로 볼 때 (그 당시 모종의 사회적, 국민적 합의에 근거했다고도 볼 수 있는) 나치즘과 파시즘의 등장을 봉쇄하고 비판할 수 없다는 한계를 지닌다. 또한 인권 선언과 규약에 대한 실질적 합의는 실질적 이행으로 자동적으로 연계되지 않는다는 점도 지적될 수 있다. 실용주의적 정당화에는 인권 담론이 희생자와 피해자의 언어이므로 그러한 인권 담지적 언어 사용은 충분히 이해되고 수용되어야 한다는 주장도 있다. 즉 인권은 "열악한 사회조건으로 인해 고통 받는 개인들을 부각시키려는 의도에서 비롯되었다"는 것이다.45)

그러나 하나의 공통된 철학적 기초가 없다는 것은 어떠한 철학적 기초들도 없다는 것을 말하지는 않는다. 바작이 제시한 인권 3세대 진화론에서 개진된 자유, 평등, 박애의 이념과 아울러 「세계인권선언」 당시의 주요한 3대 이데올로기인 서구 자유주의, 공산주의와 사회주의, 그리고 제3세계의 민족적 자결주의는 다원론적 기초들로서 제시될 수 있다. 물론 이러한 다원론적 기초들 사이에서 "일련의 철학적 전제들로 이루어진 하나의 철학체계에서 혁명적인 것은 다른 철학적 체계에서는 반혁명적이고, 전복적이고, 심지어는 전통적이기도 하다"는 것은 인정되어야 할 것이다.46)

그렇지만 「세계인권선언」의 가장 중요한 철학적 기초로서 흔히 언급되고 있는 것은 17-18세기의 자유주의적 자연권 사상임은 주지의 사실이며, 이러한 자유주의적 자연권 사상이 근대 서구 여러 나라에서 자유민주주의적 입헌체제를 구축하는 데 결정적인 역할을 한 것은 부인할 수 없는 사실이다. 그리고 「세계인권선언」은 프랑스 혁명의 결실로 나온 「인간과 시민의 권리선언」(1789)을 기본적 모델로 했다는 것도 부인할 수 없는 사실이다.47) 「세계인권선언」과 추후에 선포된 「경제적, 사회적 및 문화적 권리에 대한 국제규약」과 「시민적 및 정치적 권리에 대한 국제규약」의 전문에는 모두 자연권 사상의 단적인 영향력을 볼수 있다. 즉 "인류사회의 모든 구성원의 고유한 존엄성 및 평등하고 양도할 수 없는 권리를 인정하는 것이 세계의 자유, 정의 및 평화의 기초가 됨을 고려하고, 이러한 권리는 인간의 고유한 존엄성으로부터 유래함을 인정"한다는 것이다.48)

물론 자연권 사상이 현대 인권 사상의 가장 중요한 철학적 기초이기는 하지만, 우리는 고전적인 자연권 사상과 「세계인권선언」에 반영된 현대적 자연권 사상의 차이를 인식하지 않으면 안 될 것이다. 현대 자연권 사상은 전통적인 자연법적인 자연권 사상의 신학적(신의 의지), 형이상학적(초월적 법칙), 존재론적(우주와 자연의 목적론적 정향), 인식론적(이성에 의한 직관적 파악) 함축성을 탈각하고 세속화되고 제한된 자연권으로서 인간 본성의 도덕적 측면이 중시된 인본주의에 근거하고 있다. 현대에서도 여전히 자연권이라는 말이 사용되는 것은, 하트(H. L. A. Hart)와 존 롤즈(John Rawls)가 지적한 것처럼, 인권이 쉽게 침해될 없는 특수한 비중을 가진 도덕적 권리이며, 도덕적 권리로서의 인권이 사회제도와 질서를 평가하고 비판할 수 있는 보편적이고 독립적인 규범적 기준이 되어야 한다는 신념 때문이다.49)

　「세계인권선언」의 철학적 기초 문제를 탐구했던 학자들은 「세계인권선언」이 서구의 전통적인 자연권 사상에 의거하고 있기는 하지만 다음과 같은 중대한 제약 혹은 차이점을 가지고 있다고 지적한다. 요하네스 모싱크(Johannes Morsink)는 네 가지 특징을 든다.50) 첫째, 「세계인권선언」에는 "자연(nature)" 혹은 "신(God)"이라는 말이 등장하지 않는다. 이것은 자연과 신 등 인간을 초월하는 어떠한 실재도 가정되지 않는다는 것을 의미한다. 이것은 전통적인 신성주의 혹은 이신론(理神論, deism)을 세속적 인본주의(secular humanism)로 전환한 것이다. 그러한 인본주의에 의거하여 인간의 자연적 본성으로 "이성"과 "양심"이 언급된다.51) 이러한 이성과 양심은 인간의 인지적 능력과 도덕적 능력을 일반적이고 현상적으로 표현하고 있을 뿐인 것이다. 둘째, 전통적인 사회계약론에서 인정되었던 압제와 독재의 시정을 위한 탄원권(the right to petition)과 압제에 대한 저항권(the right to resist oppression)도 「세계인권선언」에서는 권리로서 인정되지 않고 마지막 수단(last resort)으로 간주된다.52) 셋째, 자연권 사상의 극단적인 개인주의는 공동체적 속성을 통해 완화된다. 이것은 「세계인권선언」 제29조에서 "모든 사람은 그 안에서만 자신의 인격을 자유롭고 완전하게 발전시킬 수 있는 공동체에 대하여 의무를 부담한다"고 명시한 것에서 찾아볼 수 있다. 넷째, 전통적인 자연권 사상에서 인권의 유일한 영역으로 간주했던 시민적, 정치적 권리뿐 아니라 사회적, 경제적, 문화적 권리도 인권의 영역에 포섭되었다. 그러나 이미 우리가 언급했던 것처럼 이러한 제3세대 인권들 사이의 우선성 문제는 그 당시 여전히 논란이 되었지만 인권의 목록에 대한 형식적 합의가 있던 것은 사실이다.

제임스 니켈(James Nickel)은 다음 세 가지 차이점을 든다.[53] 첫째, 평등주의의 제고이다. 우선 「세계인권선언」에는 모든 차별에 대한 거부와 법 앞의 평등이 강조되고 있다는 것이다. 그리고 제2세대 인권인 복지권의 명시는 평등주의의 명백한 증거라는 것이다. 둘째, 축소된 개인주의이다. 「세계인권선언」에는 개인이 단지 사회 이전의 고립적인 존재가 아니라 가족과 공동체의 일원으로 인식되고 있다는 것이다. 또한 문화 향유와 소수민족과 원주민의 보호를 위해서 집단권이 인정된 것을 들 수 있다는 것이다. 셋째, 인권은 보편적인 도덕적 규범으로서 국제법에 규정되었을 뿐만 아니라 정부와 비정부기구와 국제기구 등을 통해 그 실현을 위한 국제적인 공조체계를 갖추고 있다. 그래서 한 국가의 인권 존중의 의무는 자국인뿐만 아니라 외국인에게도 공히 적용된다는 것이다.

리처드 매케온(Richard McKeon)은 「세계인권선언」은 포괄적인 제3세대 인권 목록과 관련해서 볼 때 개인과 정부의 관계 문제를 본질적으로 변화시키거나 확장시켰다고 밝힌다. 이제 문제는 개인의 권리가 정부의 간섭으로부터 어떻게 보존될 수 있는가 하는 시민적 권리나 개인들이 어떻게 정치에 참여하고 정부에 적절한 영향력을 행사할 수 있는가 하는 정치적 권리의 문제가 아니라, 정부를 통해서 개인들이 얼마만큼의 기회와 복지를 보장받을 수 있는가 하는 복지권의 문제가 중심이 되었다고 지적한다.54) 이제 국가는 인권의 침해자이면서 동시에 보장자이기도 하는 역설적인 위치에 서게 되었다는 것이다.55)

4. 인권의 철학적 정당화와 그 난제

1) 현대 철학적 인권 이론들과 그것들에 대한 도전

현대 철학적 인권 혹은 권리 이론은 1960년대 말 이후 매우 다양하게 발전되어왔다.56) 현대 철학적 인권 이론의 시작은 세속화된 자연권 사상의 부활이다.57) 이러한 부활은 "자연권은 바람직한 사회의 조건들이다. 그러나 그러한 조건들은 자연에 의해서 주어진 것이거나 혹은 인간의 본성과 그것의 피할 수 없는 목표에 달려 있는 것이 아니라 인간의 의사에 의해서 결정된다"는 비판을 어느 정도 수용할 것이라고 할 수 있다.58) 그러나 다른 한편으로 보면 자연권 사상의 현대적 부활은 인권의 근거로서 인간 이외에는 어떠한 초월적인 실재나 준거점을 부인하고 다만 인간성 혹은 인간 본성 자체, 인격성으로서의 인간, 아니면 인간 본성의 주요 측면에 대한 관심을 재부활시킨 것도 사실이다. 인간 본성 자체 혹은 인간 본성의 주요 측면에 관한 이론들이 전부 본질주의(essentialism)적이고 정초주의(foundationalism)적인 입장을 견지하고 있는지는 여전히 논란이 될 수 있을 것이지만, 현대 자연권 사상의 부활은 인권의 정당화에 관련해서 인본주의의 전제 아래 인권에 대한 주장이 합리적 추론과 정당화가 가능하다는 신념을 전제로 하고 있다. 구체적인 전개 과정을 보면, 처음에는 인간의 본성과 자유 혹은 도덕적 자율성을 기반으로 해서 "생명, 자유, 공정한 재판" 등 기본권(basic/fundamental rights) 혹은 핵심권(core rights)을 규정하는 방식이 그 주류를 형성했다.59)

롤즈는 세속화된 자연권 사상을 수용하되, 정의에 입각한 권리론을 제시하였으므로 현대 인권 이론에서 중대한 위치를 차지한다. 그는 인간이 "정의에 입각한, 또는 … 자연권에 입각한 불가침성을 지니고 있으며 이는 다른 모든 사람들의 복지라는 명목으로도 유린될 수 없다"는 것을 천명한다. 롤즈는 사회계약론을 원용하여 모든 사람들이 정의의 원칙들을 합의하는 데 필요한 공정한 배경 상황인 원초적 입장을 설정한다. 이 원초적 입장에서는 공정성과 불편부당성을 확보하기 위해서 계약 당사자들의 개인적 가치관과 사회적 지위를 가리는 무지의 장막이 내려진다. 그 결과 합의된 정의의 원칙은 다음과 같다. 즉 제1원칙은 최대의 평등한 자유의 원칙으로서, 각자는 다른 사람의 유사한 자유의 체계와 양립할 수 있는 가장 광범위한 기본적 자유에 대해 평등한 권리를 갖는다는 것이다. 제2원칙은 공정한 기회균등의 원칙과 차등의 원칙이 결합된 것으로, 사회적, 경제적 불평등은 공정한 기회균등의 조건하에서 최소수혜자에게 최대이익이 되도록 편성되어야 한다는 것이다. 이러한 롤즈의 정의의 두 원칙은 국내 정치에 관한 한 제1세대와 제2세대 인권들을 철학적으로 결합한 것이라고 볼 수 있다.60) 국제정치에 관련된 그의 인권론은 뒤에 거론될 것이다.

이러한 롤즈의 정의에 입각한 권리론에 대해서 노직은, 그러한 권리는 너무 광범위하고 과도한 것으로서 개인의 사유재산권적 자유를 침해하게 된다고 비판한다. 노직은 재산권을 가장 핵심적인 인권으로 봄으로써 국가 간섭의 배제를 근간으로 하는 자유지상주의적 정의관을 견지한다. 노직은 "X에 대한 재산권의 핵심은 … X를 가지고 무엇을 할 것인가를 결정할 권리이다. 즉 X에 관한 제약된 선택지들의 집합 중에서 무엇이 실현되거나 시도될 것인가를 결정하는 권리이다"라고 강조한다.61)

롤즈와 노직의 논쟁에 뒤이어 인권을 사회체제와 정치이념, 즉 사회정의, 평등, 자유지상주의, 민주주의의 실현이라는 관점에서 파악하는 다양한 정치철학적 이론들이 제시된다. 이러한 관점에서 인권을 부정의에 대한 대응으로 보는 방식이 등장한다. 이어서 인권을 인간의 인격성 혹은 존엄성, 도덕적 본성, 도덕적 행위 주체, 인간의 인지적 혹은 도덕적 자율성, 인간의 도덕적으로 용인될 수 있는 이기심, 또한 인간의 필요, 의지, 선택, 이해관계, 혹은 역량에 관련시켜 설명하는 다양한 이론들이 제시되었다.62) 드워킨은 인권이 인간에 대한 동등한 존중과 고려와 그것을 실현하기 위한 공정한 절차를 중시하는 평등주의적 관점에서 도출될 수 있다고 주장하고, 인권이 다른 정책적 고려사항과 사회복지보다 우선성을 갖는다고 주장했다.63) 앨런 거위스(Alan Gewirth)는 인권을 합리적이고 자율적인 행위자가 자신의 합목적적인 행위를 실현하기 위해서 필수적으로 요구되는 자유와 복지에 관한 일련의 가치들로서 해석한다. 잭 도널리(Jack Donnelly)는 인권을 인간의 가능성에 대한 근원적인 도덕적 전망을 실현하기 위해서 어떠한 유형의 사회적 제도와 관행이 요구될 수 있는지에 대한 지침이라고 간주한다. 메이나드 애덤스(E. Maynard Adams)는 인권을 인간이 하나의 인격체로서 살아가는 데 필수적인 조건으로 간주한다. 즉 인격체 혹은 인격성의 실현은 합리적이고 도덕적인 관점을 통해서 각자 자신의 삶을 살아가야 할 책임을 부여하므로 인권은 그러한 책임 완수를 위한 필수적 조건이 된다.64)

그러나 이러한 다양한 현대 철학적 인권 이론들과 그 정당화 기제들에도 불구하고 어떤 철학 이론도 압도적인 관점에서 보편적으로 수용되고 있지 못한 실정이다. 또한 인권의 보편적인 철학적 정당화에 대해서도 다음과 같이 다양한 도전과 비판들이 제시되었다.

첫째, 철학 이론이 어떤 기초나 토대를 통해서 인권을 정당화할 수 있다는 신념 자체에 대해서 포스트모더니즘이나 해체주의의 반정초주의(anti-foundationalism)는 정면으로 도전한다. 리처드 로티(Richard Rorty)는 인권 이론은 어떠한 확고한 이론적 기초를 통해서도 정당화될 수 없다고 주장한다. 그는 인간 본성과 인간성 일반에 근거한 정당화는 교조적인 형이상학적 관념에 근거하고 있다고 비판한다. 인권은 서구 근현대 문화에서 역사적으로 태동한 우연적 가치와 신념들일 뿐이라는 것이다. 그렇다고 해서 우리는 실망할 것은 없다. 즉 인권은 압제에 대응하는 우리의 정서 혹은 동정심을 촉발하기 위한 실용주의적 시도라는 것이다.65) 자크 데리다(Jacques Derrida)도 우리가 인간의 본질(human essence)을 파악할 수 있다는 점에 회의적이다. 그렇지만 그는 인권을 자아와 타자와의 인간적 관계성 속에 나타나는 자유와 차이를 통해서 인정될 수 있는 존경과 존엄성의 방식이라고 해명한다.66)

둘째, 문화적 상대주의와 다원주의로부터의 도전은 인권의 보편적 정당화에 관한 많은 논란을 불러일으키는 계기가 된 바 있다. 우선 서구 자연권적 인권 개념 혹은 이념은 이 세계의 다양한 문화적, 이데올로기적, 사회적 특수성을 무시하는 서구 중심적 보편주의의 횡포일 뿐이라는 것이다. 비서구적 사회에서도 인권의 개념에 대한 나름대로의 문화적, 도덕적 전통이 있다는 것이다. 더 나아가서 어떤 경우는 그러한 문화의존적 인권의 개념이 서구의 자연권적 인권 개념보다도 더 우월하고 현실 적합성이 있다고도 주장된다. 인권의 보편성 문제에 관련해서 제기된 "아시아적 가치" 논쟁도 이러한 비판들에 근거하고 있다.67) 그렇지만 문화적 상대주의와 다원주의의 주장이 결코 "독재자를 위한 선물(gift to tyrant)"이 되어서는 안 될 것이다. 또 하나의 비판은 상이한 이데올로기적, 정치적 체제는 보편적으로 인정된 인권의 목록 중 그 체제 이념에의 부합성, 그리고 경제발전 상태를 감안한 현실적 실현성에 따라 상이한 우선순위 혹은 상이한 내용의 인권 목록을 가질 수 있다는 것이다. 그렇지 않고 인권의 보편적 절대성만을 주장한다면 인권은 현실성을 상실한 유토피아가 될 것이라는 점이다. 우리가 이미 논의한 것처럼 이것은 제3세대 인권들 사이의 갈등이다. 또한 서구의 보편적 인권이라는 것도 사실은 서구의 특수한 문화적 상황에서 나온 것으로 제한적 적용성밖에 가지지 못하는 허위적 보편성이라는 비판도 제기된다. 강성 다문화주의자들이나 여성주의자들이 이러한 입장을 취한다.

셋째, 공동체주의는 인권 이념에 담긴 서구 자유주의적 개인주의 혹은 소유적 개인주의(possessive individualism)의 전제에 대해서 강하게 비판한다. 알래스데어 매킨타이어(Alasdair MacIntyre)는 인권의 이념에는 어떠한 합리적인 정당화와 공동사회적 근거도 존재하지 않으며 그것은 마치 마녀나 일각수처럼 상상 속의 허구에 불과하다고 주장한다.68) 마이클 월저(Michael Walzer)는 인권은 공동체의 성원권이 그 근간을 이루며, 인권은 공동체의 구성원으로서 갖는 이득과 복지와 특혜의 영역에 유입되는가 배제되는가의 문제일 뿐이라고 본다. 그리고 전세계적인 보편적 인권 담론은 기초적인(thin) 것으로 보다 본격적인(thick) 특수한 문화들 속에서 역사적으로 반복적으로 나타남으로써 그 보편적 필요성이 경험적으로 인식된 원칙들이라고 본다. 즉 살인, 사기, 억압, 착취에 대한 비난, 그리고 폭력, 고문과 같은 극심한 잔인성에 대한 금지 등이라는 것이다.69) 그러나 우리가 이미 살펴본 것처럼 「세계인권선언」과 후속적 규약들에서는 개인의 공동체에 대한 의무가 강조되고, 민족 자결권, 소수민족과 원주민들의 권리 등 집단적 권리가 포함되어 있다. 따라서 개인주의적 인권과 공동체주의적 인권의 긴장 관계가 상당히 완화된 것은 사실이다. 그러나 개인권과 집단권에 대한 논의에서 지적했지만 그 갈등과 긴장 관계가 완전히 해소된 것은 아니다.

2) 인권의 철학적 정당화와 그 트라일레마: 롤즈의 정의론적 인권론을 중심으로

인권의 철학적 정당화에 관련된 이러한 비판적 도전들로 말미암아 인권의 철학적 정당화는 다음과 같은 삼자택일의 궁지인 삼도논법 혹은 트라일레마(trilemma)에 봉착할 수밖에 없다는 지적이 나오게 된다.

즉 인권의 철학적 정당화는 (1) 인권을 신, 혹은 신의 대체물인 자연과 인간의 자연적 본성/이성을 통해서 구축하려는 정초주의적 시도, (2) 인권을 단지 우연적인 시대적, 역사적 산물로 보는 반정초주의에로의 귀착, (3) 정초주의도 반정초주의도 아닌 제3의 길에의 암중모색이라는 궁지에 빠질 수밖에 없다는 것이다.70)

인권의 철학적 이론과 정당화 기제에 관련된 이상과 같은 트라일레마는 많은 방법론적 난제를 제공한다. 아마도 현 상황에서 가장 가능성이 있는 것은 암중모색 중인 제3의 길을 찾는 것이다. 이것은 인권을 인간의 합의 대상으로 삼되 실질적인 혹은 현실적인 합의의 자의성(恣意性)과 우연성, 그리고 편파성을 회피할 수 있는 최소한의 절차주의적인 배경적 규범을 설정함으로써 인권의 보편성을 구성주의적으로 확보하는 길이다. 이러한 관점에서 전통적인 사회계약론의 자연상태를 원용하여 그것을 도덕원칙 혹은 인권의 공정하고도 불편부당한 도출 기제로 삼는 롤즈의 정의론적 인권론이 주목을 받고 있다. 또한 이상적인 의사소통적 담론 상황을 통한 간주체적 합의를 의거해서 인권의 정당화를 시도하고 있는 위르겐 하버마스(Jürgen Habermas)의 인권론도 부각되고 있다.71)

롤즈의 인권 이론은 만민법(the law of peoples), 즉 국제법의 관점에서 전개된다. 그는 인권의 세 가지 일반적 특징을 다음과 같이 명시한다. "1. 인권의 구현은 한 사회의 정치제도와 법질서의 적정성(decency)에 대한 필수조건이다. 2. 인권의 구현은 타 국민에 의한 정당하고 강제적인 간섭, 가령 외교적 및 경제적 제재 혹은 중대한 경우에 군사력에 의한 간섭을 배제하는 충분조건이 된다. 3. 인권은 만민 간의 다원주의에 대한 하나의 한계를 설정한다."72) 이러한 특징을 가진 인권은 국제정치에서 두 가지 역할을 한다. 하나는 전쟁의 개시와 전쟁 수행 행위들은 정당화하는 이유들을 제한하는 정의전쟁론(just war theory)이 인권의 관점에서 피력되도록 하는 것이다. 다른 하나는 한 정체의 국내적 자율성에 대한 관용과 개입의 한계를 제시하는 것이다. 이것은 인권에 대한 중대한 유린이 있을 경우 한 국가에 대한 인도주의적 개입의 근거를 제시한다. 롤즈는 자신의 만민법적 인권론은 자유주의적 사회만이 아니라 적정 수준의 위계적 사회인 카자니스탄(Kazanistan)에도 적용될 수 있다고 본다. 롤즈는 인권론이 오직 자유주의적 정치체제와만 양립 가능하다는 것을 부인한다. 그러나 무법적 국가들(outlaw states)은 관용의 한도를 벗어난 것이며 그들이 인권을 침해하는 경우 강제적 제재와 내정 간섭을 받을 수 있다는 것이다.73)

롤즈가 인권의 보편적 정당화 기제에 관련해서 제시한 "중첩적 합의(overlapping consensus)"는 많은 주목을 받고 있다. 이러한 중첩적 합의는 인권의 이념을 다양한 포괄적인 문화적, 종교적 가치관과 교설들과 양립 가능할 수 있는 최소한의 독립적이고도 공통적인 근거를 통해서 그 정당성을 확보하려는 것이다. 이러한 의미에서 롤즈의 중첩적 합의는 정치적 정의관이며, 정치적 정의관에 근거한 "공적 이성(public reason)"을 통해서 인권의 이념을 정당화한다는 것이다: "종교적 혹은 비종교적인 포괄적 교설들은 인권 개념의 기초를 인간적 인격(human person)의 본성에 대한 신학적, 철학적, 도덕적 관점에 의거해서 찾을 수 있다. 만민법은 그러한 경로를 따르지 않는다."74) 이러한 정치적 정의관에서의 중첩적 합의 대상으로 제시된 인권의 만민법적 이념은 다양한 다원주의적 문화들이 지닌 포괄적인 철학과 가치관을 통해서 충분히 수용될 수 있으며, 더 나아가서 그러한 다원주의적인 철학과 가치관을 통해서 재해석되고 강화될 수 있다는 것이다. 그러나 이러한 일반적 해석은 인권의 인간 본성으로부터의 정당화와 인권이 광범위한 적용에는 해당되지 않는다.

롤즈는 비록 국내 정치의 영역에서는 포괄적인 시민적, 정치적 권리와 사회적, 경제적 권리를 기본권으로 인정하지만 국제정치에서는 인권에 관련하여 실질적 최소주의를 취하고 있다.75) 즉 "만민법에서 인권은 특별한 종류의 긴급한 권리들을 명시한다. 긴급한 권리로서는 노예와 농노 신분으로부터의 자유, 양심의 자유(그러나 평등한 자유는 아니다), 집단 학살과 인종 청소로부터 인종 집단의 보호 등과 같은 것을 들 수 있다."76) 전 지구적인 자원이용세(GRT: Global Resource Tax)를 설정함으로써 롤즈의 분배적 정의의 원칙을 세계시민주의(cosmopolitanism)의 관점에서 전 지구적 정의로 확장시키려는 토머스 포기(Thomas W. Pogge)와 아울러 세계시민주의를 정치적, 문화적으로 실행하려는 찰스 베이츠(Charles Beitz)는 롤즈가 국제정치에서 최소한의 인권만을 인정한 것에 대해서 비판한다.77)

그렇다면 현대의 철학적 인권 이론과 그 정당화 논란에서 가장 핵심적인 과제는 중첩적 합의를 통한 "정당화적 최소주의(justificatory minimalism)"에서 어떻게 세계시민주의적인 전 지구적 정의까지는 아니더라도 최소한의 신체적 안전, 아니면 전통적인 시민적, 정치적 권리만을 핵심으로 여기는 "실질적 최소주의(substantive minimalism)"가 아니고 상호 연관되고 분리 불가능한 제3세대 인권들의 충실한 내용적 목록을 도출할 수 있느냐 하는 점일 것이다.78) 우리는 『세계인권선언』에서 천명된 처음 두 원칙, 즉 인간의 자유와 평등한 권리의 원칙과 인간의 무차별적 존엄성의 원칙과 아울러 인권 목록의 개념적 상호 의존성을 정당화적 최소주의를 통해서 중첩적 합의가 가능한 인권의 일반적 이념으로 격상시킬 수 있을 것이다.79) 우리는 이러한 일반적인 이념 혹은 개념이 인간의 가치 있는 삶에 대한 최소한의 도덕적 보장으로 각 정치사회와 문화는 해석적 다양성을 가질 수 있다고 인정해야 할 것이다. 또한 이러한 해석적 다양성에 따라 인권 목록의 구체적인 현실적 실현 방식도 또한 다양하게 존재한다는 것을 인정해야 할 것이다.80) 이것은 일종의 상황적 보편주의(contextual universalism)로서 인권의 정당화에 관련된 트라일레마를 피할 수 있는 최선의 방도가 될 것이다. 이러한 방도는 전 세계의 다원주의 문화 속에서는 신체적 안전 혹은 시민적 정치적 인권이라는 핵심적 인권만을 보장하는 실질적 최소주의를 통한 중첩적 합의가 우리가 희망할 수 있는 최대라는 것을 믿지 않고 약간은 더 큰 희망을 찾는 길인 것이다.

5. 인권준거적 사회의 명암과 미래 과제

1) 인권과 인류의 진보, 그리고 인권준거적 사회의 도덕적 명암

우리는 인권 이론에 대한 철학적 정당화의 각축장 속에서도 인권 이념이 현실정치에서 주도적인 역할을 할 수 있는 도덕적 및 인도주의적 근거는 매우 강력하다는 점을 충분히 인정할 수 있을 것이다. 그것은 기본적으로 인권 담론이 희생자들과 압박받은 자들의 "희망을 통해서 추수된" 언어이고, 따라서 인권에 대한 요구는 시급한 사회적, 정치적 현안으로서 사회적, 정치적 제도와 관행을 현실적으로 변경시키고자 할 때 제기되기 때문이다.81) 물론 그러한 사회적 현실의 변경이 전혀 불가능했을 때에도 인권에의 희망은 그 불씨가 인간의 가슴속에 간직되었다. 유신론적 실존주의자였던 가브리엘 마르셀(Gabriel Marcel)은 인권과 인간 본성의 관련은 비록 노예라고 하더라도 자신의 인신(人身)이 자신의 것이라고 하는 인식, 즉 어떤 사회적 현실로도 결코 지울 수 없는 실존적 지각에서 온다고 갈파한 바 있다.82) 인위적 사회질서를 비판할 수 있는 초월적 법칙의 존재에 대한 확신을 통해 근대 자연권적 인권 이념에 철학적 자양분을 제공했던 자연법 사상의 한 발현인 스토아 철학이 그 당시 노예 신분이었던 철학자 에픽테토스(Epictetos)에게 크게 신봉되었던 점은 우연이 아닐 것이다.

인권의 이념은 또한 "인간 개인을 도덕적 주체로서 존중하고, 연약한 생물체로 여길 것을 요구한다."83) 파스칼이 갈파했듯이, 인간은 갈대처럼 연약하여 쉽게 부서질 수 있는 생명체로 인간을 죽이는 데 전 우주가 무장할 필요도 없을 것이다. 그러나 전 우주는 아니더라도 생사여탈권을 가진, 신에 의해서 주어진 왕의 법권과 강력한 힘을 가진 국가 주권이 인간 개개인의 자유와 평등을 억압하고 유린했던 경우가 역사적으로 비일비재했기 때문에 근대 초기에는 그것들에 버금가는 신성불가침한 자연법적 자연권에의 강조가 더욱 필요했던 것이다.[84) 현대에서도 그러한 역사가 쉽게 종식되지는 않을 것이다. 비록 국제법의 인권 선언과 규약이 있기는 하지만, 기본적으로 국가의 주권이 여전히 인권에 대한 침해자이면서 동시에 보장자가 되는 역설적 상태에서 우리 "연약한" 개인들은 삶을 지속할 수밖에 없을 것이다.

인권의 도덕적 및 인도주의적 근거는 매우 강력하다고 해도 과연 인권의 확산이 도덕적 진보인가 아니면 공허한 수사인가 하는 질문이 심각하게 제기된다.[85) 인권 목록의 확산뿐만 아니라 정치 및 사법 영역에서 인권 담론의 확산은 "인권 인플레이션(human rights inflation)"이라고 지칭될 정도이다. 이제 인권 인플레이션 현상을 비꼬면서 인권의 정당한 근거는 없고 다만 청구하는 언표 행위만이 있을 뿐이라는 힐난도 들린다. 즉 누구든지 "우리가 어떤 것에 대해서 인권을 가졌다고 선언하고, 다른 사람들이 그것을 인정하는지 보자"는 것이 인권 담론의 실상이라는 것이다. 따라서 "우는 아이 떡 하나 더 준다"는 속담식으로 막무가내적인 무근거적 인권 주장도 가능할 것이다.[86) 그렇다면 인권 담론은 무제약적으로 팽배하여 공허한 담론이 되면서 그 사회적 유용성을 상실하게 될 수도 있다.

인권준거적 도덕(right-based morality) 사회와 인권 담론의 팽배 현상에 대해서 다음과 같은 추가적인 우려도 제시되고 있다.[87) 첫째, 인권은 이기심을 조장하고 의무를 경시하게 만들기 때문에 사회적 연대를 해칠 것이라는 우려이다. 그러나 인권은 상관적 의무를 발생시키며, 그러한 상관적 의무는 반드시 타인이나 공동체와 국가에만 귀속되는 것은 아니다. 대부분의 인권은 보편적으로 실행되므로 자신의 인권을 주장하는 것은 타인의 동일한 인권을 인정하고 그것을 존중할 의무를 지게 된다는 것을 의미한다. 따라서 인권은 동일한 인권의 양립과 상호 인정에 따른 상호적 이기주의 혹은 이타주의(reciprocal egoism/altruism)이다. 둘째, 인권은 특별한 비중을 가진 도덕적 법률적 권리이기는 하지만 인권이 쉽사리 양보할 수 없는 기본권이라는 확신은 인권 교조주의와 제국주의에 빠지게 된다는 우려이다. 그러나 인권은 예외 없는 절대적인 권리는 아니며 또한 인권은 도덕의 전부도 아니다. 그것은 아울러 사회정의와 인간 해방에 관한 완전한 전망도 아니다. 다만 인권은 인간이 적정 수준의 품위 있는 생활(decency)을 유지하기 위해서 요구되는 인간의 존엄성(human dignity)에 관한 최소한의 필수적인 조건인 것이다. 셋째, 인권의 강조는 양보할 수 없는 정치적 갈등을 자아내고 그러한 갈등의 해소는 비국가적인 혹은 공동체적인 중재를 통해서 전개되기보다는 바로 법률 소송에 의거하게 될 것이라는 점이다. 인권의 강조에 따른 적대적인 법률 소송의 만연은 의도하지 않은 사회적 결과라고도 볼 수 있지만, 그것은 비록 개인의 사소하게 보이는 이익에 관련된 인권이라도 국가의 공정하고 적정한 사법 절차에 의해서 (소송 비용이 만만치는 않겠지만) 충분히 그리고 확실히 호소되고 보장될 수 있다는 것을 역으로 입증하는 것이기도 할 것이다.

인권에 준거한 정치는 중대한 의미에서 통상적인 정치에 우선하고 또 선행할 것이다. 그러나 인권의 정치는 또 다른 하나의 정치 양상을 대변하는 것이지, 정치적으로 중립적인 인본주의는 아니다. "인권은 정치의 양상을 재구성하는 것이지, 정치를 제거하지는 않을 것이다."[88] 이것은 오늘날 우리 사회에서 벌어지고 있는 인권에 관련된 사회적 논란의 양상을 보아도 확실히 알 수 있다. 여기서 상론할 수는 없지만 북한 인권, 사학법 개정, 국가인권위원회의 권고안에 대한 진보와 보수 진영의 대립, 미국의 북한인권법 제정에 관련된 논란들은 모두 상이한 인권들 사이의 우선성과 그 상충이 첨예하게 부각되는 상황 속에서 전개되고 있다.

인권에 관련해서 피할 수 없는 역사철학적 질문은 인류의 역사가 과연 인권 진보의 역사인가 하는 점일 것이다. 물론 인권의 역사는 위선의 역사이며, 인권의 보편성이라는 것도 허위적 보편성이라는 지적도 엄존한다. "인권은 자신을 앞세워 활용한 이들에게 엄청난 정치적, 도덕적 이익"을 챙기게 해준 위선의 역사로 점철되었다는 주장은 인권을 앞세워 타국에 간섭하고 개입한 미국의 숨은 이익과 의도를 적나라하게 파헤쳤다.89) 그리고 「미국독립선언」(1776)이 웅장하게 선포될 당시 워싱턴과 제퍼슨은 노예 소유주였으며 그 당시 미국 인구 5분의 1이 노예로 있었다는 흑인 인권운동가들의 폭로도 이어진다. 또한 「세계인권선언」의 한 모태가 된 프랑스 혁명 당시의 「인간과 시민의 권리선언 (the Declaration of the Rights of Man and the Citizen)」(1789)은 사실 "남성"의 권리(the Rights of "Man")에 불과했다는 여성운동가들의 힐책도 뒤따른다.90)

그러나 흑인들과 여성들이 흑인민권운동과 여성해방운동을 전개할 수 있었던 것은 사실 보편적인 인권의 선언이 있었기 때문에 그 도덕적 정당성을 얻고 또 성공하게 되었는지도 모른다. 월저의 공동체주의적 해석에 따르면, 모든 지배계급은 자신들의 체제 유지를 위한 헤게모니를 장악하기 위해서 자신들의 특수한 이익이 보편적인 이익이라고 위장하지 않으면 안 된다. 그러나 이러한 위장은 실제적으로 구현될 수 없는 보편성이므로 사회운동은 그러한 보편적 위장의 자기 전복적 요소와 모순을 "내재적 비판"을 통해 적나라하게 밝혀내게 된다. 그래서 지배계급만이 향유하고 있던 그러한 특수한 이익이 소수자에게도 보편적으로 적용될 수 있도록 사회를 변혁시킬 수 있는 도덕적 정당성과 사회적 추동력을 확보할 수 있게 된다는 것이다.91)

물론 인류 역사가 인권 진보의 역사라고 해도 그것은 단선적인 혹은 단조적인 증가로 이루어진 것은 아닐 것이다. 발터 벤야민(Walter

Benjamin)이 설파한 것처럼 "문명의 기록이 동시에 야만의 기록이 아닌 그런 문명은 없다."[92] 인권 역사가 미셸린 이샤이(Micheline R. Ishay)는 인권 진보의 역사에는 언제나 퇴보와 반동의 역사가 이어졌다는 것을 지적한다.[93] 프랑스 혁명 당시 그 기치를 높이 들었던 인권의 보편성은 나폴레옹의 유럽 정복 이후 잉태된 민족주의 혹은 민족국가주의에 의해서 압도되었다. 그리고 사회주의적 인권의 국제주의적인 실현에 대한 열망도 제1차 세계대전 이후 고조된 민족주의와 국가주의에 의해서 역시 압도되었다는 것이다. 「세계인권선언」(1948)은 그 이후 전개된 제3세계의 민족자결주의와 미소의 냉전으로 빛이 바랬다. 그리고 공산 진영의 붕괴 후 인권의 진정한 세계화가 달성될 기대에 부풀었지만 구소련, 아프리카, 발칸반도 등지에서 전개된 민족 독립과 정치적 갈등으로 그 꿈은 산산조각이 났다는 것이다. 그리고 세계화의 어두운 측면과 9·11 사태는 인권의 보편성에 큰 상처를 남겼다는 것이다. 그러나 반동적인 역사가 각 단계에서의 달성된 인권의 진보를 완전히 무화시킨 것은 아니다. 그러한 반동적인 역사는 나중에 인권이 단지 시민적, 정치적 권리만이 아니라 사회적, 경제적 권리이기도 하며, 동시에 민족자결의 권리와 문화적 권리이기도 하다는 시대적 각성을 역으로 자아내게 했다는 것이다. 그렇다면 "역사는 천천히 그리고 불확실하게 이론을 따라잡는다. 비록 역사의 실현은 늦기는 하지만 결코 오지 않는 것보다는 낫다(better late than never)."[94] 우리는 바로 인권의 역사도 이러할 것이라는 신념을 결코 버려서는 안 될 것이다.

2) 인권과 인류의 미래 과제

현대에서도 자연권이라는 말이 계속해서 쓰이고 있는 것은 인권이 특수한 비중을 가진 도덕적 권리로서 인간사회를 평가하고 비판할 수 있는 보편적이고 독립적인 기준이라는 신념 때문이다. 그러한 관점에서 도덕적 권리로서의 인권과 실정법에서 규정된 인권 혹은 기본권을 구분하는 것은 철학의 오랜 전통이었다. 그러나 도덕적 권리는 실정법적 권리를 비판하고 인도하는 역할도 하지만 그 도덕적 권리의 실현은 역으로 실정법적 규정에 의존하기 때문에 그 구분의 근거가 많이 약화된 것도 사실이다. 따라서 도덕적 권리가 실정법과 독립적으로 존재해야 한다고 단언하는 철학자들은 그리 많지 않은 실정이다. 철학자들이 할 수 있는 일은 실정법적 인권이 존재해야 한다면 어떤 인권이 존재해야 하는가 하는 사유 실험뿐이라는 것이다.95) 또한 그러한 구분은 철학에서 제시하는 인권의 목록이 실정법에서 구현되지 않았거나 혹은 그 인권의 목록보다 실정법에서 규정된 인권의 목록이 더 적었을 때 설득력을 발휘할 수 있을 것이다. 그러나 철학에서 제시되는 인권의 목록보다 「세계인권선언」 등 국제법상에서 제시되는 인권의 목록이 더 광범위한 현재에는 그 구별의 이유와 설득력을 상실했다고 보는 인권 이론가들도 많다.

그러나 우리는 여전히 그러한 철학적 구분이 유의미하다고 생각할 수 있는 많은 난제와 논란들에 직면하고 있다. 철학적으로 볼 때 "우리 안의 타자"와 "우리 밖의 타자"를 인권 혹은 도덕적 권리의 영역으로 유입시킬 것인가의 문제는 앞으로 지속적으로 커다란 논란의 대상이 될 것이기 때문이다. 과연 우리 인류는 인권의 형식적인 보편성을 넘어서 그 이념적 규정에 의거한 사회정의를 극한까지 확대할 수 있을 것인가?96)

우리 안의 타자에 관련된 인권의 문제로서는 태아의 생명권, 미래 세대의 환경권, 동성애자들의 성적 선택권 존중과 결혼권 허용, 외국인 이주자들의 정치권과 복지권, 민족적 자결권의 허용 한도, 아직도 미진한 여성의 남녀동등권 획득 문제 등을 들 수 있다. 우리 밖의 타자에 관련된 인권 혹은 권리의 문제는 동물의 권리, 생태권 자체와 무생물의 자기 형태 보존 및 유지 권리 인정 문제 등이 있다. 이제 인권의 첨예한 문제는 환경 분야뿐만 아니라, 태아의 생명권과 여성의 자기 신체 통제권 사이의 갈등, 존엄하게 죽을 권리에 연관되어 크게 논란의 대상이 되고 있는 안락사 문제와 줄기세포 연구를 위한 난자 사용 등 인간 장기 및 신체를 대상으로 하는 실험에 관련된 생명의료, 과학기술 분야에서, 또한 정보 격차와 알 권리 대 프라이버시 보호권 문제 등이 관련된 정보통신, 사회 분야에서, 그리고 세계화 시대에서 점증되는 국제적 불평등에 관련된 경제적, 사회적, 문화적 인권 분야에서 대두하고 있다. 특히 민족 자결권에 따른 소수민족의 독립과 그에 따른 민족 간 갈등과 전쟁, 평화권, 난민에 대한 인도주의적 구제에 관련된 제3세대 인권 문제는 더욱 크게 부각될 것이다. 그리고 우리는 9·11 사태 이후 과연 인권이 안전권과 결부되어 보다 확고한 형태로 나타날 것인지 아니면 안전과 안보에 대해서 많은 것을 양보해야 될 것인지도 지켜보아야 할 것이다. 인권에 관련된 이러한 인류의 이론적, 현실적 과제들을 목도할 때 인권의 철학적 기초와 그 정당화에 대한 논란은 결코 종식될 수 없을 것이다. 그 종식을 기대한다는 것은 철학적 논증의 종언, 아니 철학과 나아가서 역사의 종언을 기대하는 것과 마찬가지일 것이다.97)

　인권에 대한 요구는 스스로 청산되는 것을 기본 목적으로 한다. 도널리는 이것을 인권에 대한 "소유의 패러독스(the possession paradox)"라고 말한 바 있다. 인권을 주장하는 것은 더 이상 그러한 요구들을 할 필요가 없도록 정치구조와 현실을 바꾸고자 하는 것을 의미한다. 즉 인권은 그것을 갖지 않았을 때 그것을 갖기 위해서 요구하는 것이지, 그것을 갖게 되면 그것은 일상사의 일부분이 될 것이기 때문이다.98) 그러나 인권의 문제는 인권을 소유했다고 끝나는 것은 아닐 것이다. 이것은 인권에 대한 매우 정태적인 사유 방식이다. 왜냐하면 소유된 인권으로서의 기득권은 다른 기득권들과 끊임없는 투쟁 관계 속에 있으며, 또한 사회복지와 질서 등 다른 사회적 가치들과 갈등 관계 속에 놓여 있기 때문이다. 그러한 갈등과 상충들이 어떻게 전체적으로 조정될 것인가는 한 사회의 전반적 운영 방식의 철학에 달려 있을 것이다. 이러한 관점에서 인권에 대한 상충과 갈등을 보다 넓은 사회적 이념인 사회정의를 통해서 통할해야 한다는 주장이 힘을 얻고 있는 것도 사실이다. 그러나 그 경우에도 인권은 최소한의 도덕적 보장으로서 한 사회의 전체적인 운영 방식에 대한 하나의 독립적이고 보편적인 평가와 비판의 중요한 기준으로 작동할 수 있어야만 할 것이다.

3세대의 인권들이 총망라된 『세계인권선언』의 인권 이념은 만복 이론(the Full-Belly Thesis)에 근거하고 있다는 것은 타당한 지적이다. 인류 역사에서 만복 이론적 인권이 현실적으로 만복된 경우는 한 번도 없었다. 데리다가 잘 지적한 것처럼, "인권은 결코 충분하지 않다. 이러한 사실만으로도 인권은 자연적이 아니라는 것을 일깨워준다."99) 그렇다. 인권은 항상 배고프다. 현재 세계 인구 중 10억 명 이상이 하루에 1달러 미만으로 살아가고 있는 것이 작금의 현실이다. 그중 7억 명 이상이 아시아에 살고 있다. 국제적 빈곤과 기아, 끊임없는 인종적, 민족적, 종교적 분규로 인한 인종 청소와 난민의 발생, 전체주의적 독재와 압제로 말미암아 최소한의 생존권마저 위협받고 있는 대다수의 인류를 목도할 때 인권의 팽배 현상은 아직도 매우 국소적인 현상인 것이다. 인류의 대부분은 인권에 대한 "전반적 실패(gross failure)" 속에 신음하고 고통받고 있다. 인류의 기나긴 철학적 확신과 현실적 투쟁의 한 집약물이기도 한 『세계인권선언』에서 제시된 인간의 자유와 평등, 그리고 차별 없는 존엄성에 관한 인권의 이념은 "인간의 품위 있는 삶을 위한 최소한의 조건"이기는 하지만 그 완전한 실현을 위해서는 기나긴 분투의 여정을 가야 하는 "실현 가능한 유토피아(a realistic utopia)"로 아직 남아 있다.100)

제 5 장

자유주의와 환경보호

1. 서론: 자유주의와 환경 문제의 이데올로기적 함축성

환경 문제에 대한 논문을 쓴다는 것은 한편으로는 영광스런 일이기도 하지만 다른 한편으로는 부끄러운 일이기도 하다. 우리가 오늘날 이렇게 환경 위기에 봉착하게 된 것은 그동안 정부와 기업, 노동자, 그리고 시민들 모두에게서 환경철학이 부재했기 때문이라는 비판과 지적이 많았다. 그렇다면 이 논문은 철학자의 뒷북치기에 불과할지도 모른다. 이러한 철학적 뒷북치기는 헤겔의 표현을 빌리면 "미네르바의 올빼미(the Owl of Minerva)"로 표상된다. 황혼이 찾아 들면 비로소 날기 시작하는 "미네르바의 올빼미"에 대한 언급은 그의 『법철학』 서문에 나온다.[1] 헤겔이 지적한 것처럼 철학은 언제나 인류가 당면한 문제들에 대해서 뒷북치기에 급급해왔는지도 모른다. 그러나 언제나 시작하지 않는 것보다는 늦었지만 시작하는 것이 더 바람직하기 때문에, 우리는 환경철학의 문제를 논의해야만 할 것이다.

일견할 때, 자유주의는 역사적으로 자본주의적 경제 질서를 옹호하는 정치적 이데올로기로 간주되어왔기 때문에, 환경 문제의 주범이 어떻게 환경 문제를 해결할 수 있겠느냐 하고 처음부터 의아하게 생각될지도 모른다.2) 본 논문에서 다루려고 하는 자유주의적 환경론도 사실은 모순적인 것이 아니냐 하고 반문해볼 수도 있을 것이다.3) 심지어 어떤 사람들은 자유주의적 환경철학뿐만 아니라 환경철학의 가능성 전반을 무시하여, 경멸적으로 철학자 중에서 진정으로 환경 문제를 심각하게 다룬 최초이자 최후의 사람은 오직 디오게네스(Diogenes)뿐이었다고 말한다.4) 디오게네스는 주지하는 바와 같이 알렉산더 대왕과 일조권의 문제를 가지고 다툰 최초의 철학자였다. 그리고 디오게네스가 통속에서 살았다는 또 한 가지의 일화는 그가 문명세계에 대한 냉소주의를 부르짖고 환경 문제를 해결하기 위해서는 단순한 생활양식으로 돌아가야 한다는 메시지를 우리에게 전달해주고 있는 것 같다. 디오게네스는 흔히 견유학파(the cynics)로 분류되는데, 그의 삶을 통해 인간과 동물 사이에 본질적인 차이가 없다는 것을 보여준 점도 환경 문제에 깊은 함축성을 지니고 있다.

우리가 디오게네스에 빗댄 환경철학에 대한 이러한 경멸적 비판에 대해서 취할 수 있는 가장 합리적인 태도는 무엇일까? 그것은 아마도 환경 문제가 단순하게 개인적인 퇴행적 냉소주의나 낭만주의에 빠지거나, 아니면 단순 사안적인 환경운동에 머무를 것이 아니라, 사상적으로 보다 포괄적인 관점에서 환경 문제가 정립되어야 한다는 생각일 것이다. 이러한 관점에서 서구의 주요 이데올로기, 특히 자유주의의 관점에서 환경 문제를 바라보는 것이 필요할 것이다.5) 지금까지의 서구의 주요 이데올로기를 보면, 우선 우리가 주제적으로 다루려고 하는 자유주의(liberalism)가 있고, 그 다음으로 보수주의(conservatism)가 있다. 보수주의는 프랑스 혁명에 대해 반대를 했던 영국의 에드먼드 버크(Edmund Burke)를 중심으로 해서 나타난 사상으로서, 사회의 역사적 과정은 혁명적 변화를 통해서 급격하게 변화되어서는 안 되고 언제나 사회의 역사와 전통과 질서를 존속시키는 가운데 변혁되어야 한다고 주장한다. 그런데 오늘날 보수주의는 두 가지 의미로 사용되고 있다. 보수주의에는 전통적인 사회질서를 고수하자는 도덕적인 의미에서의 보수주의가 있을 뿐만 아니라, 자유방임주의적인 입장에서 정부의 통제 없이 경제 질서를 시장경제에 그대로 내맡겨야 한다는 의미에서의 경제적인 보수주의가 있다.6) 이러한 보수주의는 흔히 자유지상주의 (libertarianism)라고도 말해지고 있으며 넓은 의미에서 자유주의 속에 포섭된다. 그 다음에는 공산주의를 포함한 사회주의(socialism) 계열의 여러 가지 사상들이 있다.

서구의 근현대사는 이러한 3대 이데올로기들의 싸움이었다고 해도 과언이 아니다. 그런데 1989년 프랜시스 후쿠야마(Francis Fukuyama) 는 "역사의 종언(the end of history)"이라는 폭탄적 선언을 한 바 있 다.7) 근래에 그는 『역사의 종말과 최후의 인간』이라는 책도 발간한 다.8) 그는 이제 인류의 역사에 있어서 이데올로기 투쟁은 완전히 종식 되었고, 자유민주주의적인 정치경제 질서가 완전히 최종적 정부 형태로 굳어졌다고 주장한다. 이제 많은 사람들이 인류는 탈이데올로기 시대로 들어가고 있고, 세계는 국지적 블록화를 통한 경제전쟁으로 나아가고 있다는 점을 지적한다. 지구상의 거의 모든 나라가 자유민주주의적인 시장경제로 이행하고 있는 현재의 세계사적 흐름을 볼 때, 이제 마르크 스주의는 더 이상 우리에게 호소력을 잃었다고 볼 수 있다. 그러나 혹 자는 아직까지도 마르크스주의가 완전하게 자유주의에게 길을 내준 것 은 아니고 자유주의적 자본주의에 대한 소규모적인 비판적 세력으로서 유의미하게 존재할 수 있다고 주장하고 있고, 또한 어떤 사람은 환경 문제에 대해서만은 아직도 마르크스주의적인 생태주의가 필요하다고 주장하고 있는 것도 사실이다.9) 그러나 우리는 이제 마르크스주의가 정치적, 경제적, 사회적 삶의 방식으로 그 호소력을 잃어가고 있는 현 시점에서 자유주의적인 정치철학 내에서 어떻게 환경 문제가 처리될 수 있는가 하는 문제에 대해서 좀 더 심각한 관심을 기울이지 않으면 안 된다. 왜냐하면 현재 세계사가 진행되고 있는 과정 속에서 우리가 환경 문제를 해결하지 않고, 타당성을 상실한 이데올로기의 관점에서 어떤 해결책을 찾는 것은 시대착오적일 뿐만 아니라 역사적 기반을 갖지 못할 것이기 때문이다. 이러한 의미에서 자유주의와 환경 문제에 대한 논의는 오늘날의 세계사적 관점에서 중대한 문제라고 생각되지 아니 할 수 없다.10)

그런데 후쿠야마에 의해서 제기된 역사의 종말, 즉 인류의 이데올로기적 투쟁은 자유민주주의의 최종적 승리로 종말을 고했다는 주장보다도 더욱 심각하게 다가오는 종말론이 있다. 그것은 오늘날 상당한 위세를 떨치고 있는 환경론적 종말론이다. 1989년에 나온 빌 매키번(Bill Mckibben)의『자연의 종말』이라는 책은 환경론적 종말론을 단적으로 표명해주고 있다.11) 물론 이미 1960년대에 레이첼 카슨(Rachel Carson)은『침묵의 봄』이라는 책을 통해 환경론적 종말론을 말한 바 있다.12) 또한 로마클럽에서 내놓은『성장의 한계』라는 보고서도 일종의 종말론이다.13) 환경론적 종말론을 주장하고 있는 책 중에 아마도 가장 급진적인 책은 크리스토퍼 메인스(Christopher Manes)의『녹색의 분노』일 것이다.14) 그는 이 책을 통해서 무절제한 자본주의와 사회주의 양자 모두로부터 결과되는 참담한 지구의 파괴상을 처절하게 그려내고 있다. 메인스는 환경파괴의 단죄의 대상이 어떤 특정한 정치체제나 경제체제도 아니고, 산업주의도 아니고, 바로 문명 그 자체라고 주장한다. 그는 환경파괴를 종식시키기 위해서는 환경저항, 즉 에코타지(ecotage)를 통해서 자연에 대한 기술적 착취의 도구를 실제적으로 분쇄할 것을 주장하고 있다. 이렇게 환경론적인 종말론이 성행하고 있는 것을 볼 때, 이제 우리는 "역사의 종말"에서 "자연의 종말"로 인류의 관심이 이행한 것이 아닐까 하는 생각이 들 정도이다.

그런데 우리가 환경 문제에 접근하는 데 있어서 중요한 것은 두 가지의 극단적인 방법에 대해서 비판적 안목을 가져야 한다는 점이다. 하나는 소위 "최후의 날(Doomsday)"이 임박했다는 급진적인 환경론적 종말론의 주장이고, 다른 하나는 자본주의는 그 자체로 자정능력을 갖고 있기 때문에 자본주의는 충분하게 환경 문제를 잘 처리해서 "낙관적 풍요(Cornucopia)"를 이룩해낼 수 있다는 풍요론의 주장이다. 사실 자유주의는 사상적으로 볼 때 종말론과 풍요론을 동시에 가지고 있는 것이 사실이다. 자유주의 사상사에서 제일 먼저 등장하고 있는 체계적인 사상은 토머스 홉스(Thomas Hobbes)의 사회계약론이다. 홉스는 물론 결론적으로 절대국가를 옹호하기는 했지만, 그러한 결론을 도출하게 된 기본적 전제는 자유주의적인 것이었다. 즉, 절대주의적인 국가 질서도 피치자의 동의(the consent of the governed)에 의해서 정당화될 수 있다는 것을 주장했다는 의미에서 그는 자유주의자였다. 그런데 홉스가 상정하고 있는 자연상태를 보면, 우리가 잘 알고 있는 것처럼 "만인에 대한 만인의 투쟁상태"로서 일종의 종말론이다. 물론 홉스는 요즘 말하는 자연의 종말은 아니고 인간 상호 간의 투쟁을 통해서 "인간의 삶은 고독하고, 궁핍하고, 더럽고, 짐승 같고, 짧은" 상태에 이르게 되는 일종의 종말론을 그려내고 있다.15) 자유주의적 재산권 개념을 가장 강력하게 옹호했던 존 로크(John Locke)의 이론은 그 당시 이미 발견된 신대륙 아메리카의 상황을 배경으로 하고 있다. 그의 이론은 자연자원이 무한히 존재하고 있는 상황에서는 "다른 사람에게 동일한 양질의 자원이 남아 있는 한" 한 사람의 노동을 통한 사유재산권은 무제약적으로 확대된다는 것을 주장한다는 점에서 일종의 풍요론을 배경으로 하고 있다.16)

종합적으로 말한다면 종말론과 풍요론은 모두 문제를 가지고 있다.17) 종말론의 문제는 우리가 인류 최후의 날을 지나치게 강조하게 되면, 환경파괴의 치유 불가능을 주장하는 허무주의에로 빠질 수도 있다는 것이다.18) 그러나 낙관적 풍요나 기술적 낙관론을 너무 강조하면,

우리는 현재 진행되고 있는 모든 상황을 조용히 지켜볼 뿐 다른 도리는 없는 것처럼 보인다.19) 우리는 종교적인 차원에서의 종말론이나 종말 이후의 새로운 유토피아와 관련해서 상당히 심각한 사회적 문제가 야기된다는 점을 잘 알고 있다. 황당무계한 종말론과 유토피아니즘의 경우, 거기에 현혹된 광신자들은 이성적인 판단을 하지 못하게 되어, 자기들의 재산을 다 헌납하고, 비이성적인 집단적 광란으로 나아가게 되는 경우가 다반사이다. 어쩌면 종말론과 풍요론의 딜레마는 자유주의를 방법론적으로 정초화하고 있는 사회계약론(social contract theory)이 지닌 본질적인 딜레마라고도 볼 수 있다. 만약 홉스처럼 자연상태를 참혹하게 규정한다면 그러한 상태에서 빠져나오려는 이유가 충분히 제시될 수 있을 것이다. 그러한 참혹한 상태에서는 인간다운 생활을 더 이상 영위할 수 없기 때문에 우리는 인위적인 사회적 질서 속으로 유입될 충분한 필요가 있다. 그러나 문제는 그렇게 참혹한 상태에서 빠져나오기가 매우 힘들다는 점이다. 물론 장-자크 루소(Jean-Jacques Rousseau)처럼 자연상태를 평화스러운 목가적인 상태로 규정하게 된다면,20) 그러한 상태에서 빠져나오기는 쉬울 것이다. 그러나 이 경우 왜 우리가 그러한 목가적인 상태에서 인위적인 정치적 질서로 이행해야 되는지에 대한 이유가 강력하지 않다.21) 이러한 관점에서 유추해본다면, 환경 문제에 대해서 최후의 날이 임박했다고 부르짖는 것과 낙관적 풍요를 기대해도 좋다고 보는 양 극단론은 자유주의 철학 내에서도 기초적인 딜레마를 형성하고 있다고 말할 수 있을 것이다. 그렇다면 자유주의적 환경론의 가능성은 최후의 날 신드롬과 낙관적 풍요라는 두 뿔 사이를 피해 나갈 길을 찾는 철학적 항해라고 할 수 있을 것이다.

자유주의적 환경론의 가능성을 논의하는 데 있어서 제일 먼저 처리하지 않으면 것은 자유주의가 환경파괴의 주범이라는 통상적인 생각이다. 이러한 통상적인 생각에 대해서 오직 자유주의만이 환경파괴의 주범인가 하는 반문을 우리는 심각하게 제기해볼 필요가 있다. 자유주적 자본주의가 환경파괴의 주범이라는 생각은 지난 1970년대까지 상당히 팽배해 있었다. 그러나 사회주의 국가의 환경 문제도 자유주의 못지않게 심각하다는 사실이 인정되면서 등장한 것이 소위 "환경파괴의 체제수렴 이론(the convergence of environmental disruption)"이다.22) 이러한 체제수렴 이론을 통해서 자유주의는 상대적으로 부담을 던 것도 사실이다. 환경파괴의 체제수렴 이론은 자유주의나 공산주의보다 더 근본적인 산업주의나 기술주의, 근대성, 인간중심주의, 혹은 계몽사상을 비판의 대상으로 하기 때문에 결국은 자유주의와 공산주의는 환경파괴에서 별다르지 않다고 간주되고 있다. 이러한 상황은 경제학의 관점에서 볼 때도 마찬가지이다. 주지하는 것과 같이 생산의 3요소는 자본, 노동, 그리고 (자연재인) 토지이다. 자본주의는 자본을 강조했고, 사회주의는 노동을 강조했으므로, 자연재는 사상사적으로 볼 때 등한시된 것이 사실이다.23) 따라서 이러한 의미에서 현대 환경론은 자유주의와 공산주의 모두를 초월하는 제3의 이데올로기라는 주장이 나오게 된 것이다.24) 사회주의나 공산주의도 환경파괴의 또 다른 주범이라는 생각이 인정된다면 자유주의는 상대적으로 책임이 가벼워지는 것은 사실이지만, 그러한 책임으로부터 완전히 벗어날 수는 없다. 자유주의적 자본주의를 가지고는 자연의 종말에 대처할 수 없다는 급진적 환경론자들과 심층적 생태주의자들의 심각한 도전과 비판 앞에 자유주의는 직면해 있다.25)

이러한 도전은 다음과 같이 정리해볼 수 있을 것이다. 첫째, 자유주의적 자본주의가 인간중심주의(anthropocentrism)로서 자연과 자연 속의 존재물들을 인간의 욕구충족을 위한 단순한 수단적 가치로만 보는 종족적 우월주의나 맹목적 배타주의에 기초하고 있다는 비판으로 나타난다.26) 둘째, 자유주의는 계몽주의적 자연관을 수용하여 자연을 기계론적으로 해석하였고, 그 결과 자연을 조작, 통제, 지배함으로써 인류의 무한한 진보가 가능하다는 낙관적인 신념을 견지하게 되어, 환경파괴가 결과하게 되었다는 것이다.27) 셋째, 자유주의는 개인의 자유를 경제적인 이윤추구에 근거한 사유재산권으로 규정함으로써 자연과 자연 대상물을 관리자적인 평등적인 고려가 아니라 무한한 사용이 가능한 사적소유의 대상으로 삼았기 때문에 무제한적 성장을 추구하게 되어 환경위기가 시작되었다는 것이다. 더욱이 자본주의적 생산제도는 투여자본의 생산성 증대를 위해 유용한 과학기술을 개발해야 한다는 강력한 동기를 유발시킴으로써 산업기술적인 환경오염의 주범이 되었다는 것이다.

환경파괴에 관련해서 자유주의의 정치, 경제 철학의 기본적 개념들도 모두 비판의 도마 위에 오르고 있는 실정이다. 이미 언급된 비판과 연관된 것으로, 우선 최소의 비용으로 최고의 이윤을 추구하는 경제인간(*homo economicus*)이 비판의 대상이 된다. 자유주의 정치철학에서는 왜 사람들이 정치적 결사체를 통해서 국가사회라는 정치체계 속으로 들어가게 되느냐 하는 이유를 근본적으로 경제인간이 가지고 있는 자기이익의 보전과 추구를 통해서 설명하고 있다. 로크의 주장을 예로 들면, 우리는 재산권의 보전과 시장질서의 유지를 위해서 정치체계라는 사회질서 속으로 들어간다는 것이다.28)

그 다음에는 도구적 이성(instrumental reason)이 비판의 대상이 된다. 중세에는 신학적 세계관에 근거한 자연적 질서가 있었고, 인간은 그러한 목적론적 질서를 믿고 따르는 존재이었다. 그러나 근대 세계의 지평을 연 자유주의는 모든 개인에게 동일한 목적론적 질서는 없고 각 개인은 자기에게 주어진 목적을 도구적으로만 실현한다는 점을 강조하게 된다. 따라서 자유주의에서는 무제약적인 도구적 이성이 발동하게 되었다고 비판된다.

그 다음에는 자유주의가 태동한 미국적인 역사 경험도 비판의 대상이 되고 있다. 초기 이민 시절, 일단의 개척민들이 어느 지역으로 들어가든지 거기에는 풍부한 자연자원이 존재하고 있었던 것이다. 예를 들어, 그 개척민들이 수천 그루의 나무들을 베더라도, 다른 지역으로 이동하게 되면, 언제나 그것보다 더 많은 나무들과 목초와 야생동물들이 널려 있었으므로 무한한 벌목과 사냥이 정당한 것으로 되었다는 것이다. 이러한 초기 개척민의 환경적 태도는 풍요 속의 자원 낭비라는 미국적 삶의 방식으로 정착하게 되었다는 것이다. 이러한 자유주의의 창출과 성립의 배경이 된 미국적인 경험을 통해서 볼 때도, 역시 자유주의는 환경파괴의 주범이 아닌가 하는 생각이 당연히 나타나게 되는 것이다.29)

자유주의에 관한 비판이 제기될 때 언급되는 또 한 가지의 중대한 관점은 허버트 스펜서(Herbert Spencer)에 의해서 제기된 "사회적 다윈주의(social Darwinism)"이다.30) 이것은 진화론의 적자생존과 자연도태의 이론을 자본주의의 냉혹한 시장질서 자체에 적용시킨 것이다. 다시 말하면, 적자생존과 자연도태 이론을 자본주의 사회의 유산자와 무산자의 구분에 냉혹하게 적용시킨 것이다. 이미 기독교에 자본주의적 요소를 도입한 캘빈주의(Calvinism)에 의해서 무산자는 신의 저주까지 받고 있는 실정이었다. 여기에 더해 무산자는 이제 자연의 처벌까지도 받게 된다. 마르크스주의적 환경론자들은 자본주의가 인간 생존의 필요에서가 아니라 자본주의적 경제 질서의 왜곡된 소비구조에 의해서 인간을 소비동물로 전락시킴으로써 계속 자연을 파괴할 수밖에 없다는 비판을 한다. 여기서 우리는 마르크스주의적 환경론자들의 비판이 어느 정도 호소력이 있고 타당하다는 생각을 가지게 될지도 모른다. 따라서 우리는 자유주의와 환경 문제를 논함에 있어서 자유주의가 현재 있는 그대로 타당하다는 것을 주장할 수는 없을 것이다.

그렇다면 문제는 우리가 어느 정도까지 자유주의를 변화시킬 수 있는 것인가 하는 점일 것이다. 우선적으로 우리는 환경중심주의의 관점이 자유주의적 자본주의와 완전히 배치되는 것만은 아니라는 것을 인식해야만 한다. 국제적인 남북문제의 관점에서 볼 때 환경론은 선진 자본주의 사회의 방어무기인 "환경제국주의"에 불과하다는 주장도 제기되고 있는 실정이다. 그리고 환경운동이 미국에 처음 등장했을 때 그것은 이미 경제적 성장의 과실을 향유하고 있는 중상층의 관점, 즉 "자유주의자들의 보수주의"로서 흑인과 노동계층의 고통을 영속화시키는 전략일 뿐만 아니라 분배적 정의도 무시한다는 비판이 있었다.31) 이제는 더 이상 성장할 필요가 없다는 주장은 이미 성장의 과실을 맛보고 있는 사람들에게는 좋지만 성장을 통해서 새로운 분배적 가치를 부여받으려는 사람에게는 상당한 충격이 아닐 수 없었던 것이다. 우리는 기본적으로 환경운동 자체가 태동하게 된 것은 자유주의적 정치적 질서 안에서 가능했다는 점을 이해하는 것이 필요하다. 그런데 환경론은 다른 한편으로는 환경오염의 피해가 빈민층에게 많다는 사실과, 산업 유발적인 환경오염, 작업장 환경의 개선, 혹은 직업병의 진단과 보상 문제를 통해서 사회주의적인 노동조합운동과 결합할 수 있게도 되는 양면성을 가지고 있다.

그래서 자유주의와 환경 문제 사이의 이러한 다양한 관련 방식을 볼 때, 환경 문제와 관련해서 단순히 자유주의만을 비난하는 것은 올바른 태도가 아니라고 생각된다. 자유주의는 물론 심층적 생태주의 등의 환경론과 비교해볼 때 환경을 보전하는 최선의 이론이 아닐지도 모른다.32) 그러나 환경보호와 그 운동이 개인적인 퇴행적 낭만주의나 전체적인 구도가 없는 단순 사안 대처적인 환경운동이 아니라 종합적인 사상체계가 되기 위해서는 자유주의와 환경론의 접합이 시도된다는 것은 매우 중요할 것이다.33)

우리는 현재의 세계사적인 관점에서 자유주의적인 이데올로기 질서가 주류를 형성하고 있기 때문에 그것을 전적으로 무시하고는 어떠한 사상도 현실적 뿌리를 내릴 수 없다는 점을 인정해야만 한다. 설령 환경위기가 자유주의만의 절대적인 책임이라는 것을 인정한다고 해도, 우리는 결자해지의 원칙으로서 자유주의 내에서 가능한 최선의 해결책이 무엇인가를 주목해보는 것이 중요할 것이다. 그래서 우리는 자유주의와 환경보호와 관련해서 근래에 태동하고 있는 소위 "신자유주의적 환경론"에 대해서 탐구하지 않으면 안 될 것이다.34)

2. 자유주의와 신자유주의적 환경론

1) 신자유주의적 환경론의 기본적 안건들

신자유주의적 환경론은 비록 기술적, 경제적 측면에서 환경위기에 대처하는 정책과 방향이 제기된다고 하더라도 결국 그것이 구체적으로 실행되는 것은 정치적인 의사 과정에 달려 있다는 것을 기본적으로 가정한다. 예를 들어, 지구 온난화 문제를 생각해보자. 대기 중 이산화탄소의 증가는 향후 몇 십 년 동안 파괴적인 결과를 야기할 대기의 평균 온도의 상승을 가져올 것이다. 이러한 전제 아래, 우리는 다양한 일련의 정책과 행동들을 이끌어낼 수 있을 것이다. 우리는 공장의 굴뚝에 이산화탄소 세정기를 장치할 수도 있고, 에어로졸의 프레온가스 사용을 금지할 수도 있고, 탈공업화할 수도 있을 것이다. 아니면 자동차와 에어로졸 모두를 생산 금지할 수도 있다. 그런데 우리는 자기변호의 의무를 자동차와 에어로졸 생산을 계속 주장하는 사람에게 지울 것인가, 아니면 그 생산을 중지해야 한다고 주장하는 사람에게 지울 것인가 하는 문제, 즉 "증명의 부담"을 부여하는 문제도 과학적 정보에 기초한 정치적 관계를 통해서 결정하게 될 것이다. 그러나 과학적 정보에 기초한 정치적 결정이라고 해도 간단한 것은 아닐 것이다. 그 이유는, 예를 들어, 원자력은 산성비의 문제를 해결하는 데 기여할 수도 있지만 지구 온난화를 가중시킬 수 있고, 화학비료는 더 많은 식량을 생산할 수 있게 하지만 동시에 토양과 수자원을 오염시킬 수 있는 복합적 상황이 전개되기 때문이다. 물론 우리가 정치적인 의사결정 과정을 중요시한다고 해도, 모든 것이 일사불란하게 단번에 결정되는 것을 의미하는 것은 아니다. 그러나 자유주의는 적어도 그러한 정치적인 질서와 과정들이 합리적 합의를 기반으로 하는 자유주의적인 방식을 통해서 이룩되어야 한다는 것을 주장한다.

그러면 자유주의와 환경보호에 관련해서 어떠한 기본적인 안건들이 있는가를 살펴보기로 하자. 첫째는 기술적 문제의 의사결정 과정에 있어서 시민의 참여 문제가 있다. 환경 문제에 관한 어떤 정책이 과학적 기술에 의해서 결정되더라도 그것은 시민들에게 납득되어야 한다는 것이다. 둘째는 자유시장과 정부의 제약에 관련된 문제가 있다. 정부가 환경 문제에 관련해서 단순히 규제만 할 것인가, 아니면 자유시장에 의한 경제적 유인책을 어느 정도 사용할 것인가의 문제가 생긴다. 셋째는 환경정책과 분배적 정의의 관련성 문제가 있다. 기본적으로 빈민층이 환경오염의 주요 피해자라는 관점에서 환경오염의 처리 비용 문제가 접근되어야 한다는 것이다. 미국의 경우, 주로 도심지 안에 빈민층들이 살고 있기 때문에 대기오염의 피해자들은 대개 도시 빈민층일 경우가 많다. 그러나 부유층들은 대기오염이 덜한 도시 외곽 지대에 거주하고 있다. 또한 부유층들은 대부분 수자원을 통한 레크리에이션을 즐기고 있는데, 만약 정부가 대기오염보다는 수자원의 오염을 처리하는 데 많은 투자를 한다면, 그것은 빈민층보다는 부유층을 위해서 국민의 세금으로 조성된 정부의 재원을 사용한다는 점에서 분배적 정의의 문제가 생겨나게 된다. 이와 관련된 다른 문제로는 모든 국민에게 동일한 오염처리 비용을 부담시킬 경우, 오염처리 비용이 빈민층에게 더 큰 비율로 부담이 된다는 사실이다. 오염처리 비용은 결국 상품가격 인상을 통해서 소비자에게 전가될 것이다. 예를 들어, 모든 가정에 필수적인 전기 비용이 인상되면, 빈민층의 경우 가계 수입이 제한되어 있기 때문에 더 큰 부담을 갖게 되는 것이다. 이와 관련된 또 다른 문제는 환경세의 신설에 관련된 것이다. 환경세를 직접적인 목적세로 하지 않고 간접세로

하여 모든 사람에게 동일하게 부과한다는 것은 결국 역누진세적인 효과를 자아내는 것이 된다. 이것은 빈민층이 더 많은 비율로 환경비용을 부담하게 된다는 것을 의미한다. 이러한 점들을 감안해볼 때, 환경정책과 분배적 정의의 관련성 문제는 매우 중요한 것임을 알 수 있다.35)

넷째로 지방 분권화와 중앙 집권화의 문제가 있다. 우리는 통상적으로 중앙정부에 대해서 왜 환경보전을 강력한 의지를 가지고 밀어붙이지 않는가 하는 비판을 전개한다. 그러나 우리는 자유민주주의에서 가장 기초적인 지방자치제도의 관점에서도 환경 문제의 해결책을 생각해 보아야 한다. 그러나 여기에도 상당한 문제가 도사리고 있다. 우리나라에서는 1993년 7월부터 오염단속권이 지방자치단체인 시도로 이관되었다. 그러나 지방자치단체는 지역경제의 활성화를 위해서 공해업체를 감싸주기에 급급하고 있는 실정이다. 대구광역시의 경우에는 시행 첫해에 공해배출 부과금이 98%나 줄어든 바 있다. 또한 우리는 사회경제적인 차원에서 어느 한 지역이 매우 낙후되어 있는 경우에, 지역 주민들의 생활 향상을 위해서 공해업체라도 유치하겠다고 하는 지방자치단체의 염원을 환경보호라는 일률적인 관점으로 완전히 막기가 어렵다. 그렇다고 해서 우리는 지방자치단체에 이관됐던 모든 권리들을 중앙정부에 다시 이관해야만 한다고 주장할 수 없다. 우리는 환경보호와 관련해서 지방 분권화와 중앙 집권화의 문제가 쉽지 않다는 것을 인식하고, 환경보호 정책의 구체적인 정치적 의사결정 과정의 문제를 다양한 각도에서 고려하지 않으면 안 된다.

다섯째는 희소한 자원의 배분과 공공재의 설비에 관련된 문제가 있다. 핵폐기물 처리장과 쓰레기 소각시설에 관련해서 요즘 많이 언급되고 있는 님비(nimby) 현상도 이러한 문제의 일환이다.36) 흔히 이러한 현상은 지역이기주의의 폐해로서 말해지고 있지만, 우리는 특정 지역 사람에게만 이기주의를 포기하라고 강요할 수는 없으며, 환경보호를 위한 부담의 배분에도 합리적인 수용이 가능하도록 최선을 다해야 한다.

여섯째로 중요한 안건은 환경권 개념이다.37) 우리는 근래에 환경권에 대해서 어떠한 사법적 판결이 내려지고 있는가를 주목할 필요가 있다. 환경권은 점점 하나의 재산권으로 인정되고 있을 뿐만 아니라, 또한 환경 문제에 관한 정신적인 피해까지도 인정되고 있는 추세이다. 앞으로 논의되겠지만, 신자유주의적 환경론에서 가장 중요하게 부각되는 것 중의 하나는 환경권 개념이다. 역사적으로 자유주의는 개인의 천부적 인권을 강조하고 있는데, 천부적 인권이 단순히 물권적인 재산권만이 아니라 환경권도 포함되는 방향으로 나아간다면 상당히 큰 파장효과를 가지게 될 것이다.

비록 우리는 이상과 같은 신자유주의적 기본적 안건들을 본 논문에서 모두 명쾌하게 해결할 수는 없을 것이지만, 그러한 기본적 안건들을 염두에 두면서, 자유주의와 환경보호의 관련성을 논의할 것이다. 나아가서 우리는 철학에서 정책으로, 그리고 정책에서 정책 시행의 전략으로, 그리고 정책 시행의 전략에서 일상적인 가치의 변화로 이행하는 과정에 대해서도 관심을 기울여야만 할 것이다. 그러한 변화들의 근거에는 정치적 행동도 있을 수 있고, 제도의 변화, 교육, 종교, 그리고 개인적인 삶의 방식들도 포함될 것이다.

2) 인간중심주의로서의 자유주의와 환경보호

그러면 이제부터 자유주의와 신자유주의적 환경론의 구체적 내용에 대해서 논의해보기로 하자. 먼저 인간중심주의(anthropocentrism)로서의 자유주의와 환경보호 문제를 다루어보기로 하자. 심층적 생태주의를 비롯한 급진적 환경주의가 가장 반대하는 것이 있다면, 그것은 인간중심주의일 것이다. 자유주의는 환경을 보호하는 것이 인류에게 이익이되기 때문에 그렇게 해야 한다는 인간중심주의를 취하고 있다. 반면에심층적 생태주의자들을 위시한 녹색주의는 자연과 환경에는 인간의 이익과는 무관하게 고유한 가치가 존재하고 있다는 주장을 하고 있다.38) 환경철학의 입장은 인간중심주의, 동물중심주의, 생명중심주의, 생태계 중심주의, 그리고 좀 더 포괄적으로 지구 자체의 생명을 말하고 있는 가이아(Gaia) 가설에 이르기까지 폭넓게 존재하고 있는 실정이다. 우리는 어떠한 중심주의가 가장 타당한 환경철학이 될 것인가를 어떻게 결정할 수 있는가?

인간중심주의에는 두 가지 유형이 있다. 그 하나는 논리적 관점에서의 인간중심주의이다. 논리적 인간중심주의는 우리가 인간 이외의 다른 생물체들을 위한 어떠한 행동을 한다고 해도 그것은 여전히 인간중심주의라는 것을 주장한다. 다른 하나는 결과주의적인 인간중심주의이다. 이것은 환경을 보호하는 것이 결과적으로 인간을 위한 실용적 도구가 된다는 주장이다. 비인간중심주의를 주장하는 사람들도 논리적 인간중심주의는 피할 수 없다고 생각된다. 철학에는 유명한 "거짓말쟁이의 역설(the liar's paradox)"이 있는데, 그것은 "모든 크레타 사람은 거짓말쟁이다"라는 말을 크레타 사람인 에피메니데스(Epimenides)가 말했다면, 그 말은 거짓말인가 참말인가 하는 것이다. 만약 그 말이 참말이라면, 모든 크레타 사람은 거짓말쟁이이기 때문에 그의 말은 거짓말이 된다. 그러나 그 말이 거짓말이라고 한다면, 모든 크레타 사람은 거짓말쟁이라는 그의 말이 거짓말이 되기 때문에 그것은 참말이 된다. 이 역설을 환경 문제에 관련시켜본다면, "만일 어떤 사람이 인간은 인간중심주의를 버려야 한다고 말했다면, 그것은 인간중심주의입니까, 인간중심주의가 아닙니까?" 하는 질문이 나오게 될 것이다. 비인간중심주의라도 이러한 관점에서 인간중심주의를 벗어날 수는 없다. 이것은 피할 수 없는 필연적인 논리적 관점이다. 그러나 여기서 중요한 것은 논리적인 관점과 어떤 관점을 취함으로써 나타나는 결과적인 가치로서의 인간중심주의를 구별해야 한다는 것이다. 결과적인 가치로서의 인간중심주의는 비인간중심주의와 구분된다. 예를 들어, 어떤 한 남성이 페미니즘적 관점에서 여성이 인간으로서의 동등한 권리를 가지고 있다는 것을 인정한다면, 그 사람은 페미니스트가 되는 것이지 남성우월주의자가 되는 것은 아니다. 비록 남성이 여성을 인정해준 것이지만, 그 사람은 여성을 남성을 위한 수단적 가치로서 잘해주어야 한다는 것을 말하지 않는다면, 그는 본질적인 페미니스트가 되는 것이다. 논리적 관점에서는 설령 가이아 가설을 취한다고 하더라도 인간중심주의는 피할 수 없다. 인간이 존재하지 않는다면, 그러한 주장 자체도 무가 될 것이기 때문이다. 물론 두 번째 관점에서의 결과주의적인 인간중심주의는 비인간중심주의와 다양한 연관 방식을 가질 수 있다. 그것은 비인간적인 것을 완전히 도구적으로 이용하느냐, 아니면 인간 이외의 것에도 본질적 가치를 인정하느냐에 따라서 최종적 입장이 달라질 것이기 때문이다.

자유주의는 인간중심주의를 취하고 있기 때문에 생명권, 생물권, 생태계, 가이아 가설 등의 비인간주의적 관점을 취하는 사람들의 비판의 표적이 되어왔다. 그래서 자유주의적 입장이 취하는 전략은 일단 인간중심주의를 취해도 우리는 환경보호의 목적을 달성할 수 있다는 것이다.39) 자유주의의 주장은 녹색주의자들과 환경주의자들이 주장하는 대부분의 조치들은 우리 인간이 일생 동안 영위하는 삶에 대한 이득이 된다는 의미에서 모두 정당화될 수 있다는 것이다.40) 인간중심주의적인 입장은 만약 비인간적 자연에 대한 인간의 의존이 철저히 인식된다면, 인간의 자연에 대한 파괴적 이용은 초래되지 않을 것을 주장한다. 즉 환경은 생물학적으로 경제적으로 미학적으로 우리 인간에게 중요하고, 인간의 복지와 번영은 생태계의 통합성에 달려 있다는 것이 인식될 수 있다는 것이다. 결국 인간의 계몽적인 자기이익은 환경을 보전할 강력한 동기를 제공해준다는 것이다.

그런데 만약 생태계중심주의를 주장하는 사람이 있다면, 그의 입장은 개인주의적인 차원에서의 비인간중심주의와 공공적인 차원에서의 비인간중심주의로 구분해볼 수 있을 것이다. 생태계중심주의자들이 개인적으로 모였을 때는 자연과 환경에는 고유한 가치와 어떤 영적인 것이 있다고 합의할 수 있다. 그러나 오늘날 환경운동 자체도 민중들의 호응을 받아야 하기 때문에 민중들에 대해서 "자연은 인간이 무시할 수 없는 고유한 가치가 있고 거기에는 영적인 가치가 있다"고 말하는 것은 좋은 전략이 아닐지도 모른다. 중요한 것은 인간적인 관점에서 환경보호의 필요성을 호소하고, 일단 그러한 인간중심적인 관점이 소기의 성과를 보게 되면, 그 다음에는 결과적으로 자연에 대한 고유한 가치를 점차적으로 인정하는 방향으로 확대될 수도 있을 것이다. 물론 우리의 삶의 양식 자체라는 것은 타성을 가지고 있기 때문에 그러한 방향으로의 확대를 단번에 이룩할 수는 없을지도 모른다. 그러나 우리는 그러한 노력을 경주해야만 할 것이다. 그러나 그러한 방향으로의 확대는 현시점에서 어떠한 한계를 가는가를 결정해야만 할 것이다.

존 패스모어(John Passmore)는 오늘날 우리에게 필요한 것은 새로운 환경윤리학이 아니라 전통적인 형식의 윤리학을 신중하게 확대 적용하는 정도로서 충분하다고 주장한다. 그는 과학적인 정보에 근거한 공리주의를 표방한다. 그의 주장은 다음과 같다. 공기, 물, 토양에 대한 오염은 인간 생활에 대한 오염이다. 자연 자원의 유지 가능성은 인간의 삶과 건강과 물질적 복지에 대한 관련을 통해서 달성될 수 있다. 야생적 자연에 대한 보존은 비록 그것의 이익이 직접적으로 눈에 보이는 것은 아니지만, 그것의 보존은 인간의 삶에 유익하다. 즉 레크리에이션, 캠핑, 사냥, 낚시 등등이 주는 이익이 그것이다. 이러한 방식으로 자연은 우리에게 낭만적인 가치와 미학적인 가치를 제공해준다는 것이다.41)

더 나아가서 인간중심주의적 환경보호론에서는 야생적 자연이 인간에게 미치는 여러 가지 긍정적인 가치와 눈에 보이지 않는 이익들도 언급되고 있다. 즉, 자연은 인간에게 자립심과 용기와 자조정신을 준다는 것이다.42) 그 다음으로 언급될 수 있는 것은 야생적 자연이 과학 연구에 매우 중요하다는 점이다. 즉, 유전적 다양성을 보존하는 것이 농업이나 의학 연구에 매우 중요하다는 실용적인 관점이다. 또한 미래 세대에 대한 분배적 정의의 관점에서 우리가 환경을 보전해야 한다는 주장도 나오고 있는데, 이것도 역시 인간중심주의이다.

더 나아가서 어떤 사람들은 자연의 미학적, 도덕적 가치보다는 영적인 중요성을 말하기도 한다. 헨리 데이비드 소로(Henry David Thoreau)와 같은 사람은 자연은 영감의 원천이며, 우리 인간은 자연 속에 내재한 초월성을 발견해야 한다고 주장한다.43) 자연은 또한 계산적인 이성에 때 묻지 않는 상상력과 원초적인 직관적 능력을 고양시킨다는 것이다. 미국의 가장 오래된 환경단체인 시에라 클럽(Sierra Club) 회원 대부분은 미학적, 정신적 가치를 레크리에이션이나 가용자원의 보존보다더욱 중요한 것으로 간주한다.

우리는 여기서 환경보호의 이상과 같은 인간중심적인 (도구적 혹은 본질적) 가치를 벗어나서 어떻게 우리 인간의 비인간적인 자연에 대한 의무를 찾을 수 있느냐 하는 문제를 생각해보아야만 할 것이다. 그렇다면 자유주의가 취해야만 하는 인간중심주의는 어떠한 유형인가? 그것은 배타적인 인간중심주의가 아니라 겸허한 인간중심주의로서, 우리의 생존에 필요한 만큼만 자연세계를 최소한으로 이용하는 것, 즉 자연의 생태계를 해치는 않는 범위 안에서 자연을 수단적 가치로서 이용하는 인간중심주의가 될 것이다. 이것은 기본적으로 인간이 다른 동물보다는 우월하다는 것을 인정하면서도 또한 숭고한 의무를 강조하는 것이 될 것이다. 이것이 바로 "고귀한 자의 사명(noblesse oblige)"이라는 개념이 가지고 있는 함축성이다. 따라서 우리는 인간이 자연에 대한 숭고한 의무를 가지고 있다는 것을 인정하는 겸허한 인간중심주의를 수용해야할 것이다.44) 물론 우리는 자유주의의 주요 사상 사조의 하나인 공리주의가 동물중심주의적 관점을 취할 수도 있다는 사실을 망각하고 있지 않으며, 그것은 앞으로 보다 자세히 논의될 것이다.

3) 환경 문제의 자유주의적 해석: 공공재의 설비와 시장의 실패, 정부의 실패, 무임승차자의 문제, 그리고 공동 소유의 비극

그러면 환경오염에 대해서 자유주의는 어떻게 해석하고 있는가 하는 문제를 다루도록 해보자. 자유주의적 해석에는 공공재의 설비와 시장의 실패, 정부의 실패, 무임승차자의 문제, 그리고 공동 소유의 비극 등의 관점이 존재하고 있다. 환경위기가 부각됨으로써 그 근본적인 원인이 무엇인가에 대해서 무분별한 성장이다, 산업화다, 인구폭발이다 하는 분분한 많은 이론들이 등장했다. 자유주의가 환경위기의 발생 원인에 대해서 어떻게 해석하고 있는가 하는 것은 자유주의적 관점에서 환경 위기를 어떻게 해소할 것인가 하는 것과 직결되어 있기 때문에 매우 중요하다.

환경재는 전통적으로 무한한 소비가 가능한 자유재로 인식되어왔다. 이것은 환경재가 누구의 소유도 아닌 공유재산으로 간주되고 있는 것과 마찬가지이다. 경제학자들은 환경자원과 같은 공유재산은 과도하게 이용되기 때문에 결국은 환경이 악화될 수밖에 없다는 것을 오래 전부터 인식해왔다. 보다 엄밀하게 말한다면, 공동재산 혹은 공유재산(common properties)과 공공재산(public properties)은 다르다. 공동재산은 아무에게도 소속되지 않는다는 의미에서 모두 사람의 소유인 공유재산이다. 반면에 공공재산은 특정한 공공단체의 재산으로 소유권이 국가, 지방단체, 혹은 일정 지역에 귀속되어 있는 것을 의미한다. 환경재는 통상적으로 공유재산으로 간주된다. 물론 강이 국가의 소유로 되어 있다고 해도 모든 국민이 그 강물을 자유롭게 사용할 수 있다면 공유재산과 공동재산의 구별은 모호하게 된다. 환경재와 같은 소유주가 없는 물건은 흔히 무주물이라고 말해지고 있으며, 전문용어로는 레스 눌리우스(*res nullius*)라고 표현된다. 그러한 무주물에 대해서 사람들은 마음대로 쓰고 마음대로 버리는 행동을 하게 되는 것은 자연스러운 일이다.

예를 들어, 하천에 폐기물을 배출하는 사람은 그런 행위로 자신의 이익을 향상시키지만 그로 인해서 자신이 치러야 할 환경비용을 부담하지 않고 사회적 비용으로 전가시키는 "외부성(externality)" 혹은 "외부효과(external effects)" 때문에 환경악화는 피할 수 없게 된다.45) 경제학에서 말하는 외부성은 자기와 상관이 없는 제3자에게 외부적인 피해나 혹은 이익을 주는 것을 모두 말하지만, 여기서의 외부성은 당연히 마이너스적인 피해이다. 다시 말하면, 환경자원을 공유하고 있는 사람들이 서로 외부성을 발생시키면서 행동한다면, 환경은 악화될 수밖에 없고, 그 결과 사회 전체가 부담하는 비용이 각자의 이익을 초과하는 현상이 발생하게 되는 것이다.

유명한 생물학자 가레트 하딘(Garrett Hardin)은 소위 "공유지의 비극(the tragedy of the commons)"을 통해서 환경오염을 설명한다.46) 그는 사람들이 공유지인 목초지에 많은 가축들을 데려가서 제한 없이 함부로 먹임으로써 목초지가 유실되는 상황을 공동 소유의 비극이라고 불렀다. 대기오염이나 수질오염 같은 환경 문제도 공기나 물을 오랫동안 공유재산으로 이용해왔기 때문에 발생했다고 생각할 수 있다는 것이다. 공유재산이 무제약적으로 이용되는 사회에서는 자원 배분을 효율적으로 조정하는 아담 스미스(Adam Smith)의 "보이지 않는 손"과 같은 것이 제대로 기능을 발휘할 수 없으므로 그러한 상황은 시장의 실패(market failure)라고 일컬어진다. 모든 사람이 각자의 이득을 추구한 결과가 각자의 이득을 향상시키기는커녕 도리어 모든 사람에게 손해가 되는 상황에서 시장은 실패하게 되는 것이다. 환경재는 공공선재(public goods)이고, 환경오염은 공공악재(public bads)인데, 그러한 공공재의 기본적인 속성으로 우선 불가분성을 들 수 있다. 보다 구체적으로 말하면 공공재는 소비의 비배제성과 공급의 공동성을 가진다. 환경의 개선이나 악화는 모든 사람에게 이득이나 피해가 돌아가며, 또한 공공선재의 설비는 많은 비용이 들기 때문에 한 사람의 힘으로는 안 된다는 것이다. 여기서 한 사람의 기여분이 매우 미미하기 때문에 모든 사람이 똑같이 기여하지 않으면 어떤 사람도 기꺼이 기여하려고 하지 않을 것이며 또한 모든 다른 사람이 기여한다면 자기만은 예외가 됨으로써 이득을 보려는 이기심이 발동하게 되는데, 이것이 소위 무임승차자의 문제(the free-rider problem)이다.[47]

사회과학의 일반적 방법론으로 정착되고 있는 합리적 선택이론에서는 이러한 문제들이 많이 다루어진다. 무임승차자의 문제의 원형은 이미 소피스트 시절부터 알려진 "연쇄식의 역설(sorites paradox)"이다. 소피스트들이 그들의 궤변에 흔히 사용했던 연쇄식의 역설은 지금 논의하고 있는 환경오염의 논리적 원형이라고 생각해볼 수 있다. 또한 연쇄식의 역설은 "결합의 오류"의 하나라고도 볼 수 있다. 부분에 관해서 참인 것이 부분들이 결합해서 이루어진 전체에 관해서도 참이라는 오류가 바로 결합의 오류이다. 예를 들면, 한 알의 곡식으로 산을 만들 수 있겠는가? 아니. 두 알의 곡식으로 산을 만들 수 있는가? 아니. … 그러면 2백만 알의 곡식으로 산을 만들 수 있는가? 아니. 이렇게 여전히 많은 곡식을 쌓아도 산을 만들 수 없다는 것은 결합의 오류를 범한 것이다. 그 반대의 경우도 당연히 성립한다. 이미 수백만 알의 곡식으로 산이 형성되어 있는 곳에서 한 알의 곡식을 빼면 산은 그대로 있는가? 그래. … 수백만 알의 곡식을 빼도 산은 그대로 있는가? 그래. 논리학에서 후자는 대머리의 궤변(Calvus paradox)이라고 명명된다. 한 올의 머리카락을 빼면 대머리가 되는가? 아니. 두 올을 빼면 대머리가 되는가? 아니. … 그렇다면 머리카락을 왕창 다 뽑아도 대머리가 안 되는가? 우리 속담 "티끌 모아 태산"은 이미 연쇄식의 역설을 갈파한 지혜라고 생각된다. 거리를 가다가 쓰레기통이 멀리 있으면 나 하나쯤 버려도 환경오염은 안 되겠지 하면서 담배꽁초를 버리게 되는 일이 비일비재한데, 이러한 태도에는 결합의 오류와 무임승차자의 문제가 복합적으로 관련이 되어 있다.

그러나 전통적인 자유지상주의적 경제학을 신봉하는 사람들은 환경 오염이 단순하게 시장의 실패가 아니라 오히려 정부의 실패(the government failure)라고 주장한다.[48] 이것은 우리가 자유주의 시장경제를 이해하는 데 있어서 중요한 개념이다. 자유시장 옹호론자들은 정부의 개입이 오히려 환경 악화의 요인이 된다고 주장하고 있다. 그들은 미국의 경우 주정부가 서부 관개농업을 보조해주었던 일이라든지, 브라질의 경우 중앙정부가 밀림을 개발하고 목축지를 조성하는 일에 보조금을 지급했던 것이라든지, 그리고 유럽의 경우 중앙정부에서 식량증산을 강력하게 종용함으로써 농약을 과다하게 사용해서 수자원을 오염시켰다든지 하는 예를 들고 있다. 그들은 또한 모든 국가에서 찾아 볼 수 있는 것이지만, 환경설비에 대한 보조금은 오히려 공해산업을 시장에 유입시키는 충분한 요인이 된다고 주장한다. 물론 다른 의미의 정부의 실패도 있다. 그것은 정부가 환경파괴를 주도하고 나서거나, 환경기준을 스스로 어기는 경우, 혹은 충분한 규제를 실시하지 않는 경우다. 우리나라에서 그린벨트 내에 행해진 건물의 신축은 대부분 거의 공공시설이라고 해도 과언이 아닐지도 모른다.

자유시장 옹호론자들이 말하는 정부의 실패는 정부가 환경 문제에 대해서 규제를 하고 강압함으로써 실패했다는 것이다. 여기서 관련해서 유명한 코즈의 정리(Coase Theorem)가 등장한다.[49] 코즈의 정리는 환경오염은 시장의 실패가 아니라 공공재인 환경재에 재산권을 부여하지 않는 제도의 실패, 즉 정부의 실패라고 주장한다. 우리가 공평성과 분배적 정의에 대한 문제를 논외로 한다면, 환경재의 소유권이 누구에게 부여되어 있는가에 상관없이 보상이라는 시장기구를 통해서 얻어지는 결과는 자원을 효율적으로 배분한다는 것이 코즈의 정리의 요점이다. 외부효과를 사적 시장기구, 즉 보상금을 통해서 효율적으로 배분하도록 하는 것이 외부효과의 내부화인 것이다.[50] 예를 들어 공유재산인 어떤 호수가 있고, 그 호수 주변에 화학비료 공장과 정수장이 있다고 가정하

자. 이 경우 화학비료 공장은 호수를 오염시키게 되어 정수장은 피해를 입게 된다. 코즈의 정리가 말하고 있는 것은 일단 호수에 대해서 누구에게든지 소유권이 부여된다고 하면 문제는 해결된다는 것이다. 만약 정수장이 호수에 대해서 소유권을 갖고 있다면, 화학비료 공장은 공해 배출에 대한 보상금을 지급하려는 협상을 시도할 것이다. 그러나 만약 화학비료 공장이 호수에 대해서 소유권을 갖고 있다면, 정수장은 화학비료 공장이 많은 오염물질을 배출하지 않도록 환경설비를 해주거나 혹은 생산 절감을 보상하려는 의도가 생기게 된다. 그래서 코즈의 정리는 공공재를 공유재산으로 남겨 놓기 때문에 환경 문제가 생기므로, 분배적 형평성의 문제에 관계없이, 소유권을 화학비료 공장이나 정수장에 귀속시킨다면 오염문제가 발생하지 않는다고 주장하는 것이다. 물론 우리는 오염자 부담의 원칙과 분배적 정의의 관점에서 직관적으로 코즈의 정리에 거부감을 표시할 수 있을 것이다. 정수장에 호수의 소유권을 귀속시키는 것은 별반 문제가 없지만, 공해물질을 배출하는 재벌의 화학비료 공장에 호수의 소유권을 귀속시키는 것은 문제가 있다고 생각할 것이다. 그러나 우리는 그 반대의 경우도 한번 생각해볼 수 있을 것이다. 가령 부자들의 별장이 호숫가에 자리 잡고 있는 시골 동네에 가난한 농부들이 모여서 가내 수공업을 하는 곳이 있는데, 그 공장이 호수에다 공해 물질을 배출하는 경우를 생각해보자. 이 경우 우리는 오염자인 수공업 공장에 호수의 재산권을 부여하는 것이 분배적 정의의 관점에서 어긋나지 않는다는 점을 알 수 있다. 호수의 재산권이 수공업 공장에 있을 경우, 부자들이 돈을 모아서 가난한 가내 수공업자들에게 환경오염 방지시설을 해줄 수 있는 충분한 동기가 있게 된다. 요약하면, 코즈의 정리는 공유재산을 일단 특정한 개인이나 법인에게 사유재산권화하면 환경오염은 생기지 않을 것이라는 주장이다.[51]

그러나 코즈의 정리에는 여러 가지 문제점들이 도사리고 있다. 미국의 예를 들어, 거대한 미시건 호수 같은 경우 어떤 한 사람에게 재산권을 위임할 수는 없다는 것이다. 그렇다고 해서 그것을 많은 사람들에게 나누어 줄 경우 많은 거래당사자들이 생기게 되어 교환비용이 상승하게 된다. 물론 오염자 부담의 원칙과 분배적 정의의 관점에서의 문제는 이미 논의된 바 있다.52)

그렇다면 환경위기를 시장의 실패 혹은 정부의 실패로 규정하는 자유주의적 해석에서 광의적으로 도출될 수 있는 해결책들은 무엇일까? 첫째는 공유재산을 사유재산처럼 사용하는 도덕의 내면화를 들 수 있을 것이다. 예를 들어, 공맹 사상이나 묵자의 겸애설, 공리주의, 기독교적 사랑, 다양한 형태의 공동체주의, 혹은 근본적 생태주의 사상을 내면화하는 것이다. 그러나 도덕의 내면화는 상당히 높은 정신적 수준을 요구하므로 현재의 관점에서 우리는 그것에만 호소할 수는 없을 것이다. 또한 자유주의적 관점에서 중대한 것은 오직 환경 문제 하나만을 위해서 그러한 도덕의 내면화를 강제적으로 주입시킬 수는 없다는 것이다. 국가는 중립성을 취하고, 도덕적 가치는 개인들의 자발적인 선택에 맡길 수밖에 없다는 것이 자유주의 주장이다.53) 그러나 시민운동으로서 계속적으로 환경보호에 관해서 교육을 하고, 계몽을 하는 것이 자유주의에서도 중요한 것이라고 생각된다. 두 번째로는 공공적인 규제가 있다. 공유재산을 국가나 공공단체가 어떤 기준을 세워 관리하고 규제하여, 그 기준에 어긋나는 위반자는 처벌하는 것이다. 이러한 주장의 철학적 근거는 환경 문제가 시장의 실패 때문에 발생하므로, 외부적인 정치적 개입을 통해서 교정해야만 한다는 것이다. 세 번째로는 자유시장적 유인책이 있다. 이미 말한 코즈의 정리처럼 공유재산을 사유재산화하는 것도 하나의 방도이다. 이것은 환경에 관련된 규제는 자유시장의 흐름에 위배되지 않는 유인책을 통해서 효율적으로 전개되어야 한다는 것을 의미한다.

4) 자유주의의 주요 사상사조와 환경 문제의 해결책

(1) 자유시장 환경론과 환경지상주의: 환경오염의 방지와 경제적 유인책, 그리고 환경권 지상주의

그러면 자유주의의 주요 사상사조들이 구체적으로 환경 문제를 어떻게 해결하려고 하는지를 알아보기로 하자. 자유주의 철학에도 여러 가지 유파들이 존재하고 있다. 첫 번째의 주요 사조는 전통적으로 자유시장을 강조하는 자유지상주의(libertarianism)이다. 자유지상주의는 시장에 대한 정부의 개입 없이 경제적인 관점에서 환경 문제를 해결하려는 입장이다. 두 번째의 주요 사조는 통상적인 의미에서의 자유주의(liberalism), 즉 재분배주의로서 복지국가를 옹호하는 입장이다. 세 번째의 주요 사조는 최대다수의 최대행복을 슬로건으로 하는 공리주의(utilitarianism)이다.

보수주의 경제학을 기반으로 하고 있는 자유지상주의는 이미 코즈의 정리를 통해서 논의했듯이 환경 문제를 시장유인책과 재산권적인 입장에서 접근한다.54) 자유지상주의 경제학은 정부의 간섭을 인정하되 가능한 한 경제적 유인을 동원하려고 한다. 자유지상주의의 코즈의 정리처럼 사유재산권을 통해서 환경위기를 해결하려는 입장은 이미 그 문제점들이 언급되었지만, 중요한 것은 공공재에 관련된 님비 현상을 해결하지 못한다는 것이다. 코즈의 정리에 반대하는 사람들은 정부가 너무나 많은 국유지를 사유재산으로 분할했기 때문에 혐오시설을 자기 뒤뜰에는 설치하지 않으려고 한다는 것을 주장하고 있다. 그러나 보수주의적 경제학과 자유지상주의가 환경운동과 언제나 대치되는 것은 아니다. 코즈의 정리를 여전히 주장하는 사람들은 정부가 환경운동단체에게 보호되어야 할 환경에 대한 소유권을 무상으로 주어야 한다고 주장하고 있다. 알래스카나 툰드라 지방과 같은 환경보호 대상 지역을 환경운동단체에게 무상으로 주고, 발생 가능한 님비 현상을 환경운동단체가 해결하도록 하자는 것이다. 구체적으로 말하면 환경운동단체가 지역 주민과의 협의 아래 그 지역의 어떤 곳에 핵폐기물 처리장 혹은 쓰레기 소각장과 같은 혐오시설이 들어가는 것이 좋을 것인가를 정해야 한다는 것이다. 물론 이러한 주장은 우리나라와 같이 국토가 협소하고 부동산 가격이 높은 곳에서는 실현되기 어려울지도 모르지만, 정치경제적인 관점에서 전혀 불가능한 것은 아니다.

자유주의 경제학자들은 보수주의 경제학자들처럼 환경 문제를 가능한 한 시장 메커니즘을 통해서 해결해야 한다는 것에는 동의하지만 단순히 시장에만 맡겨서는 안 되고 정부에서 적절한 규제를 하여야 한다고 본다. 그러나 규제에도 경제적 유인책을 써야 한다는 것은 자유주의 경제학자들도 인정하고 있는 것이다. 그런데 어떤 사람들은 자유주의 시장경제에서 자원을 보존하는 최선의 정책은 보존해야 될 자원의 시장가격을 인상하여 소비를 억제하는 길밖에 없다고 주장하기도 한다. 휘발유 가격이 인상되면 결국 중산층 이하 사람들은 자동차를 못 타고 다닐 것이고, 타고 다니더라도 비싼 휘발유를 충분히 구매할 수 없으므로 운행 횟수가 줄어들 것은 당연한 이치이다. 이러한 이유에서 옛날 귀족주의 시대가 좋았다고 한탄하는 사람들도 있다. 왕이나 귀족 혹은 상류사회층 사람들만 타고 다니던 시절에는 공기오염의 문제가 없었는데 이제 모든 사람이 타고 다니므로 환경 문제가 발생한다는 것이다. 그러나 소수에게만 자동차를 타는 특혜를 향유하도록 하는 것이 과연 민주주의적 관점에서 올바른 것이냐 하는 비판을 피할 길이 없을 것이다.

환경규제에는 세 가지 방식이 있는데, 정부에서 직접 규제하는 것, 정부에서 보조금을 주는 것, 그리고 배출부과금 제도가 있다. 정부의 직접 규제는 오염이 심각할 때 가장 확실하게 단기간 내에 효과를 볼 수 있다는 점에서 선호된다. 흔히 오염 배출기준(배출농도 혹은 배출총량)을 정하여 시행되고 있는데, 이것의 단점은 배출기준 이하로 오염을 줄이려는 경제적 동기가 없다는 점이다. 우리나라의 경우에는 영세 중소기업이 다수 존재하고 있다는 점에서 환경시설 설치 보조금에 관한 주장도 만만치 않다. 그러나 이러한 시책은 기본적으로 오염자 부담의 원칙에도 어긋나고, 공해유발 사업을 국민의 세금으로 도와주는 꼴이 되고, 더 나아가서 새로운 공해유발 업체들이 계속 시장경제에 참여하도록 유도한다. 그래서 근래에는 경제적 유인책으로 많이 논의되고 있는 것은 배출부과금 제도, 환경세나 오염권 판매제도, 또 구상천개 (bubble)의 개념 등이 있다. 구상천개의 개념은 마치 어느 지역이 하나의 비눗방울과 같은 버블로 덮여 있다고 생각하는 것이다. 그래서 어느한 지역에 다수 기업체들이 있을 경우, 한 기업체가 여기서 어느 정도의 오염물질을 배출하는 것을 허용하고 다른 기업이 저기서 어느 정도의 오염물질을 배출하는 것을 허용할 것인가 하는 것을 그 버블 내에있는 기업들이 상호 조정한다는 것이다. 또한 여기에 부가해서 관련 기업들이 협의체를 통해서 오염물질 처리에 관한 공동비용을 마련하는 방식도 있다. 그러나 이러한 시책들이 비록 경제적 유인책을 택하고 있지만, 그것이 완전하게 자유시장 자체에만 내맡겨진 것은 아니다. 왜냐하면 우리나라에서 현재 시행하고 있는 배출부과금 제도를 보더라도 일단 배출기준량, 세율기준, 그리고 오염의 한도가 시장이 아닌 정치적 결정으로 이룩되었기 때문이다. 경제적 유인책으로 또 한 가지 중요한 것은 오염권 판매제도가 있다.55)

어떤 한 국가나 지역에서 환경을 오염할 수 있는 한도를 정하고, 그한도만큼의 오염권을 사도록 하는 것이다. 그러나 완고한 환경주의자들은 오염권은 오염할 수 있는 권리를 사회에서 인정하는 셈이 된다고 비판한다. 그러나 우리가 어느 정도의 오염을 피할 수 없는 것을 인정한다면, 환경주의자나 환경단체도 오염권을 살 수 있다는 점을 염두에 두어야 한다. 환경단체가 오염권을 산다는 말은 결국 그만큼 기업이 배출할 수 있는 오염량이 적어진다는 것이다. 그러나 오염권 판매제도에도 문제가 없는 것은 아니다. 오염권을 한 번 사면 영구적인 유가증권으로 간주할 것이냐, 아니면 매년 신규 발행할 것이냐의 여부도 그중의 하나이다. 또한 환경단체에서 일정한 오염권을 샀는데, 다음 해에 정부가 오염권을 추가로 인정하여 판다면, 환경보호는 요원할 것이라는 우려도 있다. 이러한 것들이 모두 자유시장에서 결정될 수는 없다. 이미 논의 했지만, 경제적 유인책도 정치적 결정이 있어야만 가동될 수 있다는 점을 인식해야만 한다. 따라서 환경보호는 완전히 보수주의적인 자유방임주의가 아니라 정부의 규제와 경제적 유인책을 적절히 결합한 자유주의 정치경제학에 의해서 보다 효율적으로 달성될 수 있을 것이다.

자유주의, 특히 자유지상주의와 관련해서 또 한 가지 중요한 것으로 환경권 지상주의가 있다. 우리 헌법 제33조에도 "모든 국민은 깨끗한 환경에서 살 권리를 가지며 국가와 국민은 환경보전을 위해서 노력해야 한다"고 환경권을 명시하고 있다. 1972년 6월 유엔 인간환경회의의 「인간환경선언」 제1조는 환경에 대한 권리와 의무를 다음과 같이 명시하고 있다. "인간은 존엄과 복지를 유지할 수 있는 환경에서 자유, 평등 및 충분한 생활수준을 누릴 수 있는 권리를 지니고 동시에 현재와 미래 세대를 위해서 환경을 보호하고 개선해야 할 엄숙한 의무를 지닌다." 주지하는 것과 같이, 권리의 개념은 자유주의의 독특한 개념이다. 「미국독립선언」에서 인간은 절대적으로 양도할 수 없는 천부적 인권을 가지고 있는 것으로 천명된다. 이러한 것은 자명한 사실로서, 그러한 권리들은 보다 구체적으로 "생명"과 "자유"와 "행복추구"의 권리로 규정된다. 국가가 그러한 권리들을 침해하거나 충분히 마련해주지 못했을 때, 국민들이 국가를 전복할 수 있는 저항권도 역시 인정되고 있다. 물론 현재 미국에서도 헌법에 환경권을 명시하자는 주장이 제기되고 있지만, 아직은 실현되지 않고 있는 실정이다. 중요한 것은 지금까지 자유주의적 시민법은 재산권으로서의 권리만을 강조했는데, 이제는 환경권이 하나의 재산권일 뿐만 아니라 인격권, 더 나아가서는 기본적인 생활권으로 인정되어야 한다고 주장하는 것이 환경권 지상주의자들의 입장이다. 현대의 기본적 국가이념인 복지국가에서는 국가가 적극적으로 환경권을 국민에게 보장해줄 의무가 있는 것으로 나타나게 된다. 이러한 점을 감안해볼 때, 환경권 지상주의는 자유주의와 환경보호에 관련해서 가장 중요한 주장으로 등장하고 있다고 해도 과언이 아니다.

환경권을 강하게 주장하게 되면, 그것은 극단론으로 나갈 수도 있다. 예를 들면, 환경권적 극단론은 내가 살고 있는 지역에 나의 동의 없이는 아무도 소음과 배기가스를 발생시키는 자동차를 몰고 다녀서는 안 된다는 것을 함축한다. 물론 일반적으로 자유주의적 환경권론자들이 환경권 하나만을 유일무이한 권리로 인정하는 것이 아니기 때문에 환경권과 다른 여러 권리들 사이의 조정이 필요하다. 그러나 환경권 지상주의자들은 환경권이 다른 어떤 권리보다도 앞서는 권리라고 주장한다.56) 환경권이 재산권일 뿐만 아니라 인격권으로서 그것의 침해에 대한 물질적 피해와 정신적인 피해를 인정하는 판결이 우리나라에서도 나왔다는 것은 상당히 고무적인 사실이다.

환경권의 개념이 정립되기 이전에는 자유 기업 활동과 재산권을 보호하는 소위 "수인한도론(受忍限度論)"이 있었다. 이것은 굴뚝에 연기가 좀 나온다고 못사는 것이 아니므로, 기업의 정당한 경제활동을 위해서 시민들이 참아야 한다는 것이다. 그러나 수인한도론도 사람들이 참을 수 없는 명백한 경우에는 기업 활동이라는 재산권이 남용된 것이므로 피해를 받은 사람에게 보상을 해주어야 한다는 것을 함축한다. 이것이 권리남용론이다. 그러나 환경권 지상주의자들은 이러한 경우 보상이 아니라 그런 행위 자체가 중단되어야 한다고 주장한다. 그들이 주장하는 바는 보상은 오히려 우리의 인격을 모독한다는 것이다. 처음부터 매안 맞는 것이 낫지, 맞고서 보상을 받는 것은 이중적인 인격모독이라는 것이다.

환경권과 더불어 중요하게 부각되는 것은 "공공적 신탁"의 개념이다.

환경권 자유주의자들은 환경재가 무주물이라는 것은 글자 그대로 무주물이 아니라 국가가 맑은 물과 숲과 공기를 관리하도록 국가에게 그것들이 공공적으로 신탁되어 있다고 주장한다. 자유주의는 전통적으로 정치권력 자체에 대해서도 신탁이론을 적용해왔다. 로크에 따르면 국가의 권력은 국민들의 복지와 재산권을 보호하기 위해서 국가에 위탁 혹은 신탁되어 있는 것이다. 만약 신탁된 권력을 국가가 잘못 사용할 경우에, 우리는 국가에 대해서 시정을 요구할 수 있다는 것이다. 더 나아가면, 국가가 환경을 적극적으로 보호하도록 국민들이 청구할 수 있다는 청구권의 개념이 도출되게 된다. 현재 환경권 지상주의자들이 주장하는 것들이 그대로만 확립될 수 있다면, 그것들은 상당히 큰 파장효과를 사회 전반에 가져올 수 있을 것이다.57)

(2) 롤즈의 재분배적 자유주의: 자원의 보존과 세대 간 분배적 정의

자유주의에서 다음으로 언급될 주요 사상사조는 재분배적 자유주의이다. 재분배적 자유주의는 환경적 관점에서 볼 때, 환경자원 보존과 세대 간 그리고 국가 간 분배적 정의의 문제에 공헌한다. 1971년 미국에서 자유주의적 복지국가를 철학적으로 옹호하는 존 롤즈의『정의론』(1971)이 출간된다.58) 복지국가의 근간을 이루는 분배적 정의의 문제는 현세대뿐만 아니라 세대 간에도 관련이 되어 있다. 롤즈의 정의론에는 소위 무지의 장막이라는 개념이 중대한 역할을 수행하고 있다. 그는 합의되어야 할 분배적 정의 원칙의 선택에 있어서 공정성(fairness)을 확보하기 위해서 우리 자신이 어떠한 사회적 지위에 속하는지, 그리고 어떤 세대에 속하는지도 모르는 무지의 장막 속에 있다고 가정하고 선택해야 한다고 주장한다. 따라서 분배적 정의 원칙을 결정하는 문제는 결국 우리가 무지의 장막 속에서 어떠한 분배적 정의 원칙을 선택하는 것이 합리적인가의 문제가 된다. 롤즈는 공정성이 확보된 무지의 장막 속에서는 사회적 불평등이 허용되었을 때 최소수혜자의 기대치를 최대한으로 보장하는 분배적 정의 원칙이 적용되는 사회제도를 선택하는 것이 합리적이라고 주장한다. 오늘날 환경 문제는 현세대인 우리 자신들의 문제일 뿐만 아니라 우리 이후에 이 지구에 살게 될 다음 세대의 문제가 된다는 것은 이제 상식이다.[59] 비닐과 같은 것은 종류에 따라 50년 내지 100년 동안 썩지 않고 환경을 오염시키지만 핵폐기물과 같은 것은 10만 년까지 갈 수도 있다고 한다. 우리가 저지른 환경오염에 의해서 아무런 죄가 없는 후세대들이 고통을 받는다는 것은 분명히 도덕적으로 옳지 못한 일이다. 또한 우리 현세대가 모든 자원을 고갈시킨다면 다음 세대들을 사용할 자원이 없게 될 것이다. 따라서 현세대와 후세대 사이에는 환경자원의 보존과 관련한 투자의 정도, 즉 저축률이 중요한 안건으로 등장하게 된다.

우리나라에서 부모 세대들은 상당히 높은 저축률을 감수해온 세대이다. 자식들을 위해서 먹고 마시지도 않고 저축하면서 개미처럼 일만 하신 분들이 비일비재하다. 이와 반대로 세대 간에 저축을 하지 않는다는 것은 현세대를 위해서 가용자원을 다 소비하는 것을 의미한다. 대부분의 한국 부모들은 그러한 높은 저축률을 감수하신 부모들이지만, 그렇지 않은 부모들도 있을 수 있다. 전 세대와 후세대의 문제는 꼭 부모와 자식 간의 관계와 같은 것이라고 말할 수는 없다. 세대 간의 문제는 바로 현세대와 바로 다음 세대와의 문제뿐만 아니라 아주 먼 미래 세대와도 연관이 되기 때문이다. 어떤 부모는 지금 바로 다음 세대인 자기 자식들이 살 집을 마련하기 위해서 산의 나무를 전부 베어버릴 수도 있을 것이다. "앞으로 그 자식들의 자식들은 그들이 알아서 하겠지" 하고 생각할지도 모른다. 따라서 현재 세대와 미래의 먼 세대 사이에 어떻게 도덕적 고려와 연속성을 주느냐 하는 것이 문제로 등장하게 된다.

철학적으로 말한다면, 우리는 아직 태어나지 않은 세대들에 대해서 과연 권리를 부여할 수 있는가의 문제가 제기된다.[60] 롤즈는 그러한 세대 간에 관련된 철학적인 문제들을 해결하기 위해서 다음과 같은 분배적 정의 원칙을 제시한다. 모든 사람이 다른 사람들의 유사한 자유와 양립할 수 있는 최대한의 자유를 가지며, 공정한 기회균등의 원칙이 적용되고, 정의로운 저축 원칙에 의거해서 최소수혜자가 최대이익이 되는 보장되도록 사회경제적 불평등이 편성되어야 한다는 것이다.61) 여기서 최소수혜자의 최대이익을 증진시킨다는 차등의 원칙이 중요하게 부각된다. 이러한 차등의 원칙에서 가장 기본적인 문제는 누가 최소수혜자인가 하는 것이다. 가령 현재의 시점에서 최소수혜자는 지구상에서 가장 가난한 나라 사람들일 것이다. 또한 전체적으로도 보는 관점에 따라 현세대는 최소수혜자일 수도 있고 최대수혜자일 수도 있다. 앞으로 새로운 과학기술들이 발전되면 미래 세대는 더 많은 행복을 향유할 수 있게 될 것이므로 현세대는 최소수혜자가 될 것이다. 그러나 환경자원의 관점에서 보면 현세대가 최대수혜자일 것이다. 그러나 환경자원의 관점에서 전체적으로 현세대가 최대수혜자가 될 수 있지만 현세대 중에도 가장 못사는 최소수혜자들이 존재한다. 그렇다면 환경자원을 현세대 중 최소수혜자들을 위해서 사용해야 할 것인가, 아니면 현세대의 최소수혜자들은 그대로 남겨두고 미래 세대를 위해서 자원을 보존할 것인가 하는 분배적 정의의 문제가 발생한다. 그래서 롤즈는 미래 세대를 위한 정의로운 저축률이 허용하는 범위 안에서 현세대의 최소수혜자의 기대치를 최대한으로 증진하는 방식을 제안한다.62) 물론 정의로운 저축률을 어떻게 규정할 것인가는 논란의 여지가 항상 존재하지만, 그 철학적 의의는 매우 중요하다고 하겠다.

재분배적 자유주의 환경론자들은 자기가 어떤 세대에 속하는지 모르는 것을 가정하는 롤즈의 무지의 장막의 관점에서 세대 간 분배적 정의 원칙을 구체적으로 발전시키려고 노력하고 있다.63) 만약 우리가 어떤 세대에 속할지를 모른다면 우리는 인구통제와 환경보전에 관련해서 어떤 정책이 수행되기를 원할 것인가? 인구변수가 들어가면 복잡해지겠지만, 기본적으로 각 세대는 최소한 전 세대에서 물려받은 환경보다 더

오염되지 않은 환경을 다음 세대에게 넘겨주어야 한다는 것에 동의할 수 있을 것이다. 쉬운 예를 들자면, 캠프장의 기본적 예의는 각자가 처음 도착했을 때보다 더 더러워지지 않은 상태로 캠프장을 처리해놓고 가야 한다는 것이다. 그런데 세대 간 분배적 정의의 문제도 그 문제를 한 국가에 국한하느냐, 혹은 전 지구로 확산하느냐에 따라서 달라질 것이다. 「리우선언」을 보면, 전 지구적인 국제적인 분배적 정의의 관점에서 선진국은 후진국의 생활 향상을 위해서 경제적인 기술 원조를 해야 할 의무가 있다는 원칙들이 명시되어 있는 것을 알 수 있다.64) 이러한 맥락에서 재분배적 자유주의의 선두주자였던 롤즈의 정의론을 자유주의적 환경론으로 확대 적용하려는 많은 시도들이 존재하고 있다는 것은 매우 주목할 만한 사실이다.65)

(3) 공리주의: 비인간적 존재에 대한 도덕적 의무와 공리주의적 고려, 그리고 동물과 자연에 대한 권리의 부여

공리주의와 환경보호에 관련해서는 비인간적인 존재에 대한 도덕적 의무와 동물과 자연에 대한 권리 부여의 문제가 주로 논의된다. 우리나라에서는 동물과 자연의 권리와 그것들에 대한 도덕적 고려라는 개념은 아직도 생소하다. 우리나라에서는 현재 몸보신과 정력 증강이라는 미명 아래 견공들이 수난을 받고, 각종의 야생 동식물이 남획을 당하고, 녹용, 웅담, 호랑이 뼈 등이 무분별하게 수입됨으로써 국제적인 망신을 사고 있는 실정이다. 물론 우리나라 고유의 몸보신과 한방적 건강 개념에 관련된 문화적 상대주의의 관점에서 외국의 비판에 응수할 수도 있겠지만, 그러한 응수는 환경적 보편주의 앞에 언제나 수세에 몰리는 것이 사실이다. 우리는 다만 경멸적으로 지금 미국과 유럽의 개 팔자가 소말리아의 굶어 죽는 사람 팔자보다 낫다고도 빈정거릴 수 있을 것이다. 지금 인간도 먹을 것이 없어서 굶어 죽고 있는데 동물에게 무슨 권리를 부여하느냐고 항변할지도 모른다. 그러나 지금 미국과 유럽에서는 동물해방운동이 상당히 활발하게 진행되고 있다.66) 급진적 동물해방운동단체들은 동물을 사용하여 실험하는 각종 연구소들을 습격하여, 모르모트들을 풀어주고, 원숭이들을 훔쳐 가고, 실험기구들을 파괴하는 일들을 벌이고 있다.

이미 우리는 환경권에 관련해서 권리 개념을 논의했지만, 동물에게 과연 권리를 부여할 수 있는가 하는 문제에는 상당히 복잡한 철학적인 논란이 개입되어 있다.67) 권리의 주장은 그것의 주창자에게 이득이 되기 때문에 그것에 호소를 한다고 볼 수 있다. 그러나 권리는 단순히 이득만은 아니며, 또한 이득이 되는 것이 언제나 권리의 대상이 되는 것도 아니다. 가령, 선물을 받는 것은 이득이 되겠지만, 그것을 권리로서 요구할 수는 없다. 권리 개념은 기본적으로 요구권 혹은 청구권이 그 근간이다. 요구권 혹은 청구권의 개념에는 재요구권 혹은 재청구권의 개념이 포함되어 있다. 그것은 어떤 사람이 자기의 권리를 주장했지만 받아들여지지 않았을 경우에 재청구할 수 있다는 것이다. 그리고 요구권 혹은 청구권은 내가 어떤 것을 요구하면 다른 사람이 그것에 상응해서 그것을 지켜주어야 할 의무가 있게 된다는 것을 함축한다. 역으로 다른 사람이 어떤 것을 정당하게 요구할 수 있는 권리가 있다면 나는 그것을 지켜주어야 할 의무가 생기게 된다. 그래서 상호성의 개념이 자연히 따라 나오게 된다. 그렇다면 문제는 인간과 동물 사이에 그러한 상호성이 존재하느냐가 된다.

공리주의는 이러한 문제들을 독특한 방식으로 해결하려고 한다. 피터 싱어(Peter Singer)라는 공리주의자는 동물에게도 권리가 있다고 주장한다.68) 공리주의는 최대다수의 최대행복이라는 슬로건을 기본 강령으로 내세운다. 공리주의에서 도덕적 행위의 주체와 도덕적 고려의 대상이 되는 것은 기본적으로 쾌락과 고통을 느낄 수 있는 감각을 가진 존재이다. 따라서 공리주의에서는 쾌락과 고통을 느낄 수 있는 존재자들에게 모두 권리가 부여된다. 물론 인간에게만 권리를 부여하고 동물에게는 권리를 부여하지 않는 것을 정당화하는 이론들이 없었던 것은 아니다. 지금까지의 서구철학을 지배해왔던 이성중심주의에서 보면, 오직 인간만이 말과 기술을 사용할 수 있는 이성적 존재가 된다. 동물들은 이성적 존재가 아니기 때문에 도덕적 고려의 대상이 될 수 없다는 것이다. 그러나 동물들이 도덕적 고려의 대상이 된다는 것을 주장하는 사람들은 이성중심주의에 대해서 다음과 같은 반론을 전개한다. 갓 태어난 아이들도 말을 사용할 줄 아는 이성이 있는가? 정신적 장애자와 노인성치매에 걸린 사람들도 이성적인 판단을 하는가? 이러한 반론에 대해서 이성중심주의자들은 그러한 사람들은 스스로 권리를 주장할 수 없지만 다른 사람이 그들을 위해서 대리적 권리를 주장할 수 있다고 대답한다. 동물의 권리를 주장하는 사람들은 그렇다면 인간이 동물에 대해서 대리적으로 권리를 부여해줄 수 있다고 재반박을 한다. 동물의 권리를 주장하는 공리주의자들은 일단 모든 동물들이 유정적 존재(sentient being), 즉 쾌락과 고통을 느낄 수 있는 존재자들일 경우에는 기본적으로 생명에 대한 권리를 가진 것으로 보아야 한다고 주장하고 있다.

여기서 영국의 고전적 공리주의자 제러미 벤담(Jeremy Bentham)이 그의 『도덕과 입법의 원리』에서 동물에게 권리를 부여해야 한다고 주장한 구절을 인용해보기로 하자.69)

"독재자의 손에 의해서가 아니고는 어느 누구에 의해서도 유보될 수 없는 권리를 인간 이외의 여타 동물들이 획득하는 날이 올 것이다. 프랑스혁명은 이미 피부색의 차이가 한 인간이 아무런 제재와 보상도 없이 고문당하도록 내버려져야 하는가에 대한 이유가 되지 못한다는 것을 밝혔다. 다리의 수, 피부에 털이 나 있는가의 여부, 그리고 꼬리뼈의 유무가 한 감각적인 존재를 고문당하는 사람과 동일한 운명에 처하도록 내버려두는 충분한 이유가 되지 못하는 것을 인식하는 날이 올 것이다. 쾌락과 고통을 느끼는 감각이 아니고서 어디서 그러한 넘을 수 없는 경계선의 기준을 찾아볼 수 있을 것인가? 그것은 이성의 능력일까? 아니면 담화의 능력일까? 그러나 성숙한 말과 개는 하루, 한 주, 아니 한 달이 지난 갓난아기보다 훨씬 더 합리적이고 말도 통하는 편이다. 쾌락과 고통이 그 기준이 아니라면 무엇이 기준이 될 수 있을 것인가? 문제는 말과 개가 이성을 사용할 수 있는가, 혹은 말을 할 수 있는가 하는 것이 아니라 오히려 그것들이 고통을 느낄 수 있는가 하는 것이다."

벤담의 주장을 통해서 알 수 있듯이, 공리주의자들은 인간중심주의, 동물중심주의, 생명중심주의, 생태계중심주의, 가이아 가설이라는 일련의 확대 경로에서 일단 동물중심주의까지만 취하는 것이 일반적이다. 그러나 어떤 사람들은 공리주의의 일반적인 입장에서 한 걸음 더 나아가서 인간을 포함한 동물들이 고통을 느끼는 것은 생명을 보존하기 위한 하나의 진화론적인 전략일 뿐이라고 주장한다. 따라서 고통을 느낀다는 것은 생명의 보존을 위한 신호적 전략이기 때문에 단순히 고통을 느끼는 유정적 동물에서 끝마칠 것이 아니라 도덕적 고려는 모든 생명체까지 확대되어야 한다고 주장한다.70) 우리가 이미 언급한 공리주의자 피터 싱어도 처음에는 척추동물까지의 권리만 말했다가 이제는 보다 포괄적인 생명권을 말하고 있다. 고통을 느낀다는 것은 생명의 전략이므로 보다 근본적인 생명이 더 중요하기 때문이다.

심지어 최근에는 어떤 사람들은 바윗덩어리의 경우에도 자기의 고유한 형태를 유지하려는 본질적인 가치를 갖고 있기 때문에 형태유지권을 가진다고 말한다.71) 그래서 함부로 바위를 깨뜨려서도 안 되고 돌멩이를 차서도 안 된다는 것이다. 이러한 주장을 볼 때, 우리는 자유주의의 고유한 개념인 권리의 개념이 환경윤리학에서 어느 정도까지 유의미하게 확장될 수 있는지를 심각하게 생각해보아야만 한다. 자유주의는 권리의 적용 영역을 계속해서 확장해온 역사를 가지고 있기 때문에 그러한 확장이 실천적인 관점에서 배제되어야 할 아무런 이유가 없다고 주장하는 사람들이 많다. 그들은 여성들이 정치적 투표를 하게 된 것이 얼마나 오래 되었는가, 그리고 서구에서 노예제도가 타파된 것이 얼마나 오래 되었는가 하고 반문한다. 공리주의자 피터 싱어는 권리를 확장하려는 시도는 처음에는 언제나 저항을 받았다는 것을 지적한다. 그러나 권리가 확장되어 정착되면, 그것은 우리의 평범한 도덕감정이 된다는 것이다.

피터 싱어는 1792년 메리 울스턴크래프트(Mary Wollstonecraft)가 『여성의 권리에 대한 옹호』를 발간했을 때 그것이 아주 우스꽝스러운 것으로 간주되었다는 사실을 지적한다.72) 그녀의 비판자들 중에는 토머스 테일러(Thomas Taylor)라는 철학자가 있었는데, 그 남자는 여성과 동물에 관한 직접적 유비추리를 사용해서 만일 여성이 권리를 가지고 있다면 같은 이유로 동물도 권리를 가질 것이라고 비웃었다. 시대를 뛰어넘는 철학이 전무한 것은 아니지만, 대부분의 철학사상은 아마도 시대 제약적일 것이다. 만약 테일러의 유비추리가 옳다면, 이제 여성들이 권리를 가졌으므로 동물들도 당연히 권리를 가져야만 한다고 주장하는 것은 여성들에게 모독이 될 것인가?

3. 생존의 윤리학, 희소성의 정치학과 자유의 제한: 환경독재의 불가피성에 대한 자유주의의 대응

이제 자유주의와 환경보호에 대한 논의는 끝을 내고, 비자유주의적 방식으로 환경위기에 대처하려는 입장에 대해서 생각해보기로 하자. 비자유주의적 방식은 여러 가지가 있지만, 우리는 논의의 성격상 소위 생존의 윤리학과 희소성의 정치학으로 논제를 국한할 것이다. 간략히 말하면, 우리의 주제는 환경독재의 불가피성에 대한 자유주의의 대응이다. 생존의 윤리학(the ethics of survival)은 생존이 가장 중요한 가치이므로 생존을 확보하기 위해서는 사치스러운 자유는 무한히 제약될 수 있다는 것을 주장한다. 그리고 희소성의 정치학(the politics of resource scarcities)은 희소한 자원의 강박성은 오직 개인의 자유를 무한히 제한할 수 있는 권한을 가진 권위주의적 정부에 의해서만 어느 정도 해소될 수 있다는 것을 주장한다. 생존의 윤리학을 소리 높여 주장하는 사람은 이미 "공동 소유의 비극"을 통해서 언급했던 가레트 하딘이다.73) 그는 생존이 자유보다 훨씬 중요하기 때문에 인류를 위협하게 될 인구폭발을 방지하기 위해서는 강제적인 불임수술과 임신중절이 정당화될 수밖에 없다고 주장한다. 또한 그는 다음 세대를 낳아서 기를 수 있는 제한된 후세대 배태양육권도 시장에서 거래되어야 한다고 주장하고 있다. 더 나아가서 그는 기아에 허덕이는 나라에 대한 식량원조는 더 큰 인구증가를 야기하여 큰 재앙을 초래할 뿐이라고 주장한다. 그는 지금 우리 인류는 구명선에 빽빽이 앉아 있는 사람들이며 만약 다른 사람들을 구하려고 한다면 모두 가라앉고 말 것이라는 구명선의 윤리학을 주장하고 있다.74) 그는 부정의는 총체적인 멸망보다는 낫다고 하면서, 네팔에 대한 식량원조를 그 예로 들고 있다. 네팔에 대한 식량원조는 많은 인구증가를 낳고, 인구증가는 그 많은 사람들이 식량을 끓여 먹기 위해서 광범위한 목재 남획에 따른 산림훼손을 낳고, 산림훼손은 토양침식을 낳음으로써 그 악명 높았던 1974년 방글라데시 대홍수를 낳게 되었다는 것이다.

윌리엄 오펄스(William Opuls)는 생태학과 희소성의 정치학을 말한다.75) 오펄스는 자원의 극심한 희소 상태에 있는 이 세계에서 민주주의는 종말을 고할 수밖에 없다고 주장한다. 지난 2백 년간의 상대적인 풍요는 개인주의, 자유주의, 민주주의, 그리고 자유방임주의적인 경제학을 서구사회에 가져다주었다는 것이다. 그러나 식량, 에너지, 자원의 극심한 희소성은 미래의 전망을 매우 어둡게 한다는 것이다. 그래서 환경파괴를 일으키는 개인들의 행위를 규제할 수 있는 강력한 정부만이 오직 환경의 공동 소유에 따른 파괴를 막을 수 있다는 것이다. 위기의 상태에서는 사람들에게 준수를 강요할 수 있는 권위주의적인 정부를 수용할 수밖에 없다는 것이다.

생존과 희소성의 관점에서 환경독재를 주장하는 사람들의 긴박성이 이해되지 않는 것은 아니다. 또한 자유민주주의의 역사에도 환경독재와 같은 요소들이 전혀 없었던 것은 아니다. 가레트 하딘의 경우는 마치 자유주의 전제에서 출발해서 비자유주의적 결론으로 이행한 홉스적인 대처 방식을 보는 것과 같다.76) 그러나 자유주의의 역사적인 발전 단계는 홉스적인 절대국가는 비합리적일 뿐만 아니라 오히려 모든 사람에게 손해라는 것을 입증해온 것이라고 볼 수 있다.77)

자유주의는 무제약적인 자유를 주장하는 것은 아니다. 그러나 자유주의는, 자유는 오직 자유 자체를 위해서만 제한될 수 있다는 단서를 붙인다. 이미 언급한 자유주의 철학자 롤즈는 자유를 제한하는 것은 오직 상호 양립 가능한 자유를 위해서 자유를 제한당하는 사람들이 기꺼이 동의할 수 있는 것이어야 한다고 주장한다.78) 여기서 우리는 자유의 형식이 제한되는 것과 내용이 제한되는 것은 다르다는 것을 인식해야 한다. 가령 언론의 자유를 예로 들어보자. 자유로운 토론이 성립되기 위해서는 어느 한 사람이 발언권이 있는 동안 다른 사람들은 조용히 그 사람의 말을 경청하고 있어야만 한다. 이러한 의사 진행적 제한은 모든 사람이 가진 언론의 자유가 상호 양립될 수 있도록 하기 위한 것이다. 그러나 발언할 수 있는 내용에 어떠한 심각한 제한을 가한다면 그것은 언론의 자유를 침해하는 것이 된다. 우리는 자유의 범위도 이와 마찬가지로 생각해볼 수 있을 것이다. 물론 환경위기의 긴박성이 심각하기는 하지만, 우리는 그것에 효과적으로 대처하기 위해서는 자유에 대한 제한 자체도 합리성에 호소한 자유로운 국민적인 합의를 통해서 달성될 수 있도록 노력하지 않으면 안 될 것이다.

4. 결론: 자유주의와 환경론의 접합 가능성과 인류의 미래

이제 결론적으로 자유주의와 환경론의 접합 가능성과 인류의 미래에 대해서 논하기로 하자. 우리의 전반적인 논조는 자유주의가 환경 문제를 적절하게 해결할 수 있다는 낙관주의적 인상을 주려고 노력한 것은 사실이지만, 우리 모두가 인정하고 있듯이 환경 문제는 지난한 과제임이 틀림없다. 환경 문제의 특성은 우선 오염 원인들이 다양하고, 그 영향이 어떤 경우에는 국경을 초월할 정도로 광범위하며, 오염의 원인과 결과에 시차성이 있기 때문에 인과관계를 즉각적으로 규명하기 어렵고, 또한 오염물질들이 서로 상승작용을 일으켜 예견하지 못했던 피해를 발생시키기도 한다는 점을 들 수 있을 것이다. 또한 환경 문제의 해결은 사회경제적인 여러 가지 제약 변수를 가지고 있다는 점을 들지 않을 수 없다. 사회경제적인 체제는 그 체제를 변함없이 유지하려는 관성을 가지고 있으며, 사회 구성원들은 서로 각기 다른 가치관을 가지고 있기 때문에 환경 문제의 인식과 해결에 합의를 이루기가 쉽지는 않을 것이다. 우리는 환경 문제의 해결에 있어서 경제적 유인을 동원해야 한다는 것을 강조하기는 했지만, 자유주의 시장구조에서 환경재의 외부효과를 내부화하기 위한 비용을 계량화하는 일은 쉬운 것이 아니며, 또한 가해자와 피해자가 불특정 다수로 같은 집단에 소속되어 있기 때문에 문제는 더욱 복잡해진다는 사실을 염두에 두어야 할 것이다.[79] 또한 경제적 시장활동을 영위하는 주요 공공시설이나 오염 배출원이 모두 공권력의 인가나 허가를 받아 합법적인 활동을 하고 있다는 점에도 문제가 도사리고 있다.

환경 문제의 이러한 복잡성을 감안해볼 때, 아무리 환경위기를 강조한다고 해도 일반적으로 문제의 시간적, 공간적 폭이 크면 클수록 그 문제의 해결에 관심을 기울이는 사람이 적어지는 것이 사실이다. 물론 환경위기들이 계속해서 적절하게 터져 나오는 것은 환경운동에 좋을 것이라는 점은 말할 필요도 없을 것이다. 환경적 위기의식을 강조하는 것은 중요한 일지만, 그것만 가지고서는 안 될 것이다. 물론 보팔 사건이 터지고 체르노빌 사건이 터지면서, 우리는 하루아침에 환경론자가 될 수 있다. 그러나 종말론적 위기의식의 지나친 강조는 우리가 광신적 종교의 교훈을 통해서도 볼 수 있듯이 바람직한 것만은 아니다.80) 우리가 심각하게 인식하지 않으면 안 되는 것은 위기의식이 팽배한 경우, 정부나 공공단체에서 단기적인 강압책이나 비이성적인 정책을 채택할 확률이 많다는 것이다. 자유주의는 전통적으로 국민적 합의, 특히 이성적이고 합리적인 합의를 강조해왔으므로, 환경 문제도 이성적이고도 합리적인 국민적 합의를 통해서 해결되어야만 한다는 점을 주장하고 있다.

우리는 여기서 환경정책에 있어서 거북이와 토끼의 게임이 말하는 사람의 이야기를 경청해볼 수도 있다.81) 미국은 선진 공업국답게 환경 문제를 재빨리 인식함으로써 많은 환경운동단체들이 생겨나고, 중앙정부에서도 특히 대기오염의 경우 엄격하고도 일괄적인 배출기준을 단기간에 정해 강력하게 실행했다. 그런데 그러한 적극적인 환경보호의 노력에도 불구하고 환경은 전혀 개선되지 않았다. 그러나 스웨덴의 경우에는 지방자치제도에 따라 많은 시민들이 자발적으로 참여하여 서서히 환경을 개선하도록 함으로써 처음에는 환경의 개선에 비효율적인 것처럼 보였다. 그러나 현재 스웨덴이 높은 환경의 질을 유지하고 있다는 점에서 본다면 오히려 그러한 방식이 더 효율적이라는 것이 입증되었다는 것이다. 많은 사람들이 우려하고 있는 님비 현상도 자유주의에 있어서의 사회계약론적 협상 모델을 통하지 않고서는 해결될 수 없다는 것을 우리는 인식하지 않으면 안 될 것이다.82) 핵폐기물 건설에 따른 안면도 사태를 통해서 보는 것처럼 강압적으로는 절대 해결이 안 될 것이다.

물론 우리는 자유주의와 자본주의가 환경위기의 주범이라는 생각을 완전히 떨쳐버릴 수 없는 것은 사실이지만, 이제 전 세계가 모두 자유시장 경제로 이행하고 있는 이 시점에서, 앞으로의 환경 문제의 해결은 어떻게 자유시장적인 유인책을 잘 이용하느냐에 달려 있다는 것은 의심의 여지가 없을 것이다. 물론 모든 것을 다 자유시장에 맡길 수는 없기 때문에 정치적인 결정이 필요하다는 것을 우리는 이미 강조한 바 있다. 우리는 환경보호와 경제성장은 상충되는 것이 아니라 오히려 서로 보완되는 관계에 있다고 역설하는 자유주의적 환경경제학의 주장을 깊이 인식하지 않으면 안 된다. 환경경제학은 성장 잠재력의 배양, 지속적인 성장(the sustainable growth)을 위한 기반 확보, 소득수준과 환경의 질의 요구에 관한 비례적 관계, 환경보호의 소득 재분배 효과, 녹색시장(green market)을 위한 기술개발 촉진을 주장하고 있다.83)

자유주의와 환경론의 접합에 관련해서 또한 중요한 것은 환경권 지상주의이다. 환경권 승인의 효과는 앞으로 굉장한 파장 효과를 가져올 것이다. 이것은 환경대책 입법의 근본적인 태도 전환을 의미하는 것이다. 지금까지는 기업 중심의 권리남용론이나 수인한도론에 의해서 환경피해에 관한 최소한의 보상만이 논의되었으나, 이제는 환경권이 재산권의 하나로 인정되는 것을 의미한다. 그리고 환경권은 오염자 비용부담의 원칙을 확립할 것이다. 또한 국민들이 정부에 대해서 환경규제를 청구할 수 있는 권리가 입법화될 수 있는 근거가 마련될 것이다. 이것은 바로 자유주의의 가장 중요한 철학적 근거인 "피치자의 동의"와 "저항권"의 개념들로부터 나온 것이다. 그 다음에는 행정법적인 효과로서 환경정책의 지도이념이 전환된다는 것을 들 수 있다. 이에 따라서 우리는 반사적 이익론을 극복할 수 있게 된다. 반사적 이익론은 국가가 환경을 보호해주면 국민들은 반사적으로 이득을 보는 것이지 그것을 적극적으로 주장할 수 없다는 것을 말하고 있는데, 이제는 환경의 보호에서 오는 혜택은 반사적 이익이 아니라 적극적으로 그 이익의 혜택을 주장할 수 있는 일종의 행복추구권 혹은 복지권의 대상이 된다는 것을 의미한다. 그리고 환경권 인정의 사법적 효과는 권리남용론과 수인한도론을 극복하게 된다는 것이다.

자유주의와 환경론의 접합 가능성에 관련해서 우리는 또한 환경재와 소득의 재분배 문제를 고려해야만 할 것이다. 우리는 미국 철학자 롤즈의 재분배적 자유주의를 통해서 이러한 것들을 논의한 바 있다. 또한 우리는 공리주의적인 고려를 통해서 동물에까지 권리를 인정할 수 있는 철학적 입장에 대해서 논의했다. 더 나아가서 우리는 자유주의와 환경론의 접합 가능성에 관련해서 자연권과 자연법의 상호관계에 대한 충실한 논의를 전개해야만 할 것이다. 자유주의는 기본적으로 자연권을 강조하여왔지만, 자연권도 무제약적인 것이 아니라 자연법의 제한 속에 있다는 것은 흔히 망각되었던 것이 사실이다. 자연권은 자유주의의 가장 기초적인 개념으로서 부정적 자유를 의미한다. 즉 외부의 방해를 받지 않고 각자의 권리 충족을 위해서 모든 수단을 다 사용할 수 있는 자유이다. 그런데 자연법은 각자의 생존을 파괴하는 행위를 금지하는 법칙이다. 여기에 관련해서 우리는 또한 자유주의는 전통적으로 자연권을 주장하면서도 "해악금지의 원칙(no harm principle)"을 단서로 하고 있다는 것을 인식해야만 한다. 즉 각자의 권리 수행은 타인에게 해를 끼치지 않는 한에서 이룩되어야 한다는 것이다.84)

우리가 논의하지는 못했지만, "진화론적인 자생적 질서 자유주의"에서 파생될 수 있는 환경론의 입장에도 많은 관심이 쏟아지고 있다. 데이비드 흄(David Hume)이나 프리드리히 하이에크(Friedrich Hayek)에게서 주장된 이 이론은 이제 자유주의 시장경제 질서 자체가 오히려 생태계의 질서와 거의 비슷하다는 환경론으로 발전되고 있다. 진화론적 자유주의는 자유시장 경제의 자생적 질서와 자연에 대한 인위적 질서의 거부, 자유주의적 관용성과 생물학적인 다양성 등 다양한 유비추리를 통해서 신자유주의적 환경론의 가능성을 말하고 있다. 이 입장의 극단론은 손대지 말고 그대로 두자는 방관론이지만, 자유주의는 어느 정

514

도 자연에 대한 관리주의적 요소를 가지고 있으므로 이 양자가 조화될 수 있는지는 더 논의해야 할 문제이다. 또한 진화론적 자유주의가 보수주의적인 측면도 있다는 것도 심도 있게 논의되어야 할 것이다.[85]

자유주의와 환경론의 접합 가능성은 자유주의적 시장경제에 기초한 환경보호의 경제적 유인책, 환경권 개념의 설정, 환경보호의 자유주의적 분배정의론, 그리고 동물에게까지 권리를 확대하는 공리주의적 고려를 통해 신자유주의적 환경론으로 실현될 수 있을 것이다. 물론 다양한 자유주의 사상 사조들을 전부 통합할 수 있는 신자유주의적 환경론이 구체적으로 어떻게 이룩될 수 있을 것인가는 당면 과제로 남아 있는 것이 사실이다. 비록 우리는 자유주의가 환경파괴의 주범이라는 끈질긴 의혹을 전부 해소할 수는 없을지라도, 결자해지의 원칙과 신자유주의적 환경론을 통해서 그러한 주범이 환경위기를 잘 처리할 수 있는 개과천선을 하도록 변경될 수 있다면, 인류의 미래는 그렇게 어둡지만은 않다는 전망을 조심스럽게 내릴 수 있을 것이다.

저자 후기

존 롤즈(John Rawls)는 1921년 2월 21일 미국 메릴랜드주 볼티모어에서 태어났고, 2002년 11월 24일 81세를 일기로 서거하였다. 그는 유복한 가정에서 태어났는데, 그의 부친은 유명한 변호사였고 그의 모친은 여성유권자연맹 대표로 활약하였다. 어린 시절 롤즈가 처음에는 디프테리아에, 나중에는 폐결핵에 걸렸을 때 그의 두 동생들이 각각 롤즈에게서 감염되어 사망한 사건은 롤즈의 어린 시절의 가장 큰 사건이자 트라우마였다. 그는 말을 더듬을 정도가 심적 상처가 컸다고 한다. 이 사건은 나중에 롤즈가 행운과 불운에 대한 그의 식견을 형성하는 데 큰 역할을 하게 되었다.

그는 1939년 프린스턴대학교에 입학하여 철학을 전공하였는데, 종교철학 논문을 1942년 제출하고 최우등(summa cum laude)으로 학사학위를 받고 1943년 졸업하였다. 롤즈가 학사학위로 제출한 논문과 나중에 쓴 논문 하나를 합쳐 사후에 John Rawls, ed. by Thomas Nagel, with Commentaries by Joshua Cohen and Thomas Nagel, and Robert Merrihew Adams, *A Brief Inquiry into The Meaning of Sin and Faith:*

with "On My Religion"(Cambridge, Mass.: Harvard University Press, 2009)으로 출간되었다. 이 책은 존 롤즈, 토머스 네이글 엮음, 장동진, 김기호, 강명신 옮김, 『죄와 믿음의 의미에 대한 짧은 탐구』(파주: 동명사, 2016)로 번역되었다. 롤즈는 학부 시절 가톨릭 사제가 되려고 할 정도 강렬했던 신학에 대한 몰두 이외에 비트겐슈타인의 제자인 노먼 말콤(Norman Malcolm)의 영향을 받아 철학에도 관심을 가진 것으로 알려져 있다.

그는 제2차 세계대전 기간을 포함하는 1943년부터 1946년까지 태평양에서 육군으로 군복무를 하였으며, 뉴기니에서는 적진 후방에서 적의 동향을 무전으로 연락하여 승리를 이끌어내는 무훈을 세우고 동성무공훈장을 받았다. 그는 필리핀에서의 참호전에서 참을 수 없이 지루하게 전개되는 전투를 견디지 못하고 스스로 철모를 벗고 머리를 내밀어 일본군의 총탄에 죽는 병사들을 보고 전쟁의 참혹함을 절감했고, 거기서 기독교 신앙에 대한 회의를 갖게 되었고 한다. 일본이 항복하자 롤즈는 맥아더 장군의 점령군의 일원이 되어 일본에 상륙하였고 병장으로 승진하였다. 그러나 그는 그 이전 1945년 8월 6일 미국이 사상 최초로 원자폭탄을 히로시마에 투하함으로써 일본이 항복을 선언한 것에 대해서 그것이 정당하지 않다고 믿으면서 환멸을 느끼고 있었다. 그리고 그는 동료 군인들을 대상으로 정훈 교육을 하면 장교로 승진시켜준다는 제안을 받아들이고 않고 이등병으로 다시 강등되어 1946년 1월 군대를 떠나게 되었다. 제2차 세계대전이라는 참혹한 전쟁을 겪은 뒤 그는 무신론자가 되었다고 한다. 특히 나치스의 유대인 대학살과 일본 히로시마 원폭 투하와 3일 후 나가사키 원폭 투하는 결정적으로 그가 무신론자가 되는 계기가 된다. 이러한 그의 심정은 1995년에 쓴 논문 "Fifty Years of Hiroshima"(*Dissent*, Summer, 1995, pp.323-327)에 잘 피력되어 있다.

군대를 제대한 롤즈는 바로 프린스턴대학교로 돌아와 도덕철학으로 박사학위를 따기 위해 학문에 몰두하게 된다. 그는 브라운대학을 졸업한 마거릿 폭스(Margaret Warfield Fox)와 1949년 결혼했고, 4명의 자식들을 두게 된다. 프린스턴대학교에서 1950년 철학박사학위를 받은 롤즈는 1952년까지 거기서 가르쳤다. 박사학위논문은 *A Study in the Grounds of Ethical Knowledge: Considered with Reference to Judgements on the Moral Worth of Character*였다. 그는 1952년 풀브라이트 장학금을 받고 영국 옥스퍼드대학교 크라이스트처치 칼리지(Christchurch College)에서 수학하였는데, 거기서 자유주의 정치이론가이자 역사가인 이사야 벌린(Isaiah Berlin)과 법철학자인 하트(H. L. A. Hart)의 영향을 받았다고 한다. 롤즈는 1년 후 귀국하여 이후 코넬대학교 철학과에서 조교수와 부교수로서 교편을 잡았다. 1960년 그는 코넬대학교에서 정교수로 승진하였고, 이후 MIT에서도 정교수 자격을 획득한다. 1962년 그는 하버드대학교 철학과에 교수로 가게 된다. 그는 여기서 거의 30여 년간 교편을 잡으면서 주요한 저작들과 논문들을 발표하였다. 그리고 도덕 및 정치철학에 관심이 있는 대학원 철학과 제자들을 교육하여 당대의 선도적인 학자들로 키워냈다. 예를 들면, Thomas Nagel, Allan Gibbard, Onora O'neill, Adrian Piper, Elizabeth S. Anderson, Christine Korsgaard, Susan Neiman, Claudia Card, Thomas Pogge, T. M. Scanlon, Barbara Herman, Joshua Cohen, Thomas E. Hill, Samuel Freeman, Paul Weithman 등이다.

롤즈의 저작들 중 3부작으로 유명한 것은 그의 대표작으로 공정성으로서의 분배적 정의론이 제시된 『정의론』(1971), 다원민주사회를 위한 자유주의적 정의론이 피력된 『정치적 자유주의』(1993), 정의론을 만민들의 국제사회에 확장시킨 『만민법』(1999)이 있다. 그리고 롤즈는 수많은 논문들도 집필하였다. 롤즈는 1975년에 John Cowles Professor of Philosophy에 임명되었다. 그리고 1979년에는 대학 전체 수준의 석좌교수인 James Bryant Conant University Professor로 임명되었으며,

1991년 퇴임하여 명예 석좌교수가 되었다. 이 자리는 노벨경제학상을 수상한 케네스 애로우(Kenneth Arrow) 교수의 뒤를 이은 것이었다. 롤즈는 1991년에 퇴임하였지만, 1994년까지는 제자들을 가르쳤다고 한다. 롤즈는 2002년 11월 24일 매사추세츠주 렉싱턴 자택에서 심장마비로 서거하였는데, 서거하기 전 1995년부터 몇 번의 뇌졸중을 겪었다고 한다.

롤즈는 세계적인 명성을 가졌지만, 공공적 철학자로 행세하지는 않았고, 기본적으로 교육과 학문 연구와 가정생활에만 침잠하는 삶을 영위했다. 겸손하기는 했지만 그렇다고 침울한 성격은 아니었고 농담도 즐겨 하여 분위기를 화기애애하게 만들었고, 항상 타인들을 배려하는 자상한 태도를 가졌다고 한다. 하버드의 성인이라는 별명도 있었는데, 과연 그럴 만한 학덕을 겸비했고, 190센티미터의 거한다운 대인이라고 사료된다. 그는 학생들을 자상하게 가르쳤을 뿐만 아니라 특히 대학원 철학과 제자들을 당대를 선도하는 철학자들로 만든 것은 커다란 공헌이다. 그는 또한 최소수혜자들의 기대치를 최대로 하라는 차등의 원칙의 실현을 평생의 과제로 살아왔으니 이것이야말로 하버드의 성인이라고 불러야 할 최대의 공헌이 아닌가 생각해본다.

그리고 40여 년간 정의라는 단일 주제를 파고든 그 은근과 끈기가 놀랍고, 그 결과물인 대표작 『정의론』은 이미 고전의 반열에 오른 "대작(magnum opus)"이다. 가히 그 책은 "오랫동안 부단한 노력을 요하는 저서(a work of longue haleine)"라고 아니 할 수 없다! 이 책은 27개국 언어들로 번역되었으며 영어본만 2005년 통계로 25만 부가 팔렸다고 한다. 1971년 초판본의 양장본과 종이 표지본은 초록색이었는데, 학생들은 그 책을 초록색의 괴물(green monster)이라고 불렀다고 한다. 그 이유는 그 책이 폭발적인 히트작으로 기운이 넘치게 쓴 607장에 달하는 방대한 책 속에 엄청나게 많은 심오하고 생생하고 설득력 있는 학문적 견해들과 논증들이 보물처럼 올올이 자리를 잡고 있었기 때문이다.

롤즈는 친절한 철학자인데 그것은 후학들을 위해서 찾아보기를 아주 상세하게 만들어놓았다는 것이다. 어떤 책도 롤즈의 책들에서의 찾아보기만한 것은 아직 발견하지 못했다.

롤즈의 저작들은 내용적으로는 심오하지만, 명백하고 간단명료하고 평이한 문체의 영어로 잘 서술되어 있다. 이것은 특히 짐짓 뽐내고 재는 듯한 화려하고도 만연적인 문체들이 구사되어 있는 다른 철학책들과는 판이하게 다른 것이었다. 출처는 잊었지만 어떤 학자가 롤즈의『정의론』을 하루에 30분간 읽거나 낭독하면 정신을 맑게 하는 명상 효과가 있다고까지 말했던 것이 기억난다. 명확하고 평이한 문체로 윤리학적 진리가 설파되어 있어 롤즈의 저작들을 독경한다면 그 진리를 깨닫는 공덕이 생기니 명상 효과야 당연히 딸려 나오지 않겠는가. 나라면 롤즈의『정의론』을 읽으면 우리 마음속에 최소수혜자의 불행에 대해서 공감하게 되는 도덕심을 앙양할 수 있으므로 궁극적으로 도덕적 인간(*homo moralis*)으로 성장하거나 변화할 것이라고 말하고 싶다.『정의론』의 마지막 문단의 마지막 문장은 정의에 의해 보장된 개인적 권리들의 불가침성을 말한 첫 문단과 함께, 수미상관하는 백미편이 아닌가 생각된다: "만일 우리가 마음의 순수성을 지닐 수만 있다면 분명한 이해를 갖고서 그와 같은 관점에서 오는 도덕감과 자제력으로 행위하게 될 것이다."

롤즈가 위대한 철학자라고 하는 것은 단순히 철학 분야인 윤리학과 정치철학에 한정되는 것이 아니다. 그의 자유주의적이고 평등주의적인 공정성으로서의 사회정의론은 정치학, 경제학, 법학 및 법철학, 심리학, 행정학, 사회학 등에도 지대한 영향을 미쳤다. 그는 현대 정치철학자들 중에서 미국과 캐나다 법정에서 2000년에서 2005년 사이 60회 이상 언급되었던 유일한 철학자이며, 또한 미국과 영국의 정치가들 사이에 자신들의 정책들에 대한 정당화 논변으로 롤즈가 가장 믿음직한 준거점이 되었다고 한다. 그리고 1970년대 사민주의가 팽배했던 독일을 비롯한 유럽 국가들이 사회복지를 확대할 때 정치권이나 학계는 복지 확대의 철학적 근거를 롤즈에게서, 특히 그의 『정의론』에서 설파된 최소수혜자들을 위한 재분배주의에서 찾았다는 것은 주지의 사실이다.

그는 1999년 스웨덴 왕립 아카데미로부터 논리학과 철학으로 롤프 샤크상(Rolf Schock Prize)을 수상했다. 같은 해 그는 미국 국립인문학상(National Humanist Medal)을 수상했는데, 나중에 클린턴 대통령이 백악관에서 다시 수여했고, 수상 이유는 "미국의 지성계가 민주주의에 대한 신념을 되살리는 데 도움을 준 공로였다." 그리고 그의 명예를 기리기 위해 소행성(Asteroid) 16561이 그의 이름으로 명명되었다. 또 한 가지 언급하고 싶은 것은 지금까지 어떤 철학자도 뮤지컬의 주제가 되지 못했는데, 롤즈는 옥스퍼드대학교 철학, 정치학, 경제학 과정(PPE) 학부생들과 음대 학부생들이 2013년 제작한 *A Theory of Justice: The Musical!*의 주인공이 되었다. 2013년 개봉을 했고, 에든버러 프린지 페스티벌(Edinburgh Fringe Festival)에서도 상연되었다고 한다. 이 뮤지컬에는 롤즈를 위시해서 서양철학 2,500년의 위대한 철학자들이 등장한다. 즉 소크라테스, 플라톤, 로크, 홉스, 루소, 밀, 칸트, 마르크스가 나오고, 로버트 노직과 에인 랜드(Ayn Rand)는 적대자로 나온다. 이 뮤지컬은 장대한 철학적 주제, 즉 롤즈의 공정성으로서의 정의의 핵심 개념인 공정(fairness)을 찾아가는 여정이지만, "2,500년 동안의 정치철학을 가로질러 가면서, 모두 노래하고 춤추는 한바탕 광란의 축제(all-singing, all-dancing romp through 2,500years of political philosophy)" 이다! ("John Rawls," *Wikipedia*, p.9. 뮤지컬의 자세한 내용은 "A Theory of Justice: The Musical!" *Wikipedia* 참조.)

이상의 롤즈의 생애와 학문에 대해서는 기본적으로 "John Rawls," *Wikipedia*, pp.1-14 참조. 그리고 그의 제자인 Thomas Pogge, "A Brief Sketch of Rawls's Life," *The Philosophy of Rawls: A Collection of Essays*, eds. Henry S. Richardson and Paul J. Weithman, Vol. 1,

Development and Main Outlines of Rawls's Theory of Justice, ed. Henry S. Richardson(New York: Garland Publishing Inc., 1999), pp.1-15 참조. 가장 방대한 저서로는 Thomas Pogge, *John Rawls: His Life and Theory of Justice*, trans. by Michelle Kosch(Oxford: Oxford University Press, 2007). 그의 저작에 대한 자세한 연보와 주해는 J. H. Wellbank, Denis Snook, and David T. Mason, *John Rawls and His Critics: An Annotated Bibliography*(New York: Garland Publishing, 1982) 참조. 그리고 롤즈의 약력과 저작에 대한 목록(CV)은 하버드대학교 홈페이지 검색란에서 John Rawls를 치면, Rawls, John(1921) Born and raised in Baltimore 표제어가 나오는데 클릭하면 된다.

그러면 존 롤즈의 참고문헌을 자세히 알아보자. 이 참고문헌은 박정순, 『사회계약론적 윤리학과 합리적 선택: 홉스, 롤즈, 고티에』(서울: 철학과현실사, 2019)의 참고문헌(pp.802-810)을 기본적으로 전재하고, 약간을 추가하였다. 여기에 롤즈의 저작들에 대한 참고문헌을 종합적으로 제시하는 것은 롤즈에 관한 본서의 참고문헌이 총 13장의 각 장들에 따로 수록되었기 때문이다.

▪ 존 롤즈 1차 문헌

[저서]

A Theory of Justice. Cambridge, Mass.: The Belknap Press of Harvard University Press, 1971; Revised Edition. 1999.
Political Liberalism. New York: Columbia University, 1993; 2nd Edition. 1996; Expanded Edition. 2005.
Collected Papers. Edited by Samuel Freeman. Cambridge: Harvard University Press, 1999.
The Law of Peoples with "The Idea of Public Reason Revisited." New York: Columbia University Press, 1999.

Lectures of the History of Moral Philosophy. Cambridge, Mass.: Harvard University Press, 2000.

Justice As Fairness: A Restatement. ed. by Erin Kelly. Cambridge, Mass.: The Belknap Press of Harvard University Press, 2001.

Lectures of the History of Political Philosophy. Cambridge, Mass.; Harvard University Press, 2007.

A Brief Inquiry into The Meaning of Sin and Faith: with "On My Religion. ed. by Thomas Nagel; with Commentaries by Joshua Cohen and Thomas Nagel, and Robert Merrihew Adams. Cambridge, Mass.: Harvard University Press, 2009.

[국내 번역서]

존 롤즈. 황경식 옮김. 『사회정의론』. 서울: 서광사, 1979.

존 롤즈. 황경식, 이인탁, 이민수, 이한구, 이종일 옮김. 『공정으로서의 정의』. 서울: 서광사, 1988.

존 롤즈. 황경식 옮김. 『정의론』. 개정판. 서울: 이학사, 2003.

존 롤즈. 장동진 옮김. 『정치적 자유주의』. 파주: 동명사, 1998(1993년 초판 번역).

존 롤즈. 장동진 옮김. 『정치적 자유주의』[증보판]. 서울: 파주, 2016(2005년 증보판 번역).

존 롤즈. 에린 켈리 엮음. 김주휘 옮김. 『공정으로서의 정의: 재서술』. 서울: 이학사, 2016.

존 롤즈. 토머스 네이글 엮음. 장동진, 김기호, 강명신 옮김. 『죄와 믿음에 대한 의미에 대한 짧은 탐구』. 파주: 동명사, 2016.

[논문]

"Outline of a Decision Procedure of Ethics." *The Philosophical Review*. Vol. 60. 1951. pp.177-97.

"Review of *An Examination of the Place of Reason in Ethics* by Stephen Toulmin." *The Philosophical Review*. Vol. 60. 1951. pp.572-580.

"Two Concepts of Rules." *The Philosophical Review*. Vol. 64. 1955.

524

pp.3-32.

"Justice as Fairness." *The Journal of Philosophy*. Vol. 54. 1957. pp.653-670.

"Justice as Fairness." *The Philosophical Review*. Vol. 67. 1958. pp.164-169.

"Constitutional Liberty and the Concept of Justice." in *Justice: Nomos* VI, eds. Carl J. Friedrich and John W. Chapman. New York: Atherton Press, 1963. pp.98-125.

"The Sense of Justice." *The Philosophical Review*. Vol. 72. 1963. pp.281-305.

"Legal Obligation and the Duty of Fair Play." *Law and Philosophy*. ed. Sidney Hook. New York: New York University Press, 1964. pp.3-18.

"Distributive Justice." *Philosophy, Politics, and Society*. Third Series, eds. Peter Laslett and W. G. Runciman. London: Basil Blackwell, 1967. pp.58-82.

"Distributive Justice: Some Addenda." *Natural Law Forum*. Vol. 13. 1968. pp.51-71.

"The Justification of Civil Disobedience." in *Civil Disobedience: Theory and Practice*. ed. Hugo A. Bedau. New York: Pegasus Books, 1969. pp.240-255.

"Justice as Reciprocity." in *Utilitarianism: John Stuart Mill with Critical Essays*. ed. Samuel Gorovitz. New York: Bobbs-Merrill Co. 1971. pp.242-268.

"Reply to Lyons and Teitelman." *The Journal of Philosophy*. Vol. 69. 1972. pp.556-557.

"Distributive Justice." in *Economic Justice*. ed. Edmund S. Phelps. London: Penguin Books, 1973. pp.319-62.

"Some Reasons for the Maximin Criterion." *The American Economic Review*. Vol. 64. 1974. pp.141-146.

"Reply to Alexander and Musgrave." The Quarterly Journal of Economics. Vol. 88. 1974. pp.633-655.

"A Kantian Conception of Equality." *The Cambridge Review*. Vol. 96. 1975. pp.94-99.

"The Independence of Moral Theory." *Proceedings and Addresses of the American Philosophical Association.* Vol. 48. 1974-75. pp.5-22.

"Fairness to Goodness." *The Philosophical Review.* Vol. 84. 1975. pp.536-554.

"The Basic Structure as Subject." *American Philosophical Quarterly.* Vol. 14. 1977. pp.159-165.

"The Basic Structure as Subject." in *Values and Morals.* eds. A. I. Goldman and Jaegwon Kim. Dordrecht: D. Reidel Publishing Co., 1978. pp.47-71.

"A Well-Ordered Society." in *Philosophy, Politics, and Society.* 5th Series. eds. Peter Laslett and James Fishkin. New Haven: Yale University Press, 1979. pp.94-99.

"The Kantian Constructivism in Moral Theory." *The Journal of Philosophy.* Vol. 77. 1980. pp.515-572.

"Social Unity and Primary Goods." in *Utilitarianism and Beyond.* eds. Amartya Sen and Bernard Williams. Cambridge: Cambridge University Press, 1982. pp.159-85.

"Justice as Fairness: Political not Metaphysical." *Philosophy & Public Affairs.* Vol. 14. 1985. pp.223-251.

"The Basic Liberties and Their Priority." in *Liberty, Equality and Law.* ed. Sterling M. McMurrin. Salt Lake City: University of Utah Press, 1987. pp.1-87.

"The Idea of Overlapping Consensus." *Oxford Journal of Legal Studies.* Vol. 7. 1987. pp.1-25.

"The Priority of Right and Ideas of the Good." *Philosophy & Public Affairs.* Vol. 17. 1988. pp.251-276.

"The Domain of the Political and Overlapping Consensus." *New York University Law Review.* Vol. 64. 1989. pp.233-255.

"Themes in Kant's Moral Philosophy." in *Kant's Transcendental Deductions: The Three Critiques and the Opus Postumum.* ed. Eckart Förster. Stanford: Stanford University Press, 1989. pp.81-113.

"Fifty Years of Hiroshima." *Dissent.* Summer 1995.pp.323-327.

- 존 롤즈 2차 문헌

[저서]

Barry, Brian. *The Liberal Theory of Justice*. Oxford: Clarendon Press, 1973.

Blocker, H. Gene and Elizabeth H. Smith. eds. *John Rawls' Theory of Social Justice*. Athens: Ohio University Press, 1980.

Brooks, Thom and Martha C. Nussbaum. eds. *Rawls's Political Liberalism*. New York: Columbia University Press, 2015.

Daniels, Norman. ed. *Reading Rawls: Critical Studies of A Theory of Justice*. Oxford: Basil Blackwell, 1975. with a New Preface. Stanford: Stanford University Press, 1989.

Elfstrom, Gerard. *The Import of Moral Being in John Rawls' Theory of Justice*. Ph.D. Dissertation. Atlanta: Emory University, 1975.

Fleurbaey, Marc. Maurice Salles, and John A. Weymark. *Justice, Political Liberalism, and Utilitarianism: Themes from Harsanyi and Rawls*. Cambridge: Cambridge University Press, 2008.

Freeman, Samuel Richard. *Justice and the Social Contract: Essays on Rawlsian Political Philosophy*. Oxford: Oxford University Press, 2007.

_____. ed. *The Cambridge Companion to Rawls*. Cambridge: Cambridge University Press, 2003.

Hardin, Russell. ed. *Symposium on Rawlsian Theory of Justice: Recent Developments*. *Ethics*. Vol. 99. 1989.

Mandel, Jon. *Rawls's 'A Theory of Justice' An Introduction*. Cambridge: Cambridge University Press, 2009.

Martin, Rex. *Rawls and Rights*. Lawrence: University Press of Kansas, 1986.

_____. and David A. Reidy. *Rawls's Law of Peoples: A Realistic Utopia?* Oxford: Blackwell Publishing, 2006.

Miller, David. Social Justice. Oxford: Clarendon Press, 1976.

Moon, J. Donald. *John Rawls: Liberalism and the Challenges of Late*

Modernity. Lanham: Rowman & Littlefield, 2014.

Nielsen, Kai and Roger A. Shiner. eds. *New Essays on Contract Theory. Canadian Journal of Philosophy*. Suppl. 3. 1977.

Park, Jung Soon. *Contractarian Liberal Ethics and the Theory of Rational Choice*. New York: Peter Lang Publishing Inc., 1982.

Pettit, Philip and Chandran Kukathas. *Rawls: 'A Theory of Justice' and Its Critique*. Stanford: Stanford University Press, 1990.

Pogge, Thomas W. *Realizing Rawls*. Ithaca: Cornell University Press, 1989.

Schaefer, David Lewis. *Justice or Tyranny?: A Critique of John Rawls's Theory of Justice*. Port Washington: N.Y.: Kennikat Press, 1979.

The Philosophy of Rawls: A Collection of Essays. 5 Vols. Serial Editors. Henry S. Richardson and Paul J. Weithman. Contents of the Series. 1. *Development and Main Outlines of Rawls's Theory of Justice*. 2. *The Two Principles and Their Justification*. 3. *Opponents and Implications of A Theory of Justice*. 4. *Moral Psychology and Community*. 5. *Resonable Pluralism*. New York: Garland Publishing, Inc., 1999.

Wellbank, J. H., Denis Snook, and David T. Mason. *John Rawls and His Critics: An Annotated Bibliography*. New York: Garland Publishing, 1982.

Wolff, Robert Paul. *Understanding Rawls*. Princeton: Princeton University Press, 1977.

[논문]

Altieri, Charles. "Judgment and Justice under Postmodern Conditions; or How Lyotard Helps us Read Rawls as a Postmodern Thinker?" in *Redrawing the Lines: Analytic Philosophy, Deconstruction, and Literary Theory*. ed. Reed Way Dasenbrock. Minneapolis: University of Minnesota Press, 1989. pp.61-91.

Altman, Andrew. "Rawls' Pragmatic Turn." *Journal of Social Philosophy*. Vol. 14. 1983. pp.8-12.

Care, Norman S. "Contractualism and Moral Criticism." *The Review of*

Metaphysics. Vol. 23 1969. pp.85-101.

Cooper, W. E. "The Perfectly Just Society." *Philosophy and Phenomenological Research*. Vol. 38. 1977-78. pp.46-55.

Daniels, Norman. "Wide Reflective Equilibrium and Theory Acceptance in Ethics." *The Journal of Philosophy*. Vol. 76. 1979. pp.256-82.

Feinberg, Joel. "Justice, Fairness and Rationality." *Yale Law Journal*. Vol. 81. 1972. pp.1004-1031.

Fishkin, James. "Justice and Rationality." *The American Political Science Review*. Vol. 69. 1975. pp.615-629.

Frankel, Charles. "Justice and Rationality." in *Philosophy, Science, and Method*. eds. Sidney Morgenbesser, Patrick Suppes, and Morton White. New York: St. Martin Press, 1969. pp. 400-414.

Galston, William A. "Moral Personality and Liberal Theory: John Rawls' 'Dewey Lectures.'" *Political Theory*. Vol. 10. 1982. pp.492-519.

Gibson, Mary. "Rationality." *Philosophy & Public Affairs*. Vol. 6. 1977. pp.193-225.

Gordon, Scott. "The New Contractarians." *Journal of Political Economy*. Vol. 84. 1976. pp.141-167.

Howe, R. E. and J. E. Roemer. "Rawlsian Justice as the Core of a Game." *American Economic Review*. Vol. 71. 1981. pp.880-895.

Keyt, David. "The Social Contract as an Analytic, Justificatory, and Polemical Device." *Canadian Journal of Philosophy*. Vol. 4. 1974. pp.241-252.

Kultgen, John. "Rational Contractors." *Journal of Value Inquiry*. Vol. 21. 1987. pp.185-198.

Machan, Tibor R. "Social Contract as a Basis of Norms: A Critique." *The Journal of Libertarian Studies*. Vol. 7. 1983. pp.141-146.

Macpherson, C. B. "Rawls's Models of Man and Society." *Philosophy of the Social Sciences*. Vol. 3. 1973. pp.341-347.

Mouffe, Chantal. "Rawls: Political Philosophy without Politics." *Philosophy and Social Criticism*. Vol. 13. 1987. pp.105-123.

Neal, Patrick. "A Liberal Theory of the Good?" *Canadian Journal of Philosophy*. Vol. 17. 1987. pp.567-582.

Nelson, William. "The Very Idea of Pure Procedural Justice." *Ethics*. Vol. 90. 1980. pp.502-511.

Nielsen, Kai. "A Note On Rationality." *The Journal of Critical Analysis*. Vol. 9. 1972. pp.16-19.

_____. "Rawls and Classical Amoralism." *Mind*. Vol. 86. 1977. pp.19-30.

_____. "Rawls' Defense of Morality, Amoralism, and the Problem of Congruence." *The Personalist*. Vol. 59. 1978. pp.93-100.

Nussbaum, Martha C. "The Enduring Significance of John Rawls." *Chronicle of Higher Education*. July 20, 2001. B7-B10.

Pollock, Lansing. "A Dilemma for Rawls?" *Philosophical Studies*. Vol. 22. 1971. pp.37-43.

Porebski, Czeslaw. "The Moral Point of View and the Rational Choice Theory." in *The Tasks of Contemporary Philosophy*. eds. Werner Leinfeller and Franz M. Wukeits. Vienna: Hölder-Pichler Tempsky, 1986. pp.880-895.

Richardson, Henry S. "John Rawls (1921-2002)." *Internet Encyclopedia of Philosophy*. pp.1-26.

Sadurski, Wojciech. "Contractarianism and Intuition: On the Role of Social Contract Arguments in Theories of Justice." *Australasian Journal of Philosophy*. Vol. 61. 1983. pp.321-347.

Schaefer, David. " 'Moral Theory' Versus Political Philosophy: Two Approaches to Justice." *Review of Politics*. Vol. 39. 1977. pp.192-219.

Schwartz, Adina. "Moral Neutrality and Primary Goods." *Ethics*. Vol. 83. 1983. pp.294-397.

"Social Contract Theory." *Internet Encyclopedia of Philosophy*. 3. More Recent Social Contract Theories. a. John Rawls' A Theory of Justice.

"Symposium on Rawlsian Theory: Recent Developments." *Ethics*. Vol. 99. 1989.

"Symposium: The 25th Anniversary of Rawls's Political Liberalism." *Ethics*. Vol. 128. 2017.

Leif, Wenar. "John Rawls." *Stanford Encyclopedia of Philosophy*. pp.1-28.

[국내 저서]

김만권.『불평등의 패러독스: 존 롤스를 통해 본 정치와 분배정의』. 서울: 도서출판 개마고원, 2004.

김성우.『자유주의는 윤리적인가: 자유주의 담론의 이론적 비판』. 서울: 한국학술정보(주), 2006.

박수영.『존 롤즈의 정치적 합당성 연구』. 부산대학교 대학원 국민윤리학과 박사학위논문. 2016. 10.

박정순.『사회정의의 윤리학적 기초: John Rawls의 정의론과 공리주의의 대비』. 연세대학교 대학원 철학과 석사학위논문. 1984. 2.

_____.『마이클 샌델의 정의론, 무엇이 문제인가』. 서울: 철학과현실사, 2016.

_____.『마이클 월저의 사회사상과 철학적 깨달음: 복합평등, 철학의 여신, 마방진』. 서울: 철학과현실사, 2017.

_____.『사회계약론적 윤리학과 합리적 선택: 홉스, 롤즈, 고티에』. 서울: 철학과현실사, 2019.

염수균.『롤즈의 민주적 자유주의』. 서울: 천지, 2001.

유홍림.『현대 정치사상 연구』. 고양: 인간사랑, 2003.

윤대주.『상호성의 정의론: 아리스토텔레스, 칸트, 롤스를 중심으로』. 국민대학교 대학원 정치외교학과 박사학위논문. 2016. 8.

이명표.『경제행위와 경제 윤리성에 관한 연구: 롤즈의 분배 정의를 중심으로』. 단국대학교 대학원 이론경제 전공 박사학위논문. 2006. 5.

이종은.『사회 정의란 무엇인가: 현대 정의 이론과 공동선 탐구』. 서울: 책세상, 2015.

_____.『존 롤스』. 서울: 커뮤니케이션북스, 2016.

장동익.『롤즈 정의론』. 서울: 서울대학교 철학사상연구소, 2005.『철학사상』. 별책 제5권 제14호.

장동진.『현대자유주의 정치철학의 이해』. 서울: 동명사, 2001.

장효민.『사회계약론에 기초한 정치공동체 모델 연구』. 서울대학교 대학원 윤리교육과 박사학위논문. 2013. 2.

정원섭,『롤즈의 공적 이성과 입헌민주주의』. 서울: 철학과현실사, 2008.

정태욱.『자유주의 법철학』. 파주: 도서출판 한울, 2007.

정현태.『계약론적 윤리학에 있어서의 합리성과 정의에 관한 연구』. 서울대학교 대학원 국민윤리학과 박사학위논문. 1994. 8.

한국사회 · 윤리학회 편.『사회계약론』. 서울: 철학과현실사, 1993.

홍성우.『존 롤즈의「정의론」읽기』. 서울: 세창미디어, 2015.

황경식.『고전적 공리주의와 John Rawls의 정의론 비교 연구』. 서울대학교 대학원 철학과 박사학위논문. 1982. 8.

_____.『사회정의의 철학적 기초: J. 롤즈의 정의론을 중심으로』. 서울: 문학과지성사, 1985.

_____.『사회정의의 철학적 기초: J. 롤즈의 정의론을 중심으로』. 서울: 철학과현실사, 2013.

_____.『존 롤스 정의론』. 파주: 쌤앤파커스, 2018.

황경식, 박정순 외.『롤즈의 정의론과 그 이후』. 서울: 철학과현실사, 2009.

[국내 논문]

노영란.「롤즈 이후 칸트적 구성주의: 구성주의의 딜레마와 존재론적 관련성을 중심으로」.『윤리연구』. 제106호. 2016. pp.35-62.

박정순.「자유주의 정의론의 철학적 오디세이: 롤즈 정의론의 최근 변모와 그 해석 논쟁」. 제5회 한국철학자연합대회 대회보『현대의 윤리적 상황과 철학적 대응』. 1992년 10월 23-24일. pp.573-599.

_____.「정치적 자유주의의 철학적 기초」.『철학연구』. 제42집. 1998. pp.275-305.

_____.「자유주의의 건재」.『철학연구』. 제45집. 1999. pp.275-305.

박종훈.「현대 공동체주의에 대한 자유주의의 대응: 롤스의 대응을 중심으로」.『동국논총』. 제35집. 1996. pp.91-114.

박효종.「정의의 원리와 개인주의적 합리성의 연계의 적실성에 대한 비판적 고찰: 사회계약론적 관점을 중심으로」.『한국정치학회보』. 제28집. 1995. pp.429-461.

오창진, 김상현, 박선영, 김회용.「롤즈(Rawls)의 도덕이론에 대한 비판적 고찰」.『교육사상연구』. 제25권. 2011. pp.123-151.

이광래, 신중섭, 이종흡 옮김. "제6장 존 롤즈." 앨런 라이어.『현대사상의 대이동: 거대이론에의 복귀』. 춘천: 강원대학교 출판부, 1987.

이민수.「공동체의 정의와 개인의 선은 정합 가능한가?」.『철학연구』. 제94집. 2011. pp.263-288.

이종은.「롤스의 계약론과 그 비판적 담론: 원초적 입장을 중심으로」.『정치사상연구』. 제20집. 2014. pp.9-35.

_____.「롤스와 공동체주의」.『사회과학연구』, 제28호. 2016. pp.1-29.

_____.「공정으로서의 정의와 롤스의 계약론」.『사회과학연구』. 27권. 2015. pp.87-112.

최정운.「미국의 자유주의: 롤스(Rawls)와 노직(Nozick)의 논쟁」. 미국학 연구소 편.『미국사회의 지적 흐름: 정치·경제·사회·문화』. 서울: 서울대학교 출판부, 1998. pp.3-34.

장동진.「맥시민과 평등」.『한국정치학회보』. 25권. 1991. pp.363-385.

_____, 김만권, 김기호 옮김. "부록: 옮긴이 해제."『만민법』. 서울: 동명사, 2017. pp.265-305.

홍성우.「존 롤즈의 원초적 입장」.『원광대학교 대학원 논문집』. 제12집. 1993. pp.147-171.

_____.「도덕원칙에 관한 롤스의 정치적 구성방법과 그 특징들: 합리적 직관주의와 칸트의 도덕적 구성주의와의 비교」.『사회사상연구』. 제6권. 1996. pp.75-105.

황경식.「현대의 사상: 롤즈」.『한국논단』. 제2권. 1989. pp.94-102.

_____. "옮긴이 부록: 세계의 정의론자 존 롤즈."『정의론』. 서울: 이학사, 2003. pp.753-764.

_____.「존 롤즈의 자유주의를 위한 변명: 현대 자유주의 진화와 정당화」. 황경식, 박정순 외.『롤즈의 정의론과 그 이후』. 서울: 철학과현실사, 2009. pp.15-44.

EBS 다큐프라임.『법과 정의』3부작 중 제2부 "정의의 오랜 문제, 어떻게 나눌까?" 2014년 5월 26-28일.

후 주

서문

1) 본서 저자의 석사학위논문은 황경식, 『고전적 공리주의와 John Rawls의 정의론 비교 연구』(서울대학교 대학원 철학과 박사학위논문, 1982. 8)가 가장 큰 준거점이 되었다. 이 책은 수정 증보되어 『사회정의의 철학적 기초: J. 롤즈를 중심으로』(서울: 문학과지성사, 1985)로 출간되었다. 롤즈의 『정의론』의 제1판본, John Rawls, *A Theory of Justice*(Cambridge: Belknap Press of Harvard University Press, 1971)의 완역은 존 롤즈, 황경식 옮김, 『사회정의론』(서울: 서광사, 1977) 참조. 제2판본, John Rawls, *A Theory of Justice* (Cambridge: Belknap Press of Harvard University Press, revised edn., 1999)의 완역은 존 롤즈, 황경식 옮김, 『정의론』(서울: 이학사, 2003) 참조.

2) 이 문단은 박정순, 「정치적 자유주의의 철학적 기초」, 『철학연구』, 제42집 (1998 봄), pp.275-305 중 p.275에 있는 요약문을 전재하였다.

3) 이하 세 문단은 박정순, 「'현실적 유토피아' 실현을 위한 철학 제시해: 존 롤즈의 『만민법』」, 『출판저널』, 293호(2001), pp.28-29에서 전재하였다.

제1부 롤즈의 정의론과 그 전개와 변천

제1장 롤즈의 정의론의 개요와 공리주의 비판

1) John Rawls, *A Theory of Justice*(Cambridge: The Belknap Press of Harvard University Press, 1971). 이하 TJ로 약하고 페이지 수를 병기함.

2) 아리스토텔레스는 정의를 보편적 정의(universal justice)와 특수적 정의(particular justice)로 대별한다. 보편적 정의는 모든 덕(virtues)의 총체이다. 특수적 정의는 다시 분배적 정의(distributive justice)와 교정적 정의(rectificatory

justice)로 나뉜다. 교정적 정의는 다시 거래의 문제를 다루는 교환적 정의 (commutative justice)와 처벌의 문제를 다루는 응보적 정의(retributory justice)로 세분된다. Aristoteles, *The Nicomachean Ethics*, trans. David Ross (Oxford University Press, 1980), Bk. V, 1129a-1131a 참조. 롤즈는 보편적 정의를 사회적 이념(social ideal)으로 간주하고, 자기의 정의론은 그것의 일부분에 불과한 분배적 정의의 문제만을 다룬다는 것을 밝히고 있다(TJ, pp.8-9). 본 논문에서도 분배적 정의의 문제에 국한해서 사회정의의 문제를 취급하게 될 것이다.

3) TJ, p.26.

4) TJ, p.90.

5) John Rawls, "Kantian Constructivism in Moral Theory," *The Journal of Philosophy*, Vol. 77(Sep. 1980), pp.515-572. 롤즈의 정의론과 공리주의의 극복의 문제는 황경식,『고전적 공리주의와 John Rawls의 정의론 비교 연구』(서울대학교 대학원 철학과 박사학위논문, 1982. 8).

6) Eile Halévy, *The Growth of Philosophical Radicalism*, trans. Mary Morris (Boston: Beacon Press, 1955).

7) TJ, p.15.

8) TJ, p.18, p.121.

9) Chaïm Perelman, *The Idea of Justice and The Problem of Argument*, trans. J. Petrie(London: Routledge and Kegan Paul, 1963), p.11.

10) 같은 책, p.12, pp.36-45.

11) Plato, *The Republic of Plato*, trans. F. M. Conford(Oxford: Oxford University Press, 1941), pp.14-40.

12) C. L. Stevenson, *Ethics and Language*(New Haven and London: Yale University Press, 1944), p.219.

13) TJ, p.7.

14) TJ, pp.8-9.

15) TJ, p.5, p.8, Sec. 69.

16) TJ, p.11. John Locke, *Second Treatise of Government*(1690); Jean-Jacques Rousseau, *The Social Contract*(1762); Immanuel Kant, *Grundlegung Zur Metaphysik der Sitten*(1785) 등이 사회계약론의 대표적 저작이다.

17) TJ, p.11.

18) TJ, p.11.

19) John Rawls, "Justice as Fairness," *The Philosophical Review*, Vol. 67 (1958), pp.164-194. 저자가 인용한 것은 *Readings in Ethical Theory*, eds.

W. Sellars and J. Hospers(Englewood Cliffs: Prentice-Hall, 1970), pp.578-595에 전재된 것임.

20) 같은 논문, p.578.

21) 같은 논문, p.587. 일상용어법에 대한 자세한 논의는 J. R. Lucas, *On Justice* (Oxford: Clarendon Press, 1980), pp.1-3 참조.

22) Norman Daniels, ed. *Reading Rawls*(Oxford: Basil Blackwell, 1975), p.xix.

23) TJ, p.16, p.17. 그래서 원초적 입장에서는 도덕판단이 "합리적인 타산판단(a judgement of rational prudence)"으로 환원된다(TJ, p.44).

24) John Rawls, "Outline of a Decision Procedure for Ethics," *The Philosophical Review*, Vol. 60(1951), pp.177-197 참조.

25) TJ, pp.577-578.

26) TJ, p.579. 비슷한 구절이 p.111에도 보인다.

27) Rawls, "Justice as Fairness," p.589. 이것은 분명히 실존주의나 초기 헤어(R. M. Hare), 그리고 무어(G. E. Moore)나 로스(W. D. Ross) 등의 직관주의, 그리고 정의론(emotivism)을 겨냥한 발언으로 생각된다.

28) TJ, p.19, p.48, p.579.

29) TJ, p.20, pp.48-51. "그것이 평형인 이유는 원칙과 판단이 최종적으로 서로 일치하기 때문이며, 그것이 반성적인 이유는 우리의 판단이 순응하게 될 원칙의 내용과 그 원칙이 도출되는 전제조건을 우리가 알고 있기 때문이다." (TJ, p.20)

30) David Lyons, "Nature and Soundness of the Contract and Coherence Arguments," *Reading Rawls*, ed., Norman Daniels(Oxford: Basil Blackwell, 1975), pp.141-168.

31) TJ, p.128.

32) TJ, pp.130-135.

33) TJ, p.12.

34) TJ, p.137. 롤즈에 의하면 지식에 대한 이와 같은 광범위한 제한이 합당한 이유는 사회정의 문제가 한 세대 내에서뿐만 아니라 세대 간 저축의 문제처럼 세대 간에도 일어나기 때문이다.

35) 이러한 무지의 장막의 개념은 전혀 새로운 것은 아니다. 그것은 루소, 칸트, 그린(Green)이 환경에 의해 타락된 개인의지(the individual will)와 모든 사람들 안에 동일하게 존재하는 보편의지(the general will)를 구별해야 한다고 주장한 점에서도 찾아볼 수 있다. 애로우는 이러한 보편의지를 환경의 오염이 제거된 것으로 본다. "… if the corruptions of the environment were removed." Kenneth Arrow, *Social Choice and Individual Values*, 2nd ed.

(New Haven and London: Yale University Press, 1963), p.74. 자세한 논의
는 pp.81-82 참조.

롤즈의 무지의 장막은 개인의지에서 환경의 오염을 제거하여 그것을 보편의
지로 상승시키는 직접적인 수단이 된다. 그런데 무지의 장막의 개념은 불확
실성하에서의 선택에 관련해서 이미 경제학자 비크리(William Vickrey)와
평균 공리주의자 하사니(John C. Harsanyi) 등에 의해서 사용되었다. 이들과
롤즈의 관계는 Kenneth Arrow, "Formal Theories of Social Welfare,"
Dictionary of th History of Ideas, Bk. IV, ed. P. Wiener(New York:
Charles Scribner's Sons, 1978), pp.276-284 참조.

36) TJ, p.144.

37) TJ, p.92.

38) TJ, p.90.

39) TJ, p.124.

40) Rawls, "The Basic Structure as Subject," *The American Philosophical Quarterly*, Vol. 14, No. 2(1977), p.159.

41) TJ, pp.35-136.

42) Aristoteles, *The Nicomachean Ethics*, Bk. VII. Chs. 11-14, 그리고 Bk. X. Chs. 1-5 참조. Friedrich Nietzsche, *Untimely Meditations: Third Essays: Schopenhauer as Educator*, Sec. 6, reprinted in J. R. Hollingsdale, *Nietzsche: The Man and His Philosophy*(Baton Rouge: Louisiana State University Press, 1965) 참조.

43) TJ, pp.330-331. 완전주의에 관련해서 논의하지 못한 여러 가지 복잡한 문제
가 많이 남아 있다. 완전주의적 입장에서 롤즈에 대한 반론은 David Norton, "Rawls' Theory of Justice: A Perfectionist Rejoinder," *Ethics*, Vol. 85, No. 1(1974), pp.50-57 참조.

44) TJ, p.35.

45) TJ, p.34. 우리는 여기서 직관주의에 관련된 문제를 구체적으로 논의할 수는
없다. 롤즈에 대한 직관주의의 반론은 J. O. Urmson, "A Defence of Intuitionism," *Proceedings of the Aristotelian Society*, Vol. 75(1974-75), pp.111-119 참조.

46) TJ, p.41.

47) TJ, p.41.

48) TJ, pp.43-44. 구체적인 논의는 본 논문 3절 1)항 (1)목 참조.

49) TJ, p.152.

50) TJ, p.152.

51) TJ, p.169.

52) TJ, pp.150-151.

53) TJ, p.546.

54) 업적주의적 사회는 Michael Young, *The Rise of Meritocracy*(London: Thames and Hudson, 1958) 참조.

55) Ralf Dahrendorf, "On the Origin of Inequality among Men," *Essays in the Theory of Society*(Stanford: Stanford University Press, 1968), p.157.

56) TJ, p.151.

57) TJ, p.151.

58) TJ, p.303.

59) TJ, p.62.

60) TJ, p.302.

61) TJ, p.302. 생략된 부분은 "정의로운 저축 원칙에 일관해서"이다. 저축 원칙은 세대 간 정의의 문제에 관련된 특수한 논의를 필요로 하기 때문에 생략했다. 그 문제는 본 논문 3절 2)항 (3)목에서 간략히 언급된다.

62) TJ, pp.302-303.

63) TJ, p.61.

64) TJ, p.542.

65) TJ, p.543.

66) TJ, p.543.

67) TJ, p.75.

68) TJ, p.101, p.107.

69) TJ, pp.103-104.

70) TJ, p.73.

71) TJ, p.73.

72) TJ, p.74, p.301, p.511.

73) TJ, p.511.

74) TJ, p.261.

75) TJ, p.261.

76) TJ, p.243.

77) TJ, pp.105-106.

78) TJ, p.viii.

79) TJ, p.280.

80) TJ, p.61.

81) TJ, pp.276-277.

82) TJ, pp.276-277.

83) C. B. Macpherson, "Rawls's Model of Man and Society," *Philosophy of Social Science*, Vol. 3(1973), p.343. 복지국가와 롤즈의 정의론과의 관계를 포괄적으로 논의하고 있는 책은 Vic George and Paul Wilding, *Ideology and Social Welfare*(London: Routledge and Kegan Paul, 1976), Ch. vi 참조. 롤즈는 나중에 자본주의의 빈부 격차를 좁히지 못하면서 수동적인 복지 수혜자들을 양산하는 복지국가 모형을 비판하고 재산소유제적 민주주의(property-owning democracy)를 주창한다. John Rawls, *Justice As Fairness: A Restatement*, ed. by Erin Kelly(Cambridge; The Belknap Press of Harvard University Press, 2001), §41. "Property-Owning Democracy: Introductory Remarks." 재산소유제적 민주주의에 대한 심층 논의는 Richard Krouse and Michael McPherson, "Capitalism, 'Property-Owing Democracy,' and the Welfare State," ed. by Amy Gutmann, *Democracy and the Welfare State* (Princeton: Princeton University Press, 1988), pp.79-105. 이 부분은 박정순, 『사회계약론적 윤리학과 합리적 선택: 홉스, 롤즈, 고티에』(서울: 철학과현실사, 2019), 부록 제3장 "사회계약론적 윤리학의 대두와 그 딜레마", 후주 55에서 전재하였다.

84) TJ, p.3.

85) TJ, p.3.

86) TJ, p.250.

87) Utility는 흔히 공리, 유용성, 또는 효용이라고 다양하게 번역된다. 앞으로 본 논문에서도 공리 계산, 유용성의 원칙, 한계효용체감의 법칙, 기대효용 등의 용어가 문맥에 따라서 적절하게 사용될 것이다.

88) 공리주의의 여러 가지 형태는 다음과 같이 분류된다. 공리주의는 유용성의 평가 대상이라는 측면에서 행위 공리주의(act utilitarianism)와 규칙 공리주의(rule utilitarianism), 유용성의 내용에서 쾌락 공리주의(hedonistic utilitarianism)와 이상 공리주의(ideal utilitarianism), 유용성의 계산에 대한 관점에서 전체 공리주의(total utilitarianism)와 평균 공리주의(average utilitarianism), 그리고 유용성의 증진과 비유용성(고통, 불쾌, 손해 …)의 감소에 대한 중점 여부에 따라 적극적 또는 긍정적 공리주의(positive utilitarianism)와 소극적 또는 부정적 공리주의(negative utilitarianism)로 나누어진다. J. J. C. Smart and Bernard Williams, *Utilitarianism: For & Against*(Cambridge University Press, 1973), pp.9-30 참조. 공리주의의 제 형태에 대한 좀 더 포괄적인 논의는 David Lyons, *Forms and Limits of Utilitarianism*(Oxford:

The Clarendon Press, 1965) 참조.

89) TJ, p.22.

90) John Rawls, "Justice as Reciprocity," *Utilitarianism*, ed. Samuel Gorovitz (Indianapolis: The Bobbs-Merrill Co., 1971), p.244.

91) David Hume, "Of The Original Contract," *Moral and Political Essays* (1748), reprinted in *Social Contract: Essays by Locke, Hume, Rousseau*, ed. Sir Ernest Barker(Oxford University Press, 1971), pp.145-166. Jeremy Bentham, *A Fragment of Government*(1776)(Oxford: Clarendon Press, 1951), Ch. i. pars. 36-48. J. S. Mill, "Use and Abuse of Political Terms," *Tait's Edinburgh Magazine*, I(May, 1832), pp.164-172.

92) J. W. Gough, *The Social Contract*(Oxford: Clarendon Press, 1936), pp.174-189.

93) John Rawls, "Justice as Reciprocity," *Utilitarianism: John S. Mill with Critical Essays*, ed. Samuel Gorovitz(Indianapolis: The Bobbs-Merrill Co., 1971), p.267.

94) Francis Edgeworth, *Mathematical Psychics: An Essays on the Application of Mathematics to the Moral Sciences*(London: Kegan Paul, 1881). Arthur Pigou, *The Economics of Welfare*(London: Macmillan, 1920).

95) Rawls, "Justice as Fairness," p.590.

96) Jeremy Bentham, *An Introduction to the Principles of Morals and Legislation*(1789), reprinted in *The Utilitarians*(Garden City: Anchor Press, 1973), Ch. x, par. 40, n.2.

97) John Stuart Mill, *Utilitarianism*(1863), reprinted in *The Utilitarians*(Garden City: Anchor Press, 1973), Ch. v, par. 1.

98) 같은 책, pars.16-25.

99) 같은 책, last two pars.

100) Henry Sidgwick, *The Methods of Ethics*, 7th ed.(London: Macmillan, 1962), pp.416-417.

101) TJ, p.26.

102) TJ, p.26.

103) TJ, pp.43-44, p.566.

104) TJ, p.26.

105) TJ, pp.64-65.

106) TJ, p.28.

107) TJ, p.28.

108) William K. Frankena, *Ethics*(Englewood Cliffs, N.J.: Prentice-Hall), p.13.

109) TJ, p.24.

110) TJ, p.25.

111) TJ, pp.25-26.

112) TJ, p.30. 여기서 롤즈는 벤담의 입장(*An Introduction to the Principles of Morals and Legislation*, Ch. x, sec. 4 참조)만을 언급하고 있고 밀(J. S. Mill)의 "질적 공리주의"를 다루지 않고 있다. 근래에 공리주의 일각에서 이러한 문제를 다루기 위해 "동기 공리주의"가 논의되고 있으나, 여기서 그것을 자세히 다룰 수는 없다. R. M. Adams, "Motive Utilitarianism," *The Journal of Philosophy*, Vol. 85(1976), pp.467-481 참조.

113) TJ, p.31.

114) Rawls, "Justice as Fairness," p.592.

115) TJ, p.248. 원초적 입장에 관련된 논의는 TJ, pp.167-168 참조.

116) 이들의 입장은 직관주의자적 혹은 직관주의적 의무론(intuitionist or intuitional deontology)이라고 불린다. H. A. Prichard, *Moral Obligation*(Oxford: The Clarendon Press, 1949). W. D. Ross, *The Right and The Good*(Oxford: The Clarendon Press, 1939) 참조.

117) TJ, p.396. TJ, Chapter VII은 "합리성으로서의 선(Goodness as Rationality)"이라는 제명 아래 그 문제를 다룬다.

118) TJ, p.93, p.404.

119) TJ, pp.397-398. 선의 완전론은 자선 행위, 의무 이상의 행위, 좋은 인간과 나쁜 인간, 좋은 사회와 나쁜 사회 등 도덕적 가치의 개념을 다룬다.

120) TJ, p.30.

121) TJ, p.30.

122) TJ, p.30.

123) TJ, p.30.

124) 김태길, 『윤리학』(제6판, 서울: 박영사, 1974), p.26. "목적론과 의무론의 대립이 윤리학에서 흔히 논의되는 결과주의와 동기주의의 대립과 반드시 일치하는 것은 아니다."

125) Anthony Quinton, *Utilitarian Ethics*(New York: St. Martin's Press, 1973), p.1.

126) J. J. C. Smart and Bernard Williams, *Utilitarianism: For & Against*, pp.82-93 참조.

127) Marcus G. Singer, "Actual Consequence Utilitarianism," *Mind*. Vol. 86 (1977), pp.66-67. Jack Tempin, "Actual Consequence Utilitarianism: A

Reply to Professor Singer," *Mind*, Vol. 87(1978), pp.412-414 참조.

128) Frankena, *Ethics*, p.15.

129) 김태길, 『윤리학』, p.183.

130) TJ, pp.477-478.

131) Rawls, "Kantian Constructivism in Moral Theory," p.530. 합당성은 도덕적 합당성으로서 원초적 입장의 배경적 조건이며, 합리성은 당사자들의 타산적 동기이다.

132) 같은 곳.

133) TJ, p.94. 롤즈는 정의 원칙의 평가 조건이 현실적 만족도가 아니라, 사회적 기본가치에 대한 기대치임을 분명히 한다.

134) TJ, p.405, p.433. 이것은 소위 신자연주의(neo-naturalism)의 입장이다.

135) 의무론은 이미 언급된 바와 같이 (1) 옳음과 독립적으로 좋음을 정의하지 않거나, (2) 옳음을 좋음의 극대화로서 해석하지 않는 입장이다(TJ, p.30).

136) TJ, p.79.

137) 본장 후주 88 참조.

138) Scott Gordon, *Welfare, Justice and Freedom*(Now York: Columbia University Press, 1980), p.40.

139) David Braybrooke, "Utilitarianism with a Difference: Rawls's Position in Ethics," *Canadian Journal of Philosophy*, Vol. 3(1973), p.307. p.311.

140) 김태길, 「John Rawls의 사회정의론: 윤리학의 방법에 대한 함축을 중심으로」, 『철학』, 제17집(1982), p.22.

141) John von Neumann and Oskar Morgenstern, *The Theory of Games and Economic Behavior*(Princeton: Princeton University Press, 1947).

142) Kenneth Arrow, *Social Choice and Individual Values*, 2nd ed.(New Haven and London: Yale University Press, 1963).

143) Patrick Suppes, "Decision Theory," *The Encyclopedia of Philosophy*, eds. P. Edwards et al.(New York: The Macmillan Co., 1967), Vol. 2. pp.310-314.

144) TJ, p.16, p.17, p.172.

145) Rawls, "Justice as Fairness," p.585. TJ, pp.56-57.

146) TJ, p.152.

147) TJ, p.152.

148) TJ, p.152.

149) TJ, p.152.

150) TJ, pp.155-156.

151) TJ, p.26, p.28, p.159.

152) TJ, p.159, p.324.

153) Rawls, "Justice as Reciprocity," p.261.

154) Mill, *Utilitarianism*, Ch. v, par. 36.

155) 같은 곳.

156) 같은 곳, n.2.

157) Rawls, "Justice as Reciprocity," *Utilitarianism: John. S. Mill with Critical Essays*, ed., Samuel Gorovitz(Indianapolis: The Bobbs-Merrill Co, 1971), p.262.

158) 같은 논문, p.261.

159) Joan Robinson, *Economic Philosophy*(Penguin Books, 1962), p.55.

160) Jeremy Bentham, "Principles of Civil Code"(1802).

161) Ammon Goldworth, "The Meaning for Bentham's Greatest Happiness Principle," *Journal of the History of Philosophy*, Vol. 7(1967), p.319.

162) A. J. Ayer, "The Principle of Utility," *Philosophical Essays*(London: Macmillan, 1963), p.257.

163) Nicholas Rescher, *Distributive Justice*(New York: The Bobbs-Merrill Co., 1966). 저자가 인용한 것은 Nicholas Rescher, "Problem of Distributive Justice," *Readings in Ethical Theory*, eds. W. Sellars and J. Hospers(N.J.: Prentice-Hall, 1970), p.597 참조.

164) TJ, p.159.

165) TJ, p.160.

166) TJ, pp.160-161.

167) TJ, p.161.

168) Wolff, *Understanding Rawls*, p.151.

169) Brian Barry, *The Liberal Theory of Justice*(Oxford: Clarendon Press, 1973), p.99, pp.104-105.

170) John Rawls, "Some Reasons for the Maximin Criterion," *The American Economic Review*, Vol. 64(1974), p.143.

171) TJ, p.184.

172) TJ, p.24.

173) TJ, p.184.

174) TJ, p.27, p.189.

175) TJ, p.27.

176) David Hume, *A Treatise of Human Nature*, ed. L. A. Selby-Bigge(Oxford University Press, 1978), pp.574-584. Adam Smith, *The Theory of Moral Sentiments*, in ed. L. A. Selby-Bigge, *British Moralist*, Vol. I.(New York: Dover Press, 1965), pp.257-277.

177) 근래에는 브랜트(Richard Brandt), 닐(W. C. Kneal), 해리슨(J. Harrison) 등을 들 수 있다. 그리고 R. M. Hare, *Freedom and Reason*(Oxford: Oxford University Press, 1963), p.94에서 헤어는 자기의 보편적 규정자(universal prescriber)의 입장도 이상적 관망자의 입장과 유사함을 밝히고 있다.

178) TJ, p.57, p.455. 벤담은 그의 주저 *An Introduction to the Principles of Morals and Legislation*(1789)이 시사하고 있는 것처럼 공리주의의 윤리와 입법의 원리를 동일시한다.

179) Mill, *Utilitarianism*, Ch. ii, par. 18.

180) TJ, p.29.

181) TJ, p.27, p.87.

182) 계약론과 공리주의를 모두 개인주의로 보는 해석은 Steven Lukes, *Individualism*(Oxford: Basil Blackwell, 1973), p.139 참조.

183) TJ, p.29.

184) David Gautier, "Justice and Natural Endowment," *Social Theory and Practice*, Vol. 3(Spring, 1974), p.9.

185) TJ, p.185.

186) Barry, *The Liberal Theory of Justice*, pp.12-13. Richard Brandt, *A Theory of The Good and The Right*(Oxford: Clarendon Press, 1979), p.234.

187) TJ, p.149.

188) TJ, p.149.

189) TJ, pp.139-140.

190) TJ, p.128, p.292.

191) TJ, p.162. 롤즈는 밀을 평균 공리주의의 제창자로 간주하고 있으나 그 구체적 내용에 대해서는 언급이 없다. 그런데 롤즈는 고전적 공리주의를 논할 때 밀의 입장도 비판하고 있다.

192) John C. Harsanyi, "Cardinal Utility in Welfare Economics and in the Theory of Risk-taking," *Journal of Political Economy*, Vol. 61(1953), pp.434-435 외 몇 편의 논문.

193) Richard C. Jeffrey, "On Interpersonal Utility Theory," *The Journal of Philosophy*, Vol. 68(1971), p.647.

194) TJ, pp.162-163.

195) TJ, p.164.

196) John C. Harsanyi, "Can the Maximin Principle Serve as a Basis for Morality?: A Critique of John Rawls's Theory," *The American Political Science Review*, Vol. 69(1975), p.594.

197) TJ, p.168. 자세한 내용은 Rudolf Carnap, *Logical Foundations of Probability*, 2nd ed.(Chicago: University of Chicago Press, 1962), pp.344-345 참조.

198) TJ, p.165.

199) TJ, p.169.

200) TJ, p.81.

201) TJ, p.168, pp.172-173.

202) TJ, p.169.

203) Jeremy Bentham, *An Introduction to the Principles of Morals and Legislation*(1789), reprinted in *The Utilitarians*(Garden City: Anchor Press, 1973), Ch. iv, par. 4.

204) *Bentham's Works*, Vol. 2(Edinburgh: William Tait, 1843), pp.253-254.

205) Mill, *Utilitarianism*, Ch. ii, par. 6.

206) TJ, p.557.

207) TJ, p.557.

208) Kenneth Arrow, "Some Ordinalist-Utilitarian Notes on Rawls's Theory of Justice," *The Journal of Philosophy*, Vol. 70, No. 9(1973), p.254.

209) TJ, p.323.

210) TJ, p.91.

211) TJ, pp.91-92. 서수적 판단은 만족을 정량적으로 측정하지는 않고 단순히 이것이 저것보다 더 좋다는 식의 순서만을 정하게 된다. 반면에 기수적 측정은 그러한 만족이 정량적으로 측정될 수 있다는 것을 의미한다. 자세한 논의는 C. Dyke, *Philosophy of Economics*(Englewood Cliffs: Prentice-Hall, 1981), pp.42-53 참조.

212) TJ, p.542.

213) TJ, pp.97-98, p.94.

214) Benjamin Barber, "Justifying Justice: Problems of Psychology, Measurement, and Politics in Rawls," *The American Political Science Review*, Vol. 90(June, 1975), p.667.

215) TJ, p.501.

216) TJ, p.320.

217) Rawls, "Some Reasons for the Maximin Criterion," p.144.

218) TJ, p.324.

219) TJ, p.79, p.158.

220) TJ, p.286.

221) TJ, p.99.

222) TJ, Sec. 54, 55 참조. 특히 pp.371-377 참조.

223) TJ, p.372. 이러한 견해는 p.199에서도 보인다.

224) R. M. Hare, "Rawls' Theory of Justice," *Reading Rawls: Critical Studies of A Theory of Justice*, ed. Norman Daniels(Oxford: Basil Blackwell, 1975), pp.100-101. 그리고 "Ethical Theory and Utilitarianism," *Contemporary British Philosophy*, 4th Series, ed. H. D. Lewis(London: George Allen & Unwin, 1976), p.117.

225) Lyons, "Nature and Soundness of the Contract and Coherence Arguments," p.146.

226) 같은 논문.

227) 같은 논문, p.147.

228) Hare, "Rawls' Theory of Justice," p.86.

229) R. M. Hare, *Essays on Philosophical Method*(Berkeley: University of California Press, 1972), Ch. 7. "The Argument from Received Opinion," pp.117-135 참조.

230) Hare, "Rawls' Theory of Justice," pp.82-83.

231) TJ, p.46.

232) TJ, pp.580-581.

233) TJ, pp.508-581.

234) TJ, p.21. "나는 이러한 과정을 실제로 거쳐서 작업을 진행하려는 것은 아니다."

235) TJ, p.50, p.580. 롤즈 자신이 스스로 정합론의 문제점을 지적하고 있는 곳은 TJ, p.50 참조.

236) Lyons, "Nature and Soundness of the Contract and Coherence Arguments," p.143.

237) TJ, pp.62-63.

238) Lyons, "Nature and Soundness of the Contract and Coherence Arguments," p.149.

239) 같은 곳.

240) David Lyons, "Mill's Theory of Justice," in *Values and Morals*, eds. A. I. Goldman and Jaegwon Kim(Dordrecht: D. Reidel Publishing Company, 1978), p.3, 그리고 "Human Rights and the General Welfare," *Philosophy and Public Affairs*, Vol. 6(1977), p.128.

241) Lyons, "Nature and Soundness of the Contract and Coherence Arguments," p.148. 이와 비슷한 논의는 R. M. Hare, "What is Wrong with Slavery," *Philosophy and Public Affairs*, Vol. 8(1979), pp.103-121 참조.

242) David Lyons, "Rawls Versus Utilitarianism," *The Journal of Philosophy*, Vol. 79(Oct, 1972), p.544,

243) 같은 논문, p.545.

244) 같은 곳.

245) 같은 곳.

246) John Rawls, "Reply to Lyons and Teitelman," *The Journal of Philosophy*, Vol. 69(Oct, 1972), p.556.

247) Hare, "Rawls' Theory of Justice," p.106.

248) Brian Barry, *The Liberal Theory of Justice*(Oxford: Clarendon Press, 1973), p.99, pp.104-105.

249) Hare, "Rawls' Theory of Justice," p.90; "Justice and Equality," *Dialectics and Humanism*, p.25.

250) Hare, "Rawls' Theory of Justice," pp.90-91.

251) 같은 논문, p.94.

252) 같은 논문, p.106.

253) Harsanyi, "Can the Maximin Principle Serve as a Basis for Morality?" p.598, n.10.

254) John. C. Harsanyi, *Essays on Ethics, Social Behavior, and Scientific Explanation*(Dordrecht: D. Reidel Publishing Co., 1976), p.ix.

255) Harsanyi, "Can the Maximin Principle Serve as a Basis for Morality?" p.599.

256) TJ, p.169.

257) Harsanyi, "Can the Maximin Principle Serve as a Basis for Morality?" p.596, p.599.

258) Arrow, "Some Ordinalist-Utilitarian Note on Rawls's Theory of Justice," p.246. 보다 자세한 논의는 그의 *Social Choice and Individual Values*(New Haven and London: Yale University Press, 1963; 2nd ed.), pp.22-23 참조.

259) Arrow, "Some Ordinalist-Utilitarian Note on Rawls's Theory of Justice," p.247.

260) 같은 논문, p.252. 이것은 소위 무차별곡선 이론으로서 효용을 기수적으로 측정하는 것이 아니고 여러 가지 재화의 양이나 그 재화의 결합에 대한 개인의 선택을 통해서 간접적으로 효용의 대소(大小)에 대한 순서만을 문제 삼는 것을 의미한다. C. Dyke, *Philosophy of Economics*, pp.43-65 참조.

261) Arrow, "Some Ordinalist-Utilitarian Note on Rawls's Theory of Justice," p.253.

262) 애로우와 롤즈의 입장을 비교하고 있는 논문은 Hal R. Varian, "Distributive Justice, Welfare Economics, and the Theory of Fairness," *Philosophy and Economic Theory*, eds. F. Hahn and M. Hollis(Oxford: Oxford University Press, 1974), pp.134-154 참조.

263) Arrow, "Some Ordinalist-Utilitarian Note on Rawls's Theory of Justice," p.253.

264) 같은 논문, p.254.

265) 같은 곳.

266) 같은 곳.

267) 같은 곳.

268) TJ, p.98.

269) Rawls, "Some Reasons for the Maximin Criterion", p.141, n.5. 여기서 애로누의 비판을 직접 시인하고 있다.

270) John Rawls, "The Basic Structure as Subject", in *Values and Morals*, eds. A. I. Goldman and Jaegwon Kim(Dordrecht: D. Reidel Publishing Co., 1978), p.70, n.9.

271) R. M. Hare, *Moral Thinking*(Oxford: Clarendon Press, 1981), p.128. John C. Harsanyi, *Rational Behavior*(Cambridge University Press, 1977), p.54.

272) Adina Schwartz, "Moral Neutrality and Primary Goods," *Ethics*, Vol. 83 (July, 1973), pp.301-302 참조. 사회적 기본가치의 중립성에 대한 전반적인 논의는 김영진, "Rawls' Thin Theory of 'Good' and Its Neutrality," 김형석 외, 『인간과 세계에 대한 철학적 이해』(서울: 삼중당, 1981), pp.175-192 참조.

273) TJ, p.142.

274) TJ, p.143.

275) John Dewey, *Theory of Valuation*(Chicago: University of Chicago Press, 1939), pp.28-29. 그리고 Ch. vi. "The Continuum of Ends-Means" 참조.

276) Mill, *Utilitarianism*, Ch. iv, par. 6.

277) David Lyons, "Rawls Versus Utilitarianism," *The Journal of Philosophy*, Vol. 79, No. 18(1972), p.529.

278) 같은 논문, p.542.

279) 같은 곳, 일반적 정의관과 노예제도의 양립 가능성은 TJ, pp.62-63 참조.

280) Lyons, "Rawls Versus Utilitarianism," p.543.

281) Rawls, "Reply to Lyons and Teitelman," p.256.

282) Arrow, "Some Ordinalist-Utilitarian Note on Rawls's Theory of Justice," p.250.

283) Rawls, "Some Reasons for the Maximin Criterion," p.145.

284) Robert Nozick, *Anarchy, State and Utopia*(New York: Basic Books, Inc., 1974), pp.153-155, pp.183-228.

285) Hans W. Gottinger and Werner Leinfeller, eds., *Decision Theory and Social Ethics*(Dordrecht: D. Reidel Publishing Co., 1978), p.vii.

286) TJ, pp.157-158.

287) TJ, p.158. 자세한 논의는 TJ, pp.80-82 참조.

288) Arrow, "Some Ordinalist-Utilitarian Note on Rawls's Theory of Justice," p.252. 보다 자세한 논의는 Henry Shue, "The Current Fashions: Trickle-Downs by Arrow and Close-Knits by Rawls," *The Journal of Philosophy*, Vol. 71(1974), pp.319-327 참조.

289) Harsanyi, "Can the Maximin Principle Serve as a Basis for Morality?" p.596.

290) Rawls, "Some Reasons for the Maximin Criterion," p.145.

291) Harsanyi, "Can the Maximin Principle Serve as a Basis for Morality?" p.605.

292) John Rawls, "The Basic Structure as Subject," *The American Philosophical Quarterly*, Vol. 14, No. 2(1977), p.50.

293) 같은 논문, p.49.

294) 같은 곳, 예를 들면 대학이나 교회.

295) 같은 논문, p.50.

296) R. M. Hare, "Justice and Equality," *Justice and Economic Distribution*, eds. John Arthur and William H. Shaw(Englewood Cliffs, N.J.: Prentice-Hall, 1979), pp.124-126.

297) Hare, *Moral Thinking*, pp.167-168.

298) Hare, "Ethical Theory and Utilitarianism," p.125.

299) 본장 후주 88 참조.

300) John C. Harsanyi, "Rule Utilitarianism and Decision Theory," *Decision Theory and Social Ethics*, eds. Hans W. Gottinger and Werner Leinfellner (Dordrecht: D. Reidel Publishing Co., 1978), pp.3-32.

301) TJ, p.160.

302) TJ, p.181.

303) TJ, p.181.

304) TJ, p.181.

305) TJ, p.30.

306) TJ, p.181.

307) Rawls, "Justice as Fairness," *The Journal of Philosophy*, Vol. 54(1957) p.590. TJ, p.82에서 롤즈는 사회계층 간의 연쇄 관계와 밀접한 연관성을 가정하면, "차등의 원칙은 평균 효용과 효율성의 원칙과 동일한 실제적 결과를 가져온다"라고 지적한다. 더 나아가서 롤즈는 정의의 두 원칙과 공리주의의 원칙을 혼용한 절충론도 수용하고 있다. 박정순, 『사회계약론적 윤리학과 합리적 선택: 홉스, 롤즈, 고티에』(서울: 철학과현실사, 2019), 제3장 후주 4, pp.613-614 참조.

308) TJ, p.80, pp.262-263.

309) Roger N. Hancock, *Twenties Century Ethics*(New York: Columbia University Press, 1974), p.164.

310) TJ, p.161.

311) TJ, p.161.

312) 이러한 측면에서의 포괄적 논의는 Michael Stocker, "Rightness and Goodness: Is There a Difference?" *American Philosophical Quarterly*, Vol. 1 (April, 1973), pp.87-91 참조.

313) TJ, p.109에는 롤즈의 전 윤리체계가 도표로 나와 있다.

314) 롤즈의 계약론을 윤리체계 전반에 확대하려는 시도는 Davids A. Richards, *A Theory of Reasons for Action*(Oxford: Clarendon Press, 1971) 참조.

315) 본서 제1부의 제2장과 제3장 참조.

316) TJ, p.175.

317) Amartya Sen, "Plural Utility," *Proceedings of the Aristotelian Society*, Vol. 81(1980-81), pp.193-215.

318) Harsanyi, "Rule Utilitarianism and Decision Theory", p.7.

319) J. J. C. Smart, "Distributive Justice and Utilitarianism," *Justice and*

Economic Distribution, eds. John Arthur and William H. Show(Englewood Cliffs: Prentice-Hall, 1978), pp.103-105.

320) Jan Narveson, "Aesthetics, Charity, Utility, and Distributive Justice," *The Monist*, Vol. 56(1972), pp.527-551.

321) Richard B. Brandt, *A Theory of the Good and the Right*(Oxford: Clarendon Press, 1979). Rolf E. Sartorius, *Individual Conduct and Social Norms: A Utilitarian Account of Social Union and the Rule of Law* (Encino: Dickenson Publishing Co., 1975).

322) 이러한 입장에서 주목을 끄는 책은 J. R. Lucas, *On Justice*(Oxford: Clarendon Press, 1980).

323) 롤즈 정의론과 복지국가의 관계는 본장 후주 83 참조.

324) 롤즈의 정의론과 공리주의, 자유지상주의와 관련된 비교적 고찰은 박정순, 『사회계약론적 윤리학과 합리적 선택: 홉스, 롤즈, 고티에』, 제3장 2절 3)항 참조.

325) 관련된 논의는 Torbjoern Taennsjoe, *The Relevance of Metaethics to Ethics*(Stockholm: Almqvist & Wiksell International, 1976) 참조.

326) Kurt Baier, "Rationality and Morality," *Erkenntnis*, Vol. 11(1977), pp.197-223 참조. 그리고 박정순의 저서 참조. 본장 후주 324 참조.

327) Richard C. Jeffrey, "Ethics and the Logic of Decision," in "Symposium: Ethics and Decision Theory," *The Journal of Philosophy*, Vol. 62(1965), pp.528-539 참조.

328) Lucius Garvin, "Normative Utilitarianism and Naturalism," *Ethics*, Vol. 60 (1949), pp.49-54. 그리고 Glen O. Allen, "From The Naturalistic Fallacy to The Ideal Observer Theory," *Philosophy and Phenomenological Research*, Vol. 30(1970), pp.533-549 참조.

제2장 롤즈의 정의론의 변천과 그 해석 논쟁

1) John Rawls, *A Theory of Justice*(Cambridge, Mass.: The Belknap Press of Harvard University Press, 1971). 이하 TJ로 약하고 페이지 수를 병기함. 우리말 번역은 존 롤즈, 황경식 옮김, 『사회정의론』(서울: 서광사, 1977) 참조. 개정판은 John Rawls, *A Theory of Justice*, revised ed.(Cambridge: Harvard University Press, 1999). 이에 대한 번역은 존 롤즈, 황경식 옮김, 『정의론』 (서울: 이학사, 2003) 참조.

2) Robert Paul Wolff, *Understanding Rawls*(Princeton, N.J.: Princeton University Press, 1977), p.195.

3) Quentin Skinner, ed., *The Return of Grand Theory in the Human Sciences* (Cambridge: Cambridge University Press, 1987), Ch. 6. "John Rawls" by Alan Ryan, p.107.

4) Robert Nozick, *Anarchy, State, and Utopia*(New York: Basic Books, 1974), p.183.

5) Jeffrey M. Friedman, "Is Liberalism Viable?" *Critical Review*, Vol. 1 (1987), p.5.

6) Francis Fukuyama, "The End of History," *The National Interest*(Summer, 1989), p.18. 후쿠야마의 관점을 제대로 이해하기 위해서는 "A Reply to My Critics," *The National Interest*(Winter, 1989/90), pp.21-28 역시 참조.

7) Jeffrey Friedman, "The New Consensus: I. The Fukuyama Thesis," *Critical Review*, Vol. 3(1989), pp.373-410; "The New Consensus: II. The Democratic Welfare State," *Critical Review*, Vol. 4(1990), pp.633-708.

8) Nancy Rosenbaum, ed., *Liberalism and Moral Life*(Cambridge: Harvard University Press, 1989), "Introduction," pp.1-17.

9) Dennis Auerbach, "Liberalism in Search of Its Self," *Critical Review*, Vol. 1(1987), pp.5-44.

10) Robert Nozick, *The Examined Life: Philosophical Meditations*(New York: Simon and Schuster, 1989). "내가 한때 주장했던 자유지상주의적 입장은 이제 나에게는 매우 부적절한 것처럼 보이는데, 그러한 이유의 한 가지는 그것이 여지로만 남겨두었던 인간적 고려사항들과 연대적 협동활동을 보다 정연한 구조 속에 충분히 짜 맞출 수 없었다는 데 있다." pp.286-287.

11) 이러한 두 단계적 전환은 Chandran Kukathas and Philip Pettit, *Rawls* (Stanford: Stanford University Press, 1990), Sec. 7 참조. 그러나 이 책의 구체적인 내용과 해석은 본 논문의 견해와 완전히 같은 것은 아니다.

12) 『정의론』 이후에 발표된 롤즈의 중요한 논문들은 다음과 같다.
"Some Reasons for the Maximin Criterion," *The American Economic Review*, Vol. 64(1974), pp.141-146; "Fairness to Goodness," *The Philosophical Review*, Vol. 84(1975), pp.536-554; "The Independence of Moral Theory," *Proceedings and Addresses of the American Philosophical Association*, Vol. 48(1975), pp.5-22; "The Basic Structure as Subject," in *Values and Morals*, eds. A. I. Goldman and Jaegwon Kim(Dordrecht: D. Reidel, 1978), pp.47-71; "Kantian Constructivism in Moral Theory," *The Journal of Philosophy*, Vol. 77(1980), pp.515-572; "Social Unity and Primary Goods," in Amartya Sen and Bernard Williams, eds., *Utilitarianism and Beyond*(Cambridge: Cambridge University Press, 1982a), pp.159-

185; "Basic Liberties and Their Priority," in Sterling M. McMurrin, ed., *The Tanner Lectures on Human Values*, Vol. 3(Salt Lake City: University of Utah Press, 1982b), pp.1-87; "Justice as Fairness: Political, Not Metaphysical," *Philosophy and Public Affairs*, Vol. 14(1985), pp.223-251; "The Idea of Overlapping Consensus," *Oxford Journal of Legal Studies*, Vol. 7(1987), pp.1-25; "The Priority of Right and Ideas of the Good," *Philosophy and Public Affairs*, Vol. 17(1988), pp.251-276; "The Domain of the Political and Overlapping Consensus," *New York University Law Review*, Vol. 64(1989), pp.233-255; *Justice as Fairness: A Guided Tour* (Cambridge: Harvard University, unpublished manuscript, 1989).

주요 논문들에 대한 번역은 황경식 외 옮김, 『공정으로서의 정의』(서울: 서광사, 1988) 참조. 본 논문에서 다룬 최종 시기인 1989년 이후 롤즈는 『정의론』 이후 발표한 논문들을 모아 John Rawls, *Political Liberalism*(New York: Columbia University Press, 1993)을 발간한다. 이에 대한 번역은 존 롤즈, 장동진 옮김, 『정치적 자유주의』(파주: 동명사, 1998) 참조. 또한 롤즈는 John Rawls, *Justice as Fairness: A Restatement*, ed. by Erin Kelly (Cambridge: Harvard University Press, 2001)도 발간한다. 이에 대한 번역본으로는 존 롤즈, 에린 켈리 엮음, 김주휘 옮김, 『공정으로서의 정의』(서울: 이학사, 2016) 참조. 본 논문에서는 이 두 책들에 대한 논의를 하지 않았지만, 설령 두 책들에 대한 논의를 포함하더라도 본 논문의 기본적 논지는 크게 변하지 않을 것이라고 사료된다. 롤즈의 『정치적 자유주의』는 독립적인 저작이라기보다는 논문 선집의 성격이 짙으므로, 본 논문에서의 후기 롤즈 제2단계의 입장으로 해석되어도 무방할 것이다. 그리고 *Justice as Fairness* (2001)도 *Justice as Fairness: Guided Tour*(1989)에 대한 증보판이므로 큰 변화는 없다. 『정치적 자유주의』(1993)에 대한 보다 자세한 논의는 박정순, 「정치적 자유주의의 철학적 기초」, 『철학연구』, 제42집(1998), pp.275-305 참조.

롤즈에 대한 가장 방대한 논문 선집은 다음을 참조. *The Philosophy of Rawls: A Collection of Essays*, 5 Vols. Serial Editors, Henry S. Richardson and Paul J. Weithman, Contents of the Series, 1. *Development and Main Outlines of Rawls's Theory of Justice*. 2. *The Two Principles and Their Justification*. 3. *Opponents and Implications of A Theory of Justice*. 4. *Moral Psychology and Community*. 5. *Resonable Pluralism*(New York: Garland Publishing, Inc., 1999).

13) 복지국가와 재산소유제적 민주주의와의 관계는 본장 후주 77과 83 참조.
14) TJ, p.11.

15) TJ, p.15.

16) TJ, p.92.

17) TJ, p.16, p.121.

18) TJ, p.124.

19) TJ, p.152.

20) TJ, p.151.

21) TJ, p.302.

22) TJ, p.587, p.261.

23) TJ, Sec. 40.

24) TJ, pp.19-20, p.579.

25) Steven Lukes, *Essays in Social Theory*(New York: Columbia University Press, 1977), p.189.

26) 롤즈의 『정의론』에 대한 다양한 비판은 Norman Daniels, ed., *Reading Rawls*(Oxford: Basil Blackwell, 1975) 참조.

27) H. L. A. Hart, "Rawls on Liberty and Its Priority," *University of Chicago Law Review*, Vol. 40(1973), pp.534-555. 곧 논의하게 되겠지만, 하트의 이 러한 비판 때문에 롤즈는 제1원칙의 내용과 자유의 우선성에 대한 근거를 변경시키게 된다.

28) Rawls, "Kantian Constructivism in Moral Theory," *The Journal of Philosophy*, Vol. 77(1980), p.518.

29) 같은 논문, p.517.

30) 같은 논문, p.519.

31) TJ, p.505,

32) Rawls, "Kantian Constructivism in Moral Theory," p.521.

33) 같은 논문, p.525.

34) 같은 논문 p.530.

35) 같은 논문, p.571.

36) TJ, pp.92f, pp.433f.

37) Rawls, "Social Unity and Primary Goods," in A. Sen and B. Williams, eds., *Utilitarianism and Beyond*(Cambridge: Cambridge University Press, 1982), p.159.

38) Rawls, "Fairness to Goodness," *The Philosophical Review*, Vol. 84(1975), p.554.

39) Rawls, "The Basic Liberties and Their Priority," in *Liberty, Equality, and*

Law: Selected Tanner Lectures on Moral Philosophy(Salt Lake City: University of Utah Press, 1987), p.20, n.20.

40) Rawls, "Kantian Constructivism in Moral Theory," p.534, p.518. 롤즈의 광역적인 반성적 평형상태의 개념은 『정의론』의 반성적 평형상태에 대한 다음과 같은 비판적 논의를 수용하여 발전시킨 것이다. Norman Daniels, "Wide Reflective Equilibrium and Theory Acceptance in Ethics," *The Journal of Philosophy*, Vol. 76(1979), pp.256-282.

41) Rawls, "Some Reasons for the Maximin Criterion," *The American Economic Review*, Vol. 64(1974), p.145.

42) TJ, p.542.

43) Rawls, "The Basic Liberties and Their Priority," pp.85-86.

44) TJ, p.302.

45) Rawls, "Basic Liberties and Their Priority," p.5.

46) Michael Sandel, *Liberalism and the Limits of Justice*(Cambridge: Cambridge University Press, 1982), pp.93-95.

47) Rawls, "Justice as Fairness: Political, Not Metaphysical," *Philosophy and Public Affairs*, Vol. 14(1985), p.223, p.224.

48) 같은 곳.

49) 같은 논문, p.224, n.2.

50) Patrick Neal, "Justice as Fairness: Political or Metaphysical?," *Political Theory*, Vol. 18(1990), p.27.

51) Rawls, "Justice as Fairness: Political, Not Metaphysical," p.225. 롤즈는 "The Independence of Moral Theory," *Proceedings and Addresses of the American Philosophical Association*, Vol. 48(1975), pp.5-22에서 이러한 주장을 이미 자세히 전개한 바 있다.

52) Rawls, "Justice as Fairness: Political, Not Metaphysical," p.230.

53) 같은 논문, pp.224f.

54) Rawls, "The Priority of Right and Ideas of the Good," *Philosophy and Public Affairs*, Vol. 17(1988), p.252.

55) Rawls, "The Idea of Overlapping Consensus," *Oxford Journal of Legal Studies*, Vol. 7(1987), pp.3-4, p.6.

56) 같은 논문, p.9.

57) Rawls, "Justice as Fairness: Political, Not Metaphysical," p.245.

58) Rawls, "The Idea of Overlapping Consensus," p.6.

59) Rawls, "Justice as Fairness: Political, Not Metaphysical," p.234.

60) 같은 논문, p.238.

61) 같은 논문, p.238.

62) Rawls, "The Idea of Overlapping Consensus," p.1.

63) 우리는 여기서 롤즈가 포괄적인 학설이나 교설들이 중요하지 않다고 생각하지는 않는다는 것에 유의해야 한다. 민주사회의 시민들은 두 부분의 상이한 견해를 갖는다. 한 부분은 정치적 정의관에 따라서 중첩하는 견해이고, 다른 부분은 정치적 정의관과 어떤 방식으로든 연관되어 있는 "충분히 혹은 부분적으로 포괄적인 학설(fully or partially comprehensive doctrine)"에 따른 견해이다. Rawls, "The Domain of the Political and Overlapping Consensus," *New York University Law Review*, Vol. 64(1989), p.249. 물론 모든 포괄적인 학설들이 인정되는 것은 아니고 정의 원칙에 위배되지 않는 것들만이 "허용 가능한 포괄적인 학설(permissible comprehensive doctrine)"이 된다. Rawls, "The Priority of Right and Ideas of the Good," *Philosophy and Public Affairs*, Vol. 17(1988), p.256. 그러한 학설들 가운데 어떤 것을 지지하고 선택하는가는 시민 각자의 자유로운 고유 영역이다. 부분적으로 포괄적인 학설은 삶의 가치들, 즉 비정치적 가치들 모두가 아니라 그 일부분만 관여하며, 또한 그것들이 짜임새 있게 명료화되어 있지 않은 학설이다. "The Priority of Right and Ideas of the Good," p.253.

64) Rawls, "The Idea of Overlapping Consensus," p.1. Rawls, "The Domain of the Political and Overlapping Consensus," p.241.

65) Rawls, "The Domain of the Political and Overlapping Consensus," p.241.

66) 같은 논문, p.234.

67) Rawls, *Justice as Fairness: A Guided Tour*(Cambridge: Harvard University, 1989), pp.1-2.

68) Rawls, "The Domain of the Political and Overlapping Consensus," pp.234-235.

69) Rawls, "The Idea of Overlapping Consensus," p.23.

70) 같은 논문, p.11.

71) 같은 논문, p.11, p.23.

72) 제2단계에서도 일정한 경제수준에 도달한 경우에 적용되는 특수적 정의관으로서의 정의의 두 원칙의 내용은 변경이 없고, 다만 『정의론』, p.62, p.303에서 언급된 일반적 정의관, 즉 사회적 기본가치들 사이의 상대적 우선성을 가지지 않는 일반화된 차등의 원칙은 불필요한 것으로 삭제된다. Rawls, *Justice as Fairness: A Guided Tour*, p.38, n.12. 제1단계에서 언급하지 않은 복잡한 변화 중의 하나는 최소수혜자의 기대치를 확정하는 데 관련된 저

축 원칙의 추론 과정에 대한 변화이다. Rawls, "The Basic Structure as Subject", pp.58-59.

73) Rawls, "The Domain of the Political and Overlapping Consensus," p.242.

74) Barry Clark and Herbert Gintis, "Rawlsian Justice and Economic Systems," *Philosophy and Public Affairs*, Vol. 7(1978), pp.302-325.

75) TJ, pp.273-274, p.280.

76) TJ, p.274.

77) Rawls, *Justice as Fairness: A Guided Tour*, p.110. 롤즈는 재산소유제적 민주주의를 James Meade, *Equality, Efficiency, and the Ownership of Property*(London: Allen and Unwin, 1964), Ch. 5에서 차용했다. 재산소유제적 민주주의에 대해서는 본서 제1부 제1장 후주 83 참조.

78) Rawls, *Justice as Fairness: A Guided Tour*, p.91.

79) 같은 책, p.140.

80) 같은 곳.

81) 같은 곳, p.140.

82) 같은 책, Sec. 47.

83) 롤즈가 나중에 사유재산제적 민주주의를 강조하고 나선 것은 다음 논문에서 전개된 논의 때문이다. Richard Krouse and Michael McPherson, "Capitalism, 'Property-Owing Democracy,' and the Welfare State," in Amy Gutmann, ed., *Democracy and the Welfare State*(Princeton: Princeton University Press, 1988), pp.79-105.

84) Norman Daniels, ed., *Reading Rawls*(Stanford: Stanford University Press, 1989), "New Preface," p.xv.

85) Richard J. Arneson, "Introduction," Symposium on Rawlsian Theory of Justice: Recent Developments, *Ethics*, Vol. 99(1989), pp.696-697. 아르니슨은 후기 롤즈에 대한 9개의 논문이 실려 있는 특집의 서문을 쓴 것이다.

86) Rawls, *Justice as Fairness: A Guided Tour*.

87) 같은 책, p.ii, pp.i-ii.

88) 물론 이 말은 이제 롤즈의 칸트적 해석에 관련된 문제가 중요하지 않다는 것을 결코 의미하지 않는다. 구체적으로 다루지 않은 것은 능력의 부족뿐만 아니라 다음과 같은 좋은 논문들이 있기 때문이다. 황경식, 「도덕적 구성주의: 롤즈의 도덕론을 중심으로」, 『철학』, 제16호(한국철학회, 1981), pp.49-69; 「롤즈에 전해진 칸트의 유산」, 하영석 외, 『칸트철학과 현대사상』(대구: 형설출판사, 1984), pp.533-553. 이종일, 『롤즈 정의론의 칸트적 토대에 관한 연구』(계명대학교 철학과 대학원 박사학위논문, 1991. 6).

89) Rawls, "Justice as Fairness: Political, Not Metaphysical," p.223.

90) 같은 논문, p.231.

91) Arneson, "Introduction," Symposium on Rawlsian Theory of Justice: Recent Developments, p.697. Benjamin Barber, *The Conquest of Politics: Liberal Philosophy in Democratic Times*(Princeton: Princeton University Press, 1988), Ch. 3. "Justifying Justice: John Rawls and Thin Theory," p.89.

92) Cf. Joseph Campbell, *The Hero with a Thousand Faces*(Princeton: Princeton University Press, 1972).

93) Rawls, "The Domain of the Political and Overlapping Consensus," p.251.

94) Rawls, *Justice as Fairness: A Guided Tour*, p.167.

95) Rawls, "Justice as Fairness: Political, Not Metaphysical," p.230.

96) 같은 논문, p.231.

97) Rawls, "The Idea of Overlapping Consensus," p.24.

98) 같은 곳.

99) Chantal Mouffe, "Rawls: Political Philosophy without Politics," *Philosophy and Social Criticism*, Vol. 13(1987), pp.105-123.

100) Jean Hampton, "Should Political Philosophy Be Done without Metaphysics?" in *Symposium on Rawlsian Theory, Ethics,* Vol. 99(1989), pp.791-814.

101) Richard Rorty, "The Priority of Democracy to Philosophy," in Merrill D. Peterson and Robert C. Vaughan, eds., *The Virginia Statute for Religious Freedom*(Cambridge: Cambridge University Press, 1988), p.262.

102) Richard Rorty, *Contingency, Irony, and Solidarity*(Cambridge: Cambridge University Press, 1989), p.57.

103) Kukathas and Pettit, *Rawls*, pp.148-150.

104) Nozick, *Anarchy, State and Utopia*, Ch. 7. Sec. 1. "The Entitlement Theory." David Gauthier, *Morals by Agreement*(Oxford: Clarendon Press, 1986), "Rights provide the starting point for, and not the outcome of, agreement." p.222.

105) 롤즈가 자기의 정의관 이외에 정치적 정의관으로 인정하는 것은 Ronald Dworkin, *A Matter of Principle*(Cambridge: Cambridge University Press, 1986), Pt. III. "On Liberalism and Justice"에서 논의된 견해뿐이다. Rawls, "The Idea of Overlapping Consensus," p.7. n.12.

106) 이러한 관점에서 좋은 출발점을 제공하는 것은 Jack Lively, "Pluralism and

Consensus," in Pierre Birnbaum, Jack Lively, and Ceraint Parry, eds., *Democracy, Consensus, and Social Contract*(London, Sage Publications, 1978), pp.185-202.

107) Rawls, "The Idea of Overlapping Consensus," p.9.

108) 같은 논문, p.12.

109) 같은 논문, p.18.

110) David Gauthier, "Critical Notes: George Grant's Justice," *Dialogue*, Vol. 27(1988), p.128.

111) William Galston, "Defending Liberalism," *The American Political Science Review*, Vol. 76(1982), pp.621-629.

112) 롤즈와 공동체주의자들 사이의 논쟁은 박정순, 「자유주의 대 공동체주의 논쟁의 방법론적 쟁점」, 『철학연구』, 제33집(1993), pp.33-62. 그리고 「자유주의의 건재」, 『철학연구』, 제45집(1999), pp.17-46 참조. 그리고 「공동체주의 정의관의 본질과 그 한계」, 『철학』, 제61집(1999), pp.267-292 참조.

113) Rawls, *Justice as Fairness: A Guided Tour*, p.3.

114) Rawls, "Kantian Constructivism in Moral Theory," p.534.

제3장 롤즈의 정치적 자유주의의 방법론적 기초

1) John Rawls, *A Theory of Justice*(Harvard University Press, 1971). 이하 TJ 로 약하고 페이지 수를 병기함. 우리말 번역본으로는 존 롤즈, 황경식 옮김, 『사회정의론』(서울: 서광사: 1977) 참조. 개정판은 John Rawls, *A Theory of Justice*, revised ed.(Cambridge: Harvard University Press, 1999). 이에 대한 번역은 존 롤즈, 황경식 옮김, 『정의론』(서울: 이학사, 2003) 참조. John Rawls, *Political Liberalism*(New York: Columbia University Press, 1993). 이하 PL로 약하고 페이지 수를 병기함. 번역본으로는 존 롤즈, 장동진 옮김, 『정치적 자유주의』(파주: 동명사, 1998) 참조. 이어서 롤즈는 재판을 발간한다. John Rawls, *Political Liberalism with "A New Introduction" and "The Reply to Habermas"*(New York: Columbia University Press, 2nd edn., 1996). 롤즈는 이어서 증보판(expanded edition)을 발간한다. 여기서 증보된 것은 "The Idea of Public Reason Revisited," *University of Chicago Law Review*, Vol. 64, Iss. 3(1997), pp.765-807이다. John Rawls, *Political Liberalism*(New York: Columbia University Press, expanded edn., 2005). 증보판에 대한 번역본은 존 롤즈, 장동진 옮김, 『정치적 자유주의』[증보판] (파주: 동명사, 2016).

2) TJ, p.11.

3) Norman Daniels, *Reading Rawls: Critical Studies on Rawls' 'A Theory of Justice'*(Stanford: Stanford University Press, 1989), "Preface", pp.xiv-xxx.

4) 롤즈는 정치적 자유주의가 공동체주의에 대한 답변이라는 해석을 거부한다 (PL, p.xvii, n.6). 그러나 롤즈가 공동체주의적 비판에 답하려는 의도가 정치적 자유주의를 쓰는 중요한 이유 중의 하나라는 것은 부정될 수 없다(Cf. PL, p.xviii, p.27. n.6, p.40, p.146. n.13, p.173). 롤즈의 정치적 자유주의를 공동체주의에 대한 답변으로 보는 것은 Paul Kelly, "Justifying Justice: Contractarianism and Communitarianism and the Foundations of Contemporary Liberalism," in *The Social Contract from Hobbes to Rawls*, eds., David Boucher and Paul Kelly(London: Routledge, 1994), pp.226-244.

5) John Rawls, *Political Liberalism*(New York: Columbia University Press, 1993). 이 책에서 처음 쓰인 제6장 "공적 이성의 관념"을 제외하면 나머지 7 개의 강의록들은 『정의론』 이후 출간된 논문들을 재구성하거나 혹은 그대로 전재한 것이다. 본장 후주 1에서 보는 것처럼, 증보판에는 새로운 서문과 "Reply to Habermas"(1995)가 새로운 강의록으로 추가되었으나 여기에 대한 논의는 생략했다. Rawls, "Reply to Habermas," *Critical Inquiry*, Vol. 20(1993), pp.36-68.

6) PL, p.xxiv. 이 책에서 롤즈는 자유주의적 관용이 회의주의와 연관되어 있다는 의혹을 불식하고, 자유주의적 관용은 다원민주사회에서 정치적인 중첩적 합의의 대상이 될 수 있다는 것을 주장한다. 회의주의는 다원민주사회에서 우리가 양심적이고 충분히 합리적인 사람들이 자유로운 토론을 벌이고 나서도 동일한 결론을 얻기가 어렵다는 것을 고려해야 한다는 관점에서 도출된다. 이것이 바로 "판단의 부담(the burdens of judgement)"으로서 민주주의적 관용의 관념을 위해서 매우 중요한 것이다(PL, p.62, p.150). 종교적 관용과 자유주의에 대한 논의는 김용환, 『관용과 열린사회』(서울: 철학과현실사, 1997), pp.77-81.

7) PL, p.137, p.xxviii.

8) PL, p.xxxi. 『정의론』과 그 후속 논문들, 그리고 『정치적 자유주의』 사이의 발전 과정과 대비적 고찰은 박정순, 「자유주의의 정의론의 철학적 오디세이: 롤즈 정의론의 변모와 그 해석 논쟁」, 제5회 한국철학자연합대회 대회보 『현대의 윤리적 상황과 철학적 대응』(1992), pp.573-599. 그리고 황경식, 「도덕적 구성주의: 롤즈의 도덕론을 중심으로」, 『철학』, 제16호(1981 가을), pp.49-69. 보다 포괄적 논의는 홍성우, 『롤즈의 정의론과 정치적 자유주의에 관한 연구』(원광대학교 박사학위논문, 1994. 8) 참조.

9) PL, p.xvi, p.7, p.177, n.3.

10) PL, p.7. 롤즈의 민주주의적 평등(TJ, §13. "Democratic Equality and the

Difference Principle")에 대한 논의는 Norman Daniels, "Democratic Equality, Rawls's Complex Egalitarianism," in Samuel Freeman, ed., *The Cambridge Companion to Rawls*(Cambridge: Cambridge University Press, 2003), pp.241-276. 민주주의적 평등은 정치적 자유와 권리를 보장하는 평등한 자유의 원칙과 공정한 기회균등의 원칙과 차등의 원칙의 결합으로 이루어진다. 평등한 자유와 권리, 그리고 공정한 기회균등이 충족된 사회적 상황에서 정의의 원칙은 처지가 나은 자들의 보다 높은 기대치는 최소수혜자들의 기대치를 향상시키는 체제로서 작동하는 차등의 원칙의 실현을 요구하게 된다. 이러한 체제는 세 원칙이 작동하는 복합적 평등의 체제이다. TJ, p.75. Daniels, "Democratic Equality and Rawls' Complex Equality," p.241.

11) PL, p.xv.

12) PL, p.177, n.3.

13) TJ, Part Three. Ends.

14) PL, p.viii.

15) PL, p.xxvii.

16) PL, p.xix, p.10.

17) John Rawls, "Justice as Fairness: Political not Metaphysical," *Philosophy and Public Affairs* Vol. 14(1985), p.223, p.224.

18) 같은 논문, p.225, p.230, pp.224-225. 이러한 세 가지 관점으로의 요약적 정리는 Patrick Neal, "Justice as Fairness: Political or Metaphysical?" *Political Theory*, Vol. 18(1990), p.27 참조.

19) PL, p.13, p.175. "부분적으로 포괄적인 교설"은 인생 전반이 아니라 약간의 비정치적 가치와 덕목들만을 포함하고 있으며, 또한 그것들이 정교하게 체계화되어 있지 않은 경우이다. PL, p.13, p.175. 롤즈가 언급하고 있는 포괄적인 교설의 예는 플라톤과 아리스토텔레스의 철학, 아우구스티누스와 아퀴나스의 학설, 완전주의, 공리주의, 헤겔의 관념론과 마르크시즘, 그리고 칸트와 밀의 자유주의, 가톨릭과 신교 등이다. PL, p.134, p.195. 그리고 John Rawls, "The Idea of Overlapping Consensus," *Oxford Journal of Legal Studies*, Vol. 7(1987), pp.3-4, p.6 참조.

20) PL, p.11.

21) PL, p.12.

22) PL, p.14.

23) PL, p.38.

24) PL, p.9, p.35.

25) PL, p.43.

26) PL, p.6.

27) PL, p.6.

28) 전 목적적 수단은 어떠한 가치관을 가지더라도 그것을 실현하기 위해서 필요한 사회적 기본가치(primary social goods)를 말한다. 기본적 권리와 자유, 기회와 권한, 수입과 부, 자존감의 사회적 기반이 그러한 가치들이다(PL, p.181, TJ, 92).

29) PL, p.6, p.223, p.226.

30) 다양한 정치적 자유주의가 가능하지만, 우리는 여기서는 정치적 자유주의라는 용어를 롤즈의 유형만을 지칭하는 것으로 가정하여 사용한다. 롤즈는 원래 로널드 드워킨(Ronald Dworkin)과 찰스 라모어(Charles Larmore), 팀 스캔런(Tim Scanlon) 등을 정치적 자유주의자로 간주했으나(TJ, p.91, p.177, p.46), 이제 드워킨은 포괄적 자유주의자로 분류된다(PL, p.211, n.42). 라모어는 정치적 자유주의를 옹호하지만 그 구체적인 형태는 잠정협정(*modus vivendi*)적인 것이다. 애커먼(Bruce Ackerman)은 정치적 자유주의자로 자처하고 있고, 문(J. Donald Moon)은 정치적 자유주의자로 분류되기는 하지만, 가족법, 국가적 동일성과 정체성의 관점에서는 정치적 자유주의의 중립성을 포기해야 한다고 생각한다. 정치적 자유주의 일반에 대해서는 David Johnson, *The Idea of Liberal Theory: A Critique and Reconstruction*(Princeton: Princeton University Press, 1994) 참조.

31) PL, pp.4-5.

32) PL, p.xxiv.

33) PL, p.36.

34) PL, p.37.

35) Rawls, "The Idea of Overlapping Consensus," p.4. n.7.

36) PL, p.38.

37) PL, p.38, n.41.

38) PL, p.58.

39) PL, p.146.

40) PL, pp.xvi-xvii.

41) PL, p.11, p.35.

42) PL, p.10, p.13, p.137.

43) PL, p.175, p.260.

44) PL, p.269. Iris Marion Young, "Rawls's Political Liberalism," *The Journal of Political Philosophy*, Vol. 3(1995), p.190.

45) PL, p.68, p.269.

46) PL, p.32, p.77.

47) TJ, p.259. Stephen Holmes, "The Gatekeeper: John Rawls and the Limits of Toleration," *The New Republic*, Vol. 209(1993), p.42.

48) 롤즈도 어떤 형태의 가정이 정의로운지를 추정할 수 있지만, 가정의 정의 문제가 정치적 자유주의에서는 생략되고 있다는 것을 인정한다(PL, p.xxix). Elizabeth Frazer and Nichola Lacey, "Politics and the Public in Rawls's Political Liberalism," *Political Studies*, Vol. 93(1995), p.245. 보다 포괄적인 논의는 Susan Moller Okin, "Political Liberalism, Justice and Gender," *Ethics*, Vol. 105(1994), pp.23-43 참조.

49) 롤즈는 『정의론』에서도 사회적 기본구조를 논하면서 "나아가서 사회체제는 그 시민들이 갖게 될 욕구와 열망의 형태를 형성해준다. 그것은 **부분적으로** 시민들의 현실적인 인간상뿐만 아니라, 되고자 하는 인간상까지도 결정한다"는 것을 강조한다(TJ, p.259, 그리고 p.7 참조. 저자 강조). 이러한 관점에서 롤즈의 정치적 자유주의가 (적어도 부분적으로 포괄적인) 교설이라고 비판되고 있다. Lief Wenar, "Political Liberalism: An Internal Critique," *Ethics*, Vol. 106(1995), p.58. Rodney G. Peffer, "Towards A More Adequate Rawlsian Theory of Justice," *Pacific Philosophical Quarterly*, Vol. 75 (1994), pp.251-271. "완전히(fully) 포괄적인 교설"이라고 주장하는 것은 Susan Moller Okin, "Review of Political Liberalism," *Political Theory*, Vol. 87(1993), p.1011.

50) PL, p.10, p.194, p.223.

51) PL, p.10, p.191.

52) PL, p.193.

53) PL, p.194.

54) Chantal Mouffe, *The Return of the Political*(New York: Verso, 1993). 갈등이론의 관점에서는 James Bohman, "Public Reason and Cultural Pluralism: Political Liberalism and the Problem of Moral Conflict," *Political Theory*, Vol. 23(1995), pp.252-279 참조.

55) Cf. PL, p.142. Jean Hampton, "Moral Commitments of Liberalism," in *The Idea of Democracy*, David Copp, ed.(Cambridge: Cambridge University Press, 1993), pp.292-313.

56) Samuel Scheffler, "The Appeal of Political Liberalism," *Ethics*, Vol. 105 (1994), p.5.

57) David Lyons, "The Nature and Soundness of the Contract and Coherence Argument," in Norman Daniels, ed., *Reading Rawls*(Stanford: Stanford

University, 1989), pp.141-167.

58) PL, p.xix, p.9, p.150.

59) PL, p.xix.

60) 롤즈는 *Justice as Fairness: A Guided Tour*(Cambridge: Harvard University, unpublished manuscript, 1989)에서 "공적 정당화"를 공정성으로서의 정의관의 근본적인 관념으로 간주하고, 여기에는 반성적 평형상태의 관념, 중첩적 합의, 그리고 자유로운 공적 이성의 개념이 연관됨을 밝힌다(p.20).

61) PL, p.64, p.133, p.140.

62) PL, p.8, p.48, p.44.

63) PL, p.220.

64) PL, p.224.

65) PL, p.137, p.217.

66) Brian Barry, "John Rawls and the Search for Stability," *Ethics*, Vol. 105 (1955), p.875. Peter de Mardeffe, "Rawls's Idea of Public Reason," *Pacific Philosophical Quarterly*, Vol. 75(1994), p.248. 그리고 Bruce W. Brower, "The Limits of Public Reason," *The Journal of Philosophy*, Vol. 91(1994), pp.5-26 참조.

67) PL, pp.81-86.

68) Lief Wenar, "Political Liberalism: An Internal Critique," *Ethics*, Vol. 106 (1995), p.57.

69) PL, p.53, p.306.

70) PL, pp.25-27, p.75.

71) Georgia Warnke, *Justice and Interpretation*(Cambridge: The MIT Press, 1993), p.45.

72) Brian Barry, "John Rawls and the Search for Stability," *Ethics*, Vol. 105 (1995), p.895. Paul Kelly, "Justifying Justice: Contractarianism, Communitarianism and the Foundations of Contemporary Liberalism," in *The Social Contract from Hobbes to Rawls*, eds., David Boucher and Paul Kelly (London: Routledge, 1994), p.241.

73) PL, p.90.

74) PL, p.8, p.28.

75) Cf. PL, p.45. David Lyons, "The Nature and Soundness of the Contract and Coherence Argument," in Norman Daniels, ed., *Reading Rawls* (Stanford: Stanford University Press, 1989), pp.146-147.

76) PL, p.8, p.124.

77) 이민수, 「반성적 평형론과 윤리학의 방법」, 『철학연구』, 제39집(1996), p.259.

78) Cf. PL, p.216. Kenneth Baynes, *The Normative Ground of Social Criticism: Kant, Rawls, and Habermas*(Albany: SUNY Press, 1992), p.72.

79) PL, p.8, p.45.

80) Allen Buchanan, "Justice, Distributive," in *Encyclopedia of Ethics*, ed. Lawrence C. Becker(New York: Garland Publishing Co., 1992), pp.658-659.

81) PL, p.134.

82) PL, p.141.

83) PL, pp.82-83.

84) PL, p.141.

85) PL, p.xiii.

86) PL, p.195.

87) PL, p.xix.

88) PL, p.97, p.12, p.145. 포괄적 교설들이 교차하거나 수렴하는 정리라고 말한 곳은 Rawls, "The Idea of Overlapping Consensus," p.9.

89) PL, p.xix.9

90) PL, pp.145-146, pp.168-169. 배리는 밀과 칸트도 나누어 취급한다. 즉, 그는 정치적 정의관과 신앙의 자유, 밀, 칸트, 공리주의, 그리고 다원론적 견해 사이의 관련성을 상세히 파헤치고 있다. Brian Barry, "John Rawls and the Search for Stability," *Ethics*, Vol. 105(1995), p.906.

91) TJ, p.159.

92) 롤즈는 『정의론』에서 벤담과 시지윅의 입장은 명백히 거부하지만, 밀의 입장은 공정성으로서의 정의와 양립할 수 있다고 본다(TJ, pp.22-23, p.502).

93) TJ, p.177.

94) Lief Wenar, "Political Liberalism: An Internal Critique," *Ethics*, Vol. 106 (1995), p.39, Samuel Scheffler, "The Appeal of Political Liberalism," *Ethics*, Vol. 105(1994), p.9.

95) PL, p.169, p.211, p.200.

96) PL, p.169.

97) PL, p.99. Rawls, "Kantian Constructivism in Moral Theory. 황경식, 「도덕적 구성주의: 롤즈의 정의론을 중심으로」, pp.49-69.

98) Bruce Ackerman, "Political Liberalisms," *The Journal of Philosophy*, Vol. 91(1994), p.375.

99) David Archard, "Fair Enough?," *Radical Philosophy*, Vol. 66(1994), p.48.

100) PL, p.145.

101) PL, p.150.

102) PL, p.154.

103) PL, p.158.

104) PL, p.147.

105) PL, p.147.

106) Jean Hampton, "The Common Faith of Liberalism," *Pacific Philosophical Quarterly*, Vol. 75(1994), pp.128-216.

107) PL, p.197.

108) PL, p.194.

109) Elizabeth Rapport, "Classical Liberalism and Rawlsian Revisionism," *Canadian Journal of Philosophy*, Suppl. Vol. 3(1997), pp.95-119.

110) TJ, p.75.

111) PL, p.7, n.4.

112) PL, p.7. 롤즈의 정의론과 평등주의, 그리고 평등과 정의의 관계에 대한 방대한 논문 선집은 다음과 같다. *Equality and Justice*, 6 Vols. Edited with Introduction by Peter Vallentyne. Contents of the Collection. Vol. 1. *Justice in General*. Vol. 2. *The Demand of Equality*. Vol. 3. *Distribution to Whom?* Vol. 4. *Distribution of What?* Vol. 5. *Social Contract and the Currency of Justice*. Vol. 6. *Desert and Entitlement*(New York: Routledge, 2003).

113) PL, p.5. Cf. p.271, p.291.

114) TJ, p.302. PL, p.5.

115) PL, p.331.

116) PL, pp.295-296.

117) PL, p.6.

118) PL, p.6, p.228.

119) PL, p.5, p.327, p.356.

120) PL, p.331. 롤즈는 『정의론』에서 이미 자유의 개념(the concept of liberty)과 자유의 가치(the worth of liberty)를 구분한 바 있다(TJ, p.204). 공정한 가치는 그 논의를 더욱 강화한 것이다.

121) PL, p.328.

122) 경제체제에 대한 자세한 논의는 황경식, 「정치적 자유주의: J. 롤즈의 입장

을 중심으로」, 『계간 사상』(1994), 제5장 "자유주의적 정의관의 정치경제학," pp.23-45 참조.

123) Bruce Ackerman, "Political Liberalisms," *The Journal of Philosophy*, Vol. 91(1994), p.384. Brian Barry, "John Rawls and the Search for Stability," *Ethics*, Vol. 105(1995), p.913. Stephen Holmes, "The Gatekeeper: John Rawls and the Limits of Toleration," p.42. 그리고 자유주의적 여성주의자인 Susan Moller Okin, "Review of Political Liberalism," *Political Theory*, Vol. 87(1993), p.1010.

124) PL, p.44, p.xxi, p.230.

125) PL, pp.228-230.

126) PL, p.229, n.10. p.230.

127) TJ, pp.195-201.

128) TJ, p.195. Cf. PL, p.340.

129) PL, p.230.

130) 이것은 롤즈는 『정의론』에서 시민 불복종의 문제를 다루면서 차등의 원칙에 대한 실현 여부는 논란의 여지가 많으므로 시민 불복종의 대상은 명백한 기본적 자유의 침해와 공정한 기회균등의 원칙의 위배에 관한 부정의에 국한한다는 논리가 그대로 반복된 것이라고 볼 수 있다(TJ, p.372). 그렇다면 상충하는 다양한 가치관들 사이의 중첩적 합의를 추구하는 중첩적 합의에서 공정한 기회균등의 원칙과 차등의 원칙이 제외되는 것은 더욱 명백한 것이다. 황경식, 『개방사회의 시민윤리』(서울: 철학과현실사, 1995), 제7장 "준법의 근거와 시민불복종," p.536.

131) John Rawls, "The Law of Peoples," *Critical Inquiry*, Vol. 20(1993), p.51. 롤즈는 나중에 출판된 *The Law of Peoples with "The Idea of Public Reason Revisited"*(Cambridge: Harvard University Press, 1999), Part III. Nonideal Theory, §16. "On Distributive Justice among Peoples," pp.113-120에서 분배적 정의의 문제를 피력한다. 번역본으로는 존 롤스, 책임번역 장동진, 공동번역 김기호, 김만권, 『만민법』(서울: 이끌리오, 2000) 참조. 다른 번역 판본은 존 롤스, 김동진, 김만권, 김기호 옮김, 『만민법』(서울: 아카넷, 2009). 존 롤스, 장동진, 김만권, 김기호 옮김, 『만민법』(파주: 동명사, 2017). Barry, "John Rawls and the Search for Stability," p.913.

132) Bruce Ackerman, "Political Liberalisms," *The Journal of Philosophy*, Vol. 91(1994), p.385.

133) David Estlund, "The Survival of Egalitarian Justice in John Rawls's Political Liberalism," *The Journal of Political Philosophy*, Vol. 4(1996),

pp.68-78. 그는 논의를 강화하기 위해 롤즈가 "Reply to Habermas," *Journal of Philosophy*, Vol. 92(1995), pp.132-180에서 정의와 합법성을 구분한 것을 들고 있다(p.175). 여기서 롤즈는 합법적인 것이 꼭 정의로운 것이 아니라는 것을 지적한다(Cf. PL, pp.428-429). 『정치적 자유주의』에서도 "공적 이성과 그에 따른 합법성의 원리를 받아들이는 것은 특정한 자유주의적 정의관의 내용을 규정하는 정의 원칙의 세세한 부분에 대한 합의를 받아들인다는 것을 의미하지 않는다"고 되어 있다(PL, p.226).

134) PL, p.137, p.217.

135) 정치적 정의관은 실질적 정의관이고, 합법성은 합법성 혹은 합당성을 절차적으로 획득하는 것이라고 구분할 수도 있다(Cf. PL, §5. "Procedural Versus Substantial Justice," p.427).

136) Barry, "John Rawls and the Search for Stability," p.913.

137) 이러한 일련의 낙인은 정치적 자유주의자이면서 평등주의적 자유주의를 옹호하는 Ackerman의 논문 "Political Liberalisms"에서 찾을 수 있는 것들이다.

138) PL, p.46.

139) PL, pp.145-154, pp.262-270, p.202. Barry, "John Rawls and the Search for Stability," p.914.

140) David Gauthier, "Political Contractarianism," *The Journal of Political Philosophy*, Vol. 5(1997), pp.132-148; "Public Reason," *Social Philosophy and Policy*, Vol. 12(1995), pp.19-42.

141) 이들에 대한 자세한 논의는 David Johnson, *The Idea of Liberal Theory: A Critique and Reconstruction*(Princeton: Princeton University Press, 1994), 그리고 Margaret Moore, *Foundations of Liberalism*(Oxford: Clarendon Press, 1993) 참조.

142) Steven Hendley, "Liberalism, Communitarianism and the Conflictual Grounds of Democratic Pluralism," *Philosophy and Social Criticism*, Vol. 19(1993), pp.293-316. 물론 매킨타이어와 샌델이 정치적 자유주의로 말미암아 자기들의 입장이 완전히 붕괴되었다고 생각하지는 않을 것이다. 특히 샌델은 근래의 논문에서 롤즈의 『정치적 자유주의』에 대한 비판적 논평을 통해 여전히 자기의 입장을 고수하고 있다. Michael Sandel, "Political Liberalism," *Harvard Law Review*, Vol. 107(1994), pp.1765-1794. 이 논문은 나중에 *Liberalism and the Limits of Justice*(Cambridge: Cambridge University Press, 1982)의 2nd edn. *Liberalism and the Limits of Justice*(Cambridge: Cambridge University Press, 1998)에 수록된다. 우리말 번역본은 마이클 샌델, 이양수 옮김, 『마이클 샌델, 정의의 한계』(고양: 멜론, 2012) 참

조. 롤즈의 정치적 자유주의에 대한 비판적 논의는 박정순, 『마이클 샌델의 정의론, 무엇이 문제인가』(서울: 철학과현실사, 2016), 제5장 "샌델의 공동체주의에 대한 '자유주의 대 공동체주의 논쟁'의 관점에서의 비판," pp.275-369 참조. 그리고 이한, 『정의란 무엇인가는 틀렸다』(서울: 미지북스, 2012). 신중섭, 『마이클 샌델의 정의론 바로 읽기』(서울: 비봉출판사, 2016) 참조.

143) PL, p.10, 책 뒷갈피.

144) John Gary, *Enlightenment's Awake: Political and Culture at the Close of the Modern Age*(London: Routledge, 1995).

145) PL, p.viii. 햄프턴은 롤즈의 정치적 자유주의가 공적 이성에 대한 전적인 신뢰로 볼 때, 여전히 계몽주의적 자유주의라고 주장한다. Jean Hampton, *Political Philosophy* (Oxford: Westview Press, 1997), p.181.

146) Thomas Bridges, *The Culture of Citizenship: Inventing Postmodern Civic Culture*(New York: SUNY Press, 1994). 여기서 브리지는 롤즈의 정치적 자유주의가 정치이론으로부터 정치적 설득으로의 수사학적 전환과 최상의 관심으로서의 시민의 지위의 강조를 통해 목적론적 전환을 했다고 주장한다.

147) 롤즈는 정치적 정의관에 대한 관용의 원칙을 설명하면서 공포의 자유주의가 그 출발점이 되었을 수도 있다는 것을 시사한다(PL, p.xxvi, n.10). 자유주의는 종교전쟁의 참혹함으로부터 발생했던, 공포의 자유주의라는 것이다. 롤즈는 공포의 자유주의에 대한 예로 Judith Shklar, *Ordinary Vices*(Cambridge: Harvard University Press, 1984)를 들고 있다.

148) Rodney G. Peffer, "Towards A More Adequate Rawlsian Theory of Justice," *Pacific Philosophical Quarterly*, Vol. 75(1994), p.259.

149) Bruce Ackerman, "Political Liberalisms," *The Journal of Philosophy*, Vol. 91(1994), p.386.

150) 심지어 미국 내에서 실현한 것으로 보기에도 힘들다는 지적은 흔히 롤즈의 평등주의적 자유주의가 아니라 불평등을 용인하는 자유지상주의가 오히려 미국의 정치문화에 내재한 근본적인 직관적 신념들이라는 주장을 통해서 제기된다. Warnke, *Justice and Interpretation*, p.61. 그리고 미국 민주주의에 대한 경험적 설문 조사를 통해서 롤즈가 가정하는 자유민주주의의 신념이 지나치게 이상적이라고 비판하고 있는 것은 George Klosko, "Rawls's Political Philosophy and American Democracy," *American Political Science Review*, Vol. 87(1993), pp.348-359.

151) Cf. PL, p.21.

152) PL, p.xxviii.

153) Rainer Forst, "Foundations of A Theory of Multicultural Justice,"

Constellations, Vol. 4(1996), pp.63-71. Iris Marion Young, *Justice and Politics of Difference*(Princeton: Princeton University Press, 1990).

154) PL, p.156.

155) Scheffler, "The Appeal of Political Liberalism," p.21.

156) Johnson, *The Idea of Liberal Theory: A Critique and Reconstruction,* p.4.

157) Mike Mills and Fraser King, *The Promise of Liberalism: A Comparative Analysis of Consensus Politics*(Aldershot, Dartmouth, 1995).

158) John Gray, *Post-Liberalism: Studies in Political Thought*(New York: Routledge, 1993), "17. The End of History-or of Liberalism?" pp.245-250.

제4장 롤즈의 합리적 계약론에서 자인된 실책들

1) John Rawls, *A Theory of Justice*(Cambridge: The Belknap Press of Harvard University Press, 1971; revised ed., 1999). 이하 1971년 판은 TJ로 약하고 페이지 수를 병기함. 1999년 판은 연도를 밝힘. 인용은 John Rawls, "Justice as Fairness: Political not Metaphysical," *Philosophy & Public Affairs*, Vol. 14(1985), p.237, n.20. 번역본으로는 존 롤즈, 황경식 옮김, 『정의론』(서울: 이학사, 2003) 참조. 번역본은 *A Theory of Justice*, revised ed.(1999) 판본을 번역한 것이다. 롤즈는 그의 시초 논문에서부터 윤리학의 합리적 정초를 찾기 위해 노력해왔다. John Rawls, "Outline of a Decision Procedure for Ethics," *The Philosophical Review*, Vol. 60(1951). pp.177-197.

2) 기본적 아이디어는 Jung Soon Park, *Contractarian Liberal Ethics and the Theory of Rational Choice*(New York: Peter Lang Publishing, Inc., 1992)에서 왔지만 본 논문은 상당히 발전되고 증보된 논문이다. 영어 원저는 번역되고 수정 증보되었다. 박정순, 『사회계약론적 윤리학과 합리적 선택: 홉스, 롤즈, 고티에』(서울: 철학과현실사, 2019) 참조.

3) TJ, p.16. 그리고 p.17, p.47, p.583.

4) TJ, p.16.

5) TJ, p.44, p.94.

6) Norman Daniels, "Introduction," *Reading Rawls: Critical Studies of A Theory of Justice,* ed. by Norman Daniels(New York: Basic Books, 1975), p.xix.

7) TJ, p.11.

8) TJ, p.11, n.4, p.134, n.10, p.139. 롤즈가 홉스적 합리적 계약론을 비판하는 이유와 근거에 대해서는 박정순, 「홉스의 계약론적 윤리학과 합리성 문제」,

『매지논총』, 제15집(1998), pp.241-278 참조.

9) TJ, pp.136-142.

10) TJ, p.14. 롤즈는 또한 내부적 일관성, 서열화, 완전성, 전이성, 합리성의 극대화적 개념, 숙고적 합리성, 그리고 합리적 인생계획도 언급하고 있다. TJ, p.143, p.134, pp.143-144, p.416, p.407 참조.

11) TJ, p.144,

12) TJ, p.253.

13) TJ, p.92, p.62.

14) John Rawls, *Political Liberalism*(New York: Columbia University Press, 1993), p.180. 이하 PL로 약하고 페이지 수를 병기함. 번역본으로는 존 롤즈, 장동진 옮김, 『정치적 자유주의』(파주: 동명사, 1998) 참조. 이어서 롤즈는 재판을 발간한다. *Political Liberalism with "A New Introduction" and "The Reply to Habermas"*(New York: Columbia University Press, 2nd edn., 1996). 롤즈는 이어서 증보판(expanded edition)을 발간한다. 여기서 증보된 것은 "The Idea of Public Reason Revisited," *University of Chicago Law Review*, Vol. 64, Iss. 3(1997), pp.765-807이다. *Political Liberalism*(New York: Columbia University Press, expanded edn., 2005). 증보판에 대한 번역본은 존 롤즈, 장동진 옮김, 『정치적 자유주의』[증보판](파주: 동명사, 2016). 재판과 증보판에서 추가되거나 증보된 부분을 제외하면 페이지 수는 초판본과 동일하다.
사회적 기본가치들에 대해서 더 많이 갖기를 바라는 롤즈의 극대화적 합리성은 TJ, p.90 참조.

15) TJ, p.153.

16) 원초적 입장에서 대안들의 제시는 TJ, p.124 참조. 최소수혜자의 의사결정은 TJ, pp.151-153.

17) TJ, p.302, p.83, p.151.

18) TJ, p.154, p.155, p.176.

19) TJ, p.154, p.156.

20) TJ, p.154, p.156.

21) TJ, Sec. 5, Sec. 27, Sec. 28, Sec. 30.

22) TJ, p.153. 여기에 덧붙여, 롤즈는 설명적이고 정당화적인 기제로서 반성적 평형상태와 개인적 재능의 공동 자산이라는 주장을 하고 있다. TJ, pp.20-21, p.48, p.579, p.101. 원초적 입장에서의 합리적 논증은 합리적 계약론이며, 반성적 평형상태는 도덕원칙들과 우리의 숙고적 도덕판단들 사이의 정합 논증이다. 그러나 롤즈는 정합 논증에 관련하여 "나는 물론 실제로 이러한 과

정을 거쳐 작업을 하려는 것이다'라는 단서를 단다. TJ, p.21.

23) TJ, Sec. 40, pp.251-257. 그리고 목적 그 자체는 TJ, p.179 참조.

24) Jody Kraus and Jules L. Coleman, "Morality and the Theory of Rational Choice," *Ethics*, Vol. 97(1987), p.720.

25) 같은 곳. 도덕적 가정은 TJ, p.136, p.143, p.156, p.130 참조. 여기서 크라우스(Jody Kraus)와 콜맨(Jules L. Coleman)은 롤즈의 합리성 겸 공정성 모형이 불공정한 최초의 상황으로부터의 협상이 불합리하다는 것을 입증하지 못한다고 주장한다. 보다 자세한 논의는 Jung Soon Park, *Contractarian Liberal Ethics and the Theory of Rational Choice*(1992), Ch. III, B. "Rawls' Contractarian Ethics in *A Theory of Justice*" 참조. 더 나아가서, 스테바는 롤즈는 이기주의가 불합리하다는 것은 입증하지 못한다고 주장한다. James Sterba, "From Rationality to Morality," James Sterba, ed. *Ethics: The Big Questions*(Malden: Blackwell Publishing, 1998), p.105. 여기서 TJ와 비교 필요: "비록 이기주의가 일관적이고 그런 의미에서 불합리하지는 않지만, 그것은 우리가 직관적으로 도덕적 관점이라고 간주하는 것과 양립할 수 없다." TJ, p.136.

26) TJ, p.579, pp.584-585. 강조 부가. 두 인용문은 롤즈, 황경식 옮김, 『정의론』, p.739, p.746에서 인용.

27) Jean Hampton, "Contracts and Choices: Does Rawls Have a Social Contract Theory?" *The Journal of Philosophy*, Vol. 77(1980), p.315.

28) John C. Harsanyi, "Can the Maximin Principle Serve as a Basis for Morality?: A Critique of John Rawls's Theory," *The American Political Science Review*, Vol. 69(1975), p.599.

29) TJ, p.447.

30) TJ, p.146.

31) TJ, p.146.

32) Robert Nozick, *Anarchy, State, and Utopia*(New York: Basic Books, 1974), p.193.

33) TJ, p.155.

34) TJ, p.154.

35) TJ, p.155. 손익계산표는 TJ, p.153 참조.

36) TJ, Sec. 15, "기대치의 근거로서의 사회적 기본가치들," pp.91-92, p.155.

37) Kenneth Arrow, "Some Ordinalist-Utilitarian Notes on Rawls's Theory of Justice," *The Journal of Philosophy*, Vol. 70, No. 9(1973), p.254. 나중에 롤즈는 지수의 문제를 공리주의적 효용의 문제와 같이 자세히 논구하고 있

다. PL, p.179, n.7, p.180, n.8. 기본적인 논의는 PL, Lecture IV, §3. "Primary Goods and Interpersonal Comparisons," pp.178-187.

38) 롤즈는 "스티븐 스트라스닉(Steven Strasnick)이 사회적 선택 함수들에 대한 잘 알려진 조건들(원초적 입장과 결부되는 것이 자연스러운 것처럼 보이는) 이 선호 우선성의 원칙과 결합되면 차등의 원칙을 함축한다는 증명을 발견했다"고 생각한다. John Rawls, "A Kantian Conception of Equality," *The Cambridge Review*, Vol. 96(1975), p.94, n.1. 또한 롤즈는 "(애로우의 불가능성 정리의 증명에 사용된) 애로우의 무관한 대안들로부터의 독립성 조건이 선호 우선성의 개념을 수용할 수 있도록 수정된다면 일종의 차등의 원칙이 도출될 것이다"라고 믿는다. 같은 곳. Steven Strasnick, "Social Choice and the Derivation of Rawls's Difference Principle," *The Journal of Philosophy*, Vol. 73, No. 4(1976), pp.85-99. 그러나 스트라스닉의 증명에 대한 비판도 만만치 않다. Alan H. Goldman, "Rawls' Original Position and the Difference Principle," *The Journal of Philosophy*, Vol. 73, No. 21 (1976), pp.845-849. Robert Paul Wolff. "On Strasnick's 'Derivation' of Rawls's 'Difference Principle'," *The Journal of Philosophy*, Vol. 74, No. 21(1976), pp.849-858.

39) John Rawls, "Some Reasons for the Maximin Criterion," *The Quarterly Journal of Economics*, Vol. 88(1974), p.141. TJ, revised edition(1999), p.72.

40) TJ, revised edition(1999), p.72. 인용문은 『정의론』, p.133에서 인용.

41) H. L. A. Hart, "Rawls on Liberty and Its Priority," *University of Chicago Law Review*, Vol. 40, No. 3(Spring, 1973), pp.534-555. PL, p.370와 비교 필요.

42) PL, p.371.

43) PL, p.290.

44) TJ, p.156.

45) TJ, p.542.

46) TJ, p.543.

47) TJ, p.543.

48) TJ, p.542. 이 부분은 TJ, revised edition(1999)에서는 삭제되었다. 따라서 *A Theory of Justice*(제1판, 1971) 번역본인 존 롤즈, 황경식 옮김, 『사회정의론』(파주: 서광사, 1985), p.551에서 인용. TJ, p.551.

49) PL, p.371, n.84. 번역은 『정치적 자유주의』[증보판], p.539, n.84에서 인용.

50) TJ, p.159 그리고 p.240, p.324 참조.

51) TJ, pp.158-159, pp.160-161.

52) TJ, p.viii, p.150. 한계효용체감의 법칙은 박정순, 「호모 에코노미쿠스 생살부」, 고려대학교 부설 철학연구소 창립 2주년 기념 학술대회보『현대사회와 인간: 철학적 성찰』(1998), pp.8-11 참조. 이 논문의 축약본은 박정순, 「호모 에코노미쿠스 생살부」, 『철학연구』, 제21집(1998), pp.1-41에 수록.

53) John Rawls, "Kantian Constructivism in Moral Theory," *The Journal of Philosophy*, Vol. 77, No. 9(1980), pp.525-529. "도덕적 인간의 전형적 관념 (the model conception of a moral person)"은 p.525. 합리적 자율성과 완전한 자율성은 같은 논문, pp.527-529.

54) 같은 논문, p.530. 그리고 PL, pp.310-324 참조.

55) Rawls, "Kantian Constructivism in Moral Theory," p.526. 롤즈는 여기서 사회적 기본가치를 다섯 종류로 나누고 순차적으로 배열한다. 물론 기본적 자유들(사상의 자유와 양심의 자유 등)이 가장 우선적이다. 그 다음은 거주 이전의 자유와 직업 선택의 자유, 직책(관직)과 직위로부터 오는 권한과 특전, 소득과 부, 자존감의 사회적 기반이다.

56) 같은 논문, p.530.

57) 같은 곳.

58) 같은 논문, p.532. "In justice as fairness, the Reasonable frames the Rational."

59) TJ, p.179.

60) TJ, p.440. 아리스토텔레스적 원칙은 인간은 자신의 능력이 현실화되어 실행됨을 즐거워하며, 그러한 즐거움은 능력이 보다 많이 실현되고, 보다 복잡한 경우에 더 증진된다는 것이다. TJ, p.426.

61) John Rawls, "The Basic Liberties and Their Priority," *The Tanner Lectures on Human Values*, Delivered at The University of Michigan(April 10, 1981), p.23. PL, pp.308-309. 번역은『정치적 자유주의』[증보판], p.463에서 인용.

62) PL, p.62, p.92, pp.178-179, p.440.

63) Hart, "Rawls on Liberty and Its Priority," pp.551-555. PL, p.290, n.2 참조.

64) PL, pp.289-290.

65) PL, p.290.

66) PL, 290.

67) PL, p.304, p.299.

68) PL, pp.299-310.

69) PL, p.300.

70) PL, p.301.

71) PL, p.305.

72) PL, pp.315-324.

73) PL, p.304, p.369, p. 370.

74) PL, p.xvi, p.304. 그리고 Rawls, "Justice as Fairness: Political not meta-physical," p.225, p.230, pp.224-225 참조. 정치적 자유주의에 대해서는 박정순, 「정치적 자유주의의 철학적 기초」, 『철학연구』, 제42집(1998년 봄호), pp.275-305 참조. 본서 제1부 제3장 참조.

75) TJ, p.331.

76) TJ, p.302, 그리고 p.60, p.250도 참조. 번역은 『사회정의론』, p.316에서 인용.

77) PL, p.331.

78) PL, p.331.

79) PL, p.331.

80) PL, p.331, pp.334-340.

81) PL, p.331.

82) PL, pp.295-296.

83) TJ, p.250, p.302.

84) TJ, p.250, p.302.

85) PL, p.291, p.5. 『정치적 자유주의』[증보판], p.442에서 인용. 처음 언급된 곳은 Rawls, "The Basic Liberties and Their Priority," *Tanner Lectures on Human Values*, Vol. 3(Salt Lake City: University of Utah Press, 1982), p.5. 그리고 Rawls, "The Basic Liberties and Their Priority," *The Tanner Lectures on Human Values*, Delivered at The University of Michigan(April 10, 1981), p.5 참조. The Website, Tanner Humanities Center, The University of Utah, *The Tanner Lectures on Human Values,* 참조.

86) PL, p.5. 『정치적 자유주의』[증보판], p.85에서 인용.

87) PL, p.6, p.327. 그리고 다음 두 곳 참조. PL, Lecture VIII, §7. "Basic Liberties not Merely Formal," pp.324-331; Lecture VIII, §12. "Maintaining the Fair Value of Political Liberties," pp.356-363.

88) PL, pp.357-363.

89) Rawls, "Some Reasons for the Maximin Criterion," p.141.

90) Rawls, "The Basic Liberties and Their Priority"(1982), p.85. PL, p.369.

91) 같은 논문, p.20, n.20. 완전한(*full*) 강조 원전, 그리고 a Kantian view 강조 부가. 그리고 다음 참조. PL, p.306, n.21.

92) Rawls, "Justice as Fairness: Political Not Metaphysical," p.237, n.20. 강조 부가. 롤즈는 우리가 별도 인용문들에서 본 것처럼, 나중에 그의 *Political Liberalism*(1993)에서 실책을 자인했다. TJ, p.53, n.7, p.306, n.21 참조.

93) PL, p.53, n.7. 강조 부가. 『정치적 자유주의』[증보판], p.146, n.7에서 인용. 약간의 문구 수정.

94) Samuel Freeman, "Moral Contractarianism as Foundation for Interpersonal Morality," James Dreier, ed., *Contemporary Debates in Moral Theory* (Malden: Blackwell Publishing, 2006), p.60. Rawls, "Kantian Constructivism in Moral Theory," pp.515-572.

95) Rawls, "Justice as Fairness: Political not Metaphysical." Rawls, *Political Liberalism*(1993). 롤즈의 「공정성으로서의 정의: 형이상학적이 아닌 정치적 입장」은 번역되어 있다. 「공정으로서의 정의: 형이상학적 입장이냐 정치적 입장이냐」(이인탁 옮김), 존 롤즈, 황경식, 이인탁, 이민수, 이한구, 이종일 옮김, 『공정으로서의 정의』(서울: 서광사, 1988), pp.106-144.

96) Rawls, "Kantian Constructivism in Moral Theory," p.531.

97) 같은 논문, p.525.

98) 같은 논문, p.530.

99) Richard Arneson, "Introduction: Symposium on Rawlsian Theory of Justice: Recent Developments," *Ethics,* Vol. 99(1989), p.696. 그러나 노먼 다니엘스(Norman Daniels)는 칸트적 인간관이 『정의론』(1971)에서 이미 존재하고 있는 것을 구체화한 것이라고 해석하고 있다. "Preface," *Reading Rawls: Critical Studies on A Theory of Justice*, ed. Norman Daniels(Stanford: Stanford University Press, 1989), p.xv.

100) TJ, p.75.

101) David Gauthier, *Morals By Agreement*(Oxford: Clarendon Press, 1986), pp.2-3. 번역본은 데이비드 고티에, 김형철 옮김, 『합의도덕론』(서울: 철학과 현실사, 1993).

102) Gauthier, *Morals By Agreement*, p.4.

103) 같은 책, p.145.

104) John Rawls, "The Basic Structure as Subject," *American Philosophical Quarterly*, Vol. 14(1977), p.162. 비슷한 비판은 PL, p.278, n.14 참조.

105) David Gauthier, "Critical Notes: George Grant's Justice," *Dialogue*, Vol. 2(1988), pp.126-127. George Grant, *English-Speaking Justice*(Toronto: House of Anansi Press, 1985).

106) PL, pp.133-134.

107) Gerald Dopplet, "Is Rawls's Kantian Liberalism Coherent and Defensible?" *Ethics*, Vol. 99(1989), p.816.

108) PL, p.18. 그리고 Rawls, "Justice as Fairness: Political not Metaphysical," p.232 참조.

109) PL, p.14, p.43.

110) PL, p.13.

111) PL, p.38, n.38.

112) Rawls, "Kantian Constructivism in Moral Theory," p.519.

113) Michael Sandel, *Liberalism and the Limits of Justice*(Cambridge: Cambridge University Press, 1982), p.87. 이 책에 대한 번역은 마이클 샌델, 이양수 옮김, 『마이클 샌델, 정의의 한계』(고양: 멜론, 2012). PL, p.27, n.29 참조.

114) Rawls, "Justice as Fairness: Political not Metaphysical," p.245.

115) 같은 논문, p.237.

116) 같은 논문, p.246.

117) Rawls, "Kantian Constructivism in Moral Theory," p.516.

118) 후주 73과 73이 있는 본문 참조.

119) John Rawls, "The Idea of Overlapping Consensus," *Oxford Journal of Legal Studies*, Vol. 7(1987), p.24.

120) PL, p.xvi, n.4.

121) PL, p.21, p.xvii.

122) 존 롤즈, 에린 켈리 엮음, 김주휘 옮김, 『공정으로서의 정의: 재서술』(서울: 이학사, 2016), p.xv. John Rawls, *Justice as Fairness: A Restatement*, ed. Erin Kelly(Cambridge: Harvard University Press, 2001).

123) 우선적으로 박정순, 「정치적 자유주의의 철학적 기초」, pp.275-305 참조.

124) Rawls, "Kantian Constructivism in Moral Theory," p.530.

125) 롤즈 자신도 고립의 문제와 확신의 문제를 언급하고 있다. 고립의 문제는 수인의 딜레마(the prisoner's dilemma)이고, 확신의 문제는 무임승차자의 문제(the free-rider problem)이다. TJ, pp.269-270. 본 논문에서는 두 문제를 다루지 않았지만 합리적 계약론은 합의된 도덕원칙들에 대한 합리적 준수의 문제인 무임승차자의 문제를 필수적으로 다루어야 한다. 롤즈의 합리적 계약론은 합리성에 우선한 도덕적 동기를 가정하는 순환성의 오류를 저지르고 있다. 왜냐하면, 롤즈는 질서정연한 사회에서의 엄밀한 준수를 가정하고 있기 때문이다. TJ, p.8, p.453. 이상의 문제들에 대해서는 Jung Soon Park, *Contractarian Liberal Ethics and the Rational Choice Theory*(1992), Ch.

III, B. "Rawls' Contractarian Liberal Ethics in *A Theory of Justice*," pp.79-104 참조.

126) TJ, analytic, p.121; explanatory, p.16; heuristic, p.152; justificatory, p.16, p.17.

127) Freeman, "Moral Contractarianism as Foundation for Interpersonal Morality," p.71. 롤즈는 합리적 선택이론을 직관적 방식으로 사용할 수 있다는 것을 언급하고 있다. PL, p.53, n.7.

128) TJ, p.94. 그리고 p.44. 『사회정의론』, p.114에서 인용.

129) Robert Sugden, "Rational Choice: A Survey of Contributions from Economics and Philosophy," *The Economic Journal*, Vol. 101(1991), pp.751-785.

130) Hans W. Gottinger and Werner Leinfeller, eds., *Decision Theory and Social Ethics*(Dordrecht: D. Reidel Publishing Company, 1978), p.vii.

131) Eliza A. Pazner and David Schmeidler, "Social Contract Theory and Ordinal Distributive Equality," Leonid Hurwicz et al. eds., *Social Goals and Social Organization*(Cambridge: Cambridge University Press, 1985), p.312. 애로우의 불가능성 정리는 Kenneth Arrow, *Social Choice and Individual Values*(New Haven: Yale University Press, 1951, 1963), pp.22-33 참조. 불가능성 정리에 대한 일반적 논의는 Jung Soon Park, *Contractarian Liberal Ethics and the Theory of Rational Choice*(1992), Ch. II, B. "3) Arrow's Impossibility Theorem," pp.38-41 참조. 박정순, 『사회계약론적 윤리학과 합리적 선택: 홉스, 롤즈, 고티에』(서울: 철학과현실사, 2019), 제2장 2절 3)항, pp.89-94 참조.
애로우의 불가능성 정리는 세 가지 선택지에 직면한 세 명의 투표자가 만들어내는 투표의 역설(paradox of voting)로부터 도출된다. 투표자 1의 선호는 A > B > C, 투표자 2의 선호는 B > C > A, 투표자 3의 선호는 C > A > B. 따라서 투표자 1과 3은 A > B, 투표자 1과 2는 B > C이므로 전이성 공리(transitivity axiom)에 의하여 A > C가 되어야 한다. 그러나 투표자 2와 3은 C > A이므로 전이성 공리를 만족시키지 못한다. 이것이 바로 순환적 다수결로서 집단적 합리성의 조건을 위반한다. 집단적 합리성의 조건은 개인적 선호 서열들의 집합을 총괄하여 사회적 선택이 가능하도록 완전하고도 전이적인 사회적 선호 서열이 도출될 수 있어야 한다. 완전성 (completeness)은 어떤 한 개인의 선호, 그리고 다수의 선호에서 모든 대안들이 완전히 열거되고, 비교되고, 서열화될 수 있어야 한다. 여기서는 구체적으로 완전성 공리에서 서열화와 전이성 공리가 위배되었다고 할 수 있다.

132) Freeman, "Moral Contractarianism as Foundation for Interpersonal

Morality," p.72.

133) Jung Soon Park, *Contractarian Liberal Ethics and the Theory of Justice*, pp.5-16. 박정순, 「계약론적 윤리학의 딜레마」, 『철학과 현실』, 9호(1991년 여름호). pp.248-265.

134) Bernard Williams, *Ethics and the Limits of Philosophy*(Cambridge: Harvard University Press, 1985), pp.54-55. 강조 원전.

135) 선의지는 Immanuel Kant, *Foundation of the Metaphysics of Morals* in *Critique of Practical Reason And Other Writings in Moral Philosophy*, translated by Lewis White Beck(Chicago: The University of Chicago Press, 1949), IV 394, p.56 참조. 선의지에 대한 전거는 "선의지는 그것이 생기게 하는 것이나 성취한 것으로 말미암아, 또 어떤 세워진 목적 달성에 쓸모 있음으로 말미암아 선한 것이 아니라, 오로지 그 의욕함으로 말미암아, 다시 말해 그 자체로 선한 것이다." 임마누엘 칸트, 백종현 옮김, 『윤리형이상학 정초』(파주: 아카넷, 2014), IV 394, p.124. 그리고 또한 "아무런 경향성 없이, 오로지 의무에서(로부터) 그 행위를 할 때, 그 때 그 행위는 비로소 도덕적 가치를 갖는다." 같은 책, IV 398, p.130. 그리고 또한 "의무는 법칙에 대한 존경으로부터 말미암는 행위의 필연성이다." 같은 책, IV 400, p.133. 그리고 또한 "자유 개념은 의지의 자율을 설명하는 열쇠이다." 같은 책, V 446, p.201. 그리고 또한 "자유는 모든 이성적 존재자의 의지의 속성으로 전제되어야 한다." 같은 책, IV 447, p.203. 칸트에서 요청은 Immanuel Kant, *Critique of Pure Reason in Critique of Practical Reason And Other Writings in Moral Philosophy*, translated by Lewis White Beck(Chicago: University of Chicago Press, 1949), V 133, p.235 참조. "Postulates are immorality, freedom, and the existence of God." 우리말 번역은 임마누엘 칸트, 백종현 옮김, 『실천이성비판』(파주: 아카넷, 2002) 참조. "VI. 순수 실천 이성의 요청들 일반," V 132, p.274. "이것들은 [영혼의] 불멸성, 적극적으로 (예지의 세계에 속하는 한에서의 한 존재자의 원인성으로) 보아진 자유, 신의 현존의 요청들이다." V 132, p.275.

136) Thomas Brooks, *Hegel's Philosophy of Rights*(Hoboken, NJ: John Wiley & Sons, 2012), p.75.

137) Peter Singer, *Hegel: A Very Short Introduction*(Oxford: Oxford University Press, 1983), pp.44-45.

138) PL, p.53. 그리고 다음 참조. p.51-52, p.52, n.4. 『정치적 자유주의』[증보판], p.146에서 인용.

139) R. B. Braithwaite, *Theory of Games as a Tool for the Moral Philosopher*(Cambridge: Cambridge University Press, 1955), pp.54-55.

제5장 롤즈의 관용론: 『정의론』, 『정치적 자유주의』, 『만민법』

1) John Rawls, *A Theory of Justice*(Cambridge: The Belknap Press of Harvard University Press, original edn., 1971; revised edn., 1999). 존 롤즈, 황경식 옮김, 『정의론』(서울: 이학사, 2003), pp.400-401. 이하 『정의론』으로 약하고 페이지 수를 병기한다.

2) 『정의론』, pp.45-52.

3) 공정성으로서의 정의와 정당화는 『정의론』, pp.52-53. 반성적 평형상태는 『정의론』, pp.56-57, pp.87-92.

4) 이것은 분명히 실존주의나 초기의 헤어(R. M. Hare), 무어(G. E. Moore)나 로스(W. D. Ross) 등의 직관주의, 그리고 정의론(情意論, emotivism)을 겨냥한 발언으로 생각된다. John Rawls, "Justice as Fairness", *The Philosophical Review*, Vol. 67(1958), pp.164-194. 저자가 인용한 것은 "Justice as Fairness"(1958), in John Rawls, *Collected Papers*(Cambridge: Harvard University Press, 1999), pp.47-72 중 p.63 참조. 스키너 캔틴 외, 이광래, 신중섭, 이종흡 옮김, 『현대사상의 대이동: 거대이론에의 복귀』(춘천: 강원대학교 출판부, 1987) 참조.

5) 본서 제2부 "롤즈의 정의론과 자유주의 대 공동체주의 논쟁" 참조.

6) John Rawls, *Justice as Fairness: A Guided Tour*(Cambridge: Harvard University Press, unpublished manuscript, 1989), p.3; *The Law of Peoples with The Idea of Public Reason Revisited*(Cambridge: Harvard University Press, 1999), p.11.

7) John Rawls, *Political Liberalism*(New York: Columbia University Press, 1993). 번역본으로는 존 롤즈, 장동진 옮김, 『정치적 자유주의』(파주: 동명사, 1998) 참조. 이어서 롤즈는 재판을 발간한다. *Political Liberalism with "A New Introduction" and "The Reply to Habermas"*(New York: Columbia University Press, 2nd edn., 1996). 롤즈는 이어서 증보판(expanded edition)을 발간한다. 여기서 증보된 것은 "The Idea of Public Reason Revisited," *University of Chicago Law Review*, Vol. 64, Iss. 3(1997), pp.765-807이다. *Political Liberalism*(New York: Columbia University Press, expanded edn., 2005). 증보판에 대한 번역본은 존 롤즈, 장동진 옮김, 『정치적 자유주의』[증보판](파주: 동명사, 2016). 재판과 증보판에서 추가되거나 증보된 부분을 제외하면 페이지 수는 초판본과 동일하다.
John Rawls, *The Law of Peoples with "The Idea of Public Reason Revisited"*(Cambridge: Harvard University Press, 1999). 번역본은 존 롤스, 장동진 외 옮김, 『만민법』(서울: 이끌리오, 2000). 이어서 『만민법』에 대한

방대한 해제와 용어 해설, 존 롤즈 정의론 3부작 요약 및 주요 작품이 수록된 부록을 첨가한 존 롤즈, 장동진, 김만권, 김기호 옮김, 『만민법』(파주: 동명사, 2017)이 출판되었다.

8) 황경식, 박정순 외, 『롤즈의 정의론과 그 이후』(서울: 철학과현실사, 2009), pp.5-7, 박정순의 "머리말."

9) Jean Hampton, "Should Political Philosophy Be Done without Metaphysics," *Ethics*, Vol. 99(1989), p.802.

10) Nick Fotion and Gerard Elfstrom, *Toleration*(Tuscaloosa: The University of Alabama Press, 1992), p.117.

11) 『정의론』, p.288.

12) 같은 책, p.281, p.288

13) 박준웅, 『롤즈의 관용론』(중앙대학교 대학원 철학과 석사학위논문, 2006. 8), p.21.

14) 『정의론』, p.280, 각주 6.

15) 같은 책, p.400.

16) 같은 책, p.285. Cf. John Stuart Mill, *On Liberty*(Harmondsworth: Penguin Books, 1974). 번역본으로는 존 스튜어트 밀, 서병훈 옮김, 『자유론』(서울: 책세상, 2005), p.32.

17) 『정의론』, p.284, p.431.

18) 같은 책, p.283.

19) 같은 책, pp.473-508.

20) 같은 책, p.475.

21) 같은 책, p.477.

22) 같은 책, pp.484-485.

23) 같은 책, p.481.

24) 같은 책, pp.481-482.

25) 같은 책, p.481.

26) 같은 책, p.482. 2018년 6월 28일 헌법재판소가 대체복무를 규정하지 않은 병역법 조항에 대해 헌법불합치를 결정했다. 이에 해당 조항은 2019년 12월 31일까지만 유효하며 2020년 1월 1일부터는 법적 효력을 잃게 된다. 이것은 대체복무를 포함하지 않는 해당 조항이 신앙이나 양심에 따라 병역을 거부하는 사람들의 양심의 자유를 침해하므로 종교적 이유를 포함한 양심적 병역거부가 정당하다고 판결한 것이다. 그러나 소수 의견을 낸 대법관들은 양심적 병역거부를 무죄로 판단할 경우 깊고 확실하며 진실한 양심의 진정성에 대해서 심사가 불가피하지만 객관적으로 판단하기 어렵다며 양심적 병역

거부를 인정하지 않았다. 롤즈의 입장도 양심적 병역거부를 인정하지 않는 것처럼 보인다. "양심적 병역거부," 『두산백과』, 네이버 지식백과.

27) 같은 책, p.483.

28) 같은 책, p.483.

29) 같은 책, p.491.

30) 같은 책, p.483.

31) 같은 책, p.497.

32) 같은 책, p.494.

33) 같은 책, p.496.

34) 같은 책, p.289.

35) 같은 책, p.289.

36) 같은 책, p.290.

37) 같은 책, p.290.

38) 같은 책, p.291.

39) 같은 책, p.292.

40) 같은 책, p.292.

41) 같은 책, p.292.

42) 같은 책, p.293.

43) 장 자크 루소, 이재형 옮김, 『사회계약론』(서울: 문예출판사, 2013), p.184.

44) John Locke, *A Letter Concerning Toleration*, ed. J. W. Gough(Oxford: Basil Blackwell, 1946), pp.156-158.

45) 『정의론』, p.294.

46) 같은 책, p.294.

47) 같은 책, p.294.

48) 같은 책, p.295.

49) Karl Popper, *The Open Society and Its Enemies*, Vol. 1, *The Spell of Plato* (London: Routledge, 1945). 칼 포퍼, 이한구 옮김, 『개방사회와 그 적들』 (서울: 민음사, 1997), pp.457-458, 7장에 대한 주 4. Michael Walzer, *On Toleration*(New Haven: Yale University Press, 1997). 마이클 월저, 송재우 옮김, 『관용에 대하여』(서울: 미토, 2004), pp.147-151.

50) Lawrence M. Hinman, *Ethics: A Pluralistic Approach to Moral Theory* (Belmont: Wadsworth, 2003), p.47. Barbara Pasamonk, "The Paradox of Tolerance," *The Social Studies*(September/October, 2004), p.207. 김용환, 「관용의 윤리: 철학적 기초와 적용영역들」, 『철학』, 87집(2006), p.75.

51) Andrew Jason Cohen, "Toleration," *The International Encyclopedia of Ethics*, Vol. VIII, ed. by Hugh LaFollette(Oxford: Wiley-Blackwell, 2013), pp.5154-5155.

52) 『정의론』, p.400.

53) John Rawls, *Political Liberalism*(New York: Columbia University Press, 2003). 존 롤즈, 장동진 옮김, 『정치적 자유주의』(파주: 동명사, 1998), p.6, p.336, p.359. 본서 저자 번역 수정. 이하 『정치적 자유주의』로 표기함.

54) 『정치적 자유주의』, p.405. H. L. A Hart, "Rawls on Liberty and Its Priority," *University of Chicago Law Review*, Vol. 40(1973), pp.543-547.

55) 『정치적 자유주의』, p.364.

56) 『정의론』, p.337, p.400.

57) 강조 저자 부가.

58) Rainer Forst, "Toleration," *Stanford Encyclopedia Of Philosophy*(http://plato.standford.edu, 2012), p.2. 김상범, 『자유주의적 관용에 대한 연구』(서울대학교 대학원 윤리교육과 박사학위논문, 2013. 2), pp.21-22.

59) 이일대, 『롤즈의 정치적 정의관에 있어서의 관용의 의미: 『정치적 자유주의』를 중심으로』(고려대학교 대학원 정치외교학과 석사학위논문, 2003. 2), p.83. 구승회, 「차이의 문명화로서의 관용: 마이클 윌처의 관용 개념」, 『철학연구』, 제58집(2000), p.183. Cf. 김용환, 『관용과 열린사회』(서울: 철학과현실사, 1997), pp.68-70.

60) 『정의론』, pp.295-296.

61) 같은 책, p.504.

62) 같은 책, p.297.

63) 같은 곳.

64) 『정치적 자유주의』, pp.xix-xx. 박정순, 「정치적 자유주의의 철학적 기초」, 『철학연구』, 제42권(1998), pp.277-278; 「자유주의 정의론의 철학적 오디세이: 롤즈 정의론의 변모와 그 해석 논쟁」, 황경식, 박정순 외, 『롤즈의 정의론과 그 이후』(서울: 철학과현실사, 2009), pp.58-59.

65) 『정치적 자유주의』, p.xxx.

66) 같은 책, p.xxxiv, p.xix-xx.

67) 같은 책, p.218, 각주 3.

68) 『정의론』, 제3부, 76절.

69) 『정치적 자유주의』, p.xxii.

70) 같은 책, p.xxxiv.

71) 같은 책, p.11.

72) 같은 곳.

73) John Rawls, "Justice as Fairness: Political, Not Metaphysical," *Philosophy and Public Affairs*, Vol. 14(1985), p.230.

74) Rawls, "Justice as Fairness: Political, Not Metaphysical," p.231. 제3장은 주로 박정순, 「정치적 자유주의의 철학적 기초」, pp.275-305. 그리고 「자유주의 정의론의 철학적 오디세이: 롤즈 정의론의 변모와 그 해석 논쟁」, pp.45-76에서 참조 및 발췌.

75) 『정치적 자유주의』, p.13.

76) 같은 책, p.14.

77) 같은 책, p.17.

78) 같은 책, p.4.

79) 같은 책, p.xxxi.

80) 같은 책, p.xxxii.

81) 같은 책, pp.xxxi-xxxii.

82) 같은 책, p.45.

83) 같은 책, p.47.

84) John Rawls, "The Idea of Overlapping Consensus," *Oxford Journal of Legal Studies*, Vol. 7(1987), p.4, n.7.

85) 『정치적 자유주의』, p.47.

86) 같은 책, p.48, 각주 41.

87) 같은 책, p.73.

88) 같은 책, p.73.

89) 같은 책, p.181.

90) 같은 책, p.xvi.

91) 같은 책, p.xxi.

92) 박준웅, 『롤즈의 관용론』, p.37.

93) 박재형, 『존 롤즈의 '관용의 조건'에 관한 고찰: 『정치적 자유주의』를 중심으로』(고려대학교 교육대학원 도덕윤리교육전공 석사학위논문, 2008. 2), p.34.

94) 『정치적 자유주의』, p.242-243.

95) Cf. 『정의론』, p.482.

96) 이일대, 『롤즈의 정치적 정의관에 있어서의 관용의 의미: 『정치적 자유주의』를 중심으로』, p.73, p.85. 장동진, 유인태, 「존 롤즈(John Rawls)의 공적 이성(Public Reason)과 관용(Toleration)의 한계」, 『사회과학논총』, 35집(2005),

p.3, p.17. 김상범, 『자유주의적 관용에 대한 연구』(서울대학교 대학원 윤리교육과 박사학위논문, 2013. 2), pp.105-106.

97) 『정치적 자유주의』, pp.11-12, pp.235-241, pp.276-281.

98) 같은 책, pp.11-12, pp.235-237.

99) 같은 책, p.239.

100) 같은 책, p.240.

101) 『정의론』, p.52, p.56.

102) 『정치적 자유주의』, p.xxiv, p.10, pp.185-186.

103) 같은 책, p.xxv.

104) 같은 책, p.80, p.65, pp.174-175.

105) 같은 책, p.xxv, p.60, p.262.

106) 같은 책, p.272.

107) 같은 책, p.277.

108) 같은 책, p.170, p.268. 자세한 논의는 정원섭, 『롤즈의 공적 이성과 입헌민주주의』(서울: 철학과현실사, 2008) 참조.

109) Cf. 『정치적 자유주의』, pp.103-104.

110) 같은 책, p.xxv.

111) 같은 책, p.121, p.15, p.180. Rawls, "The Idea of Overlapping Consensus," p.9.

112) 같은 책, p.xix.

113) 같은 책, pp.180-181, pp.210-211.

114) 같은 책, p.180, 각주 12. John Locke, *A Letter Concerning Toleration*, ed. J. W. Gough(Oxford: Basil Blackwell, 1946) 참조.

115) 『정치적 자유주의』, p.xxiv, p.122. 임마누엘 칸트, 백종현 옮김, 『윤리형이상학 정초』(서울: 아카넷, 2005). 존 스튜어트 밀, 서병훈 옮김, 『자유론』 참조.

116) 『정치적 자유주의』, p.97, p.210.

117) 같은 책, p.181, p.211.

118) 같은 책, p.211. Cf. 『정의론』, p.222.

119) 『정의론』, pp.245-246.

120) Samuel Scheffler, "The Appeal of Political Liberalism," *Ethics*, Vol. 105 (1994), p.9.

121) 『정치적 자유주의』, p.210, p.260, 각주 42, p.247.

122) 같은 책, p.210.

123) 같은 책, p.123. Cf. John Rawls, "Kantian Constructivism in Moral Theory," *The Journal of Philosophy*, Vol. 77(1980), pp.515-572.

124) David Archard, "Fair enough?" *Radical Philosophy*, Vol. 66(1994), p.48.

125) 『정치적 자유주의』, pp.181-184.

126) 같은 책, p.186.

127) 같은 책, p.192.

128) 같은 책, p.196.

129) 같은 책, pp.181-185.

130) 같은 책, pp.184-185.

131) 같은 책, p.184, p.97, p.122, p.242.

132) David Gauthier, "Political Constructivism," *The Journal of Political Philosophy*, Vol. 5(1997), pp.132-148.

133) Jean Hampton, "The Common Faith of Liberalism," *Pacific Philosophical Quarterly*, Vol. 75(1994), p.186.

134) 『정치적 자유주의』, p.66, 각주 7, p.376, 각주 21.

135) 같은 책, p.243.

136) 같은 책, p.241.

137) John Rawls, *The Law of Peoples with "The Idea of Public Reason Revisited"*(Cambridge: Harvard University Press, 1999). 장동진, 김기호, 김만권 옮김, 『만민법』(서울: 이끌리오, 2000). 이하 『만민법』으로 표기

138) 이하 박정순, 「'현실적 유토피아' 실현을 위한 철학 제시해: 롤스의 『만민법』」, 『출판저널』(2001), pp.28-29에서 부분적 발췌.

139) 『만민법』, p.13.

140) 같은 책, p.23.

141) 같은 책, p.30; 본서 저자 번역 수정.

142) 같은 책, p.65.

143) 같은 책, pp.66-67.

144) 같은 책, p.66. 손철성, 「롤즈의 인권 개념에 대한 고찰」, 『윤리교육연구』, 제26집(2011), pp.259-276. 참조.

145) Michael Ignatief, *The Rights Revolution*(Toronto: Anansi, 2000) 참조.

146) 이종훈, 「세계인권선언」, 『세계를 바꾼 연설과 선언』(파주: 서해문집, 2006), pp.51-63, 제1조, 제2조 1항. 박정순, 「인권 이념의 철학적 고찰」, 『철학과 현실』, 68호(2006년 봄호), pp.34-35.

147) 소병철, 「관용의 조건으로서 인권적 정의: 자유주의적 다문화주의의 한 옹

호론」, 『민주주의와 인권』, 10권 3호(2010), pp.137-161.

148) 박정순, 「인권 이념의 철학적 고찰」, p.38.

149) 이종훈, 「세계인권선언」, pp.51-63, 제29조 2항.

150) Michael Walzer, *Just and Unjust Wars: A Moral Argument with Historical Illustrations*(New York: Basic Books, 1977), pp.61-62. 박정순, 「마이클 월저의 정의전쟁론: 그 이론적 구성 체계와 한계에 대한 비판적 고찰」, 『철학연구』, 제68집(2005), p.95 참조. 이 논문은 박정순, 『마이클 월저의 사회사상과 철학적 깨달음: 복합평등, 철학의 여신, 마방진』(서울: 철학과현실사, 2017), 제3장으로 수록되었다. 그리고 제5장 "마이클 월저와의 특별대담" 중 "특별대담 2. 정의전쟁론의 대가 마이클 월저 교수: 테러와의 전쟁과 정의로운 전쟁론" 참조.

151) 『만민법』, p.67.

152) 같은 책, p.17, p.25. 손철성, 「롤즈의 인권 개념에 대한 고찰」, p.264.

153) 『만민법』, pp.14-15, pp.104-105.

154) 같은 책, p.15. 질서정연한 만민들의 구분은 장동진, 「롤즈의 국제사회 정의관: 『만민법』을 중심으로」, 『국제정치논총』, 제41집(2001), p.317.

155) 같은 책, p.46, p.163.

156) 장동진, 「문제의 책: 존 롤즈(John Rawls)의 『만민법』: 국제적 정의원칙 제시한 정치 철학서」, 『철학과 현실』(2003), pp.202-203.

157) 『만민법』, p.98.

158) 같은 책, p.110.

159) 같은 책, p.123.

160) 같은 책, p.123, 각주 17.

161) 같은 책, pp.193-194.

162) 장동진, 「문제의 책: 존 롤즈(John Rawls)의 『만민법』: 국제적 정의원칙 제시한 정치 철학서」, p.206. 장동진, 「롤즈의 국제사회 정의관: 『만민법』을 중심으로」, p.327. 옹호론은 장동진, 장휘, 「칸트와 롤즈의 세계시민주의: 도덕적 기획과 정치적 기획」, 『정치사상연구』, 제9집(2003), p.211.

163) 목광수, 「존 롤즈의 관용 개념 고찰: 지구촌 사회에서의 정당성을 중심으로」, 『철학논총』, 제61집(2010), p.327.

164) Hun Chung, "Are Decent Non-Liberal Societies Really Non-Liberal?: A Critical Response to John Rawls's The Law of Peoples," 『철학사상』, 제52집(2014), pp.201-231.

165) 『만민법』, p.150, p.152.

166) 윤정호 기자(워싱턴 특파원), 「건방진 럼즈펠드, 강경 일변도 체니 … 9·

11 발생 이후 내 아들 잘못 보좌, 아버지 부시 자서전 논란」,「조선일보」, 2015년 11월 6일자, A20면 참조.

167) 『만민법』, p.170.

168) 같은 책, p.182.

169) 같은 책, p.149.

170) 같은 책, p.280.

171) 같은 책, p.280.

172) 같은 책, pp.32-34, p.37.

173) 같은 책, p.279.

174) 같은 책, pp.279-280.

175) 같은 책, p.239, p.273, p.276-277.

176) 같은 책, p.235.

177) 같은 책, p.276.

178) 같은 책, p.272.

179) 같은 책, p.271.

180) 같은 책, pp.184-185.

181) 『정치적 자유주의』, p.11. 이하 세 문단은 박정순,「정치적 자유주의의 철학적 기초」,『철학연구』, 제42권(1998), pp.300-301에서 발췌함.

182) John Gray, *Enlightenment's Wake: Politics and Culture at the Close of the Modern Age*(London: Routledge, 1995).

183) 『정치적 자유주의』, p.xxiii.

184) 박정순,「자유주의 정의론의 철학적 오디세이: 롤즈 정의론의 변모와 그 해석 논쟁」, 황경식, 박정순 외,『롤즈의 정의론과 그 이후』(서울: 철학과현실사, 2009), p.69.

185) 『정치적 자유주의』, p.xxvi, 각주 10. Judith Shklar, *Ordinary Vices*(Cambridge: Harvard University Press, 1984) 참조.

186) 『정치적 자유주의』, p.xxxv.

187) Iris Marion Young, "Rawls's Political Liberalism," *The Journal of Political Philosophy*, Vol. 3(1995), pp.181-190. 구승회,「차이의 문명화로서의 관용: 마이클 월처의 관용 개념」,『철학연구』, 제58집(2000), pp.181-203 참조.

188) Thomas Hobbes, *Leviathan*(London: Penguin Books, 1968), p.186: "and which is worst of all, continual fear, and danger of violent death; And the life of man, solitary, poor, nasty, brutish, and short." 박정순,「마이클 월저

의 정의전쟁론: 그 이론적 구성 체계와 한계에 대한 비판적 고찰」, 『철학연구』, 제68집(2005), p.120.

제2부 롤즈의 정의론과 자유주의 대 공동체주의 논쟁

제1장 자유주의 대 공동체주의 논쟁의 방법론적 쟁점

1) Marjorie Garber, Beatrice Hanssen, and Rebecca L. Walkowitz, eds., *The Turn to Ethics*(New York and London: Routledge, 2000). David M Rasmussen, "Introduction: Universalism vs. Communitarianism: Contemporary Debates in Ethics," *Philosophy & Social Criticism*, Vol. 14(1988), p.238. 그리고 박정순, 『사회계약론적 윤리학과 합리적 선택: 홉스, 롤즈, 고티에』(서울: 철학과현실사, 2019), pp.272-273.

2) Jeffrey Stout, *Ethics After Babel: The Language of Morals and Their Discontents*(Boston: Beacon Press, 1988).

3) Evan Simpson ed., *Antifoundationalism and Practical Reasoning*(Edmonton: Academic Printing & Publishing, 1987). G. Stanley Clarke and Evan Simpson ed., *Anti-Theory in Ethics and Moral Conservatism*(Albany: State University of New York Press, 1989).

4) H. N. Hirsh, "The Threnody of Liberalism: Constitutional Liberty and the Renewal of Community," *Political Theory*, Vol. 14(1986), p.427.

5) Philip Selznick, "The Idea of a Communitarian Morality," *California Law Review*, Vol. 75(1987), p.455.

6) 신용하 편, 『공동체 이론』(서울: 문학과지성사, 1985), pp.11-13.

7) Chantal Mouffe, "American Liberalism and Its Critics: Rawls, Taylor, Sandel, and Walzer," *Praxis International*, Vol. 8(1988), p.195. 그리고 자유주의 대 공동체주의 논쟁에 대해서는 박정순, 『마이클 샌델의 정의론, 무엇이 문제인가』(서울: 철학과현실사, 2016), 제5장 참조.

8) John Rawls, *A Theory of Justice*(Cambridge: The Belknap Press of Harvard University Press, 1971). 번역본으로는 존 롤즈, 황경식 옮김, 『사회정의론』(서울: 서광사, 1977). 주요 자유주의자들의 저작은 본장 참고문헌 참조.

9) 그러한 논쟁은 한국사회·윤리연구회 편, 『사회계약론 연구』(서울: 철학과현실사, 1993), 제3부 참조.

10) Alasdair MacIntyre, *After Virtue*(Notre Dame: University of Notre Dame Press, 2nd edn., 1984; 1st edn., 1981). 번역본으로는 알래스데어 매킨타이

어, 이진우 옮김, 『덕의 상실』(서울: 문예출판사, 1997). 1984년 재판 번역임.
주요 공동체주의자들의 저작은 본장 참고문헌 참조.

11) Seyla Benhabib, *Situating the Self: Gender, Community and Postmodernism
in Contemporary Ethics*(Cambridge: Polity Press, 1992), p.11.

12) Benjamin Barber, *Strong Democracy: Participatory Politics for a New Age*
(Berkeley: University of California Press, 1984), p.120.

13) John R. Wallach, "Liberals, Communitarians, and the Tasks of Political
Theory," *Political Theory*, Vol. 15(1987), p.591.

14) MacIntyre, *After Virtue*, p.255.

15) Giovanni Giorgini, "Crick, Hamshire and MacIntyre, or Does an English
Speaking Neo-Aristotelianism Exist?" *Praxis International*, Vol. 9(1989),
p.261.

16) MacIntyre *After Virtue*, pp.6-10.

17) 같은 책, p.21.

18) 같은 책, p.12.

19) 같은 책, p.39.

20) 같은 책, p.70, p.66. 도덕의 도구적 합리성에 관한 논의는 박정순, 『사회계
약론적 윤리학과 합리적 선택: 홉스, 롤즈, 고티에』 참조.

21) MacIntyre, *After Virtue*, p.66, p.119.

22) 같은 책, pp.31-32.

23) 같은 책, p.114.

24) 같은 책, p.70.

25) 같은 책, p.118.

26) 같은 책, p.256.

27) 같은 책, p.58.

28) 같은 책, p.52.

29) 같은 책, p.154.

30) 같은 책, p.221.

31) 같은 책, p.119, p.233.

32) 같은 책, p.152. 이러한 관점에서의 자세한 비교 설명은 황경식, 「덕의 윤리
의 찬반 논변」, 김영철 외, 『현대사회와 윤리』(서울: 서광사) p.192 참조.

33) MacIntyre *After Virtue*, p.152.

34) 같은 책, p.153, pp.244-247.

35) 같은 책, pp.159-163.

36) 같은 책, p.191.

37) 같은 책, p.205, p.219.

38) 같은 책, p.222.

39) 같은 책, p.263.

40) 같은 곳.

41) Michael Sandel, ed., "Introduction," *Liberalism and Its Critics*(New York: New York University Press, 1984), p.5.

42) Sandel, *Liberalism and the Limits of Justice*(Cambridge: Cambridge University Press, 1982), p.1. 번역본으로는 마이클 샌델, 이양수 옮김, 『마이클 샌델, 정의의 한계』(고양: 멜론, 2012) 참조.

43) Sandel, *Liberalism and the Limits of Justice*, p.1.

44) 같은 책, p.17.

45) 같은 책, p.19.

46) Rawls, *A Theory of Justice,* p.560.

47) Sandel, *Liberalism and the Limits of Justice*, p.180, p.178.

48) Michael Sandel, "The Procedural Republic and the Unencumbered Self," *Political Theory*, Vol. 12(1984), p.82. 또한 Sandel, *Liberalism and the Limits of Justice*, p.87.

49) Sandel, *Liberalism and the Limits of Justice*, p.19.

50) 같은 책, p.62.

51) 같은 책, p.180.

52) 같은 곳.

53) 같은 책, p.150.

54) 같은 책, p.178.

55) Rawls, *A Theory of Justice*, p.302.

56) 같은 책, p.101.

57) Sandel, *Liberalism and th Limits of Justice*, p.80.

58) 같은 책, p.79, p.1.

59) 같은 책, p.181.

60) Sandel, ed., "Introduction," *Liberalism and Its Critics,* p.6.

61) Sandel, *Liberalism and the Limits of Justice*, p.179.

62) 같은 책, p.179.

63) 같은 책, p.180.

64) 같은 책, p.182.

65) 같은 책, p.183.

66) Philip Selznick, "The Idea of a Communitarian Morality," *Political Theory*, Vol. 12(1987) p.454. Chantal Mouffe, "American Liberalism and Its Critics: Rawls, Taylor, Sandel, and Walzer," *Praxis International*, Vol. 8 (1988), p.192. Cf. 고전적 공화주의와 시민적 인본주의는 John Rawls, "The Priority of Right and Ideas of the Good," *Philosophy & Public Affairs*, Vol. 17(1988), pp.272-273 참조. 롤즈는 고전적 공화주의는 자신의 자유주의적 정의론과 양립 가능하나, 아리스토텔레스의 시민적 인본주의는 양립 불가능하다고 주장한다.

67) John Rawls, "The Kanantian Constructivism in Moral Theory," *The Journal of Philosophy*, Vol. 77(1980), p.518.

68) John Rawls, "Justice as Fairness: Political not Metaphysical," *Philosophy & Public Affairs*, Vol. 14(1985), p.229; "The Idea of Overlapping Consensus," *Oxford Journal of Legal Studies*, Vol. 7(1987), p.6. "The Priority of Right and Ideas of the Good," p.252.

69) Amy Gutmann, "Communitarian Critics of Liberalism," *Philosophy & Public Affairs*, Vol. 14(1985), p.315. Will Kymlicka, "Liberalism and Communitarianism," *Canadian Journal of Philosophy*, Vol. 18(1988), p.197.

70) Gutmann, "Communitarian Critics of Liberalism," p.316.

71) Rawls, *A Theory of Justice,* p.325.

72) 같은 책, p.327, p.329.

73) John Rawls, "The Domain of the Political and Overlapping Consensus," *New York Law Review*, Vol. 64(1989), p.235.

74) John Rawls, "The Priority of Right and Ideas of the Good," *Philosophy & Public Affairs*, Vol. 17(1988), p.252.

75) Rawls, "Justice as Fairness: Political not Metaphysical," p.248.

76) 같은 논문, p.249.

77) Rawls, "The Idea of Overlapping Consensus," p.1; "The Priority of Right and Ideas of the Good," p.233.

78) Rawls, "Justice as Fairness: Political not Metaphysical," pp.224-230.

79) Rawls, "The Idea of Overlapping Consensus," p.6.

80) Rawls, "Justice as Fairness: Political not Metaphysical," p.234.

81) 같은 책, p.237.

82) John Rawls, *Justice as Fairnes: A Guided Tour*(Cambridge: Harvard University, unpublished manuscript, 1989), p.25.

83) Rawls, "Justice as Fairness: Political not Metaphysical," p.238.

84) 같은 논문, p.249; "The Priority of Right and Ideas of the Good," p.251.

85) Rawls, "The Priority of Right and Ideas of the Good," p.271.

86) 같은 논문, p.252.

87) 같은 논문, p.258.

88) 같은 논문, p.263.

89) 같은 논문, p.269.

90) 같은 곳.

91) Sandel, *Liberalism and th Limits of Justice*, p.178. Charles E. Larmore, *Patterns of Moral Complexity*(Cambridge: Cambridge University Press, 1987), p.128.

92) Mouffe, "American Liberalism and Its Critics: Rawls, Taylor, Sandel, and Walzer," p.201. Selznick, "The Idea of a Communitarian Morality," p.446.

93) Rawls, *A Theory of Justice,* p.527. "The Idea of Overlapping Consensus," pp.10-12. "The Priority of Right and Ideas of the Good," pp.268-276.

94) Rawls, "The Domain of the Political and Overlapping Consensus," p.249.

95) Rawls, "The Priority of Right and Ideas of the Good," p.273.

96) 같은 논문, p.272.

97) Rawls, "The Idea of Overlapping Consensus," p.10.

98) Timothy O'Hagen, "Four Images of Community," *Praxis International*, Vol. 8(1988), pp.187-189. 롤즈와 샌델 사이의 보다 자세한 논쟁은 박정순, 『마이클 샌델의 정의론, 무엇이 문제인가』, 제5장 4절, pp.293-376 참조.

99) John Rawls, *Political Liberalism*(New York: Columbia University Press, 1993). 번역본으로는 존 롤즈, 장동진 옮김, 『정치적 자유주의』(서울: 동명사, 1998) 참조. Alasdair MacIntyre, *Whose Justice? Which Rationality?* (Notre Dame: University of Notre Dame Press, 1988); *The Three Rival Versions of Moral Inquiry: Encyclopedia, Genealogy, and Tradition*(Notre Dame: University of Notre Dame Press, 1990).

100) 본서의 논의를 보완할 수 있는 것은 장동진, 『현대자유주의 정치철학의 이해』(서울: 동명사, 2001), 제2부 제7장, pp.135-164. 그리고 홍성우, 『자유주의 대 공동체주의의 윤리학』(서울: 선학사, 2005) 참조.

101) Gutmann, "Commuitarian Critics of Liberalism," p.317.

102) Rawls, "The Kantian Constructivism in Moral Theory," p.545.

103) Rawls, "The Priority of Right and Ideas of the Good," p.252.

104) MacIntyre, *Whose Justice? Which Rationality?*, p.ix.

105) MacIntyre, *After Virtue,* p.220.

106) Sandel, *Liberalism and the Limits of Justice*, p.150.

107) O'Hagen, "Four Images of Community," p.183에서 재인용.

108) Robert B. Thigpen and Lyle A. Downing, "Liberalism and the Communitarian Critique," *American Journal of Political Science*, Vol. 31(1987), pp.367-655.

109) Selznick, "The Idea of a Communitarian Morality," p.447. Larmore, *Patterns of Moral Complexity,* p.36.

110) MacIntyre, *Whose Justice? Which Rationality?,* p.335.

111) 자세한 논의는 박정순, 「자유주의 정의론의 철학적 오디세이」, 제5회 한국철학자연합대회 대회보 『현대의 윤리적 상황과 철학적 대응』(1992), 특히 pp.583-596 참조.

112) Rawls, "Justice as Fairness: Political not Metaphysical," p.229.

113) 같은 곳.

114) Rasmussen, "Universalism vs. Communitarianism: Contemporary Debates in Ethics," p.300.

115) Rawls, *A Theory of Justice*, p.260.

116) Rawls, "The Kantian Constructivism in Moral Theory," p.534.

117) Rawls, "Justice as Fairness: Political not Metaphysical," p.228; "The Kantian Constructivism in Moral Theory," p.518.

118) Rawls, "The Kantian Constructivism in Moral Theory," p.517; "Justice as Fairness: Political not Metaphysical," p.229.

119) Hisrsh, "The Threnody of Liberalism," p.424.

120) MacIntyre, *After Virtue*, p.220.

121) Sandel, *Liberalism and the Limits of Justice,* p.179.

122) 마이클 샌델, 이창신 옮김, 『정의란 무엇인가』(파주: 김영사, 2010), pp.39-40.

123) Roberto Unger, *Knowledge and Politics*(New York: The Free Press, 1975), p.289. 딜레마에 대한 구체적인 설명은 박정순, 『마이클 샌델의 정의론: 무엇이 문제인가』, pp.171-173에서 발췌한 것임. 딜레마 자체는 본 논문이 원본임.

124) 사회학의 한 유파인 구조기능주의는 사회체계를 생물학적 유기체에 비유하여 사회구조를 구성하고 있는 각 부분들이 상호 의존적인 기능을 다하여 조화롭게 통합됨으로써 사회가 안정적으로 유지될 수 있다고 본다. 여기서는 공동체주의자들이 구조기능주의를 수용했다고 주장하는 것이 아니라, 구조

기능주의와 유사한 사회 혹은 공동체 개념을 가지고 있음을 지적하는 것이다. "사회학," 『학문명백과: 사회과학』, 네이버 지식백과, p.3.

125) Unger, *Knowledge and Politics*, p.205. *Deus absconditus*는 숨어 계시는, 감추어진 하나님이라는 뜻으로 『구약성경』 이사야 45장 15절에 나오는 말이다. "구원자 이스라엘의 하나님이여 진실로 주는 숨어 계시는 하나님이시나이다." 신은 형태가 없는, 일반적인 눈으로는 볼 수 없는 존재이다. 신의 말이나 이름은 그 역사적 상황의 구원을 위한 섭리에 의해서 스스로를 나타낸다. "숨은 신," 『철학사전』, 네이버 지식백과.

126) 고대 그리스 연극에서 그 클라이맥스에서 인간의 능력으로 해결할 수 없는 파국을 초자연적 힘이나 신에 의해서 해결하는 것을 말한다. 그 당시 신은 기계 장치에 의해서 하강했기 때문에 그러한 명칭이 생겼다. 즉 문자 그대로 하면 "신의 기계적 출현"인 것이다.

127) 그러한 문제의 해명과 자유주의적 해결 방도로 주목되는 것은 David Gauthier, *Morals By Agreement*(Oxford: Clarendon Press, 1986). 박정순, 『사회계약론적 윤리학과 합리적 선택: 홉스, 롤즈, 고티에』 참조.

128) Paul A. Roth, *Meaning and Method in the Social Sciences: A Case for Methodological Pluralism*(Ithaca: Cornell University Press, 1987).

129) Rawls, "Justice as Fairness: Political not Metaphysical," p.223.

제2장 공동체주의 정의관의 본질과 그 한계

1) 이 논문은 제41차 세계체계학회(International Society for the System Sciences. Seoul, 1997. 7. 23) 공동체주의 분과에서 영어로 발표된 논문, "Communitarianism and Social Justice"를 수정 보완하여 번역한 것이다. John Rawls, *A Theory of Justice*(Cambridge: The Belknap Press of Harvard University press, 1971). 번역본으로는 존 롤즈, 황경식 옮김, 『사회정의론』(서울: 서광사, 1977).

2) 한국사회·윤리연구회 편, 『사회계약론 연구』(서울: 철학과현실사, 1993) 참조. 박정순, 『사회계약론적 윤리학과 합리적 선택: 홉스, 롤즈, 고티에』(서울: 철학과 현실, 2019), 제3장 참조. 그리고 Jung Soon Park, *Contractarian Liberal Ethics and The Theory of Rational Choice*(New York: Lang Publishing Inc., 19923).

3) James S. Fishkin, "Defending Equality: A View From The Cave," *Michigan Law Review*, Vol. 82(1984), p.755.

4) Rawls, *A Theory of Justice*, pp.24-25.

5) Danial Shapiro, "Liberalism and Communitarianism," *Philosophical Books*,

Vol. 36(1995), p.145.

6) Shlomo Avineri and Avner De-Shalit, ed., *Communitarianism and Individualism*(Oxford: Oxford University Press, 1992), pp.2-3.

7) Danial Shapiro, "Liberalism and Communitarianism," pp.145-154. Allen E. Buchanan, "Assessing the Communitarian Critique of Liberalism," *Ethics*, Vol. 99(1989), pp.853-854.

8) Rawls, *A Theory of Justice*, p.3.

9) Michael Sandel, *Liberalism and the Limits of Justice*(Cambridge: Cambridge University Press, 1982), p.32.

10) 아리스토텔레스는 정의를 보편적 정의와 특수적 정의로 대별한다. 보편적 정의는 모든 덕의 총체이다. 특수적 정의는 다시 분배적 정의와 교정적 정의로 구분된다. 교정적 정의는 다시 교환적 정의와 응보적 정의로 세분된다 (Aristotle, *The Nichomachean Ethics*, Bk. V, 1129a-1130b 10). 본 논문에서는 분배적 정의의 문제가 중심이 될 것이다.

11) Charles Taylor, "The Nature and Scope of Distributive Justice," in Frank S. Lucash, ed., *Justice and Equality Heae and Now*(Ithaca: Cornell University Press, 1986), p.34.

12) 우리의 논의를 이상 4명의 공동체주의자들에게 국한시킨다는 것은 다른 공동체주의자들의 견해가 중요하지 않다고 주장하는 것은 아니다. 이러한 4명의 공동체주의자들 이외에도 웅거(Roberto Unger), 바버(Benjamin Barber), 벨라(Robert N. Bellah), 블룸(Allen Bloom), 밀러(David Miller), 프리드먼 (Marilyn Friedman), 에치오니(Amitai Etzioni), 글렌던(Mary Ann Glendon) 등이 중요한 공동체주의들로 거명된다. 우리가 선택한 4명의 공동체주의자들과 그 외의 공동체주의자들에 대한 보다 충실한 논의는 Stephen Mulhall and Adam Swift, *Liberals and Communitarians*(Oxford: Blackwell, 1992)과 Jeffrey Friedman, "The Politics of Communitarianism," *Critical Review*, Vol. 8(1994), pp.297-335.

13) Alasdir MacIntyre, *After Virtue*(Notre Dame: University of Notre Dame Press, 2nd edn., 1984). 번역본으로는 알래스데어 매킨타이어, 이진우 옮김, 『덕의 상실』(서울: 문예출판사, 1997). 본서 저자의 이 책에 대한 서평은 박정순, 「문제의 책: 알래스다이어 맥킨타이어의 『덕 이후(*After Virtue*)』, 『철학과 현실』, 10호(1991년 가을호), pp.342-349 참조.

14) MacIntyre, *After Virtue*, p.109.

15) 같은 책, p.58.

16) 같은 책, p.152.

17) 같은 책, p.153.

18) 같은 책, p.249.

19) 같은 책, p.246.

20) 같은 책, p.6.

21) 같은 책, p.152, p.191.

22) David Miller, "Virtues, Practices and Justice," in John Horton and Susan Mendus, ed., *After MacIntyre*(Cambridge: Polity Press, 1994), p.255.

23) MacIntyre, *After Virtue*, p.202.

24) Friedman, "The Politics of Communitarianism," p.322.

25) MacIntyre, *After Virtue*, p.190, p.196, p.228, 우리는 다음 구절에서 그 근거를 찾아볼 수 있다: "내가 외재적 선이라고 부르는 것의 특색은 그것이 획득되었을 때, 그것은 언제나 어떤 개인의 재산과 소유가 된다는 것이다." "우리는 따라서 만약에 어떤 사회에서 외재적 선의 추구가 우세한 것이 될 때 덕의 개념은 처음에는 축소될 것이지만 나중에는 그 유사물이 많이 존재한다고 할지라도 결코 완전히 소멸될 것이라고 생각할 수는 없다."

26) David Miller, "Virtues, Practices and Justice," p.259, 통상적으로 응분은 사회주의를 지지하는 중요한 논변으로 알려져 있지만 그것이 오직 사회주의만을 지지하는지는 많은 논란의 여지가 있다. 매킨타이어에 있어서 이러한 논란의 여지는 마땅한 보상으로서 응분(desert)의 개념이 도덕적 응분(moral desert)만을 지칭하는지 물질적 응분(material desert)도 지칭하는지, 혹은 응분의 개념이 엄밀한 공적(merit)에 따른 분배만을 고수하는 업적주의(meritocracy)인지 아니면 불운과 불행에 대한 보상(redress)도 포함하는 것인지의 여부를 명백히 하지 못한 것에 기인한다. 만약 응분의 개념이 자본주의를 비판하는 것이라면, 그것은 도덕적 응분이며 또한 보상(redress)의 개념도 포함하는 것으로 해석되어야 한다. Ellen Frankel Paul et al. eds., *Capitalism* (Oxford: Basil Blackwell, 1989), "Introduction" 참조.

27) Alasdair MacIntyre, *Whose Justice? Which Rationality?*(Notre Dame: University of Notre Dame Press, 1988).

28) 같은 책, Ch. xii.

29) 같은 책, p.39.

30) 같은 책, p.198.

31) Alasdair MacIntyre, *The Three Rival Versions of Moral Inquiry*(Notre Dame: University of Notre Dame Press, 1990).

32) James Sterba, "Recent Work On Alternative Conceptions of Justice," *Philosophical Quarterly*, Vol. 23(1986), pp.15-17.

33) Michael Sandel, *Liberalism and the Limits of Justice*(Cambridge: Cambridge University Press, 1982). 번역본으로는 마이클 샌델, 이양수 옮김, 『마이클 샌델, 정의의 한계』(고양: 멜론, 2012) 참조.

34) Michael Sandel, "The Procedural Republic and Unencumbered Self," *Political Theory*, Vol. 12(1984), pp.81-96.

35) Sandel, *Liberalism and the Limits of Justice*, p.173.

36) 같은 책, p.172, p.180.

37) 같은 책, p.23.

38) 같은 책, p.178.

39) 같은 책, p.28.

40) 같은 책, p.79.

41) 같은 책, pp.31-32, p.183.

42) Allen E. Buchanan, "Assessing the Communitarian Critique of Liberalism," *Ethics*, Vol. 99(1989), p.877.

43) Sandel, *Liberalism and the Limits of Justice*, p.33, p.32, 따라서 샌델에게서 정의는 때때로 하나의 악덕이 될 수 있다. 이러한 측면에서 샌델을 논하고 있는 것은 C. Edwin Barker, "Justice as Vice," *University of Pennsylvania Law Review*, Vol. 133(1985) 참조.

44) Sandel, *Liberalism and the Limits of Justice*, p.11.

45) Michael Sandel, ed., *Liberalism and Its Critics*(New York: New York University Press, 1984), p.9.

46) 같은 곳.

47) John Rawls, *A Theory of Justice*, p.303.

48) Sandel *Liberalism and the Limits of Justice*, p.78에서 샌델이 인정하고 있는 것처럼, 노직이 처음으로 개인의 자연적 재능과 능력을 공동 자산(common asset)으로 간주하는 롤즈에게 이러한 종류의 비판을 했다. 따라서 샌델이 노직이 포함된 자유주의 일반에 대해서 이러한 비판을 하는 것은 문제이다. 아마도 샌델이 노직에게 할 수 있는 비판은 노직의 자아관이 "강한 개인적 특성(thick with particular traits)"을 기반으로 하고 있지만, 그것이 타인들의 복지에 무책임하다는 것이 될 것이다. Robert Nozick, *Anarchy, State, and Utopia*(New York: Basic Books, 1974), p.228. Sandel, *Liberalism and the Limits of Justice*, p.100. 이 문제는 박정순, 『마이클 샌델의 정의론, 무엇이 문제인가』(서울: 철학과현실사, 2016), 제3장 2절 14)항, pp.221-223에서 다루었다.

49) Sandel, ed., *Liberalism and Its Critics*, p.7.

50) Michael Walzer, *Spheres of Justice: A Defence of Pluralism and Equality* (New York: Basic Books, 1983). 번역본으로는 마이클 왈쩌, 정원섭 외 옮김, 『정의와 다원적 평등: 정의의 영역들』(서울: 철학과현실사, 1999) 참조. 그리고 박정순, 『마이클 월저의 사회사상과 철학적 깨달음: 복합평등, 철학의 여신, 마방진』(서울: 철학과현실사, 2017) 참조.

51) Walzer, *Spheres of Justice*, p.63. 월저가 열거하고 있는 사회적 가치들의 11가지 목록은 다음과 같다: 구성원의 지위와 자격, 안전과 복지, 금전과 상품, 직장과 직위, 힘든 일과 근면, 자유시간, 교육, 친족관계와 사랑, 신의 은총, 인정, 그리고 정치적 권력.

52) 같은 책, p.xiv.

53) Michael Walzer, "Justice Here and Now," in Frank S. Lucash, ed., *Justice and Equality Here and Now*(Ithaca: Cornell University Press, 1986), pp.136-150.

54) Chantal Mouffe, "American Liberalism and Its Critics: Rawls, Taylor, Sandel, and Walzer," *Praxis International*, Vol. 8(1988), p.201. 무페가 해석한 대로, 월저가 정의의 우선성을 수용하고 있는지는 논란의 여지가 있다. 베인스가 지적한 것처럼, 월저에게 있어서 정당성은 선에 우선해서 규정될 수 없는데, 그것은 분배적 정의 원칙의 본질과 영역은 상이한 사회적 가치들에 따라서 상이하게 변할 것이기 때문이다. Kenneth Baynes, "The Liberal/ Communitarian Controversy and Communicative Ethics," *Philosophy & Social Criticism*, Vol. 14(1988), p.294. Walzer, *Spheres of Justice*, p.6.

55) Walzer, *Spheres of Justice*, p.17.

56) 같은 책, p.318.

57) Walzer, "Justice Here and Now," p.139.

58) Walzer, *Spheres of Justice*, p.5.

59) 같은 책, p.91.

60) Charles Taylor, "Atomism," in *Philosophy and the Human Sciences: Philosophical Paper 2*(Cambridge University Press, 1985), pp.187-210.

61) Charles Taylor, *Sources of Self: The Making of Modern Identity* (Cambridge: Harvard University Press, 1989). 이 책에 대한 본서 저자 박정순의 서평, 「근대적 자아의 도덕적 복구를 위한 철학적 초혼제. 문제의 책: Charles Taylor, *Sources of the Self: The Making of Modern Identity* (Cambridge: Harvard University Press, 1989)」, 『철학과 현실』, 44호(2000년 봄호), pp.266-281 참조. 번역본으로는 찰스 테일러, 권기돈, 하주영 옮김, 『자아의 원천들: 현대적 정체성의 형성』(서울: 새물결, 2015) 참조.

62) Charles Taylor, "Cross Purposes: The Liberal-Communitarian Debate," in Nancy Rosenbaum, ed., *Liberalism and the Moral Life*(Cambridge: Harvard University Press, 1989), p.163.

63) Charles Taylor, "The Nature and Scope of Distributive Justice," in Frank S. Lucash, ed., *Justice and Equality Here and Now*(Ithaca: Cornell University Press, 1986), p.56. 롤즈 자신도 공동체 개념과 관련해서 훔볼트와의 친화성을 밝히고 있다. Rawls, *A Theory of Justice*, p.52, n.4.

64) Taylor, "The Nature and Scope of Distributive Justice," p.57.

65) Taylor, "Atomism." Friedman, "The Politics of Communitarianism," p.299.

66) Taylor, *Sources of Self*, p.505.

67) Taylor, "The Nature and Scope of Distributive Justice," p.63; "Cross Purposes: The Liberal-Communitarian Debate," p.165.

68) Taylor, "The Nature and Scope of Distributive Justice," p.63.

69) 같은 논문, p.62.

70) 같은 논문, p.63.

71) 어떤 학자들은 샌델의 공동체주의를 자유주의의 내재적 비판(an immanent critique)이라고 해석한다. Elizabeth Frazer and Nicola Lacey, *The Politics of Community*(Toronto: University of Toroto Press, 1993), p.113.

72) 매킨타이어가 자유주의적 가치를 완전히 부정하고 있는가에 대해서는 많은 논란의 여지가 있다. Philip Selznick, "The Idea of Communitarian Morality," *California Law Review*, Vol. 75(1987), p.447. 찰스 라모어가 옳게 지적한 것처럼, 공동체주의의 전체주의적 함축성을 피하기 위해서 매킨타이어는 아리스토텔레스의 (자연적 노예를 인정하는) 형이상학적 목적론과 생물학을 포기하고 "어쩔 수 없는 근대주의자(a modernist malgré lui)"가 된다. Charles Larmore, *Patterns of Moral Complexity*(Cambridge: Cambridge University, 1987), p.36. Cf. MacIntyre, *After Virtue*, p.163.

73) Stephen Mulhall and Adam Swift, *Liberals and Communitarians*(Oxford: Blackwell, 1992), p.157.

74) Walzer, *Spheres of Justice*, p.5.

75) Mulhall and Swift, *Liberals and Communitarians*, p.155.

76) 1991년 11월 100여 명 이상의 선도적인 미국인들이 모여 "Responsive Communitarian Platform: Rights and Reasonabilities"라는 공동체주의 강령에 서명하고 그것을 반포했다. 이 강령의 초안은 에치오니(Amitai Etzioni), 글렌던(Mary Ann Glendon), 갤스턴(William Galston) 등에 의해서 작성되었다. 그중 갤스턴은 완전주의적 자유주의자이다. 100여 명의 서명자들 속에 우리

가 다루고 있는 4명의 공동체주의자들의 이름은 없다. 그러나 비교적 잘 알려진 공동체주의자들인 바버(Benjamin Barber), 벨라(Robert N. Bellah) 등의 이름은 있다. 자세한 내용은 인터넷 "The Communitarian Network" 참조.

77) Susan Moller Okin, *Justice, Gender and the Family*(New York: Basic Books, 1989).

78) Jung Soon Park, *Contractarian Liberal Ethics and The Theory of Rational Choice*(New York: Peter Lang, 1992), p.226.

79) Jean Hampton, *Political Philosophy*(Oxford: Westview Press, 1997), p.261.

80) David Miller, "Virtues, Practices and Justice," in John Horton and Susan Mendus, ed., *After MacIntyre*(Cambridge: Polity Press, 1994), p.262.

81) Rawls, *A Theory of Justice,* p.315.

82) 같은 곳.

83) 같은 책, p.338.

84) 같은 책, p.339.

85) 갤스턴은 완전주의를 통해서 자유주의를 옹호하려고 한다. 완전주의적 자유주의가 가능한지를 판정하는 것은 본 논문의 범위를 벗어난다. William Galston, "Defending Liberalism," *The American Political Science Review*, Vol. 76(1982), pp.621-629. 그리고 *Liberal Purposes: Goods, Virtues, and Diversity in the Liberal State*(Cambridge: Cambridge University Press. 1991). 완전주의에 대한 자세한 논의를 위해서는 최근의 다음 두 저작이 중요하다. Thomas Hurka, *Perfectionism*(Oxford: Oxford University Press, 1993). George Sher, *Beyond Neutrality: Perfectionism and Politics*(Cambridge: Cambridge University Press, 1997).

86) 자유주의 대 공동체주의 논쟁의 일반적 배경과 그 평가에 관해서는 철학연구회 1999 춘계 학술발표논문집, 『자유주의와 공동체주의』(1999). 총 5편의 논문들이 수록되었다.

87) Sandel, ed., *Liberalism and Its Critics,* p.6.

88) James Sterba, "Recent Work On Alternative Conceptions of Justice," *American Philosophical Quarterly*, Vol. 23(1986), p.17. 제임스 스테바는 롤즈의 복지 자유주의를 옹호하기 위한 한 방편으로서 "기본적 필요 접근방식(a basic-needs approach)"을 통해서 그러한 합일점을 찾으려고 노력한다. 복지 하한선에 대한 스테바의 이러한 주장을 받아들인다고 해도, 그것은 대립하는 입장들 사이의 최소한의 합일점일 뿐이며, 대부분의 문제는 여전히 남아 있다. 자세한 논의는 James Sterba, *Contemporary Social and Political Philosophy*(Belmont: Wadsworth Publishing Company, 1995) 참조.

89) H. N. Hirsh, "The Threnody of Liberalism," *Political Theory*, Vol. 14 (1986), p.433. 사회과학의 관점에서 공동체주의의 딜레마를 가장 심도 있게 논의한 것은 Irwin T. Sanders, *The Community*(New York: John Wiley & Sons, 3rd edn,, 1973), Ch. vi. "Dilemmas within `Community Sociology" 참조. 샌더스는 여러 가지 하위적 딜레마를 형성하고 있는 총 5개의 일반적 딜레마를 말하고 있다: 지역적 공동체 대 비지역적 공동체, 법률적 공동체 대 자연적 공동체, 사회적 관계의 포괄적 영역 대 선택적 영역, 명시적인 이론적 구조 대 묵시적인 이론적 구조, 서술적인 배경적 요소 대 상호작용적인 배경적 요소.

90) MacIntyre, *After Virtue*, p.222. Sandel, ed., *Liberalism and Its Critics*, p.7.

91) Taylor, *Sources of Self.*

92) Michael Walzer, "The Communitarian Critique of Liberalism," *Political Theory*, Vol. 18(1990), p.7.

93) Amy Gutmann, "Communitarian Critics of Liberalism," *Philosophy and Public Affairs*, Vol. 14(1985), p.317.

94) 같은 논문, p.321.

95) John Rawls, *Political Liberalism*(New York: Columbia University Press, 1993). 번역본으로는 존 롤즈, 장동진 옮김, 『정치적 자유주의』(서울: 동명사, 1998). 롤즈의 정치적 자유주의는 본서 제1부 제3장 참조. 정치적 자유주의의 관점에서 공동체주의를 수용하려는 롤즈의 입장과 비교해볼 때, 노직은 자유지상주의를 포기하고 보다 공동체주의적인 입장으로 선회한다. Robert Nozick, *The Examined Life: Philosophical Meditations*(New York: Simon and Schuster, 1989), pp.286-287. 박정순, 『마이클 샌델의 정의론, 무엇이 문제인가』, pp.88-89.

96) Roberto Unger, *Knowledge and Politics*(New York: The Free Press, 1975), p.289. 웅거의 공동체주의의 딜레마는 본서 제2부 제1장 4절 결론 참조.

97) MacIntyre, *After Virtue*, p.263.

제3장 자유주의의 건재: 공동체주의와의 논쟁 이후

1) Anthony Arblaster, *The Rise & Decline of Western Liberalism*(Oxford: Basil Blackwell, 1984), p.347.

2) Will Kymlicka, "Community," in Robert E. Goodin and Philip Pettit, eds., *A Companion to Political Philosophy*(Oxford: Basil Blackwell, 1993), p.366.

3) Jeremy Waldron, "Theoretical Foundations of Liberalism," *The Philosophical Quarterly*, Vol. 37(1987), p.149.

4) 역사의 종언은 Francis Fukuyama, *The End of History and Last Man*(New York: Free Press, 1992). 번역본으로는 프랜시스 후쿠야마, 구승회 옮김, 『역사의 종말: 역사의 종점에 선 최후의 인간』(서울: 한마음사, 1992). 자유주의의 몰락은 Immanuel Wallerstein, *After Liberalism*(New York: The New Press, 1995). 새로운 합의는 Jeffrey Friedman, "The New Consensus: I. The Fukuyama Thesis," *Critical Review*, Vol. 3(1989), pp.373-410; "The New Consensus: II. The Democratic Welfare State," *Critical Review*, Vol. 4 (1990), pp.633-708 참조.

5) Daniel Bell, *The End of Ideology: On the Exhaustion of Political Ideas in the Fifties*(New York: Collier Books, 1961). Jean François Revel, *Without Marx or Jesus: The New American Revolution has begun*(Garden City, N.Y.: Doubleday, 1971). 번역본으로는 장-프랑스와 레벨, 박재두 옮김, 『마르크스도 예수도 없는 혁명: 혁명의 조건』(서울: 법문사, 1972).

6) John Rawls, *A Theory of Justice*(Cambridge: The Belknap Press of Harvard University press, 1971). 번역본으로는 존 롤즈, 황경식 옮김, 『사회정의론』 (서울: 서광사, 1977).

7) Daniel A. Bell, *Communitarianism and Its Critics*(Oxford: Clarendon Press, 1993), p.2. Chantal Mouffe, "American Liberalism and Its Critics: Rawls, Taylor, Sandel, and Walzer," *Praxis International*, Vol. 8(1988), p.195.

8) Robert Nozick, *Anarchy, State, and Utopia*(New York: Basic Books, 1975). 번역본으로는 로버트 노직, 남경희 옮김, 『아나키에서 유토피아로: 자유주의 국가의 철학적 기초』(서울: 문학과지성사, 1997).

9) Ronald Dworkin, "Liberalism," in Stuart Hampshire, ed., *Public & Private Morality*(Cambridge: Cambridge University Press, 1978), p.115. 자세한 입장은 *Taking Rights Seriously*(Cambridge: Harvard University Press, 1977) 참조.

10) Terence Ball and Richard Dagger, *Political Ideologies and the Democratic Ideal*(New York: Harper and Collins, 1995), p.88.

11) James S. Fishkin, "Defending Equality: A View From The Cave," *Michigan Law Review*, Vol. 82(1984), p.755.

12) Alan Gewirth, *Reason and Morality*(Chicago: University of Chicago Press, 1978). Bruce Ackerman, *Social Justice in the Liberal State*(New Haven: Yale University Press, 1980). David Gauthier, *Moral by Agreement* (Oxford: Clarendon Press, 1986). Joseph Raz, *The Morality of Freedom* (Oxford: Clarendon Press, 1986). Will Kymlicka, *Liberalism, Community and Culture*(Oxford: Clarendon Press, 1989). Charles Larmore, *Patterns of*

Moral Complexity(Cambridge: Cambridge University Press, 1987). William Galston, *Liberal Purpose: Goods, Virtues, and Diversity in the Liberal State*(Cambridge: Cambridge University Press, 1991).

13) Alasdair MacIntyre, *After Virtue*(Notre Dame: University of Notre Dame Press, 2nd edn., 1984). 1984년 재판 번역본은 알래스데어 매킨타이어, 이진우 옮김, 『덕의 상실』(서울: 문예출판사, 1997) 참조. Alasdair MacIntyre, *Whose Justice? Which Rationality?*(Notre :Dame: University of Notre Dame Press, 1988); *The Three Rival Versions of Moral Inquiry: Encyclopedia, Genealogy, and Tradition*(Notre Dame: Notre Dame University Press, 1990). Michael Sandel, *Liberalism and the Limits of Justice* (Cambridge: Cambridge University Press, 1982). 번역본으로는 마이클 샌델, 이양수 옮김, 『마이클 샌델, 정의의 한계』(고양: 멜론, 2012) 참조. Michael Sandel, *Democracy's Discontent*(Cambridge: Harvard University Press, 1996). Charles Taylor, "Atomism," in *Philosophy and the Human Sciences: Philosophical Papers 2*(Cambridge University Press, 1985); *Sources of Self*(Cambridge: Harvard University Press, 1989). 번역본으로는 찰스 테일러, 권기돈, 하주영 옮김, 『자아의 원천들: 현대적 정체성의 형성』(서울: 새물결, 2015) 참조. Charles Taylor, *The Malaise of Modernity*(Concord: Anansi, 1991); *The Ethics of Authenticity*(Cambridge: Harvard University Press, 1992). Michael Walzer, *Spheres of Justice: A Defence of Pluralism and Equality*(New York: Basic Books, 1983). Roberto Unger, *Knowledge and Politics*(New York: The Free Press, 1975). Benjamin Barber, *Strong Democracy: Participatory Politics for a New Age*(Berkeley: University of California Press, 1984). Robert Bellah et al., *Habits of Heart*(New York: Harper & Row, 1985). Amitai Etzioni, *The Spirit of Community*(New York: Simon and Schuster, 1993).

14) Henry Tam, *Communitarianism*(New York: New York University Press, 1998), Ch. 2. "Remapping the Ideological Battle Ground."

15) Don Herzog, "Some Questions for Republicans," *Political Theory*, Vol. 14 (1986), pp.473-493. Seyla Benhabib, *Situation the Self: Gender, Community and Postmodernism in Contemporary Ethics*(Cambridge: Polity Press, 1992), p.76.

16) Allen Buchanan, "Assessing the Communitarian Critique of Liberalism," *Ethics*, Vol. 99(1989), pp.852-882. Will Kymlicka, "Liberalism and Communitarianism," *Canadian Journal of Philosophy*, Vol. 18(1988), pp.181-203. Daniel Shapiro, "Liberalism and Communitarianism," *Philosophical*

Books, Vol. 36(1995), pp.145-155. 자세한 논의는 박정순, 「자유주의 대 공동체주의 논쟁의 방법론적 쟁점」, 『철학연구』, 제33집(1993), pp.33-62. 참조. 본서 제2부 제1장으로 전재.

17) Alfonso Damico, ed., *Liberals on Liberalism*(Totowa: Rowman & Littlefield, 1986). Nancy Rosenbaum, ed., *Liberalism and Moral Life* (Cambridge: Harvard University Press, 1989).

18) 논쟁이 끝나서 상호 수렴하고 있다고 보는 입장은 Mikael Carleheden and Rene Gabriels, "An Interview with Michael Walzer," *Theory, Culture & Society*, Vol. 14(1997), p.114. Amitai Etzioni, "A Moderate Communitarian Proposal," *Political Theory*, Vol. 24(1996), p.155. 확산일로는 Daniel Shapiro, "Liberalism and Communitarianism," *Philosophical Books*, Vol. 36 (1995), pp.145-155.

19) "공동체주의 강령"(1991)은 에치오니(Amitai Etzioni)와 갤스턴(William Galston) 등 100여 명의 인사들이 서명한 후 공포한 것이다. 참고문헌 "The Responsive Communitarian Platform" 참조.
공동체주의자들의 후속작으로는 Alasdair MacIntyre, *Whose Justice? Which Rationality?*(Notre Dame: University of Notre Dame Press, 1988); *The Three Rival Versions of Moral Inquiry: Encyclopedia, Genealogy, and Tradition*(Notre Dame: Notre Dame University Press, 1990). Michael Sandel, *Democracy's Discontent*(Cambridge: Harvard University Press, 1996). Charles Taylor, *The Malaise of Modernity*(Concord: Anansi, 1991); *The Ethics of Authenticity*(Cambridge: Harvard University Press, 1992) 참조. 그리고 자유주의자들의 대표적 후속작은 앞으로 논의과정에서 언급될 것이다. 우선 John Rawls, *Political Liberalism*(Cambridge: Harvard University Press, 1993) 참조. 번역본으로는 존 롤즈, 장동진 옮김, 『정치적 자유주의』(서울: 동명사, 1998) 참조. 롤즈의 이 후속작에 대한 논의는 박정순 「정치적 자유주의의 철학적 기초」, 『철학연구』, 제42집(1998), pp.276-305 참조. 본서 제1부 제3장으로 전재.

20) Allen Buchanan, "Assessing the Communitarian Critique of Liberalism," *Ethics*, Vol. 99(1989), p.882.

21) Amy Gutmann, "Communitarian Critics of Liberalism," *Philosophy & Public Affairs*, Vol. 14(1985), p.49.

22) Nancy Rosenbaum, *Another Liberalism*(Cambridge: Harvard University Press, 1987), Ch. 7. "Repairing the Communitarian Failings of Liberal Thought."

23) Jean Hampton, *Political Philosophy*(Oxford: Westview Press, 1997), p.185.

Nancy Rosenbaum, ed., *Liberalism and Moral Life*(Cambridge: Harvard University Press, 1989), pp.12-13. 윤평중, 「탈현대의 정치철학」, 『철학』, 제56집(1998), p.320. 윤평중은 "공동체주의의 롤즈 비판은 그 핵심적 내용이 정치적 자유주의에 의해 통합되었다"고 본다.

24) Allen Buchanan, "Assessing the Communitarian Critique of Liberalism," *Ethics*, Vol. 99(1989), pp.862-865. Stephen Mulhall and Adam Swift, *Liberals and Communitarians*(Oxford: Blackwell, 1992), p.201.

25) Simon Caney, "Liberalism and Communitarianism," *Political Studies*, Vol. 90(1992), p.289. 강한 자유주의의 입장은 Wolfgang Fach and Giovanna Procacci, "Strong Liberalism," *Telos*, Vol. 76(1988), pp.33-49.

26) 이러한 강한 반발은 Derek Philips, *Looking Backward: A Critical Appraisal of Communitarian Thought*(Princeton: Princeton University Press, 1993), Ch. 8. "A Liberal Response to Communitarian Thought" 참조.

27) Don Herzog, "Some Questions for Republicans," *Political Theory*, Vol. 14 (1986), p.473.

28) Daniel Shapiro, "Liberalism and Communitarianism," *Philosophical Books*, Vol. 36(1995), p.148.

29) Will Kymlicka, "Community," in Robert E. Goodin and Philip Pettit, ed., *A Companion to Political Philosophy*(Oxford: Basil Blackwell, 1993), p.375. Amy Gutmann, "Communitarian Critics of Liberalism," *Philosophy & Public Affairs*, Vol. 14(1985), p.319. Derek Philips, *Looking Backward: A Critical Appraisal of Communitarian Thought*(Princeton: Princeton University Press, 1993), p.176.

30) Shapiro, "Liberalism and Communitarianism," pp.145-155.

31) Rawls, *A Theory of Justice,* p.560.

32) MacIntyre, *After Virtue*, p.32. Michael Sandel, *Liberalism and Limits of Justice*(Cambridge: Cambridge University Press, 1982), p.87; "The Procedural Republic and th Unencumbered Self," *Political Theory*, Vol. 12 (1984), p.82. Taylor, "Atomism," pp.187-210; *Sources of Self.*

33) 특히 Sandel, *Liberalism and Limits of Justice*, p.19.

34) John Rawls, "Justice as Fairness: Political not Metaphysical," *Philosophy & Public Affairs*, Vol. 14(1985), pp.238-239; *Political Liberalism*, p.27. Charles Larmore, *Patterns of Moral Complexity*(Cambridge: Cambridge University Press, 1987), p.128.

35) Rawls, *A Theory of Justice*, pp.136-137; "The Priority of Right and Ideas

of the Good," *Philosophy & Public Affairs*, Vol. 17(1988), p.256; *Political Liberalism*, p.176, p.195. Mulhall and Swift, *Liberals and Communitarians*, p.199.

36) Gutmann, "Communitarian Critics of Liberalism," p.316.

37) Will Kymlicka, *Liberalism, Community, and Culture*(Oxford: Clarendon Press, 1989). Stephen Macedo, *Liberal Virtues*(Oxford: Clarendon Press, 1991).

38) Daniel Shapiro, "Liberalism and Communitarianism," *Philosophical Books*, Vol. 36(1995), p.146.

39) MacIntyre, *After Virtue*, p.220. Sandel, *Liberalism and Limits of Justice*, p.150. Taylor, "Atomism," p.209.

40) Kymlicka, "Community," p.371.

41) Nancy Rosenbaum, ed., *Liberalism and Moral Life*(Cambridge: Harvard University Press, 1989), p.13.

42) Timothy O'Hagen, "Four Images of Community," *Praxis International*, Vol. 8(1988), pp.183-193.

43) MacIntyre, *After Virtue*, pp.221-222. Sandel, *Liberalism and Limits of Justice*, p.148.

44) MacIntyre, *After Virtue*, p.33. Michael Walzer, *Spheres of Justice: A Defence of Pluralism and Equality*(New York: Basic Books, 1983), p.63, p.303. 번역본으로는 마이클 월쩌, 정원섭 외 옮김, 『정의와 다원적 평등: 정의의 영역들』(서울: 철학과현실사, 1999) 참조.

45) Taylor, *Sources of Self*.

46) John Rawls, "Justice as Fairness: Political not Metaphysical," p.224; *Political Liberalism*, p.194.

47) Joseph Raz, *The Morality of Freedom*(Oxford: Clarendon Press, 1986), Ch. 14. "Autonomy and Pluralism."

48) Buchanan, "Assessing the Communitarian Critique of Liberalism," pp.856-865.

49) Robert B. Thigpen and Lyle A. Downing, "Liberalism and the Communitarian Critique," *American Journal of Political Science*, Vol. 31(1987), pp.637-655.

50) Kymlicka, *Liberalism, Community and Culture*, pp.162-182; "Community," p.376.

51) John Tomasi, "Individual Rights and Community Virtues," *Ethics*, Vol. 101

(1990), pp.521-537.

52) Thigpen and Downing, "Liberalism and the Communitarian Critique," pp.637-655.

53) Rawls, *Political Liberalism,* pp.36-38. Ronald Dworkin, "Liberalism," Stuart Hampshire, ed., *Public & Private Morality*(Cambridge: Cambridge University Press, 1978), p.127. Kymlicka, *Liberalism, Community and Culture*, p.76. Waldron, "Theoretical Foundations of Liberalism," p.145.

54) Michael Sandel, "Introduction," *Liberalism and Its Critics*(New York: New York University Press, 1984), p.3. 자유주의 쪽에서의 고찰은 Rosenbaum, ed., *Liberalism and Moral Life*, p.7.

55) William Galston, "Defending Liberalism," *The American Political Science Review*, Vol. 76(1982), pp.621-629; *Liberal Purposes: Goods, Virtues, and Diversity in the Liberal State*(Cambridge: Cambridge University Press, 1991). Joseph Raz, *The Morality of Freedom*(Oxford: Clarendon Press, 1986). Stephen Macedo, *Liberal Virtues*(Oxford: Clarendon Press, 1991).

56) Rawls, *Political Liberalism,* p.193.

57) 같은 책, p.194, p.37.

58) John Rawls, "The Idea of Overlapping Consensus," *Oxford Journal of Legal Studies*, Vol. 7(1987), pp.1-25; *Political Liberalism.* pp.133-167.

59) J. Donald Moon, *Constructing Community: Moral Pluralism and Tragic Conflicts*(Princeton: Princeton University Press, 1993).

60) Raz, *The Morality of Freedom*, p.117.

61) Taylor, *Sources of Self*, p.505.

62) Kymlicka, "Community," pp.374-376.

63) Rawls, *Political Liberalism*, p.134.

64) Kymlicka, "Community," p.375.

65) Rawls, "The Idea of Overlapping Consensus," p.23; *Political Liberalism*, p.98, p.145.

66) David Gauthier, *Moral By Agreement*(Oxford: Clarendon Press, 1986). 번역본으로는 데이비드 고티에, 김형철 옮김, 『합의도덕론』(서울: 철학과현실사, 1993). 이러한 유형의 자유주의는 홉스 연구가인 그레고리 카프카(Gregory Kavka) 등과 공공적 선택이론가인 제임스 뷰캐넌(James Buchanan)과 고든 털럭(G. Tullock) 등을 들 수 있다.

67) David Gauthier, "Critical Notes: George Grant's Justice," *Dialogue*, Vol. 27(1988), p.128.

68) David Gauthier, *Moral By Agreement*.

69) Galston, "Defending Liberalism," pp.621-629; *Liberal Purposes: Goods, Virtues, and Diversity in the Liberal State*.

70) Rawls, *Political Liberalism*, p.197, p.194.

71) 장동진, 「완전주의: 자유주의적 해석」, 『한국정치학회보』, 제29집 4호(1995), pp.115-134.

72) Rawls, *A Theory of Justice*, Sec. 4. "The Original Position and Justification."

73) Walzer, *Spheres of Justice*, pp.8-9.

74) MacIntyre, *After Virtue*, pp.31-32, p.222.

75) John Rawls, "The Kantian Constructivism in Moral Theory," *The Journal of Philosophy*, Vol. 7(1980), p.518; *Political Liberalism*, pp.13-14.

76) Richard Rorty, "The Priority of Democracy to Philosophy," in Merrill D. Peterson and Robert C. Vaughan, ed., *The Virginia Statute for Religious Freedom*(Cambridge: Cambridge University Press, 1988), p.262. John Gray, *Enlightenment's Wake*(London: Routledge, 1995), p.66.

77) Shapiro, "Liberalism and Communitarianism," p.153.

78) Ronald Dworkin, "To Each His Own," *New York Review of Books*(1983), pp.4-6. James S. Fishkin, "Defending Equality: A View From The Cave," *Michigan Law Review*, Vol. 82(1984), pp.755-760.

79) Kymlicka, "Community," p.369.

80) David Miller, "Virtues, Practices and Justice," in John Horton and Susan Mendus, ed., *After MacIntyre*(Cambridge: Polity Press, 1994), p.262.

81) Michael Walzer, *Spheres of Justice: A Defence of Pluralism and Equality* (New York: Basic Books, 1983), p.24. 이러한 최소한의 기준은 살인, 사기, 그리고 극심한 잔인성에 대한 금지이며, 또한 최소한의 공정성과 상호성이다. 이러한 최소한의 기준은 기초적 도덕(thin morality)이고, 한 사회의 역사적 특수성을 포함하는 구체적인 도덕은 본격적 도덕(thick morality)이 된다. 본격적 논의는 1994 참조. 박정순, 『마이클 월저의 사회사상과 철학적 깨달음: 복합평등, 철학의 여신, 마방진』(서울: 철학과현실사, 2017) 참조.

82) Walzer, *Spheres of Justice*, p.12, p.9; *The Company of Critics*(New York: Basic Books, 1988), p.232.

83) Michael Walzer, *Interpretation and Social Criticism*(Cambridge: Harvard University Press, 1987), pp.40-41. 번역본으로는 마이클 월쩌, 김은희 옮김, 『해석과 사회비판』(서울: 철학과현실사, 2007). 월저는 이미 "잠재적이고 전

복적인 의미(latent and subversive meanings)"를 *Spheres of Justice*, pp.8-9 에서 언급한 바 있다.

84) Michael Walzer, *The Company of Critics*(New York: Basic Books, 1988), pp.233-234.

85) Rawls, *A Theory of Justice*, p.83, p.152,

86) MacIntyre, *Whose Justice? Which Rationality?*

87) 같은 책, Ch. XII.

88) 같은 책, p.4. 이것은 매킨타이어 스스로도 인정한다.

89) Mulhall and Swift, *Liberals and Communitarians,* p.201.

90) Rawls, *Political Liberalism,* p.44.

91) Walzer, *Spheres of Justice,* p.313.

92) Rawls, *Political Liberalism,* p.144.

93) Wolfgang Fach and Giovanna Procacci, "Strong Liberalism," *Telos*, Vol. 76 (1988), p.34.

94) Rawls, *A Theory of Justice,* p.303, p.155, p.101, p.527.

95) Fach and Procacci, "Strong Liberalism," p.48.

96) Bell, *Communitarianism and Its Critics*, p.11. Shapiro, "Liberalism and Communitarianism," p.151.

97) MacIntyre, *After Virtue,* p.34, p.255.

98) 같은 책, p.62.

99) 같은 책, pp.6-10, p.21, p.12, p.73.

100) Philip Pettit, "Liberal/Communitarian: MacIntyre's Mesmeric Dichotomy," in John Horton and Susan Mendus, ed., *After MacIntyre*(Cambridge: Polity Press, 1994), p.176.

101) Taylor, *Sources of Self.*

102) Charles Taylor, *The Ethics of Authenticity*(Cambridge: Harvard University Press, 1992). 테일러에 대한 논의는 이진우, 「공동체주의의 철학적 변형」, 『철학연구』, 제42집(1998), pp.244-271 참조.

103) Taylor, *The Ethics of Authenticity,* pp.2-12.

104) Charles Taylor, *The Malaise of Modernity*(Concord: Anansi, 1991).

105) Benjamin Barber, *Strong Democracy: Participatory Politics for a New Age*(Berkeley: University of California Press, 1984).

106) Robert Bellah, et al. *Habit of Heart*(New York: Harper & Row, 1985).

107) Robert Booth Fowler, *The Dance with Community*(Lawrence: The

University Press of Kansas, 1991), p.16.

108) Barber, *Strong Democracy*, pp.110-111.

109) Rosenbaum, *Another Liberalism*, Ch. 7.

110) Rawls, *Political Liberalism*, p.viii.

111) 같은 책, p.98.

112) 같은 책, p.xxiv, pp.36-38.

113) 같은 책, pp.197-198. 이사야 벌린은 p.197, n.32. Isaiah Berlin, "Two Concepts of Liberty," in *Four Essays on Liberty*(New York: Oxford University Press, 1969), pp.176-178.

114) Raz, *The Morality of Freedom*, pp.369-370.

115) Macedo, *Liberal Virtues*.

116) Richard Bellamy, *Liberalism and Modern Society*(Oxford: Polity Press, 1992), p.249. Bell, *Communitarianism and Its Critics*, p.11.

117) Shapiro, "Liberalism and Communitarianism," p.152.

118) 본장 후주 19 참조. 본서 제2부 제2장 후주 76 참조. 이 논문 부록 I "감응적 공동체주의 강령" 참조.

119) Amitai Etzioni, *The Spirit of Community*(New York: Simon and Schuster, 1993). Daniel A. Bell, *Communitarianism and Its Critics*(Oxford: Clarendon Press, 1993), pp.12-13.

120) Kymlicka, "Community," pp.369-370.

121) Don Herzog, "Some Questions for Republicans," *Political Theory*, Vol. 14 (1986), p.473.

122) Susan Moller Okin, "Humanist Liberalism," in Nancy Rosenbaum, ed., *Liberalism and Moral Life*(Cambridge: Harvard University Press, 1989), p.46.

123) MacIntyre, *After Virtue*, p.222.

124) MacIntyre, *After Virtue*, p.220. Sandel, *Liberalism and Limits of Justice*, p.179; *Democracy's Discontent*. Charles Taylor, "The Nature and Scope of Distributive Justice," in Frank S. Lucash, ed., *Justice and Equality Here and Now*(Ithaca: Cornell University Press, 1986), p.63. Walzer, *Spheres of Justice*, p.28.

125) H. N. Hirsch, "The Threnody of Liberalism: Constitutional Liberty and the Renewal of Community," *Political Theory*, Vol. 14(1986), p.433.

126) MacIntyre, *After Virtue*, p.263.

127) Sandel, *Liberalism and Limits of Justice*, p.183. Barber, *Strong*

612

Democracy: Participatory Politics for a New Age.

128) Solomon Avineri and Avner De-Shalit, eds., *Communitarianism and Individualism*(Oxford University Press, 1992), pp.7-8.

129) Nancy Rosenbaum, *Another Liberalism,* p.154.

130) Roberto Unger, *Knowledge and Politics*(New York: The Free Press, 1975), p.289. 웅거 자신의 해결책은 결국 여기에 부재하지만 모든 곳에 편재하는 초월적 내재자인 신(*Deus absconditus*)에 의존하는 것이다.

131) Irwin T. Sanders, *The Community*(New York: John Wiley & Sons, 1973), Ch. VI. "Dilemmas within Community Sociology" 참조.

132) Jack Crittenden, *Beyond Individualism: Reconstituting the Liberal Self* (Oxford: Clarendon Press, 1991), Ch. V. "Veneration of Community: What is Community?" 참조.

133) Derek Philips, *Looking Backward: A Critical Appraisal of Communitarian Thought*(Princeton: Princeton University Press, 1993), p.175.

134) 같은 책, p.195.

135) Richard Winfield, "Ethical Community Without Communitarianism," *Philosophy Today*, Vol. 40(1996), pp.310-320.

136) Alfonso Damico, *Liberals on Liberalism*(Totowa: Rowman & Littlefield, 1986), p.3.

137) Gutmann, "Communitarian Critics of Liberalism," pp.318-321. Jean Hampton, *Political Philosophy*, p.187. Hirsch, "The Threnody of Liberalism," p.424.

138) Derek Philips, *Looking Backward: A Critical Appraisal of Communitarian Thought*(Princeton: Princeton University Press, 1993), p.185.

139) Charles W. Harvey, "Paradise Well Lost: Communitarian Nostalgia and the Lonely Logic of the Liberal Self," *Philosophy and Contemporary World*, Vol. 1. 1994, pp.9-14.

140) Hirsch, "The Threnody of Liberalism," p.424.

141) Gutmann, "Communitarian Critics of Liberalism," p.319.

142) Susan Moller Okin, *Justice, Gender and the Family*(New York: Basic Books, 1989), p.61.

143) Sandel, ed., "Introduction," in *Liberalism and Its Critics*, p.7. Barber, *Strong Democracy*, p.221.

144) 황경식, 「자유주의와 공동체주의」, 『개방사회의 사회윤리』(서울: 철학과현실사, 1995), pp.207-208.

145) Taylor, "Atomism," p.200. *Sources of Self.*

146) Michael Walzer, "The Communitarian Critique of Liberalism," *Political Theory*, Vol. 18(1990), p.7.

147) 잉그램은 이러한 월저의 딜레마를 다음과 같이 재구성한다. "만약 공동체주의자들이 자유주의 이데올로기를 사회의 실제적인(real) 공동체주의적 본성을 부정확하게 대변하고 있다고 비판한다면, 공동체주의자들은 자유주의 사회를 비판할 수 없다. 그러나 만약 자유주의 사회가 실제로 자유주의 이데올로기가 묘사하는 그대로라면, 자유주의는 그 의미와 합리성의 기준이 비판될 수 있는 이데올로기가 아니다. 그것은 적어도 공동체주의자들이 허용하는 문화내재적인 방석으로는 아니다." David Ingram, *Reason, History & Politics* (Albany: State University of New York Press, 1995), p.107. 잉그램은 이러한 딜레마를 벗어날 수 있는 길은 자유주의 이론이 자유주의 사회의 해체적 경향을 과장하고 있거나 혹은 무시하고 있다고 비판하는 것이라고 제시한다. 전자의 경우는 이론과 관행 사이에 비판적 공간이 존재하며, 후자의 경우는 상이한 이론들(혹은 관행들) 사이에 차이가 생긴다. 공동체주의자들은 후자를 취하겠지만, 롤즈는 정치적 자유주의에서의 중첩적 합의를 통해서 이론들 혹은 관행들 사이의 차이를 흡수하므로 자유주의 사회의 해체적인 경향을 막는다. Ingram, *Reason, History & Politics*, p.108. 약간 다른 관점에서 강성 공동체주의자들, 즉 매킨타이어와 샌델이 자유주의 사회를 통해서 자유주의 이론을 비판하고 있다는 주장은 Jonathan Allen, "Liberal, Communitarians, and Political Theory," *South African Journal of Philosophy*, Vol. 11 (1992), pp. 77-90 참조.

148) Joshua Cohen, "Book Review of Walzer's *Spheres of Justice*," *The Journal of Philosophy*, Vol. 83(1986), pp.463-464.

149) Richard Bellamy, *Liberalism and Modern Society*(Oxford: Polity Press, 1992), p.242.

150) 여기서 바버(Barber)는 도덕교육 분야만 빼고 조건부로 서명한다. 여기에는 후쿠야마(Fukuyama), 피시킨(Fishkin) 등 많은 자유주의자들도 서명한다. 본장 후주 19 참조.

151) Alasdair MacIntyre, "A Letter to The Responsive Community," *The Responsive Community*, Summer of Year 1991, p.9. Bell, *Communitarianism and Its Critics*, p.17에서 재인용.

152) Larmore, *Patterns of Moral Complexity*, p.36. Philip Selznick, "The Idea of a Communitarian Morality," *California Law Review*, Vol. 75(1987), p.447.

153) Okin, *Justice, Gender and the Family*, p.61. Cf. MacIntyre, *After Virtue*,

pp.221-222, pp.159-163.

154) Michael Sandel, "The Procedural Republic and the Unencumbered Self," *Political Theory*, Vol. 12(1984), p.28.

155) Elizabath Frazer and Nicola Lacey, *The Politics of Community*(Toronto: Toronto University Press, 1993), p.113.

156) Michael Sandel, *Democracy's Discontent*(Cambridge: Harvard University Press, 1996), p.321.

157) 테일러는 자신을 공동체주의 진영에 소속시키지 않는다. Charles Taylor, "Cross Purposes: The Liberal-Communitarian Debate," in Nancy Rosenbaum, ed., *Liberalism and the Moral Life*(Cambridge: Harvard University Press, 1989), p.160. 롤즈 관련 사항은 Charles Taylor, "The Nature and Scope of Distributive Justice," in Frank S. Lucash, ed., *Justice and Equality Here and Now*(Ithaca: Cornell University Press, 1986), p.57 참조.

158) Michael Walzer, *Radical Principles*(New York: Basic Books, 1980), p.302; "The Communitarian Critique of Liberalism," p.15, p.7, p.22.

159) Walzer, *Spheres of Justice*, p.323; "The Communitarian Critique of Liberalism," p.17, p.23.

160) Barber, *Strong Democracy*, p.120, p.xi.

161) Amitai Etzioni, "A Moderate Communitarian Proposal," *Political Theory*, Vol. 24(1996), p.155.

162) "The Responsive Communitarian Platform," 1991.

163) Shapiro, "Liberalism and Communitarianism," p.152 참조.

164) Stephen Holmes, *The Anatomy of Antiliberalism*(Cambridge: Harvard University Press, 1993), Ch. 7. "Community Trap" 참조.

165) Bell, *Communitarianism and Its Critics*, Appendix 1 and 2.

166) Simon Caney, "Liberalism and Communitarianism," *Political Studies*, Vol. 90(1992), p.289. 시간 낭비라는 표현은 공동체주의자인 벨이 어이없다는 듯이 캐니를 평하면서 역으로 사용한 것이다. Bell, *Communitarianism and Its Critics*, p.19.

167) 그린(T. H. Green)보다 앞서서 홉하우스(Leonard Hobhouse)가 이러한 문제를 다루었는데, 그는 "자발성의 원칙(the voluntaryism)"을 통해서 국민들이 자발적으로 국가의 개입을 요청한다는 고육책을 쓴 바 있다. Anthony Arblaster, *The Rise & Decline of Western Liberalism*(Oxford: Basil Blackwell, 1984), pp.284-285. 박우룡, 『전환시대의 자유주의: 영국 신자유

주의와 지식인의 사회개혁』(서울: 도서출판 신서원, 2003) 참조.

168) Arblaster, *The Rise & Decline of Western Liberalism*, p.347.

169) Philips, *Looking Backward*, p.9.

170) Markate Daly, *Communitarianism: A New Public Ethics*(Belmont: Wadsworth Publishing Co., 1994), p.xiii.

171) Rawls, "The Domain of the Political and Overlapping Consensus," *New York Law Review*, Vol. 64(1989), pp.233-255.

172) Mulhall and Swift, *Liberals and Communitarians*, p.201.

173) Anthony Giddens, *Beyond Left and Right: The Future of Radical Politics* (London: Polity Press, 1994), p.9.

174) Anthony Giddens and Christopher Pierson, *Conversations with Anthony Giddens: Making Sense of Modernity*(Stanford: Stanford University Press, 1998), p.49. 앤서니 기든스, 한상진, 박찬욱 옮김, 『제3의 길』(서울: 생각의 나무, 1998), p.49.

175) Solomon Avineri and De-Shalit Avner, eds., *Communitarianism and Individualism*(Oxford University Press, 1992), "Introduction," pp.1-11.

176) Amitai Etzioni, *The Spirit of Community*(New York: Simon and Schuster. 1993), p.168.

177) Sandel, ed., *Liberalism and Its Critics,* p.6.

178) Bell, *Communitarianism and Its Critics,* p.9.

179) Patrick Neal and David Paris, "Liberalism and Communitarian Critique," *Canadian Journal of Political Sciences*, Vol. 48(1990), p.430.

180) Barber, *Strong Democracy*, pp.110-111.

181) James Young, *Reconsidering American Liberalism: The Troubled Odyssey of the Liberal Idea*(Boulder: Westview Press, 1996), p.341.

182) Arblaster, *The Rise & Decline of Western Liberalism*, p.349.

183) Robert H. Frank and Philip J. Cook, *The Winner-Take-All Society*(New York: The Free Press, 1995).

184) 기든스는 롤즈를 직접 언급하고 있지는 않지만, 넓은 의미로 보아 그렇게 해석될 수 있다. Anthony Giddens, Christopher Pierson, *Conversations with Anthony Giddens: Making Sense of Modernity*, p.32.

185) William Galston, *Liberal Purposes: Goods, Virtues, and Diversity in the Liberal State*(Cambridge: Cambridge University Press, 1991), p.12.

186) 여기에는 두 가지 경우가 있다. 즉 (a) 덜 광범위한 자유가 모든 이가 공유하는 자유의 전 체계를 강화할 경우, (b) 덜 평등한 자유가 자유를 적게 가

진 자들에게 용납될 수 있을 경우에 허용될 수 있다. Rawls, *A Theory of Justice*, p.302.

187) John Gray, *Liberalisms Essays in Political Philosophy*(London: Routledge. 1989), pp.241-264.

188) Rawls, *Political Liberalism*, p.4, n.1. 롤즈는 벵자맹 콩스탕(Benjamin Constant)의 분류에 의거해서 로크적인 근대인의 자유인 사상과 양심의 자유, 인신과 재산의 권리, 법치와 루소적인 고대인의 자유인 동등한 정치적 자유와 공공적 삶의 가치를 정치적 자유주의에서 통합하려고 시도한다. 이것은 자유주의의 자유지상주의적 전통과 공동체주의적 전통을 통합시키려는 시도로 볼 수 있다. David Ingram, *Reason, History, & Politics*, p.108.

189) 이러한 자유주의의 세 가지 유형에 관련해서, 어떤 한 유형이 다른 유형들을 배제하여 자유주의를 대표한다고 보는 것이 아니라, 세 가지 유형이 각각 자유주의의 필요조건이면서 동시에 모두 합쳐야만 자유주의의 충분조건이 된다고 보는 견해도 있다. Thomas Spragens, *Reason and Democracy* (Durham: Duke University Press, 1990), p.254. 방법론적 다원주의는 Paul A. Roth, *Meaning and Method in the Social Sciences: A Case for Methodological Pluralism*(Ithaca: Cornell University Press, 1987).

190) Fach and Procacci, "Strong Liberalism," p.35. 자유주의가 공적 영역에서는 평등한 권리와 자유를 확보한 데 반하여 사적 영역에서는 권위적 가정을 유지해왔다는 주장은 여성주의자들에게는 이제 진부한 것이 되었다. 이러한 비난은 교육과 종교 영역까지 확장된다. Markate Daly, *Communitarianism: A New Public Ethics*(Belmont: Wadsworth Publishing Co., 1994), p.xiii 참조.

191) Arblaster, *The Rise & Decline of Western Liberalism*, p.347.

192) Rosenbaum, ed., *Liberalism and Moral Life*, p.10.

193) Walzer, *Radical Principles*, p.302.

194) Arblaster, *The Rise & Decline of Western Liberalism*, p.348, p.349.

195) James Young, *Reconsidering American Liberalism: The Troubled Odyssey of the Liberal Idea*(Boulder: Westview Press, 1996).

196) 제3의 길에 들어선 최선의 자유주의적 계약사회는 이렇게 묘사될 수 있을 것이다: "계약은 도덕적 결속이다. 그것은 강자와 약자, 운이 좋은 사람과 불운한 사람, 부자와 빈자를 결합하여 모든 이익의 차이를 초월하는 연합을 창출할 것이며, 또한 그러한 연합의 역동성을 역사와 문화와 종교와 언어 등에 파급시킬 것이다." Michael Walzer, *Spheres of Justice: A Defense of Pluralism and Equality*(New York: Basic Books, 1983), pp.82-83. 만약 공

동체주의자 월저가 말한 것처럼 계약사회가 그렇게 광의로 해석될 수 있다면, 누가 또 다른 공동체를 필요로 할 것인가? 월저의 공동체주의적 계약사회는 박정순, 『마이클 월저의 사회사상과 철학적 깨달음』(서울: 철학과현실사, 2017), 제1장과 제4장 참조.

제3부 롤즈의 자유주의적 정의론의 분야별 적용

제1장 사유재산권의 자유주의적 정당화의 과제

1) Robert L. Heilbroner, *The Nature and Logic of Capitalism*(New York: W.W. Norton & Company, 1985), Ch. 1 참조.

2) G. D. H. Cole, "Capitalism," in *A Dictionary of the Social Sciences*, eds., I. Gould and W. L. Kolb(New York: The Free Press of Glencoe, 1964), p.70.

3) Karl Marx and Frederick Engels, *The Communist Manifesto* in *Karl Marx and Frederick Engels Collected Works*(New York: International Publishers, 1975), Vol. 6, p.498.

4) John Locke, *Two Treatises of Government*, ed. with Introduction by Peter Laslett(New York: A Mentor Book, 1960), Bk. I, Sec. 124, p.395.

5) Wolfgang G. Friedman, "Property," in *Dictionary of the History of Ideas* (New York: Charles Scribner's Sons, 1978), Vol. 3. "The Ideology of Property," p.653.

6) Robert Nozick, *Anarchy, State, and Utopia*(New York: Basic Books Inc., Publishers, 1974), p.178. 번역본으로는 로버트 노직, 남경희 옮김, 『아나키에서 유토피아로: 자유주의 국가의 철학적 기초』(서울: 문학과지성사, 1983) 참조.

7) Lawrence C. Becker, *Property Rights: Philosophic Foundations*(London: Routledge & Kegan Paul, 1977).

8) Alan Carter, *The Philosophical Foundations of Property Rights*(New York: Harvester Wheatsheaf, 1989).

9) James O. Grunebaum, *Private Ownership*(London: Routledge & Kegan Paul, 1987). Alan Ryan, *Property and Political Theory*(Oxford: Basil Blackwell, 1984). Alan Ryan, *Property*(Minneapolis: University of Minnesota Press, 1987). Anthony Parel and Thomas Flanagan, eds., *Theories of Property: Aristotle to the Present*(Waterloo: Wilfrid Laurier University

Press, 1979).

10) C. B. Macpherson, *The Political Theory of Possessive Individualism: Hobbes to Locke*(Oxford: Clarendon Press, 1962). 국내 번역본으로는 C. B. 맥퍼슨, 황경식, 강유원 옮김, 『홉스와 로크의 사회철학: 소유권적 개인주의 의 정치이론』(서울: 박영사, 1990) 참조. 맥퍼슨의 관련된 또 다른 저작으로 는 C. B. Macpherson, *Democratic Theory*(Oxford: Clarendon Press, 1973).

11) C. B. Macpherson, "Liberal-Democracy and Property," in C. B. Macpherson, ed., *Property: Mainstream and Critical Positions*(Toronto: University of Toronto Press, 1978), p.199.

12) John Rawls, *A Theory of Justice*(Cambridge: The Belknap Press of Harvard University Press, 1971). 이하 TJ로 약하고 페이지 수를 병기함. 우리말 번역 본으로는 존 롤즈, 황경식 옮김, 『사회정의론』(서울: 서광사, 1977) 참조.

13) Nozick, *Anarchy, State, and Utopia*.

14) 규범적 분석의 의미는 Andrew Reeve, *Property*(Atlantic Highlands: Humanities Press International, 1986), pp.27-28.

15) Anthony Parel and Thomas Flanagan, eds., *Theories of Property: Aristotle to the Present*(Waterloo: Wilfrid Laurier University Press, 1979). 아리스토 텔레스의 이러한 공동 소유의 비극은 나중에 가레트 하딘(Garret Hardin)에 의해서 합리적 선택이론으로 정식화된다. 무임승차자의 문제에 대한 이론적 전거는 가레트 하딘의 "공유지의 비극"이다. 공유지의 비극은 아무런 제약 없이 누구나 자유롭게 사용할 수 있는 공유 자원은 사람들의 남획으로 고갈 되고 만다는 이론이다. 이 이론은 지구의 자원은 유한하지만 인구는 증가하 므로 자원이 고갈되는 대재앙이 발생할 수 있다고 우려하고 있다. Garrett Hardin, "The Tragedy of the Commons," *Science*, 162(3859), pp.1243-1248. 제목 밑에 하딘은 다음과 같은 제사를 썼다. "The Population problem has no technical solutions; it requires a fundamental extension in morality (인구 문제는 어떠한 기술적인 해결책도 없다. 그것은 도덕성에 있어서의 근 본적인 확장을 요구할 따름이다)." 도덕성의 확장이라는 관점에서 보면 하딘 은 합리성의 확장학파에 속한다고도 볼 수 있다. "Tragedy of the Commons," *Wikipedia*, pp.1-11. 쉽고도 간결한 설명은 "공유지의 비극," 이동귀, 『상식으로 보는 세상의 법칙: 심리편』, 네이버 지식백과, pp.1-3. 그리고 다 음 저서 참조. Anthony de Say, *Social Contract, Free Ride: A Study of the Public Goods Problem*(Oxford: Clarendon Press, 1989).

16) Thomas Hobbes, *Leviathan*, ed. with Introduction by C. B. Macpherson (Harmondsworth: Penguin Books, 1968), Ch. 24, p.296. 사유재산권에 대한 홉스, 로크, 루소에 대한 논의는 박정순, 『사회계약론적 윤리학과 합리적 선

택: 홉스, 롤즈, 고티에』(서울: 철학과현실사, 2019), 제3장 1절, pp.115-140 참조.

17) Locke, *Two Treatises of Government*, Bk. II. Sec. 6.

18) 같은 책, Bk. I. Sec. 29.

19) Stanley I. Benn, "Property," in *The Encyclopedia of Philosophy*(New York: Macmillan Co. & Free Press, 1967), p.491.

20) Locke, *Two Treatises of Government*, Bk. II. Sec. 44.

21) 자기 소유권에 대한 논의는 Anthony Arblaster, *The Rise and Decline of Western Liberalism*(Oxford: Basil Blackwell, 1984), pp.27-28 참조. 국내 논문으로는 황경식, 「소유와 자유: 소유권의 자유주의적 정당화」, 『철학연구』, 제27집(1990), pp.215-247 참조. 그리고 이 논문에 대한 논평, 박정순, 「사유재산권의 자유주의적 정당화의 과제」, 『철학연구』, 제28집(1991), pp.349-353 참조.

22) Locke, *Two Treatises of Government*, Bk. II. Sec. 32.

23) 같은 책, Bk. II. Sec. 40.

24) 같은 책, Bk. II. Sec. 4.

25) 같은 책, Bk. II. Sec. 27, 31, 36.

26) Macpherson, *The Political Theory of Possessive Individualism: Hobbes to Locke*, pp.203-223.

27) Locke, *Two Treatises of Government*, Bk. II. Sec. 36, 45.

28) 같은 책, Bk. II. Sec. 27.

29) 자세한 논의는 김남두, 「사유재산권과 삶의 평등한 기회: 로크를 중심으로」, 『철학연구』, 제27집(1990), pp.153-180 참조.

30) Macpherson, *The Political Theory of Possessive Individualism: Hobbes to Locke*, p.199, p.221.

31) Jean-Jacques Rousseau, trans. by Victor Gourevitch, *Discourse on the Origin and the Foundations of Inequality among Men* in *Discourses and Essays on the Origin of Languages*(New York: Harper & Raw, 1986), Pt. ii. Sec. 1.

32) Jean-Jacques Rousseau, trans. by Charles M. Sherover, *Of the Social Contract* in *Of the Social Contract & Discourse on Political Economy* (New York: Harper & Row, 1984), Sec. 60, 64, 136.

33) David Thomson, ed., *Political Ideas*(Penguin Books, 1966), p.104. "Property-owning democracy"는 James Meade, *Equality, Efficiency, and the Ownership of Property*(London: Allen and Unwin, 1964)에서 구체적으로

논의되고 있다.

34) "부자가 천국에 들어가는 것은 낙타가 바늘구멍에 들어가는 것보다 어렵다" (신약, 마태복음 19장 24절)는 예수 자신의 설교는 원시 기독교의 사유재산에 대한 입장이 프로테스탄티즘의 입장과 어떻게 다른가를 대비적으로 잘 보여주고 있다.

35) Max Weber, trans. by Talcott Parsons, *The Protestant Ethics and the Spirit of Capitalism*(London: Unwin Paperbacks, 1985).

36) Richard Hofstadter, *Social Darwinism in American Thought*(Boston: Beacon Press, revised edn., 1962).

37) Adam Smith, *An Inquiry into the Nature and Causes of the Wealth of Nations*(Chicago: University of Chicago Press, 1976), p.477. 누수효과 이론은 낙수효과 이론, 적하효과 이론이라고도 한다. "낙수 효과," 이한영, 『상식으로 보는 세상의 법칙: 경제편』(21세기 북스), 네이버 지식백과, pp.1-6. 하방 침투 효과라는 번역도 있다. 낙수효과 이론은 다음 논저 참조. Lloyd A. Fallers, *Inequality: Social Stratification Reconsidered*(Chicago: Univer- sity of Chicago Press, 1973), Ch. 3. "A Note on the 'Trickle Effect.'" Henry Shue, "The Current Fashions: Trickle-Downs by Arrow and Close-Knits by Rawls," *The Journal of Philosophy*, Vol. 71(1974), pp.319-327.

38) Georg W. F. Hegel, *Hegel's Philosophy of Right*, trans. by T. M. Knox (Oxford: Clarendon Press, 1952), "Property," pp.37-57 참조.

39) Karl Marx, *The Poverty of Philosophy* in *Karl Marx and Frederick Engels Collected Works*, Vol. 6, p.197.

40) Karl Marx and Frederick Engels, *The Communist Manifesto*, p.498.

41) 같은 책, p.499.

42) Karl Marx, *Capital*, Vols. 1-3. Frederick Engels, ed.(New York: International Publishers, 1967), Vol. 1, p.714.

43) 같은 책, p.714.

44) 마르크스의 사유재산 비판에 대한 일반적 논의는 Thomas Keyes, "The Marxian Concept of Property: Individual/Social," in Tibor R. Machan, ed., *The Main Debate: Communism versus Capitalism*(New York: Random House, 1987), pp.311-330.

45) Karl Marx, *The Economic and Philosophic Manuscripts of 1844* in *Karl Marx and Frederick Engels Collected Works*, Vol. 3, pp.332-333.

46) 같은 책, pp.272-277.

47) Marx, *Capital*, Vol. 1, pp.71-83.

48) 같은 책, pp.301-302.

49) Marx, *The Communist Manifesto*, p.506.

50) Norman Geras, "The Controversy about Marx and Justice," *New Left Review*, Vol. 150(1985), pp.47-85.

51) Karl Marx, *Critique of the Gotha Program*, in Lewis S. Feuer, ed., *Marx & Engels: Basic Writings on Politics and Philosophy*(Garden City: Anchor Books, 1959), p.118.

52) 같은 책, p.119.

53) Vic George and Paul Wilding, *Ideology and Social Welfare*(London: Routledge and Kegan Paul, 1976), Ch. VI.

54) Neil Gilbert, *Capitalism and the Welfare State: Dilemmas of Social Benevolence*(New Haven: Yale University Press, 1983).

55) TJ, p.7.

56) TJ, p.7.

57) TJ, p.11.

58) TJ, p.92.

59) TJ, p.152.

60) TJ, p.302.

61) Elizabeth Rapaport, "Classical Liberalism and Rawlsian Revisionism," in Kai Nielsen and Roger A. Shiner, eds., *New Essays on Contract Theory* (Ontario: Canadian Association for Publishing in Philosophy, 1977), p,95-119.

62) TJ, p.72.

63) TJ, pp.73-74.

64) TJ, p,75.

65) TJ, p.72.

66) TJ, p.546.

67) TJ, p.315.

68) Joseph H. Carens, *Equality, Moral Incentives, and Market: An Essay in Utopian Politico-Economic Theory*(Chicago: The University of Chicago Press, 1981) 참조.

69) TJ, p.310.

70) TJ, pp.103-104.

71) TJ, p.101, p.107, p.179.

72) G. A. Cohen, "Self-Ownership, World-Ownership, and Equality," Frank S. Lucash, ed., *Justice and Equality Here and Now*(Ithaca: Cornell University, 1986), p.115.

73) TJ, p.407, p.205.

74) TJ, p.74.

75) Cf. Thomas C. Heller, Morton Sosna and David E. Wellbery, eds., *Reconstructing Individualism: Autonomy, Individuality, and the Self in Western Thought*(Stanford: Stanford University Press, 1986).

76) TJ, p.272-273.

77) John Gray, "Contractarian Method, Private Property, and The Market Economy," in John W. Chapman and J. Roland Pennock, eds., *Markets and Justice, Nomos 31*(New York: New York University Press, 1989), pp.13-58.

78) TJ, p.61, pp.276-277.

79) TJ, pp.276-277.

80) TJ, p.286.

81) Robert Paul Wolff, *Understanding Rawls*(Princeton: Princeton University Press, 1977), p.195.

82) Macpherson, *The Political Theory of Possessive Individualism: Hobbes to Locke*, p.93.

83) 같은 책, p.89.

84) Jeffrey Paul, ed., *Reading Nozick*(Totowa, New Jersey: Rowman & Littlefield, 1981), "Introduction" 참조.

85) Neil Gilbert, *Capitalism and the Welfare State: Dilemmas of Social Benevolence*, pp.139-163. 보다 상세한 논의는 Ramesh Mishra, *The Welfare State in Crisis*(New York: St. Martin's Press, 1984) 참조.

86) Nozick, *Anarchy, State, and Utopia*, p.168.

87) Emily R. Gill, "Property and liberal Goals," *Journal of Politics*, Vol. 45 (1983), p.694. 그리고 Andrew Reeve, *Property*, p.111.

88) Nozick, *Anarchy, State, and Utopia*, pp.32-33.

89) 같은 책, p.xiv.

90) 같은 책, p.155.

91) Entitlement theory을 유자격적 권리론, 소유권적 권리론, 소유권론으로 번역하면 property right theory나 right theory of ownership과 혼동될 우려가 있기는 하지만 entitlement theory에 의해서 주어진 것은 주로 권리(rights)일

것이므로 논의의 전개상 무리는 없으리라고 본다. 로버트 노직, 남경희 옮김, 『아나키에서 유토피아로: 자유주의 국가의 철학적 기초』, p.416 참조.

92) Nozick, *Anarchy, State, and Utopia*, p.213.

93) 같은 책, p.171.

94) 같은 곳.

95) 같은 곳.

96) Cheyney C. Ryan, "Mine, Yours, and Ours: Property Rights and Individual Liberty," *Ethics*, Vol. 87(1979), p.131.

97) Nozick, *Anarchy, State, and Utopia*, pp.151-153.

98) 같은 책, p.169.

99) 같은 책, p.175.

100) 같은 곳.

101) 같은 책, p.179. 구체적 논의는 Husain Sarkar, "The Lockean Proviso," *Canadian Journal of Philosophy*, Vol. 12(1982), pp.47-59 참조.

102) Locke, *Two Treatises of Government*, Bk. II, Sec. 25.

103) Grunebaum, *Private Ownership*, p.84.

104) Jeffrey Paul, ed., *Reading Nozick*, p.22. 자세한 논의는 Lawrence C. Becker, "Property Rights and Social Welfare," in Kenneth Kipnis and Diana T. Meyers, eds., *Economic Justice: Private Rights and Public Responsibilities*(Totowa, New Jersey: Rowman & Allanheld, 1985), pp.71-96.

105) Nozick, *Anarchy, State, and Utopia*, p.231.

106) 같은 곳.

107) Robert Nozick, *The Examined Life: Philosophical Meditations*(New York: Simon & Schuster, 1989) 참조.

108) Macpherson, *The Political Theory of Possessive Individualism: Hobbes to Locke*, p.237.

109) Nicholas Xenos, "Liberalism and the Postulate of Scarcity," *Political Theory*, Vol. 15(1987), pp.225-243.

110) Nozick, *Anarchy, State, and Utopia*, p.177.

111) 자세한 논의는 John W. Chapman, "Justice, Freedom and Property," in J. Roland Pennock and John W. Chapman, eds., *Property, Nomos 22*(New York: New York University Press, 1980), p.298. 이러한 관점에서 논의되고 있는 책은 Arthur M. Okun, *Equality and Efficiency: The Big Trade Off* (Washington, D.C.: Brookings, 1974).

112) Barrington Moore, *Injustice: The Social Bases of Obedience and Revolt* (New York: Macmillan Press, 1978), p.459.

113) Francis Fukuyama, "The End of History," *National Interest*(1989), p.4.

114) 같은 논문, p.18.

115) Marx, *Capital*, Vol. 3, p.776.

제2장 개인이익과 공익의 자유주의적 관련 방식

1) 19세기 독일 공법학자인 옐리네크는 신칸트학파적 방법론을 원용하여 국가는 권리와 의무를 지닌 법단체라는 국가의 자기구속 이론을 제창하여 정치권력자는 법 위에 있다는 종래의 절대주의적 군권주의(君權主義)를 비판하였다. 그의 주저인 『일반국가학(*Allgemeine Staatslehre*)』(1900)에 대한 소개 논문에서 재인용.

2) 개인이익(individual interest)과 공익(public interest)의 정의 문제는 매우 까다로운 문제이다. 개인이익도 사적 이익 혹은 사리(private interest, personal interest), 자기이익(self-interest), 이기적 이익(selfish interest) 등으로 다양하게 지칭되고 있고, 공익도 국가 이익, 공동체 이익, 사회 전체 이익, 공동이익 혹은 공통이익(common interest), 공동선(common good) 혹은 공공재(public good)로 다양하게 언명된다. 또한 개인이익과 공익 사이에 집단적 선(collective good) 혹은 집단이익(group interest)의 개념이 자리 잡고 있기도 하다. 공익 개념에 대한 이러한 분석은 Albert Weale, "Public Interest," *Routledge Encyclopedia of Philosophy*(London: Routledge, 1998) 참조. 사리 혹은 이기적 이익이라는 용어가 이미 개인이익의 추구에 대한 일종의 비판과 매도를 함축하고 있기 때문에 앞으로 비교적 중립적이라고 생각되는 개인이익 혹은 자기이익이라는 용어를 사용할 것이다.

3) Anthony Arblaster, *The Rise and Decline of Western Liberalism*(Oxford: Basil Blackwell, 1984), p.42. 이익은 인간의 욕구(desires)와 소망(wants)이 추구될 수 있는 방식과 관련하여 인간 행동의 동기 유발 촉진제로서 작용하며 숙고와 계산의 측면을 포함한다. 이익에는 인간이 추구하는 효용, 만족, 편익, 쾌락, 명예 등, 유형적인 것이나 무형적인 것, 또는 정신적이거나 물질적인 모든 것들이 망라된다.

4) 박정택, 『공익의 정치 행정론』(서울: 대영문화사, 1990), p.5. 자유주의적 공익 개념의 빈약성을 비판하는 공동체주의는 한 사회의 문화적, 종교적, 언어적 공동체의 구성원들이 가지는 공유된 삶의 양식과 가치라는 관점에서 공동선을 주창한다. 참여 민주주의자들과 인본주의적 공화주의자들은 공적 영역에서의 정치적 참여가 인간의 본성을 실현하는 고차적인 이익 혹은 가치

라고 주장한다. 그러나 자유주의자들은 다양한 가치관과 삶의 양식이 병존하는 현대 다원주의적 사회에서 그러한 공동체주의자들과 공화주의자들의 공익 개념은 지나친 것이라고 응수한다.

5) Andrew Levine, *Liberal Democracy*(New York: Columbia University Press, 1981), pp.62-70.

6) Daniela Gobetti, *Private and Public*(London: Routledge, 1992), "Introduction."

7) Michael Walzer, "Liberalism and the Art of Separation," *Political Theory*, Vol. 2(1984), pp.315-330.

8) 자유주의 사회에서도 공공적 이익을 위해서 개인의 프라이버시권이 제약되는 경우도 있다. 즉 국가안보와 범죄예방을 위해서 실시되는 검문, 수색, 압류, 일시적 구금, 강제적인 혈액검사와 마약검사 등이 그 예이다. 자유주의 공익 개념에서 중요한 것은 이와 같이 상충하는 가치와 자유들 사이의 상호 인정 범위와 그 한계와 강도에 대한 적절한 조정이 시도된다는 것이다. 물론 우리 헌법에 규정된 것처럼, "공공 필요에 의한 재산권의 수용, 사용 또는 제한 및 그에 대한 보상은 법률로써 하되, 정당한 보상을 지급하여야 한다." (23조 3항)

9) Stephen Holmes, *The Anatomy of Antiliberalism*(Cambridge: Harvard University Press, 1993), p.207.

10) David Hume, "Of Refinement in the Arts," *Essays Moral, Political, and Literary*(Indianapolis: Liberty Classics, 1985), p.272.

11) Theodore J. Lowi, ed., *Private Life and Public Order*(New York: W. W. Norton & Company, 1968), "Introduction." 이러한 관점에서 상충하는 개인적 혹은 집단적 이익의 상호 조정과 협상이 자유주의적 공익 개념에서 가장 중요하다고 주장하는 자유주의의 유파는 소위 "잠정협정적 자유주의(*modus vivendi* liberalism)"이다. 이러한 자유주의는 복지 자유주의가 주장하는 광범위한 재분배정책을 통한 분배적 정의와 평등의 고양을 거부하고, 협상적 분배정의론을 기조로 한다. 그런데 공동체주의자들과 공화주의자들은 잠정협정적 자유주의 사회에서는 필요 이상의 변호사들과 로비스트들이 전횡하는 사회가 되었다고 비판하고 있다.

12) 주요한 자유주의 사상가들의 입장과 그 논쟁점에 대한 구체적인 논의는 광범위한 주제이고, 또한 많은 지면을 필요로 하므로, 여기서는 전체적인 맥락만을 짚을 수밖에 없을 것이다. 자세한 논의는 Weale, "Public Interest"와 박정택, 『공익의 정치 행정론』, pp.244-318 참조.

Thomas Hobbes, *Leviathan*, ed. with Introduction by C. B. Macpherson (Harmondsworth, Penguin Books, 1968), Ch. 13, p.188, Ch. 14, p.196. 홉

스, 로크, 루소 등 사회계약론자들의 사상과 합리적 선택이론과의 연관성은 박정순,『사회계약론적 윤리학과 합리적 선택: 홉스, 롤즈, 고티에』(서울: 철학과현실사, 2019), 제3장 1절, pp.115-132 참조. 홉스는 박정순, 「홉스의 계약론적 윤리학과 합리성 문제」,『매지학술』, 제15집(1998), pp.241-278 참조.

13) John Locke, *Two Treatises of Government*, ed. with Introduction by Peter Laslett(New York: A Mentor Book, 1960), Bk. II, Sec. 124, p.395.

14) Jean-Jacques Rousseau, *The Social Contract*, ed., Charles Frankel(New York: Hafner, 1947), Bk I, Ch. VII, p.17.

15) Adam Smith, *An Inquiry into the Nature and Causes of the Wealth of Nations*, ed., Edwin Cannan(Chicago: The University of Chicago Press, 1976), p.477.

16) Milton L. Myers, *The Soul of Modern Economic Man: Ideas of Self-Interest: Thomas Hobbes to Adam Smith*(Chicago: The University Press, 1983), p.11.

17) Holmes, *The Anatomy of Liberalism*, p.214.

18) 박정순, 「호모 에코노미쿠스 생살부」,『철학연구』, 제21집(고려대학교 철학연구소, 1998), pp.1-41. p.196. 이 논문은 박정순,『사회계약론적 윤리학과 합리적 선택: 홉스, 롤즈, 고티에』, 부록 제1장에 수정 증보되어 수록됨.

19) C. Dyke, *Philosophy of Economics*(Englewood Cliffs: Prentice-Hall, 1981), p.29.

20) Martin Hollis and Edward Nell, *Rational Economic Man: A Philosophical Critique of Neo-classical Economics*(Cambridge: Cambridge University Press, 1975), p.54.

21) Amitai Etzioni, *The Moral Dimension: Towards A New Economics*(New York: Free Press, 1988), p.140.

22) Frank Ackerman et al. eds., *Human Well-Being and Economic Goals* (Washington D.C.: Island Press, 1997), p.2.

23) 박정순, 「호모 에코노미쿠스 생살부」, p.3.

24) 신고전학파 경제학의 일반균형이론에 따르면 완전경쟁시장에서의 자원 배분은 효율적이다. 그러나 여러 가지 이유 때문에 현실의 시장에서 나타나는 자원의 배분의 결과가 효율적이지 못한 상태로 귀착될 때가 있다. 그러한 이유로는 불완전경쟁, 거래 쌍방 간의 정보의 비대칭성, 공공재, 외부성, 불확실성 등이 있다. 이렇게 시장이 실패할 경우 정부의 개입을 포함한 다양한 규제 정책이 제시되는 근거가 된다.

25) John Rawls, *A Theory of Justice*(Cambridge: Harvard University Press,

1971), p.269. 번역본으로는 존 롤즈, 황경식 옮김, 『사회정의론』(서울: 서광사, 1977) 참조.

26) 수인의 딜레마는 개별적으로 심문을 받는 두 수인을 대상으로 한다. 그들 중 아무도 실토하지 않으면 사소한 죄목으로 모두 1년의 형을 살게 된다. 그러나 만일 한 사람이 실토하여 공범 증언을 하면 그는 풀려나고 상대방은 10년이라는 장기 복역을 하게 된다. 이러한 상황에서 그들 모두에게 가장 합리적인 결정, 즉 아무도 실토하지 말아야 한다는 것은 불안정하다. 따라서 그들은 각자의 관점에서 보아 실토하는 것이 합리적이므로, 결국 모두 5년의 형을 살게 된다. 즉, 각자의 고립적인 관점에서 보아 합리적인 결정을 하지만 결국 두 수인이 모두 더 불리해지는 상황이 발생하게 되는 것이다.

27) 무임승차자 문제는 Mancur Olson, *The Logic of Collective Action*(Cambridge: Harvard University Press, 1975), p.64. 그리고 Anthony de Jasay, *Social Contract, Free Ride*(Oxford: Clarendon Press, 1989), "Introduction." 수인의 딜레마와 무인승차자의 문제는 박정순, 『사회계약론적 윤리학과 합리적 선택: 홉스, 롤즈, 고티에』, 제2장 2절, pp.80-79 참조.

28) Andrew Colman, *Game Theory and Experimental Games*(Oxford: Pergamon Press, 1982), p.156.

29) Kenneth Arrow, *Social Choice and Individual Values*(New Haven: Yale University Press, 1951).

30) Jung Soon Park, *Contractarian Liberal Ethics and the Theory of Rational Choice*(New York: Peter Lang, 1992), pp.44-48.

31) Mary Zey, ed. *Decision Making: Alternatives to Rational Choice Models* (London: Sage, 1992).

32) John Rawls, "Justice as Fairness: Political Not Metaphysical," *Philosophy and Public Affairs*, Vol. 14(1985), p.224.

33) Kenneth Arrow, "Extended Sympathy and the Possibility of Social Choice," *Philosophia*, Vol. 7(1978), pp.223-237.

34) Rawls, *A Theory of Justice*, p.65, p.75.

35) 같은 책, p.2

36) 이미 논의한 롤즈의 차등의 원칙은 최소수혜자의 관점을 최우선적 고려하므로 "최악의 경우에서 최선의 사태를 선택하라"는 최소극대화 규칙(maximin rule)에 의거하여 애로우의 불가능성 정리를 해결하려는 시도이다. Rawls, *A Theory of Justice*, pp.152-156. David Gauthier, *Morals By Agreement* (Oxford: Oxford University Press, 1986). 번역본으로는 데이비드 고티에, 김형철 옮김, 『합의도덕론』(서울: 철학과현실사, 1993) 참조. 고티에에 대한

상세한 논의는 박정순, 「고티에의 『합의도덕론』과 그 정치철학적 위상」, 차
인석 외, 『사회철학대계』, 전3권(서울: 민음사, 1993), 제2권 『사회주의와 자
유주의』, pp.346-418.

37) Gauthier, *Morals By Agreement*, Ch. XI. "The Liberal Individual."

38) 같은 책, p.167.

39) 같은 책, p.182. 난해한 수학적 확률론과 합리적 선택이론이 동원된 고티에
의 이러한 입론에 대한 논의는 박정순, 「고티에의 『합의도덕론』과 그 정치
철학적 위상」, pp.370-379, 특히 p.376 참조. 그리고 박정순, 『사회계약론적
윤리학과 합리적 선택: 홉스, 롤즈, 고티에』, 제4장 참조.

40) Gauthier, *Morals By Agreement*, p.4. 고티에의 이러한 주장은 넓게 보면 사
회생물학적 윤리학의 결론, 즉 "처음에는 일단 협동하지만 그 뒤로는 상대방
의 대응을 반복하라"는 응수전략(tit for tat)이 진화론적으로 가장 효율적이
라는 주장과 일맥상통한다. Cf. Gauthier, *Morals By Agreement*, p.169. 이러
한 관점은 정연교, 「생물학적 인간관」, 남기영 외, 『인간이란 무엇인가?』(서
울: 민음사, 1997), p.52. 동일한 관점에서 선심파, 얌체파, 호혜파 중 호혜파
가 최대이익을 얻는다는 주장은 이한구, 「이기주의의 관점에서 본 성숙한 사
회」, 『철학과 현실』 (2001), p.84 참조.

41) 『論語』, 里仁篇: "공자께서 말하기를 군자는 의에 밝고, 소인은 이익에 밝다
(君子喩於義 小人喩於利)."

42) Holmes, *Anatomy of Antiliberalism*, p.206.

43) Jane J. Mansbridge, ed., *Beyond Self-Interest*(Chicago: The University of
Chicago Press, 1990), p.12.

44) Dean G. Pruitt and Peter J. Carnevale, *Negotiation in Social Conflict*
(Buckingham: Open University Press, 1993), "Introduction."

45) 박정택, 『공익의 정치행정론』, p.408.

46) James Buchanan, *The Limits of Liberty: Between Anarchy and Leviathan*
(Chicago: The University of Chicago Press, 1962).

47) Mike Mills and Fraser King, *The Promise of Liberalism*(Aldershot:
Dartmouth, 1995), "Introduction."

제3장 자유주의와 여성주의 정의론

1) 이것은 우리 인생에서 그 누구도 피할 수 없는 모순을 안고 살아가는 것이
결혼한 여성주의자에게도 마찬가지라는 것일 뿐이다. Cf. Alison M. Jaggar
ed., *Living with Contradictions: Controversies in Feminist Social Ethicist*

(Boulder: Westside Press, 1994).

2) Hilde Lindelmann Nelson, ed., *Feminism and Families*(New York: Rout-ledge, 1997), p.3. Hilde Lindelmann Nelson, "Why Families?" *APA News Letter*, Vol. 96(1996), p.31.

3) Shulamith Firestone, *The Dialectic of Sex*(New York: Morrow, 1971). Susan Moller Okin, *Justice, Gender, and the Family*(New York: Basic Books, 1989), p.125

4) Nelson, ed., *Feminism and Families*, "Introduction," pp.5-6. Nelson, "Why Families?" p.32. 오킨은 전통적 가족을 보호한다는 구실로 구타를 당한 여성을 위한 피난소 설치를 반대하는 상원의원과 근래에 등장한 신우익 가족 옹호주의자인 윌리엄 갤스턴(William Galston)이 자녀가 있는 경우 이혼을 어렵게 하는 정책을 제안하고, 미혼모에게 도덕적 비난을 가하면서 정부복지 기금의 보조를 반대하는 것을 비판한다. Susan Moller Okin, "Families and Feminist Theory: Some Past and Present Issues," in Nelson, ed., *Feminism and Families*, pp.22-24.

5) Christine Delphy and Diana Leonard, *Familiar Exploitation: A New Analysis of Marriage in Contemporary Western Societies*(Cambridge: Polity Press, 1992), pp.12-14.

6) Mary Marx Ferree, "Beyond Separate Spheres: Feminism and Family Research," *Journal of Marriage and the Family*, Vol. 52(1990), pp.866-871.

7) 다이애너 기틴스, 안호용, 김홍주, 배선희 옮김, 『가족은 없다: 가족이데올로기의 해부』(서울: 일신사, 1997), p.13. 문소정, 「미국 페미니즘 가족이론과 한국의 가족과 여성」, 『여성학 연구』, 제6권(부산: 부산대학교, 1995).

8) Christopher Lasch, *Haven in a Heartless World*(New York: Basic Books, 1997).

9) Ferree, "Beyond Separate Spheres: Feminism and Family Research," p.866.

10) 자세한 논의는 배리 쏘온, 매릴린 얄롬, 권오주 외 옮김, 『페미니즘 시각에서 본 가족』(서울: 한울, 1991), pp.7-37.

11) 박민자, 「가족과 여성의 위치」, 여성한국사회연구회 편, 『여성과 한국사회』 (서울: 사회문화연구소, 1993), p.159. "유리천장(glass ceiling)"은 충분한 능력과 자격을 갖춘 사회적 소수자들이나 여성들이 어떤 조직이나 기관에서 일정한 서열 이상으로 오르지 못하게 하는 보이지 않는 장벽(invisible bar-rier)을 의미한다. 우리나라는 유리천장이 매우 심하고 강한 나라로 알려져 있다. "유리천장," 『상식으로 보는 세상의 법칙: 경제편』, 네이버 지식백과,

pp.1-6 참조.

12) 가족관계의 혁명적 변화 양상은 Faith Robertson Elliot, *Gender, Family and Society*(Houndmills: Macmillan, 1996), "Introduction," 1.1. "The Relationship Revolution," pp.5-39.

13) 함인희, 「변화하는 가족과 여성의 위치」, 한국여성개발원 편, 『21세기와 여성』(서울: 한국여성개발원, 1993), pp.140-141.

14) Harriet Bradley, "Gendered Jobs and Social Inequality," in *The Polity Reader in Gender Studies*(Cambridge: Polity Press, 1994), p.152.

15) Okin, *Justice, Gender, and the Family*, p.7.

16) 로즈마리 통, 이소영 옮김, 『페미니즘 사상: 종합적 접근』(서울: 한신문화사, 1995), 제1장 "자유주의 페미니즘."

17) Teresa Brennan and Carol Pateman, "Mere Auxiliaries To The Commonwealth: Women and The Origins of Liberalism," *Political Studies*, Vol. 27 (1979), pp.183-200.

18) Elizabeth Frazer and Nichola Lacey, *The Politics of Community: A Feminist Critique of the Liberal-Communitarian Debate*(Toronto: University of Toronto Press, 1993) pp.53-76.

19) 질라 R. 아이젠슈타인, 김경애 옮김, 『자유주의 여성해방론의 급진적 미래』(서울: 이화여대 출판부, 1988). Alison M. Jagger, *Feminist Politics and Human Nature*(Totowa: Rowan and Allanheld, 1983), Ch. 7.

20) 허라금, 「서구 정치사상에서의 공사개념과 가부장적 성차별성」, 『여성학논집』, 제13집(1996), pp.335-355. 그리고 Carol Pateman, "Feminist Critiques of the Public/Private Dichotomy," in Anne Phillips, ed., *Feminism and Equality*(New York: New York University Press, 1987). 허라금은 나중에 자신의 입장을 정리한 저서를 출간한다. 허라금, 『원칙의 윤리에서 여성주의 윤리로: 자기 성실성의 철학』(서울: 철학과현실사, 2004). 박정순은 이 책에 대해서 하나의 논문 수준과 분량으로 서평을 썼다. 박정순, 「서평: 허라금 지음, 『원칙의 윤리에서 여성주의 윤리로: 자기 성실성의 철학』. 현대 윤리학의 지평 확대와 여성주의 윤리학의 공헌」, 『철학사상』, 제20호(2005), pp.167-179.

21) Owen Flanagan and Kathryn Jackson, "Justice, Care and Gender: The Kohlberg-Gilligan Debate Revisited," *Ethics*, Vol. 97(1987), pp.622-637. 그리고 박정순, 「윤리학에서 감정의 위치와 역할」, 『철학』, 제55집(1998), pp.120-141. 페미니즘적 관점 등 포괄적인 관점에서 감정의 문제를 다루고 있는 논문은 박정순, 「감정의 윤리학적 사활」, 정대현 외, 『감성의 철학』(서

울: 민음사, 1996), pp.69-124 참조.

22) Karen Struening, "Feminist Challenges to the New Familialism." *Hypatia*. Vol. 11(1996).

23) 질라 R. 아이젠슈타인, 김경애 옮김, 『자유주의 여성해방론의 급진적 미래』, p.15. 쏘온, 알롬, 권오주 외 옮김, 『페미니즘 시각에서 본 가족』, p.9.

24) Okin, *Justice, Gender, and the Family*, p.125.

25) 허라금, 「서구 정치사상에서의 공사개념과 가부장적 성차별성」, p.80.

26) 미셀 바렛, 매리 매킨토시, 김혜경 옮김, 『가족은 반사회적인가』(서울: 여성사, 1994). 신용하, 장경섭, 『21세기 한국의 가족과 공동체문화』(서울: 지식산업사, 1996), p.216. "반사회적 가족들이 모인 사회는 곧 반가족적 사회이다. 왜냐하면, 개인들이나 그 가족이 반사회성을 드러내는 것은 흔히 다른 가족들의 안녕과 행복을 직간접으로 위협하는 방식을 취하기 때문이다."

27) Okin, *Justice, Gender, and the Family*, p.125.

28) 같은 책, p.15.

29) 같은 책, p.32. Susan Moller Okin, "Women and the Making of the Sentimental Family," *Philosophy and Public Affairs*, Vol. 11(1981). 오킨은 매킨타이어(Alasdair MacIntyre)와 월저(Michael Walzer)의 공동체주의를 비판한다. 그러나 오킨은 월저의 "한 영역의 입지가 다른 영역의 입지에 영향을 미치는 것을 금지"하는 "복합적 평등" 이론을 부분적으로 수용한다. Okin, *Justice, Gender, and the Family*, Ch. 3, Ch. 6. 간략한 논의는 Susan Moller Okin, "Humanist Liberalism," in Nancy Rosenbaum, ed., *Liberalism and the Moral Life*(Cambridge: Harvard University Press, 1989), pp.46-53. Cf. Michael Walzer, *Spheres of Justice: A Defence of Pluralism and Equality*(New York: Basic Books, 1983).

30) 이러한 두 논쟁은 박정순, 「윤리학에서 감정의 위치와 역할」, 『철학』, 제55집(1998), pp.307-335. 그리고 「자유주의 대 공동체주의의 방법론적 쟁점」, 『철학연구』, 제33집(1993), pp.33-62 참조.

31) Okin, *Justice, Gender, and the Family*, p.170; "Humanist Liberalism." 인본주의적인 자유주의적 여성주의자로는 수전 몰러 오킨(Susan Moller Okin), 메리 다이츠(Mary Dietz), 그리고 베티 프리단(Betty Fridan)을 들 수 있다. 로즈마리 통, 이소영 옮김, 『페미니즘 사상: 종합적 접근』, p.41.

32) John Rawls, *A Theory of Justice*(Cambridge: Harvard University Press, 1971). 이하 TJ로 약하고 페이지 수를 병기함. 번역본으로는 존 롤즈, 황경식 옮김, 『사회정의론』(서울: 서광사, 1977) 참조.

33) 한국여성개발원이 펴낸 1997 교육자료 『남녀평등의 이해』에서도 자유주의

632

적 여성주의에 관련해서 다음과 같은 간략한 한계점이 지적된다. "그동안 자유주의의 이론은 실제적인 법적, 제도적 불평등을 완화시키는 데 중요한 역할을 해왔다. 그러나 제도 내에서의 평등에 초점을 두는 자유주의적 입장은 가족이나 사적 영역의 문제에 개입하는 데, 그리고 남성 중심적 개념과 도구들의 사용이나 남성중심적인 제도 자체에는 도전하지 못했다는 한계를 지닌다."(p.15) 우리는 근래에 자유주의적 여성주의 정의론이 이러한 한계를 극복하려는 노력을 경주하고 있다는 점이 첨가되기를 기대한다.

34) 국내 학계에서의 본격적인 논의는 이재경,「정의의 관점에서 본 가족」, 강선미 외,『가족철학: 남성철학과 여성 경험의 만남』(서울: 이화여자대학교 출판부, 1997) 참조.

35) 질라 R. 아이젠슈타인, 김경애 옮김,『자유주의 여성해방론의 급진적 미래』.

36) 정영애,「여성해방론적 가족연구: 회고와 전망」, 강선미 외,『가족철학』, p.322.

37) Robert Paul Wolff, *Understanding Rawls*(Princeton, N.J.: Princeton University Press, 1977), p.195.

38) Quentin Skinner, ed., *The Return of Grand Theory in the Human Sciences* (Cambridge: Cambridge University Press, 1987), p.107.

39) Ruth Anna Putnam, "Why Not a Feminist Theory of Justice?" in Martha Nussbaum and Jonathan Glover, eds., *Women, Culture and Development* (Oxford: Clarendon Press, 1995), p.303.

40) TJ, p.3.

41) TJ, p.7, p.259.

42) TJ, p.11.

43) TJ, p.15.

44) TJ, p.92

45) TJ, p.16, p.121.

46) TJ, p.124.

47) TJ, p.152.

48) TJ, p.151.

49) TJ, p.302.

50) TJ, p.261, p.587.

51) TJ, pp. 19-20, p.579.

52) Putnam, "Why Not a Feminist Theory of Justice?," pp.302-307.

53) TJ, p.7.

54) Carol Pateman, "The Disorder of Woman: Women, Love, and the Sense of

Justice," *Ethics*, Vol. 91(1980), p.24; "Feminist Critiques of the Public/ Private Dichotomy," p.123, n.6.

55) TJ, p.74. 바렛, 매킨토시, 김혜경 옮김, 『가족은 반사회적인가』, 제2장. 우리 나라에서는 변칙적 상속과 증여 등 가족의 지위 및 계급의 재생산 문제가 매우 심각하다. 함인희, 「변화하는 가족과 여성의 위치」, p.131.

56) TJ, p.102.

57) TJ, p.99.

58) TJ, p.288, p.292.

59) Jane English, "Justice Between Generations," *Philosophical Studies*, Vol. 31(1977), p.94.

60) Pateman, "The Disorder of Woman: Women, Love, and the Sense of Justice," p.24. Deborah Kearns, "A Theory of Justice-and Love; Rawls on the Family," *Politics*, Vol. 18(1983), p.36.

61) Carole Pateman, *The Sexual Contract*(Stanford: Stanford University Press, 1988), p.43.

62) 같은 책, Ch. 6. "Feminism and Marriage Contract." 이것은 여성이 아직도 결혼에 관한 고전적인 관습법인 "남편 보호하의 아내의 신분(Coverture)"을 벗어나지 못했다는 것을 말해준다. Coverture는 결국 여성을 덮어(cover up) 버린다. Marry Stewart Van Leeuwen, *After Eden: Facing the Challenge of Gender Reconciliation*(Carlisle: The Paternoster Press, 1993), p.432.

63) Elizabeth Fox-Genovese, *Feminism without Illusions: A Critique of Individualism*(Chapel Hill: University of North Carolina Press, 1991).

64) Elizabeth Frazer and Nichola Lacey, *The Politics of Community: A Feminist Critique of the Liberal-Communitarian Debate*(Toronto: University of Toronto Press, 1993), pp.117-128.

65) Okin, *Justice, Gender, and the Family*. Putnam, "Why Not a Feminist Theory of Justice?" Kearns, "A Theory of Justice-and Love: Rawls on the Family." English, "Justice Between Generations." Susan Wendell, "A (Qualified) Defense of Liberalism," *Hypatia*, Vol. 2(1987). 그리고 본 논문에서 언급하지 못한 그린(Karen Green), 엑스델(John Exdell) 등이 이러한 주장을 한다.

66) Will Kymlicka, "Introduction" in *Justice in Political Philosophy*, Vol. II. "Critiques and Alternatives"(Edward Elgar Pub., 1992), p.xxi.

67) Pateman, "The Disorder of Woman: Women, Love, and the Sense of Justice," 페이트먼은 사회주의적 페미니스트로 분류된다.

68) 본장, 서론 참조. 이에 대해서는 4절 3)항과 4)항에서 간략히 언급됨.

69) TJ, p.129.

70) TJ, p.251.

71) 그러나 칸트도 초기에는 영국의 도덕감 학파의 영향을 받았다는 사실이 밝혀지고 있다. 칸트의 윤리학에서 감정의 문제는 김상봉, 「칸트 윤리학과 동정심 문제」, 한국칸트학회 편, 『칸트와 윤리학』(서울: 민음사, 1996).

72) 황경식, 「도덕적 구성주의: 롤즈의 정의론을 중심으로」, 『철학』, 제16호 (1981), p.57.

73) TJ, p.51.

74) TJ, p.499.

75) TJ, p.288, p.292.

76) Susan Moller Okin, "Reason and Feeling in Thinking about Justice," *Ethics*, Vol. 99(1989), pp.229-249. 물론 오킨은 롤즈의 정의론에서 이성과 감정의 조화 가능성에 대한 이러한 해석도 롤즈가 가족 내에서의 정의 문제를 다루지 않고 있기 때문에 여성주의적 관점에서는 아직도 불충분한 것이라고 생각한다. p.231.

77) John Rawls, "Justice as Fairness: Political not Metaphysical," *Philosophy and Public Affairs*, Vol. 14(1985), p.224, n.2.

78) Okin, "Reason and Feeling in Thinking about Justice," p.235.

79) 같은 논문, p.242.

80) 같은 논문, p.244.

81) 같은 논문, p.246. 롤즈는 『정의론』에서 이미 차등의 원칙에 대해서 각자의 천부적 재능을 "공동적 자산(common assets)"으로 간주한다는 점과 차등의 원칙이 "박애(fraternity)"의 이상을 실현한다는 것을 언급함으로써 이러한 해석의 가능성을 열어놓은 것이 사실이다. TJ, p.101, p.150.

82) Okin, "Reason and Feeling in Thinking about Justice," p.248.

83) 이재경, 「정의의 관점에서 본 가족」, p.390. 오킨이 보살핌의 원리를 공적 영역에 확산시킨다고 말하는 것은 보살핌의 윤리를 공공적인 사회윤리의 기초로 삼는다는 것은 아니다. 오킨이 의미하는 것은 앞으로 정책에 관련해서 논의할 주간 탁아시설의 확충 같은 제한적인 것인 것이다. 보다 자세한 논의는 Leeuwen, *After Eden: Facing the Challenge of Gender Reconciliation*, Ch. 13. "Family Justice and Societal Nurturance." 이 문제는 버지니아 헬드 (Virginia Held)의 오킨에 대한 비판을 논의할 4절 3)항에서 간략히 다룰 것임.

84) Okin, *Justice, Gender, and the Family*, p.21. Lawrence Hinman, *Ethics: A*

Pluralistic Approach to Moral Theory(Belmont: Wadsworth/Thoson Learning, 2003), "Gilligan's Traditionalism," p.316.

85) Susan Moller Okin, "Thinking Like a Woman," in Deborah L. Rhode, ed., *Theoretical Perspectives On Sexual Difference*(New Haven: Yale University, 1990), p.159.

86) Okin, *Justice, Gender, and the Family*, p.32. 그리고 Leeuwen, *After Eden: Facing the Challenge of Gender Reconciliation*, p.431.

87) Susan Moller Okin, *Women in Western Political Thought*(Princeton: Princeton University Press, 1979), p.10.

88) Okin, *Justice, Gender, and the Family*, p.101, p.107.

89) 같은 책, p.92.

90) 오킨은 급진적 여성주의자들의 주장했던 "사적인 것은 정치적이다"라는 구호에 동조하면서도 양 영역의 완전한 동일화에는 반대하고, 정의의 한도 내에서 사적 영역의 프라이버시를 인정해야 한다고 본다. Okin, *Justice, Gender, and the Family*, p.128. 킴리카는 공사 이분법을 국가-사회, 사회-개인, 공공-가사의 3유형으로 나누고, 처음 두 유형은 자유주의적인 것이나, 세 번째는 자유주의만의 고유한 구분은 아니고 마르크스주의와 공동체주의에서도 찾아볼 수 있다고 주장한다. Kymlicka, "Introduction," *Justice in Political Philosophy*, p.xxi. 오킨도 정의가 가족에 적용될 수 없다는 주장을 한 대표적 인물로 공동체주의자 마이클 샌델을 들고 신랄한 비판을 가한다. Okin, *Justice, Gender, and the Family*, p.26.

91) TJ, p.463, p.490.

92) Okin, "Humanist Liberalism," p.47.

93) 오킨은 롤즈의 사회적 기본구조에 대한 언명을 매우 중요하게 생각한다. Okin, "Humanist Liberalism," p.46. TJ, p.7, p.102.
　　"기본구조가 정의의 일차적 주제가 되는 이유는 … 이처럼 그 영향력이 심대하고 또 그것이 근원적인 데서부터 나타난다는 점 때문이다. 여기서 직감적으로 생각나는 것은 이러한 기본구조 속에는 여러 가지 사회적 지위가 속해 있다는 점과 서로 다른 지위에 태어난 자들은 정치 체제뿐만 아니라 경제적, 사회적 여건들에 의해서 어느 정도 정해진 서로 상이한 기대를 갖게 된다는 점이다. 이런 식으로 사회제도로 인해서 어떤 출발점이 다른 출발점보다 유리한 조건이 부여된다. 이러한 것들은 특히 뿌리 깊은 불평등이라 할 수 있다. 그러한 것들은 지배적인 것들일 뿐만 아니라 인생에 있어서 인간의 최초의 기회를 좌우하게 되는 것이다. … 사회 정의의 원칙들이 제일 먼저 적용되어야 할 것은 어떤 사회의 기본구조에 속에 있는 이와 같은 거의 불가피한 불평등인 것이다."

"그러나 사람들이 이러한 우연성에 자신을 내맡길 필요는 없다. 이러한 사회체제란 인간이 통제할 수 없는 불변적인 질서가 아니며 인간의 행위의 한 양식이다. 공정성으로서의 정의관에 있어서 사람들은 서로의 운명을 함께하는 데 합의한다."

94) Okin, *Justice, Gender, and the Family*, p.6.

95) TJ, p.74.

96) Okin, *Justice, Gender, and the Family*, pp.16-17.

97) Carole Ulanowsky, "The Family." in *Encyclopedia of Applied Ethics*(San Diego, Academic Press, 1988), p.239.

98) Okin, *Justice, Gender, and the Family*, p.21.

99) TJ, p.463, p.490.

100) Susan Moller Okin, "Political Liberalism, Justice, and Gender," *Ethics*, Vol. 105(1994), p.38.

101) Okin, *Justice, Gender, and the Family*, pp.21-22, pp.97-101.

102) Leeuwen, *After Eden: Facing the Challenge of Gender Reconciliation*, p.435.

103) Okin, *Justice, Gender, and the Family*, p.92.

104) 같은 책, p.32.

105) 같은 책, p.101.

106) 같은 책, p.174.

107) 같은 책, p.104.

108) TJ, p.204.

109) Okin, "Political Liberalism, Justice, and Gender," p.42.

110) Okin, *Justice, Gender, and the Family*, Ch. 7.

111) TJ, p.440.

112) Okin, *Justice, Gender, and the Family*, p.104.

113) 같은 책, pp.107-108.

114) 오킨은 근래 논문에서 *Justice, Gender, and the Family*(1989)의 논의를 이러한 방식으로 재구성한다. Susan Moller Okin, "Inequalities Between the Sexes in the Different Cultural Contexts," in Martha Nussbaum and Jonathan Glover, ed., Women, *Culture and Development*(Oxford: Clarendon Press, 1995), p.279.

115) Okin, *Justice, Gender, and the Family*, p.26, p.33.

116) 같은 책, pp.26-32.

117) 같은 책, pp.40-43.

118) Okin, "Inequalities Between the Sexes in the Different Cultural Contexts," p.279. Cf. TJ, p.71.

119) Okin, *Justice, Gender, and the Family*, p.10.

120) 같은 책, p.198, n.8. 허위적 성별 중립적 언어에 대해서는 Leeuwen, *After Eden: Facing the Challenge of Gender Reconciliation*, Ch. 11. "How Shall We Speak? Language and Gender Reflations."

121) Okin, "Inequalities Between the Sexes in the Different Cultural Contexts," pp.281-282.

122) Amartya Sen, "More than 100 Million Women are Missing," *New York Review of Books*, 20 Dec.(1990).

123) Okin, *Justice, Gender, and the Family*, Ch. 7.

124) Okin, "Inequalities Between the Sexes in the Different Cultural Contexts," p.284.

125) Okin, "Families and Feminist Theory: Some Past and Present Issues," p.18.

126) 같은 논문, p.19.

127) Okin, *Justice, Gender, and the Family*, p.179. 그리고 로즈마리 통, 이소영 옮김, 『페미니즘 사상: 종합적 접근』, p.36.

128) Okin, *Justice, Gender, and the Family*, p.136, p.161; "Inequalities Between the Sexes in the Different Cultural Contexts," p.287.

129) Okin, *Justice, Gender, and the Family*, p.137.

130) 같은 책, p.173.

131) 같은 책, p.90.

132) Struening, "Feminist Challenges to the New Familialism," *Hypatia*, Vol. 11(1966), pp.135-154.

133) Okin, *Justice, Gender, and the Family*, p.175, p.180. 오킨이 제안한 정책들의 장단기 분류는 Will Kymlicka, "Rethinking the Family," *Philosophy and Public Affairs*, Vol. 20(1991), p.82.

134) Okin, "Political Liberalism, Justice, and Gender," p.40.

135) Okin, *Justice, Gender, and the Family*, p.209, n.6.

136) 같은 책, p.181.

137) 같은 책, p.183.

138) 같은 책, p.177.

139) 같은 책, pp.176-177.

140) 같은 책, p.178

141) 같은 곳.

142) 같은 책, p.179.

143) 같은 책, p.107.

144) 같은 책, p.184.

145) TJ, p.148.

146) Christine Sypnowich, "Justice, Community, and the Antinomies of Feminist Theory," *Political Theory*, Vol. 21(1993), pp.495-496.

147) J. S. Russell, "Okin's Rawlsian Feminism? Justice in the Family and Another Liberalism?" *Social Theory and Practice*, Vol. 21(1995), pp.397-426.

148) John Rawls, *Political Liberalism*(New York: Columbia University Press, 1993). 번역본으로는 존 롤즈, 장동진 옮김, 『정치적 자유주의』(파주: 동명사, 1998) 참조. 박정순, 「정치적 자유주의의 철학적 기초」, 『철학연구』, 제33집(1998), pp.279-280. 이 논문은 본서 제1부 제3장에 수정 증보하여 재수록. Okin, "Political Liberalism, Justice, and Gender."

149) Okin, *Justice, Gender, and the Family*, p.125, p.178. Kymlicka, "Rethinking the Family," p.87. Martha Fineman, "Review of Justice, Gender, and the Family," *Ethics*, Vol. 101(1991), p.648.

150) Angelia R. Wilson, "Their Justice: Heterosexism in *A Theory of Justice*," in Angelia R. Wilson, ed., *A Simple Matter of Justice: Theorizing Lesbian and Gay Politics*(London: Cassell, 1995).

151) Iris Marion Young, "Toward a Critical Theory of Justice," *Social Theory and Practice*, Vol. 7(1981), pp.279-301; *Justice and Politics of Difference* (Princeton: Princeton University Press, 1990). Seyla Benhabib, "The Generalized Other and the Concrete Other," in *Situating the Self* (Cambridge: Polity Press, 1992), pp.148-177.

152) Kymlicka, "Rethinking the Family," p.86.

153) Amy R. Baehr, "Toward a New Feminist Liberalism: Okin, Rawls, and Habermas," *Hypatia*, Vol. 11(1996), p.60.

154) Okin, *Justice, Gender, and the Family*, p.186.

155) Paul William Kingston, "Review of *Justice, Gender and the Family*," *Journal of Marriage and the Family*, Vol. 52(1990), p.563.

156) Baehr, "Toward a New Feminist Liberalism: Okin, Rawls, and Habermas,"

p.64.

157) Putnam, "Why Not a Feminist Theory of Justice?" pp.307-308.

158) Okin, "Inequalities Between the Sexes in the Different Cultural Contexts," p.281. 오킨이 차이보다 동일성을 주장한다는 점에서 여성주의보다는 자유주의에 기울어져 있는 것처럼 보인다. 로즈마리 통, 이소영 옮김, 『페미니즘 사상: 종합적 접근』, p.45, 주 71 참조.

159) Susan Moller Okin, "Sexual Orientation, Gender, and Families: Dichotomizing Differences," *Hypatia*, Vol. 11(1996).

160) Okin, "Families and Feminist Theory: Some Past and Present Issues," p.17.

161) 로즈마리 통, 이소영 옮김, 『페미니즘 사상: 종합적 접근』, p.45.

162) Okin, *Justice, Gender, and the Family*, p.6, p.106, p.131. 정신분석적 여성주의에 관련된 양성적 인간의 자세한 논의는 본 논문의 범위 밖이다. 로즈마리 통, 이소영 옮김, 『페미니즘 사상: 종합적 접근』, 제5장 "정신분석학적 페미니즘" 참조.

163) Jaggar, *Feminist Politics and Human Nature*, p.47.

164) Okin, *Justice, Gender, and the Family*, p.11 p.102.

165) 박정순, 「윤리학에서 감정의 위치와 역할」, pp.317-323.

166) Sara Ruddick, "Injustice in Families: Assault and Domination," in Virginia Held, ed., *Justice and Care*(Boulder, Westview Press, 1995), pp.203-223.

167) Virginia Held, "Review of Justice, Gender, and the Family," *Political Theory*, Vol. 19(1991), p.301. 헬드의 이러한 주장은 소위 미노타우로스적 국가(état minotaur, the minotaur state)를 모성애적 국가(état mère de famille/the motherly state)로 대체하는 것으로 이미 프랑스에서 1885년 오클레르(Hubertine Auclert)가 주장했다.

168) Michele M. Moody-Adams, "Feminist Inquiry and The Transformation of the Public Sphere in Virginia Held's Feminist Morality," *Hypatia*, Vol. 11(1996), pp.155-173.

169) Leeuwen, *After Eden: Facing the Challenge of Gender Reconciliation*, p.429.

170) 김미혜 외, 『양성평등이 보장되는 복지사회』(서울: 미래인력연구센터, 1997).

171) Kymlicka, "Rethinking the Family," p.92.

172) Okin, *Justice, Gender, and the Family*, p. 61; "Humanist Liberalism," p.40.

173) Frazer and Nancy, *The Politics of Community: A Feminist Critique of the Liberal-Communitarian Debate*.

174) Linda J. Nicholson, *Gender and History: The Limits of Social Theory in the Age of the Family*(New York: Columbia University Press, 1986), p.25.

175) Okin, "Families and Feminist Theory: Some Past and Present Issues," p.22.

176) Okin, *Justice, Gender, and the Family*, p.182.

177) 로즈마리 통, 이소영 옮김, 『페미니즘 사상: 종합적 접근』, pp.48-57.

178) Jean Elshtain, *Public Man, Private Woman: Woman in Social and Political Thought*(Princeton: Princeton University, 2nd edn., 1993; 1st edn., 1981). Jaggar, *Feminist Politics and Human Nature*, p.28.

179) Wendell, "A (Qualified) Defense of Liberalism," p.66.

180) Graham Gordon, "Liberal vs. Radical Feminism Revisited," *Journal of Applied Philosophy*, Vol. 11(1994), pp.155-170.

181) 로즈마리 통, 이소영 옮김, 『페미니즘 사상: 종합적 접근』, p.18.

182) Hanna Papanek, "To Each Less than She Needs, From Each More Than She Can Do," in Irene Tinker, ed., *Persistent Inequalities*(Oxford: Oxford University Press, 1990).

183) Francis Fukuyama, "The End of History," *The National Interest*(Summer, 1989), p.18.

184) Dennis Auerbach. "Liberalism in Search of Its Self," *Critical Review*, Vol. 1(1987), pp.5-14.

185) Moira Gatens, *Feminism and Philosophy*(Cambridge: Polity Press, 1991), 5.2. "Feminism as the Completion of Philosophy."

186) Francis Fukuyama, *The End of History and the Last Man*(New York: The Free Press, 1992). 프랜시스 후쿠야마, 구승회 옮김, 『역사의 종말: 역사의 종점에 선 최후의 인간』(서울: 한마음사, 1992).

187) Pateman, "Feminist Critiques of the Public/Private Dichotomy," p.123, *The Sexual Contract*, p.219.

188) Georg W. F. Hegel, *Phenomenology of Spirit*, trans. A. V. Miller (Oxford: Oxford University Press, 1977), pp.178-196. 주인과 노예의 변증법 일반은 박정순, "The Dialectic of Master and Slave in Hegel's *Phenomenology of Sprit*," 『매지논총』, 제16집(연세대학교 매지학술연구소, 1999), pp.93-130.

189) 쏘온, 얄롬, 권오주 외 옮김, 『페미니즘 시각에서 본 가족』, 제8장 "남성들은 왜 저항하는가?"

190) Toby Miller, "A Short History of the Penis," *Social Text*, Vol. 43(1995), pp.1-6.

191) Leeuwen, *After Eden: Facing the Challenge of Gender Reconciliation*, p.429.

192) 로즈마리 통, 이소영 옮김, 『페미니즘 사상: 종합적 접근』, p.58. n.95.

193) 같은 책, pp.59-60.

194) 이것은 그들의 주장이 일고의 가치도 없다고 말하는 것은 아니다. 누가 감히 그렇게 할 수 있다는 말인가? 포스트모던적 여성주의자들은 로즈마리 통, 이소영 옮김, 『페미니즘 사상: 종합적 접근』, 제8장 참조.

195) 문소정, 「가족 이데올로기의 변화」, 여성사회연구회 편, 『한국가족의 오늘과 내일』(서울: 사회문화연구소, 1995), pp.329-367.

196) 대칭가족은 P. Willmott and M. Young, *The Symmetrical Family*(London: Routledge and Kegan Paul, 1973). "New man"은 미국에서 1960년대 이후 여성의 분만 시 보조자로 임석하여 고통을 동감하며, 여성의 전업 혹은 시간제 취업을 수용하고, 또한 가사와 양육도 공유하는 남성들의 일반적 명칭이다. 그러나 이러한 양육하는 아버지 상과 양육 일반의 중요성은 남녀 모두의 전문직업의 추구에 대한 열망 때문에 1990년대에 들어 쇠퇴해 가는 조짐이 있다고 지적된다. Ulanowsky, "The Family," p.241. 그러나 정보통신사회의 유입으로 가능해진 재택근무는 양육적 인간 모델을 다시 번성시킬 수도 있을 것이다.

제4장 인권 이념의 철학적 고찰

1) Michael Ignatief, *The Rights Revolution*(Toronto: Anansi, 2000). 박정순, 「인권 이념의 철학적 고찰」, 『철학과 현실』, 68호(2006년 봄호), pp.34-66 참조.

2) 「세계인권선언」(유엔, 1948), 제1조, 제2조. *The Universal Declaration of Human Rights*(United Nations General Assembly, 183rd Session on 10 December 1948). 정인섭 편역, 『국제인권조약』(서울: 사람생각, 2000), p.14.

3) 임홍빈, 『인권의 이념과 아시아 가치론』(서울: 아연출판부, 2003), p.26.

4) Richard McKeon, "The Philosophic Bases and Material Circumstances of the Rights of Man," *Ethics*, Vol. 58(1948), p.180.

5) Tibor Machan, "Some Recent Work in Human Rights Theory," *American Philosophical Quarterly*, Vol. 17(1980), p.103.

6) Alan S. Rosenbaum, ed., *The Philosophy of Human Rights*(Westport:

Greenwood Press, 1980), "Introduction," p.24.

7) John Rawls, *A Theory of Justice*(Cambridge: The Belknap Press of Harvard University Press, 2nd edn., 1999; 1st edn., 1971). 재판 번역본으로는 존 롤즈, 황경식 옮김, 『정의론』(서울: 이학사, 2003).

8) 임홍빈, 『인권의 이념과 아시아 가치론』, p.25. James Nickel, *Making Sense of Human Rights*(Berkely: University of California Press, 1987), p.173.

9) Jerome J. Shestack, "The Philosophic Foundations of Human Rights," *Human Rights Quarterly*, Vol. 20(1998), pp.201-234. 마이클 프리먼, 김철효 옮김, 『인권: 이론과 실천』(서울: 아르케, 2005), p.87.

10) 인권의 개념적 특성에 관해서 다음을 참조. Nickel, *Making Sense of Human Rights*, pp.3-4; "Human Rights," *Stanford Encyclopedia of Philosophy* (http://plato.standford.edu, 2003), pp.1-2.

11) 이러한 네 가지 구분은 원래 법학자 호펠드(W. E. Hohfeld)가 1920년경 제시한 것이다. 자세한 논의는 Rex Martin and James Nickel, "Recent Work On The Concept of Rights," *American Philosophical Quarterly*, Vol. 17 (1980), pp.165-180. Dudley Knowles, *Political Philosophy*(Montreal: McGill-Queen University Press, 2001), pp.138-147.

12) 「세계인권선언」, 제29조 2항. 정인섭 편역, 『국제인권조약』, p.18.

13) Ronald Dworkin, *Taking Rights Seriously*(Cambridge: Harvard University Press, 1977), p.xi, p.90.

14) 「세계인권선언」, 제29조 2항. 정인섭 편역, 『국제인권조약』, p.18. 「시민적 및 정치적 권리에 관한 국제규약」(유엔, 1966), 제4조 1항. 정인섭 편역, 『국제인권조약』, p.42. 프랑스의 「인간과 시민의 권리선언」(1789)의 제1조는 "인간은 자유롭게, 그리고 권리에 있어서 평등하게 태어나 존재한다. 사회적 차별은 공공 이익을 근거로 해서만 있을 수 있다"고 명시된다. 그렇지만 공공 복지(*salus publica*)와 인민 복지(*salus populi*)는 인권보다 상위 개념이라고 해석되기보다는 인권의 제약은 기본적으로 동일한 자유의 상호 양립 가능한 전체 체계를 강화하는 방식으로 보는 것이 타당할 것이다. 이러한 해석은 롤즈, 황경식 옮김, 『정의론』, p.400.

15) 「시민적 및 정치적 권리에 관한 국제규약」, 제4조 2항. 정인섭 편역, 『국제인권조약』, p.43.

16) Nickel, "Human Rights," p.2. Nickel, "Human Rights," L. C. Becker, et al. eds., *Encyclopedia of Ethics*(New York: Routledge, 2001), p.796. Nickel, *Making Sense of Human Rights*, p.172.

17) 「세계인권선언」, 전문 2절에는 "일반인의 지고한 열망"이라는 문구가 보인

다. 정인섭 편역, 『국제인권조약』, p.14.

18) Machan, "Some Recent Work in Human Rights Theory," p.107.

19) Karel Vasak, "The 30-Year Struggle: The Sustained Efforts to Give Force of Law to *the Universal Declaration of Human Rights*," *UNESCO Courier* (Nov., 1977), pp.29-32. 보다 자세한 "3세대 3등급" 분류는 박구용, 『우리 안의 타자: 인권과 인정의 철학적 담론』(서울: 철학과현실사, 2003), pp.176-181 참조.

20) 「세계인권선언」은 전문, 그리고 제1조와 제2조의 근본적 원칙, 그리고 제3조 부터 제21조까지의 시민적, 정치적 권리, 그리고 제22조부터 제27조까지의 경제적, 사회적, 문화적 권리, 그리고 제28조부터 제30조에서 규정된 모든 인권의 향유를 보장하기 위한 연대권으로 이루어져 있다. 시민적, 정치적 인 권과 경제적, 사회적, 문화적 인권에 비해서 제3세대 인권인 연대권은 잘 알 려져 있지 않으나 제2세대 인권 중 문화적 인권과 연관이 많다. 보다 구체적 으로는 인권 실현을 위한 사회적, 국제적 질서에 대한 권리, 국제적 불평등 해소를 위한 자원 분배 요구, 정치적, 경제적, 문화적 자결주의, 공동체 발전 의 권리, 인류 공동 유산에 대한 혜택의 권리, 평화권, 환경권, 인도주의적 구제에 대한 권리 등이다. 보다 자세한 것은 Vasak, "The 30-Year Struggle: The Sustained Efforts to Give Force of Law to *the Universal Declaration of Human Rights*" 참조.

21) Rosenbaum, ed., *The Philosophy of Human Rights*, p.7.

22) 세 가지 논변과 그 반론은 Carl Wellman, ed., *Rights and Duties*, Vol. 4, *Human Rights and Universal Duties*(New York: Routledge, 2002), p.xii-xiii. Jeremy Waldron, "Rights," in Robert Goodin and Philip Pettit, eds., *A Companion To Comtemporary Political Philosophy*(Oxford: Blackwell, 1993), pp.578-581. Jack Donnelly, *Universal Human Rights in Theory and Practice*(Ithaca: Cornell University Press, 1989), pp.31-34. 잭 도널리, 박정원 옮김, 『인권과 국제정치』(서울: 오름출판, 2002), pp.56-62.

23) A규약 제2부 2조 1항: 정인섭 편역, 『국제인권조약』, p.25과 B규약 제2부 제2조 2항: 정인섭 편역, 『국제인권조약』, p.42에 각각 명시됨. 이러한 구분 은 소위 실정법(*lex lata*)과 당위론적으로 이루어져야 할 입법(立法, *lex ferenda*)의 구별에 근거하고 있다.

24) Robert Nozick, *Anarchy, State and Utopia*(New York: Basic Books, 1974), p.169, p.238. 로버트 노직, 남경희 옮김, 『아나키에서 유토피아로: 자유주의 국가의 철학적 기초』(서울: 문학과지성사, 1983).

25) Waldron, "Rights," p.580.

26) 잭 도널리, 박정원 옮김, 『인권과 국제정치』, p.73.

27) Donnelly, *Universal Human Rights in Theory and Practice,* p.151.

28) Jack Donnelly, *The Concept of Rights*(London: Croom Helm, 1985), pp.82-85.

29) Jack Donnelly, "Human Rights," in John Dryzek et al. eds., *Oxford Handbook of Political Theory*(Oxford: Oxford University Press, 2006), p.9.

30) *Vienna Declaration and Programme of Action*(U.N.: 1993), 1부 5조.

31) Roda Howard, "The Full-Belly Thesis: Should Economic Rights Take Priority Over Civil and Political Rights?," *Human Rights Quarterly*, Vol. 5 (1983), pp.467-490.

32) Nickel, *Making Sense of Human Rights*, p.172.

33) 마이클 프리먼, 김철효 옮김, 『인권: 이론과 실천』, p.90.

34) Rosenbaum, ed., *The Philosophy of Human Rights*, p.31.

35) Patrick Hayden, ed., *The Philosophy of Human Rights*(St. Paul: Paragon House, 2001), p.3. Rosenbaum, ed., *The Philosophy of Human Rights*, p.35.

36) James Griffin, "Discrepancies Between the Best Philosophical Account of Human Rights and the International Law of Human Rights," *Telos*, Vol. 10 (2001), p.134.

37) 『미국독립선언』(1776)에는 이러한 자연권적 사회계약론이 압축적으로 잘 설명되어 있다.

38) 임마누엘 칸트, 이규호 옮김, 『도덕형이상학원론』(서울: 박영사, 1982), p.77. 잭 도널리, 박정원 옮김, 『인권과 국제정치』, p.56.

39) Shestack, "The Philosophic Foundations of Human Rights," pp.208-215.

40) Michael Freeman, "Is a Political Science of Human Rights Possible?" *Netherlands Quarterly of Human Rights*, Vol. 19(2001), pp.126-127.

41) Brend Almond, "Rights," in Peter Singer, ed., *A Companion to Ethics* (Cambridge: Blackwell, 1991), p.264.

42) Nickel, *Making Sense of Human Rights*, p.9. McKeon, "The Philosophic Bases and Material Circumstances of the Rights of Man," p.187.

43) Jacques Maritain, *The Rights of Man and Natural Law*, D. Anson, trans. (1951). Joshua Cohen, "Minimalism About Human Rights: The Most We Can Hope For?" *The Journal of Political Philosophy*, Vol. 12(2004), p.194 에서 재인용. David P. Forsythe, *Human Rights and World Politics*(Lincoln: University of Nebraska Press, 1989).

44) Almond, "Rights," p.263. 인권을 인간의 합의 대상으로 보는 것은 이삼열, 『인권사상의 발전과 실천과제』, 김중섭, 도모나가 겐죠 엮음, 『세계화와 인

권 발전』(서울: 오름, 2004), pp.54-56.

45) 인용은 마이클 프리먼, 김철효 옮김, 『인권: 이론과 실천』, p.90. Almond, "Rights," p.263. 잭 도널리, 박정원 옮김, 『인권과 국제정치』, p.52.

46) McKeon, "Some Recent Work in Human Rights Theory," p.183.

47) Rosenbaum, ed., *The Philosophy of Human Rights,* p.9. 정진성, 「인권의 보편성과 특수성」, 한국인권재단 엮음, 『21세기의 인권』(서울: 한길사, 2000), p.95. Johannes Morsink, "The Philosophy of *the Universal Declaration*," *Human Right Quarterly*, Vol. 6(1984), p.311.

48) 인용문은 「시민적 및 정치적 권리에 관한 국제규약」, 전문 2절과 3절. 정인섭 편역, 『국제인권조약』, p.41.

49) H. L. A. Hart, "Are There Any Natural Rights," *Philosophical Review*, Vol. 64(1955), pp.175-191. 존 롤즈, 황경식 옮김, 『정의론』, p.40, pp.749-750.

50) Morsink, "The Philosophy of *the Universal Declaration*," pp.333-334.

51) 「세계인권선언」 제1조: "··· 사람은 이성과 양심을 부여받았으며···." 정인섭 편 편역, 『국제인권조약』, p.14.

52) Morsink, "The Philosophy of *the Universal Declaration*," pp.320-325. 「세계인권선언」 전문 3절: "사람들이 폭정과 억압에 대항하는 마지막 수단으로서 반란에 호소하도록 강요받지 않으려면, 인권과 법에 의한 지배에 의해서 보호되어야 함이 필수적"이다. 정인섭 편역, 『국제인권조약』, p.14.

53) Nickel, *Making Sense of Human Rights*, pp.7-12.

54) McKeon, "The Philosophic Bases and Material Circumstances of the Rights of Man," p.185.

55) Adamantia Polis, "Human Rights," Mary Hawkesworth et al. eds., *Encyclopedia of Government and Politics*(London: Routledge, 1992), pp.1392-1393.

56) 현대 철학적 인권 이론은 Machan, "Some Recent Work in Human Rights Theory." Martin and Nickel, "Recent Work On The Concept of Rights." 그리고 Carl Wellman, ed., *Rights and Duties*(New York: Routledge, 2002), Six-Volume Set를 참조. Vol. 1, *Conceptual Analyses of a Rights and Duties*. Vol. 2, *Rational Foundations of Rights and Duties*. Vol. 3, *Possible Bearers of Rights and Duties*. Vol. 4, *Human Rights and Universal Duties*. Vol. 5, *Welfare Rights and Duties of Charity*. Vol. 6, *Property Rights and Duties of Redistribution*.

57) 고전적 자연권의 현대적 부활이 본격화될 때까지, 인권 담론을 일상용어적

관점과 비인지주의적 관점에서 해석하는 입장들이 다양하게 존재했다. 즉 인권을 이익과 가치와 욕구된 이상에 대한 감정을 표현하는 언표적 행위로 간주하는 이러한 입장들은 여전히 논리실증주의의 영향 아래 있음을 말해주고 있다. Machan "Some Recent Work in Human Rights Theory," pp.104-106. 일상언어적 관점에서 인권의 철학적 기초를 찾는 작업은 Alexander Matthews, "Philosophy and Human Right," *International Journal of Human Rights*, Vol. 1(1997), pp.19-30 참조.

58) Margaret MacDonald, "Natural Rights" in Peter Laslett, ed., *Philosophy, Politics, and Society*(Oxford: Oxford University Press, 1967), p.48.

59) Machan, "Some Recent Work in Human Rights Theory," p.107. Shestack, "The Philosophic Foundations of Human Rights," p.215. Martin and Nickel, "Recent Work On The Concept of Rights," p.174.

60) 자연권적 불가침성 천명은 존 롤즈, 황경식 옮김, 『정의론』, pp.36-37, p.647, n.30. 정의의 두 원칙은 p.400.

61) Nozick, *Anarchy, State, and Utopia*, p.171.

62) 인권의 철학적 기초와 정당화에 관한 포괄적인 논의는 Shestack, "The Philosophic Foundations of Human Rights," Wellman, ed., *Rights and Duties*, Vol. 4, *Human Rights and Universal Duties*, "Introduction," pp.ix-xv을 주로 참조했음.

63) Dworkin, *Taking Rights Seriously*, p.xi, p.90.

64) Alan Gewirth, *Reason and Morality*(Chicago: University of Chicago Press, 1978). Donnelly, *Universal Human Rights in Theory and Practice*, p.18. E. Maynard Adams, "Human Rights and the Social Order," *Journal of Value Inquiry*, Vol. 22(1988), pp.167-181.

65) Richard Rorty, "Human Rights, Rationality, and Sentimentality," in S. Shute and S. Hurley, eds., *On Human Rights*(New York: Basic Books, 1993), pp.111-134. 프리먼은 로티의 이러한 주장에 대해서 그것은 동기 부여와 정당화를 혼동하고 있다고 비판한다. 로티가 주장하는 동정심과 정서는 어떤 행동에 대한 동기 부여는 될 수 있지만 그것이 행동이 정당한지의 여부에 대한 근거는 될 수 없다는 것이다. 마이클 프리먼, 김철효 옮김, 『인권: 이론과 실천』, p.86.

66) Jacques Derrida, "Text-Wears and Tears(Tableau of An Ageless World)," in Hayden, ed., *The Philosophy of Human Rights*, pp.258-267.

67) 인권에 관련된 아시아적 가치 논쟁은 장은주, 「문화적 차이와 인권」, 『철학연구』, 제49집(2000), pp.156-178. 그리고 임홍빈, 『인권의 이념과 아시아

가치론』. 박구용, 『우리 안의 타자: 인권과 인정의 철학적 담론』 참조.

68) Alasdair MacIntyre, *After Virtue*(Notre Dame: University of Notre Dame Press, 1984), p.70. 번역본으로는 알래스데어 매킨타이어, 이진우 옮김, 『덕의 상실』(서울: 문예출판사, 1997).

69) Michael Walzer, *Spheres of Justice*(New York: Basic Book, 1983), pp.31-35. 번역본으로는 마이클 왈쩌, 정원섭 외 옮김, 『정의와 다원적 평등: 정의의 영역들』(서울: 철학과현실사, 1999). Michael Walzer, *Thick and Thin: Moral Argument of Home and Abroad*(Notre Dame: University of Notre Dame, 1994), p.4, p.10, p.50.

70) Michael Freeman, "The Philosophical Foundations of Human Rights," *Human Rights Quarterly*, Vol. 16(1994), p.498. 박구용, 『우리 안의 타자: 인권과 인정의 철학적 담론』은 또 다른 관점에서 인권 담론의 트라일레마를 구성한다. 즉 인권의 철학적 기초는 인간의 자연적 본성이나 이성, 인간의 존엄성 개념, 역사의 흐름 속에서의 입법자의 의지에 의거할 수밖에 없지만 3대안 모두 난제에 봉착한다고 주장한다. p.186.

71) 국내 철학계에서 개진된 하버마스의 인권론에 대한 우호적 논변은 이삼열, 「인권사상의 발전과 실천과제」. 임홍빈, 『인권의 이념과 아시아 가치론』. 박구용, 『우리 안의 타자: 인권과 인정의 철학적 담론』 참조.

72) John Rawls, *The Law of Peoples*(Cambridge: Harvard University Press, 1999), p.80. 번역본으로는 존 롤즈, 장동진, 김만권, 김기호 옮김, 『만민법』(파주: 동명사, 2017) 참조.

73) Rawls, *The Law of Peoples*, pp.78-81.

74) 같은 책, pp.172-174, p.81.

75) 실질적 최소주의(substantive minimalism)는 최소한의 신체적 안전만을 인권으로 인정하는 입장으로부터 비교적 간단한 소수의 핵심권만을 인권으로 인정거나, 혹은 제3세대 인권 중 시민적, 정치적 권리만을 인정하는 입장을 포괄적으로 지칭한다. 롤즈의 인권론에서 최소주의는 장동진, 「롤즈의 국제사회 정의관: 만민법을 중심으로」, 『국제정치논총』, 제41집(2001), pp.323-326 참조. 그리고 박정순, 「특별기고. 존 롤즈의 관용론」, 김용환, 『관용과 다문화사회의 교육』(서울: 철학과현실사, 2016), pp.261-311 참조.

76) Rawls, *The Law of Peoples*, pp.78-79. 보다 구체적으로 롤즈는 「세계인권선언」의 제3조부터 제18조까지의 전통적인 시민적, 정치적 권리는 인권의 범위에 넣는다. 또한 대량학살과 인종차별 방지도 인권의 범위에 넣는다. 그러나 제1조는 자유주의적 열망이 강하게 표출된 것으로 해석한다. 같은 책, p.80, n.23.

77) Thomas Pogge, "The International Significance of Human Rights," *Journal of Ethics*, Vol. 4(2000), pp.45-69. Charles Beitz, "Rawls's *Law of Peoples*," *Ethics*, Vol. 110(2000), pp.669-696.

78) Cohen, "Minimalism About Human Rights: The Most We Can Hope For?" pp.190-213. 코헨은 물론 이러한 과제에는 포괄적인 철학적, 종교적 교설과 가치관들에 대한 중첩적 합의를 통한 정당화적 최소주의와 실질적 인권 목록의 최대한의 확장이라는 현실적 야망을 모두 충족하기 어렵다는 기본적 딜레마가 존재한다고 본다. p.192.

79) 중첩적 대상이 되는 이러한 인권의 이념과 목록은 롤즈가 생각한 것보다는 광범위한 것이다. 이러한 입장은 Donnelly, "Human Rights," pp.3-4 참조.

80) 이러한 입장은 Nickel, "Human Rights." 잭 도널리, 박정원 옮김, 『인권과 국제정치』에서 개진되었다.

81) Micheline R. Ishay, *History of Human Rights*(Berkeley: University of California, 2004), p.2.

82) Rosenbaum, ed., *The Philosophy of Human Rights*, p.25에서 재인용.

83) 마이클 프리먼, 김철효 옮김, 『인권: 이론과 실천』, p.109.

84) Giorgio Agamben, *Homo Sacer: Sovereign Power and Bare Life*, trans. Daniel Heller-Rozen(Stanford: Stanford University Press, 1998). *Homo sacer*는 성직자로서 성직 및 성권 존중자를 말한다.

85) Carl Wellman, *The Proliferation of Rights: Moral Progress or Empty Rhetoric?*(Boulder: Westview Press, 1999).

86) Knowles, *Political Philosophy,* p.175.

87) 권리준거적 사회에 대한 비판과 옹호 논쟁은 Donnelly, "Human Rights," pp.10-11. Nickel, *Making Sense of Human Rights*, pp.171-172. Waldron, "Rights," pp.575-576 참조.

88) Donnelly, "Human Rights," p.11.

89) 카스틴 셀라스, 오승훈 옮김, 『인권, 그 위선의 역사』(서울: 은행나무, 2003), p.21.

90) Hayden, ed., *The Philosophy of Human Rights*, p.7. Ian Balfour and Eduardo Cadava, "The Claims of Human Rights: An Introduction," *The South Atlantic Quarterly*, Vol. 103(2004), p.283.

91) Michael Walzer, *Interpretation and Social Criticism*(Cambridge: Harvard University Press, 1987), pp.40-43. 번역본으로는 마이클 월쩌, 김은희 옮김, 『해석과 사회비판』(서울: 철학과현실사, 2007).

92) Walter Benjamin, "On the Concept of History," trans. Harry Zohn, in

Selected Writings, Vol. 4, 1938-1940, Edmund Jepcott, Howard Eiland, and Michael W. Jennings, eds.(Cambridge: Harvard University Press, 2003), p.392.

93) Ishay, *History of Human Rights*, p.4.

94) Balfour and Cadava, "The Claims of Human Rights: An Introduction," p.287.

95) Rosenbaum ed., *The Philosophy of Human Rights*, p.28. 마이클 프리먼, 김철효 옮김, 『인권: 이론과 실천』, p.94.

96) Emmauel Levinas, "The Rights of Man and the Rights of the Other," in *Outside the Subject,* trans. Michael B. Smith(Stanford: Stanford University Press, 1993), p.122. 인권의 문제를 타자와의 관련성 속에서 보는 것은 Balfour and Cadava, "The Claims of Human Rights: An Introduction," p.283. 박구용, 『우리 안의 타자: 인권과 인정의 철학적 담론』 참조.

97) Peter Jones, "Re-Examining Rights," *British Journal of Political Sciences*, Vol. 19(1989), p.96.

98) Donnelly, *Universal Human Rights in Theory and Practice*, p.19.

99) Jacques Derrida, "Autoimmunity: Real and Symbolic Suicides: A Dialogue with Jacques Derrida," trans. Pascale-Anne Brault and Michael Naas, in *Philosophy in a Time of Terror: Dialogues with Jürgen Habermas and Jacques Derrida*, Giovanna Borradori, ed.(Chicago: University of Chicago Press, 2003), pp.132-133.

100) Nickel, *Making Sense of Human Rights*, p.172. Donnelly, "Human Rights," p.7. "실현 가능한 유토피아(a realistic utopia)"라는 개념은 원래 국제적 정의에 관련해서 Rawls, *The Law of Peoples*(1999)에서 사용함. p.11.

제5장 자유주의와 환경보호

1) *Hegel's Philosophy of Right*, translated with notes by T. M. Knox(Oxford: Clarendon Press, 1952), pp.11-13.

2) Roger Taylor, "The Environmental Implications of Liberalism," *Critical Review*, Vol. 6(1992), pp.265-282. Avner De-Shalit, "Is Liberalism Environment-Friendly?" *Social Theory and Practice*, Vol. 21(1995), pp.287-314.

3) Laurent Dobuzinskis, "Is Progressive Environmentalism an Oxymoron?" *Critical Review*, Vol. 6(1992), pp.265-282.

4) 디오게네스(412-325 B.C.)는 시노페 출신으로 소위 견유학파(犬儒學派, the cynics, cynicism)의 대표적인 철학자로 알려져 있다.

5) Mark Sagoff, "Can Environmentalist be Liberals?" Robert Elliot, ed., *Environmental Ethics*(Oxford: Oxford University Press, 1995), pp.165-187.

6) 보수주의의 구체적인 유형에 대해서는 Robert Nisbet, *Conservatism: Dream and Reality*(Minneapolis: University of Minnesota Press, 1986) 참조.

7) Francis Fukuyama, "The End of History," *The National Interest*(Summer, 1989) pp.3-18.

8) Francis Fukuyama, *The End of History and the Last Man*(New York: The Free Press, 1992).

9) Alfred Schmidt, *The Concept of Nature in Marx*(New York: Humanities Press, 1972), Howard Parsons, *Marx and Engels on Ecology*(Westwood: Greenwood Press, 1977) 참조. 그리고 데이비드 페퍼, 이명우 외 옮김, 『현대환경론: 환경 문제에 대한 환경철학적·민중론적 이해』(서울: 한길사, 1989), 제6장 "마르크스적 환경론의 이해" 그리고 문순홍, 『생태위기와 녹색의 대안』(서울: 나라사랑, 1992), 2.3. "생태사회주의와 생태마르크스주의" 참조.

10) Tim Hayward, *Ecological Thought*(Cambridge: Polity Press, 1994), 4.1. "The Liberal Tradition as a Basis for Rights of Equity, Futurity and Environment" 그리고 H. J. 맥클로스키, 황경식, 김상득 옮김, 『환경윤리와 환경정책』(서울: 법영사, 1995), 제15장 "생태학적 개혁을 위한 정치학: 자유민주주의적 사회체제" 참조.

11) Bill Mckibben, *The End of Nature*(New York: Random House, 1989). 번역본으로는 과학동아편집실 옮김, 『자연의 종말』(서울: 동아일보사, 1990).

12) Rachel Carson, *Silent Spring*(Boston: Houghton Mifflin, 1962). 이 책은 DDT 축적의 위험을 경고하고, 그것이 생태계의 먹이사슬에 어떠한 파괴적인 영향을 미치는가를 역설한 책이다.

13) D. H. Meadows et al., *Limits to Growth, A Report for the Club of Rome's Project*(New York: Universe Books, 1972).

14) Christopher Manes, *Green Rage: Environmentalism and the Unmaking of Civilization*(Boston: Little Brown, 1990). 메인스는 미국의 환경 분야에서 상당한 주목을 받고 있는 『지구 먼저(*Earth First!*)』라는 잡지의 편집장이기도 하다.

15) Thomas Hobbes, *Leviathan*, ed. with an Introduction by C. B. Macpherson (Harmondsworth: Penguin Books, 1968), Ch. XIII. "Of the Natural

Condition of Mankind," "where every man is Enemy to every man," "And the life of man, solitary, poore, nasty, brutish, and short." 박정순, 「홉스의 계약론적 윤리학과 합리성 문제」, 『매지학술』, 제15집(1998), pp.241-278 참조. 그리고 『사회계약론적 윤리학과 합리적 선택: 홉스, 롤즈, 고티에』(서울: 철학과현실사, 2019).

16) John Locke, *The Second Treatise of Government*, ed. with an Introduction by C. B. Macpherson(Indianapolis: Hackett Publishing Co., 1980), Ch. V. "Of Property," "at least there is enough, and as good, left in common for others."

17) Stephen Cotgrove, *Catastrophe and Cornucopia: The Environment, Politics and the Future*(Chichester, England: John Wiley and Sons, 1982).

18) John Maddox, *The Doomsday Syndrome*(New York: McGraw-Hill, 1972). 치료적 허무주의는 유진 하그로브, 김형철 옮김, 『환경윤리학』(서울: 철학과현실사, 1994), 제5장 "치료상의 허무주의와 환경관리" 참조.

19) 이러한 기술적 낙관론과 풍요론의 대표자는 Charles Susskind, *Understanding Technology*(Baltimore, Johns Hopkins University Press, 1973) 참조. 전반적인 논의는 Ian G. Barbour, *Technology, Environment, and Human Values*(New York: Praeger, 1980), Ch. III. "Attitude Toward Technology" 참조.

20) Jean-Jacques Rousseau, *Of the Social Contract*, trans. with an Introduction by Charles M. Sherover(New York: Harper & Row, 1984), Book I, Sec. 15. "⋯ the monarch, secure on his throne, had nothing to fear from rebellions, or wars, or conspirators."

21) K. R. Minogue, "Thomas Hobbes and the Philosophy of Absolutism," in David Thomson, ed., *Political Ideas*(Harmondsworth: Pelican Books, 1969), pp.55-56.

22) Marshall Goldman, "The Convergence of Environmental Disruption," *Science* 170, no. 3953(October, 1970), pp.37-42. Donald Kelley, Kenneth Stunkel, and Richard Wescott, *The Economic Superpowers and the Environment: The U.S., the Soviet Union and Japan*(San Francisco: W. H. Freeman, 1976).

23) Barbour, *Technology, Environment, and Human Values*, p.18.

24) Andrew Dobson, *Green Political Thought*(London: Unwin Hyman, 1990). 번역본으로는 앤드류 돕슨, 정용화 옮김, 『녹색정치사상』(서울: 민음사, 1990).

25) Gus Dizerega, "Social Ecology, Deep Ecology, and Liberalism," *Critical Review*, Vol. 6(1992), pp.305-370.

26) Richard Routley and Val Routley, "Against the Inevitability of Human Chauvinism," K. Goodpaster and K. Sayre, eds., *Ethics and the Problems of the 21st Century*(Notre Dame: University of Notre Dame Press, 1979), pp.36-59.

27) Hayward, *Ecological Thought*, 1.1 "Ecology and Enlightenment" 참조.

28) Locke, *The Second Treatise*, Bk. II, Sec. 6. 자세한 내용은 박정순, 「사유재산권의 자유주의적 정당화의 과제」, 『사회비평』, 제6호(1991), pp.54-79.

29) Arthur Ekrich, *Man and Nature in America*(New York: Columbia University Press, 1963). 그리고 Barbour, *Technology, Environment, and Human Values*, "The American Experience," p.16. 이것은 우리가 미국 할리우드 영화를 통해서 볼 수 있는 소위 "카우보이 정신"으로서 언제나 자연에 대해 무차별적으로 무자비하게 정복할 수 있는 인간관으로 등장하게 되었다는 것을 지적하는 사람도 있다.

30) Greta Jones, *Social Darwinism and English Thought*(Sussex: The Harvester Press, 1980).

31) William Tucker, "The Conservatism of the Liberals," in Julie Sullivan, ed., *The American Environment*(New York: The H. W. Wilson Company, 1984), pp.32-42.

32) Bill Devall and George Sessions, *Deep Ecology: Living as if Nature Mattered*(Salt Lake City: Peregine Smith Books, 1985).

33) Robert C. Paehlke, *Environmentalism and the Future of Progressive Politics*(New Haven: Yale University Press, 1989).

34) 신자유주의적 환경론은 "신자유주의적 환경운동(neoliberal environmentalist movement)"을 의미한다. 신자유주의적 환경운동에 대해서는 Laurent Dobuzinskis, "Is Progressive Environmentalism An Oxymoron?" *Critical Review*, Vol. 6(1992), pp.283-303.

35) Barbour, *Technology, Environment, and Human Values*, p.148.

36) 님비(nimby) 현상은 "not in my back yard"의 머리글자를 따서 이루어진 신조어로서, 핵폐기물 처리장과 쓰레기 소각장 등이 사회적으로 필요한 시설이라는 것을 인정하면서도 자기 집의 뒤뜰, 즉 자기 지역에는 설치해서는 안된다는 지역이기주의의 발로에서 나온 현상을 지칭한다. 이와 반대 개념인 핌피(pimfy) 현상은 "please in my front yard"의 약자로 사북 탄광 지역에서 보는 것처럼 낙후된 지역적 경제발전을 위해서 환경시설을 적극적으로 수용

하려는 현상을 말한다. 김영민, 「지역이기주의 현상에 대하여」, 『환경보전』 (1992. 2), pp.5-7.

37) Taylor, "The Environmental Implications of Liberalism," p.278. William Aiken, "Human Rights in an Ecological Era," *Environmental Values*, Vol. 1(1992), pp.191-203.

38) Bill Devall and George Sessions, *Deep Ecology: Living as if Nature Mattered*(Salt Lake City: Peregrine Smith Books, 1985).

39) Richard Watson, "A Critique of Anti-Anthropocentric Biocentrism," in Louis P. Pojman, ed., *Environmental Ethics: Readings in Theory and Application*(Boston: Jones and Bartlett Publishers,1994), pp.117-123.

40) Thomas Derr, *Ecology and Human Need*(Philadelphia: West Minister Press, 1975).

41) John Passmore, *Man's Responsibility for Nature: Ecological Problems and Western Traditions*(New York: Charles Scribner's Sons, 1974).

42) 동양철학에서 말하는 맹자의 호연지기(浩然之氣)와 같은 것, 즉 자연 속에서 우리 인간은 본연의 기상을 활달하게 발휘할 수 있음을 자유주의에서도 역시 인정하고 있다. Barbour, *Technology, Environment, and Human Values*, p.83.

43) Henry David Thoreau, "Walking," in *The Natural History Essays*(New York: Gibbs Smith Publisher, 1980).

44) Bryan G. Norton, "Environmental Ethics and Weak Anthropocentrism," *Environmental Ethics*, Vol. 6(1984), pp.131-148.

45) Mancur Olson, *The Logic of Collective Action*(Cambridge: Cambridge University Press, 1986).

46) Garrett Hardin, "The Tragedy of the Commons," *Science* 162(1968), pp.1243-1248.

47) Richmond Campbell and Lanning Sowden, eds., *Paradoxed of Rationality and Cooperation: Prisoner's Dilemma and Newcomb's Problem*(Vancouver: The University of British Columbia Press, 1985).

48) Albert Weale, "Nature versus the State? Markets, States, and Environmental Protection," *Critical Review*, Vol. 6(1992), p.160.

49) R. H. Coase, "The Problem of Social Cost," *Journal of Law and Economics*, Vol. 3(1960), pp.1-44.

50) Elinor Ostrom, *Governing the Commons*(Cambridge: Cambridge University Press, 1990).

51) 유동운, 『환경경제학』(서울: 비봉출판사, 1992), pp.103-110.

52) 그래서 마르크스주의자들은 자본주의의 환경 문제가 소위 외부 불경제, 즉 공유재산에 관련된 자원의 비효율적 배분 문제가 아니라 자본주의의 본질인 이윤 창출의 원리에 근거하고 있다고 주장한다.

53) 자유주의적 관점에서 환경적 가치를 포섭하려는 시도는 Wouter Achterberg, "Can Liberal Democracy Survive the Environmental Crisis? Sustainability, Liberal Neutrality and Overlapping Consensus?" in Wim Zweers and Jan J. Boersema, eds., *Ecology, Technology and Culture*(Knapwell: The White Horse Press, 1994), pp.135-149.

54) Terry Anderson and Donald Leal, *Free Market Environmentalism*(San Francisco: Research Institute, 1991).

55) T. H. Tietenberg, *Emissions Trading*(Washington, D.C.: Resources for the Future, 1985).

56) Paul Sagoff, "Free-Market versus Libertarian Environmentalism," *Critical Review*, Vol. 6(1992), pp.211-212.

57) 구연창, 『환경법론』(서울: 법문사, 개정판, 1993), pp.92-100.

58) John Rawls, *A Theory of Justice*(Cambridge: Harvard University Press, 1971).

59) 김형철, 「환경위기와 세대간 분배정의」, 한국사회 · 윤리연구회 편, 『사회계약론 연구』(서울: 철학과현실사, 1993), pp.361-396.

60) Richard T. De George, "The Environment, Rights, and Future Generations," K. E. Goodpaster and K. M. Sayre, eds., *Ethics and Problems of the 21st Century*(Notre Dame: University of Notre Dame Press, 1979), pp.93-105.

61) Rawls, *A Theory of Justice*, p.302. 번역본으로는 존 롤즈, 황경식 옮김, 『사회정의론』(서울: 서광사, 1977) 참조.

62) 같은 책, p.292.

63) Brent A. Singer, "An Extension of Rawls' Theory of Justice to Environmental Ethics," *Environmental Ethics*, Vol. 10(1988), pp.217-231. 롤즈는 세대 간 분배적 정의의 문제를 해결하기 위해서 계약 당사자들이 전후 세대들 간에 정적 유대로 연속되어 있는 가족 계열을 대표하는 것으로 간주한다. 본서 제3부 제3장, p.407 참조.

64) *The Rio Declaration on Environment and Development*(1992), 원칙 5와 원칙 6 참조.

65) Daniel P. Thero, "Rawls and Environmental Ethics: A Critical Examination on the Literature," *Environmental Ethics*, Vol. 17(1995), pp.93-105.

66) Jeanne Williams, ed., *Animal Rights and Welfare*(New York: The H. W. Wilson Company, 1991) 참조.

67) Tom Regan, "The Radical Egalitarian Case for Animal Rights," in L. P. Pojman, ed., *Environmental Ethics*, pp.40-46.

68) Peter Singer, *Animal Liberation: A New Ethics for Our Treatment of Animals*(New York: The New York Book Review, 1975).

69) Jeremy Bentham, *Principles of Morals and Legislation* in *The Utilitarians* (New York: Anchor Books, 1973), Ch. 17, n.2. 제러미 벤담, 강준호 옮김, 『도덕과 입법의 원칙에 대한 서론』(서울: 아카넷, 2013), 제17장, 각주 2, pp.557-558.

70) 이것은 굿패스터(K. E. Goodpaster) 등의 생명중심주의(biocentrism)의 주장이다. 자세한 논의는 J. Baird Callicott, "Environmental Ethics," in Lawrence C. Becker, ed., *Encyclopedia of Ethics*(New York: Garland Publishing, Inc., 1992), Vol. I, pp.311-315.

71) Robert Elliot, "Environmental Ethics," in Peter Singer, ed., *A Companion To Ethics*(Oxford: Blackwell Reference, 1991), Sec. 3. "Rights for Rocks?" 참조.

72) Mary Wollstonecraft, *A Vindication of the Rights of Women*(1792). Peter Singer, *Animal Liberation: A New Ethics for Our Treatment of Animals* (New York: The New York Book Review, 1975).

73) Garrett Hardin, *Exploring New Ethics for Survival*(Baltimore: Penguin Books, 1973).

74) Garrett Hardin, "Lifeboat Ethics: The Case Against Helping the Poor," *Psychology Today*, Vol. 8(1974), pp.38-43.

75) William Opuls, *Ecology and the Politics of Scarcity*(San Francisco: W. H. Freeman, 1977).

76) 환경위기의 발생원인에 대한 가레트 하딘의 설명은 자유주의자들도 수용하고 있다. 그러나 하딘은 신맬서스주의자로서 서구 선진국은 후진국에 대해서 원조를 할 필요가 없다는 강한 보수주의의 입장을 대변하고 있기도 하다.

77) Robert C. Paehkle and D. Torgerson, eds., *Managing Leviathan: Environmental Politics and the Administrative State*(Peterborough: Broadview Press, 1990).

78) Rawls, *A Theory of Justice*, p.302.

79) Robert N. Stavins and Bradley W. Whitehead, "Market Based Incentives for Environmental Protection," *Environment*, Vol. 43(1992), pp.7-42.

80) Julian Simon, "Against the Doomsdayers!" in Pojman, ed., *Environmental Ethics*, pp.330-339.

81) Lennart Lundqvist, *The Hare and The Tortoise: Clean Air Politics in the United States and Sweden*(Ann Arbor: University of Michigan Press, 1980).

82) Jung Soon Park, *Contractarian Liberal Ethics and the Theory of Rational Choice*(New York: Peter Lang, 1992).

83) Terry Anderson and Donald Leal, *Free Market Environmentalism*(San Francisco: Pacific Research Institute, 1991).

84) David Bollier and Joan Claybrook, *Freedom from Harm: The Civilizing Influence of Health, Safety and Environmental Regulation*(New York: Public Citizen & Democracy Project, 1986).

85) Dobuzinskis, "Is Progressive Environmentalism An Oxymoron?" pp.298-300.

참고문헌

제1부 롤즈의 정의론과 그 전개와 변천

제1장 롤즈의 정의론의 개요와 공리주의 비판

1. 존 롤즈의 논저

A Theory of Justice. Cambridge: The Belknap Press of Harvard University Press, 1971.

"Outline of a Decision Procedure for Ethics." *The Philosophical Review.* Vol. 60. 1951. pp.177-197.

"Review of The Place of Reason in Ethics." *The Philosophical Review.* Vol. 60. 1951. pp.572-580.

"Two Concepts of Rules." *The Philosophical Review.* Vol. 64. 1955. pp.3-32.

"Justice as Fairness." *The Journal of Philosophy*. Vol. 54. 1957. pp.653-662.

"Justice as Fairness." *The Philosophical Review*. Vol. 67. 1958. pp.164-194.

"The Sense of Justice." *The Philosophical Review*. Vol. 72. 1963. pp.281-305.

"Constitutional Liberty and the Concept of Justice." *Nomos* VI: Justice. C. J. Friedrich and J. Champman. eds. New York: Atherton Press, 1963.

"Legal Obligation and the Duty of Fair Play." *Law and Philosophy*. ed. Sidney Hook. New York: New York University Press, 1964. pp.3-18.

"Distributive Justice." *Philosophy, Politics and Society.* 3rd series. eds. Peter Laslett and W. G. Runciman. Oxford: Basil Blackwell, 1976.

Distributive Justice: Some Addenda." *Natural Law Forum.* Vol. 13. 1968. pp.51-71.

"The Justification of Civil Disobedience." *Civil Disobedience.* ed. H. A. Bedau. New York: Pegasus, 1969.

"Justice as Reciprocity." *Utilitarianism: John. S. Mill with Critical Essays.* ed. Samuel Gorovitz. Indianapolis: The Bobbs-Merrill Co., 1971. pp.242-268.

"Reply to Lyons and Teitelman." *The Journal of Philosophy.* Vol. 69. 1972. pp.556-557.

"Reply to Alexander and Musgrave." *Quarterly Journal of Economics.* Vol. 88. 1974. pp.633-655.

"Some Reasons for the Maximin Criterion." *American Economics Review.* Vol. 64. 1974. pp.141-146.

"The Independence of Moral Theory." *Proceedings and Address of the American Philosophical Association.* Vol. 48. 1974-1975. pp.5-12.

"A Kantian Conception of Equality." *Cambridge Review.* Vol. 96. 1975. pp.94-99.

"Fairness to Goodness." *The Philosophical Review.* Vol. 84. 1975. pp.536-554.

"The Basic Structure as Subject." *The American Philosophical Quarterly.* Vol. 14. No. 2. 1977. pp.159-165.

"The Basic Structure as Subject." *Values and Morals.* eds. A. I. Goldman and Jaegwon Kim. Dordrecht: D. Reidel Publishing Co., 1978. pp.47-71.

"A Well-Ordered Society." *Philosophy, Politics and Society.* 5th Series. eds. Peter Laslett and James Fishkin. Oxford: Basil Blackwell, 1979.

"Kantian Constructivism in Moral Theory." *The Journal of Philosophy.* Vol. 77. No. 9. 1980. pp.515-572.

"Social Unity and Primary Goods." *Utilitarianism and Beyond.* eds. Amartya Sen and Bernard Williams. Cambridge University Press, 1982. pp.159-185.

Justice As Fairness: A Restatement. ed. by Erin Kelly. Cambridge: The Belknap Press of Harvard University Press, 2001.

2. 공리주의의 논저

1) 고전적 공리주의

Hume, David. *A Treatise of Human Nature*(1739). ed. L. A. Selby-Bigge. Oxford University Press, 1978.

"Of the Social Contract." *Moral and Political Essays*(1748). reprinted in *Social Contract: Essays by Locke, Hume, Rousseau.* ed. Sir Ernest Barker. Oxford University Press, 1971. pp.145-166.

Smith, Adam. *The Theory of Moral Sentiments*(1759). reprinted in *British Moralist.* Vol. I. ed. L. A. Selby-Bigge. New York: Dover Press, 1965.

Bentham, Jeremy. *A Fragment of Government*(1776). Oxford: Clarendon Press, 1951.

_____. *An Introduction to the Principles of Morals and Legislation*(1789). reprinted in *The Utilitarians.* Garden City: Anchor Press, 1973.

_____. "Principle of Civil Code."(1802)

Mill, John S. "Use and Abuse of Political Terms." *Tait's Edinburgh Magazine* I. May, 1832. pp.164-172.

_____. *Utilitarianism*(1863). reprinted in *The Utilitarians.* Garden City: Anchor Press, 1973.

Sidgwick, Henry. *The Methods of Ethics*(1874). 7th ed. London: Macmillan Press, 1962.

Edgeworth, Francis. *Mathematical Psychics: An Essays on the Application of Mathematics to the Moral Sciences.* London: Kegan Paul, 1881.

Pigou, Arthur. *The Economics of Welfare.* London: Macmillan, 1920.

2) 현대 공리주의

Arrow, Kenneth. *Social Choice and Individual Values.* 2nd edn. New Haven and London: Yale University Press, 1963.

_____. "Some Ordinalist-Utilitarian Note on Rawls's Theory of Justice." *The Journal of Philosophy.* Vol. 70. No. 9. 1973. pp.245-263.

_____. "Formal Theories of Social Welfare." *Dictionary of the History of Ideas.* IV. ed. P. Wiener. New York: Charles Scribner's Sons, 1978. pp.276-284.

Hare, R. M. *Freedom and Reason.* Oxford University Press, 1963.

_____. *Essays on Philosophical Method.* Berkeley: University of California Press, 1972.

_____. "Rawls' Theory of Justice." *Reading Rawls: Critical Studies of A Theory of Justice.* ed. Norman Daniels. Oxford: Basil Blackwell, 1975. pp.81-107.

_____. "Ethical Theory and Utilitarianism." *Contemporary British Philosophy.* 4th Series. ed. H. D. Lewis. London: George Allen & Unwin, 1976. pp.113-131.

_____. "Justice and Equality." *Justice and Economic Distribution.* eds. J. Arthur and W. H. Shaw. Englewood Cliffs: Prentice-Hall, 1978. pp.116-132.

_____. "What is Wrong with Slavery." *Philosophy and Public Affairs.* Vol. 8. 1979. pp.103-121.

_____. "Justice and Equality." *Dialectics and Humanism.* Vol. 6. 1979. pp.17-26.

_____. *Moral Thinking.* Oxford: Clarendon Press, 1981.

Harsanyi, John C. "Cardinal Utility in Welfare Economics and in the Theory of Risk-Taking." *Journal of Political Economy.* Vol. 61. 1953. pp.434-435.

_____. "Can the Maximin Principle Serve as a Basis for Morality?: A Critique of John Rawls's Theory." *The American Political Science Review.* Vol. 69. 1975. pp.594-606.

_____. *Essays on Ethics, Social Behavior, and Scientific Explanation.* Dordrecht: D. Reidel Publishing Co., 1976.

_____. *Rational Behavior.* Cambridge: Cambridge University Press, 1977.

_____. "Rule Utilitarianism and Decision Theory." *Decision Theory and Social Ethics.* eds. Hans. W. Gottinger and Werner Leinfellner. Dordrecht: D. Reidel Publishing Co., 1978. pp.3-32.

Lyons, David. *Forms and Limits of Utilitarianism.* Oxford: Clarendon

Press, 1965.

_____. "Rawls Versus Utilitarianism." *The Journal of Philosophy*. Vol. 79. No. 18. 1972. pp.535-545.

_____. "Nature and Soundness of the Contract and Coherence Arguments." *Reading Rawls*. ed. Norman Daniels. Oxford: Basil Blackwell, 1975. pp.141-168.

_____. "Human Rights and The General Welfare." *Philosophy and Public Affairs*. Vol. 6. 1977. pp.113-129.

_____. "Mill's Theory of Justice." *Values and Morals*. eds. A. I. Goldman and Jaegwon Kim. Dordrecht: D. Reidel Publishing Co., 1978. pp.1-20.

3. 기타 논저

김영진. "Rawls' Thin Theory of 'Good' and its Neutrality." 김형석 외. 『인간과 세계에 대한 철학적 이해』. 서울: 삼중당, 1981. pp.175-192.

김태길. 『윤리학』. 제6판. 서울: 박영사, 1974.

_____. 「John Rawls의 사회정의론: 윤리학의 방법에 대한 함축을 중심으로」. 『철학』. 제17집. 1982. pp.3-23.

박정순. 『사회계약론적 윤리학과 합리적 선택: 홉스, 롤즈, 고티에』. 서울: 철학과현실사, 2019.

황경식. 「고전적 공리주의와 John Rawls의 정의론 비교연구」. 서울대학교 대학원 철학과 박사학위논문. 1982. 8.

Aristotle. *The Nicomachean Ethics*. trans. David Ross. Oxford: Oxford University Press, 1980.

Arthur, John and Shaw, W. H. eds. *Justice and Economic Distribution*. Englewood Cliffs, N.J.: Prentice-Hall, 1978.

Ayer, A. J. "The Principle of Utility." *Philosophical Essays*. London: Macmillan, 1963. pp.250-270.

Barry, Brian. *The Liberal Theory of Justice*. Oxford: Clarendon Press, 1973.

Braithwaite, R. B. *Theory of Game as a Tool for the Moral Philosopher*. Cambridge University Press, 1955.

Brandt, R. B. *A Theory of The Good and The Right*. Oxford: Clarendon Press, 1979.

Braybrooke, David. "Utilitarianism with a Difference: Rawl's Position in Ethics." *Canadian Journal of Philosophy*. Vol. 3. 1973. pp.303-331.

Daiels, Norman. ed. *Reading Rawls*. Oxford: Basil Blackwell, 1975.

Dewey, John. *Theory of Valuation*. Chicago: University of Chicago Press, 1939.

Gautier, David. "Justice and Natural Endowment." *Social Theory and Practice*. Vol. 3. 1974. pp.3-26.

Goldworth, Ammon. "The Meaning of Bentham's Greatest Happiness Principle." *Journal of the History of Philosophy*. Vol. 7. 1967. pp.315-321.

Gordon, Scott. *Welfare, Justice, and Freedom*. New York: Columbia University Press, 1980.

Gorovitz, Samuel. "John Rawls: A Theory of Justice." *Contemporary Political Philosophers*. eds. A. de Crespigny and K. Minogue. London: Methuen & Co., 1976. pp.272-289.

Gottinger, Hans W. and Werner Leinfellner. eds. *Decision Theory and Social Ethics*. Dordrecht: D. Reidel Publishing Co., 1978.

Gough, J. W. *The Social Contract*. Oxford: Clarendon Press, 1936.

Halévy, Eile. *The Growth of Philosophical Radicalism*. trans. Mary Morris. Boston: Becon Press, 1955.

Hancock, Roger N. *Twentieth Century Ethics*. New York: Columbia University Press, 1974.

Jeffery, Richard C. "On Interpersonal Utility Theory." *The Journal of Philosophy*. Vol. 8. 1971. pp.647-656.

Lucas, J. R. *On Justice*. Oxford: Clarendon Press, 1980.

Luce, R. D. and Raiffa, H. *Games and Decisions*. New York: John Willey and Sons, Inc., 1957.

Lukes, Steven. *Individualism*. Oxford: Basil Blackwell, 1973.

Macpherson, C. B. "Rawls's Model of Man and Society." *Philosophy of Social Science*. Vol. 3. 1973. pp.314-347.

Norton, David. "Rawls' Theory of Justice: A Perfectionist Rejoinder."

Ethics, Vol. 85. No. 1. 1974. pp.50-57.

Nozick, Robert. *Anarchy, State, and Utopia*. New York: Basic Books, 1974.

Perelman, Chaïm. *The Idea of Justice and the Problem of Argument*. trans. John Petrie. London: Routledge & Kegan Paul, 1963.

Plato. *The Republic of Plato*. trans. F. M. Conford. Oxford University Press, 1941.

Prichard, H. A. *Moral Obligation*. Oxford: The Clarendon Press, 1949.

Quinton, Anthony. *Utilitarian Ethics*. New York: St. Martin's Press, 1973.

Rescher, N. *Distributive Justice*. New York: Bobbs-Merill Co., 1966.

Robinson, Joan. *Economic Philosophy*. Harmondsworth: Penguin Books, 1962.

Ross, W. D. *The Right and The Good*. Oxford: The Clarendon Press, 1930.

Schwartz, Adina. "Moral Neutrality and Primary Goods." *Ethics*. Vol. 83. 1973. pp.294-307.

Shue, Henry. "The Current Fashions: Trickle-Downs by Arrow and Close-knits by Rawls." *The Journal of Philosophy*. Vol. 71. 1974. pp.319-327.

Smart, J. J. C. and Williams, Bernard. *Utilitarianism: For & Against*. Cambridge University Press, 1973.

Stevenson, C. L. *Ethics and Language*. New Haven and London: Yale University Press, 1944.

Stocker, Michael. "Rightness and Goodness: Is There a Difference?" *American Philosophical Quarterly*. Vol. 10. April, 1973. pp.87-98.

Suppes, Patrick. "Decision Theory." *The Encyclopedia of Philosophy*. eds. Paul Edwards et al. Vol. 2. pp.310-314.

Tempin, Jack. "Actual Consequence Utilitarianism: A Reply to Professor Singer." *Mind*. Vol. 87. 1987. pp.412-414.

Urmson, J. O. "A Defence of Intuitionism." *Proceedings of the Aristotelian Society*. Vol. 75. 1974-1975. pp.111-119.

Varian, Hal R. "Distributive Justice, Welfare Economics, and the Theory of Fairness." *Philosophy and Economic Theory*. eds. F. Hahn and M.

Hollies. Oxford University Press, 1979. pp.134-154.

Walker, A. "Negative Utilitarianism." *Mind.* Vol. 83. 1974. pp.424-428.

Wolff, Robert Paul. *Understanding Rawls.* Princeton: Princeton University Press, 1977.

제2장 롤즈의 정의론의 변천과 그 해석 논쟁

1. 존 롤즈의 논저

A Theory of Justice. Cambridge: The Belknap Press of Harvard University Press, 1971.

존 롤즈. 황경식 옮김. 『사회정의론』. 서울: 서광사, 1977.

Justice as Fairness: A Guided Tour. Cambridge: Harvard University, unpublished manuscript, 1989.

A Theory of Justice. Cambridge: The Belknap Press of Harvard University Press, revised edn., 1999.

존 롤즈. 황경식 옮김. 『정의론』. 서울: 이학사, 2003.

Political Liberalism. New York: Columbia University Press, 1993.

존 롤즈. 장동진 옮김. 『정치적 자유주의』. 파주: 동명사, 1998.

Justice as Fairness: A Restatement. Cambridge: Harvard University Press, 2001.

존 롤즈. 에린 켈리 엮음. 김주휘 옮김. 『공정으로서의 정의』. 서울: 이학사, 2016.

"Some Reasons for the Maximin Criterion." *The American Economic Review.* Vol. 64. 1974. pp.141-146.

"Fairness to Goodness." *The Philosophical Review.* Vol. 84. 1975. pp.536-554.

"The Independence of Moral Theory." *Proceedings and Addresses of the American Philosophical Association.* Vol. 48. 1975. pp.5-22.

"The Basic Structure as Subject." A. I. Goldman and Jaegwon Kim. eds. *Values and Morals.* Dordrecht: D. Reidel, 1978. pp.47-71.

"Kantian Constructivism in Moral Theory." *The Journal of Philosophy.* Vol. 77. 1980. pp.515-572.

"Social Unity and Primary Goods." A. Sen and B. Williams. eds. *Utilitarianism and Beyond.* Cambridge: Cambridge University Press, 1982. pp.159-185.

"Basic Liberties and Their Priority." Sterling M. McMurrin, ed. *The Tanner Lectures on Human Values.* Vol. 3. Salt Lake City: University of Utah Press, 1982. pp.1-87

"Justice as Fairness: Political, Not Metaphysical." *Philosophy and Public Affairs.* Vol. 14. 1985, pp.223-251.

"The Idea of Overlapping Consensus." *Oxford Journal of Legal Studies.* Vol. 7. 1987. pp.1-25.

"The Priority of Right and Ideas of the Good." *Philosophy and Public Affairs*, Vol. 17. 1988. pp.251-276.

"The Domain of the Political and Overlapping Consensus." *New York University Law Review.* Vol. 64. 1989. pp.233-255.

Justice as Fairness: A Guided Tour. Cambridge: Harvard University, unpublished manuscript, 1989.

2. 기타 논저

박정순. 「자유주의 대 공동체주의 논쟁의 방법론적 쟁점」. 『철학연구』. 제33집. 1993. pp.33-62.

_____. 「정치적 자유주의의 철학적 기초」. 『철학연구』. 제42집. 1998. pp.275-305.

_____. 「자유주의의 건재」. 『철학연구』. 제45집. 1999. pp.17-46.

_____. 「공동체주의 정의관의 본질과 그 한계」. 『철학』. 제61집. 1999. pp.267-292.

이종일. 『롤즈 정의론의 칸트적 토대에 관한 연구』. 계명대학교 철학과 대학원 박사학위논문. 1991. 6.

황경식. 「도덕적 구성주의: 롤즈의 도덕론을 중심으로」. 『철학』. 제16호. 1981. pp.49-69.

_____. 「롤즈에 전해진 칸트의 유산」. 하영석 외. 『칸트철학과 현대사상』. 대구: 형설출판사, 1984. pp.533-553.

존 롤즈. 황경식 외 옮김. 『공정으로서의 정의』. 서울: 서광사, 1988.

Arneson, Richard J. "Introduction." Symposium on Rawlsian Theory of Justice: Recent Developments. *Ethics.* Vol. 99. 1989. pp.696-697.

Auerbach, Dennis. "Liberalism in Search of Its Self." *Critical Review.* Vol. 1. 1987. pp.5-44.

Barber, Benjamin. *The Conquest of Politics: Liberal Philosophy in Democratic Times.* Princeton: Princeton University Press, 1988.

Clark, Barry and Herbert Gintis. "Rawlsian Justice and Economic Systems." *Philosophy and Public Affairs.* Vol. 7. 1978. pp.302-325.

Daniels, Norman. *Reading Rawls.* Oxford: Basil Blackwell, 1975.

_____. "Wide Reflective Equilibrium and Theory Acceptance in Ethics." *The Journal of Philosophy.* Vol. 76. 1979. pp.256-282.

_____. ed. *Reading Rawls.* Stanford: Stanford University Press, 1989.

Dworkin, Ronald. *A Matter of Principle.* Cambridge: Cambridge University Press, 1986.

Fukuyama, Francis. "The End of History." *The National Interest.* Summer, 1989. pp.3-18.

_____. "A Reply to My Critics." *The National Interest.* Winter, 1989/90. pp.21-28.

Friedman, Jeffrey M. "Is Liberalism Viable?" *Critical Review.* Vol. 1. 1987. pp.5-6.

_____. "The New Consensus: I. The Fukuyama Thesis." *Critical Review.* Vol. 3. 1989. pp.373-410.

_____. "The New Consensus: II. The Democratic Welfare State." *Critical Review.* Vol. 4. 1990. pp.633-708.

Gauthier, David. "Critical Notes: George Grant's Justice," *Dialogue.* Vol. 27. 1988. p.121-134.

Galston, William. "Defending Liberalism." *The American Political Science Review.* Vol. 76. 1982. pp.621-629.

Hart, H. L. A. "Rawls on Liberty and Its Priority." *University of Chicago Law Review.* Vol. 40. 1973. pp.534-555.

Krouse, Richard and Michael McPherson. "Capitalism, 'Property-Owing Democracy,' and the Welfare State." Amy Gutmann. ed. *Democracy and the Welfare State.* Princeton: Princeton University Press, 1988.

pp.79-105.

Kukathas Chandran and Philip Pettit. *Rawls*. Stanford: Stanford University Press, 1990.

Lively, Jack. "Pluralism and Consensus." in Pierre Birnbaum, Jack Lively, and Ceraint Parry. eds. *Democracy, Consensus, and Social Contract*. London: Sage Publications, 1978. pp.185-202.

Lukes, Steven. *Essays in Social Theory*. New York: Columbia University Press, 1977.

Meade, James. *Equality, Efficiency, and the Ownership of Property*. London: Allen and Unwin, 1964.

Nozick, Robert *Anarchy, State, and Utopia*. New York: Basic Books, 1974.

_____. *The Examined Life: Philosophical Meditations*. New York: Simon and Schuster, 1989.

The Philosophy of Rawls: A Collection of Essays. 5 Vols. Serial Editors. Henry S. Richardson and Paul J. Weithman. Contents of the Series. 1. *Development and Main Outlines of Rawls's Theory of Justice*. 2. *The Two Principles and Their Justification*. 3. *Opponents and Implications of A Theory of Justice*. 4. *Moral Psychology and Community*. 5. *Resonable Pluralism*. New York: Garland Publishing, Inc., 1999.

Rosenbaum, Nancy L. ed. *Liberalism and Moral Life*. Cambridge: Harvard University Press, 1989.

Rorty, Richard. "The Priority of Democracy to Philosophy." Merrill D. Peterson and Robert C. Vaughan. eds. *The Virginia Statute for Religious Freedom*. Cambridge: Cambridge University Press, 1988. pp.257-282.

_____. *Contingency, Irony, and Solidarity*. Cambridge: Cambridge University Press, 1989.

Sandel, Michael. *Liberalism and the Limits of Justice*. Cambridge: Cambridge University Press, 1982.

Sen, Amartya and Bernard Williams. eds. *Utilitarianism and Beyond*. Cambridge: Cambridge University Press, 1982.

Skinner, Quentin. ed. *The Return of Grand Theory in the Human*

Sciences. Cambridge: Cambridge University Press, 1987.

Wolff, Robert Paul. *Understanding Rawls*. Princeton, N.J.: Princeton University Press, 1977.

제3장 롤즈의 정치적 자유주의의 방법론적 기초

1. 존 롤즈의 논저

A Theory of Justice. Cambridge: The Belknap Press of Harvard University Press, 1971.

존 롤즈. 황경식 옮김. 『사회정의론』. 서울: 서광사, 1977.

A Theory of Justice. Cambridge: The Belknap Press of Harvard University Press, revised edn., 1999.

존 롤즈. 황경식 옮김. 『정의론』. 서울: 이학사, 2003.

Political Liberalism. New York: Columbia University Press, 1993.

존 롤즈. 장동진 옮김. 『정치적 자유주의』. 파주: 동명사, 1998.

Political Liberalism. New York: Columbia University Press, expanded edn., 2005.

Political Liberalism with "A New Introduction" and "The Reply to Habermas." New York: Columbia University Press, 2nd edn., 1996.

존 롤즈. 장동진 옮김. 『정치적 자유주의』[증보판]. 파주: 동명사, 2016.

The Law of Peoples with "The Idea of Public Reason Revisited." Cambridge: Harvard University Press, 1999.

존 롤스. 책임번역 장동진. 공동번역 김기호. 김만권. 『만민법』. 서울: 이끌리오, 2000.

존 롤스. 장동진, 김만권, 김기호 옮김. 『만민법』. 서울: 아카넷, 2009.

존 롤스. 장동진, 김만권, 김기호 옮김. 『만민법』. 파주: 동명사, 2017.

Justice as Fairness: A Guided Tour. Cambridge: Harvard University, unpublished manuscript. 1989.

"Kantian Constructivism in Moral Theory." *The Journal of Philosophy*. Vol. 77. 1980. pp.515-572.

"Justice as Fairness: Political, Not Metaphysical." *Philosophy and Public Affairs*. Vol. 14. 1985. pp.223-251.

"Basic Liberties and Their Priority." in Sterling M. McMurrin. ed. *The Tanner Lectures on Human Values*. Vol. 3. Salt Lake City: University of Utah Press, 1987. pp.1-87.

"The Idea of Overlapping Consensus." *Oxford Journal of Legal Studies*. Vol. 7. 1987. pp.1-25.

"The Priority of Right and Ideas of the Good." *Philosophy and Public Affairs*. Vol. 17. 1988. pp.251-276.

"The Domain of the Political and Overlapping Consensus." *New York University Law Review*. Vol. 64. 1989. pp.233-255.

"The Law of Peoples." *Critical Inquiry*. Vol. 20. 1993. pp.36-68.

"Reply to Habermas." *Journal of Philosophy*. Vol. 92. 1995. pp.132-180.

2. 기타 논저

김용환, 『관용과 열린 사회』. 서울: 철학과현실사, 1997.

마이클 샌델. 이양수 옮김. 『마이클 샌델, 정의의 한계』. 고양: 멜론, 2012.

박정순. 「자유주의의 정의론의 철학적 오디세이: 롤즈 정의론의 변모와 그 해석 논쟁」. 제5회 한국철학자연합대회 대회보 『현대의 윤리적 상황과 철학적 대응』. 1992. pp.573-599.

_____. 『마이클 샌델의 정의론, 무엇이 문제인가』. 서울: 철학과현실사, 2016.

이민수. 「반성적 평형론과 윤리학의 방법」. 『철학연구』. 제39집. 1996. pp.245-263.

신중섭. 『마이클 샌델의 정의론 바로 읽기』. 서울: 비봉출판사, 2016.

이한. 『정의란 무엇인가는 틀렸다』. 서울: 미지북스, 2012.

홍성우. 『롤즈의 정의론과 정치적 자유주의에 관한 연구』. 원광대학교 박사학위논문. 1994. 8.

황경식. 「도덕적 구성주의: 롤즈의 정의론을 중심으로」. 『철학』. 제16호. 1981년 가을. pp.49-69.

_____. 「정치적 자유주의: J. 롤즈의 입장을 중심으로」. 『계간 사상』. 1994 여름호. pp.23-45.

Ackerman, Bruce. "Political Liberalisms." *The Journal of Philosophy*. Vol.

91. 1994. pp.364-386.

Archard, David. "Fair Enough?" *Radical Philosophy*. Vol. 66. 1994. pp.47-49.

Barry, Brian. "John Rawls and the Search for Stability." *Ethics*. Vol. 105. 1995. pp.874-915.

Baynes, Kenneth. *The Normative Ground of Social Criticism: Kant, Rawls, and Habermas*. Albany: SUNY Press, 1992.

Bridges, Thomas. *The Culture of Citizenship: Inventing Postmodern Civic Culture*. New York: SUNY Press, 1994.

Buchanan, Allen. "Justice, Distributive." in *Encyclopedia of Ethics*. ed. Lawrence C. Becker. New York: Garland Publishing Co., 1992. pp.658-659.

Daniels, Norman. *Reading Rawls: Critical Studies on Rawls' 'A Theory of Justice.'* Stanford: Stanford University Press, 1989.

Equality and Justice. 6 Vols. Edited with Introduction by Peter Vallentyne. Contents of the Collection. Vol. 1. *Justice in General*. Vol. 2. *The Demand of Equality*. Vol. 3. *Distribution to Whom?* Vol. 4. *Distribution of What?* Vol. 5. *Social Contract and the Currency of Justice*. Vol. 6. *Desert and Entitlement*. New York: Routledge: 2003.

Estlund, David. "The Survival of Egalitarian Justice in John Rawls's Political Liberalism." *The Journal of Political Philosophy*. Vol. 4. 1996. pp.68-78.

Frazer, Elizabeth and Nichola Lacey. "Politics and the Public in Rawls's Political Liberalism." *Political Studies*. Vol. 93. 1995. pp.233-247.

Gauthier, David. "Political Contractarianism." *The Journal of Political Philosophy*. Vol. 5. 1997. pp.132-148.

_____. "Public Reason." *Social Philosophy and Policy*. Vol. 12. 1995. pp.19-42.

Gray, John. *Post-Liberalism: Studies in Political Thought*. New York: Routledge, 1993.

Hampton. Jean. "Moral Commitments of Liberalism." in *The Idea of Democracy*. David Copp. ed., Cambridge: Cambridge University Press, 1993. pp.292-313.

Holmes, Stephen. "The Gatekeeper: John Rawls and the Limits of Toleration." *The New Republic*. Vol. 209. 1993. pp.39-45.

Johnson, David. *The Idea of Liberal Theory: A Critique and Reconstruction*. Princeton: Princeton University Press, 1994.

Kelly, Paul. "Justifying Justice: Contractarianism, Communitarianism and the Foundations of Contemporary Liberalism." in *The Social Contract from Hobbes to Rawls*. eds., David Boucher and Paul Kelly. London: Routledge: 1994. pp.226-244.

Klosko, George. "Rawls's Political Philosophy and American Democracy." *American Political Science Review*. Vol. 87. 1993. pp.348-359.

Lyons, David. "The Nature and Soundness of the Contract and Coherence Argument," in Norman Daniels. ed. Reading Rawls. Stanford: Stanford University Press, 1989. pp.141-167.

Moore, Margaret. *Foundations of Liberalism*. Oxford: Clarendon Press, 1993.

Neal, Patrick. "Justice as Fairness: Political or Metaphysical?" *Political Theory*. Vol. 18. 1990. pp.24-50.

Okin, Susan Moller. "Review of Political Liberalism" *Political Theory*. Vol. 87. 1993. pp.1010-1011

_____. "Political Liberalism, Justice and Gender." *Ethics*. Vol. 105. 1994. pp.23-43.

Peffer, Rodney G. "Towards A More Adequate Rawlsian Theory of Justice." *Pacific Philosophical Quarterly*. Vol. 75. 1994. pp.251-271.

Sandel, Michael. *Liberalism and the Limits of Justice*. Cambridge: Cambridge University Press, 1982; 2nd edn. 1998.

Scheffler, Samuel. "The Appeal of Political Liberalism." *Ethics*. Vol. 105. 1994. pp.4-22.

Shklar, Judith. *Ordinary Vices*. Cambridge: Cambridge University Press, 1984.

Warnke, Georgia. *Justice and Interpretation*. Cambridge: The MIT Press, 1993.

Wenar, Lief. "Political Liberalism: An Internal Critique." *Ethics*. Vol. 106. 1995. pp.32-62.

Young, Iris Marion. "Rawls's Political Liberalism." *The Journal of Political Philosophy*. Vol. 3. 1995. pp.181-190.

제4장 롤즈의 합리적 계약론에서 자인된 실책들

1. 존 롤즈의 논저

A Theory of Justice. Cambridge: The Belknap Press of Harvard University Press, 1971.

존 롤즈. 황경식 옮김. 『사회정의론』. 파주: 서광사, 1977.

A Theory of Justice. Cambridge: The Belknap Press of Harvard University Press, revised edn., 1999.

존 롤즈. 황경식 옮김. 『정의론』. 서울: 이학사, 2003.

Political Liberalism. New York: Columbia University Press, 1993.

존 롤즈. 장동진 옮김. 『정치적 자유주의』. 파주: 동명사, 1998.

Political Liberalism. New York: Columbia University Press, expanded edn., 2005.

존 롤즈. 장동진 옮김. 『정치적 자유주의』[증보판]. 파주: 동명사, 2016.

Justice as Fairness: A Restatement. ed. Erin Kelly. Cambridge: Harvard University Press, 2001.

존 롤즈. 에린 켈리 엮음. 김주휘 옮김. 『공정으로서의 정의: 재서술』. 서울: 이학사, 2016.

"Outline of a Decision Procedure for Ethics." *The Philosophical Review*. Vol. 60. 1951. pp.177-197.

"Some Reasons for the Maximin Criterion." *The Quarterly Journal of Economics*. Vol. 88. 1974. pp.141-146.

"A Kantian Conception of Equality." *The Cambridge Review*. Vol. 96. 1975. pp.94-99.

"The Basic Structure as Subject." *American Philosophical Quarterly*. Vol. 14. 1977. pp.159-165.

"The Kantian Constructivism in Moral Theory." *The Journal of Philosophy*. Vol. 77. 1980. pp.515-572.

"The Basic Liberties and Their Priority." *The Tanner Lectures on Human*

Values. Delivered at The University of Michigan. April 10, 1981. pp.1-87.

"The Basic Liberties and Their Priority." in Stering M. McMurrin. ed. *The Tanner Lectures on Human Values*. Vol. 3. Salt Lake City: University of Utah Press, 1982. pp.1-87.

"Justice as Fairness: Political not Metaphysical." *Philosophy & Public Affairs*. Vol. 14. 1985. pp.223-252.

"The Idea of Overlapping Consensus." Oxford Journal of Legal Studies. Vol. 7. 1987. pp.1-25.

Political Liberalism with "A New Introduction" and "The Reply to Habermas." New York: Columbia University Press, 2nd edn. 1996.

_____. *The Law of Peoples with "The Idea of Public Reason Revisited."* Cambridge: Harvard University Press, 1999.

2. 기타 논저

데이비드 고티에. 김형철 옮김. 『합의도덕론』. 서울: 철학과현실사. 1993.

마이클 샌델. 이양수 옮김. 『마이클 샌델, 정의의 한계』. 고양: 멜론, 2012.

박정순. 「계약론적 윤리학의 딜레마」. 『철학과 현실』. 9호. 1991년 여름호. pp.248-265.

_____. 「홉스의 계약론적 윤리학과 합리성 문제」. 『매지논총』. 제15집. 1998. pp.241-278.

_____. 「호모 에코노미쿠스 생살부」. 고려대학교 부설 철학연구소 창립 2주년 기념 학술대회보 『현대사회와 인간: 철학적 성찰』. 1998. pp.1-42.

_____. 「호모 에코노미쿠스 생살부」. 『철학연구』. 제21집. 1998. pp.1-41.

_____. 「정치적 자유주의의 철학적 기초」. 『철학연구』. 제42집. 1998 봄. pp.275-305.

_____. 『사회계약론적 윤리학과 합리적 선택: 홉스, 롤즈, 고티에』. 서울: 철학과현실사, 2019.

이인탁. 「공정으로서의 정의: 형이상학적 입장이냐 정치적 입장이냐」. 존 롤즈. 『공정으로서의 정의』. 황경식, 이인탁, 이민수, 이한구, 이종일 옮김. 서울: 서광사, 1988. pp.106-144.

임마누엘 칸트. 백종현 옮김. 『실천이성비판』. 파주: 아카넷, 2002.

_____. 『윤리형이상학 정초』. 파주: 아카넷, 2014.

Arneson, Richard. "Introduction: Symposium on Ralwsian Theory of Justice: Recent Developments." *Ethics*. Vol. 99. 1989. pp.695-710.

Arrow, Kenneth. *Social Choice and Individual Values*. New Haven: Yale University Press, 1951. 2nd edn. 1963.

_____. "Some Ordinalist-Utilitarian Notes on Rawls's Theory of Justice." *The Journal of Philosophy*. Vol. 70. No. 9. 1973. pp.245-263.

Braithwaite, R. B. *Theory of Games as a Tool for the Moral Philosopher*. Cambridge: Cambridge University Press, 1955.

Brooks, Thomas. *Hegel's Philosophy of Rights*. Hoboken, N.J.: John Wiley & Sons, 2012.

Daniels, Norman. "Introduction." *Reading Rawls: Critical Studies of A Theory of Justice*. ed. Norman Daniels. New York: Basic Books, 1975. pp.xxxi-liv.

_____. "Preface." *Reading Rawls: Critical Studies on A Theory of Justice*. ed. Norman Daniels. Stanford: Stanford University Press, 1989. pp.xiii-xxx.

Dopplet, Gerald. "Is Rawls's Kantian Liberalism Coherent and Defensible?" *Ethics*. Vol. 99. 1989. pp.815-852.

Freeman, Samuel. "Moral Contractarianism as Foundation for Interpersonal Morality." James Dreier. ed. *Contemporary Debates in Moral Theory*. Malden: Blackwell Publishing, 2006. pp.57-76.

Gauthier, David. *Morals By Agreement*. Oxford: Clarendon Press, 1986.

_____. "Critical Notes: George Grant's Justice." *Dialogue*. Vol. 2. 1988. pp.121-134.

Goldman, Alan H. "Rawls' Original Position and the Difference Principle." *The Journal of Philosophy*. Vol. 73. No. 21. 1976. pp.845-849.

Gottinger, Hans and Werner Leinfeller. ed. *Decision Theory and Social Ethics*. Dordrecht: D. Reidel Publishing Company, 1978.

Grant, George. *English-Speaking Justice*. Toronto: House of Anansi Press, 1985.

Hampton, Jean. "Contracts and Choices: Does Rawls Have a Social Contract Theory?" *The Journal of Philosophy*. Vol. 77. 1980. pp.315-338.

Harsanyi, John C. "Can the Maximin Principle Serve as a Basis for Morality?: A Critique of John Rawls's Theory." *The American Political Science Review*. Vol. 69. 1975. pp.594-606.

Hart, H. L. A. "Rawls on Liberty and Its Priority." *University of Chicago Law Review*. Vol. 40. 1973. pp.534-555.

Kant, Immanuel. *Foundation of the Metaphysics of Morals* in *Critique of Practical Reason And Other Writings in Moral Philosophy*. translated by Lewis White Beck. Chicago: The University of Chicago Press, 1949.

_____. *Critique of Practical Reason And Other Writings in Moral Philosophy*. translated by Lewis White Beck. Chicago: University of Chicago Press, 1949.

Kraus, Jody. S. and Jules L. Coleman, "Morality and the Theory of Rational Choice." *Ethics*. Vol. 97. 1987. pp.715-49.

Nozick, Robert. *Anarchy, State, and Utopia*. New York: Basic Books. 1974.

Park, Jung Soon. *Contractarian Liberal Ethics and the Theory of Rational Choice*. New York: Peter Lang Publishing, Inc. 1992.

Pazner, Elisha A. and David Schmeidler. "Social Contract Theory and Ordinal Distributive Equality." in Leonid Hurwicz et al. eds. *Social Goals and Social Organization*. Cambridge: Cambridge University Press, 1985. pp.312-333.

Sandel, Michael. *Liberalism and the Limits of Justice*. Cambridge: Cambridge University Press, 1982.

Sterba, James. "From Rationality to Morality" in James Sterba. ed. *Ethics: The Big Questions*. Malden: Blackwell Publishing, 1998. pp.105-116.

Strasnick, Steven. "Social Choice and the Derivation of Rawls's Difference Principle." *The Journal of Philosophy*. Vol. 73. No. 4. 1976. pp.85-99.

Sugden, Robert. "Rational Choice: A Survey of Contributions from Economics and Philosophy." *The Economic Journal*. Vol. 101. 1991.

pp.751-785.

The Tanner Lectures on Human Values. Tanner Humanities Center. The University of Utah.

Williams, Bernard. *Ethics and the Limits of Philosophy*. Cambridge: Harvard University Press, 1985.

Wolff, Robert Paul. "On Strasnick's 'Derivation' of Rawls's 'Difference Principle'." *The Journal of Philosophy*. Vol. 74. No. 21. 1976. pp.849-858.

제5장 롤즈의 관용론: 『정의론』, 『정치적 자유주의』, 『만민법』

1. 존 롤즈의 논저

A Theory of Justice. Cambridge: The Belknap Press of Harvard University Press, 1971.

존 롤즈. 황경식 옮김. 『사회정의론』. 서울: 서광사, 1977.

A Theory of Justice. Cambridge: The Belknap Press of Harvard University Press, revised edn., 1999.

존 롤즈. 황경식 옮김. 『정의론』. 서울: 이학사, 2003.

Political Liberalism. New York: Columbia University Press, 2003.

존 롤즈. 장동진 옮김. 『정치적 자유주의』. 파주: 동명사, 1998.

The Law of Peoples with "The Idea of Public Reason Revisited." Cambridge: Harvard University Press, 1999.

존 롤스. 장동진, 김기호, 김만권 옮김. 『만민법』. 서울: 이끌리오, 2000.

"Kantian Constructivism in Moral Theory." *The Journal of Philosophy*. Vol. 77. 1980. pp.515-572.

"Justice as Fairness: Political, Not Metaphysical." *Philosophy and Public Affairs*. Vol. 14. 1985. pp.223-251.

"The Idea of Overlapping Consensus." *Oxford Journal of Legal Studies*. Vol. 7. 1987. pp.1-25.

2. 기타 논저

구승회. 「차이의 문명화로서의 관용: 마이클 월처의 관용 개념」. 『철학연구』. 제58집. 2000. pp.181-203.

김상범. 『자유주의적 관용에 대한 연구』. 서울대학교 대학원 윤리교육과 박사학위논문. 2013. 2.

김용환. 『관용과 열린사회』. 서울: 철학과현실사, 1997.

_____. 「관용의 윤리: 철학적 기초와 적용영역들」. 『철학』. 제87집. 2006. pp.65-90.

마이클 월저. 송재우 옮김. 『관용에 대하여』. 서울: 미토, 2004.

목광수. 「존 롤즈의 관용 개념 고찰: 지구촌 사회에서의 정당성을 중심으로」. 『철학논총』. 제61집. 2010. pp.327-344.

박재형. 『존 롤즈의 '관용의 조건'에 관한 고찰: 『정치적 자유주의』를 중심으로』. 고려대학교 교육대학원 석사학위논문. 2008. 2.

박정순. 「정치적 자유주의의 철학적 기초」. 『철학연구』, 제42권. 1998. pp.275-305.

_____. 「'현실적 유토피아' 실현을 위한 철학 제시해: 롤즈의 『만민법』」. 『출판저널』. 2001. pp.28-29.

_____. 「마이클 월저의 정의전쟁론: 그 이론적 구성체계와 한계에 대한 비판적 고찰」. 『철학연구』. 제68집. 2005. pp.77-142.

_____. 「인권 이념의 철학적 고찰」. 『철학과 현실』. 68호. 2006년 봄호. pp.34-66.

_____. "머리말." 황경식, 박정순 외. 『롤즈의 정의론과 그 이후』. 서울: 철학과현실사, 2009. pp.1-10.

_____. 「자유주의 정의론의 철학적 오디세이: 롤즈 정의론의 변모와 그 해석 논쟁」. 황경식, 박정순 외. 『롤즈의 정의론과 그 이후』. 서울: 철학과현실사, 2009. pp.45-76.

_____. 『마이클 월저의 사회사회사상과 철학적 깨달음: 복합평등, 철학의 여신, 마방진』. 서울: 철학과현실사, 2017.

박준웅. 『롤즈의 관용론』. 중앙대학교 대학원 철학과 석사학위논문. 2006. 8.

소병철. 「관용의 조건으로서 인권적 정의: 자유주의적 다문화주의의 한 옹호론」. 『민주주의와 인권』. 10권 3호. 2010. pp.137-161.

손철성. 「롤즈의 인권 개념에 대한 고찰」. 『윤리교육연구』. 제26집. 2011. pp.259-276.

윤정호(워싱턴 특파원). 「건방진 럼즈펠드, 강경 일변도 체니 … 9 · 11 발생 이후 내 아들 잘못 보좌, 아버지 부시 자서전 논란」. 『조선일보』. 2015년 11월 6일자. A20면.

이일대. 『롤즈의 정치적 정의관에 있어서의 관용의 의미: 『정치적 자유주의』를 중심으로』. 고려대학교 대학원 정치외교학과 석사학위논문. 2003. 2.

이종훈. 「세계인권선언」. 『세계를 바꾼 연설과 선언』. 파주: 서해문집, 2006. pp.51-63.

임마누엘 칸트. 백종현 옮김. 『윤리형이상학 정초』. 서울: 아카넷, 2005.

장동진. 「롤즈의 국제사회 정의관: 『만민법』을 중심으로」. 『국제정치논총』. 제41집. 2001. 315-336.

_____. 「문제의 책: 존 롤즈의 『만민법』: 국제적 정의원칙 제시한 정치 철학서」. 『철학과 현실』. 2003. pp.201-208.

장동진, 유인태. 「존 롤즈(John Rawls)의 공적 이성(Public Reason)과 관용(Toleration)의 한계」. 『사회과학논총』. 35집. 2005. pp.1-22.

장동진, 장휘. 「칸트와 롤즈의 세계시민주의: 도덕적 기획과 정치적 기획」. 『정치사상연구』. 9집. 2003. pp.195-311.

장 자크 루소. 이재형 옮김. 『사회계약론』. 서울: 문예출판사, 2013.

정원섭. 『롤즈의 공적 이성과 입헌민주주의』. 서울: 철학과현실사, 2008.

존 스튜어트 밀. 서병훈 옮김. 『자유론』. 서울: 책세상, 2005.

칼 포퍼. 이한구 옮김. 『개방사회와 그 적들』. 서울: 민음사, 1997.

켄틴 스키너 외. 이광래, 신중섭, 이종흡 옮김. 『현대사상의 대이동: 거대이론에의 복귀』. 춘천: 강원대학교 출판부, 1987.

Archard, David. "Fair enough?" *Radical Philosophy*. Vol. 66. 1994. pp.47-49.

Chung, Hun. "Are Decent Non-Liberal Societies Really Non-Liberal?: A Critical Response to John Rawls's *The Law of Peoples*." 『철학사상』. 52집. 2014. pp.201-231.

Cohen, Andrew Jason. "Toleration." *The International Encyclopedia of Ethics*. Vol. VIII. ed. by Hugh LaFollette. Oxford: Wiley-Blackwell, 2013. pp.5150-5160.

Forst, Rainer. "Toleration." *Stanford Encyclopedia of Philosophy*. pp.1-15.

Fotion, Nick and Gerard Elfstrom. *Tolelration*. Tuscaloosa: The University of Alabama Press, 1992.

Gary, John. *Enlightenment's Awake: Political and Culture at the Close of the Modern Age*. London: Routledge: 1995.

Gautheir, David. "Political Constructivism." *The Journal of Political Philosophy*. Vol. 5. 1997. pp.132-148.

Hampton, Jean. "Should Political Philosophy Be Done without Metaphysics." *Ethics*. Vol. 99. 1989. pp.791-814.

_____. "The Common Faith of Liberalism." *Pacific Philosophical Quarterly*. Vol. 75. 1994. pp.186-216.

Hart, H. L. A. "Rawls on Liberty and Its Priority." *University of Chicago Law Review*. Vol. 40. 1973. pp.534-55.

Hinman, M. Lawrence. *Ethics: A Pluralistic Approach to Moral Theory*. Belmont: Wadsworth, 2003.

Hobbes, Thomas. *Leviathan*. London: Penguin Books, 1968.

Ignatief, Michael. *The Rights Revolution*. Toronto: Anansi, 2000.

Locke, John. *A Letter Concerning Toleration*. ed. J. W. Gough. Oxford: Basil Blackwell, 1946.

Mill, John Stuart. *On Liberty*. Harmondsworth: Penguin Books, 1974.

Pasamonk, Barbara. "The Paradox of Tolerance." *The Social Studies*. September/October, 2004. pp.206-210.

Popper, Karl. *The Open Society and Its Enemies*. Vol. 1. *The Spell of Plato*. London: Routledge, 1945.

Scheffler, Samuel. "The Appeal of Political Liberalism." *Ethics*. Vol. 105. 1994. p.4-22.

Shklar, Judith. *Ordinary Vices*. Cambridge: Harvard University Press, 1984.

Young, Iris Marion. "Rawls's Political Liberalism." *The Journal of Political Philosophy*. Vol. 3. 1995. pp.181-190.

Walzer, Michael. *Just and Unjust Wars: A Moral Argument with Historical Illustrations*. New York: Basic Books, 1977.

_____. *On Toleration*. New Haven: Yale University Press, 1997.

제2부 롤즈의 정의론과 자유주의 대 공동체주의 논쟁

제1장 자유주의 대 공동체주의 논쟁의 방법론적 쟁점

마이클 샌델. 이창신 옮김. 『정의란 무엇인가』. 파주: 김영사, 2010.

_____. 이양수 옮김. 『마이클 샌델, 정의의 한계』. 고양: 멜론, 2012.

박정순. 「자유주의 정의론의 철학적 오디세이」. 제5회 한국철학자연합대회 대회보 『현대윤리적 상황과 철학적 대응』. 1992. pp.573-599.

_____. 『마이클 샌델의 정의론, 무엇이 문제인가』. 서울: 철학과현실사, 2016.

_____. 『사회계약론적 윤리학과 합리적 선택: 홉즈, 롤즈, 고티에』. 서울: 철학과현실사, 2019.

신용하 편. 『공동체 이론』. 서울: 문학과지성사, 1985.

알래스데어 매킨타이어. 이진우 옮김. 『덕의 상실』. 서울: 문예출판사, 1997.

장동진. 『현대자유주의 정치철학의 이해』. 서울: 동명사, 2001.

존 롤즈. 장동진 옮김. 『정치적 자유주의』. 서울: 동명사, 1998.

_____. 황경식 옮김. 『사회정의론』. 서울: 서광사, 1977.

한국사회 · 윤리연구회 편. 『사회계약론 연구』. 서울: 철학과현실사, 1993.

홍성우. 『자유주의 대 공동체주의의 윤리학』. 서울: 선학사, 2005.

황경식. 「덕의 윤리의 찬반 논변」. 김영철 외. 『현대사회와 윤리』. 서울: 서광사, 1989. pp.167-209.

Ackerman, Bruce A. *Social Justice in the Liberal State*. New Haven: Yale University Press, 1980.

Barber, Benjamin. *Strong Democracy: Participatory Politics for a New Age*. Berkeley: University of California Press, 1984.

Benhabib, Seyla. *Situating the Self: Gender, Community and Postmodernism in Comtemporary Ethics*. Cambridge: Polity Press, 1992.

Clarke, G. Stanley and Evan Simpson. eds. Anti-Theory in Ethics and Moral Conservatism. Albany: State University of New York Press, 1989.

Dworkin, Ronald. *Taking Rights Seriously*. Cambridge: Harvard University

Press.

Garber, Marjorie., Beatrice Hanssen, and Rebecca L. Walkowitz. eds. *The Turn to Ethics.* New York and London: Routledge, 2000.

Gauthier, David. *Morals By Agreement.* Oxford: Clarendon Press, 1986.

Gewirth, Alan. *Reason and Morality.* Chicago: University of Chicago Press, 1978.

Giorgini, Giovanni. "Crick, Hamshire and MacIntyre, or Does an English Speaking Neo-Aristotelianism Exist?" *Praxis International.* Vol. 9. 1989. pp.249-272.

Gutmann, Amy. "Communitarian Critics of Liberalism." *Philosophy & Public Affairs.* Vol. 14. 1985. pp.308-321.

Hirsch, H. N. "The Threnody of Liberalism: Constitutional Liberty and the Renewal of Community." *Political Theory.* Vol. 14. 1986. pp.423-449.

Kymlicka, Will. "Liberalism and Communitarianism." *Canadian Journal of Philosophy.* Vol. 18. 1988. pp.181-203.

Larmore, Charles E. *Patterns of Moral Complexity.* Cambridge: Cambridge University Press, 1987.

MacIntyre, Alasdair. *After Virtue.* Notre Dame: University of Notre Dame Press, 1st edn. 1981; 2nd edn. 1984.

_____. *Whose Justice? Which Rationality?* Notre Dame: University of Notre Dame Press, 1988.

_____. *The Three Rival Versions of Moral Inquiry: Encyclopedia, Genealogy, and Tradition.* Notre Dame: Notre Dame University Press, 1990.

Mouffe, Chantal. "American Liberalism and Its Critics: Rawls, Taylor, Sandel, and Walzer." *Praxis International.* Vol. 8. 1988. pp.193-206.

Nozick, Robert. *Anarchy, State, and Utopia.* New York: Basic Books, 1975.

O'Hagen, Timothy. "Four Images of Community." *Praxis International.* Vol. 8. 1988. pp.183-193.

Rasmussen, David M. "Introduction: Universalism vs. Communitarianism: Contemporary Debates in Ethics." *Philosophy & Social Criticism.* Vol.

14. 1988. pp.237-242.

Rawls, John. *A Theory of Justice*. Cambridge: The Belknap Press of Harvard University Press, 1971.

_____. "The Kantian Constructivism in Moral Theory." *The Journal of Philosophy*. Vol. 77. 1980. pp.515-572.

_____. "Justice as Fairness: Political not Metaphysical." *Philosophy & Public Affairs*. Vol. 14. 1985. pp.223-251.

_____. "The Idea of Overlapping Consensus." *Oxford Journal of Legal Studies*. Vol. 7. 1987. pp.1-25.

_____. "The Priority of Right and Ideas of the Good." *Philosophy & Public Affairs*. Vol. 17. 1988. pp.251-276.

_____. The Domain of the Political and Overlapping Consensus." *New York Law Review*. Vol. 64. 1989. pp.233-255.

_____. *Justice as Fairness: A Guided Tour* Cambridge: Harvard University. unpublished manuscript. 1989.

_____. *Political Liberalism*. New York: Columbia University Press, 1993.

Roth, Paul A. *Meaning and Method in the Social Sciences: A Case for Methodological Pluralism*. Ithaca: Cornell University Press, 1987.

Sandel, Michael. *Liberalism and the Limits of Justice*. Cambridge: Cambridge University Press, 1982.

_____. "Introduction." in Michael Sandel. ed. *Liberalism and Its Critics*. New York: New York University Press, 1984. pp.1-11.

_____. "The Procedural Republic and the Unencumbered Self." *Political Theory*. Vol. 12. 1984. pp.81-96.

Selznick, Philip. 1987, "The Idea of a Communitarian Morality." *California Law Review*. Vol. 75. 1987. pp.445-463.

Simpson, Evan. ed. *Antifoundationalism and Practical Reasoning*. Edmonton: Academic Printing & Publishing, 1987.

Stout, Jeffrey. *Ethics After Babel: The Language of Morals and Their Discontents*. Boston: Beacon Press, 1988.

Taylor, Charles. *Hegel and Modern Society*. Cambridge: Cambridge University Press, 1979.

_____. *Philosophical Papers*. Vol. 1. *Human Agency and Language.* Vol.

2. *Philosophy and the Human Sciences*. Cambridge University Press, 1985.

Thigpen, Robert B. and Lyle A. Downing. "Liberalism and the Communitarian Critique." *American Journal of Political Science*. Vol. 31. 1987. pp.637-655.

Unger, Roberto. Knowledge & Politics. New York: The Free Press, 1975.

Walzer, Michael. *Spheres of Justice: A Defense of Pluralism and Equality*. New York: Basic Books, 1983.

Wallach, John R. "Liberals, Communitarians, and the Tasks of Political Theory." *Political Theory*. Vol. 15. 1987. pp.581-611.

제2장 공동체주의 정의관의 본질과 그 한계

마이클 샌델. 이양수 옮김.『마이클 샌델, 정의의 한계』. 고양: 멜론, 2012.

마이클 왈쩌. 정원섭 외 옮김.『정의와 다원적 평등: 정의의 영역들』. 서울: 철학과현실사, 1999.

박정순.「자유주의 정의론의 철학적 오디세이」. 제5회 한국철학자연합대회 대회보『현대의 윤리적 상황과 철학적 대응』. 1992. pp.573-599.

_____.「자유주의 대 공동체주의 논쟁의 방법론적 쟁점」.『철학연구』. 제33 집. 1993. pp.33-62.

_____.「문제의 책: 알래스다이어 맥킨타이어의『덕 이후(*After Virtue*)』」. 『철학과 현실』. 10호. 1991년 가을호. pp.342-349.

_____.「근대적 자아의 도덕적 복구를 위한 철학적 초혼제: 문제의 책: Charles Taylor, *Sources of the Self: The Making of Modern Identity* (Cambridge: Harvard University Press, 1989)」.『철학과 현실』. 44호. 2000년 봄호. pp.266-281.

_____.『마이클 샌델의 정의론, 무엇이 문제인가』. 서울: 철학과현실사, 2016.

_____.『마이클 월저의 사회사상과 철학적 깨달음: 복합평등, 철학의 여신, 마방진』. 서울: 철학과현실사, 2017.

_____.『사회계약론적 윤리학과 합리적 선택: 홉스, 롤즈, 고티에』. 서울: 철학과현실사, 2019.

존 롤즈. 장동진 옮김. 『정치적 자유주의』. 서울: 동명사, 1998.

_____. 황경식 옮김. 『사회정의론』. 서울: 서광사, 1977.

알래스데어 매킨타이어. 이진우 옮김. 『덕의 상실』 서울: 문예출판사, 1990.

찰스 테일러. 권기돈, 하주영 옮김. 『자아의 원천들: 현대적 정체성의 형성』. 서울: 새물결, 2015.

한국사회 · 윤리연구회 편. 『사회계약론 연구』. 서울: 철학과현실사, 1993.

황경식. 「덕의 윤리의 찬반 논변」. 김영철 외. 『현대사회와 윤리』. 서울: 서광사, 1989. pp.167-209.

Aristotle. *The Nichomachean Ethics*. trans. David Ross. Oxford University Press, 1980.

Avineri, Solomon and Avner De-Shalit. eds. *Communitarianism and Individualism*. Oxford University Press, 1992.

Barker, C. Edwin. "Justice as Vice." *University of Pennsylvania Law Review*. Vol. 133. 1985. pp.917-920.

Baynes, Kenneth. "The Liberal/Communitarian Controversy and Communicative Ethics." *Philosophy & Social Criticism*. Vol. 14. 1988. pp.293-313.

Buchanan, Allen E. "Assessing the Communitarian Critique of Liberalism." *Ethics*. Vol. 99. 1989. pp.852-882.

Frazer, Elizabeth and Nicola Lacey. *The Politics of Community*. Toronto: Toronto University Press, 1993.

Fishkin, James S. "Defending Equality: A View From The Cave." *Michigan Law Review*. Vol. 82. 1984. pp.755-760.

Friedman, Jeffrey. "The Politics of Communitarianism." *Critical Review*. Vol. 8. 1994. pp.297-335.

Galston, William. "Defending Liberalism." *The American Political Science Review*. Vol. 76. 1982. pp.621-629.

Gutmann, Amy. "Communitarian Critics of Liberalism." *Philosophy and Public Affairs*. Vol. 14. 1985. pp.308-321.

Hirsch, H. N. "The Threnody of Liberalism." *Political Theory*. Vol. 14. 1986. pp.423-449.

Hampton, Jean. *Political Philosophy*. Oxford: Westview Press, 1997.

Hurka, Thomas. *Perfectionism*. Oxford: Oxford University Press, 1993.

Larmore, Charles E. *Patterns of Moral Complexity*. Cambridge University Press, 1987.

MacIntyre, Alasdair. *After Virtue*. Notre Dame: University of Notre Dame Press, 2nd edn., 1984; 1st edn. 1981.

_____. *Whose Justice? Which Rationality?* Notre Dame: University of Notre Dame Press, 1988.

_____. *The Three Rival Versions of Moral Inquiry*. Notre Dame: University of Notre Dame Press, 1990.

Miller, David. "Virtues, Practices and Justice." John Horton and Susan Mendus. eds. *After MacIntyre*. Cambridge: Polity Press, 1994. pp.245-264.

Mouffe, Chantal. "American Liberalism and Its Critics: Rawls, Taylor, Sandel, and Walzer." *Praxis International*. Vol. 8. 1988. pp.193-206.

Mulhall, Stephen and Adam Swift. *Liberals and Communitarians*. Oxford: Blackwell, 1992.

Nozick, Robert. *Anarchy, State, and Utopia*. New York: Basic Books, 1975.

_____. *The Examined Life: Philosophical Meditations*. New York: Simon and Schuster, 1989.

Okin, Susan Moller. *Justice, Gender and the Family*. New York: Basic Books, 1989.

Park, Jung Soon. *Contractarian Liberal Ethics and The Theory of Rational Choice*. New York: Peter Lang Publishing Inc., 1992.

Paul, Ellen Frankel et al. ed. *Capitalism*. Oxford: Basil Blackwell, 1989.

Rawls, John. *A Theory of Justice*. Cambridge: The Belknap Press of Harvard University Press, 1971.

_____. *Political Liberalism*. New York: Columbia University Press, 1993.

Sandel, Michael. *Liberalism and the Limits of Justice*. Cambridge: Cambridge University Press, 1982.

_____. ed., "Introduction." *Liberalism and Its Critics*. New York: New York University Press, 1984.pp.1-11.

_____. "The Procedural Republic and Unencumbered Self." *Political*

Theory. Vol. 12. 1984. pp.81-96.

Sanders, Irwin T. *The Community*. New York: John Wiley & Sons, 1973.

Selznick, Philip. "The Idea of a Communitarian Morality." *California Law Review*. Vol. 75. 1987. pp.445-463.

Shapiro, Daniel. "Liberalism and Communitarianism." *Philosophical Books*. Vol. 36. 1995. pp.145-155.

Sher, George. *Beyond Neutrality: Perfectionism and Politics*. Cambridge: Cambridge University Press, 1997.

Sterba, James. "Recent Work On Alternative Conceptions of Justice." *American Philosophical Quarterly*. Vol. 23. 1986. pp.1-22.

_____. *Contemporary Social and Political Philosophy*. Belmont: Wadsworth Publishing Company, 1995.

Taylor, Charles. "Atomism." in *Philosophy and the Human Sciences: Philosophical Papers 2*. Cambridge: Cambridge University Press, 1985. pp.187-210.

_____. "The Nature and Scope of Distributive Justice." in Frank S. Lucash. ed. *Justice and Equality Here and Now*. Ithaca: Cornell University Press, 1986. pp.34-67.

_____. "Cross Purposes: The Liberal-Communitarian Debate." in Nancy Rosenbaum. ed. *Liberalism and the Moral Life*. Cambridge: Harvard University Press, 1989. pp.159-182.

_____. *Sources of Self*. Cambridge: Harvard University Press, 1989.

"The Responsive Communitarian Platform: Rights & Responsibilities." from Communitarian Network. 1991.

Unger, Roberto. *Knowledge and Politics*. New York: The Free Press, 1975.

Walzer, Michael. *Spheres of Justice: A Defence of Pluralism and Equality*. New York: Basic Books, 1983.

_____. "Justice Here and Now." in Frank S. Lucash, ed. *Justice and Equality Here and Now*. Ithaca: Cornell University Press, 1986 pp.136-150.

_____. "The Communitarian Critique of Liberalism." *Political Theory*. Vol. 18. 1990. pp.6-23.

제3장 자유주의의 건재: 공동체주의와의 논쟁 이후

데이비드 고티에. 김형철 옮김. 『합의도덕론』. 서울: 철학과현실사, 1993.

윤평중. 「탈현대의 정치철학」. 『철학』. 제56집. 1998. pp.305-332.

로버트 노직. 남경희 옮김. 『아나키에서 유토피아로: 자유주의 국가의 철학적 기초』. 서울: 문학과지성사, 1997.

마이클 샌델. 이양수 옮김. 『마이클 샌델, 정의의 한계』. 고양: 멜론, 2012.

마이클 왈쩌. 정원섭 외 옮김. 『정의와 다원적 평등: 정의의 영역들』. 서울: 철학과현실사, 1999.

마이클 월쩌. 김은희 옮김. 『해석과 사회비판』. 서울: 철학과현실사, 2007.

박우룡. 『전환시대의 자유주의: 영국 신자유주의와 지식인의 사회개혁』. 서울: 도서출판 신서원, 2003.

박정순. 「자유주의 대 공동체주의 논쟁의 방법론적 쟁점」. 『철학연구』. 제33집. 1993. pp.33-62.

_____. 「정치적 자유주의의 철학적 기초」. 『철학연구』. 제42집. 1998. pp.276-305.

_____. 「자유주의의 건재」. 『철학연구』. 제45집. 1999. pp.17-46.

_____. 「공동체주의 정의관의 본질과 그 한계」. 『철학』. 제61집. 1999. pp.267-292.

알래스데어 매킨타이어. 이진우 옮김. 『덕의 상실』. 서울: 문예출판사, 1997.

앤서니 기든스. 한상진, 박찬욱 옮김. 『제3의 길』. 서울: 생각의 나무, 1998.

이진우. 「공동체주의의 철학적 변형」. 『철학연구』, 제42집, 1998. pp.244-271.

장동진. 「완전주의: 자유주의적 해석」. 『한국정치학회보』. 제29집 4호. 1995. pp.115-134.

장-프랑스와 레벨. 박재두 옮김. 『마르크스도 예수도 없는 혁명: 혁명의 조건』. 서울: 법문사, 1972.

존 롤즈. 장동진 옮김. 『정치적 자유주의』. 서울: 동명사, 1998.

_____. 황경식 옮김. 『사회정의론』. 서울: 서광사, 1977.

찰스 테일러. 권기돈, 하주영 옮김. 『자아의 원천들: 현대적 정체성의 형성』. 서울: 새물결, 2015.

프랜시스 후쿠야마. 구승회 옮김. 『역사의 종말: 역사의 종점에 선 최후의 인간』. 서울: 한마음사, 1992.

황경식. 「자유주의와 공동체주의」. 『개방사회의 사회윤리』. 서울: 철학과현실사, 1995. pp.170-264.

Ackerman, Bruce. *Social Justice in the Liberal State*. New Haven: Yale University Press, 1980.

Allen, Jonathan. "Liberals, Communitarians, and Political Theory." *South African Journal of Philosophy*. Vol. 11. 1992. pp.77-90.

Arblaster, Anthony. *The Rise & Decline of Western Liberalism*. Oxford: Basil Blackwell, 1984.

Avineri, Solomon and Avner De-Shalit. ed. *Communitarianism and Individualism*. Oxford University Press, 1992.

Ball, Terence and Richard Dagger. *Political Ideologies and the Democratic Ideal*. New York: Harper and Collins, 1995.

Barber, Benjamin. *Strong Democracy: Participatory Politics for a New Age*. Berkeley: University of California Press, 1984.

Bell, Daniel. *The End of Ideology: On the Exhaustion of Political Ideas in the Fifties*. New York: Collier Books, 1961.

Bell, Daniel A. *Communitarianism and Its Critics*. Oxford: Clarendon Press, 1993.

Bellah, Robert. *Habits of Heart*. New York: Harper & Row, 1985.

Bellamy, Richard. *Liberalism and Modern Society*. Oxford: Polity Press, 1992.

Benhabib, Seyla. *Situating the Self: Gender, Community and Postmodernism in Comtemporary Ethics*. Cambridge: Polity Press, 1992.

Buchanan, Allen. "Assessing the Communitarian Critique of Liberalism." *Ethics*. Vol. 99. 1989. pp.852-882.

Caney, Simon. "Liberalism and Communitarianism." *Political Studies*. Vol. 90. 1992. pp.273-289.

Carleheden, Mikael and Rene Gabriels. "An Interview with Michael Walzer." *Theory, Culture & Society*. Vol. 14. 1997. pp.113-129.

Cohen, Joshua. "Book Review of Walzer's S*pheres of Justice*." *The Journal of Philosophy*. Vol. 83. 1986. pp.457-468.

Crittenden, Jack. *Beyond Individualism: Reconstituting the Liberal Self*.

Oxford: Clarendon Press, 1991.

Daly, Markate. *Communitarianism: A New Public Ethics*. Belmont: Wadsworth Publishing Co., 1994.

Damico, Alfonso. ed. *Liberals on Liberalism*. Totowa: Rowman & Littlefield, 1986.

Dworkin, Ronald. *Taking Rights Seriously*. Cambridge: Harvard University Press, 1977.

_____. "Liberalism." Stuart Hampshire. ed. *Public & Private Morality*. Cambridge: Cambridge University Press, 1978. pp.113-143.

_____. "To Each His Own." *New York Review of Books*. 1983. pp.4-6.

Etzioni, Amitai. *The Spirit of Community*. New York: Simon and Schuster, 1993.

_____. "A Moderate Communitarian Proposal." *Political Theory*. Vol. 24. 1996. pp.155-171.

Fach, Wolfgang and Giovanna Procacci. "Strong Liberalism." *Telos*. Vol. 76. 1988. pp.33-49.

Fishkin, James. "Defending Equality: A View From The Cave." *Michigan Law Review*. Vol. 82. 1984. pp.755-760.

Fowler, Robert Booth. *The Dance with Community*. Lawrence: The University Press of Kansas, 1991.

Frank, Robert H. and Philip J. Cook. *The Winner-Take-All Society*. New York: The Free Press, 1995.

Frazer, Elizabeth and Nicola Lacey. *The Politics of Community*. Toronto: Toronto University Press, 1993.

Friedman, Jeffrey. "The New Consensus: I. The Fukuyama Thesis." *Critical Review*. Vol. 3. 1989. pp.373-410.

_____. "The New Consensus: II. The Democratic Welfare State." *Critical Review*. Vol. 4. 1990. pp.633-708.

Fukuyama, Francis. *The End of History and the Last Man*. New York: Free Press, 1992.

Galston, William. "Defending Liberalism." *The American Political Science Review*. Vol. 76. 1982. pp.621-629.

_____. *Liberal Purposes: Goods, Virtues, and Diversity in the Liberal*

State. Cambridge: Cambridge University Press, 1991.

Gauthier, David. *Morals By Agreement*. Oxford: Clarendon Press, 1986.

_____. "Critical Notes: George Grant's Justice." *Dialogue*. Vol. 27. 1988. pp.121-134.

Gewirth, Alan. *Reason and Morality*. Chicago: University of Chicago Press, 1978.

Giddens, Anthony. *Beyond Left and Right: The Future of Radical Politics*. London: Polity Press, 1994.

Gray, John. *Liberalisms: Essays in Political Philosophy*. London: Routledge, 1989.

_____. *Enlightenment's Wake*. London: Routledge, 1995.

Gutmann, Amy. "Communitarian Critics of Liberalism." *Philosophy & Public Affairs*. Vol. 14. 1985. pp.308-321.

Hampton, Jean. *Political Philosophy*. Oxford: Westview Press, 1997.

Harvey, Charles W. "Paradise Well Lost: Communitarian Nostalgia and the Lonely Logic of the Liberal Self." *Philosophy and Contemporary World*. Vol. 1. 1994. pp.9-14.

Herzog, Don. "Some Questions for Republicans." *Political Theory*. Vol. 14. 1986. pp.473-93.

Hirsch, H. N. "The Threnody of Liberalism: Constitutional Liberty and the Renewal of Community." *Political Theory*. Vol. 14. 1986. pp.423-449.

Holmes, Stephen. *The Anatomy of Antiliberalism*. Cambridge: Harvard University Press, 1993.

Ingram, David. *Reason, History & Politics. Albany*: State University of New York Press, 1995.

Kymlicka, Will. "Liberalism and Communitarianism." *Canadian Journal of Philosophy*. Vol. 18. 1988. pp.181-203.

_____. *Liberalism, Community and Culture*. Oxford: Clarendon Press, 1989.

_____. "Community." Robert E. Goodin and Philip Pettit. eds. *A Companion to Political Philosophy*. Oxford: Basil Blackwell, 1993. pp.366-377.

Larmore, Charles E. *Patterns of Moral Complexity*. Cambridge: Cambridge University Press, 1987.

Macedo, Stephen. *Liberal Virtues*. Oxford: Clarendon Press, 1991.

MacIntyre, Alasdair. *After Virtue*. Notre Dame: University of Notre Dame Press, 2nd edn. 1984; 1st edn. 1981.

_____. *Whose Justice? Which Rationality?* Notre Dame: University of Notre Dame Press, 1988.

_____. *The Three Rival Versions of Moral Inquiry: Encyclopedia, Genealogy, and Tradition*. Notre Dame: Notre Dame University Press, 1990.

_____. "A Letter to The Responsive Community." The Responsive Community, Summer of the Year. 1991.

Miller, David. "Virtues, Practices and Justice." in John Horton and Susan Mendus. eds. *After MacIntyre*. Cambridge: Polity Press, 1994. pp.245-264.

Moon, J. Donald. *Constructing Community: Moral Pluralism and Tragic Conflicts*. Princeton: Princeton University Press, 1993.

Mouffe, Chantal. "American Liberalism and Its Critics: Rawls, Taylor, Sandel, and Walzer." *Praxis International*. Vol. 8. 1988. pp.193-206.

Mulhall, Stephen and Adam Swift. *Liberals and Communitarians*. Oxford: Blackwell, 1992.

Neal, Patrick and David Paris. "Liberalism and Communitarian Critique." *Canadian Journal of Political Sciences*. Vol. 48. 1990. pp.419-439.

Nozick, Robert. *Anarchy, State, and Utopia*. New York: Basic Books, 1975.

O'Hagen, Timothy. "Four Images of Community." *Praxis International*. Vol. 8. 1988. pp.183-93.

Okin, Susan Moller. *Justice, Gender and the Family*. New York: Basic Books, 1989.

_____. "Humanist Liberalism." in Nancy Rosenbaum. ed. *Liberalism and Moral Life*. Cambridge: Harvard University Press, 1989. pp.39-53.

Pettit, Philip. "Liberal/Communitarian: MacIntyre's Mesmeric Dichotomy." in John Horton and Susan Mendus, ed. *After MacIntyre*. Cambridge:

Polity Press, 1994. pp.176-204.

Philips, Derek. *Looking Backward: A Critical Appraisal of Communitarian Thought*. Princeton: Princeton University Press, 1993.

Rawls, John. *A Theory of Justice*. Cambridge: The Belknap Press of Harvard University Press, 1971.

_____. "The Kantian Constructivism in Moral Theory." *The Journal of Philosophy*. Vol. 77. 1980. pp.515-572.

_____. 1985, "Justice as Fairness: Political not Metaphysical." *Philosophy & Public Affairs*. Vol. 14. 1985. pp.223-251.

_____. "The Idea of Overlapping Consensus." *Oxford Journal of Legal Studies*. Vol. 7. 1987 pp.1-25.

_____. "The Priority of Right and Ideas of the Good." *Philosophy & Public Affairs*. Vol. 17. 1988. pp.251-276.

_____. "The Domain of the Political and Overlapping Consensus." *New York Law Review*. Vol. 64. 1989. pp.233-255.

_____. *Political Liberalism*. New York: Columbia University Press, 1993.

Raz, Joseph. *The Morality of Freedom*. Oxford: Clarendon Press, 1986.

Revel, Jean François. *Without Marx or Jesus: The New American Revolution has begun*. Garden City, N.Y.: Doubleday, 1971.

Rorty, Richard. "The Priority of Democracy to Philosophy." in Merrill D. Peterson and Robert C. Vaughan. ed. *The Virginia Statute for Religious Freedom*. Cambridge: Cambridge University Press, 1988. pp.257-282.

Rosenbaum, Nancy. *Another Liberalism*. Cambridge: Harvard University Press, 1987.

_____. ed. *Liberalism and Moral Life*. Cambridge: Harvard University Press, 1989.

Roth, Paul A. *Meaning and Method in the Social Sciences: A Case for Methodological Pluralism*. Ithaca: Cornell University Press, 1987.

"The Responsive Communitarian Platform: Rights & Responsibilities." 1991. Washington, D.C. The Responsive Community, Winter of the Year.

Sandel, Michael. *Liberalism and the Limits of Justice*. Cambridge: Cambridge University Press, 1982.

_____. ed. "Introduction." *Liberalism and Its Critics*. New York: New York University Press, 1984. pp.1-11.

_____. "The Procedural Republic and the Unencumbered Self." *Political Theory*. Vol. 12. 1984. pp.81-96.

_____. *Democracy's Discontent*. Cambridge: Harvard University Press, 1996.

Sanders, Irwin T. *The Community*. New York: John Wiley & Sons, 3rd edn. 1973.

Selznick, Philip. "The Idea of a Communitarian Morality." *California Law Review*. 1987. Vol. 75. pp.445-463.

Shapiro, Daniel. "Liberalism and Communitarianism." *Philosophical Books*. Vol. 36. 1995. pp.145-155.

Spragens, Thomas. *Reason and Democracy*. Durham: Duke University Press, 1990.

Tam, Henry. *Communitarianism*. New York: New York University Press, 1998.

Taylor, Charles. "Atomism." in *Philosophy and the Human Sciences: Philosophical Papers 2*. Cambridge University Press, 1985. pp.187-210.

_____. "The Nature and Scope of Distributive Justice." in Frank S. Lucash, ed. *Justice and Equality Here and Now*. Ithaca: Cornell University Press, 1986. pp.34-67.

_____. "Cross Purposes: The Liberal-Communitarian Debate." in Nancy Rosenbaum. ed. *Liberalism and the Moral Life*. Cambridge: Harvard University Press, 1989. pp.159-182.

_____. *Sources of Self*. Cambridge: Harvard University Press, 1989.

_____. *The Malaise of Modernity*. Concord: Anansi, 1991.

_____. *The Ethics of Authenticity*. Cambridge: Harvard University Pres, 1992.

Thigpen, Robert B. and Lyle A. Downing. "Liberalism and the Communitarian Critique." *American Journal of Political Science*. Vol. 31. 1987. pp.637-655.

Tomasi, John. "Individual Rights and Community Virtues." *Ethics*. Vol. 101. 1990. pp.521-537.

Unger, Roberto. *Knowledge and Politics*. New York: The Free Press, 1975.

Waldron, Jeremy. "Theoretical Foundations of Liberalism." *The Philosophical Quarterly*. 1987. Vol. 37. pp.127-150.

Wallerstein, Immanuel. *After Liberalism*. New York: The New Press, 1995.

Walzer, Michael. *Radical Principles*. New York: Basic Books, 1980.

_____. *Spheres of Justice: A Defense of Pluralism and Equality*. New York: Basic Books, 1983.

_____. *Interpretation and Social Criticism*. Cambridge: Harvard University Press, 1987.

_____. *The Company of Critics*. New York: Basic Books, 1988.

_____. "The Communitarian Critique of Liberalism." *Political Theory*. Vol. 18. 1990. pp.6-23.

_____. *Thick and Thin: Moral Argument at Home and Abroad*. Notre Dame: University of Notre Dame, 1994.

Winfield, Richard Dien. "Ethical Community Without Communitarianism." *Philosophy Today*. Vol. 40. 1996. pp.310-320.

Young, James. *Reconsidering American Liberalism: The Troubled Odyssey of the Liberal Idea*. Boulder: Westview Press, 1996.

제3부 롤즈의 자유주의적 정의론의 분야별 적용

제1장 사유재산권의 자유주의적 정당화의 과제

김남두. 「사유재산권과 삶의 평등한 기회: 로크를 중심으로」. 『철학연구』. 제27집. 1990. pp.153-180.

로버트 노직. 남경희 옮김. 『아나키에서 유토피아로: 자유주의 국가의 철학적 기초』. 서울: 문학과지성사, 1983.

박정순. 「논평: 사유재산권의 자유주의적 정당화의 과제」. 『철학연구』. 제28집. 1991. pp.349-353

_____. 『사회계약론적 윤리학과 합리적 선택: 홉스, 롤즈, 고티에』. 서울: 철학과현실사, 2019.

존 롤즈. 황경식 옮김. 『사회정의론』. 서울: 서광사, 1977.

황경식. 「소유와 자유: 소유권의 자유주의적 정당화」. 『철학연구』. 제27집.
1990. pp.215-247.

C. B. 맥퍼슨. 황경식, 강유원 옮김. 『홉스와 로크의 사회철학: 소유권적 개
인주의의 정치이론』. 서울: 박영사, 1990.

Arblaster, Anthony. *The Rise and Decline of Western Liberalism.* Oxford:
Basil Blackwell, 1984,

Becker, Lawrence C. *Property Rights: Philosophic Foundations.* London:
Routledge & Kegan Paul, 1977.

_____. "Property Rights and Social Welfare." Kenneth Kipnis and Diana
T. Meyers. eds. *Economic Justice: Private Rights and Public Responsi-
bilities.* Totowa, New Jersey: Rowman & Allanheld, 1985. pp.71-86.

Benn, Stanley I. "Property." *The Encyclopedia of Philosophy.* New York:
Macmillan Co. & Free Press, 1967.

Carens, Joseph H. *Equality, Moral Incentives, and Market: An Essay in
Utopian Politico-Economic Theory.* Chicago: The University of Chicago
Press, 1981.

Carter, Alan. *The Philosophical Foundations of Property Rights.* New
York: Harvester Wheatsheaf, 1989.

Chapman, John W. "Justice, Freedom and Property." J. Roland Pennock
and John W. Chapman. eds. *Property.* Nomos 22. New York: New
York University Press, 1980.

Cohen, G. A. "Self-Ownership, World-Ownership, and Equality." Frank S.
Lucash. ed. *Justice and Equality Here and Now.* Ithaca: Cornell
University, 1986. pp.108-135

Cole, G. D. H. "Capitalism." I. Gould and W. L. Kolb. eds. *A Dictionary
of the Social Sciences.* New York: The Free Press of Glencoe, 1964.

Fallers, Lloyd A. *Inequality: Social Stratification Reconsidered.* Chicago:
University of Chicago Press, 1973.

Friedman, Wolfgang G. "Property." *Dictionary of the History of Ideas.*
New York: Charles Scribner's Sons, 1978.

Fukuyama, Francis. "The End of History." *The National Interest.* Summer,

1989. pp.17-25.

Geras, Norman. "The Controversy about Marx and Justice." *New Left Review*. Vol. 150. 1985. pp.47-85.

George, Vic and Paul Wilding. *Ideology and Social Welfare*. London: Routledge and Kegan Paul, 1976.

Gilbert, Neil. *Capitalism and the Welfare State: Dilemmas of Social Benevolence*. New Haven: Yale University Press, 1983.

Gill, Emily R. "Property and liberal Goals." *Journal of Politics*. Vol. 45. 1983. pp.675-695

Xenos, Nicholas. "Liberalism and the Postulate of Scarcity." *Political Theory*. Vol. 15. 1987. pp225-243.

Gray, John. "Contractarian Method, Private Property, and The Market Economy." John W. Chapman and J. Roland Pennock. eds. *Markets and Justice*. Nomos 31. New York: New York University Press, 1989. pp13-58.

Grunebaum, James O. *Private Ownership*. London: Routledge & Kegan Paul, 1987.

Hardin, Garrett. "The Tragedy of the Commons." *Science*. 162. 3859. 1968. pp.1243-1248.

Hegel, G. W. F. *Hegel's Philosophy of Right*. trans. T. M. Knox. Oxford: Clarendon Press, 1952.

Heilbroner, Robert L. *The Nature and Logic of Capitalism*. New York: W. W. Norton & Company, 1985.

Heller, Thomas C. Morton Sosna and David E. Wellbery. eds. *Reconstructing Individualism: Autonomy, Individuality, and the Self in Western Thought*. Stanford: Stanford University Press, 1986.

Hobbes, Thomas. *Leviathan*. C. B. Macpherson ed. Harmondsworth: Penguin Books, 1968.

Hofstadter, Richard. *Social Darwinism in American Thought*. rev. ed. Boston: Beacon Press, 1962.

Keyes, Thomas. "The Marxian Concept of Property: Individual/Social." Tibor R. Machan. ed. *The Main Debate: Communism versus Capitalism*. New York: Random House, 1987.

Locke, John. *Two Treatises of Government*. Peter Laslett. ed. New York: A Mentor Book, 1960.

Macpherson, C. B. "Liberal-Democracy and Property." C. B. Macpherson. ed. *Property: Mainstream and Critical Positions*. Toronto: University of Toronto Press, 1978.

Macpherson, C. B. *The Political Theory of Possessive Individualism: Hobbes to Locke*. Oxford: Clarendon Press, 1962.

Marx, Karl. *Capital*. Frederick Engels. ed. New York: International Publishers, 1967.

_____. *Critique of the Gotha Program*. Lewis S. Feuer. ed. *Marx & Engels: Basic Writings on Politics and Philosophy*. Garden City: Anchor Books, 1959.

_____. *The Economic and Philsophic Manuscripts of 1844*. *Karl Marx Frederick Engles Collected Works*. New York: International Publishers, 1975.

Marx, Karl and Frederick Engels. *The Communist Manifesto*. *Karl Marx Frederick Engles Collected Works*. New York: International Publishers, 1975.

Meade, James. *Equality, Efficiency, and the Ownership of Property*. London: Allen and Unwin, 1964.

Mishra, Ramesh. *The Welfare State in Crisis*. New York: St. Martin's Press, 1984.

Moore, Barrington. *Injustice: The Social Bases of Obedience and Revolt*. New York: Macmillan Press, 1978.

Nozick, Robert. *Anarchy, State, and Utopia*. New York: Basic Books Inc. Publishers, 1974.

_____. *The Examined Life: Philosophical Meditations*. New York: Simon & Schuster, 1989.

Okun, Arthur M. *Equality and Efficiency: The Big Trade Off*. Washington, D.C.: Brookings, 1974.

Parel, Anthony and Thomas Flanagan. eds. *Theories of Property: Aristotle to the Present*. Waterloo: Wilfrid Laurier University Press, 1979.

Paul, Jeffrey. ed. *Reading Nozick*. Totowa, New Jersey: Rowman &

Littlefield, 1981.

Ralws, John. *A Theory of Justice*. Cambridge: The Belknap Press of Harvard University Press, 1971.

Rapaport, Elizabeth. "Classical Liberalism and Rawlsian Revisionism." Kai Nielsen and Roger A. Shiner. eds. *New Essays on Contract Theory.* Ontario: Canadian Association for Publishing in Philosophy, 1977.

Reeve, Andrew. *Property.* Atlantic Highlands: Humanities Press International, 1986.

Rousseau, Jean-Jacques. *Discourse on the Origin and the Foundations of Inequality among Men* in *Discourses and Essays on the Origin of Languages*. trans. Victor Gourevitch. New York: Harper & Raw, 1986.

_____. *Of the Social Contract* in *Of the Social Contract & Discourse on Political Economy*. trans. Charles M. Sherover. New York: Harper & Row, 1984.

Ryan, Alan. *Property and Political Theory*. Oxford: Basil Blackwell, 1984.

_____. *Property*. Minneapolis: University of Minnesota Press, 1987.

Ryan, Cheyney C. "Mine, Yours, and Ours: Property Rights and Individual Liberty." *Ethics*. Vol. 87. 1979. pp.126-141.

Sarkar, Husain. "The Lockean Proviso." *Canadian Journal of Philosophy*. Vol. 12. 1982. pp.47-59.

Say, Anthony de. *Social Contract, Free Ride: A Study of the Public Goods Problem*. Oxford: Clarendon Press, 1989.

Shue, Henry. "The Current Fashions: Trickle-Downs by Arrow and Close-Knits by Rawls." *The Journal of Philosophy*. Vol. 71. 1974. pp.319-327.

Smith, Adam. *An Inquiry into the Nature and Causes of the Wealth of Nations*. Chicago: University of Chicago Press, 1976.

Thomson, David. ed. *Political Ideas*. Penguin Books, 1966.

Weber, Max. *The Protestant Ethics and the Spirit of Capitalism*. trans. Talcott Parsons. London: Unwin Paperbacks, 1985.

Wolff, Robert Paul. *Understanding Ralws*. Princeton: Princeton University Press, 1977.

제2장 개인이익과 공익의 자유주의적 관련 방식

데이비드 고티에. 김형철 옮김. 『합의도덕론』. 서울: 철학과현실사, 1993.

박정순. 「고티에의 『합의도덕론』과 그 정치철학적 위상」. 차인석 외. 『사회철학대계』. 전3권. 서울: 민음사, 1993. 제2권. 『사회주의와 자유주의』. pp.346-418.

_____. 「호모 에코노미쿠스 생살부」. 『철학연구』, 제21집. 1998. pp.1-41.

_____. 「홉스의 계약론적 윤리학과 합리성 문제」. 『매지학술』. 제15집. 1998. pp.241-278

_____. 『사회계약론적 윤리학과 합리적 선택: 홉스, 롤즈, 고티에』. 서울: 철학과현실사, 2019.

박정택. 『공익의 정치 행정론』. 서울: 대영문화사, 1990.

정연교. 「생물학적 인간관」. 남기영 외. 『인간이란 무엇인가?』. 서울: 민음사, 1997.

죤 롤즈. 황경식 옮김. 『사회정의론』. 서울: 서광사, 1977.

Ackerman, Frank et al. ed. *Human Well-Being and Economic Goals*. Washington D.C.: Island Press, 1997.

Arblaster, Anthony. *The Rise and Decline of Western Liberalism*. Oxford: Basil Blackwell, 1984.

Arrow, Kenneth J. *Social Choice and Individual Values*. New Haven: Yale University Press, 1951.

_____. "Extended Sympathy and the Possibility of Social Choice." *Philosophia*. Vol. 7 1978. pp.223-237.

Buchanan, James. *The Limits of Liberty: Between Anarchy and Leviathan*. Chicago: The University of Chicago Press, 1962.

Colman, Andrew. *Game Theory and Experimental Games*. Oxford: Pergamon Press, 1982.

Dyke, C. *Philosophy of Economics*. Englewood Cliffs: Prentice-Hall, 1981.

Etzioni, Amitai. *The Moral Dimension: Towards A New Economics*. New York: Free Press, 1988.

Gobetti, Daniela. *Private and Public*. London: Routledge, 1992.

Gauthier, David. *Morals By Agreement*. Oxford: Oxford University Press,

1986.

Hobbes, Thomas. *Leviathan*. ed. with Introduction by C. B. Macpherson. Harmondsworth: Penguin Books, 1968.

Holmes, Stephen. *The Anatomy of Antiliberalism*. Cambridge: Harvard University Press, 1993.

Hollis, Martian and Edward Nell. *Rational Economic Man: A Philosophical Critique of Neo-classicial Economics*. Cambridge: Cambridge University Press, 1975.

Hume, David. "Of Refinement in the Arts." *Essays Moral, Political, and Literary*. Indianapolis: Liberty Classics, 1985.

Jasay, Anthony de. *Social Contract, Free Ride*. Oxford: Clarendon Press, 1989.

Jellinek. G. *Allgemeine Staatslehre*. 1900.

Levine, Andrew. *Liberal Democracy*. New York: Columbia University Press, 1981.

John Locke. *Two Treatises of Government*. ed. with Introduction by Peter Laslett. New York: A Mentor Book, 1960.

Lowi, Theodore J. ed., *Private Life and Public Order*. New York: W. W. Norton & Company, 1968.

Mansbridge, Jane J. ed. *Beyond Self-Interest*. Chicago: The University of Chicago Press, 1990.

Mills, Mike and Fraser King. *The Promise of Liberalism*. Aldershot: Dartmouth, 1995.

Myers, Milton L. *The Soul of Modern Economic Man: Ideas of Self-Interest: Thomas Hobbes to Adam Smith*. Chicago: The University Press, 1983.

Olson, Mancur. *The Logic of Collective Action*. Cambridge: Harvard University Press, 1975.

Park, Jung Soon. *Contractarian Liberal Ethics and the Theory of Rational Choice*. New York: Peter Lang, 1992.

Pruitt, Dean G. and Peter J. Carnevale. *Negotiation in Social Conflict*. Buckingham: Open University Press, 1993.

John Rawls. *A Theory of Justice*. Cambridge: The Belknap Press of

Harvard University Press, 1971.

_____. "Justice as Fairness: Political Not Metaphysical." *Philosophy and Public Affairs*. Vol. 14. 1985. pp.223-251.

Rousseau, Jean-Jacques. *The Social Contract*. ed. Charles Frankel. New York: Hafner, 1947.

Smith, Adam. *An Inquiry into the Nature and Causes of the Wealth of Nations*. ed. Edwin Cannan. Chicago: The University of Chicago Press, 1976.

Walzer, Michael. "Liberalism and the Art of Separation." *Political Theory*. Vol. 2. 1984. pp.315-330.

Weale, Albert. "Public Interest." *Routledge Encyclopedia of Philosophy*. London: Routledge, 1998.

Zey, Mary. ed. *Decision Making: Alternatives to Rational Choice Models*. London: Sage, 1992.

제3장 자유주의와 여성주의 정의론

김미애 외. 『양성평등이 보장되는 복지사회』. 서울: 미래인력연구센터, 1997.

김상봉. 「칸트 윤리학과 동정심 문제」. 한국칸트학회 편. 『칸트와 윤리학』. 서울: 민음사, 1996.

다이애너 기틴스. 안호용, 김홍주, 배선희 옮김. 『가족은 없다: 가족이데올로기의 해부』. 서울: 일신사, 1997.

로즈마리 통. 이소영 옮김. 『페미니즘 사상: 종합적 접근』. 서울: 한신문화사. 1995.

문소정. 「가족 이데올로기의 변화」. 여성한국사회연구회 엮음. 『한국가족의 오늘과 내일』. 서울: 사회문화연구소, 1995. pp.329-367.

_____. 「미국 페미니즘 가족이론과 한국의 가족과 여성」. 『여성학 연구』. 제6권. 1995. pp.19-43.

미셸 바렛, 매리 매킨토시. 김혜경 옮김. 『가족은 반사회적인가』. 서울: 여성사, 1994.

박민자. 「가족과 여성의 위치」. 여성한국사회연구회 엮음. 『여성과 한국사회』. 서울: 사회문화연구소, 1993. pp.137-166.

박정순. 「자유주의 대 공동체주의의 방법론적 쟁점」. 『철학연구』. 제33집. 1993. pp.33-62.

_____. 「감정의 윤리학적 사활」. 정대현 외. 『감성의 철학』. 서울: 민음사, 1996. pp.69-124.

_____. 「윤리학에서 감정의 위치와 역할」. 『철학』. 제55집. 1998. pp.307-335.

_____. 「정치적 자유주의의 철학적 기초」. 『철학연구』. 제42집. 1998. pp.275-305.

_____. "The Dialectic of Master and Slave in Hegel's *Phenomenology of Spirit*." 『매지논총』. 제16집. 연세대학교 매지학술연구소. 1999. pp.93-130.

_____. 「서평: 허라금 지음. 『원칙의 윤리에서 여성주의 윤리로: 자기 성실성의 철학』. 현대 윤리학의 지평 확대와 여성주의 윤리학의 공헌」. 『철학사상』. 제20호. 2005. pp.167-179.

배리 쏘온, 매릴린 얄롬 엮음. 권오주 외 옮김. 『페미니즘 시각에서 본 가족』. 서울: 한울, 1991.

신용하, 장경섭. 『21세기 한국의 가족과 공동체문화』. 서울: 지식산업사, 1996.

이재경. 「정의의 관점에서 본 가족」. 강선미 외. 『가족철학: 남성 철학과 여성 경험의 만남』. 서울: 이화여자대학교 출판부, 1997. pp.374-398.

정영애. 「여성해방론적 가족연구: 회고와 전망」. 강선미 외. 『가족철학』. 서울: 이화여자대학교 출판부, 1997. pp.305-323.

존 롤즈. 장동진 옮김. 『정치적 자유주의』. 파주: 동명사, 1998.

_____. 황경식 옮김. 『사회정의론』. 서울: 서광사, 1977.

질라 R. 아이젠슈타인. 김경애 옮김. 『자유주의 여성해방론의 급진적 미래』. 서울: 이화여자대학교 출판부, 1988. 원본 1980.

프랜시스 후쿠야마. 구승회 옮김. 『역사의 종말: 역사의 종점에 선 최후의 인간』. 서울: 한마음사, 1992.

한국여성개발원. 『남녀평등의 이해』. 서울: 한국여성개발원, 1997.

함인희. 「변화하는 가족과 여성의 위치」. 한국여성개발원 엮음. 『21세기와 여성』. 서울: 한국여성개발원, 1993. pp.119-145.

허라금. 「여성의 자기분열」. 여성철학연구모임 엮음. 『한국여성철학』. 서울: 한울, 1995. pp.79-95.

_____. 「서구 정치사상에서의 공사 개념과 가부장적 성차별성」. 『여성학논집』. 이화여자대학교 한국여성연구원, 1996. pp.333-355.

_____. 『원칙의 윤리에서 여성주의 윤리로: 자기 성실성의 철학』. 서울: 철학과현실사, 2004.

황경식. 「도덕적 구성주의: 롤즈의 정의론을 중심으로」. 『철학』, 제16호. 1981. pp.49-69.

Auerbach, Dennis. "Liberalism in Search of Its Self." *Critical Review*. Vol. 1. 1987. pp.5-44,

Benhabib, Seyla. "The Generalized Other and the Concrete Other." *Situating the Self*. Cambridge: Polity Press, 1992. pp.148-177.

Baehr, Amy R. "Toward a New Feminist Liberalism: Okin, Rawls, and Habermas." *Hypatia*. Vol. 11. 1996. pp.49-66.

Bradley, Harriet. "Gendered Jobs and Social Inequality." *The Polity Reader in Gender Studies*. Cambridge: Polity Press, 1994. pp.150-158.

Brennan, Teresa and Carole Pateman. "Mere Auxiliaries To The Commonwealth: Women and The Origins of Liberalism." *Political Studies*. Vol. 27. 1979. pp.183-200.

Delphy, Christine and Diana Leonard. *Familiar Exploitation: A New Analysis of Marriage in Contemporary Western Societies*. Cambridge: Polity Press, 1992.

Eisenstein, Zillah R. *The Radical Future of Liberal Feminism*. New York: Longman, 1981.

Elliot, Faith Robertson. *Gender, Family and Society*. Houndmills: Macmillian, 1996.

Elshtain, Jean. *Public Man, Private Woman: Woman in Social and Political Thought*. Princeton: Princeton University, 2nd edn. 1993; 1st edn. 1981.

English, Jane. "Justice Between Generations." *Philosophical Studies*. Vol. 31. 1977. pp.91-104.

Ferree, Marry Marx. "Beyond Separate Spheres: Feminism and Family Research." *Journal of Marriage and the Family*. Vol. 52. 1990. pp.866-884.

Fineman, Martha. "Review of Justice, Gender, and the Family." *Ethics*. Vol. 101. 1991. pp.647-649.

Firestone, Shulamith. *The Dialectic of Sex*. New York: Morrow, 1971.

Flanagan, Owen and Kathryn Jackson. "Justice, Care and Gender: The Kohlberg-Gilligan Debate Revisited." *Ethics*. Vol. 97. 1987. pp.622-637.

Fox-Genovese, Elizabeth. *Feminism without Illusions: A Critique of Individualism*. Chapel Hill: University of North Carolina Press, 1991.

Frazer, Elizabeth and Nichla Lacey. *The Politics of Community: A Feminist Critique of the Liberal-Communitarian Debate*. Toronto: University of Toronto Press, 1993.

Frazer, Nancy. "Beyond the Mater/Subject Model: Reflections on Carole Pateman's Sexual Contract." *Social Text*. Vol .37. 1993. pp.173-181.

Fukuyama, Francis. "The End of History." *The National Interest*. Summer, 1989. pp.17-25.

_____. *The End of History and the Last Man*. New York: The Free Press, 1992.

Gatens, Moira. *Feminism and Philosophy*. Cambridge: Polity Press, 1991.

Gordon, Graham. "Liberal vs. Radical Feminism Revisited." *Journal of Applied Philosophy*. Vol. 11. 1994. pp.155-170.

Hegel, G. *Phenomenology of Spirit*. trans. A. V. Miller. Oxford: Oxford University Press, 1977.

Held, Virginia. "Review of Justice, Gender, and the Family." *Political Theory*. Vol. 19. 1991. pp.299-303.

Jaggar, Alison M. *Feminist Politics and Human Nature*. Totowa: Rowan and Allanheld, 1983.

_____. ed. *Living with Contradictions: Controversies in Feminist Social Ethicist*. Boulder: Westside Press, 1994.

Kearns, Deborah. "A Theory of Justice-and Love; Rawls on the Family." *Politics*. Vol. 18. 1983. pp.36-42.

Kingston, Paul William. "Review of Justice, Gender and the Family." *Journal of Marriage and the Family*. Vol. 52. 1990. pp.562-563.

Kymlicka, Will. "Rethinking the Family." *Philosophy and Public Affairs*. Vol. 20. 1991. pp.77-97.

_____. ed. *Justice in Political Philosophy*. Vol. II. *Critiques and Alternatives*. Cheltenham: Edward Elgar Publishing, 1992.

Lasch, Christopher. *Haven in a Heartless World*. New York: Basic Books, 1997.

Leeuwen, Marry Stewart Van. *After Eden: Facing the Challenge of Gender Reconciliation*. Carlisle: The Paternoster Press, 1993.

Miller, Toby. "A Short History of the Penis." *Social Text*. Vol. 43. 1955. pp.1-26.

Moody-Adams, Michele M. "Feminist Inquiry and The Transformation of the Public Sphere in Virginia Held's Feminist Morality." *Hypatia*. Vol. 11. 1996. pp.155-173.

Nelson, Hilde Lindelmann. "Why Families?" *APA News Letter*. Vol. 96. 1996. pp.31-33.

_____. ed. *Feminism and Families*. New York: Routledge, 1997.

Nicholson, Linda J. *Gender and History: The Limits of Social Theory in the Age of the Family*. New York: Columbia University Press, 1986.

Okin, Susan Moller. *Women in Western Political Thought*. Princeton: Princeton University Press, 1979.

_____. "Women and the Making of the Sentimental Family." *Philosophy and Public Affairs*. Vol. 11. 1981. pp.65-88.

_____. *Gender, and the Family*. New York: Basic Books. 1989.

_____. "Humanist Liberalism." Nancy Rosenblum. ed. *Liberalism and the Moral Life*. Cambridge: Harvard University Press, 1989. pp.39-53.

_____. "Reason and Feeling in Thinking about Justice." *Ethics*. Vol. 99. 1989. pp.229-249.

_____. "Thinking Like a Woman." Deborah L. Rhode. ed. *Theoretical Perspectives On Sexual Difference*. New Haven: Yale University, 1990. pp.145-159.

_____. "Political Liberalism, Justice, and Gender." *Ethics*. Vol. 105. 1994. pp.23-43.

_____. "Inequalities Between the Sexes in the Different Cultural Contexts." Martha Nussbaum and Jonathan Glover. ed. *Women, Culture and Development*. Oxford: Clarendon Press, 1995. pp.274-297.

_____. "Sexual Orientation, Gender, and Families: Dichotomizing Differences." *Hypatia*. Vol. 11. 1996. pp.30-48.

_____. "Families and Feminist Theory: Some Past and Present Issues." Hilde Lindelmann Nelson. ed. *Feminism and Families*. New York: Routledge, 1997. pp.13-26.

Papanek, Hanna. "To Each Less than She Needs, From Each More Than She Can Do." Irene Tinker. ed. *Persistent Inequalities*. Oxford: Oxford University Press, 1990.

Pateman, Carole. "The Disorder of Woman: Women, Love, and the Sense of Justice." *Ethics*. Vol. 91. 1980. pp.20-34.

_____. "Feminist Critiques of the Public/Private Dichotomy." Anne Phillips. ed. *Feminism and Equality*. New York: New York University Press, 1987. pp.103-123.

_____. *The Sexual Contract*. Stanford: Stanford University Press, 1988.

Putnam, Ruth Anna. "Why Not a Feminist Theory of Justice?" Martha Nussbaum and Jonathan Glover. eds. *Women, Culture and Development*. Oxford: Clarendon Press, 1995. pp.298-331.

Rawls, John. *A Theory of Justice*. Cambridge: Harvard University Press, 1971.

_____. "Justice as Fairness: Political not Metaphysical." *Philosophy and Public Affairs*. Vol. 14. 1985. pp.223-251.

_____. *Political Liberalism*. New York: Columbia University Press, 1993.

Ruddick, Sara. "Injustice in Families: Assault and Domination." Virginia Held. ed. *Justice and Care*. Boulder: Westview Press, 1995. pp.203-223.

Russell, J. S. "Okin's Rawlsian Feminism? Justice in the Family and Another Liberalism?" *Social Theory and Practice*. Vol. 21. 1995. pp.397-426.

Sen, Amartya. "More than 100 Million Women are Missing." *New York Review of Books*. 20 Dec. 1990.

Skinner, Quentin. ed. *The Return of Grand Theory in the Human Sciences*. Cambridge: Cambridge University Press, 1987.

Struening, Karen. "Feminist Challenges to the New Familialism." *Hypatia*.

Vol. 11. 1996. pp.135-154.

Susan, Wendell. "A (Qualified) Defense of Liberalism." *Hypatia*. Vol. 2. 1987. pp.65-93.

Sypnowich, Christine. "Justice, Community, and the Antinomies of Feminist Theory." *Political Theory*. Vol. 21. 1993. pp.484-506.

Ulanowsky, Carole. "The Family." *Encyclopedia of Applied Ethics*. San Diego: Academic Press, 1998. pp.233-247.

Walzer, Michael. *Spheres of Justice: A Defence of Pluralism and Equality*. New York: Basic Books, 1983.

Wendell, Susan. "A (Qualified) Defense of Liberalism." *Hypatia*. Vol. 2. 1987. pp.65-93.

Willmott, P. and M. Young. *The Symmetrical Family*. London: Routledge and Kegan Paul, 1973.

Wilson, Angelia R. "Their Justice: Heterosexism in *A Theory of Justice*." ed. *A Simple Matter of Justice: Theorizing Lesbian and Gay Politics*. London: Cassell, 1995. 146-175.

Wolff, Robert Paul. *Understanding Rawls*. Princeton. N.J.: Princeton University Press, 1977.

Young, Iris Marion. "Toward a Critical Theory of Justice." *Social Theory and Practice*. Vol. 7. 1981. pp.279-301.

_____. *Justice and Politics of Difference*. Princeton: Princeton University Press, 1990.

제4장 인권 이념의 철학적 고찰

마이클 왈쩌. 정원섭 외 옮김. 『정의와 다원적 평등: 정의의 영역들』. 서울: 철학과현실사, 1999.

마이클 월쩌. 김은희 옮김. 『해석과 사회비판』. 서울: 철학과현실사, 2007.

마이클 프리먼. 김철효 옮김. 『인권: 이론과 실천』. 서울: 아르케, 2005.

로버트 노직. 남경희 옮김. 『아나키에서 유토피아로: 자유주의 국가의 철학적 기초』. 서울: 문학과지성사, 1983.

박구용. 『우리 안의 타자: 인권과 인정의 철학적 담론』. 서울: 철학과현실사, 2003.

박정순. 「인권 이념의 철학적 고찰」. 『철학과 현실』. 68호. 2006년 봄호. pp.34-66.

_____. 「특별기고. 존 롤즈의 관용론」. 김용환. 『관용과 다문화사회의 교육』. 서울: 철학과현실사, 2016. pp.261-311.

『세계인권선언(*The Universal Declaration of Human Rights*)』. United Nations General Assembly, 183rd Session on 10 December 1948.

알래스데어 매킨타이어. 이진우 옮김. 『덕의 상실』. 서울: 문예출판사, 1997.

이삼열. 「인권사상의 발전과 실천과제」. 김중섭, 도모나가 겐죠 엮음. 『세계화와 인권 발전』. 서울: 오름, 2004.

임홍빈. 『인권의 이념과 아시아 가치론』. 서울: 아연출판부, 2003.

장동진. 「롤즈의 국제사회 정의관: 만민법을 중심으로」. 『국제정치논총』. 제41집. 2001.

장은주. 「문화적 차이와 인권」. 『철학연구』. 제49집. 2000. pp.156-178.

잭 도널리. 박정원 옮김. 『인권과 국제정치』. 서울: 오름출판, 2002.

정인섭 편역. 『국제인권조약』. 서울: 사람생각, 2000.

정진성. 「인권의 보편성과 특수성」. 한국인권재단 엮음. 『21세기의 인권』. 서울: 한길사, 2000. pp.315-336.

존 롤즈. 장동진, 김만권, 김기호 옮김. 『만민법』. 파주: 동명사, 2017.

존 롤즈. 황경식 옮김. 『정의론』. 서울: 이학사, 2003.

카스틴 셸라스. 오승훈 옮김. 『인권, 그 위선의 역사』. 서울: 은행나무, 2003.

I. 칸트. 이규호 옮김. 『도덕형이상학원론』. 서울: 박영사, 1982.

Adams, E. Maynard. "Human Rights and the Social Order." *Journal of Value Inquiry*. Vol. 22. 1988. pp.167-181.

Agamben, Giorgio. *Homo Sacer: Sovereign Power and Bare Life*. trans. Daniel Heller-Rozen. Stanford: Stanford University Press, 1998.

Almond, Brend. "Rights." in Peter Singer. ed. *A Companion to Ethics*. Cambridge: Blackwell, 1991. pp.259-269.

Balfour, Ian and Eduardo Cadava. "The Claims of Human Rights: An Introduction." *The South Atlantic Quarterly*. Vol. 103. 2004. pp.276-296.

Beitz, Charles. "Rawls's *Law of Peoples*." *Ethics*. Vol. 110. 2000. pp.669-

696.

Benjamin, Walter. "On the Concept of History." trans. Harry Zohn in *Selected Writings*. Vol. 4. 1938-1940. Edmund Jepcott. Howard Eiland and Michael W. Jennings. eds. Cambridge: Harvard University Press, 2003.

Cohen, Joshua. "Minimalism About Human Rights: The Most We Can Hope For?" *The Journal of Political Philosophy*. Vol. 12. 2004. pp.190-213.

Derrida, Jacques. "Text-Wears and Tears(Tableau of An Ageless World)." in Patrick Hayden. ed. *The Philosophy of Human Rights*. St. Paul: Paragon House, 2001. pp.258-267.

_____. "Autoimmunity: Real and Symbolic Suicides: A Dialogue with Jacques Derrida." trans. Pascale-Anne Brault and Michael Naas. in *Philosophy in a Time of Terror: Dialogues with Jürgen Habermas and Jacques Derrida*. Giovanna Borradori. ed. Chicago: University of Chicago Press, 2003.

Donnelly, Jack. *The Concept of Rights*. London: Croom Helm, 1985.

_____. *Universal Human Rights in Theory and Practice*. Ithaca: Cornell University Press, 1989.

_____. "Human Rights." in John Dryzek et al. eds. *Oxford Handbook of Political Theory*. Oxford: Oxford University Press, 2006.

Dworkin, Ronald. *Taking Rights Seriously*. Cambridge: Harvard University Press, 1977.

Forsythe, David P. *Human Rights and World Politics*. Lincoln: University of Nebraska Press, 1989.

Freeman, Michael. "Is a Political Science of Human Rights Possible?" *Netherlands Quarterly of Human Rights*. Vol. 19. 2001. pp.121-137.

Gewirth, Alan. *Reason and Morality*. Chicago: University of Chicago Press, 1978.

Griffin, James. "Discrepancies Between the Best Philosophical Account of Human Rights and the International Law of Human Rights." *Telos*. Vol. 10. 2001. pp.135-156.

Hayden, Patrick. ed. *The Philosophy of Human Rights*. St. Paul: Paragon

House, 2001.

Howard, Roda. "The Full-Belly Thesis: Should Economic Rights Take Priority Over Civil and Political Rights?" *Human Rights Quarterly*. Vol. 5. 1983. pp.467-490.

Ignatief, Michael. *The Rights Revolution*. Toronto; Anansi, 2000.

Ishay, Micheline R. *History of Human Rights*. Berkeley: University of California, 2004.

Edmund, Jepcott. Howard Eiland and Michael W. Jennings. eds. *Walter Benjamin: Selected Writings*. Cambridge: Harvard University Press, 2003.

Jones, Peter. "Re-Examining Rights." *British Journal of Political Sciences*. Vol. 19. 1989.

Knowles, Dudley. *Political Philosophy*. Montreal: McGill-Queen University Press, 2001. pp.138-147.

Levinas, Emmauel.."The Rights of Man and the Rights of the Other." in *Outside the Subject*. trans. Michael B. Smith. Stanford: Stanford University Press, 1993.

MacDonald, Margaret. "Natural Rights." in Peter Laslett. ed. *Philosophy, Politics, and Society*. Oxford: Oxford University Press, 1967.

Machan, Tibor. "Some Recent Work in Human Rights Theory." *American Philosophical Quarterly*. Vol. 17. 1980. pp.103-115.

MacIntyre, Alasdair. *After Virtue*. Notre Dame: University of Notre Dame Press, 1984.

Maritain, Jacques. *The Rights of Man and Natural Law*. D. Anson, trans. 1951.

Martin, Rex and James Nickel. "Recent Work On The Concept of Rights." *American Philosophical Quarterly*. Vol. 17. 1980. pp.165-180.

McKeon, Richard. "The Philosophic Bases and Material Circumstances of the Rights of Man." *Ethics*. Vol. 58. 1948. p.180.

Morsink, Johannes. "The Philosophy of *the Universal Declaration*." *Human Right Quarterly*. Vol. 6. 1984. pp.309-334.

Nickel, James. *Making Sense of Human Rights*. Berkely: University of California Press, 1987.

_____. "Human Rights." L. C. Becker et al. eds. *Encyclopedia of Ethics*. New York: Routledge, 2001. pp.796-800.

_____. "Human Rights." *Stanford Encyclopedia of Philosophy*. http://plato.standford.edu. 2003.

Matthews, Alexander. "Philosophy and Human Right." *International Journal of Human Rights*. Vol. 1. 1997. pp.19-30.

Nozick, Robert. *Anarchy, State and Utopia*. New York: Basic Books, 1974.

Pogge, Thomas. "The International Significance of Human Rights." *Journal of Ethics*. Vol. 4. 2000. pp.45-69.

Polis, Adamantia. "Human Rights." Mary Hawkesworth et al. eds. *Encyclopedia of Government and Politics*. London: Routledge, 1992.

Rawls, John. *A Theory of Justice*. Cambridge: The Belknap Press of Harvard University Press, 2nd edn. 1999; 1st edn. 1971.

_____. *The Law of Peoples*. Cambridge: Harvard University Press, 1999.

Rosenbaum, Alan S. ed. *The Philosophy of Human Rights*. Westport: Greenwood Press, 1980.

Rorty, Richard. "Human Rights, Rationality, and Sentimentality." in S. Shute and S. Hurley. eds. *On Human Rights*. New York: Basic Books, 1993. pp.111-134.

Shestack, Jerome J. "The Philosophic Foundations of Human Rights." *Human Rights Quarterly*. Vol. 20. 1998. pp.201-234.

Vasak, Karel. "The 30-Year Struggle: The Sustained Efforts to Give Force of Law to *the Universal Declaration of Human Rights*." *UNESCO Courier*. Nov., 1977. pp.29-32.

Waldron, Jeremy. "Rights" in Robert Goodin and Philip Pettit. ed. *A Companion To Comtemporary Political Philosophy*. Oxford: Blackwell, 1993. pp.745-754.

Walzer, Michael. *Spheres of Justice*. New York: Basic Book, 1983.

_____. *Interpretation and Social Criticism*. Cambridge: Harvard University Press, 1987.

_____. *Thick and Thin: Moral Argument of Home and Abroad*. Notre Dame: University of Notre Dame, 1994.

Wellman, Carl. *The Proliferation of Rights: Moral Progress or Empty Rhetoric?* Boulder: Westview Press, 1999.

_____. ed. *Rights and Duties.* New York: Routledge, 2002. Six-Volume Set. Vol. 1. *Conceptual Anayses of a Rights and Duties.* Vol. 2. *Rational Foundations of Rights and Duties.* Vol. 3. *Possible Bearers of Rights and Duties.* Vol. 4. *Human Rights and Universal Duties.* Vol. 5. *Welfare Rights and Duties of Charity.* Vol. 6. *Property Rights and Duties of Redistribution.*

제5장 자유주의와 환경보호

구연창. 『환경법론』. 서울: 법문사, 1993.

김영민. 「지역이기주의 현상에 대하여」. 『환경 보전』. 제14집. 1992. 2. pp.5-7.

김형철. 「환경위기와 세대간 분배정의」. 『사회계약론 연구』. 서울: 철학과현실사, 1993. pp.361-396.

데이비드 페퍼. 이명우 외 옮김. 『현대환경론: 환경 문제에 대한 환경철학적 민중론적 이해』. 서울: 한길사, 1989.

H. J. 맥클로스키. 황경식, 김상득 옮김. 『환경윤리와 환경정책』. 서울: 법영사, 1995.

빌 맥키번. 과학동아 편집실 옮김. 『자연의 종말』. 서울: 동아일보사, 1990.

문순홍. 『생태위기와 녹색의 대안』. 서울: 나라사랑, 1992.

박정순. 사유재산권의 자유주의적 정당화의 과제」. 『사회비평』. 제6호. 1991. pp.54-79.

_____. 「홉스의 계약론적 윤리학과 합리성 문제」. 『매지학술』. 제15집. 1998. pp.241-278.

_____. 『사회계약론적 윤리학과 합리적 선택: 홉스, 롤즈, 고티에』. 서울: 철학과현실사, 2019.

앤드류 돕슨. 정용화 옮김. 『녹색정치사상』. 서울: 민음사, 1990.

유동운. 『환경경제학』. 서울: 비봉출판사, 1992.

유진 하그로브. 김형철 옮김. 『환경윤리학』. 서울: 철학과현실사, 1994.

죤 롤즈. 황경식 옮김. 『사회정의론』. 서울: 서광사, 1977.

Aiken, William. "Human Rights in an Ecological Era." *Environmental Values*. Vol. 1. 1992. pp.191-203.

Achterberg, Wouther. "Can Liberal Democracy Survive the Environmental Crisis? Sustainability, Liberal Neutrality and Overlapping Consensus?" Wim Zweers and Jan J. Boersema. eds. *Ecology, Technology and Culture*. Knapwell: The White Horse Press, 1994. pp.135-149.

Anderson, Terry and Donald Leal. *Free Market Environmentalism*. San Francisco: Research Institute, 1991.

Barbour, Ian G. *Technology, Environment, and Human Values*. New York: Praeger Publishers, 1980.

Bollier, David and Joan Claybrook. *Freedom from Harm: The Civilizing Influence of Health, Safety and Environmental Regulation*. New York: Public Citizen & Democracy Project, 1989.

Singer, Brent A. "An Extension of Rawls' Theory of Justice to Environmental Ethics." *Environmental Ethics*. Vol. 10. 1988. pp.217-231.

Callicott, J. Baird. "Environmental Ethics." in Lawrence C. Becker. ed. *Encyclopedia of Ethics*. New York: Garland Publishing Inc., 1992.

Coase, R. H. "The Problem of Social Cost." *Journal of Law and Economics*. 1960. pp.1-44.

Cotgrove, Stephen. *Catastrophe and Cornucopia: The Environment, Politics and the Future*. Chichester. England: John Wiley and Sons, 1982.

De George, Richard T. "The Environment, Rights, and Future Generations." K. E. Goodpaster and K. M. Sayre. eds. *Ethics and Problems of the 21st Century*. Notre Dame: University of Notre Dame Press, 1979. pp.93-105.

Derr, Thomas. *Ecology and Human Need*. Philadelphia: West Minister Press, 1975.

De-Shalit, Avener. "Is Liberalism Environment-Friendly?" *Social Theory and Practice*. Vol. 21. 1995. pp.287-314.

Dizerega, Gus. "Social Ecology, Deep Ecology, and Liberalism." *Critical Review*. Vol. 6. 1992. pp.305-370.

Dobson, Andrew. *Green Political Thought*. London: Unwin Hyman, 1990.

Dobuzinskis, Laurent. "Is Progressive Environmentalism an Oxymoron?" *Critical Review*. Vol. 6. 1992. pp.265-282.

Elliot, Robert. "Environmental Ethics." Peter Singer. ed. *A Companion To Ethics*. Oxford: Blackwell Reference, 1991. pp.284-293.

Ekrich, Arthur. *Man and Nature in America*. New York: Columbia University Press, 1963.

Fukuyama, Francis. "The End of History." *The National Interest*. 1989. pp.3-18.

_____. *The End of History and the Last Man*. New York: Free Press, 1992.

Goldman, Marshall. "The Convergence of Environmental Disruption." *Science*. 170. 3953. October, 1970. pp.37-42.

Hardin, Garrett. "The Tragedy of the Commons." *Science*. 162. 3859. 1968. pp.1243-48.

_____. "Lifeboat Ethics: The Case Against Helping the Poor." *Psychology Today* 8. 1974. pp.38-43.

_____. *Exploring New Ethics for Survival*. Baltimore: Penguin Books, 1973.

Hayward, Tim. *Ecological Thought*. Cambridge: Polity Press, 1994

Hobbes, Thomas. *Leviathan*. ed. with Introduction. C. B. Macpherson. Harmondsworth: Penguin Books, 1968.

Kelley, Donald. Kenneth Stunkel and Richard Wescott. *The Economic Superpowers and the Environment: The U.S., the Soviet Union and Japan*. San Francisco: W. H. Freeman, 1976.

Locke, John. *The Second Treatise of Government*, ed. with an Introduction by C. B. Macpherson. Indianapolis: Hackett Publishing Co., 1980.

Lundqvist, Lennart. *The Hare and The Tortoise: Clean Air Politics in the United States and Sweden*. Ann Arbor: University of Michigan Press, 1980.

Manes, Christopher. *Green Rage: Environmentalism and the Unmaking of Civilization*. Boston: Little Brown, 1990.

Maddox, John. *The Doomsday Syndrome*. New York: McGraw-Hill, 1972.

Meadows, D. H. et al. *Limits to Growth, A Report for the Club of*

Rome's Project. New York: Universe Books, 1972.

Norton, Bryan G. "Environmental Ethics and Weak Anthropocentrism." *Environmental Ethics*. Vol. 6. 1984. pp.131-148.

Ostrom, Elinor. *Governing the Commons*. Cambridge: Cambridge University Press, 1990.

Orplus, William. *Ecology and the Politics of Scarcity*. San Francisco: W. H. Free-Man, 1977.

Paehlke, Robert C. *Environment and the Future of Progressive Politics*. New Haven and Lodon: Yale University Press, 1989.

_____. and D. Torgerson. eds. *Managing Leviathan: Environmental Politics and the Administrative State*. Peterborough: Broadview Press, 1990.

Park, Jung Soon. *Contractarian Liberal Ethics and the Theory of Rational Choice*. New York: Peter Lang, 1992.

Parsons, Howard. *Marx and Engels on Ecology*. Westwood: Greenwood Press, 1977.

Passmore, John. *Man's Reponsibility for Nature*. New York: Scribner's, 1974.

Rawls, John. *A Theory of Justice*. Cambridge: The Belknap Press of Harvard University Press, 1971.

Regan, Tom. "The Radical Egalitarian Case for Animal Rights." in L. P. Pojman. ed. *Environmental Ethics*. Boston: Jones and Bartlett Publishers, 1994. pp.40-46.

The Rio Declaration on Environment and Development. 1992.

Rousseau, Jean-Jacques. *Of the Social Contract*. trans. with an Introduction by Charles M. Sherover. New York: Harper & Row, 1984.

Routley, Richard and Val Routley. "Against the Inevitability of Human Chauvinism." K. Goodpaster and K. Sayre. eds. *Ethics and the Problems of the 21st Century*. Notre Dame: University of Notre Dame Press, 1979. pp.36-59.

Sagoff, Mark. "Free-Market Environmentalism and Libertarian Environmentalism." *Critical Review*. Vol. 6. 1992. pp.211-230.

_____. "Can Environmentalist be Liberals?" Robert Elliot, ed.

Environmental Ethics. Oxford: Oxford University Press, 1995. pp.165-187.

Schmidt, Alfred. *The Concept of Nature in Marx.* New York: Humanities Press, 1972.

Simon, Julian. "Against the Doomsdayers!" in Louis p. Pojman. ed. *Environmental Ethics.* Boston: Jones and Bartlett Publishers, 1994. pp.330-339.

Singer, Peter. *Animal Liberation.* New York: New York Review, 1975.

Stavins, Robert N. & Bradley W. Whitehead, "Market Based Incentives for Environmental Protection." *Environment.* Vol. 43. 1992. pp.7-42.

Taylor, Roger. "The Environmental Implications of Liberalism." *Critical Review.* Vol. 6. 1992. pp.265-282.

Thero, Daniel P. "Rawls and Environmental Ethics: A Critical Examination on the Literature." *Environmental Ethics.* Vol. 17. 1995. pp.93-105.

Tietenberg, T. H. *Emissions Trading.* Washington, D.C.: Resources for the Future, 1985.

Tucker, William. "The Conservatism of the Liberals." Julie Sullivan. ed. *The American Environment.* New York: The H. W. Wilson Company, 1984. pp.32-42.

Watson, Richard. "A Critique of Anti-Anthropocentric Biocentrism." in Louis P. Pojman. ed. *Environmental Ethics: Readings in Theory and Application.* Boston: Jones and Bartlett Publishers, 1994. pp.117-123.

Weale, Albert. "Nature versus the State? Markets, States, and Environmental Protection." *Critical Review.* Vol. 6. 1992. pp.153-170.

Williams, Jeanne. ed. *Animal Rights and Welfare.* New York: The H. W. Wilson Company, 1991.

찾아보기

박정순(朴政淳)

연세대학교 철학과를 졸업하고, 동대학원에서 석사학위를, 그리고 미국 에모리대학교(Emory University) 철학과에서 철학박사학위를 받았다. 현대 영미 윤리학과 사회철학 전공이며, 현재 연세대학교 원주캠퍼스 인문예술대학 철학과 교수로 재직 중이다. 아인슈타인이 생전에 연구했던 세계적으로 저명한 연구기관인 미국 뉴저지주 프린스턴시 소재 고등학술연구원(The Institute for Advanced Study)의 사회과학부(The School of Social Science) 방문 연구원(visiting member)을 1년간(2001. 9.-2002. 8.) 지냈다. 그 시절 세계적인 공동체주의자이자 사회철학자로서 정의전쟁론과 복합평등론으로 유명한 마이클 월저(Michael Walzer) 교수에게 1년간 사사했다. 그리고 한국철학회의 세계 석학 초빙강좌인 <다산기념 철학강좌> 위원장을 6년간(2002-2007) 역임했다. 위원장 재임 시 마이클 월저, 찰스 테일러(Charles Taylor), 슬라보예 지젝(Slavoj Žižek), 페터 슬로터다이크(Peter Sloterdijk), 마이클 샌델(Michael Sandel), 피터 싱어(Peter Singer) 등 세계 석학들을 한국에 초빙하여 강연케 하였다. 또한 한국윤리학회 회장을 5년간(2005-2009) 역임했으며, 2006년 한국윤리학회장 재임 시 국가청렴위원회의 연구 프로젝트를 한국윤리학회가 맡은 것이 인연이 되어 수년간 전국 관공서에 청렴 강연을 다니기도 했다. 2008년 8월 서울에서 열린 <제22차 세계철학대회> 한국조직위원회의 홍보위원회에서 부위원장으로 활동하면서 홍보 실무를 관장하였으며 일반대중들이 철학에 친숙하게 다가갈 수 있도록 하는 데 일조했다.

주요 저술과 논문으로 *Contractarian Liberal Ethics and The Theory of Rational Choice*(New York: Peter Lang, 1992), 『익명성의 문제와 도덕규범의 구속력』(2004), 『롤즈 정의론과 그 이후』(공저, 2009), 『마이클 샌델의 정의론, 무엇이 문제인가』(2016), 『마이클 월저의 사회사상과 철학적 깨달음』(2017), 『사회계약론적 윤리학과 합리적 선택: 홉스, 롤즈, 고티에』(2019), 『인간은 만물의 척도인가』(역서, 1995), 『자유주의를 넘어서』(공역, 1999), 「자유주의 정의론의 철학적 오디세이: 롤즈 정의론의 변모와 그 해석 논쟁」, 「자유주의의 건재」, 「정치적 자유주의의 철학적 기초」 등이 있다.

존 롤즈의 정의론: 전개와 변천

1판 1쇄 인쇄	2019년 8월 15일
1판 1쇄 발행	2019년 8월 20일

지은이	박 정 순
발행인	전 춘 호
발행처	철학과현실사
출판등록	1987년 12월 15일 제300-1987-36호

서울특별시 종로구 동숭동 1-45
전화번호 579-5908
팩시밀리 572-2830

ISBN 978-89-7775-826-1 93190
값 28,000원